ロマンスという言語

―フランス語は、スペイン語は、イタリア語は、いかに生まれたか―

小林　標

大阪公立大学共同出版会

目　　次

00	序章	……………………………………………	1
01	第一章	世界におけるロマンス語 …………………	11
02	第二章	変化するラテン語 …………………………	35
03	第三章	ラテン語からロマンス語へ ………………	61
04	第四章	文法の変化 …………………………………	107
05	第五章	語彙の変化 …………………………………	137
06	第六章	音の変化 ……………………………………	167
07	第七章	形の変化1　動詞以外 ……………………	250
08	第八章	形の変化2　動詞 …………………………	305
09	第九章	補遺 …………………………………………	396

付録1　ロマンス語話題集 ………………………………… 435

付録2　単語対照表 ………………………………………… 448

引用文献一覧 ……………………………………………… 463

後書き ……………………………………………………… 468

詳細目次 …………………………………………………… 475

00 序章

001 はじめに
002 なぜロマンス語学か
003 筆者とロマンス語学
004 本書の読み方

001 はじめに

　本書に関しては、最後の最後まで決まらなかったのが書名であった。本書は2010年に書き始め、2014年にほぼ書き終わって、それから少しの間寝かせてあった。そのときに仮に名づけておいた「言葉のロマンス」という書名は本格的に出版を考えたときに廃棄したのであるが、と言ってもそれに代わるべき書名が決まらない。筆者は『ラテン語の世界』を既に上梓しており（中公新書、2006）、その中で「ロマンス語の世界」という将来の書物を示唆している。しかしその書名は取らなかった。『ラテン語の世界』で扱ったような言語面以外の文化的事象を本書では殆ど取り上げていないのに「ロマンス語の世界」と称するのはあまりに厚かましいと思ったからである。

　本書はロマンス「語学」の書である。つまりロマンスと総称で呼ばれる言語についてできるだけ詳しく解説しようという企てである。英語なら The Romance Languages としてしまえばすぐに書名になりうる。それが意味する「ロマンス語」がすぐに理解され、その内容も了解されうるから。しかし日本ではロマンス語は一般的に通用している語ではないし、それを知っている人にも「ロマンス語」という書名だけでは書物の中身までは伝達されない。「ロマンス語学」としてしまえば、その対象は表現できているがそれだけでは何か物足りない。「ロマンス語学入門」とか「ロマンス語学概論」のごときものは本書の性格から離れてしまうのである。

　結局「ロマンスという言語」と多少思わせぶりのタイトルにしてしまった。それには理由があって、日本においては「ロマンス」という言葉には重層的な意味が含まれており、その重層性を解きほぐして正しく解説するための入り口として、あえて思わせぶりを選んだのである。そして副題を付けて内容を開示することに決めた。

00　序章

　まずロマンス語に関して、その意味を簡潔に規定しておく。ロマンス語とは一言語名ではなく、一定の言語のグループを示す言語学のための用語である。そしてそのグループとはラテン語を母胎としてそこから各地域で異なった変化を蒙り、異なった発展を遂げた言語群を指す。

　その中にはスペイン語、ポルトガル語、フランス語、イタリア語、ルーマニア語のように１国家の言語でありかつ国境外にも話者がいる大言語（話者数が最小のルーマニア語でもそれは2000万人を越えている）もあれば、カタルーニャ語のように大言語とは言えずともスペイン第二の都市バルセロナを中心とした地域における主要言語となっている言語もあり、またサルディニア語、レト・ロマン語、オック語のようにあまり名前を知られていないが話者が少数でも存在している言語もある。さらには、現代では死滅してしまって言語資料だけが残っているダルマティア語のような言語がある。

　また、ヨーロッパから遥か離れた遠方の地で、そのどれかを母胎としながら他の要素も取り込んで、新しい言語として地域に根づいてしまったものもある。この種の混合言語をクレオールと称するのであるが、その一例はカリブ海のハイチ共和国で日常話されている、フランス語を母胎としてできあがった言語である。

　複数の言語を指すのであるから、英語では the Romance languages と複数で言うことになる。それに属する一つを言うなら、a Romance language である。単数複数の別を持たぬ日本語ではその区別が曖昧になるので、総称であることを強調しようと思えばロマンス諸語とでも言う他はないが、本書では特に混乱を来さぬ限り総称でもロマンス語と称することにする。

　これらを総合的に研究する学問がロマンス語学と呼ばれる。言い換えると、フランス語なりスペイン語なりの a Romance language を学ぶためではなく、the Romance languages 総体の歴史に存在する様々な事象を考察し解説するための書物で、それによってそこに含まれる a Romance language の歴史的側面を深く理解するためのものなのである。

　ところで、ではなぜそれに「ロマンス」という名称が付いているかについてはまだ書いていない。序文があまりに長くなりすぎるのを嫌ってそれは少し後に回しているからである。それについては第一章の「0191 ロマンスという言葉」を読んでいただきたい。項目の表示で「01」から始まれば第一章にあるもので「02」から始まれば第二章、以下同様である。

　本書の内容はまことに多岐に亘っており、その詳細をすべて目次として巻頭に置

くことはかえって読者の関心を削ぐのではないかと危惧した。それで巻頭には章別の題目だけを掲げ、そのすべての内容は各章ごとに冒頭で明示することにした。本書全体の詳細な目次は改めて巻末に再掲した。適宜それを参照して関心ある個所を探し出してほしい。

002　なぜロマンス語学か

　本書は日本語とは縁遠く、英語からも無関係な書物に見えてしまうかもしれない。しかし、そうではないのである。ロマンス語学を学ぶことは、日本語、英語その他をすべて包括した「言語」そのものを学ぶのに通じうる。日本語だけを素材にして言語を論ずることが幼稚であることは大方に理解されるであろう。しかし、英語だけを素材にして言語一般を論ずることは平気で行われていて、無批判に受け入れられている。筆者はそれは大きな誤りであると断ずる。

　日本語話者にとって、言語一般を深く知るために最適な素材を身近に探すなら、それは英語ではなくロマンス語である。ロマンス語は、英語よりは時間的にも空間的にも格段に広い範囲に亘る資料を豊富に持つ言語群であり、しかも求めさえすればすぐに学べる言語なのであるから。

　現代の日本においては、重要とみなされる外国語は英語だけである。他の外国語の威信の凋落ぶりには目を覆いたくなるものがある。筆者が大学に入学した1960年代初めにおけるドイツ語やフランス語の人気ぶりを思うとまさに今昔の感がある。筆者としては、英語しか重視されぬ現代であるからこそ、本書が読まれてほしいと念ずるのである。特に英語を教えることを本業とし、言語学にも関心を持っている教師の方々には。

　筆者は、長いこと大学でラテン語、ギリシア語、さらに言語学関連の授業に携わってきたが、それよりも英語の授業を多数受け持つことで給料を得ていた人間である。しかし、英語しか知らないのに言語学云々を言う人々には、まさに「うんざり」してきた。「自分の専門分野は意味論である」と言っている人の論文を読むと、それが英語における前置詞の使い方であったりするのはその最低の例であるが、英語の例を述べるだけでそれを言語一般に通用するかのように論じている種の論文には何度もお目にかかった。そんな風潮には異を立てたいのである。

　これから述べようとする言語学的記述は高度な理論ではない。本書はあくまでも入門書、概説書でもあるのだから。それでも、ロマンス語学をその基本なりと知ることによって、言語学に関する知見は英語を素材として学ぶことよりは格段に広が

るはずであると筆者は信じる。

　言語に関わる事柄一般に関心を持つ人、英語を専門としながら言語学の知識を増やそうとする人、そしてもちろん、大学でフランス語、スペイン語、イタリア語などを学んでいる人、教えている人に本書は役立つことであろうことを念じながら書くつもりである。

　ロマンス語学という学問分野の、現代の言語学研究における位置については、「0192 ロマンス語学の現在」で詳しく書く。

003　筆者とロマンス語学

　本文に入る前に、ここで明らかにしておくのが礼儀だと思うのだが、これから述べていく言語のうち、ラテン語以外の言語に関しては筆者は「専門家」とはみなされていない人間である。たとえば、「フランス語学会」、「スペイン語学会」、「イタリア語学会」に類する学会には一度も加入したことも出席したこともない。だから、その道の専門家で筆者の名前を知っている人はゼロに近いはずである。

　ただ、「日本ロマンス語学会」には長く平会員として在籍している。主にそこにおいて見聞してきた事柄から判断するなら、日本におけるロマンス語学研究の水準は落胆させられるほど低かった、ということは確かである。まことにとんでもない種類の学説が、学術誌に堂々と載せられていたこともあった。こんなことを言うのは勇気の要ることであるが、しかしこの学会の会員の中でも若い世代の心ある人は筆者の意見に同意してくれるであろうと信じている。

　暴論と言われるのは覚悟の上で述べると、筆者より年上の学者でロマンス語学に関する総合的書物を書きうると思えた日本人は、あくまでも筆者個人が直接知ることを得た人の範囲での感想であるが、二人である。京都大学の名誉教授故泉井久之助博士と、大阪大学の教授であった故岸本通夫氏。残念ながら、お二人ともそのような書は著してはおられない。あまりに知識が高度かつ広範囲すぎて、日本人にとって本当に必要なはずの入門書的書物は眼中にはなかったのであろうと思う。

　二人に共通している資質は三つある。①いくつものロマンス語に通じていること、②言語学の、特に歴史・比較言語学の理論・学説についての深い知見を有していること、③ラテン語を良く知っていること。そしてこの三つが、「自分はロマンス語学が専門である」と言うために必要であると筆者が信じる条件なのである。

　①に関して補足することは、一つのロマンス語、たとえばフランス語なりスペイン語なりに堪能になり、母国語なみに話し書けるようになったとしてもそれは「ロ

マンス語学者」としては不十分であるということである。

②も重要なことで、「ロマンス語学とは語学ではなく言語学だ」ということである。それは歴史言語学の一分野なのであって、言語学全般に関わる理論的知識、特に19世紀前半よりヨーロッパで発達した比較言語学に関わる知識なしではいくら特定言語に堪能であろうとも、ロマンス語学については、発言する資格は乏しいと言わざるをえないのである。

③が特に重要なことで、ロマンス語学とはラテン語を祖語として、歴史の中で変化し多様化した諸言語の歴史言語学的研究なのであり、そのためにはラテン語との対照性という観点が何らかの形で反映されていないことにはロマンス語学の範疇には入りにくいのである。

3番目の必要条件に関しては、多くのロマンス語研究者から反撥を受けることは覚悟しているが、これはぜひとも強調しておかねばならない。

ただし、これら三つの条件のどれについても、その「程度」までを筆者自身に問われると面倒だ。理想を言えばきりがないし、筆者はそのすべてに対して達人であるはずはないのだから。筆者が自分で述べた条件をどれほど満たしているかは、本書を読んだ人の感想に任せる他はない。特に、特定の一言語に関して筆者をはるかに凌駕した量の知識をお持ちの専門家がおられることは当然で、そのような方々から記述の不備や偏頗さ、時には間違いを指摘されることは十分に考えられる。それはそれで当然なのである。筆者としては、そのような指摘を導き出すことこそが、日本における将来のロマンス語学研究にとって有益な踏み台となってくれるのだ、と考えるだけなのである。

筆者は、何か独創的な書物を書くという野望は持たない。筆者の頭脳にあるものの大半は他人の書いたものを知識として蓄えたもの、露骨に言い換えるなら雑学の集大成にすぎないとも言えるのだから。それにまた、「0192 ロマンス語学の現在」でも触れることだが、ロマンス語学はある意味では「語り尽くされた」感のある分野でもある。人が何か新しいことを言わんとすれば、それはロマンス語という範囲を超えた言語普遍に関わる事柄になりがちである。筆者はそのような野心は持たない。

ただ、ある特定の事項に関して過去・現在の大家たちの主張が相対立している例は多数ある。筆者はそのどれが正しいのであるか、という議論に紙面を割くことはしなかった。各説をともかく紹介しておいて、その判定は読者に任せることが筆者の力量に一番適したやり方であると判断したのである。好例が「0823 複数語源の

混在2 ── aller をどう見るか ──」で、フランス語 aller、イタリア語 andare などの動詞の語源に関わる議論（一説では、ロマンス語の語源で最も悪名高い問題）を紹介しておいた。さらにまた、ロマンス語の一部において起こった短母音の二重母音化（BONUS が bueno となること）の要因である。これについては「0662 構造主義・ウムラウト・「層」理論」で様々な論説を紹介した。このような問題になると筆者の能力の範囲では結論などは到底出せるものではない。

　ただし例外はある。「0825 ロマンス語起動動詞」は、従来の説を総ざらいして批判し、筆者個人の新説を述べたものである。

004　本書の読み方

　「読み方」とはまことに威張った文言になってしまったが、要するにこの本をいかに楽しく読むか、である。

　ロマンス語について、あるいはロマンス語学についての知識は読者によって千差万別であろう。いずれにしても、このような種類の書物は最初から順に最後まで通読するためのものではない。それは、どんな人にとっても退屈極まる作業となるはずである。

　この書物を手に取った人は誰でも、ともかく面白そうなところ、自分にとって関心のあるところ、何らかの疑問を感じていたところ、自分の知識をさらに確実にしたいところ、を選んで読み始めるのが適切なやり方である。そして、自分の関心が固まっていくに従ってそれに適したさらに別の部分を選びとり、探し出してそこを読めば良いのである。読みやすさを考えて注釈は一切付けずすべてを本文で語るようにしている。ただし、読者にとって助けになるかもしれない「地図」はない。語るのはすべて言葉によってである。

　関心のある事柄や特に知りたいと思う事柄があればそれをすぐに探し出せるように、巻末の目次は丹念に作ってある。

　ロマンス語学とはなんぞや、という好奇心的疑問から始まる人は、最初の2章は飛ばして第三章「ラテン語からロマンス語へ」から読み始めるのが良いかもしれない。「031 最初期のロマンス語」、「032 変化のプロセス」、「033 俗ラテン語の源」、「034 ロマンス語の母胎」、「035 ロマンス諸語への分化」という章立てで、ラテン語から「変化したが変化しなかった」、あるいは「変化しなかったが変化した」ロマンス諸語を記述する本書の中身の概略がほぼそこにある。

好奇心がある程度固まれば、第一章「世界におけるロマンス語」に戻って個々の
ロマンス語の現況を知り、第二章「変化するラテン語」で言語変化の全体像を概観
することになる。ロマンス諸語の個別性、類似性の現物を簡単に知りたければずっ
と最後まで進み、第九章「補遺」にある「094 『星の王子さま』7ヶ国語対照例」
を覗いてみるのも良いであろう。

　言語は不変ではありえず必ず変化していく。それはロマンス語を知らずとも日本
語話者が日頃感じていることである。そこに何らかの理論的説明を求めようとした
ときには、ロマンス語の豊富な実例が役立つことこの上ない。第六章「音の変化」
にはそのような実例の説明が並べられている。

　また、ロマンス語とは無関係に言語学の理論的変遷について関心があれば、その
第六章「063 音韻変化の解釈」に、実に狭い範囲ではあるにしてもある程度のトピッ
クが書かれている。

　第四章「文法の変化」以下から、文法、語彙、音韻、形態の変化の実例が少しし
つこいくらい詳細に記述されている。既にロマンス語学にある程度は参入している
人を読者として想定し、そのような人にとっても読む意義のある書物を意図したか
らであるし、またロマンス語学を相当に研究したと自負のある方々にとっても新た
なる問題意識を持たせるような、挑戦的記述もあえて行っているのである。嫌な言
い方ではあるが、本書は「玄人向け」でもある。

　「素人向け」だけに終わる書物は書く気がなかった。「専門家」にとっても意義
ある程度のものでなければ、ロマンス語学に関する一書を新たに書き始める意義な
どない、というのが筆者の最初からの考えであった。具体的に言うなら、たとえば
「日本ロマンス語学会」の中心部におられるような方々にとっても「読む価値のあ
る」書物、そして願わくば「感心させる」書物、「手元に置いて参照する」書物、
そして最終的には「詳細を確認するために必ず開く」書物になることを期待してい
るのである。

　専門的にロマンス語学を極めようとする人以外にとっては第四章以下には退屈な
部分が多々あるに違いない。しかし、いやしくも「ロマンス語学」を名乗るからに
はこの程度の詳細な記述はどうしても必要である。特に、動詞の歴史的形態変化に
関しては筆者独自の記述法が必要であるとの結論に達した。これについては第八章
「形の変化2 動詞」冒頭の「080 動詞変化の記述」を是非読んでいただきたい。

　しかしともかく、どのような読者を想定するかは記述に際して常に筆者に投げか

けられた問題であった。本書は「素人向け」でもあり、ロマンス語学を一から知りたいと思う人、言語学の一端をも学びたいと思う人への入門書としても働いてほしいと願って書かれてもいるのである。

　海外で出版されているロマンス語学の書は読者の一定の知識を前提としている。ラテン語文法の知識、少なくとも一つか二つのロマンス語の知識、そして言語学用語の知識である。一方日本語でロマンス語学の書を書くときにそれらを前提とすることは、不可能ではないが読者を極限にまで減らしてしまうであろうし、そのような書物を書く理由がそもそも存在しなくなる。そのゆえに筆者は、あまりに当たり前の事柄でも一から説明することを随所にしている。たとえば「0425 再帰動詞の誕生」で、ここではラテン語もロマンス語も何一つ学んでいない人のためにロマンス語特有の再帰代名詞を解説している。フランス語なりスペイン語なりを既に習得している人には「そんなこと知ってるよ」となるであろうがそこをあえて詳しく解説するのが「ロマンス語を一から教える」本書なのである。これは一例にすぎない。

　さらに本書では、言語学に関して一定の知識を持つ読者ならば不要であろうとも思われかねない基本的説明をもあえて丁寧に行っている。それは、言語学に関わる筆者自身の歴史を考えるからである。別の個所でも書くが、筆者は西洋古典学の出身であり、言語学理論に関してはもっぱら書物による知識がもとなっている。そのような書物に意識的に触れるまでは、単に「語学」の知識があるだけであった。ラテン語の他にフランス語、イタリア語、スペイン語を読めるようになっても、それらを総合的に見るのに役立つ普通の言語学的用語を良く知らずにいた時代があった。

　これは損なことで、たとえばフランス語をイタリア語とを対照させた場合に「食べる」manger と mangiare における g の発音の違いを口で実現できてもそれだけでは本当は不十分なのだ。「前者は摩擦音で後者は破擦音であり、摩擦音と破擦音にはかくかくしかじかの相違がある」と理論的に把握しておくことが、実用性はともかくその後の勉強を発展させる重要な道具なのである。だから音声学的説明は十分にした。

　別の例を挙げるなら、「接続法」とか「直説法」のようなフランス語等々の作文には必ず現れる用語にある「法」である。「語学」としてそれらの言語を学んでいる（あるいは教えている）読者も、その「法」の起源、その本来的意味、をどれだけ把握しているであろうか。

　他にも、たとえば「祖語の再建」の実例がある（「0322 ロマンス祖語という概

念」)。そこに印欧祖語の再建の実例を持ち込むことは、ある種の読者にとっては退屈すぎる記述であろうしまた別の種類の読者にとっては無関係なことと敬遠されるだろう。しかしロマンス語学を歴史言語学の一分野と正しく位置づけて論ずるためには、このような基本的知識が必要なのだと判断して、一から詳しく解説している。

　他にも例は挙げられるだろう。自分の知識を単なる「語学的知識」から「言語学的知識」へと高めてほしいというのが、若いときの自らを省みての筆者の願いで、そのゆえに読者次第では不要かもしれない記述を省略しなかったのである。

　本書は、筆者にとって最後の仕事となるのかもしれないという思いもあり、頭の中に残っていてそして書かずにいた事柄を、少しやりすぎかなというためらいもありながら書き入れてしまっている。それはしかし、ある意味では娯楽的記述でもある。「0658 フォアグラの謎 ―ロマンス語学者はこんなことまで探求したがる―」、「0711 チーズの言葉あれこれ」、「09131 code-switching とカタルーニャ語」などがそうである。特に「付録1」は、「ロマンス語話題集」と題してあって、これはすべてが娯楽的話題である。たとえば英語 gay のロマンス語的起源について。ここに入れることも可能な話題はもっと用意はしてあったのであるが、かなり割愛した。

　娯楽的とは言えないがともかく雑学的関心に役立つであろうと思う個所は「0191 ロマンスという言葉」、「0261 関係代名詞に何が起こったか」、「055 色彩語はどうなったか ―感覚の記号化の実例―」である。

　最後に、引用文献について書いておかねばならない。

　筆者は、個別のロマンス語に関しては何であれある権威から「専門家」と認定された人間ではない。日本にそのような権威がある、としてである。しかし、「ロマンス語学」に関しては特別の知見を有していると自分では自負している。それは、ロマンス語学に関する書物は「人一倍集めて読んでいる」という自信があるからである。その実例が、巻末に載せた「引用文献一覧」である。

　その個所にも記しておいたが、それはロマンス語学に関してはまさに「九牛の一毛」にすぎない量であろう。しかし、筆者はそれらの一定の部分を現物かあるいはコピーで所有している。そしてすべての必要個所は批判的に読んでおり、それらを参考とした上で記述している。一般読者の大部分は、そこに書かれている書物とは一生無縁であろう。しかし、もしも大学なりその他の場所で「ロマンス語学」という文言とともに何かを述べたり書いたりする場合には、ここにある書物や論文のか

なりの部分は無視しえないものなのである。

　筆者は、それらの著書から何らかの引用を行った場合には必ずその個所を詳しく記しておいた。「マイエル＝リュプケはこれを、ロマンス語子音変化の中で最も重要な変化であると言っている（引用文献 Meyer-Lübke 1, §125)」というような記述があれば、関心ある人は Meyer-Lübke 1 を、つまり引用文献一覧における Meyer-Lübke 1; W. Meyer-Lübke, Einführung in das Studium der Romanischen Sprachwissenschaft, Heidelberg, 1909 のその個所を参照していただきたいのである。

　ただし、読者から本書の欠点であるとして指摘される可能性が大いにあるのはこの引用文献に関してであろう。重要な書物であるのに筆者が無知のままでいるものはまだ沢山あるに違いないからである。

　何よりも、日本人研究者による研究の成果に筆者の目が少しも行き届いていないことは、素直に認める他はない。本来なら参照すべき、そして引用すべきであったものがあるのなら、その著者には重々お詫びをしたいが今となってはそれも手遅れである。

　そのような欠点があることは念頭に置いて、ともかく自分に関心のあるところだけでも読み、そこから何らかの新しい知見が得られたと思っていただければ、筆者としては満足である。

01　第一章　世界におけるロマンス語

　　011　スペイン語
　　012　ポルトガル語
　　013　フランス語
　　014　イタリア語
　　015　ルーマニア語
　　016　カタルーニャ語
　　017　オック語
　　018　その他のロマンス語
　　　　0181　サルディニア語
　　　　0182　レト・ロマン語
　　　　0183　ダルマティア語
　　019　ロマンス語学に関わるその他の事柄
　　　　0191　ロマンスという言葉
　　　　0192　ロマンス語学の現在

011　スペイン語

　はじめに、ロマンス語に属する言語が現代世界の中でどのように存在しているのかを話者数が多い方から概観し、その歴史を簡単に紹介しておく。

　ただし、言語の話者数というものには必ずしも客観的な根拠があるとは限らない。各ロマンス語それぞれが、話者数を確定するのに独自の困難さを持っていると言える。日本語話者は1億2000万強で、フランス語やイタリア語を抜いて世界でも有数の大言語であるがその話者のほぼすべてが日本列島内にいる。ロマンス語においては、話者数や話者の存在地域はそのように単純には述べられないのである。

　いずれにしても、話者数が最も多いのはスペイン語である。従来中国の北京官話と英語に次ぐ世界第三の大言語と考えられてきたが、スペイン語を話す中南米諸国での人口増は英語話者の国の比ではなく、話者数としては既に英語を追い越しているという説もある。

11

01 第一章 世界におけるロマンス語

　様々な資料を見ると、それを母語とする人の数は3億3000万という数字が一番小さくて、一番大きい数字は4億である。第二言語としての話者を含めると、3億9000万から5億である。本書にとっては正確な数字は重要ではないので、この中間のあたりと見当を付けていただければ良い。

　スペイン語人口の増大は、もちろん16世紀以来の植民地獲得のせいである。スペイン本国よりも、旧植民地（ブラジルを除く中南米の国々とカリブ海のキューバ、ドミニカ）での話者の方が多くなっている。アフリカでも、赤道ギニアとかつてスペイン領サハラと呼ばれた地域にもスペイン語は残存している。アメリカ合衆国においても、hispanics と呼ばれる中南米系の移住者の中にはスペイン語話者は多数存在し、その数は増えていく傾向にある。

　スペイン本国の言語と中南米におけるそれとがすべてにおいて一致しているのではない。発音の違いが明瞭に感じられることがあるし、また語彙にも別の特徴があったりする。しかしその一方を学べば他方も完全に理解可能となる。本書において扱われるのは本来の地域におけるロマンス語で、植民地で生まれた変異体は一応は考慮から除外しておく。

　ところで、スペインの人口は4600万人でそれはすべて話者数に数えられるのであるが、そこには少し注釈が要る。スペイン第二の都市バルセロナを中心としたカタルーニャ州、第三の都市ヴァレンシアを中心としたヴァレンシア州、また地中海内の島嶼部において、たとえ日常的にスペイン語を話し、読み書きしてはいても自分の「母語」はカタルーニャ語であってスペイン語ではない、と思っている人が少なからず（数え方によっては1000万人）いることは知っておかねばならない。スペインでは他に系統不明のバスク語も話されているし、ガリシア地方の言語はポルトガル語の分派であるガリシア語である。

　スペイン語の最古の資料は10世紀にまで遡る。その詳細については、「033 俗ラテン語の源」の中の「0331 意識的資料」で述べることにする。

　スペイン語の歴史は、三つに分けられる。12世紀から15世紀を「中世スペイン語」、16世紀と17世紀を「古典スペイン語」、それ以後を「近代スペイン語」とする。しかし、1200年頃に書かれた英雄叙事詩 Cantar de Mío Cid（『エル・シードの歌』として長南実氏訳が岩波文庫にある）は、「中くらいの教育あるスペイン人なら小辞典さえあれば楽に読める」との証言がある。つまりスペイン語は中世以来変化の度合いの低い言語なのである。

　周知のようにイベリア半島は8世紀初めにウマイヤ朝のイスラム勢力の侵攻を受

け、一時は北部の山岳地帯を除くすべてを支配されることとなった。キリスト教勢力は徐々に南下を進めたが半島の半分までを支配するには12世紀半ばまで待たねばならなかった。キリスト教勢力の中心であったのはカスティリア王国である。13世紀終わりになると、イスラム勢力は半島南部のグラナダ一帯にしか残らず、それも1492年にアフリカへと放逐された。

　結局、カスティリア方言が標準スペイン語のもととなったのだが、それに対するカスティリア・レオン王国のアルフォンソ十世王（在位1252－1284）の功績が強調されている。El Sabio「賢王」と称される彼は、公文書にラテン語ではなくスペイン語を用いさせ、またトレドの彼の宮廷に学者を招いてアラビア語やヘブライ語の文献をラテン語に、そしてまたスペイン語に翻訳させたのであった。彼の治世以来、標準スペイン語としてのカスティリア方言 Castellano の地位は磐石となった。

　これから「スペイン語」として書くことは、要するに Castellano（英語では Castilian）のことである。

012　ポルトガル語

　その次に話者が多いのはポルトガル語である。この言語もスペイン語の場合と同様かつての帝国主義的拡大のせいで本国（人口約1000万人）よりも旧植民地での話者が圧倒的に多い。人口２億に近いブラジルがポルトガル語話者の国であり、アフリカの旧植民地アンゴラとモザンビーク（人口計4000万）やその他の小さな国々においても公用語とされている。アジアにおいても、東ティモール共和国（人口約100万）で一応は公用語として認められている。

　合計としては２億2000万程度とみなしておけば良いであろう。

　実用的な優先度、あるいは日本との関わりにおいては、ブラジルのポルトガル語の方が重要とも言えるのだが、本書は歴史言語学の立場から言語を論じるのであり、記述するのはポルトガル国での言語 EP（European Portuguese）である。BP（Brazilian Portuguese）は一種の変異体として扱うことになる。

　スペインの北西部に位置するガリシア地方で話されるガリシア語（スペイン語では Gallego）はポルトガル語と歴史的にも性格的にも密接に繋がっており、政治的な観点を除外するならばポルトガル語の方言と呼んでも差し支えない。

　ガリシア語は1975年まで続いたフランコ総統（生まれはガリシア人である）の統治下では禁圧されていたが、現在ではスペインの５公用語の一つにまで昇格している。話者は300万人とされ、書物の出版は盛んで、日刊紙、ラジオ・テレビの放送

01 第一章 世界におけるロマンス語

もある。

　そもそもがポルトガル語の発生はガリシア地方においてなのであり、その歴史を語る上で両者は切り離せないのである。

　ラテン語文書の中にガリシア的要素が見つかるのは9世紀からである。当時イベリア半島の大部分はイスラム勢力の統治下にあり、わずかにその北西部にガリシア王国があって、そこで後にポルトガル語となるべき言語が成長しつつあった。

　12世紀になると、原ポルトガル語と呼ぶべき言語の文書が書かれ、13世紀にはその言語は叙情詩のための言語として認識され、外国人によっても使われるようになる。その代表者が「011 スペイン語」で名を出したアルフォンソ十世である。彼に帰せられる聖母マリアを讃える旋律付きの詩集 Cantigas de Santa Maria は特に有名である。

　12世紀半ばにポルトガルは王国として独立し、イスラム勢力の後退を追って南進して、13世紀にはほぼ現在のポルトガルの地域を領土とした。一方、その言語の発生地であったガリシア地方はカスティリヤ王国の一部となり、それが現在のスペイン国の地勢へと繋がっている。

　言語的な観点からは本来1言語であったガリシア語とポルトガル語が、14世紀以来地域で切り離され、ポルトガル語が独自な発展を経験してその本流となったのである。顕著な相違の一つは、鼻母音の有無である。最初期のポルトガル語、つまりガリシア－ポルトガル語においては鼻母音の要素は十分にあった。母音間の［n］の脱落は既に起こっており、vio（< VĪNUM）、lua（< LŪNA）などの綴りが見られるからである。しかし現代のガリシア語には鼻母音は存在しない。

　参照しえた唯一の詳細な歴史的文法書ヴァスケスとメンデス＝ダ＝ルスによると、ポルトガル語史の諸段階を区切る真に満足できる学術用語はないそうである（Vásquez & Mendes da Luz, p.189）。その書での当面の区切りは、「ガリシア－ポルトガル語時代（12世紀終わりからほぼ1350まで）」、「前古典ポルトガル語時代（1350－1540）」、「古典ポルトガル語時代（1540から18世紀半ばまで）」、「近代ポルトガル語時代（18世紀半ばから現代まで）」である。

　そして、古典ポルトガル語時代の16世紀、17世紀において、ポルトガル語文学は黄金時代を迎え、言語的にも叙情詩、叙事詩、散文のすべてにおいて十全たる表現可能なものとなったとしている。

　この時期、ポルトガル語はアフリカへ、アジアへと広がっていったのであった。

013　フランス語

　その次はフランス語であるが、ロマンス語の中ではこの言語ほど「話者数」の想定に関して大小の差の大きい言語はない。話者数を２億2000万とする想定もあれば、6700万とするものもある。要するにフランス語の場合、母語ではないが第二言語として、あるいは教養語としてそれを話す人のどれだけを「話者」の中に入れるかで、そのぶれが激しくなるのである。

　フランス語を母語とする人の居住地域として明瞭なのは、量的に無視しても良い小地域（スイスの一部、モナコなど）を除くと、フランス本国（人口6300万）、カナダのケベック州（人口770万）、ベルギーの南部（人口350万）である。ただしカナダやベルギーではその多くがそれぞれ英語、オランダ語との二重言語者である。そこから、6700万という温和な数字が導かれる。

　一方フランス語は、旧植民地であったアフリカ地域での言語問題がその話者数の数え方に独特の難しさを作る。人口6000万を超えるコンゴに加えてマダガスカル、コートジボワール、カメルーン、ブルキナファソ、ニジェール、セネガル、マリ（これらはすべて人口が1000万を超える）とさらに多くのアフリカの国々の「公用語」という立場でフランス語は君臨しているのである。それらの人口を合計すると２億は軽く超える。公用語とは言っても、その国でフランス語を母語として日常用いている人がどれだけいるのか、それが問題なのである。

　中南米の国々では多量のヨーロッパ人が植民地に住み着き先住民にもその言語を移植したのに対し、アフリカの旧フランス植民地ではそのようなことは起こらなかったから、フランス語を学んだ人は先住民の上層部に限られていた。それが公用語となって教育で使われても、現代のエリートにとって便利な国際語は英語である。

　一方、人口3500万人を超すアルジェリアでは、アラビア語という威信言語があり、フランス語は公用語になってはいない。それでも、長かった植民地時代と距離的近さのせいで、フランス語を話す人の割合は南部アフリカの旧植民地におけるよりも大きい。

　「フランス語を話す人」を意味する francophone という名詞がある。そこから、フランス語がともかくも用いられている50を超す国や地域を指す francophonie という言葉が作られている。そこには、たとえばヴェトナムのような国もかつてフランスの植民地であったせいで含まれているのであるが、「フランス語が通用し、フランス文化が影響を持つ地域」くらいの意味でなら、「francophonie の人口は２億

2000万」という表現もあながち嘘ではない。

　フランス語に関する特殊性の一つに、そこから発生した混合言語であるクレオールの存在がある。人口800万のハイチ、人口8万のセイシェルにおいて上流層はフランス語を話すのであるが、一般に通用しているのはフランス語を基盤とした混合言語なのである。

　最古のフランス語は、842年に書かれた「ストラスブールの盟約」と呼ばれる文書に現れる。これは同時に最初のロマンス語文書でもある。この問題については第三章「031 最初期のロマンス語」で詳しく述べる。その歴史を単純に述べるなら、その最初の資料の現れから14世紀初めまでが「古フランス語時代」、それから17世紀初めまでが「中期フランス語時代」、それからフランス革命（1789年）までが「古典フランス語時代」、そしてその後が「近代フランス語時代」となる。

　スペイン語とは異なり、時代によるフランス語の変化は甚だしい。普通のフランス語辞書を用いて読める文学は古典フランス語時代以後のものに限られる。

014　イタリア語

　第四のロマンス語はイタリア語である。イタリアの人口は約6000万でそのすべてがイタリア語話者である。その他にスイス、クロアチア、スロヴェニアの一部でも話されており、ヨーロッパのその他の地域と合わせて6200万人程度がそれを母語としていると一応はみなされる。その他には、ブラジルとアルゼンチンにはイタリア人移住者が多く住み、数百万程度の人々がイタリア語を話しているとされる。

　イタリア語話者数の決定に留保をもたらすのは、イタリア国内における方言差の甚だしさである。「イタリア国民のほぼ半数は日常的には標準イタリア語を話してはいない」との報告がある。レプスキー夫妻によると、それら方言間の相違は「フランス語とスペイン語の差、ポルトガル語とルーマニア語との差、イタリア語と英語との差」ほどにも広い（Lepschy, p.13）。

　周知のごとくイタリアが統一国家を樹立するのは1870年である。それまでの歴史のごく一部のみを言うだけでも、半島の南半分とシシリー島は11世紀以来フランス人、スペイン人、オーストリア人に相次いで支配されていたし、半島の中心部はローマ教皇領であり、ヴェニス共和国も15世紀以来18世紀末まで強固に存在した。政治的と同時に文化的な中心地となるべき地がなかったのである。そのような歴史的経緯から由来するイタリア語の方言分化とその現況、さらには標準語を巡る論争

（questione della lingua という固有名詞で扱われる）を記述するのは著者の能力を遙かに超えた事柄で、そのことについては、上記レプスキーの書を参照するのが良いであろう（Lepschy, pp.22-38）。

本書で扱うのは標準イタリア語として通用している言語の歴史である。

最も古いイタリア語の実例として異論なく扱われるのは「カプアの裁定（Placito Capuano）」と呼ばれる、960年に書かれた土地の所有権争いの解決のための文書である。

それよりも古いイタリア語の実例としてよく引用される「ヴェロナの謎々（Indovinello Veronese）」と称されるものがある。これは、8世紀から9世紀初めに羊皮紙文書の余白に筆記された2行の句である。これを「古いイタリア語」であると認めるなら、それはストラスブールの盟約よりも年代的に前であるから、「最も古いロマンス語文書」ということになる。ただしこの文書の解釈については異論が様々ある。

「カプアの裁定」の場合は、ラテン語の知識を豊富に持っていた僧侶階級が、庶民にも十分理解される性質の文を意識的に起草したのであるから、その「ロマンス語性」には不明確さはない。一方「謎々」の方は一種の落書きであって、単に書き手の正しいラテン語の知識の不足による、いわゆる「俗ラテン語文」の一例であるとの解釈が可能である。

本書はこの問題についての検討を重ねる種類の書物ではないので、その詳細についてはカステッラーニの書（Castellani）、あるいはタリアヴィーニ（Tagliavini, pp.524-534）を参照していただきたい。グーグルで Indovinello Veronese を検索してみるのも良い。

ラテン語の威信が特に強かったイタリアでは、民衆語での文献の出現は他の国よりも遅く、13世紀になってシシリー島、ウンブリア地方、ロンバルディア地方、少し遅れてトスカナ地方でその地の言語の詩や散文が書かれ始めた。

その中でも標準イタリア語としての地位を確立したのはダンテ（1265-1321）、ペトラルカ（1304-1374）、ボッカッチョ（1313-1375）などが文学的営為のために用いたトスカナ方言であった。彼らの貢献は明かであるが、そこには同時にフィレンツェ市の政治・文化・経済的威信も関わっており、またトスカナ地方が地理的のみならず言語的にもイタリア北部と南部の中間に存在したことも重要な要素であ

る。

その標準イタリア語は、14世紀以来比較的変化を受けずして今日まで続いている。具体的に言うならば、ダンテの『神曲』（Divina Commedia）を読むためには、特別な辞書は不要なのである。フランス文学の場合、15世紀の半ばを生きた詩人ヴィヨンを読むためにでも特別な辞書を必要とする。

015　ルーマニア語

話者数で5番目になるのはルーマニア語である。英語では Rumanian、Romanian 両方の綴りが使われるが筆者は Rumanian を好む。ルーマニアと、旧ソビエト連邦から独立したモルドヴァで話されていて、両国の人口を母語としてのルーマニア語人口とするなら2500万弱である。両国はスラヴ語やギリシア語、アルバニア語の国々によって他のロマンス語地域から孤立した浮き島のような存在である。中世における歴史においてもラテン語文化圏から切り離されており、スラヴ語、ギリシア語、アルバニア語の他にもトルコ語などとの交流も多くて、ロマンス語の中では格別に独自の特徴を備えている。

この両国以外にもルーマニア語と祖先を共通とする言語を話す人々はいて、彼らはブルガリア、マケドニア、アルバニア、ギリシアの国々に孤立した島々のような言語共同体を作っている。それは3種に分類されていて、人口の多い順に、アルーマニア語、メグレン・ルーマニア語、イストリア・ルーマニア語である。これらについては、「092 ルーマニア語の所属問題」で再び触れる。

これら4言語は、歴史的に同系統であるとされているだけでそれらの話者同士の理解可能性は低いと言われている。アルーマニア語に関しては、マケドニアにおいては一定の公的権利（法廷で使える、学校教育にも導入されるなど）が認められているという報告もある。これらをも含めて全体を Rumanian とする場合には、ルーマニアやモルドヴァの言語は Daco-Rumanian「ダキア・ルーマニア語」と呼ばれることになる。それはこの後に書く事情による。

ルーマニア語の歴史には謎の部分が多い。まず、ルーマニア語地域とローマ人との、あるいはラテン語との、関わりが他の土地とは比較にならぬほど薄いのである。現在のルーマニアの土地は古代においてはダキアと呼ばれていた。それがローマの領土となってラテン語話者が入植し始めたのはやっと2世紀初めである。しかもその後起こったゲルマン民族の侵入の結果ローマ帝国は約170年後にその地を放棄してしまうのである。

ローマ人の撤退の後、ダキアは様々な異民族に支配された。その後1000年以上の間その地でのラテン語系言語の情報はない。現在のルーマニアの地において、周囲の言語と異なった言語を話す人々として認識されるワラキア（Wallacia）人と呼ばれる民族の存在が記録されるのは13世紀初めである。彼らは徐々に独立した勢力範囲を確定するようになる。その人々のラテン語系の言葉が断片的にでも資料に現れるのは14世紀であり、全体としてルーマニア語であると言える文書の出現には16世紀まで待たねばならないのである。そして、「美的価値のある文学」が書かれるのはやっと19世紀からであるとの証言もある（Tagliavini, pp.540-548）。

　それ以上のルーマニア語の言語史については、「092　ルーマニア語の所属問題」において述べることにする。

016　カタルーニャ語

　その次に来るのはカタルーニャ語である。「カタルーニャ」というのはその言語自身の発音 catalunya を写したもので、かつては英語名 Catalonia に準じたカタロニア語という表記が一般的であり、筆者自身もそのように表記していた。現代の通例では話者自身による名称を用いるというのが原則なので本書ではこのようにする。なお、なぜかカタラン語という呼び名に固執する人が学界内部にも存在するのが厄介ごとである。これはフランス語をフレンチ語と、スペイン語をスパニッシュ語と呼んで気取ってみせるようなもので、無意味で誤った用法である。

　カタルーニャ語は今まで述べてきた言語とは異なり、独立した国家の言語ではない。これはスペイン国の第二の都市バルセロナを持つカタルーニャ州、第三の都市ヴァレンシアを中心としたヴァレンシア州、地中海のマヨルカ島、メノルカ島その他を含むバレアレス諸島で話されている言語の名称なのである。その他にもピレネー山中の小国アンドラ、フランスのピレネー山脈寄りのある地域、イタリアのサルディニア島の一部にも話者はいる。

　スペイン国内においてはこの言語の話者は例外なくスペイン語をも話すし、フランス、イタリアにおいてもカタルーニャ語が唯一の母語となっているのではない。だからそれを母語として話す人の数を確定的に述べることは易しくはない。本人がカタルーニャ語とスペイン語（あるいはフランス語、イタリア語）のどちらを母語として認識しているかの問題がある。

　また、たとえカタルーニャ語を母語とする意識を持とうとも、日常的にそれを「話す」だけではなく「読む、書く」をどの程度まで実践しているのかが微妙な問

題である。カタルーニャ語の民族意識の高まりと言語教育・言語政策の強化は、筆者がバルセロナに留学していた昭和の終わりと比べると、その話者数をどんどん膨らませていく様子である。それを1000万人とする説もあるが、とりあえずここでは話者は600万人であると見積もっておくことにする。

　以上のようなカタルーニャ語の社会言語学的問題については章を改めて「091 カタルーニャ語」で別に述べることにする。またその歴史についても改めて詳しく述べるので、ここではその概略にとどめる。

　カタルーニャ語による文学活動の開始は他のロマンス語に比べると早くはないのであるが、14世紀、15世紀にはカタルーニャ語による文学は隆盛で、それは黄金時代とも呼ばれている。しかし15世紀終盤以後、政治・文化の中心地はマドリドに移り、16世紀から18世紀まではカタルーニャ語文化は衰退していた。

　18世紀以後、経済的復興に伴い民族主義的感情が高まり、19世紀中葉には「カタルーニャ・ルネッサンス」と呼ばれる現象が起こった。しかし、言語に関しては方言分化が甚だしく標準語についての統一的見解が存在しなかった。20世紀初頭の30年の間に標準カタルーニャ語への合意ができたのであるが、その成果はスペイン内乱（1936−1939）とその後のフランコ総統による独裁政治によってカタルーニャ語の禁止という形で抑圧される。

　1975年の総統の死去以来、カタルーニャ語の状況は劇的に変化してきている。カタルーニャ、ヴァレンシア、バレアレス諸島が三つの自治州となり、それぞれが言語政策を実施する。中でもカタルーニャ自治州は最も先進的で、カタルーニャ語を公用語としてスペイン語よりも優先させることを決定している。

　カタルーニャ語は筆者が格別に関心を寄せている言語であって、この言語については「091 カタルーニャ語」で再説することにする。

017　オック語

　現代の南フランスにおいて、標準フランス語とは別に多くの地域的差異とともに残存している言語群は一括して英語では Occitan と呼ばれる。それらは11世紀から13世紀にかけて文化的威信を誇った、フランス語とは別のロマンス語の子孫である。本書ではその中世の言語から始まって現代の諸方言をすべて包括するロマンス語の言語名として「オック語」の名称を使う。しかし、プロヴァンス語（英語では Provençal）という表現もよく使われるから、その関係についてまず話さなければならない。

最初に言うべきは、オック語（langue d'oc）とオイル語（langue d'oïl）の名称の由来である。ダンテは14世紀初めに書いた『俗語詩論』においてラテン語の子孫を三つに分類している。その根拠は、肯定のために（つまり英語での yes のために）oc、oïl、si のどれを使うかであった。彼はそれぞれの話者が Yspani、Franci、Latini であると少し変わった言い方をしているが、要するに南フランス地方の人、北フランス地方の人、イタリア半島の人、の区別である。

　oc、oïl、si、それぞれの語源は「042 文法化という現象」で説明する。ダンテの慧眼は見事であった。ガリア地域だけを対象とするならば、北部には langue d'oïl（オイル語）が、南部には langue d'oc（オック語）が存在していたのである。そこでオック語話者の地域に対して中世以来フランス語で Occitanie という呼び方が用いられるようになった。そこから形容詞として occitan も生まれ、それが言語名としても使われる。

　現代においては occitan はいくつかに分かれた方言として存在している。標準的な分類を英語で書くと Gascon、Provençal、Languedocien、Auvergnat、Limousin の五つになる。Gascon として分類されたものは、フランス南西部のボルドー市とトゥールーズ市を結ぶ線をスペインとの国境線にまで伸ばしたものと、その国境線で囲まれた三角形の地域における方言なのであるが、それに対してはオック語全体から独立した1言語として扱う考え方もある。そのような場合にはこれをガスコーニュ語と呼ぶことにする。

　名前を挙げたものはすべて、ユネスコが1999年に発表した「消滅危機言語」一覧に載っている。危機は5段階に分けられるが、後半3言語は下から3番目の「極めて深刻」グループに入れられている。これらのうちで標準オック語として扱われるものはないし、教育や行政で用いられる言語でもない。その話者はすべてがフランス語話者でもある。Gascon はスペインにも、Provençal はイタリアにも話者がいるが、すべて2言語併用者である。筆者の知見の範囲では、南フランスの出身でもオック語を全く解さない大学教授もいた。

　現代においてはそれが母語、あるいは唯一の言語として機能している社会は存在しないから、他のロマンス語にしたようにオック語話者数を探ることには大して意味はないのであるが、「喜んでオック語方言で会話する人は200万から300万人いる」との記述もある（Harris & Vincent, p.17）。本書で扱うのは、そのような諸方言のもととなった中世の言語、古オック語のみである。

オック語は、文語としての地位を確立した最初のロマンス語であった。

最初の文学的作品は宗教に関わるもので11世紀の冒頭から現れるのであるが、その世紀の終わりから12世紀にかけてこの言語作品の華とも言うべき「宮廷風恋愛」を主たる題材とする叙情詩が書かれ始める。フランス語で troubadour と、オック語で trobador と呼ばれる詩人たちが現れるのである。

その言語のためにはプロヴァンス語 provençal という名称の方が通用している。この詩人たちの作品に最初に関心を示したのはダンテやペトラルカのようなイタリア人であった。イタリアからの見地ではそれらが生まれた土地はローマ時代のProvincia（属領）であり、彼らがその言語をプロヴァンス語 provenzale と呼んだことは理解できる。ローマ人は前 2 世紀に既にアルプスを越えたガリアの 1 地域を領土として獲得し、それを直轄地（属領 Provincia）としたので、それがそのまま地名に転用され現代に至るまで Provence という名は残る。

12世紀と13世紀初めが宮廷風恋愛詩の最盛期であった。しかしその13世紀初めに起こった「異端カタリ派の討伐」によって南フランスの貴族勢力が衰えると、詩人たちを支えてきた宮廷文化の基盤が失われ、彼らの多くは外国に逃れた。最後のtroubadour と呼ばれる人 Guiraut Riquier は1292年頃に死んでいる。

14世紀になるとオック語自身の威信とそれを支える社会的基盤が衰えていた。フランス語がそれに取って代わるのである。結果として生じたのは、オック語のさらなる方言分化である。

文筆活動はその後も続いたとはいえ、オック語が真の文学作品を生み出すには19世紀まで待たねばならない。フランス革命を契機として起こった民族意識の高揚はオック語ルネッサンスとでも呼ぶべき文化運動になった。オック語詩人のフレデリック・ミストラル（1830 – 1914）がノーベル文学賞第 4 代（1904年）の受賞者となったことはそのルネッサンスの具体的成果である。

ミストラルはプロヴァンス地方の出身であり、彼の用いた言語、そして彼がオック語の文語として確立させようと努力した言語はプロヴァンス方言であった。しかし現在は、ミストラルの業績はともかくとして、オック語諸方言の中でプロヴァンス方言が飛び抜けて権威あるものではない。provençal という言葉は、プロヴァンス方言のために使われる。しかしそれはあくまでも現代オック語の方言の一つであるのだから、中世の詩言語（本書では古オック語）のための用語 provençal と混同してはならない。そのような混同を避けようと、プロヴァンス方言のためのロベール・ルーレの辞書は Occitan provençal「プロヴァンスのオック語」の用語を

採用している（Rourret）。

　オック語はカタルーニャ語と非常に良く似ている。中世においてはそれらは1言語として扱われたことがあったし、現代でも人によってはそれを1言語としてしまうほどである。過去に文学上の黄金時代を経験しながら、その後の動乱で一時政治的にも文化的にも威信を喪失し、長い沈滞状態の後に民族的自覚から復興運動が起こった点においてもこの2言語は相似形である。

　ただし、大きな相違が存在する。カタルーニャ語が20世紀においてなし遂げたこと（言語の標準化、文筆活動の勃興、政治的権利の回復、教育現場への導入など）のどれ一つとしてオック語はなしていないのである。

　そのような事実がある分だけ、社会言語学的観点から現代のオック語地域は興味深い研究領域となる。日本人の熱心な研究者もいる。しかし本書はあくまでも歴史言語学的立場からのもので、その分野について改めて触れることはしない。オック語研究の歴史その他の問題については、斯界の第一人者であるピエール・ベックによる簡潔な記述とポズナーの注釈があり、文献についても参考になる（Trends 2, pp.115-130）。

018　その他のロマンス語

0181　サルディニア語

　サルディニア島には、イタリア語とは明瞭に異なって独立したロマンス語とみなされる言語がいくつかの方言に分かれて存在している。

　オック語とは異なり、サルディニア語は公式言語と扱われたことは中世以来なく、もっぱら口頭の意思疎通のために使われるのみで、文学を生み出したこともない。しかし、言語学的見地からはサルディニア語は尽きぬ興味を抱かせてくれるものである。

　サルディニア島は前3世紀にイタリア本土以外では最初のローマの領土となった。その島の先住民や外来の占領者について、またローマ領へ編入された後の歴史についてはワグネルの記述に任せたい（Wagner, pp.7-35）。ともかくこの島は、ラテン語化されたとはいえ長く他のロマンス語地域からは孤立した環境であったのである。

　その結果としてサルディニア語はロマンス語の中で最も保守的様相を守っている。それは他のロマンス語には見られぬラテン語の古拙的特徴を残しており、また

23

ロマンス語ではない言語からの目立った影響も存在しないのである。

　古いサルディニア語の出現は11世紀末に始まる。11世紀と次の世紀にかけてサルディニア語文書は他の同時代のロマンス語文書と比べると数が多いのであるが、すべてが法律文書である。それらの作成がサルディニア語でなされたことの理由としては、タリアヴィーニその他はこの僻地の島にはラテン語の知識が深く浸透しなかったせいであるとしている（Tagliavini, p.517, Elcock, p.488）。

　サルディニアの言語が周囲の他の言語と大きく異なっているということは、稀代の言語観察者ダンテの目に既に明瞭に映っていた。彼は『俗語詩論』において、イタリア各地で存在する俗語（vulgaris eloquentiaであるが、「ラテン語ではない民衆の言葉」であって卑俗な言語という意味ではない）の中で文学にふさわしいイタリア各地の俗語をそれぞれ吟味しようとするときに、サルディニアの言葉を俗語にも入らぬかのように切り捨てている。彼によると、「サルディニア人はまるで猿が人を真似るかのようにラテン語を真似ている」のである。現代の目で解釈し直すと、他の諸方言がラテン語から大きく逸脱する変化を遂げていたのに対し、サルディニア語は変化の度合いが格段に低かったということなのである。しかしダンテにはラテン語と彼の言う俗語との歴史的関係は把握されていなかったから、このような評言となる。

　サルディニア語での筆記の伝統は続かない。文学的表現は発達することなく、ダンテの時代まではピサ市の勢力圏内にあったこの島が、14世紀にアラゴン王国の領土となると公式言語はカタルーニャ語になる。統一スペインが成立するとスペイン語になる。18世紀になってサヴォイ家の領土へと割譲されるとそれ以後イタリア語がそれに取って代わる。サルディニア語は標準語というものを形成せぬまま方言分化し、現代に至るまで口頭での使用言語にとどまる。

　既に述べたユネスコの「消滅危機言語」調査（Unesco Red Book on Endangered Languages のヨーロッパ編）では、サルディニア語は4方言に分類されていてそのすべてが消滅危機にあるとされる。その資料によると、話者数は100万を超しており、153万人とする説もあると。ただし彼らはイタリア語を使う場合の方が多い、とある。

　ダンテの表現のようにサルディニア語の特異性は早くから認識されていたものの、それに対する科学的な研究が始まるのは遅くて、19世紀以後である。

　その研究史と文献目録はコンティーニとタットルによるものが意を尽くしている（Trend 2, pp.171-188）。この書ではユネスコにおける資料とは少し異なり「大都

市を除けばサルディニア語はサルディニア島人の多数派の第一言語であり、家族間のみならず酒場、店頭、子供の遊び場で聞こえていて、イタリア語は学校に入ってから学ぶ言語である」と記述されている。

　方言分類は論者によって一致はしないしある程度複雑である。ユネスコでの4分類は島の北側から順番にガッルーラ方言、サッサリ方言、ログドーロ方言、カンピダーノ方言とするものであるが、コンティーニとタットルはサッサリ方言を除いて3に分類する。もっと詳しくはタリアヴィーニを参照のこと（Tagliavini, p.389）。

　近年はweb上でこの言語に関する資料がたやすく入手できるようになった。検索画面でたとえば lingua sarda と入力すると、いくつかの辞書・文法書・研究書などにたどっていけて、内容閲覧もできる。

　別項目「0931 サルディニア語」に、ログドーロ方言による19世紀の口承歌と今世紀の文語を載せてある。

0182　レト・ロマン語

　日本では慣例的にレト・ロマン語と呼ばれている言語群がある。スイス国内にある1言語と北イタリアにある2言語の総称である。スイスの場合はその東端のオーストリアとイタリアとの国境に面したグラウビュンデン州（フランス語的名称ではグリゾン州）の一部で話されており、イタリアでは北部のドロミティ地方と、そこから50キロほど東方でスロヴェニアとの国境に近いフリウリと呼ばれる古い伝統を持つ地方に残っている。これらを言語と呼ぶか方言と呼ぶか、あるいはその他の名称を応用するかには諸説があるので、ここでは言語で済ませておく。

　レト・ロマンとはフランス語の rhéto-roman そのままで、これは19世紀中頃にドイツの言語学者が用い始めた名称 Rätoromanisch に由来する。英語では Rhaeto-Romance である。名前の前半は、前1世紀の終わり以来ローマ帝国の一属領であったラエティア Rhaetia から取られている。

　ローマ時代のラエティアは現代ならスイス東部、オーストリア西部、ドイツ南部にまたがる比較的広大な地域であった。これら3言語のうちスイス国内のそれは確かにその地域にあてはまる。しかし、イタリア国内の2言語を話している人々の土地はラエティアとは重ならないのである。もちろん彼らがラエティアからの移住者であることが不可能とは言えないが、これはいかにもドイツ中心的命名法である。また忘れてならぬ重大な事実は、音韻や文法の共通性で一つにまとめられているとはいえ、それらがラエティアであれどこであれ、かつて存在した1言語が分化した

子孫であるという実証は今のところできてはいないことである。言語における共通
性以外でこれら3地域に過去における文化的あるいは政治的な一体性を想定するこ
とは認められてはいない。

　結果として、名称の問題がこの言語に常につきまとう。タリアヴィーニはこの言
語全体を ladino として扱っている（Tagliavini, pp.377-）。しかしタリアヴィーニ
自身が認める通り、これも誤解を生みやすい名称である。ladino はレト・ロマン語
のうちのイタリア国内にある一つのみを指す伝統もあるからである。また、スイス
の1言語と書いたが、これは多くの方言に分化していて、そのうちのどれをもって
代表させるかの問題も潜んでいる。現代イタリアでの斯界の第一人者と思われる
ジュゼッペ・フランチェスカートは「提唱された名称には一つとして十分適切な
ものはない」と言った後で、包括的英語名称としては Rhaeto-Romance ではなく
Rhaeto-Friulian を選んでいる。彼の記述が、詳細な文献表も含めてこの言語の歴
史的位置に関する questione ladina と呼ばれる議論を紹介する最も簡便有用な資料
であると言える（Trends 2, pp.131-169）。

　本書では総称としては伝統となったレト・ロマン語を用いる。そしてジョン・ヘ
イマンの記述に倣い、イタリア国内の二つは英語名称を用いてドロミティ地方の言
語をラディン Ladin と、フリウリ地方のものをフリウラン Friulan とする（Harris
& Vincent, pp.351以下）。スイス国内のものには現在スイスの公用語としての名称
ロマンチュ Romantch を用いる。それらはすべてユネスコによって「消滅危機言語」
に分類されている。

　ラディンは、書かれた資料は18世紀に始まる言語である。ユネスコの資料ではラ
ディン話者は1万人から2万人である。ジョン・ヘイマンは1万としている。筆者
はラディンの文法書のようなものを入手しておらず、その詳細は知らない。知識の
中のごくわずかな文例を巻末の言語資料に載せておくだけである。

　フリウランは、最古の文書は13世紀終わりに書かれている。ユネスコの資料を用
いるなら話者は数え方によって35万人から72万人である。ジョン・ヘイマンの記述
では4万人から5万人とされる。

　スイス国内のグラウビュンデン州で話されているロマンチュは16世紀以来の文書
の伝統を持つ。既に1938年にドイツ語・フランス語・イタリア語と並ぶスイスの公
用語としての地位を得たのにも関わらず、現代の話者は3万人程度と推測されてい
る。筆者は、1972年の札幌オリンピックでスキー女子回転の優勝者はスイス人であっ
たがロマンチュしか話せない人だったのでインタビューできる人がいなかった、と

いう記事を読んだ記憶がある。

　ロマンチュは大きく二つに分類され、さらに全体として5（数え方によっては7）の方言差が存在する。それらすべてを統一するものとして Rumantsh Grischun と命名された一種人工的な標準語を制定する動きがあるが、すべてのロマンチュ語話者によって同意はなされてはいないようである。一例を挙げると、『星の王子さま』の翻訳がロマンチュ語ではそれぞれの特性を主張するために4種類も出されている（「094　『星の王子さま』7ヶ国語対照例」参照）。そのような問題については、インターネット上の検索でたとえば Rumantsh とすることで色々な情報は得られる。またYouTubeによる音声の聞き取りも可能である。

　本書では、この言語群の歴史については詳述はしない。「0932　レト・ロマン語」において、その文の一例を掲げ説明を加えるにとどめる。

0183　ダルマティア語

　消滅危機言語ではなく、実際に消滅したロマンス語の記録がある。古ダルマティア語（Old Dalmatian）と呼ばれる。ダルマティアとは現在のクロアチアやボスニア・ヘルツェゴビナにほぼ相当する地域のローマ時代の地名である。この地域は前3世紀から2世紀にかけてローマの領土となり、ラテン語化されてそれを独自に発展させたのであった。

　最古の言語資料は13世紀である。その南部方言は中世に存在したラグーザ共和国の公用語であった時代もあったがスラブ系言語に圧倒される結果となり、文書を残して消滅した。北部方言はクルク島（Krk）に長く残されたが、その最後の話者は19世紀終わりに他界している。

　この言語については筆者は無知であり、またその資料も入手できないので、これ以上の記述はできない。ダルマティア語の音韻特徴その他や、その最古の資料については、タリアヴィーニが最小限のことを述べている（Tagliavini, pp.374-377, 535-536）。

019　ロマンス語学に関わるその他の事柄

0191　ロマンスという言葉

　ところで、日本人一般には恋愛に関する言葉である「ロマンス」がなぜ言語の名

称として使われるのか、その理由を少し回りくどく書いてみたい。

遙か昔の高校生のとき、読んでいた翻訳小説の中に「心理がロマネスクである」という文言を見た。明確な意味は読み取れなかったのに、若いときによくあるように分かったつもりになった。しかし、もちろん当時は意味を読み取ってはいなかったのである。

ロマネスクは romanesque という形容詞であって、Romance Language の中の形容詞であるロマンス Romance と関係のある語である。しかしその正確な意味はどうなのであろう。今、そのときのことを思い出して、片仮名でも通用しているロマンスやロマネスクという形容詞、およびそれに関連ある単語の意味をある程度は明確にしておきたいのである。これはロマンス語学そのものとは無関係とは言えるのだが、ロマンスやそれに関わる語は日本では意味をかなり曖昧にしたままで使われていることは指摘しておかねばならないのである。

ロマンスに関わる言葉はヨーロッパの諸言語で複雑に入り組んだ意味合いを持っており、それが日本にばらばらに移植されて、十分には理解されないままに使われている。恋愛を意味するロマンスや、まさに日本独特の表現である大正ロマンとか男のロマンという言い回しの中にあるロマン、あるいはロマンチックという言葉、西洋音楽史における古典派と対立するロマン派、さらには昔懐かしい日本浪漫派といった文学思潮、また美術史におけるロマネスクという形容詞などである。ブルックナーの交響曲第4番は慣例として「ロマンティック」の副題が説明抜きで付けられる。

これらの大本はどこにあるのか。

これらはすべて一都市の名前から巨大国家の名前となったローマ Roma に由来している。しかし、歴史の中でそこから言語ごとに新語・派生語が作り出され、それぞれが似ているようでかなりの場合異なった意味を保持するようになってしまった。ところが日本人は、各国語での由来などは無視してそのどれかを自由に日本語に入れてしまうのである。だから、ロマンとかロマネスクとかいった単語は、よく見られるにも関わらずその意味は分かったようで正確には分からない結果となっている。

混乱するのも仕方がない。英語・フランス語・イタリア語・スペイン語の4言語に限定しても、これらの単語は形が似ている場合でも意味はかなりずれることがよくあるのである。

西洋中世に現在ロマネスク様式と呼ばれる芸術があった。10世紀終わりから12世

紀までの建築や美術の様式である。たとえばスペイン北部にはロマネスク建築の教会の建物が多く残っており、美術館には絵画芸術などが多く保存されている。バルセロナにある国立カタルーニャ美術館はその代表的なものだ。

　しかし、スペイン語でこれをいうとき、Romanesque に形で対応する romanesco という単語は使えない。ロマネスク芸術を言うための形容詞はスペイン語では románico(-ca) で、イタリア語でも同じ形の単語（アクセントなし）が用いられる。一方フランス語では異なる。フランス語ならこの芸術のためには roman(-e) という形容詞を使わなければならない。ロマネスク芸術に関するかぎり、Romanesque の単語は英語でしか使えないのである。

　言語群の名称としての英語の Romance languages も同じ状況である。ここで使われる Romance という形容詞に相当するのは、フランス語・スペイン語ではロマネスク芸術のためのものである形容詞と一致する。つまりそれぞれ、roman(-e)、románico(-ɛ) である。イタリア語では romanzo(-a) となる。言語の名称を言うときの Romance は英語でしか通用しないのだ。Romanesque も Romance も英語の単語であって、固有名詞に関連しているがゆえに大文字で書くという英語正書法の規則に縛られている。

　romance という単語はフランス語にもスペイン語にもあるが名詞としてしか使われず、前者ではそれは音楽用語である「恋の歌」を意味するし、スペイン語では主として中世の物語詩を指すことになる。

　romanesque という形容詞は、フランス語では「小説みたいな」という意味であり、建築や美術には使われない。「小説」はフランス語では roman なのである。スペイン語 romanesco もほぼ似た意味。もっともスペイン語では「小説」は novela で roman ではない。スペイン語と同形のイタリア語 romanesco は「ローマ方言的」という意味だと辞書にある。

　先に触れた、筆者が高校生のときに読んだ小説とは、三島由紀夫が少年時代に読んで特に影響を受けたと言っているラディゲの『ドルジェル伯の舞踏会』であった。あの「ロマネスク」はフランス語の romanesque であったのである。当然と言えば当然だが、高校生の頭にはそれだけの知恵はなかった。大学に入ってフランス語辞書を購入して初めて「心理がロマネスクである」の意味が理解できたのであるが、フランス語を知らなければ意味の通じないこのような訳文は良くないと思う。romanesque の語を日本語に直せないのなら、むしろ「心理がロマンチックである」とでもした方が日本人一般には意味が通じたのではないか。書かでものことである

が、その訳者とは生島遼一氏で、生島先生は筆者の大学入学時のクラスの担任ということになっていて、フランス語の講読もお習いしている。

日本語の「ロマンチック」であるが、これは英語の Romantic「伝奇的な、空想を好む、恋心を見せる、（音楽・文学の）ロマン派の、など」を取り入れてその意味の一部を拡大したものと言えるだろう。そこに関係したロマンチストになると、これはもう日本語にしかない新造語である。フランス語で romantique といえばそれは日本語のロマンチックの語感とはかなり異なり、文芸その他の芸術における「ロマン派の」を意味する。「浪漫主義」はこの文芸思潮用語の明治大正的翻訳表現である。ではロマン派とは何を意味するか、それは各芸術に関する書物を参照していただきたい。

ブルックナーの交響曲第 4 番の副題は Die Romantische である。ドイツ語形容詞 romantisch はフランス語の romantique と romanesque 双方の意味を兼ね備えた語である。それを単に「ロマンティック」としておくのは、筆者には一種の怠慢のように感じられる。

いずれにしても、「ロマンス語」というときの「ロマンス」は英語の形容詞 Romance である。英語はロマンス語ではないのにその名称として英語を使うのは変だと思う人は、たとえばフランス語を用いてロマン語と呼ぶ。les langues romanes である。フランス語だけがロマンス語ではないのだから、スペイン語を用いようとするなら las lenguas románicas となる。イタリア語では、ポルトガル語では、ルーマニア語では……と形を並べることは簡単であるが、大した意味はないことが分かるであろう。日本語でこの言語を表すのなら、英語の表現をそのまま用いて「ロマンス語」とするのが中立的で簡明だということである。

さて、ロマンス語という名称のもとであった英語 Romance の起源であるが、まとめて言うと「フランス語風に変化したラテン語が英語に取り入れられ、そこでまた独特の変化を遂げた単語」と説明できる。これ以上のことは詳細に亘るので、「最後まで知らなければ承知できない」という人々だけが読んで下されば良い。

中世ラテン語に ROMANICE という単語があった。古典ラテン語風なら「ローマーニケー」と発音されるが、中世初期においての発音は長短の区別はなくてアクセントの部分だけを強調した「ロマーニチェ」のごとくであったであろう。この単語は副詞であって、無理に訳すなら「ローマ語で」の意味である。つまり、「（ラテン語ではなく）ローマ語で（話す、書く、読む、など）」という文脈で使われる語で、

「ラテン語で」という副詞 LATINE（これは純然たる古典ラテン語）に対立する概念である。

　なお、RCMANICE に大文字を用いたのはラテン語単語をロマンス語単語と対照的に見せるための慣用的工夫であって、今後その方針で一貫する。

　ではその「ローマ語」とは何かというと、ある特定の言語のことではなく、フランス、イタリア、スペインなどの地域で当時の人々が現実に話していた日常語の総称なのである。中世では、古代ローマの言語であるラテン語は既に話されなくなって久しかったが、文書を作成するときには相変わらずラテン語が用いられることが多かった。そこで人々は筆記に用いる言語をおおまかに二大別して、「ラテン語で」と「ローマ語で＝日常語で」とを使い分けていたということである。

　中世ラテン語の副詞 ROMANICE は古フランス語では romanz という形になったのであるが、それが副詞ではなく名詞として使われるようになったのである。「ローマ語で書く、話す」という構文が「ローマ語を書く、話す」という風に解釈されたからである。romanz は「日常語」を表す名詞となった。名詞であるからには romanz は複数形のように見えてしまう。それで単数形らしい roman という名詞が逆形成されてしまう。それは「日常語の」を表す形容詞にもなったから、女性名詞に付くと形容詞の女性形らしい romane という形もでき、la langue romane のように使われることになる。次いで roman は日常語で書かれた物語をも表すようになった。長編小説を roman と称するのはそこから生じている。さらには、そのような物語の内容、多くの場合、恋愛、をも示唆するようになった。竹久夢二の絵に代表されていつかは人に忘れられていく「大正ロマン」のロマン、またもっとわけが分からないのにしつこく使われる「男のロマン」のロマン、これらの起源はこのあたりにあるのであろう。

　英語の Romance は、フランス語から大きな影響を受けた中期英語の時代に romanz を取り入れ、英語風の語尾に変えた結果である。それを形容詞としても使うのもフランス語の用法そのままである。だから英語 Romance とフランス語 roman は名詞としても形容詞としても用法はかなり重なっている。

　一方、前に言及したフランス語の romance は英語の同形語とは無関係で、roman から作られたのでもない。これは、スペイン語の ロマンセ romance が借用されたものなのである。「バラード」や「物語」を意味するこの名詞は、中世ラテン語の ROMANICE がスペイン語独特の変化をしてできあがった形で、英語との一致は偶然の結果にすぎない。

中世・近世ヨーロッパにおける言語の借用・被借用関係はこのように複雑であるから、「語源」を言うときには細心の注意が必要だということなのである。

0192　ロマンス語学の現在

21世紀の現在においては、ロマンス語学は言語に関する学問領域の中ではむしろ目立たないものであると言って良い。世界的な視野に立ってみても、ロマンス語学は他と明白に切り離されて独立した、そして他に影響を及ぼしうる学問分野ではなくなっている。言語学界の潮流の中ではそれは流行に取り残された分野である。筆者の判断によるとそれはひとえに、「新しい発見がない」ことによる。歴史言語学として見た場合には、ロマンス語学は論じ尽くされた感があるのである。

世界におけるロマンス語学研究の現況については、オックスフォード大学のレベッカ・ポズナー教授が繰り返し発言している。まず、Trends in Romance Linguistics and Philology, vol.1（1980）において（Trends 1, pp.3-21）。さらにまた、Romance Philology 誌に載った「90年代のロマンス語学」という長い書評論文で（Posner 2）。後者は、1989年から1995年の間に開かれた五つのロマンス語学に関わる国際学会での論文集（刊行は92年から96年に亘る）に載った論文を詳細に紹介し、論じたものである。

Romance Philology という雑誌はカリフォルニア大学バークレー校の出版で、筆者の判断ではアメリカにおけるロマンス語学の専門誌としては随一のものであるし、世界的に見ても五本の指に数えられるものである（他は、Romania、Revue de Linguistique Romane、Revue des langues romanes、Zeitschrift für Romanische Philologie）。

著者ポズナー氏は、日本語に翻訳された著書（「後書き」を参照のこと）もある学者で、ロマンス語学に関しては最もオーソドックスでリベラルな研究態度を持った人の一人と考えて良いと思う。オーソドックスでリベラルというのは、要するに研究対象を一つの言語にとどまらせずロマンス語全般に目配りをしていること、そしてロマンス語学を歴史言語学の一分野として理解していること、それにも関わらず現代の言語学的理論についても十分の理解力と知識を示していること、これらのことを言う。

そのポズナー教授がこの書評論文において、抑制を示しながらもかなりの批判を現代のロマンス語学の趨勢について述べる結果となった。

その要旨は教授自身の言葉で述べられている。「ここで強調されているのは『言

語学』であって『ロマンス』ではない」と。

　「全体的に、一語族としてのロマンス語特有の要素への言及は非常に乏しい」とも書かれている。これらの論集にある論文は「ロマンス語の研究」として銘打たれていながら、実際には「ロマンス語言語学」という独立した分野が存在していることすら見えにくくなっていると言うのである。

　補足して言うなら、英語、ドイツ語などをまとめて考察する「ゲルマン語言語学」、ロシア語、ポーランド語などに関する「スラブ語言語学」などと並列された存在としての分野であることが見えなくなっているということであろう。

　具体的に教授は、言語の歴史的・社会的様相の重要性が軽視され、語彙研究は事実上無視されていること、歴史的に比較言語学が重視していた形態論もさほど注目されぬことを指摘している。

　現代の言語学では「言語普遍」を見いだすことが主要目的とされ、語彙論や形態論は1言語特有の問題であって中心的課題ではないとされてしまうことを、教授は了解はする。しかしそれでも、現代の研究者が過去の研究の成果を軽視していることを遺憾とし、「方法論は新しいかもしれないが、実際に引き出された結論は前世代の人々によく知られたものにすぎないではないか」と手厳しい評価も下している。

　新しい方法論が提唱され、賛同者を得てそれが流行にまでなり、論文が多数生み出され、それがいつか別の方法論に取って代わられ御用済みとなる過程は、20世紀後半の言語学史を多少なりとも知る人にはおなじみの現象である。1950年代半ばからアメリカにおいて始まった、当初は変形文法と呼ばれ、その後生成文法と呼ばれるようになった理論がその典型である。当時読んだ面白い英語のジョークがあった。「追いかけても無駄なものがこの世には三つある。動きだしたバスと、心変わりした恋人と、最新の生成文法理論と」というものである。

　初期の理論の変遷は省略しておいても、1980年代には言語学界において一世を風靡した感のある GB 理論というものがあった。GB というのは「統率」Government と「束縛」Binding の頭文字を取ったもの。さらにそれは1990年代には「極小主義プログラム」あるいは「最小主義プログラム」と訳された Minimalist Program へ発展していった。それと同じ頃、「最適性理論」Optimality Theory という考え方も現れた。

　現代ではもっと別の理論が主流になっているのかもしれぬが、ポズナー教授ほどの頭脳を持たぬ筆者はそれは何も知らないと告白しておく。本書で扱うのは、もっ

ぱら古典的なロマンス語学である。

　世界の状況がなんであろうとも、ともかく「日本においては」、本書のような書物には存在理由はある、と信じて筆者は書き始める。なぜなら、ロマンス語学に関して西洋諸国では当然の常識的と思われている事柄が日本の言語学界においては、時にはロマンス語学の学界においてすら、それが一般化されていないように見えるときがあるからである。

　西洋諸国においては、英語で Romance Philology と称されるこの学問は、長い歴史と広大なる裾野を持つ研究領域であり、その研究成果は蓄積されて、ある種の常識として識者の意識の中に常に存在しているものなのである。我々日本人が西洋文明を総合的に理解しかつ享受するためには、ロマンス語学に関する一定の常識は必要である。それは、ギリシア・ローマの古典文化を知ることと同程度の重要性を持っていると言えるかもしれない。

　ロマンス語学に関する文献は汗牛充棟の表現がふさわしいほど多量に存在するので、筆者はまさにそのごく限られた一部にしか触れていない。その中の重要なものについては本文で徐々に紹介するので、ここではロマンス語学学説史についてだけ触れる。

　最も簡略な英語文献はポズナー教授の記述であろう（Posner 1, pp.2-7）。アメリカのロマンス語学界の長老であるホールによるロマンス語学説史は、もっと詳しいだけ役立つのみならず彼らしく挑発的であるのが面白い（Hall 2, pp.227-248）。20世紀以後に限るなら、引用文献表で「Trends 1」と略記したものが総合的に記述している。

　より古い学説史までを知りたいなら、イタリア語ではあるが、タリアヴィーニの百科辞書的書物の冒頭の記述が役立つ（Tagliavini, pp.1-89）。

　しかしなんと言っても学説史で最も詳細、かつ便利なものは、ヨルグ・ヨルダンの書の英語版である（Iordan-Orr）。これは、ルーマニア人 Iorgu Iordan の原著を John Orr が英訳・加筆したもので、それにポズナー教授が改訂を施し、補筆もしている。

02 第二章 変化するラテン語

021 ラテン語素描
022 変わらなかったこと
023 変わったこと
024 「総合的」から「分析的」へ
025 変化の外的要因
　　0251 4世紀以後のラテン語世界
　　0252 上層語
　　0253 基層語
026 言語は進化するか
　　0261 関係代名詞に何が起こったか

021 ラテン語素描

　ロマンス語学がラテン語からロマンス諸語への発展の過程で生じた様々な現象を包括的に扱う学問であるとするなら、まずラテン語そのものの解説から始めなければならない。

　しかし、それを十分に行うためには大幅な紙面が必要になるので、ここではロマンス語学を論じるについて必要な最小限のことだけを記述しておく。ラテン語全般についてもっと詳しく知りたい方は、拙著『ラテン語の世界』（中公新書、2006。電子版もあり）を読んでいただきたい。

　ラテン語は、古代ローマ国家の言語であった。ローマは、現代のローマ市である狭い土地から始まってその後拡大を続け、最終的にはローマ帝国と称される巨大な領土を擁した国家である。

　伝説に従うなら、ローマの建国は紀元前753年で、ある時期まではエトルリア人の王に服属していたのであるが、前6世紀の終わりに王を追放して共和国となった。しかしその共和政体はやがて機能しなくなり、前1世紀の終わりには皇帝による独裁政治に移行する。いわゆるローマ帝国である。

　地中海世界のすべてを支配するまでに拡大したその帝国は、395年に東西に分裂

した。東ローマ帝国はまがりなりにも1453年まで存続したが、西ローマ帝国は東方、北方からの蛮族の侵入に苦しみ、476年に最後の皇帝が退位することで存在を終えたのであった。ロマンス語学に関わるのは、もっぱらその西ローマ帝国の消長とその後の歴史である。

　出土するラテン語言語資料は前7世紀のものが最古である。文字は最初から現代のラテン文字アルファベットの原型を用いていた。これは、ギリシア人がフェニキア人から受け取ってギリシア語に合うように工夫したものが最初で、それを取り入れたエトルリア人を中継ぎとして、ローマ人がラテン語風に少し変えたものである。

　ローマ建国時のイタリア半島には系統の異なるいくつかの言語が混在していたようである。その中でもインド・ヨーロッパ語族に属していて、特にラテン語と関係の深い言語グループがあってそれをイタリック語派と称する。ラテン語 Lingua Latina とは、その中でもローマ市を中核としたラティウム（Latium、現代の Lazio ラツィオ）地域の言語である。

　ラテン語以外で資料をわずかなりと残しているイタリック語は、オスク語とウンブリア語である。両者とも紀元前のある時期までは地域の主要言語であったはずであるが、多くの文献を残すことなくラテン語に圧倒され消え去った。前200年前後に旺盛な文筆活動をした人のうち、プラウトゥスはウンブリア出身であり、エンニウスはオスク語話者であった。しかし二人の著作は純粋のラテン語であり、そこに彼らの母語の要素が指摘されることはない。

　ロマンス語学に関して言えば、ロマンス語の特徴にオスク語やウンブリア語の影響を指摘する説も一応はあるので後で触れる。

　ローマ国家は前3世紀にはイタリア半島全体を支配下に置いていた。それは地中海世界の他の勢力との衝突の前触れであった。イタリア半島南部に古くから植民していたギリシア人の諸都市を征服したことでギリシア文化との直接の接触が生じ、そこからの刺激でラテン語による文学が発生することになる。ラテン語文学の最初の作品は、ギリシア人の土地から奴隷としてローマへ連れてこられたリウィウス・アンドロニクス（前284頃－前204頃）の手によるホメロスの叙事詩『オデュッセイア』の翻訳であり、その断片が残る。

　このように、ラテン語文学はギリシア語文学から大きな影響を受けてはいるのであるが、言語としては語彙の借用はあったもののその根幹的性質を変えることはな

かった。

　ギリシア語もラテン語も、元来は単一の言語から変化、分裂していったと考えられているインド・ヨーロッパ語族（Indo-European languages、略して印欧語族）に属している。この大語族は他にゲルマン語派（英語、ドイツ語、オランダ語など）、スラブ語派（ロシア語、ポーランド語、チェコ語など）、ケルト語派（アイルランド語など）、インド・イラン語派（現代インド諸語、ペルシャ語など）などを含んでいる。

　現代の世界において、母語として使用されている言語で一番話者数が多いのは中国語であるが、語族という観点からはこの印欧語族に属する言語の話者が一番多い。正確な数字は量りにくいが、世界の人口の約半分と考えても差し支えないであろう。世界中に進出した英語やスペイン語の他に、インド、パキスタン、バングラデシュのような人口巨大国での主要言語となっていることがその理由である。

　拡大を続けたローマ帝国の領土が最大となったのは 2 世紀前半である。それは、スコットランド地域を除くブリテン島、ヨーロッパ大陸では大西洋と黒海の間におけるライン川とドナウ川の南部すべてと現在のルーマニアの西半分、地中海のすべての島、アフリカでは地中海に面したすべての土地、およびトルコ全域とそこからシナイ半島へ至る沿岸地域すべてである。

　ヨーロッパに関して言うなら、現代のオランダ、ドイツ、チェコ、スロヴァキア、ハンガリーより南側にある地域がすべてローマ帝国であったと考えると良い。

　ローマ人は支配者としてその殆どの地域にラテン語を運んだのであるが、それが普及、定着するには濃淡の差があった。

　非常に威信高い言語が使われていたギリシアにおいては、ラテン語は普及はしなかった。アフリカ大陸においては、かつてのカルタゴ（現代のチュニジア）がラテン語文化の中心地の一つであった時代もあったのだが、7 世紀以後のイスラム勢力の伸張によってそれは一掃された。

　ヨーロッパ大陸においても、ゲルマン人、スラブ人、さらにはアジア系諸民族が順番に旧ローマ帝国領に進出して国家を形成したために、その多くの地域でラテン語は話されなくなるか、痕跡的にしか残らぬ結果となった。

　前 3 世紀に始まったラテン語での文学活動は、紀元前 1 世紀から紀元後 1 世紀の間に黄金時代と呼ばれる時代になる。ウェルギリウス、オウィディウス、ホラティウスなどの文学者が輩出し、キケロ、カエサルのような政治家も旺盛な文筆活動を

行い、現代に至るまで世界文学の古典として残る作品がその時代に書かれたのである。この時代のラテン語を「古典ラテン語」と称する。

　発音をそのまま書き表すアルファベットでの文字資料は膨大で、この古典ラテン語と現代のロマンス諸語との対照は、歴史言語学（historical linguistics、史的言語学とも訳される）あるいは通時言語学（diachronic linguistics）一般にとってこの上ない研究素材となる。それがすなわちロマンス語学そのものなのである。

　古典ラテン語は、文章語としてはその規範が凍結された形で現代にまで持ち越された。古典ラテン語に対して、後期ラテン語（4世紀から8世紀までに書かれたラテン語）とか中世ラテン語（それ以後のラテン語）を対比させることがあるが、「ロマンス語学」の範疇ではそれらにこだわる意味はない。また、俗ラテン語という概念が日本では気安く扱われ論じられることがあるが、これについては項目を別に割いて論じるので、後回しにしておく。

　最初に記述すべきは、古典ラテン語そのものである。

022　変わらなかったこと

　ラテン語は、音声学的には単純な言語であったと言える。これについては、「061 ラテン語の発音」で詳しく解説するので後回しにする。

　音声学以外の部分について、本書においてはまず、ロマンス諸語の誕生、発展の過程の中で「ラテン語から変化することなく残ったこと」を述べることから始めたい。

　たとえばラテン語とフランス語を対照させた場合、そこにどれほどの相違点があろうとも、他の言語と明白に異なっていた特質は変わらず維持されたのであって、その点はすべてのロマンス語に共通している。ルーマニア語は変化の度合いが一番激しかったのではあるが、それでもロマンス語は様々に変化しながら、しかしある共通性は保った。わざとおかしな言い方で言うなら、「変化したが変化しなかった」のがロマンス語である。「変化したが変化しなかった」という現象はこれから様々な様相で見えてくる。

　変わらなかったこととして挙げられる第一は、「品詞の明確な区別」の存在である。

　このようなことは当たり前ではないかと考える人がいるだろうが、そうではない。言語の本来的あり方は音声による表現、つまり人々の日常の発話である。人々の発話は、文字に書き写したときには文字という視覚的要素で切れ目を伴っているが、

音声としては切れ目なく連続したものである。しかし、その連続した音の流れが、意味を伴った個別単位からなっていることを我々は知っている。そしてその単位を切り取って、それぞれの機能によって名詞とか動詞とかに分類することもしている。

　切れ目のない発話を「語」という個別的単位に切り分けること。さらに個々の「語」をその機能によって分類すること。そしてそれぞれの機能に名称を施すこと。このような作業をしたのはギリシア人文法学者であった。それをローマ人が受け継いで後世に伝えた。我々が普通に使う名詞とか動詞とかいう言葉には、そのような歴史が存在している。

　ギリシア語もラテン語もそのような作業をするのには最適の言語であった。言語によってはその原則はすぐには使えない。

　中国語では、個々の漢字という視覚的に独立した単位がある。しかし、一つの文字が名詞として働いたり動詞として働いたりするから「品詞」という概念は使いにくい言語である。

　日本語文法でも「品詞」の概念に統一性が作れていないのだが、その理由は中国語の場合とは異なり、一つの文を単語という明確な単位に切り分けることが難しいからである。日本語は「分かち書き」が難しい。日本には、1920年に始まって活動した「カナモジカイ」という団体があって、それは2013年には財団法人としては解散した。漢字を使わずに「かな」だけで日本語表記をする運動のための団体であるが会員の減少を止められなかった。その原因の一つとして会員の中で「分かち書き」の原則の統一化ができなかったことがあると読んだことがある。

　ラテン語は単語ごとに切れ目を付けて文を書くことができる言語で、その特徴はロマンス語でも変わらなかった。そして、ギリシア人が完成させてローマ人が取り入れた品詞分類も有効なものとしてほぼそのままロマンス語に伝わった。

　そして、ここが重要なのだが、異なった品詞では異なった形式を持つという特質も殆ど変わらなかったのである。これは、ラテン語が持っていた「形式と意味との論理的関連性」と称すべき特徴の一部である。ラテン語は、単語一つがその形（形式と呼ぶ）で意味を表示する言語であって、このような言語は英語で synthetic language と称され、日本語では総合的言語と訳される。

　総合的言語では名詞の数や格は語尾の形の活用で表される。動詞の人称・数・時制その他も同じく形の活用で表される。そのような根本的性質の前提として、名詞には名詞の形式が決まっており、動詞、副詞などにも同じく固有の形式があった。ただし名詞と形容詞は、後で述べるように形式としては共通するものが多い。

02　第二章　変化するラテン語

　たとえば英語を参照すると、一つの語が複数の品詞として働くことは珍しくはない。dress は「衣服」であり「着せる」でもある。dry は「乾いた」であり「乾かす」でもある。back などは名詞・形容詞・副詞・動詞を兼ねている。ロマンス語ではそのような事例は例外であって、それはラテン語から受け継いだ特質なのである（不定詞の名詞的用法については「0814 不定詞」に別の記述がある）。

　ただし、品詞の分類に関しては、もう少し注釈が要るようである。

　ギリシア人は品詞に当たる概念を mere logou「文の諸部分」と呼び、ローマ人はそれを partes orationis と直訳した。英語で品詞は parts of speech であるが、見るからにぎごちないこの言い回しは、要するにラテン語からの直訳だからである。だから現代では、品詞に関しては word classes のようなより適切な用語で言い換えられることが多い。

　ギリシア人が最終的に作り上げた品詞分類は「名詞、動詞、分詞、冠詞、代名詞、前置詞、副詞、接続詞」の８種であった。見るように分詞が動詞から独立していて、形容詞はない。形容詞は名詞と同じものとされていたのだ。ローマ人文法学者も名詞に関してはその観念をそのまま取り入れた。ロマンス語の伝統的文法でも、名詞と形容詞を一括して１品詞としてしまうことはある。フランス語ならそれは nom であるから、「名詞」と翻訳する他はなく、それが substantif「実体詞」と adjectif「形容詞」とに下位分類されることになる。

　ラテン語には冠詞がなかったので、品詞分類をギリシア語の場合そのままに応用することはできなかった。そこで冠詞の代わりに「間投詞」という項目を入れたので、８という数は変わることはなかった。

　この８という数字にこだわっているのが英語の伝統文法である。そこでは分詞は消えて名詞と形容詞が分離し、他は動詞、形容詞、代名詞、副詞、前置詞、接続詞、間投詞であって計８種となっている。しかしそこには冠詞もなければ助動詞もなく、文法を習い始めた中学生にも何かおかしさが感じられる不十分なものだ。現代ではそれに取って代わるべき多くの理論が提出されているのだが、統一的理論はまだできてはいないことは英語辞書を比較してみると分かる。品詞の説明は辞書ごとにばらばらで、未だに８品詞分類を墨守している辞書だってある。

　名詞における「性の区別」の存在、これもラテン語とロマンス語では本質的には変わらなかった。

　文法的「性」とは、名詞をいくつかに類別しておいてそれぞれに異なった扱いを

する現象である。その類別のもととなる概念が生物的雌雄の別に基づくことが多いので、それに「性」という生物学的用語を用いるのであるが、文法的「性」、英語で言う gender が必ずしも男性女性の区別と一致するものではないことは言うまでもない。古期英語には名詞の性の区別は存在したがそれは消滅している。

ロマンス語でも名詞は性によって区別され、その別は形容詞の形や動詞の活用形を支配する。ただし、ラテン語で男性・女性・中性と３種に分類されていた性は、ルーマニア語を除いては男性と女性の区別だけに単純化されている。多くの場合はラテン語で中性であった単語は男性に包括されることとなった。

名詞、形容詞、動詞における「数」の概念も変化せずにロマンス語に移された。ラテン語では痕跡的に見られた「双数」的現象は消え、単数と複数の二大別である。

そして、形容詞が被修飾語である名詞の性・数に合わせた活用をする構造もラテン語そのままに持ち越された。

形容詞の形を一部変えることで副詞を作る関係性も、ラテン語とロマンス語が共有する性格である。

動詞組織の中に人称・数・時制・法・態・その他の文法的意味を構造的に組み込む性格も、維持された。ただし、これが一番重要なことであるが、同じ文法的意味であってもそれを表す方法だけが根本的に、まさに「根本的に」変化している。先ほど「変化したが変化しなかった」と書いたのであるが、動詞の場合には「変化しなかったが変化した」という表現が合うかもしれない。

ラテン語では文法的意味は動詞の形を変えるだけで表現できたが、ロマンス語では多くの場合、いくつかの補助的単語を重ねること（これは、迂言法と呼ばれる）でしか表せないのである。

一例だけを挙げておく。前３世紀の喜劇作家プラウトゥスの作品中に "Caperes (aut fustem aut lapidem)！" という台詞が書かれている。「お前は（棒でも石でも）つかむことができただろうに！」という意味だが、その中の caperes は１語のみで「２人称・単数・未完了過去・接続法・能動態」のすべてを示している。

これをロマンス語に訳すなら１語では絶対に不可能である。フランス語なら "Tu aurais pu prendre ..."、スペイン語なら "Que podrías haber tomado ..."、イタリア語なら "Si potresti aver preso ..." というような文にせざるをえない。

文法的意味を表現する方法におけるラテン語との相違は明白である。特に、上例の３言語すべてにおいて、過去の意味を表すために HABĒRE「持つ」から変化し

41

た形を助動詞として用いる迂言法があった。これはラテン語には存在しなかった新しい構文法である。そのような根本的相違はあろうともともかく、「動詞を核とした句で人称・数・時制・法・態を表現する」という特性自体は存続したこと、これが重要なのである。

また、複文を作る際の厳密な規則の存在も変わらなかった。規則の内容が変化しただけである。

複文とは、動詞を核とした一定の長さの句を作り、それをまた別の句と並列的ではない形で結び付けた文である。典型的な例は、「もし〜ならば、〜であろう」という仮定の構文である。ある条件と、それに関わる結果を一つの文で表すとき、その条件が現実であるのか非現実であるのか、現在のことなのか過去のことなのか等々様々な場合がある。個々の場合に応じた構文法がラテン語にもロマンス語にも決まっている。ただ、その作り方は異なるのである。

同様のことは間接話法に関しても言える。ロマンス語にある間接話法は、英語の that に相当する接続詞（フランス語・スペイン語なら que、イタリア語なら che）を用いてその後に定動詞を含む節を続ける。しかし、ラテン語ではその部分は動詞を不定詞の形にして、それにふさわしい主語、目的語などを付加する。

このように明確な相違は存在する。しかし、直接話法と間接話法の峻別のごとき明確な統辞法を持っていない日本語のような言語と対照させるとき、そこには時間を超えた共通の性質というものの存続はあるのである。

「ロマンス諸語とは要するに新ラテン語なのである」という言い方がある。ラテン語のある性質は変わることなくロマンス語に伝えられた。それだけではなく、あるロマンス語で生じた新しい現象が容易に他のロマンス語にも伝播し根づいた。ロマンス語の歴史の中には、既に何度か言及したポズナー教授が interinfluence と呼ぶ、他言語群には見いだし難い特殊性が存在している。それは、ヴェーネーネンの言葉を借りると「統一性の中の多様性、多様性の中の統一性」ということになる（引用文献 Väänänen 3, p.503）し、筆者の言う「変化したが変化しなかった」ことの証明でもある。だからこそ、「ロマンス語」という他と区別された言語の名称が存在し、それについての独立した研究分野がある。

一つのロマンス語、たとえばスペイン語を学ぶということは、実は同時にイタリア語やカタルーニャ語、ポルトガル語を学んでいることなのである。フランス語は少しだけ遠く、ルーマニア語になるとかなりの相違があるとはいえ、そこにはラテ

ン語を介した共通性が必ず存在している。

その中では語彙の共通性が一番目立つのだが、実は語彙というものは容易に他言語へと移るものであり、ロマンス語における語彙の共通性は実用的な意味を離れると言語学的には二次的な意味しか持たない。語彙の共通性に隠れた形で存在している、動詞組織における共通性、それこそが真に重要でかつ有用な要素なのである。

たとえば、スペイン語文法をある期間勉強した結果の知識の総量を100とすると、実はイタリア語の知識を50程度は潜在的に持っていることになる。それからイタリア語の文法書をパラパラとめくって読むだけで、その知識は70程度にはすぐ上がる。それから二つの言語間にある差異について意識的になれば、それは85程度にまでは上がる。

これはラテン語の知識の有無とは無関係な事柄である。しかし、このような事情の背後に存在しているのがラテン語であること、それが重要なのである。ラテン語からロマンス語へ、「変化したが変化しなかった」。この言葉はこれから何度も出てくるであろう。その中でも、ルーマニア語の特殊性については「0923 ルーマニア語はロマンス語である」で詳しく書く。

023　変わったこと

では、変わったことは何か。音韻や語形や文法はそれぞれの言語でそれなりの変化をしているから、詳細は後回しにしておく。ここで知っておくべきは、ロマンス語全般にまたがる根本的変化である。つまり、ロマンス語はラテン語が持っていた「屈折語」的性格を大幅に失ったのである。

屈折語とは、言語を系統的にではなく類型的観点から分類する際に用いられる用語である。屈折語の他には膠着語とか孤立語、抱合語といった種類がある。そして、日本語は膠着語であり、中国語は孤立語、アメリカインディアンの言語は抱合語であるとされる。これは必ずしも絶対的な分類基準にはならないのであるが、言語の性格を大まかに知るためには有用であるので、膠着語と屈折語とを対照させることで解説する。印欧語に属する古代語のギリシア語、サンスクリット、ヒッタイト語はすべて典型的な屈折語であった。

英語では son の複数形は sons であるがそれは、複数という文法的意味を表すための手段が ［z］という音を「接着する」ということである。一方ラテン語での FĪLIUS「息子」の複数形は FĪLIĪ となる。ここには「接着」はなく、-us から -ī への「変形」がある。この変形のことを「屈折」と呼ぶのである。

43

02 第二章 変化するラテン語

　ここからは、ラテン語の単語とそれに由来するロマンス語の単語とを対照的に扱うことになる。ラテン語は原則的に大文字であり、長母音に関してはできるだけ忠実に上線を引くことでそれを再現する。

　FĪLIUS、FĪLIĪ はともに「主語になる形」であって、これを「主格形」と呼ぶ。直接目的語となる形は「対格形」で、単数なら FĪLIUM、複数なら FĪLIŌS である。間接目的語になる形「与格形」は、単数 FĪLIŌ、複数 FĪLIĪS となる。格にはもっと種類があるが、今は省略しておく。

　主語、直接目的語、間接目的語といった意味は単語の形だけで決まるのである。屈折は名詞・形容詞だけにあるのではなく、動詞にもふんだんにある。これは後で十分に述べる。

　英語では、主語にするためには動詞の前に置かなければならない。直接目的語は動詞のすぐ後に置き、間接目的語とするにはそれなりの「前置詞」が必要となる。

　日本語では、文法的意味は助詞のような独立した要素を「接着させる」ことで表される。「は」とか「が」が付けば主語で「を」が付けば目的語である、というように。だから日本語は膠着語と分類される。膠着の膠とは昔の接着剤である「にかわ」のこと。

　英語も、一番古い資料である「古期英語」の時代（8世紀から11世紀）には屈折語的特徴を十分に備えた言語であったが、現在では完全に様変わりしている。「息子」の単数主格形は sunu でその複数形は suna であり、格変化もあったのに、現在では格変化はなく、son/sons という組み合わせしかない。

　man の複数が men であるとか、teach の過去形が taught であるのは、屈折語の時代の名残であるが、それは現在はただの「不規則形」でしかない。work の過去形はかつては wrought であったが現在形に -ed という要素を、つまり［t］という音を、接着するように変化してしまった。これは、英語が膠着語的言語に変化したことを意味している。

024「総合的」から「分析的」へ

　ラテン語は徹底的に「屈折語」であった。そしてロマンス語はその屈折語的特徴をかなり変化させた。

　名詞に関して言うと、現代語ではルーマニア語以外名詞の格変化は存在しない。ルーマニア語には名詞に付く定冠詞・不定冠詞・形容詞にも格変化がある。フランス語と古オック語は主格（cas sujet）とそれ以外の格（cas régime、被制格と称さ

44

れる）の２格形式を比較的遅くまで残していたが、13世紀から14世紀を境としてその区別を消失させた。それ以外では、その最古の文で既に格変化を消失させていた。

　格の役割がなくなったとき、それを補うために前置詞の役割が増大する。所属を言うときにはラテン語なら属格に形を変えれば済んだものを、英語の of に当たる前置詞が新たに必要となるようなことである。

　数の区別に関しては、イタリア語での figlio/figli「息子」、figlia/figlie「娘」のごとき語尾変化は屈折語的であるが、語源を同じくする語がスペイン語では hijo/hijos、hija/hijas という語尾変化であって、まさに膠着語的である。

　フランス語に至っては、複数形には -s を付けて区別するのであるが、それは特別な環境以外では発音はされない。それでも、「数の区別」という概念自体は維持されているのであって、その区別は名詞そのものの発音ではなく付加された冠詞やそれに続く語彙との関連において示されるのである。

　屈折語的特徴の消失は動詞の構造において特に顕著であった。既に述べたように人称・数・時制・法・態の区別には助動詞のような補助的要素が多くの場合必要である。

　名詞でも動詞でも、ロマンス語では文全体の意味を表すためには言葉を連ねることで構文を作る「迂言法」、英語で言う periphrastic construction が生じたのである。そこにラテン語との大きな相違がある。

　ラテン語とロマンス語のこのような対照性を表すために使用される用語として、「総合的」synthetic と「分析的」analytic がある。

　屈折語としてのラテン語が持っていたような屈折による文法的意味の表現方法を「総合的」synthetic と呼び、それとは異なって補助的要素を用いる表現法を「分析的」analytic と呼ぶのである。ラテン語では１語で済んだものがロマンス語では数語を要する場合があり（「041 ラテン語とロマンス語との対照例」を参照のこと）、それは「総合的表現から分析的表現へと変化した」と解説されるのである。

　人称と数に関しては、フランス語以外では語尾の形でそれを表しうるから、名詞・代名詞での主語を必ず明示させる必要はない。屈折語的特徴はそれだけ残っていると言える。しかしフランス語の場合、英語と同様常に主語を動詞とともに置かなければ文は成立しない。

　「見る」という動詞の不定詞形と現在形をラテン語、スペイン語、イタリア語、フランス語の順に並べると以下のようになる。ラテン語でもロマンス語でも、アクセント位置を明示しなければならぬ場合に限り、そこに下線を引く。

45

不定詞形	VIDĒRE	ver	vedere	voir
1 人称単数	VIDEO	veo	vedo	je vois
2 人称単数	VIDĒS	ves	vedi	tu vois
3 人称単数	VIDET	ve	vede	il/elle voit
1 人称複数	VIDĒMUS	vemos	vediamo	nous voyons
2 人称複数	VIDĒTIS	veis	vedete	vous voyez
3 人称複数	VIDENT	ven	vedono	ils/elles voient

　フランス語以外では、人称と数によって六つの形が明瞭に区別される。一方フランス語では1・2人称複数以外は、綴りは違っても発音は同一で、そのために必ず主語を添えなければならぬのがフランス語の約束事である。フランス語では動詞の人称、数の区別を表示する手段は語尾変化ではなく文頭に添える主語となった。つまり膠着語的性格を持つようになった。

　フランス語は、主語－動詞－目的語（フランス語に限らずロマンス諸語では補語という語を用いるのが慣例であるが、本書では英語文法の用語である目的語で一貫する）の語順を持つ SVO 型と呼ばれる言語であり、英語、ドイツ語でも同じである。しかし、古期フランス語と呼ばれている13世紀末までのフランス語においてはこのような語順の固定や主語の明示の義務化はまだ生じておらず、この規範はその後に新しく生じた現象である。英語、ドイツ語においてもこの構文法の歴史は新しく、中期英語（11世紀後半から15世紀後半まで）、中期ドイツ語（11世紀の半ばから14世紀半ばまで）の段階で生じているのである。フランスはその名が示すようにゲルマン語族の一派であるフランク族が立てた国家がその始まりであった。言語に関しては被支配階級の人々が話していた言語、つまりラテン語が変化したものが勝利したとは言え、ゲルマン語との交流は必然的に多かった。フランス語が英語、ドイツ語と共通して経験したこの統辞論的変化は、そのような言語交流の結果の一つである。

　フランス語以外では動詞の屈折語的特徴はかなり残って人称と数は形式で表されるから、主語の明示は義務的ではない。しかし、SVO 式の語順は他のロマンス語でも同様であり、これは基本的には SOV 型であったラテン語からの別の変容である。

025　変化の外的要因

　たとえ社会に何の変動が生じなくとも、言語は何らかの変化を生じさせるであろう。しかし、社会の変動が言語変化に大きな影響を与えることも事実である。変化には内的要因と外的要因とがあるのである。

　ラテン語からロマンス語へと言葉が大きく変化していくことへの外的要因とは何であったのか。

0251　4世紀以後のラテン語世界

　「021　ラテン語素描」で述べたように、ローマ帝国が最大の規模になったのは後2世紀である。帝国の拡大は、ラテン語が各地に浸透していく現象と並行的であった。もちろん地域によってラテン語化の程度の差は存在していたが、帝国内に併合された異民族は、ラテン語へ徐々に同化する傾向にあった。

　政治的には、4世紀以後のローマからは共和政時代の名残はすべて消え去り、皇帝の独裁政治が続いた。膨れ上がった帝国の独裁的統治は困難となり、395年テオドシウス帝による東西の二つの帝国への分割がなされる。そのうちの東ローマ帝国は、文化的にはギリシア文化の範囲内であり、ラテン語のその後の歴史には関与するのは主に西ローマ帝国である。

　言語に関しては、「異民族をラテン語化する」方が優勢であったのは3世紀後半までのようである。4世紀になると帝国への新規参入者の数は多量になり、ラテン語を母語としない人々は自らの母語を用いる共同体を帝国の内部でも存続させることができた。

　新規参入者の中では、ゲルマン語系人種が圧倒的多数者であった。彼らの言語的影響力を明らかに示す例がある。「戦争」を表すロマンス語が、ルーマニア語を除いては、ラテン語の bellum を追い出してゲルマン語系の guerre、guerra などに置き換えられたのである。この語は英語の war と語源が等しい。

　傭兵として多量にローマ軍に編入されたゲルマン人勢力は、戦争のためには自分たちの用語を用い、結果的に帝国内での「標準語」にしたのである。ただ、［w］の発音に慣れないラテン語系の人々はその発音を［gw］にした。言語によってはそれが［g］になることもあった。

　良い暮らしを求めるゲルマン人の帝国内への移動は、最終的には戦争の形を取る。既に3世紀後半に西ゴート族は現在のルーマニアの土地であるダキアからローマ人兵士を追い出して占領していた。その後彼らはバルカン半島を荒し回り、アドリア

47

海東岸を北上してイタリア半島に侵入、410年にはローマ市を攻略した。彼らの侵略はイタリア半島最南部にまで及び、3年後にさらなる西部へ去るまでは略奪と破壊行為が続いたのであった。

それから数十年後、ローマはヴァンダル族の侵攻を受ける。彼らは別のゲルマン部族で、中部ヨーロッパから出発して大陸を西進、横断し、ジブラルタル海峡を経てアフリカへ渡り、現在のチュニジアの土地に定住していたのにそこから再度海を渡ってローマへの攻撃を仕掛けたのである。彼らの破壊のありさまは、英語その他に「野蛮な破壊行為」を意味する vandalism という語を生ましめた。

最終的には476年、最後の皇帝が退位し、民族的出自の明らかでない傭兵隊長オドアケルに支配権を譲ることで西ローマ帝国は終わりを告げた。

かつて西ローマ帝国であった土地はその後、以上のゲルマン部族の他に東ゴート族、ブルグント族、ロンゴバルド族、フランク族、スエヴィー族、アレマン族等々が相争う舞台となった。

東ローマ帝国は1453年まで存続していた。しかしその領土のヨーロッパ部分には10世紀以前に北方からのスラブ系民族の他に、アヴァル人、マジャール人、ブルガル人などの東方から移動して来た民族が来襲して占領し、定住していた。

アフリカの沿岸部は、7世紀以来イスラム勢力の支配下に入り、ラテン語文化の伝統は消え果てた。

その間の歴史の詳細はすべて省略せざるをえないが、結果的にラテン語の子孫が残されたのが、第一章「世界におけるロマンス語」で述べておいた土地なのである。

0252　上層語

かつてローマ帝国の版図内にあり、住民がラテン語を話すか、あるいはラテン語人の支配を受けていた土地の多くの部分は、非ラテン語話者によって占領され、旧来の居住者を支配するようになった。

ラテン語はそこから二つの道を歩むことになった。

一つ目の道は単純で、ラテン語が駆逐されたのである。現代においてアドリア海と黒海に挟まれて、ドナウ川を含むかその南側にある国家（オーストリア、ハンガリー、スロベニア、クロアチア、ボスニア・ヘルツェゴビナ、セルビア、モンテネグロ、アルバニア、マケドニア、ブルガリア、ギリシア）の言語は、痕跡的な例を除けば非ラテン語である。ギリシアとアルバニアの場合は、ラテン語以前からあった

言語の残存であるが、他はゲルマン語、スラブ語、ハンガリー語のごとき移住者、侵入者の言語である。痕跡的例とは、ギリシア、マケドニア、アルバニア、クロアチアに点在して残っているルーマニア語系の言語であるが、これらについてはルーマニア語と一緒に「092 ルーマニア語の所属問題」で扱っている。

　新しく占領した民族に対してかつての支配民族が言語的影響を与えることはあるであろうが、ゲルマン語やスラブ語へのラテン語の影響は本書の主題ではない。一方、それら後から来た民族がラテン語のその後に与えた影響は、格別に重要な主題である。

　先ほど名称を並べたゲルマン諸部族は、かつて西ローマ帝国の版図であった地域に相次いで小王国を建てて支配者となっている。ここで年代や期間や詳細な地域名は省いてそれらの例を並べてみると、西ゴート族は現在のスペイン、東ゴート族はイタリア半島全体、スエヴィー族はガリシアのあたり、ブルグンド族は南フランスの一部分、ヴァンダル族はサルディニア島、ロンゴバルド族は北イタリア、アレマン族はフランス西部の支配者となっている。

　しかし、フランク族が建てた国（現在のフランス）を除けば、それらは結局は瓦解している。そして、ここが面白いところなのであるが、かつては武力による支配者として存在していたゲルマン系人種は、結局はすべてが自らの祖先の言語を放棄し、ラテン語系の言語を用いる人となってしまったのである。

　フランス France はドイツ語では Frankreich「フランク人の国」である。フランク族の国は5世紀後半に現在のフランスの地に地歩を築き始め、830年頃には最大の規模となってイタリア半島の北半分と中部ヨーロッパの一部までをも版図とするフランク帝国にまでなったのだが、この国の支配者層は常にゲルマン人の一部族であるフランク人であった。

　その勢力を拡大するのに最も功績のあったシャルルマーニュ帝（742-814）は、「ラテン語も話せた」と記録されている。つまり、本来の言語であるフランク語に加えてラテン語系言語（フランス語のもととなったものであろう）も理解し、話した、と解釈されて、この時代では最高権力者ですらも臣下の多数の話す言語への理解は必要であったのである。

　シャルルマーニュの孫の代になって帝国は三つに分裂する。彼らの慣習法による親の遺産の分割にすぎないのだが、言語の観点からするとこれは、ドイツ・フランス・イタリアの三つの異なった言語の地域への必然的分割に見えてくる。この、帝国3分割に関わる文書はロマンス語の歴史にとって最重要な資料の一つであるの

49

02 第二章 変化するラテン語

で、「031 最初期のロマンス語」で改めて扱う。

　旧西ローマ帝国に住み着いて祖先言語を捨て、その土地の言語に同化したゲルマン人は、それでもその言語に語彙の点で多くの影響を与えた。先ほど書いた「戦争」が bellum から guerre、guerra その他に置き換えられたのはその実例である。

　このように、旧来の言語にかぶさる形で影響を与える、新たに到着した人々の言語を「上層語」superstratum language と言う。

　trop「あまりに」、blanc「白い」、bleu「青い」、riche「金持ちの」、gare「駅」、jardin「庭」など、頻繁に使用されるフランス語にはゲルマン系の語は実に多くて、語彙への上層語の影響は無視できない。

　ゲルマン語系の語彙の流入はフランク国において多く生じた。日本語「フランクな」のもととなったのは英語 frank であるがこれはフランス語 franc からの借用である。フランス語の原意は「自由な」であって人柄を表す意味は二次的に生じたものである。要するにフランク人であることは自由民であることであったのである。そしてそれは、オック語・カタルーニャ語の franc、イタリア語・スペイン語・ポルトガル語の franco として受け継がれた。少なからぬ単語が同じように一旦フランス語を経由することで他のロマンス語へも移植されている。

　戦争用語にゲルマン語が使われる例は既に述べたが、下位の兵士のための用語がロマンス語系なのが興味深い。英語の sergent、soldier は古フランス語からの借用であるが、それらはそれぞれラテン語の servus「奴隷」、solidum「給与」と結び付けられる語からの派生である。

　ただし、上層語としてのゲルマン語は、文法の面に関してまでロマンス語に影響を与えることはなかったことは記憶されるべきである。

　ゲルマン語と並ぶもう一つの上層語はアラビア語である。既にアフリカ大陸北岸部をすべて支配下においていたイスラム勢力は、8 世紀初めにイベリア半島に侵攻し、その大部分を支配するようになった。キリスト教勢力は反撃を試みたが抵抗は強く、早くからその支配を脱したカタルーニャ地方以外では、ラテン語系言語を話すキリスト教徒は何世紀にも亘ってイスラム勢力の支配下に置かれた。

　13世紀初めでもイベリア半島の南部 3 分の 1 ほどは異教徒の支配下にあり、彼らを完全にアフリカへ退却せしめたのは15世紀終わりである。

　イスラムの支配下で暮らしていたキリスト教徒はモサラベと呼ばれる。彼らはアラブ系支配層との交流を当然持っていたので、彼らからの言語的要素を受け入れたのである。スペイン語は文法構造は変えることはなかったが語彙においてはアラ

50

ビア語を多数、ある見積もりでは4000語、受け入れている。その中には、alcohol、algebra、cifra（英語の cipher）、cénit（英語 zenith）などのように国際的に使われるようになった単語もある。

この場合も、上層語としてのアラビア語はスペイン語やポルトガル語の文法にまで影響を与えることはなかった。フランス語もスペイン語も上層語のせいで異なった性格を持つには至らず、ロマンス語＝新ラテン語のままであったのである。

0253　基層語

上層語に対立する概念として、基層語 substratum language がある。

ラテン語はローマを中心とするラティウム地域から徐々にイタリア半島全体へ、そしてその外へ広がったのであり、占領した地域には別の言語が存在していた。それが基層語で、エトルリア語、ギリシア語を含むそれらはラテン語にある程度の影響を与えた。しかしそれはラテン語史の問題であり、ロマンス語学以前の事柄である。

ロマンス語に関わる事柄としては、ラテン語が広まった地域にその前から存在していた言語がラテン語の変化にどのように影響を与えたか、という問題がある。

フランスの地域であるガリア（フランス語式にはゴール）においては、ケルト系のガリア人が先住民であった。彼らは終局的には母語を捨て、完全にラテン語化してフランス語話者の祖先となったのであった。

基層語としてのガリア語がフランス語への歴史の中で何らかの影響を与えたかというと、語彙の面においてごくわずかの寄与をしたことはあるが、その他の面においては影響はゼロであると言って良い。

ラテン語がケルト語から取り入れた carrus「荷車」や gladius「剣」がそのままロマンス語に受け継がれたような例も基層語問題とは言えない。

ラテン語には痕跡を残さないのにフランス語に存在する bec「くちばし」、chêne「樫」などは、先住民であるガリアのケルト語の単語が残ったものとみなされていて基層語の影響の実例と言えるがその数は多くはない。alouette「ひばり」もその一例であるが、これはプリニウスに alauda という形で記録されている。

イベリア半島に関しては、この土地に最初の都市文明をもたらしたのはフェニキア人であり、その後はギリシア人であった。ローマ人がそこに進出し、紀元前２世紀には既にイベリア半島は北部山岳地帯を除いてローマ国家の一部となって、ローマ人の移住が行われ始めた。

02 第二章 変化するラテン語

　それら移住者の前にも先住民はいた。しかし彼らによって話されていた言語については地名にその名残と思われるものが見られる程度であり、系統などは何も分かっていない。ただし、彼らの言語からの影響であると、つまり基層語問題は存在するのだという学説はある。それはスペイン語において、h で始まる語の多くはラテン語では f で始まることに関してである。巻末にある「付録 2　単語対照表 2. 名詞」で FERRUM「鉄」> hierro、FĪLIA「娘」> hija、FĪLUM「紐」> hilo などを参照していただきたい。

　もちろん現代のスペイン語では [h] は存在せず、[f] > [h] > ø（ø はゼロの意味で、音が消失したことを言う）という音韻変化がここに見られるのであるが、その最初の変化が一体いつ生じたのであるのか、またその要因はなんであったのかについて多くの議論がなされたのである。スペイン語学の第一人者であるメネンデス＝ピダルや後で触れることになるスイスのワルトブルグを含むかなりの学者はここにバスク語（あるいはそれを含むイベリア半島先住民の言語）の介在を見る。[f] 音を持たなかった先住民バスク語話者がラテン語をも話すようになったとき、[f] 音を [h] 音の置き換えてしまったせいであると判断するのである。まさに基層語説である。この論議については、メネンデス＝ピダルが懇切に解説している（Menéndez 1, pp.198-233）。

　この [f] > [h] の変化は南フランスのオック語の中でもスペインに国境を接した、つまりバスク地方と隣接したガスコーニュの方言（gascon）においても存在することもこの説の補強となっている。「娘」はフランス語 fille、オック語 filha に対して現代のガスコーニュ語では hilha である。

　ただし、この変化に基層語との関連を認めない学説も存在することも忘れてはならない。

　ロマンス語学には別の基層語学説がある。既に触れておいた、ラティウムと隣接したサムニウム地域の主要言語で後にラテン語に包摂されたオスク語がロマンス語の歴史に影響を与えているとする説である。

　オスク語の資料は量的に実に限られたものであるのだが、ともかくラテン語で nd という子音連続を含む語が、オスク語では nn となっている例が見つかる。そこから、イタリア語の方言で nd が nn になる変化を示している語があると、それはオスク語話者が備えていた発音特徴が長く残存していたからであると考えるのがその一例である。さらにまた、スペインの地にも同種の現象が見られることに対し、

52

現在は Huesca であるがかつては Osca であった地にオスク人の入植・定住を想定し、それらの人々の発音が残されたと考えることにも繋がる。スペイン語学の巨人的存在であるメネンデス＝ピダルもこの説に賛同している。

これは特にイタリア人学者が唱える説で、日本でも数人のイタリア語研究者から基層語（イタリア語で sostrato）説への支持を聞いた覚えがあるが、筆者としてはそれは重要とは考えていない。問題とされた現象（nd > nn など）は基層の存在がなくとも容易に起こりうる音韻変化（同化作用。これについては後で述べる）なのである。

語彙の分野における基層語からの影響は否定できないとしても、音韻論、形態論における基層語理論には賛成しかねるのが筆者の立場である。

また、イタリア語のうちでもトスカナ地方での子音の発音の特性を、かつてそこがエトルリア語話者の地域であった（トスカナ Toscana とは「エトルリアの」の意味である）ことから、エトルリア語の子音構造と結び付けて解釈する基層説も存在する。

ロマンス語の基層語問題については、ペッレグリーニによる紹介が便利である（Trends 1, pp.43-73）。

026　言語は進化するか

これからラテン語からロマンス諸語への変化の過程について具体的に見ていくのであるが、その前に言語の変化とはそもそもどういうものであるのかを少し考えてみる必要があるようである。

ラテン語はロマンス諸語に「変化」したのであった。変化に括弧を付けたのには理由があって、これを「進化」と書いて書物にしていたロマンス語学者がいたからである（「後書き」参照）。

言語は進化はしない。退化もしない。変化するだけである。変化が必ず良い方向に進んでいくのではないし、日本人はよく「言葉の乱れ」と嘆くのであるが、変化が悪い結果をもたらすわけでもない。

後でまた触れるが、ラテン語の AMĪCUS「友」はイタリア語では amico、スペイン語では amigo、フランス語では ami となっていて、変化の度合いを見れば、イタリア語が最も原型に近くフランス語は最も異なっている。もしこれを「進化」と呼ぶなら、フランス語は一番「進んで」いて、イタリア語は一番「遅れて」いることになる。音韻以外の現象においてもフランス語が他のロマンス語以上に変化を

53

蒙っている例は多数見られるのである。「進化」と書いた人はフランス語の専門家であったが、本当にフランス語を一番「進んだ」言語と信奉していたのかもしれない。ちなみに、イタリア語が古典ラテン語から「最も遠く離れて」おり、「最も進歩的 (the most progressive)」とする学説がイタリア人ボンファンテによって言われている（Bonfante 2, p.83）。

　繰り返し言う。言語の変化には決定的な方向はない。一般的に、不規則性の除去、規則の単純化という方向は存在するのであるが、その正反対の場合も多数ある。音の構造であろうと単語の形であろうと、文法組織であろうと、それらが単純化するか複雑化するか、短くなるか長くなるか、整然となるか乱雑となるか、そんなことは決まってはいないのである。そのすべての場合があると言って良い。フランス語を例に取るなら、ラテン語の母音が日本語のアイウエオと共通した世界の言語の中でも最も普遍的に存在する５母音構造を保持していたのに対し、鼻母音や円唇母音を含むより複雑な母音体系へと変化させている。一方名詞の格変化は消失してその形は単数と複数の２形へと単純化し、動詞の活用形も単純化している。

　また、言葉が変化していくことと礼儀作法とは本来が無関係の事柄なのであって、それを「言葉の乱れ」と嘆くことも言語学的には無意味である。

　ラテン語からロマンス語への変化の中では、日本人が言う「言葉の乱れ」と正反対の現象が生じている。たとえば敬語法の発生である。ラテン語では、相手との関係に応じて言葉を使い分ける用法はない。奴隷が主人に話しかける言葉とその反対のケースで、言語に差が見えることはない。一方フランス語では相手に tu を用いるか vous で話すかには微妙な使い分けが必要とされる。相手との親疎・上下の関係を考慮して２人称代名詞を使い分ける必要性は、イタリア語、スペイン語その他にも共通して存在している。

　ともかくどのような言語であろうとも必ずや変化はしていくし、そこには一定の方向はないということである。

0261　関係代名詞に何が起こったか

　言語が変化していく、その「方向のなさ」を如実に体感するには、ラテン語からロマンス諸語への変化の様相ほど適切な素材はない。たとえばラテン語とロマンス諸語の関係代名詞の構造を対照させてみると、興味深い現象が見て取れる。

　英語の who、whom、which に相当する関係代名詞は、ラテン語にも同語源の単語群 QUĪ、QUEM、QUOD として存在していてその機能も同じである。ただしラ

テン語では QUĪ 以外は複数は別形である。フランス語の qui、que、イタリア語の che、スペイン語の que などはラテン語単数形の子孫で、その他のロマンス諸語も関係代名詞という日本語にはない文法要素をその機能を十分に残して存在させている。

　ただし、その形式は大きく変化した。ラテン語では関係代名詞は三つの性、二つの数、五つの格に従った活用をしていたのだが、そのような複雑な語形変化が他の語彙と同様単純化されたのである。

　具体的な一例を挙げる。英語の関係代名詞の目的格 whom は、その先行詞が単数でも複数でも同じく使える。また、それが女性を指していようと男性であろうと同じで、ただ人間以外については which にしなければならないだけである。ラテン語はそこが違う。英語では whom か which に当たる語は、先行詞の性と数に従って六つの形を使い分けなければならない。念のために単数形と複数形を男性・女性・中性の順に書くと QUEM/QUAM/QUOD、QUŌS/QUĀS/QUAE となる。

　それが、フランス語では単数も複数も性別もおかまいなしに que 一つで済むようになった。英語とも異なり生物でも無生物でもどちらにも使える。しかもフランス語の場合なら英語の who に相当する主格 qui との使い分けが必要なのに、イタリア語やスペイン語ではそれさえ単純化され、che、que が性・数の区別なしに主格と目的格両方で用いられるのである。ポルトガル語、また後で触れるカタルーニャ語でも que 一つで済む。ルーマニア語でも、語源的には別であるがやはり単純化されて基本的には care という形一つで済む。

　性・数・格の活用があったラテン語に較べると、これらの用法は実に覚えやすい。しかし、このように形式が極度に単純化されたときに起こりうる落とし穴がある。たとえばイタリア語。che が主格として使われているのか目的格として使われているのか、英語やフランス語では起こりえない曖昧化が生ずることがあるのである。その曖昧化を避けるために前置詞を付加させた多少複雑な関係代名詞句も作られるのだが、それは単語の形の変化とは別の問題である。che、que だけを考えるなら「ロマンス語の関係代名詞の構造は極度に単純化された」と言っても良いであろう。

　ところが、英語の whose に相当する属格の形がどのように変化したのかを見ると、ロマンス語全体では単純化とは簡単には言えなくなってくる。むしろ複雑化、しかも不必要なほどの複雑化すらが見えてくるのである。

　whose は先行詞が単数であろうと複数であろうと関わりなしに使えるし、名詞の性の区別などは最初から問題とならない。ラテン語ではその区別が形式に関わっ

てくる。先行詞が単数の場合、whose に相当するのは CŪIUS で、先行詞の性に関わらずすべて共通である。複数では先行詞の性に従って QUŌRUM（男性・中性）、QUĀRUM（女性）の２形となる。

それが、ロマンス語ではどうなっているかというと、言語ごとに見事なまでにばらばらで、詳しく解説するに値する。

フランス語の場合は単純化の極限の例である。これらすべてが英語の場合と同じく１語で済む。つまり、dont である。この語はラテン語の関係代名詞とは無関係で、古典ラテン語にはなかった民衆的表現 DĒ UNDE「そこから」から来ている。前置詞と接続詞を繋げた句が関係代名詞に変化したわけで、珍しい例である。

ともかく、この例だけなら、関係代名詞簡略化の別例にすぎない。しかし、スペイン語を見ると、ここにはそれとは逆の複雑化が生じている。

英語で whose、フランス語なら dont という１語を使えば済んでしまう構文が、スペイン語では「それが支配する単語」の性・数によって４語を使い分けなければならなくなっているのである。

英語	スペイン語
a man whose father is...	un hombre cuyo padre es...
whose mother is...	cuya madre es...
whose sons are...	cuyos hijos son...
whose daughters are...	cuyas hijas son...

英語の whose、ラテン語の CŪIUS は、格変化のある「関係代名詞」の属格形であった。スペイン語ではその CŪIUS は代名詞ではなく、「関係形容詞」になっていて、その結果それは先行詞の性・数に支配されることはやめ、逆に自分が支配する方の名詞の性・数に従う活用形を持つことになったのである。ポルトガル語も同じで、綴りが cujo/cuja/cujos/cujas となるだけである。

実のところ古いラテン語では、たとえばプラウトゥス（前254？－前184？）においては、CŪIUS が関係形容詞として CŪIA、CŪIUM なる形（また、その古形である QUOIA、QUOIUM などの形）とともに使われことはあった。キケロの文にも例外的には使われることがあったのだが、結局古典ラテン語の規範からはそれは排除されていた。

CŪIUS が関係形容詞として残っているのはスペイン語・ポルトガル語の他にはサルディニア語である。この３地域はイタリア半島以外では最も早くラテン語化さ

れた地域なので本土では流行遅れとなった「古い」形が残存している例であると考える説もある。

　英語やフランス語の用法の簡便さに慣れた人にとっては、スペイン語・ポルトガル語に生じた語形変化・統語法変化は、なにか不必要なほどに見えてくるであろう。イタリア語では、また別の変化が生じている。用法としてはスペイン語・ポルトガル語とよく似ている。スペイン語 cuyo/cuya/cuyos/cuyas に対応する4形があって、それぞれ il cui/la cui/i cui/le cui である。意味、用法は共通なのだが、ラテン語属格形 CŪIUS から形容詞を作っていたスペイン語とは異なって、与格形であった CJĪ をそのまま受け継いだ形 cui と定冠詞を組み合わせた関係代名詞句を作ることで、性・数の区別を表すようになったのである。

スペイン語	イタリア語
un hombre cuyo padre es…	un uomo il cui padre è…
cuya madre es…	la cui madre è…
cuyos hijos son…	i cui figli sono…
cuyas hijas son…	le cui figlie sono…

　スペイン語でもイタリア語でも、ラテン語と比べてみると複雑化が生じたと言って良いであろう。しかしこれは複雑化も生易しい程度だと言って良い。なぜなら、スペイン国内の別の言語カタルーニャ語における whose への対応語は、もっと複雑なのである。

　それは性と数に応じて4種の形を持っており、スペイン語やイタリア語の4形に対応しているように見える。それぞれ、del qual/de la qual/dels quals/de les quals という形である。しかし、これらはスペイン語ともイタリア語とも用法が完全に異なる。

　スペイン語・ポルトガル語の場合は「関係形容詞」への変化が起こったのであるが、カタルーニャ語はラテン語の「関係代名詞」性は保ったままそれを「関係代名詞句」へと複雑化してしまったのである。ラテン語では先行詞が単数ならその性別には関わりなく1語 CŪIUS で済んでいたのが、それが男性の場合は del qual に、女性の場合には de la qual と使い分けなければならない。

　英語なら同一語形で済む "a man <u>whose</u> father is…" と "a woman <u>whose</u> father is…" は、それぞれ "un home el pare <u>del qual</u> és…" と "una dona el pare <u>de la qual</u> és…" とに区別が必要になる。これを無理に英語に逐語訳するなら、

前者は "a man the father of whom is..." というようなもので、後者の場合には whom を特別の女性形に変える規則があることになる。

　この場合、関係代名詞句が支配する単語（上記の英語文なら father に、カタルーニャ語なら pare、mare に当たる語）が複数になっても、del qual、de la qual に関しては形の変化はない。しかし先行詞（同じく man、home、dona に相当）が複数なら、性に従って dels quals と de les quals を使い分けることになるのである。

　イタリア語においても同様の用法があるが、それは構文によって起こりうる文意の曖昧化を避けるために使われるだけである。カタルーニャ語においては、この形式が義務なのである。

　この長ったらしい文法的構文は、カタルーニャ語話者にとっても使いにくいものだろうと拝察する。30年近く前のことであるが、最も正しいカタルーニャ語が話されている街であるとされているジローナ市（スペイン語ではヘローナと呼ばれる）でのカタルーニャ語講座の責任者から受け取った手紙の中に間違った表現が使われていたのが印象に残っている。

　詳しく書くと、「カタルーニャ語のクラス、その詳細な計画は同封しておきます」という文が "...classes de llengua catalana, quin programa detallat adjuntem..." となっていた。

　既に述べたように正しい表現は "...classes de llengua catalana, el programa detallat de les quals adjuntem..." でなければならない。

　ここで使われている quin は疑問形容詞「誰の？」であって関係代名詞ではない。ちょうどスペイン語の cúyo「誰の？」に相当する語である。スペイン語では cúyo と cuyo が、アクセント記号の有無で疑問形容詞と関係代名詞に使い分けられている。この手紙文では、カタルーニャ語の正統文法への注意が不足して、スペイン語の用法がカタルーニャ語文に横滑りされたのだと解釈される。これは、日常語としてカタルーニャ語を話してはいてもそれを「書く」習慣を必ずしも持たなかったカタルーニャ人が陥りやすい誤法なのであろう。

　さて、これで終わりではない。さらに徹底的に複雑化しているのがルーマニア語である。ここでは、英語 whose 1語に相当する句を12種類使い分けなければならなくなっている。次の12の文例で、whose に相当する句の形が全部違うということである。

A man whose（father/mother/sons/daughters）is/are…

A woman whose（father/mother/sons/daughters）is/are…

Those whose（father/mother/sons/daughters）is/are…

　その構造としては、イタリア語の場合を参考にすると分かりやすい。イタリア語では il cui、la cui、i cui、le cui と４形があって、先行詞に対応する cui の部分は不変であった。ルーマニア語では cui に相当する個所が先行詞に従って単数２形、複数１形と三倍に増えるから、計12となる。

　その形を英語の文例と一致する順序で書くと以下のようである。

al cărui/a cărui/ai cărui/ale cărui

al cărei/a cărei/ai cărei/ale cărei

al căror/a căror/ai căror/ale căror

　al、a、ai、ale はルーマニア語独特の属格冠詞と呼ばれる要素で、イタリア語での関係代名詞における il、la、i、le と用法は似ているのだが、ルーマニア語には男性、女性の他に中性名詞もあり、その単数形は男性形と、複数形は女性形と一致するのが原則であるから、al は男性と中性のため、ale は女性と中性のための形である。

　cărui、cărei、căror は、フランス語 quel、スペイン語 cuál などと語源を等しくする関係代名詞 care の与格形のさらなる変形である。

　最初に述べた「言語変化の無方向性」という事実が、ロマンス諸語における関係代名詞の構造において鮮明に見えていることが納得できるであろう。

　さて、このように方向を定めずばらばらに関係代名詞を変化させた結果が現代の構文においてどのように現れているか。これも面白い。

　「××はどの国の首都ですか」という疑問文は英語では作れないと学生時代に聞いて、そんなことがあるのかと思った。

　なるほど、思いついた文例 "What is the country whose capital is Budapest?" が通用するかグーグルで検索すると数件しかヒットしない。事実上非文（文法的に通用しない文）であるからであろう。

　フランス語の場合、"Quel est le pays dont la capitale est Budapest?" という文は

普通にできる。スペイン語でもこれは"¿Cuál es el país cuya capital es Budapest?"で通用する。関係代名詞・形容詞 dont、cuyo/cuya etc. は立派に機能してくれている。ポルトガル語でも同じである。

ところが、イタリア語ではこれが難しそうなのである。一見文法の規則に則った文"Qual è il paese la cui capitale è Budapest?"は、やはり英語と同じく使えない表現である。スペイン語 cuyo、cuya etc. と同様の働きをするよう見えた il cui、la cui etc. はこのような構文では使われえないことが分かる。

ではイタリア語では「ブダペストはどの国の首都ですか」と問いたい場合どう言ったら良いのか。

"Di che paese è la capitale Budapest?"という文が考えられると齋藤泰弘京都大学名誉教授に教えていただいた。同様の構文はネット上で見つかるから、これが答えの一つであることは間違いないであろう。ともかくイタリア語では、この構文では関係代名詞は使えないのである。

カタルーニャ語でも関係代名詞を使った文はだめなようである。"Quin és el país la capital del qual és..."という文例は見つからない。「グーグル翻訳」という便利なサイトを利用してみると出てくるのは"Quin és el país amb capital a Budapest?"である。amb は英語の with に当たる前置詞で、全体として英語の"What is the country with the capital at Budapest?"に相当する文である。果たしてこれ以外に答えはないのか、筆者には今のところ判断はつかない。

ルーマニア語では、"Care este țara a cărei capitală este Budapesta?"は正当な文であって、関係代名詞はここでフランス語、スペイン語なみに活躍している。

イタリア語、カタルーニャ語での可能な文をこれ以上探索することは本論の趣旨から外れる。本論に関係することとしては要するに、ラテン語関係代名詞がてんでんばらばらな変化を遂げた結果、同じ意味の文を作ろうとすると関係代名詞が使える言語と使えない言語が生じているという事実である。

余談ながら、英語ではどう言うか。英語学者ならぬ筆者の答えはこうである。"Vienna is the capital of Austria, you know. What about Budapest?"

03　第三章　ラテン語からロマンス語へ

031　最初期のロマンス語
　　0311　カロリング朝ルネッサンス
032　変化のプロセス
　　0321　「俗ラテン語」の検証
　　0322　ロマンス祖語という概念
　　0323　歴史言語学と比較言語学
033　俗ラテン語の源
　　0331　意識的資料
　　　　03311　『プロブスの付録』
　　　　03312　セヴィリヤの聖イシドールス
　　　　03313　難語彙集
　　　　03314　『サテュリコン』
　　0332　無意識的資料
　　　　03321　碑文
　　　　03322　ポンペイの落書き
　　　　　　033221　地格か対格か
　　　　03323　『キロンの獣医学書』
　　　　03324　『フランク人の歴史』
　　　　03325　『エジェリアの旅行記』
034　ロマンス語の母胎
　　0341　ライトの新説
　　0342　アルクインの改革
　　0343　ライト説の検証
035　ロマンス諸語への分化
　　0351　比較言語学的探求
　　0352　メタ言語資料による探求

03　第三章　ラテン語からロマンス語へ

031　最初期のロマンス語

　ここからは、ラテン語からロマンス語への変化をもっと具体的に見ていくこととなる。まずしなければならぬことは、歴史上へのその位置づけである。

　人々の話す言葉が相互理解可能なラテン語ではなく個別的ロマンス語に変わったのはいつの時代でどのような過程を経たものであったのか。

　この古くから論じられた問題に関して1982年に出版された書物が新たな波紋を投げかけた。当時リヴァプール大学講師であったロジャー・ライトの『後期ラテン語と初期ロマンス語』（引用文献 Wright 1）である。この書物をめぐっての論争からライトの編集による別の書物が1991年に出版された（Wright 2）。

　ライトが巻き起こした論争については、後で十分に吟味するが、そこに入る前にしておかなければならぬ作業がいくつかある。まず、最古のロマンス語文書について知っておかねばならない。

　ラテン語ではなくて確実にロマンス語であると言える最初の文書は「ストラスブールの盟約」（フランス語で Les serments de Strasbourg）と称される文書である。

　ゲルマン人の部族であるフランク族が 5 世紀の末にガリアの地に侵入して建てた王国は、751年を境としてメロヴィング朝からカロリング朝へ交替する。シャルルマーニュ（742-814）の代になってその領地は最大となり、800年には彼は西ローマ帝国皇帝を名乗るまでになった。しかし、彼の孫の代には帝国は三つに分割された。870年に結ばれたメルセン条約によって、現在のフランス・ドイツ・イタリア三国の境界線の源流が作られたのである。

　フランスの部分を相続した孫とドイツの部分を相続した孫は、イタリアに当たる部分を相続した長兄に反逆し、お互い同盟を結ぶこととした。その際、同盟を守るための誓約文が作られたのであるが、それがロマンス語の歴史にとってはなくてはならぬ資料となったのである。

　ドイツの部分の王となったルイ（ドイツ語ではルードヴィクス）は、フランスの部分の王であるシャルルの臣下たちにも理解できるように当時のフランスの言葉そのままで誓約文を作ってそれを彼らの前で述べた。シャルルもルイの臣下にも理解できる当時のドイツ語での同趣旨の文を朗唱した。842年のことである。

　これらの文は国王たちのいとこに当たる歴史家ニタールによって書き残されている。フランスの地の平民たちにとっても耳で聞いて理解しうる言語で書かれた文の冒頭とは、タリアヴィーニの活字化では次のようなものであった（Tagliavini,

031　最初期のロマンス語

p.483）。

　　Pro Deo amur et pro cristian poblo et nostro commun saluament, d'ist di in auant, in quant Deus sauir et podir me dunat, si saluarai eo cist meon fradre Karlo et in a（d）iudha et in cadhuna cosa, si cum om per dreit son fradra saluar dift, in o quid il mi altresi fazet, et ab Ludher nul plaid nunquam prindrai qui, meon uol, cist meon fradre Karle in damno sit.

　この時代、9世紀の西ヨーロッパにおいては文を書くということはラテン語を書くということであり、それがいかに語彙や文法で古典ラテン語の規範から外れていようとも書く人は「ラテン語のつもり」だったのである。しかしこの誓約のための文は大勢の人に同時に聞き取らせ理解させる必要があったから、そのような無用な足かせはなかった。結局それがフランス語のみならずロマンス語そのものの最古の文章を世界に残すことに繋がった。

　もちろん、当時のフランスの地域においては標準フランス語というものがあったのではなく、français「フランス語」という名称すらもなく、各地方においてそれぞれの口語が発達していただけである。この言語が、当時のフランスのどの地方の言葉を写しているのであるかについては様々な議論があって決定されていない。

　「ストラスブールの盟約」がある状況に迫られて作られた口語的表現であったのに対し、それからほどなくしてフランスは一種の文学的表現をも庶民の言葉で生み出した。それがフランス語で La Séquence de Sainte Eulalie と呼ばれている29行の詩で、4世紀初めのスペイン人で後に聖女とされたエウラリアの殉教を語る朗誦のための文章である。séquence とはラテン語での sequentia でミサ典礼曲の一部分の名称であり、日本語では続誦という名が付いているので「聖エウラリアの続誦」と訳されている。

　その同じ内容は既に4世紀から5世紀にかけての教父プルデンティウスによって書き残されている。その物語をラテン語を解せぬ人々のために新しく改作したのがこの詩で、9世紀の終わりに書かれたことは分かっているが作者は不明である。

　その冒頭部分をやはりタリアヴィーニの活字化から引用すると以下のようになる（Tagliavini, p.487）。

　　Buona pulcella fut Eulalia,

　　bel auret corps, bellezour anima.

　　Uoldrent la ueintre li Deo inimi,

63

uoldrent la faire diaule seruir.

Elle non eskoltet les mals conselliers,

qu'elle Deo raneiet chi maent sus en ciel,

Ne por or ned argent ne paramenz,

por manatce regiel ne preiement;

Niule cose non la pouret omque pleier

la polle sempre non amast lo Deo menestier.

…

　この詩は、ベルギー国境に近い街ヴァランシェンヌの文書館で1837年に発見されたのであるが、言語的特徴としてかなり明白にピカルディ（ヴァランシェンヌとパリとの間にある地域）の方言の要素が見られるとされる。

　これら2文書は、語彙や音韻でラテン語的規範から外れているだけではなく文法的にも完全にロマンス語化していることを示している。

　音韻や文法の変化については後で詳しく述べるのでここではその「決定的ロマンス語性」を二つだけ指摘しておく。

　「盟約」における saluarai は動詞 salvar「救う」（現在の形は sauver）の1人称単数形未来である。総合的言語であるラテン語では SALVĀRE から未来形を作るのは活用によるのであって SALVĀBŌ としなければならない。それに対してここでは salvar という不定詞形に -ai が付加されている。これは avoir「持つ」の1人称単数形であり、まさに現代フランス語 sauvrai と同じ（かつ原理的には他のロマンス語と同じ）未来形の「分析的」作り方である。

　「続誦」の方では、定冠詞の用法（li inimi「敵たち」、la polle「その少女」）や人称代名詞（elle）の多用などがラテン語の規範を外れている以上に完全に「ロマンス語化」していることを示している。

　さらにまた、salvament とか ciel のような語末音節母音の脱落現象はまさに「フランス語」であって他のロマンス語との対照までもが既に見えている。

0311　カロリング朝ルネッサンス

　重要な2文書がフランス地域で作られたことは偶然の成り行きではない。カロリング朝フランク王国における文化政策こそがその後のロマンス諸語の発展に大きく

関わっているのである。シャルルマーニュによって主導された文化政策の成果は、カロリング朝ルネッサンスと呼ばれることもある。

シャルルマーニュは各地から有能な学者を招聘し、フランク国の文化を高めようと努力した。イタリアの各地（ピサ、アクイレイア、ロンバルディア）から、スペインから、アイルランドから、ブリテン島からと、後世の文化に影響を残した人々がシャルルがアーヘンの街においた彼の宮廷に集められたのである。

シャルルマーニュが懸念していたのは、特に聖職者の間におけるラテン語能力の低さであった。8世紀のフランク国においては日常話されている言語は大きくラテン語とは異なっていたことが推測されるのであるが、その結果聖職者ですらもラテン語訳聖書 Vulgata を正しく読めぬ人がいたし、王国内の各地から来た人々の口語での相互理解も危うくなっていた。

後で紹介する『フランク人の歴史』の著者グレゴリウス（538頃−594）はその書の序文に続く個所で、自分が正確な文法を学んでいないことを告白して読者に許しを乞うているほどである。トゥールの司教であったグレゴリウスのラテン語知識が6世紀末に既に完璧ではなくなっていたのであるから、一般庶民は論外としても下位の聖職者の知識もかなり危うくなっていたであろうことは容易に想像がつく。それでは、ラテン語に翻訳されていた聖書の真意を一般庶民にまで行き渡らせることがどうしてできようか。

シャルルマーニュはそのような状況を打破しなければならぬと考えたのであって、神の意志にかなうには"recte loqui"「正しく話すこと」が必要である旨をバウグルフス（シャルルマーニュの伝記の著者であるアインハルトの師）宛ての書簡において述べている。さらに彼は同書簡で"litterae"「言葉」の勉強をうながす。それが「神聖なる書物の神秘により容易に、かつより正しく参入する」ことを可能にするからである。

litterae に関しては、シャルルマーニュの願望は後に実現したと言える。彼の宮廷に集まった学者の、特にブリテン島から来たアルクイン（735?−804）の努力によって正確なラテン語教育が始まり、古典ラテン語と規範を殆ど同じくしてヨーロッパ各地で通用されるようになる文語ラテン語、後に「中世ラテン語」と呼ばれる言語が確立したからである。

032　変化のプロセス

アルクインの業績とその結果については後でまた扱うことにする。ともかくも、

9世紀半ばにおいてはフランク国では人々が耳で聞いて理解できる言葉はラテン語とは明白に異なったものになっていたのである。同じ現象は大して時を隔てずして旧ローマ帝国のすべての地で生じている。これは間違いのない事実である。

このような変化がある特定の時期に一挙に生じたとは考えられず、それは徐々に生じた変化の結果に違いない。それはいつ頃、どのようにして起こったのか。最初のロマンス語文が書かれたのはカロリング朝のフランク国であったのだが、それ以前のメロヴィング朝時代（単純に500年から750年の時代と考えておくと良い）の言語状況はどのようなものであったのか。

しかし、そこに起こったであろう徐々なる変化を段階的に明白に見せている資料を我々は持たない。ただその変化の証拠らしきものが断片的にそれぞれ異なった地域で時間を前後して見つけられるだけである。これは、後で詳しく扱うこととなる「俗ラテン語」と呼ばれるものであるのだが、それらを集めたところで断片の集成にすぎず、「ストラスブールの盟約」の言語に見られるような決定的変化以前の言語の状態についてすぐに何かを教えてくれるものではない。

紀元前1世紀のキケロの時代のラテン語が規範としての古典ラテン語である。紀元後2世紀でも文学者のラテン語は変わってはいない。一方、紀元後1世紀のポンペイ遺跡で発見された壁の落書きなどには相当に変化した形が見られる。しかしそういえば紀元前の資料でも碑文などに見られるラテン語には規範を外れたものも見られる。これは、庶民の間でのラテン語が変化していたことの証拠とも判断されうる。そして、それから数百年を隔てたラテン語には、たとえそれが文書の形であろうとも古典ラテン語の知識の乏しい書き手がいたことが明らかに見られる。

最終的にはロマンス諸語が、つまりラテン語から「変化したが変化しなかった」、あるいは「変化しなかったが変化した」関係の言語が各地で話され書かれるようになった。そしてそれと並立するように中世ラテン語と呼ばれる語形・文法などに関しては古典ラテン語とほぼ同じ規範を備えた人工的言語がそれから長く西洋社会に君臨するようになった。

ラテン語からロマンス語への変化がどのようなプロセスを経たものであったのかを考えるとき、以下のような問いが生まれる。

（1）ラテン語はいつ、変質し始めたのか？

（2）ロマンス語への母胎となるような種類のラテン語はどのようなものであったのか？

（3）異なった地域でそれぞれに変化したラテン語が、相互理解が難しくなるま

でに個別化したのはいつか？

これらの問いは、いつ果てるとも分からぬ議論を招いているのである。

まず最初に、このうちの2番目の問いについて考えてみたい。そのためのキーワードは「俗ラテン語」である。

俗ラテン語（英語で Vulgar Latin）という用語は、ロマンス語の歴史を記述する際によく使われる。筆者の判断ではよく使われると言うよりは安易に使われすぎると言った方が良い。ラテン語からロマンス語への変化の過程をより詳細に吟味していく前に、この用語についてしばらくこだわってみたい。

キケロは書簡の中で、友人に手紙を書くときには演説文を作成する場合とは異なった自由な語法を用いることを自認している。彼はそれを sermo plebeius「民衆的ことば」と呼び、別の個所では sermo vulgaris「大衆的ことば」とも名づけている。しかし同時に彼は、ローマ市の標準的語法を urbanitas「都会風」と呼んで尊び、それに反する rusticus「田舎風の」語や発音を排撃する人であった。

考えれば当然のことながら、前1世紀において既にラテン語は一様ではなく、民衆風のラテン語が既に存在していた。そのようなラテン語のために使われる英語が、Vulgar Latin である。一方、vulgar が「粗野、卑俗」という否定的なイメージを持った形容詞であるから誤解を招きやすい言葉でもあり、それを定義しておくことが重要となる。レベッカ・ポズナー教授の文言を借りるなら、「比較ロマンス語学で最重要な問題の一つは Vulgar Latin、あるいは Proto-Romance の位置に関わっている。それは民衆ラテン語の一形態であったのか、それとも理論的構成物であるのか？」である（Iordan-Orr, p.415）。これは常に意識しておかねばならぬ問題であって、Vulgar Latin 概念への諸研究者の態度については、ポズナーによる別の記述も参考になる（Trends 1, pp.9-11）。

0321 「俗ラテン語」の検証

しかし、その最重要な問題の検討を始める前にそれよりずっと初歩的な誤解で、もしかしたら日本のロマンス語学界独特かもしれぬ誤解を解くことから始めなければならない。

筆者はかつてロマンス語に関わる学会で「自分の研究分野はスペイン語と俗ラテン語である」との発言を聞いたことがあった。これは、ロマンス語学研究への理解の浅さの実例である。「俗ラテン語」とはこのように「スペイン語」と並列的に扱

うことができる概念ではない。

　俗ラテン語という概念は19世紀のドイツの学者を中心とした人々によって生み出された。ドイツ語で言う Vulgärlatein、あるいは Volkslatein である。それをどのようなものとして想定するかは人によって異なっており、つまりはそれが最重要な問題となるのだけれど、ともかくそれを、直接の研究の対象となり得る「実在物」であると考えることだけは完全な誤りである。

　自分の専門分野として「古スペイン語研究」を言うことも「古フランス語研究」を言うこともありうる。それぞれの具体的な文書・言語資料があるのだから、それだけを取り出して専門的に深く学ぶことはできよう。しかし、「俗ラテン語」という具体物は存在しないのである。「俗ラテン語」を自分の専門分野にするなどはありえない。

　ラテン語が、文献を残さない長い空白期の後にそれとは大きく異なった性質のロマンス語として現れてきているのを見て、それらがキケロやウェルギリウスが用いたようないわゆる古典ラテン語とは異なった様相の言語を母胎としているであろうことを予想するのは正しい。そして、その種の言語を一応俗ラテン語とか民衆ラテン語 popular Latin などと名づけておくのも良い。しかし、それはどこにあったどんなものであったのか？

　筆者はかつてそれを「歴史の闇に描くスケッチ」と表現した。それは、実態として存在しているのではなく、様々な資料から演繹される、あるいは各研究者の頭脳の中で構築される抽象的な存在、つまりスケッチ以上にはならないのである。

　我々にできることは、そのスケッチを描くのに助けとなる資料を深く知ることだけである。そしてその資料の中で最重要にして欠くべからざるものとは、結局はラテン語そのものである。その知識からすべてが始まるのであって、それなくして俗ラテン語に言及することは矛盾である。例の発言をした人はスペイン語学の長老であったが、ラテン語を良く知っているとは到底思えなかった。それを知らずして俗ラテン語云々を言うことは本末転倒である。

　ラテン語の次に重要なのが、文献として現れているロマンス諸語である。これらとラテン語を対照させることで研究がやっと始まる。

　ラテン語とロマンス語資料をつきあわせるとそこには大きな違いが存在するので、両者の時間的差の中間に存在した何らかの様態を想定したくなる。その中間状態を現実に見せてくれるように思わせるものはある。それは、古いラテン語にもまれに見つかり、後期のラテン語資料の中には飛び飛びに存在する非古典ラテン語的

表現である。

　そのようなものを俗ラテン語と呼んでいる人もいるようであるが、それは少し違う。それら非古典語的表現は、全部取り出して集めたとしても断片の集積以上にはならないのである。しかも、その断片の源は紀元前3世紀のローマ市内の石碑であったり紀元後10世紀にスペイン北東部で書かれた文書の一部であったりする。そのように時間と空間を超えた資料から拾い集められた断片の集積にすぎぬものに、俗ラテン語という「言語の名称」を与えることはできないのであって、そのイメージをある程度明確化させるための材料であることにとどまる。

　それら断片が言語学的資料となるのは、古典ラテン語との「差異」を見せているからである。差異こそが重要なのである。その差異と、現実に資料のあるロマンス語とを対照させたときに、先ほど述べた「歴史の闇に描くスケッチ」が、俗ラテン語と呼んでもかまわないかもしれぬ存在が、やや明確化されてくる。

　グランジェントが書いた『俗ラテン語入門』（Grandgent）は、そのようにやや明確化された存在を「語彙」、「統語論」、「音韻論」、「形態論」と順序立てて説明した、ある意味では非常に便利な書物である。しかし、便利であるだけ落とし穴もあるのではないかと筆者は危惧する。目次からはこの書は1言語の文法書のように見えてしまうので、ナイーブな読者には俗ラテン語なる実態を学習していると誤解させ、「私の専門分野は俗ラテン語です」とお気楽に言わせる気分を作る可能性はないかと。

　この書での著者の記述は、結局は断片の集積の解説にとどまっていて、現実の資料の提示すらない。現実の資料が収められているのは引用文献一覧にある「Rohlfs 2」や「Väänänen 1」のようなものである。著者グランジェントが読者として想定したのは「ロマンス語学の学生」であるが、それは彼らがラテン語の知識は相応に備えていることを前提としてのことであり、「古典ラテン語との差異」という観点を常に保持しない限りはこの書は役には立たない。このことは決して忘れてはならない。

　日本人の持ちやすい誤解をまるで見透かしたかのように、「日本人のために」書かれた文献がある。ジョゼフ・ヘルマン教授による日本ロマンス語学会の機関誌『ロマンス語研究』への寄稿「俗ラテン語・後期ラテン語研究の現況」である（Herman 3）。ここで教授は、いわゆる俗ラテン語の研究がまず romanist によってなされたのだが、latinist による研究へと比重が移ったという皮肉とも受け取れる面白い書き方をし、文学的ラテン語と俗ラテン語との二大別は「神話」であると

69

03　第三章　ラテン語からロマンス語へ

断言している。教授の寄稿は研究資料としてロマンス語学研究を志す人にとっての
みならず言語学一般に関心ある人にも役立つものである。これはフランス語原文で
はなくロマンス語学会の仕事として日本語に翻訳して掲載すべきだったのに、と筆
者はないものねだりをしてしまう。

0322　ロマンス祖語という概念

　俗ラテン語と呼ばれるものの資料がどのような形で存在するか、その具体例を示
す前に、再び先ほど述べたポズナーの問題提起に戻らなければならない。そこでは、
「Vulgar Latin、あるいは Proto-Romance」と一見曖昧な言い方がされていたから
である。Vulgar Latin という用語を嫌い、Proto-Romance を用いるべきであると
強固に主張する学派が存在する。

　Proto-Romance はロマンス祖語と訳すべき語である。実態が曖昧なのに便利に
使われやすい俗ラテン語と異なり、ロマンス祖語という名称を用いる場合には必ず
や、印欧語比較言語学研究の歴史の中で発達した方法論が関わってくる。類似の言
葉である印欧祖語（Proto-Indo-European）と同様、ロマンス祖語も「現在あるロ
マンス語資料に比較の方法を用いることで再建される、共通の祖先言語」なのであ
る。

　「比較の方法」と単純に書いたがそれは、共通の祖先を持つと合理的に信じられ
る一群の言語資料から、今は一切資料を残さないその共通の祖先言語を再建するた
めの厳密な方法論を言う。この比較の方法は、たとえば20世紀前半における代表的
印欧語学者メイエの名著『歴史言語学における比較の方法』（Meillet 1）において
簡潔明瞭に記述されているし、現代においてはさらに細緻なものになっている。

　祖語とはこの方法論をもって演繹的に再建されるものであるから、実際の資料に
は現れない語形や音韻が含まれることになる。あくまでも仮説であるそれらには、
常に＊の記号を付加するのが決まりである。

　印欧語学における再建、英語で言う reconstruction とはどのようになされるの
か、その最も単純な実例を、ṃ という記号で表される音の再建のあり方で説明し
ておく。

　「7」を意味するギリシア語は heptá、ラテン語は septem、サンスクリットは
saptá、ゴート語は sibun、古英語は seofon である。見るように語末の音節は、母
音一つ（ギリシア語、サンスクリット）であるか、母音＋鼻音（ラテン語、ゲルマ
ン語。例には挙げなかったが、アルメニア語、リトアニア語でも）である。従って、

70

これらが共通の祖先、「祖語」、から変化したという前提に立てば、祖語における「7」の語末音節は、その双方に変化しうる音でなければならないことになる。そこから再建されたのが、もちろん「7」以外のいくつかの語にも同様の例があるからではあるが、m̥ なのである。ギリシア語の語頭の h も同様に他の多数の例から s からの二次的変化と解釈され、「7」は印欧祖語では *septm̥ となる。

　m̥ は、［m］の音が母音のように働いて一音節を形成している音＝「母音的ソナント」の一つとされる。ソナント sonant には鳴音とか亮音とかの訳語があったが今は使われない。要するに r、l、m、n の音である。これらは「それ自身である響きを持つ」ことで他の子音と区別される。普通の子音 consonant は、母音とともにあることでしか「響き」を持たないから「con（ともに）sonant（響く）」音なのである。同様な手続きで、印欧祖語には r̥、l̥、m̥、n̥ という母音的ソナントが再建されている。

　母音の例では、ə という記号で表される母音も再建されている。

　「父」は英語では father であるが、a の母音は「父」のギリシア語形、ラテン語形、ケルト語形、スラブ語形にも共通して現れる。ところがサンスクリットではそれは i である。「父」の語の祖形には、a と i のどちらかに変化することになる音があったはずであると考えると、そこに ə という音形が再建されることになる。もちろんその結論のためには、「父」の語以外における a：i の対立例が存在するのである。

　同様な探求法は、英語、ドイツ語、オランダ語、スエーデン語などを含むゲルマン諸語の祖語や、ロシア語、ポーランド語、ブルガリア語などスラブ諸語の祖語を再建する作業にも用いられて、成果を上げている。なお、ここまでの再建についての記述は単純すぎるという批判は確実に出るであろうから、現代の印欧語学における再建については、吉田和彦著『言葉を復元する』（三省堂、1996）などを参照することをお勧めする。

　ともかく、ロマンス諸語にもこのような方法論を当てはめて、それらの共通の祖先がどのような実態を持っていたのかを探求するならば、ロマンス祖語の像が浮かび上がるはずだという考えが出てくる。

　しかし、既にここで、このような論に疑惑を感じる人がいるであろう。

　印欧祖語で書かれた文書などはどこにも存在しない。ゲルマン祖語、スラブ祖語も同じで、それはあくまでも現在見つかっている一番古い言語資料から再建された、「最も蓋然性の高い仮説」にすぎない。一方、ロマンス諸語には祖語と考えられる

71

ものが、ラテン語文書群というこの上なく豊富な資料として残っているのである。

　今、ロマンス諸語における「7」を比べてみると、フランス語 sept、イタリア語 sette、スペイン語 siete、ポルトガル語 sete、カタルーニャ語 set、ルーマニア語 şapte である。これから、ラテン語の「7」SEPTEM を再建することは不可能である。

　ラテン語の単語には、m で終わる語形は沢山あった。しかしロマンス語では、語末の m は少数の単音節語で単なる鼻音性として保存されるだけ（フランス語での REM > rien、スペイン語での QUEM > quien など）で、2 音節以上の単語ではすべて消失している。SEPTEM の場合も m の存在が考慮されるはずがない。

　pt という子音連続は、ルーマニア語で保存され、また死滅したダルマティア語にも認められるし、フランス語の綴りにおける無音の p も古い発音の名残と解釈できないこともない（実際は、ラテン語綴りに合わせて p を挿入しただけである）から、再建の作業に当たっては生き残るであろう。つまり、再建形は *septe になる。

　PATER「父」に関しても、ロマンス語の「父」のもととなった対格形 PATREM がそれの祖形として再建されるはずがない。せいぜいが *patre である。

　ここから推測されるように、ラテン語名詞・形容詞の単数対格形の語尾に現れていた m は決してロマンス祖語においては再建されることはない。当然、名詞・形容詞の活用形式までを再建すれば、それはラテン語のそれとはかけ離れたものになる。

　ロマンス祖語として再建された語群、またそれらが想定させる文法体系と、現実に存在するラテン語資料はいかなる関係を持つのか。実際の歴史の中でロマンス祖語はどこに位置づけられるべきなのか。そもそも、ロマンス語学にとって、再建という比較言語学的作業はどのように位置づけられるのか。

　伝統的比較言語学の手法を用いて再建の作業をしてきたアメリカ、コーネル大学のホールは、ロマンス祖語は、資料としてあるラテン語から生まれた娘ではなく、sister なのであると言う。この場合、英語の sister には日本語の姉・妹のごとき上下関係は存在しないことに注意しなければならない。だから彼は、ロマンス語はラテン語の孫ではなくて姪なのであると強調する（Hall 3, p.177）。彼の見解では、ロマンス祖語は既に紀元前100年頃には古典ラテン語と並んで存在していた実態なのである。

　ホールは、古典ラテン語（文学的ラテン語）とロマンス祖語（民衆的口語ラテン語）は共通の祖先を持ち、両者が分離したのは前 2 世紀半ばではないかと想定して

いる。その共通の祖先に対して彼は Early Classical Latin「前期古典ラテン語」という名称を与えた。そうすると、プラウトゥスの喜劇やルクレティウスの哲学詩『事物の本性について』の言語は分離以前の「前期古典ラテン語」ということになる。

0323 歴史言語学と比較言語学

ホールの作業の根幹となっているのは、印欧語学の歴史の中で発達した「比較の方法」の基盤となっている「音韻変化の規則性」への強い信頼と依存である。

19世紀のドイツの比較言語学者たち、特に Junggrammatiker（英語では neogrammarians、日本語では青年文法学派などと訳される）と呼ばれることになった人々はその規則性を証明するいくつかの理論を打ち立てたので、それらは音韻法則（ドイツ語で言う Lautgesetz、英語での sound law）と呼ばれるようになっている。

音韻法則とは、「ある音韻が語中の位置、アクセントの有無、隣接する音韻の種類など同じ条件で存在するならば、それは同一の言語環境内では同じ時期に同じ変化をする。もしその規則性に反する事例が見つかるなら、その不規則性は別の規則性、たとえば類推作用、によって説明できる」と要約できるであろう。この規則性に関してよく引用される言い回しがあって、それは「音韻法則に例外なし」というものである。印欧語学に関わる書物を読んだ人は必ずや、「グリムの法則」、「ヴェルネルの法則」、「グラスマンの法則」などの名称を見いだすであろう。

Junggrammatiker などという呼び方自体、そもそもがその議論のあり方に反対する人々が奉った蔑称が始まりであった。彼らが信奉していた音韻変化の規則性には多くの人々から反論が寄せられていた。特に、「音韻変化は生理的現象であって話者の意思や感情とは無関係に機械的に起こる」という彼らの主張は攻撃の的となった。

現代においては、「例外はない」と断定することは躊躇されるし、音韻法則という用語も回避されて、それは音韻規則 sound rule という少し緩やかな用語で言われることが多い。それでもその規則性への信頼なしでは比較言語学における再建は不可能である。音韻変化の規則性とその例外との問題に関しては、アンティッラの書が簡明に記述している（Antilla, pp.37-87）。

しかし、ラテン語は前7世紀の最古の銘文から始まる1000年以上に及ぶ歴史の中でそれ自身も歴史的性格を身に付けている。たとえば、帝政後期や西ローマ帝国崩

03　第三章　ラテン語からロマンス語へ

壊後に書かれた、非古典語的特徴を持つラテン語文の存在である。比較の方法で再建される祖語は、ラテン語資料そのものが見せている歴史的性格にどのように対峙させるべきであるのか、それが問題なのである。

メイエは、「歴史言語学における比較」という言い方をした。アンティッラの場合もそうであるが、歴史言語学と比較言語学は共存されうるものなのである。ホールの論も、比較の方法を徹底して応用するようでいて、ラテン語の歴史性もそこには関わっている。

しかし、ラテン語をも視野に入れた歴史言語学的考察をロマンス語学から一切排除し、純粋に比較言語学として独立させようとする方法論も存在している。そこでの資料はひたすらロマンス語だけである。祖語が存在しない言語のために組み立てられた印欧語学やゲルマン語学のような純粋に比較言語学的研究での成果をロマンス語の資料に応用して、ロマンス祖語を再建しようとするのである。

このような理論に基づくとき、「比較ロマンス語学論者はラテン語へ格別の忠義を果たす必要はない」、「印欧語学の用語を用いるならば、ラテン語とロマンス祖語とはイタリック語派に属する別言語である」というクリフォード・レナードの結論に至る（Trends 1, pp.23-41）。ホールの結論であった「前期古典ラテン語」の想定も誤った理論となる。

しかし、このような極端な結論とは180度異なった別の極端な理論もある。そこでは、ロマンス語における「祖語の再建」などは全く無用にして有害な考え方になる。「印欧語学に対するのと同様の原理で『再建』をしたりしたら、ラテン語はどんな風に見えることか？」という嘲弄的な発言がホールの論文に反論するボンファンテの論文の中にある。ホールとボンファンテとの論争については、第六章「音の変化」の中の「0663 idealism と positivism」で詳しく扱うことにする。

ここでまた、先に引用した「比較ロマンス語学で最重要な問題の一つは Vulgar Latin、あるいは Proto-Romance の位置に関わっている。それは民衆ラテン語の一形態であったのか、それとも理論的構成物であるのか？」というポズナーの文言に戻る。

1970年に書かれたこの言葉は疑問文のままでその答えは提出されていなかった。現在でも状況は同じである。印欧語学、ゲルマン語学その他における「祖語」の概念は、その出発点からして理論的構成物以外のなにものにもなれない。ロマンス語学においてはそこが決定的に異なる。ラテン語があるのであるから。だから、ポズ

74

ナーの疑問文が生まれることになる。

　ロマンス語が、資料として豊富にある古典ラテン語からの直接の子孫ではなく、ある中間段階を経たものであることは、すべての論者にとって了承済みである。では、古典ラテン語とは異なるその中間段階が、単一のものでラテン語の歴史の中で時代と地域を特定できる、いわゆる俗ラテン語なのか、地域や時代において別々に発達して各地にもたらされたものであったのか、あるいはそのような特定は全く不可能でロマンス語資料から再建される理論的構成物たるロマンス祖語にしか行きつけないのか。

　論者の主張はその振幅の中を行き来しており、最重要な問題は今も残っている、というのがこの問題に対して筆者が書きうる結論なのである。

　筆者の立場は折衷主義的である。俗ラテン語という用語は用いる。しかし、それはあくまでも「歴史の闇に描くスケッチ」以上のものではない。そのスケッチを描くための素材となるのは後期ラテン語の中に見られる非古典的表現である。それらと現存するロマンス語資料をつき合わせて比較言語学的考察を加えることで、古典ラテン語からロマンス語への様々な変化の過程を類推していくこと、それがロマンス語学であると考えるのである。

　俗ラテン語についてまずなすべきことは、筆者の判断では、グランジェントがしたような1言語としての記述ではなく、そのスケッチのもととなる資料はどのように存在しているのかを正確に知ることである。

033　俗ラテン語の源

　ここから、俗ラテン語というものが見られるその資料について検討を始める。少し細かい記述なので、この個所は読み飛ばしてもらってもかまわない。

　グランジェントと同様『俗ラテン語入門』を書いたヴェーネーネンは、俗ラテン語という表現を受け入れた後で、それが見つけられる源を9種類に分類している（Väänänen 1）。しかし、その9番目は「ロマンス語の比較考察から再建された形」であるから、「源」であるなら正しくは8種類である（1. 文法学者の記述、2. 難語彙集、3. ラテン語碑文、4. 古典期文学者の作品、5. 技術指南書、6. 歴史・年代記、7. 法律・外交文書、8. キリスト教文献）。タリアヴィーニによると分類は少し異なるが、やはり源は9種類に分けられる（Tagliavini, pp.212-220）。

　ロマンス語のもととなったであろう種類のラテン語は、このように多様な、そし

03 第三章 ラテン語からロマンス語へ

て土地と時代の異なったソースから拾われ集められるものである。

　これらを個別に検討する場合には、まずそれを意識的資料と無意識的資料の2種に分けて考察するのが良いと筆者は考えている。意識的資料とは、正しいラテン語知識を持った上で、「誤っている」表現をあえて使ったり、あるいはその誤りを指摘している文書で、上記ヴェーネーネンの分類では1、2、4が相当する。無意識的資料とは、筆記者が正しいラテン語と信じて書いているのに、教養の欠如や時代的理由などで余儀ない誤りを書いてしまい、知らずして同時代の現実の言語状況を映し出してしまうケース（3、5、6、7、8）である。

0331　意識的資料

03311　『プロブスの付録』

　意識的資料の典型であってよく知られているものは、上記の分類の1に属する、『プロブスの付録』Appendix Probi と呼ばれている文書である（Väänänen 1, pp.254-257, 270-271）。

　これは、3 speculum non speclum、4 masculus non masclus、111 oculus non oclus、170 socrus non socra といった風に、227もの項目において正しい綴りや文法的表現をまず書き、流通している間違った表現をその後に続けている、一種の教科書である。著者と同時代の言語的現象の一部がリアルに映し出されている。数字はヴェーネーネンの書において付けられた番号で、以下引用の際は同書の番号に従う。

　間違いであるとされる speclum、masclus、oclus、socra などは、たとえばスペイン語の espejo「鏡」、macho「雄」、ojo「目」、suegra「義母」の直接の祖先となっている。

　『プロブスの付録』は、北イタリアのボッビオにある修道院で発見された、7世紀末の再生羊皮紙（古い聖書のテキストを軽石で削り取って別の文書のために再利用されたもの）に書かれた文書の一部である。『プロブスのラテン語文法』の写本の末尾に挿入された付録の形であるので Appendix Probi『プロブスの付録』という通称が固定している。しかし実はこれは、誤解を招く呼び方である。その文法自体、1世紀の文法家であるプロブスの書ではなく3世紀から4世紀にかけて別人によって書かれたものであるし、その付録も5編あって、当該のものはその3番目に当たるだけである。これのみが『プロブスの付録』の名を独占しているのは不合理

なわけで、あるべき名称は、『偽プロブスのラテン語文法へのボッビオ付録第3部』
である。

　この書が注目を浴びた当初は、それがその文法と同じ時代であると想定されたため重要視されたのであるが、現在の見解ではこの「付録」自体はもっとずっと新しい。この文書で扱われた単語の性格を詳細に検討してその著者像をも想定するに至ったロブスンの見解に従うなら、早くても6世紀後半ということになる（Robson）。つまりそこに見られるのは、俗ラテン語という呼び名から想像される「ローマ帝国内における庶民の話し言葉」からかなり隔たったものなのである。

　ロブスンは語彙の選択の特徴から著者を、イタリア以外の出身でカルタゴかあるいはイベリア半島のキリスト教の伝統を受け継いだ人物と想定している。著者は古典期の書物をかなり読んでいる知識人ではあるが正誤の判断には厳しすぎるところもあり、彼が誤りとして訂正を加えている語の中には、帝政期はおろか共和政期に既に使われたものもある。また正しいとされる語もすべてが古典ラテン語式であるわけではない。そこで扱われた素材のかなりの部分は、著者が街中で集めたと言うよりは Hermeneumata と呼ばれる一種の教科書（ギリシア語文とラテン語文の対訳に語彙集を合わせたもの）から取られているのである。

　ロブスンの解釈ではこの文書は「日常言語が古典ラテン語から既に変質していた時代に、イタリア以外の土地で古典ラテン語を外国語として学んだ著者が、当時のイタリアのキリスト教界の文書で流通していたラテン語の中の間違いを、古典ラテン語の知識のみではなく自分の知るキリスト教ラテン語の観点から指摘しているもの」である。そのように見るなら『プロブスの付録』は、ブリテン島出身のアルクインが8世紀から9世紀にかけて、またオランダ人エラスムスが15世紀から16世紀にかけてした仕事の前触れとも言えて興味深い。

　そこで「誤り」とされる、当時のイタリアで流通していた語の形を見ると、そこにはアクセント音節の次の母音の消失、母音の半母音化、子音の二重子音化、第三活用名詞・形容詞の変質といった、後のロマンス語に如実に現れている現象が明らかに存在している。

　しかしながら、そこに列挙されている語彙の一つ一つを検討することは、それが個別に整然と並べられているために一見易しそうに見えるのとは正反対に、著者の持つこのような「意識」のためにかなり厄介であって本書の性格には合わないのである。

　本書においては、それらの例を抜き出して列挙するよりは、この後に続く「音の

変化」、「形の変化」で扱われる様々な現象を『プロブスの付録』での記述と対照させて見ることにする。

03312　セヴィリヤの聖イシドールス

同じく文法学者による観察として、セヴィリヤの聖イシドールス（560 - 636）の著 Etymologiae『語源』（別名 Origines）がある。これは一種の百科全書で、ありとあらゆる分野における著者の知識と読書量が披瀝されている全20巻に及ぶ大作である。現代ではありがたいことにその全文がネット上で読める（http://www.thelatinlibrary.com/isidore.html）。

ヴェーネーネンはこの書を「2. 難語彙集」に分類しているが、筆者としてはこの中にある言語学的記述は「1. 文法学者の記述」に分類されるべきと考えている。たとえばその第 1 巻で、haud と aut の正しい綴りについて「否定の副詞なら d で終わり、語頭に息の音を付けよ。接続詞なら t で終わり、息の音は付けるな」と記していることは、当時 h は既に発音されず、語尾の子音も発音されていなかったことを語っている。イシドールスより約200年後にブリテン島で生まれたアルクインがフランク王国のシャルルマーニュの宮廷に来て、そこでの誤ったラテン語の矯正するために書いた『正書法について』にも全く同じ記述があるのが面白い。

03313　難語彙集

ヴェーネーネンの分類での 2 番目である難語彙集 glossae とは、一般人にとって理解しにくくなった古典的なラテン語単語を、同時代の言葉で解説している、8 世紀以後に作られた文書類である。

たとえば、Reichenauer Glossen『ライヒェナウ語彙集』である。写本の発見地がドイツ、Reichenau の修道院であるのでこの名がある。編纂されたのは別の土地で、8 世紀終わりのフランス北部であったと目される。まず当時の一般人には理解し難くなっていたと思われる語を書き、それに解説を加えている。pulchra: bella、canere: cantare、liberos: infantes、mares: masculi、lamento: ploro、semel: una vice のごとくである（Rohlfs 2, p.57-58）。これらの例から、フランス語 belle、chanter、enfant、masculin、(je) pleure、une fois の古い形が容易に読み取れる。この書については、エルコックがその内容を詳しく紹介し、解説している（Elcock, pp.324-329）。

有用な語彙集としては他に、聖ミジャン修道院（スペイン北東部、ログローニョ

市の東50キロほどにある）で写本が発見された、スペイン語で Glosas Emilianen-ses と称されるものがある。訳すると『アエミリアヌス語彙集』であるが、ミジャン（Millan）とは聖者アエミリアヌス Aemilianus のスペイン語形であるのでこの名が付いた。作成された年代については、研究者によって説は分れるものの、10世紀あたりらしい。

　これは、スペイン語史研究の巨人であるメネンデス＝ピダルの不朽の名著『スペイン語の起源』（Menéndez 1）ではその冒頭に数ページを割いて紹介されており、近年に至るまで最古のスペイン語資料と目されていた。『ライヒェナウ語彙集』のように単語を並列させているのではなく、聖者伝のごときラテン語文書の中の、理解し難き単語に同時代の訳が書き入れられているのである。そのいくつかを、単語のみを並列させた形で抜き出すと、以下のようなものが見つかる。

　　pudor: uerecundia、repente: lueco、sicut: quomodo、diversis: muitas

　それぞれスペイン語、あるいは近縁言語の vergüenza、luego、como、muchas の古い形を見せている。

　スペインでの語彙集では他に、やはりメネンデス＝ピダルが詳しく紹介している『シロス語彙集』Glosas Silenses がある。スペイン北部のブルゴス県のシロスにある修道院で発見されたもので10世紀か11世紀とみなされる。これも『アエミリアヌス語彙集』と同様、ラテン語文の中の難しいと思われた単語に訳語や説明が書き加えられているのであるが、その文が宗教的と言うよりは法律的で、様々な罪に対して贖罪のための罰の期間が書かれているものであり、中身に関してなら『アエミリアヌス』よりはずっと面白い。

　そこにある説明句から典型的な例を抜き出してみると、副詞 invicem「お互いに」を uno con altro と述べるのは、「052 残った言葉・消えた言葉」の、特に「0523 副詞」で説明する「複数の語を組み合わせることで消えた副詞を補う」変化であり、また nasceretur「生まれた」を naisceset で置き換えるのは、後ですぐに触れるように形式受動態動詞が通常の動詞の形に置き換えられている例、また matertera「母方の叔母・伯母（父方なら amita である）」を tia と説明しているのは、親族用語のロマンス語的簡略化の実例である。親族名称の変化については「付録1 ロマンス語話題集 2. 親族名称の東西」で詳しく述べている。extinguere、interficere「殺す」には由来の良く分からない matar が書かれ、イベリア半島3言語に特有のこの語が既に現れていたことを示している。

03　第三章　ラテン語からロマンス語へ

03314　『サテュリコン』

これまでの意識的資料は、作成の目的そのものが言語に向かっており、俗ラテン語の探求には有用で有益に思える。しかし、その時代は 6 世紀以後であり、そこに現れている状況をキケロが言及したような「庶民の言葉」sermo vulgaris と同一視することはとてもできないのである。

その点、キケロの時代にずっと近い別の種類の意識的資料がある。ヴェーネーネンの分類では 4 に該当する『サテュリコン（Satyricon)』である。これは大部分散文で書かれた小説で、現在大多数の研究者の賛同を得ている見解では成立は 1 世紀中葉で、作者は皇帝ネロ（在位54－68）の廷臣であったペトロニウスである。

作者名の真偽はともかく、この小説の人物描写が言語表現にまで着実に及んでおり、変化しつつあるラテン語を意識的に記録した資料としては一番古いものであることが、言語学にとって重要な存在となった理由である。ただし単語が整理されて記述される類いの文書ではないから、そこから真実を読み取るには技量が必要となる。

『サテュリコン』の登場人物は言語の面において二つのグループに分けられる。物語の語り手役であるエンコルピウスという青年とその仲間たちが、通常のラテン語を話す第一グループを構成している。

それと対照的な言語話者に設定されている第二グループは、第一グループの観察の対象である解放奴隷たちである。その代表者たる大金持ちの男トリマルキオの催した宴会に彼らは集い、それぞれが長口舌をする。『サテュリコン』の現存部分の約 3 分の 1 を占めている「トリマルキオの饗宴」と呼ばれるこの場面が、いわゆる「俗ラテン語」の研究に資料を与えている。

ただし、饗宴の部分だけを見ただけでは作者ペトロニウスの意図は明瞭には見えてこない。俗ラテン語とは、古典ラテン語との「差」のことなのであって、常に「対比」を見る必要があるのだ。

筆者は『サテュリコン』の言語特徴については細部の点にまで及ぶ論文を発表している（引用文献　小林 3)。それを繰り返すのは本書の特性にはなじまないと思うのであるが、俗ラテン語の本質である「古典語との差」を細かく検討する素材としては『サテュリコン』こそが格好の素材であること、また既に述べた意識的資料よりは格段に古いものであることから、その一部だけを抜粋する。

まず音韻であるが、そこに見られるのはまだ小規模の変化にしかすぎない。しかし、母音音色の変容、語中母音脱落、二重母音の単母音化などの現象が観察され、

これらはすべてロマンス語への変化と並行的である。

　以下、言語の面での第一グループをA群、第二グループB群と分類して、その対照を見る。

　母音音色の変容では、B群話者は古典ラテン語での SINAPI「辛子」を SENAPE と発音している。これ現在のイタリア語「辛子」と同形である。

　ロマンス諸語がそれぞれ独自に母音体系を発達させる前に、いわゆる俗ラテン語の段階においては長短の区別ではなく広狭の区別を持つ母音体系を有しており、短母音の i は長母音の ē と融合して e の狭母音（ẹ と書かれる）となっていたと見られている（「0631 原初ロマンス語の母音構造」参照）。senape の例は、このような変化がこの時代には識者には意識されるまでになっていたことを教えてくれる。

　語中母音脱落（「06407 語中音節の脱落」を参照）は古典ラテン語の成立以前から多くの単語に見られるもので、『サテュリコン』におけるそれも、殆どは前時代に現れていたものばかりである。ただ、同一の語でも発言者による母音脱落の有無の違いが仕組まれている例があることが、重要なのである。

　英語の læmina「金属の薄板」はラテン語そのままであるが、これはフランス語では lame、スペイン語では laña となっている。その中間形として想定される、母音脱落の起こった LAMNA と発音するのがB群話者であり、A群は LAMINA と発音する。

　二重母音の単母音化はロマンス語では頻繁に生じたものであるが、『サテュリコン』においてはまだ数は少ない。しかし、その小数の例はすべてB群の発話に限られており、作者の意図が見えてくる。

　この現象においても、発言者間の対比が仕組まれていて、CAUDA「尾」はB群発話では CODA となっている。フランス語 queue やイタリア語 coda はこちらからの子孫である。

　形態面を見ると、不規則活用動詞の消失傾向、形容詞における第三活用の消失傾向、中性名詞の消失傾向のような現象が看取される。

　動詞の中でも、形は受動態なのに意味は能動である「形式受動態動詞」は、ロマンス語には一切存在しない。それらは、廃棄されて別の動詞に置き換えられるか、あるいは通常動詞のように形を変えられたのである。

　『サテュリコン』においては、通常動詞に形を変えて発話されるのはB群のみに見られ、意識的に区別されていると考えられる。ただし、形式受動態動詞は依然として多数B群の発話にも現れていることも重要である。

著者の皮肉な観察力は、B群話者が通常動詞を形式受動態動詞であるかのように RIDEAT を RIDEATUR と発言する個所にも見られる。自分の無教養を隠そうとするあまり、要らざる訂正までしてしまう過剰訂正、英語で hypercorrection と呼ばれる現象がここで仕組まれているのである。

イタリア語では「貧しい」は povero/povera で男女別形であるが、一方スペイン語では男女同形の pobre である。このようなややこしさはラテン語時代から発していて、語源 PAUPER が男女の性別を表さない第三活用形容詞であったことによる。この形容詞に女性形を無理に作り出してしまう誤用は、前2世紀以前のプラウトゥスの喜劇にも現れていた。それは長く続いたらしく、『プロブスの付録』にも明瞭に記録されている。『サテュリコン』の場合ではB群の発話に、無理に男性形を作り出した PAUPERORUM なる形が出る。

名詞が男性・女性・中性の3性に範疇づけられていたラテン語に対し、ロマンス語ではルーマニア語を除き男性・女性の2性である。他の言語では、中性名詞は主に男性名詞に吸収された。『サテュリコン』での中性名詞の消失はB群の発話のみに多数見られ、さらには、男性名詞を中性の形にしてしまう過剰訂正的誤用までが仕組まれている。作者の言語観察の妙は各所に見られるのである。

『サテュリコン』の言語的特異性を良く見せているのは、語彙の面においてである。B群の発話には純正ラテン語とは異なる単語が見られ、ロマンス語的語彙の先触れとなっている。

「耳」をA群は純正の AURIS と言い、B群では派生語の AURICULA である。後者がフランス語 oreille、スペイン語 oreja、カタルーニャ語 orella などの語源である。以後、「付録2 単語対照表2. 名詞」を参照してほしい。

名詞「口」が ŌS から BUCCA となるのはルーマニア語以外のほぼ全ロマンス語的現象である（上の順で、bouche/boca/boca）。bucca はB群では「口」であり、唯一A群に使われたときには元来の意味である「膨れた顔」の意味で、作者の意図は明瞭である。

「食べる」を意味する動詞は、3種 ESSE（= EDERE）、COMESSE、MANDŪCĀRE が用いられている。B群にしか現れない MANDŪCĀRE がフランス語 manger となり、それがイタリア語 mangiare へと借用されている。

「泣く」の古典ラテン語的単語は FLĒRE であるが A群にしか出ず、そしてロマンス語では消失する。子孫を残した PLANGERE（イタリア語 piangere など）は4例出る。その中、ロマンス語的な「泣く」の意味で使われるのはB群であり、

A群では原義の「打ち叩く」の意味だけで使われている。

　「美しい」を意味する形容詞のうち、民衆語 BELLUS は A B 両群に現れるが、古典ラテン語的 PULCHER、FORMŌSUS は A 群にしか現れない。

　最も正統的な語である PULCHER はロマンス語では完全に消滅した。古い FORMŌSUS は周辺部に残り、比較的新しい語 BELLUS は中心部に残っていることが「付録 2　単語対照表 3. 形容詞」から明瞭に見えてくる。「中心部では革新が進み、周辺部において古形が残る」という言語変化の傾向の一例であると考えられる。

　統語法に関して言うと、二つの群に明瞭な差は見えにくくなる。ただし、対格形を好んで用いたり、不要のはずの前置詞を使うなど、ロマンス語的特徴は全体に確かにある。また不定法句の代わりに名詞節を用いること、HABĒRE を助動詞的に用いて完了形に似た意味を作ること、「存在」の意味にその動詞を用いる例（フランス語 il y a、スペイン語 hay を参照）が見られることのみを記録しておく。

0332　無意識的資料

03321　碑文

　無意識的資料の中で非古典ラテン語的特徴を最も早く示していたのは分類 3 の碑文においてである。碑文とは石や金属の刻文、壁への落書きなど、文書によらぬ文字資料一切を指す。ラテン語に関わるそのような資料は前 7 世紀に出現し、ローマ帝国の瓦解以後も作られてイタリア半島を超えた広大な地域に点在している。それら多量なラテン語碑文を、その最初期のものから 6 世紀終わりまですべてに亘って集成する試みが19世紀半ばに始まって『ラテン語碑文集成』（Corpus Inscriptionum Latinarum 略称 CIL）として結実している。

　彫られた文字や書かれた文字は一定の訓練を経なければ読めないものではあるが、書写などを経ずして作成時のままの文が見られるのであるから、言語学的には貴重な資料である。たとえば前 3 世紀のスキピオ一族の一人への頌徳碑（CIL. 1,8）を見ると、短い i が e になっていたり（dedet、tempestatebus）、ns が s になる例（cosol、cesor）、また語末の m の消失例が見える。

　これらは、それから何百年もの後にロマンス語で見られる変化の一部の前兆のように見える。しかしこの頌徳碑には古典ラテン語以前の古拙ラテン語的特徴（honc、oino、duonoro など。これらは古典ラテン語ではそれぞれ hunc、ūnum、bonōrum

03　第三章　ラテン語からロマンス語へ

となる）も同時にあり、そこに俗ラテン語とかロマンス祖語とかの名称をただちに
当てはめることは躊躇される。

03322　ポンペイの落書き

ロマンス語との直接的な繋がりを示唆する、同時代の庶民の言葉がそのままに保
存された稀なる例として特筆すべきなのは、火山灰に埋もれていたポンペイの街並
みに遺されていた言語資料である。

ナポリ市の東方約15キロほどに位置するヴェスヴィオ山（ラテン語では
Vesuvius）は、79年に大噴火をし、その南方にあった二つの街ポンペイとヘルク
ラネウムを火砕流で埋め尽くした。これらの街の発掘は18世紀から始まっており、
現代の精密な復元作業の結果、当時の庶民や裕福な市民の生活のありさまがかなり
鮮明に再現されてくる。そしてそこの建物の内部や壁には、現在知られているだけ
で5000以上の銘文と落書き類が残されているのである。

ポンペイの銘文・落書きが持つロマンス語学のための特異な重要性は、その資料
の年代が非常に明確だということである。書かれたのが確実に79年以前であること
だけではなく、それより非常に隔たった古さのものもないのである。火山の噴火に
先立って62年にもこの街は大地震に襲われていて、建物の多くはその後再建された
ものであるし、壁にインクで書かれている銘文の多くは役人の選挙運動のための宣
伝文とか奴隷の売買広告などであり、それらは役目が終わるとすぐに消されて、そ
の上に別の文が書かれるはずであった。

ラテン語文は壁のみならず蝋板にも残されている。蝋板（tabula cerata）とは現
代ならノートに相当する筆記用具で、iPad を小ぶりにしたものを思い浮かべてく
れたら良い。木枠を付けた薄板に蝋が塗ってあり、固まった平らな蝋の表面を専用
の尖筆で引っ掻いて文字を書き、当座に用立てる。文が不要になれば暖めて蝋を溶
かして文字を消し、再利用できる。多くの場合２枚が蝶番状の紐で結ばれて見開き
２頁あったようである。その尖筆 stilus は stylus とも綴られ、「ペン」の意味から
「書きぶり、文体」へと意味は変容して、ついに英語の style、日本語のスタイルに
までなっている。stylus のままでは謄写版印刷のための鉄筆やレコードの針のため
の用語ともなったが現代ではどちらも時代遅れの言葉となった。

蝋板のようなもろく熱に弱い物体が街を覆った火砕流の下で生き延びたのは奇跡
であると思われるが、ともかく蝋に書かれた文字までもが残されている例が存在す
る。その中には作成年代が特定できるものもあり、それは52年から62年までの間で

84

ある（Väänänen 2, p.18）。

　ポンペイ出土の言語資料は、前述した CIL の第４巻とその補遺、および第10巻に収められている。

　『サテュリコン』におけるＢ群の言語特徴であった、母音音色の変容、語中母音脱落、二重母音の単母音化などはポンペイの落書きにはふんだんに見られる。また、不規則活用動詞の消失傾向、形容詞における第三活用の消失傾向、中性名詞の消失傾向も同じである。

033221　地格か対格か

　ここではそのような事例を列挙するのではなく、ポンペイの落書きに見られたある文法的誤りをロマンス語への変化の流れの一つとして位置づけて少し詳しく見てみたい。

　ポンペイの落書きに REDĪRE DOMĪ「家へもどる」という表現が見つかる。DOMĪ は DOMUS「家」の地格で、「家へ」でななく「家で」を意味する。「家へ」と目的地・方向を言うためには、本来なら前置詞なしの対格を用いて REDĪRE DOMUM となるべきである。

　これは対格と地格との混同と説明される現象で、同じ事例は古典期以前の喜劇にもあり、民衆的表現としてはありふれたものと言える。しかし、このような表現の変化をラテン語からロマンス語への流れの中に置いてみると、それは一名詞に起こった現象としてよりは、広く名詞、副詞に共通して生じたある変化の一部と見えてくる。

　ポンペイの落書きには、DOMUM、DOMĪ の反対語として用いられた副詞「外へ」と「外で」にも対格と地格との混同の例がある。「外へ」は正しいラテン語では FORĀS、「外で」は FORĪS と使い分けられていたのだが、ポンペイの落書きではそこにも混同が起こって、「喧嘩するなら出て行って外でしろ！」という文では、FORĪS とあるべきところが FORĀS になっている。

　これらの語がロマンス語ではどうなったかというと、フランス語では前置詞句 hors de「〜の外へ、外で」、スペイン語では副詞 fuera「外へ、外で」であって、ともに位置と方向の区別がない。イタリア語では fuora、fuori と２形があるが、意味は同一で「外へ、外で」ある。ラテン語的な用語を用いるなら、対格と地格との区別がなくなっているということである。

　ロマンス語における対格と地格の混同・同一化は、たとえば疑問副詞に見られ

る。「どこへ行く？」と「どこにある？」という文において、フランス語とイタリア語は一つの疑問副詞（それぞれ、où、dove）で済ませるし、スペイン語では a donde と donde のように前置詞で使い分ける。ラテン語ではそこが異なる。聖書から例を引くなら、「創世記」で身を隠したアダムに神が問う「おまえはどこにいるのか？」は "Ubi es?" であるが、小説の題名となったヨハネによる福音書中の「主よ、どこへ急がれるのですか？」は "Quo vadis, domine?" である。方向を問うなら QUŌ、位置を問うなら UBI と使い分けるのが正しい文法である。

　QUŌ も UBI も疑問副詞の他に関係副詞としても使われるのだが、その場合にも同じ区別がなされるのに対し、ロマンス語では同一語で済まされる。方向と位置とは語彙によっては区別されず、意味の差異は動詞に依存している。

　これは où etc. だけにある現象ではない。通常の副詞としての「そこへ」と「そこに」にもラテン語では EŌ と IBI の峻別があったが、フランス語の y、スペイン語の allí、イタリア語の vi などには方向と位置との明確な区別は、ラテン語的に言うなら対格と地格との区別は、ない。英語にも同様な変化が生じているのが分かる。現代語では方向のための hither、thither が消えて、位置のための here、there に同化しているのである（シェイクスピア『お気に召すまま』の中の歌、"come hither, here shall he see no enemy..."）。

　フランス語では「アメリカへ（行く）」も「アメリカで（働く）」も同じ前置詞を用いて "aux États-Unis" である。しかし、それが「フランス」であるなら、両方とも "en France" としなければならない。国名の性別で使い分けるのがフランス語の決まりである。フランス語学の範囲内なら、これは一前置詞の用法の問題である。ロマンス語学から見るならこれは、今述べた「名詞、副詞における対格と地格の混用化」という一連の現象の結果の一部である。

　ラテン語では対格にするだけで目的地・方向を言えるのは DOMUS を含む少数の単語以外は国名や地名で、それ以外の語のためには前置詞 AD が使われた。この AD はルーマニア語以外では à, a へと変化したのだが、これらはすべて、「位置」を意味する用法も持つようになった、ということである。

　もっともその程度は言語ごとに異なる。スペイン語前置詞 a では位置、場所を言う用法はかなり限定されて、「アメリカで（働く）」ならフランス語とは異なり en los Estados Unidos としなければならない。一方スペイン国内の別言語カタルーニャ語ではこの場合も a を用いて als Estats Units となる。イタリア語なら a は用いられず、方向でも位置でも in が用いられる。

フランス語を先に学んでからその他の言語に取りかかった人（筆者の例）は、フランス語の à の使い方をスペイン語やイタリア語にも応用して時に訂正される。言語ごとにあるそのような細かい差異の背後には、今まで述べたようなロマンス語全体の歴史が控えている。

03323 『キロンの獣医学書』

ヴェーネーネンが5から8に分類したものはすべて文書の形になっているものである。その代表的なもののみを挙げておくと、技術指南書としては、『キロンの獣医学書』Mulomedicina Chironis と呼ばれる文書がある（Väänänen 1, pp.243-244, 266）。キロンという不詳な人物の手になるという、家畜の病気への対処の仕方の書物に、ウェゲティウス（4世紀から5世紀の西ローマ帝国の著作家）が補遺や訂正を書き加えたことで生き残った。ウェゲティウスの意図は原文の劣った文章を訂正することであったが、それが巧まずして同時代の生きた言語の証言となった。写本は15世紀のものであるがウェゲティウスの原本の作成は400年頃と目されている。キロンは前時代のアプシュルトゥスの書を参考にしており、アプシュルトゥスの著作は4世紀中葉以後であるから、『キロンの獣医学書』の作成年代は自ずと限定される。

フランス語 mettre「置く」の語源はラテン語 MITTERE「送る」であるが、キロンは MITTERE を「置く」の意味で使っており、意味の変化が当時既に現れていたのであると知られる。また、前置詞 AD「〜へ」と AB「〜から」の混同が見られるが、これは次に書く『フランク人の歴史』にもしばしば見られる誤用である。庶民が用いる技術指南書ではなく、教育ある人が教育ある人のために書く書物にも同種の誤りが、つまり言語の変化が、生じていたのである。

03324 『フランク人の歴史』

『フランク人の歴史』Historia Francorum は、トゥールの司教、グレゴリウス（538頃-594）の手になる歴史書である。著者は同名の人々と区別するためにトゥールのグレゴリウス（英語では Gregory of Tours）と呼ばれる。その全文は http://www. thelatinlibrary.com/gregorytours.html で読める。

彼が生きたのは8世紀中葉まで続いたメロヴィング朝フランク王国の初期であり、後にカロリング朝ルネッサンスと呼ばれることになる8世紀末からの古典ラテン語復興運動は遥か先のことであった。彼の時代では、高位の聖職者ですらも正し

いラテン語を学びえなかったのである。また、たとえ『アエネーイス』のごとき古典作品が手近にあろうとも、異教文学へ耽溺することには宗教的制約があった。トゥールのグレゴリウスのラテン語がそのことを実証している。

彼はその書の第1巻において、自分が正確な文法を学んでいないことを告白して読者に許しを乞うているのであるが、「私は乞う」という動詞に正しい PRECOR ではなくて PRAECOR という綴りを使っているのが時代的特徴の現れの一つである。PRECOR の e は短いはずである。しかしこの時代には母音の長短の差は聴覚的には消え去っており、別の差である「狭い、広い」の区別に変わっていたと見られる。「短い e」は「広い e」として聴き取られ、二重母音である ae と混同されてしまうのである。

ただし、PRECOR（不定法は PRECĀRĪ）という、形は受動態でありながら意味は能動態である不規則な動詞の形はまだ維持されていること、これも重要である。形式受動態動詞と呼ばれるこの種の動詞はロマンス語では完全に排除される運命にあった。それは語そのものが消失する（「話す」LOQUĪ が消えて PARABOLĀRE で代用され、フランス語 parler などになる）か、能動態の形に変えられて残る（「従う」SEQUĪ が *SEQUERE の形を取り、フランス語 suivre になる）かのどちらかである。グレゴリウスの時代には、古典ラテン語の発音は崩れ去っても形式受動態動詞の規範だけは維持されていたのだ。しかし PRECĀRĪ も結局は *PRECĀRE という通常動詞へ変化し、フランス語では prier（古期フランス語 preier）、カタルーニャ語では pregar となっている。英語 pray は古期フランス語の時代に取り入れられた語である。

03325 『エジェリアの旅行記』

キリスト教文書としては、『エジェリアの旅行記』Itinerarium Egeriae が歴史的・言語的情報の宝庫として珍重されている。全文は http://www.thelatinlibrary.com/egeria.html で読める。その抜粋にヴェーネーネンが注釈を付けている（Väänänen 1, pp.245-248, 266-267）。また、太田強正氏による翻訳（『エゲリア巡礼記』、サンパウロ社、2002）があるが、筆者は未見である。

これは、ある女性が書いた3年に亘るキリスト教聖地巡礼の報告書である。本来の長さの約3分の1とみなされる量がモンテ・カッシーノで11世紀に作られた写本で残されている。旅の長さとしては4ヶ月分に当たる。著者名はない。

7世紀後半の人であるガリシア人ワレリウスの書簡中に昔聖地を巡礼した敬虔な

女性のことが述べられており、その人こそが著者であろうと現在は信じられている。ただし写本や刊本で伝わるワレリウスの書簡でその女性の名前は Aetheria と Egeria に分かれる。この書はかつては Peregrinatio Aetheriae『エテリアの巡礼記』と呼ばれていたが、現在では上記の呼称『エジェリアの旅行記』にほぼ一定している。ge が当時ゲと発音されていたとは考えられないので、筆者は勝手にエジェリアとすることにしている。

　エジェリアその人の正確な年代、生地、身分は何も分かっていない。生地に関しては、南フランス説とガリシア説がある。尼僧であったという説と、世俗の人であったという説がある。世俗の人でも貴族であるという説と富裕市民であったという説とがある。最重要なのは作成年代であるが、記述内容の検討から著者のエルサレム滞在は381年から384年までの間であるという説がかなり受け入れられている。文書の作成はそれより何年も隔たることはないことになる。

　HABET が「〜がある」の意味で使われているのは、フランス語 il y a 、スペイン語 hay の先触れである。また、古典語では不要なところで指示代名詞 ILLE や IPSE が使われているのは、それが定冠詞へと用法を変えていく過程を示している。

　俗ラテン語の資料をこれ以上紹介するのは大して意味あることではない。ともかく納得していただきたいことは、既にしつこく述べたごとく、俗ラテン語というものはさらにもっと多く存在する意識的・無意識的資料を渉猟して比較考察した後でやっと、歴史の闇の中に浮かんでくるスケッチなのであって、グランジェントの『俗ラテン語入門』などを読んで分かったつもりになってもロマンス語学研究には大して役に立たないということである。

034　ロマンス語の母胎

　俗ラテン語と呼ばれるものの実態を確認しておいた。ここからは、それとロマンス語の関係をもっと確実に追っていくことにする。

　先に挙げておいた、「ラテン語からロマンス語への変化」にまつわる三つの問いの最初のもの「ラテン語はいつ変質し始めたのか」への回答の試みがここに現れる。

　既に言及したホールは、その代表的著書『ロマンス語比較文法』（Comparative Romance Grammar）（Hall 2、3、4 がこれの第 1 巻、第 2 巻、第 3 巻に当たる）で、俗ラテン語という用語は用いないのであるが、ともかく古典ラテン語（文学的ラテ

89

ン語）とロマンス祖語（民衆的口語ラテン語）が分離したのは前2世紀半ばではないかと想定している。前者、つまり書かれたラテン語は、古典ラテン語から少しの変化をしながらもほぼ正しい規範を保って続き、前に述べたカロリング朝ルネッサンスの成果を受けて新たな生命力を回復し、現代に至るまで持続していることになる。後者は後2世紀以後は文語ラテン語との距離をどんどん広げていき、最終的には各ロマンス語へと分化してしまう。

　両者の分離に関しては、ホールの説よりもっと古い時期を想定するアメリカのパルグラムのような人もいる。パルグラムによると両者の分離は前4世紀には始まっている（Pulgram 1）。

　イタリアの印欧語学・ロマンス語学の長老であるボンファンテの場合は、少し遅くて、紀元後1、2世紀には少なくともローマ、ポンペイその他の地域においては根本的な変化を蒙ったラテン語が話されていたとする（Bonfante 1, p.626）。

　これらの説で共通しているのは、分離した2実体の並存という認識である。たとえば、6世紀のメロヴィング朝フランク国においては曲がりなりにもラテン語を読んで理解できる聖職者はいた。しかし彼らが実際に日常生活で用いる言語となると、それはラテン語の1種類であることは間違いないのだが、古典ラテン語からすっかり変質してしまったある種の言語であった。それを俗ラテン語と呼ぶか、原初ロマンス語と呼ぶか、口語ラテン語と呼ぶかは別問題である。しかしまた、彼らはそれとは別のラテン語を読むだけではなく話しもした。それは教養階級の共通語であり、教会の儀式で用いなければならぬ言語であった、ということである。

　一般庶民は別として聖職者はこのような二重言語状態であった、という認識は広く行き渡っていると考えて良い。ラテン語がどのような形で存続していたかに関して、スペイン語学の大家メネンデス＝ピダルは「ラテン語は教養ある人々すべての間で特別視された意思疎通の言語であった。それこそが唯一の、あるいは少なくとも主要な、良い談話の規範であった。ロマンス語はなじみ深いというだけのことであって、それしか自己表現の手段を持たぬのは無教養な人々だけであった」と書いている（Menéndez 1, §109）。彼によると、イスラム勢力による占領以前の西ゴート王国時代（414-711）には3種類の言語が話されていた。最高の教育を受けた人たちは聖イシドールスなどが書いたような教会ラテン語を話し、特別な教育を受けたのではない一般知識人はかなりロマンス語化した一種の俗ラテン語を話していた。そしてその他の人々には「ラテン語などの記憶は一切ない」のであった。西ゴート王国での共通語は、「ただのロマンス語（llano romance）」であった

（Menéndez 1, §103）。

　アメリカにおけるロマンス語学界の長老であるホールはメネンデス＝ピダルより
ずっと徹底している。彼は「第二言語としてのラテン語」という表題のもとに「男
の子はラテン語を、grammatica ＝文法としてであるが、学校で第二言語として学
び、それを学校内で、また可能な限り学校の外でも話すことを求められた」、「ラ
テン語は初等・高等教育、教会、法廷、法律家や公証人の事務所などにおける教育、議
論、討論のための通常の言語であった」とまでする（Hall 2, p.106）。

　つまり、口語ラテン語（あるいは俗ラテン語）が文学的ラテン語から分離したと
はいえ、それとは質的に異なる共通語としてのラテン語＝後期ラテン語は現実生活
の場においても存続し続けていたと彼らはみなすのである。

　このように２種類の言語が並んでいたという two-norm theory「二元理論」（こ
の後紹介するライトによる表現）は、両者の分離の時期やまた後期ラテン語の実態
についての解釈は様々であるとはいえ、ロマンス語学者の共通の認識であると言っ
て良い。

　確かに７世紀、８世紀のラテン語文書は、たとえ間違いが散見されようとも「ス
トラスブールの盟約」に見られた言語とは次元を異とするものであって、やはりラ
テン語以外ではありえないのである。

　しかし問題は、人々の日常言語とラテン語の「差」はどれほどであったのか、と
いうことである。言い換えるなら、実際に話されていたというラテン語とはどのよ
うなラテン語であったのか、である。文書として残されているラテン語が「話され
ていたラテン語」をそのまま写しているのなら、日常言語との「差」は甚だしかっ
たであろうし、ラテン語を知らぬ一般庶民にとっては聖職者が読み上げるラテン語
がどの程度まで理解可能であったのか、疑問は湧くのである。

　そのことに関しての証言となる重要な出来事がある。

　フランス中央部にあるトゥールはカトリックの宗教会議が数回開かれている都市
である。そこでの813年の宗教会議において、ある布告が作られた。その布告には、
誰であれ司教は民衆の救いに必要な教えを含んだ説教をなすべきだ、というありふ
れた文言があるのだが、その後に注目すべき言葉「さらにまた、その述べられた説
教をあらゆる人がより易しく理解できるように、一人一人の司教が田舎のローマ風
の言葉かドイツの言葉に明確に訳すよう努力すべきである」が続いている。下線部
を引いた個所の原文は "aperte transferre studeat in rusticam Romanam linguam
aut Thiotiscam" である。

91

この文はロマンス語の歴史に関する証言の中でも最重要なものの一つであり、関係書には何度も何度も引用されるものである。その解釈を巡る論としては、バニヤールによるもののみを挙げておく（Banniard, pp.411-422）。ともかくこの文からは、「813年の段階ではラテン語で書かれた説教を読み上げたのでは民衆にはその意味は届かなかった」と解釈できる。この布告はシャルルマーニュ帝の逝去の２年前のことである。彼はラテン語知識の低劣化を嘆き、正しいラテン語の再興のために知識人を宮廷に招いたのであったが、しかし歴史の実態はこのようなものであった。

0341　ライトの新説

さて、ここで話題を、既に何度か名前を出したライトの1982年の書物に戻す。疑いもなくこの書 "Late Latin and Early Romance in Spain and Carolingian France" は20世紀後半におけるロマンス語の学説史のなかで最も反響を呼んだ、そして論争を巻き起こした書物の一つに違いないのである。ライトの革新的学説への導入として、トゥール宗教会議の布告文の従来とは正反対の解釈の紹介から始める以上に適切な仕方はなかろう。

この布告にあった "transferre in rusticam Romanam linguam" は何を意味するのか。

この個所は伝統的には上のように「田舎のローマ風の言葉に訳す」と解釈されている。つまり、「ラテン語をラテン語風にそのまま読み上げたのでは理解されないから、それを一般民衆が話している俗語に翻訳して、その言葉で説教しなさい」である。そうならばこの布告は、ラテン語ではなく民衆語に、つまりはフランス語のもととなった言葉に、「教会内で神父が民衆にする説教の言葉とすべきだ」というお墨付きを与えたことになる。

リッカードは、「rustica romana lingua を初期フランス語と確実に同一視して良いのだ」と書く（Rickard, p.19）。エルコックは「これは文語ロマンス語の誕生における最重要な地点を刻んでいる」とする（Elcock, p.341）。

しかし翻って考えてみると、「ローマの言葉」の文書で我々が最初に眼にするのは、それから30年後の「ストラスブールの盟約」であり、これは説教の文ではない。宗教に関わる文「聖エウラリアの続誦」の出現はそれよりさらに50年も経ってからである。「ローマの言葉での説教」はあったのか？

ここに、ライトの新しい説が説かれる理由の一つがある。ライトは "transferre in rusticam Romanam linguam" に関して正反対の解釈をするのである。彼による

と transferre は「翻訳する」ではなくその文字通りの意味「移す」である。彼の新しい解釈を丁寧に説明するなら、「昔、ラテン語による説教は神父たちによって民衆的な発音でなされていたから理解されていたのだ。ところが、ラテン語教育の改革が教会に導入され、説教の言葉も古典ラテン語に近い発音に変えられてしまった。しかし、新しい方式の発音では民衆に理解されない。だから、従来の民衆的発音に移しなさい」ということである。

ライトの解釈の出発点は、伝統的な認識である「ラテン語と、それとは異なった民衆語の並存状態」の全否定である。800年以前のヨーロッパでは、民衆語と離れた発音を持つラテン語などは存在しなかった、と彼は断定する。彼は「我々がここ一千年のあいだ知っていたラテン語とは、カロリング朝ルネッサンスの発明品である」という挑戦的な文言でこの書を始めている。そして、19世紀以来現在に至るまでのロマンス語学の大家の説に対してかなり手厳しい批判を加えている。

彼によると、ローマ帝国が瓦解（西ローマ最後の皇帝の退位は476年である）して多くの国家が生まれ消えた時代には、聖職者であれ誰であれ、民衆の言語と離れたラテン語を話す人などは存在しなかったのである。確かにラテン語文書は存続し、新しく作られもし、教会内では聖職者はラテン語文を音読した。しかし、その発音は民衆の発音と何ら変わることはなかった、というのである。フランスの地では後のフランス語となるような発音で、スペインでは後のスペイン語となるような発音で、である。そのような各地の日常語＝原初ロマンス語は、同時に後期ラテン語でもあった、ということになる。その違いは、話されたものと書かれたものの違いにすぎなくて、それを別々の言語であると意識した人はいなかった。

ローマ時代より現代に至るまで連綿と続いてきたように見えるラテン語も、フランスでは9世紀になるまで、スペインでは11世紀終わりになるまでは、古典ラテン語からの連続ではなかった。フランスにおいてならば、ferit, directum, cognitum などは（古フランス語での形のように）fiert, dreit, cointe のように発音されていたはずであり、それを書く際には ferit などのように書かれただけだと、文法家の証言、法律関係書、韻文などの例証をもとに彼は主張する。書かれたラテン語の綴りは発音をそのまま表しているのではないことを、英語の knight が綴りにも関わらず k も gh も発音されぬことなどを例証として挙げる。

そこに、何度か言及したカロリング朝ルネッサンスが始まったのである。ラテン語改革運動の中心的人物であったアルクインの主導によって、我々が今実践しているところの「ラテン語では一字が一つの音を表す」という原理が教育によって徹底

されて、9世紀フランスでは教会の典礼で用いられるラテン語は新しい発音で読まれることとなった。その慣例は11世紀終わりにはスペインにも広がった（ライトは、イタリアの地域については殆ど触れていない。このことが彼の説の弱みの一つとなる）。

0342　アルクインの改革

　この歴史的大変化の重要な要因とされているのは、アルクインの書『正書法について』De Orthographia である。アルクインはブリテン島のヨークの人であり、母語はアングロサクソン語で完全に外国語としてラテン語を習得した。つまり、フランス、イタリアその他のロマンス語地域で育たなかったがゆえにそこに存在していた自然な言語変化の影響を受けず、古い文法規範を持ち続けた人であった、とライトは理解する。

　シャルルマーニュによってアーヘンの宮廷に招かれたアルクインを、シャルルの伝記作者アインハルトはその書で「あらゆる方面で博学そのもので、シャルルは彼から修辞学と論理学と、とりわけ天文学を熱心に学んだ」としている。最終的には彼はトゥールの修道院長となり、そこで没した（804年）のであるがその時代の作品の一つが『正書法について』である。

　その書『正書法について』を読むと、当時のフランク国においてラテン語が通常どう音読されていたかが透けて見えてくる（Alcuin。これは現代ではネット上で読める。Grammatici Latini で検索すること）。その結果、単語を正しく綴ることが難しくなっていたから、そのような状態を正そうとしてアルクインは丁寧に一つ一つの単語の綴りを説明する。

　語末の d、t は発音されなかったようだ。語頭の h も同じである。否定の副詞 haud と接続詞 aut についてアルクインが「前者には息を付けて d で終わり、後者は息なしで t で終わる」と書いているのは、要するに両者が現在のフランス語と同様に同じ発音であったからである。単子音と二重子音に関しては、agger「盛り土」と ager「畑」、amittere「解き放す」と ammittere「認める」の区別をしろとの記述、accentus「アクセント」、affatim「明瞭に」では c、f を2度書けとの記述から、それらが混同されがちだったことが見えてくる。これも現在のフランス語と同様である。b は v のような摩擦音になっていたようである。だから albus「白い」と alvus「腹」の区別、bis「二度」と vis「力」の区別が明記される。また、後で扱う「yod効果」と呼ばれる現象（「06405 yod効果」参照）が生じていたこと

は、alea「サイコロ」と alia「別の（女性形）」の区別を述べていることから分かる。さらに、古典ラテン語の特徴であった ae、oe のような二重母音の存在について彼は、diphthongon というギリシア語による術語を用いてまでその存在を強調している。

　ライトは、『正書法について』の目的は正しい綴り方の教育だけではなくて、正しい発音の仕方の教育にあったのであり、それはカッシオドールス、イシドールス、ベーダなどの先人の書物には見られぬ新しい知見であるとする。そして、フランス語風にアクセントのない語中母音や語末音節を省略していたそれまでの発音を改めさせ、ラテン語文を音読する際には、文字は一字一字発音すべきである、という原則を徹底させた、と解釈する。

　そのようにして、日常言語とは音声学的にはっきりと異なったラテン語規範が確立して、我々の知っている中世ラテン語が生まれた。だから我々の言う中世ラテン語とはカロリング朝ルネッサンスが生み出した発明品なのである、というライトの主張が生まれる。

0343　ライト説の検証

　ライトの書には、多くの書評が書かれた。そしてそれを契機として、18人の論者が関係する論点を扱う第二の書までが出版された（Wright 2）。これはロマンス語学にとってまことに目覚ましい現象であると言わなければならないのである。「0192 ロマンス語学の現在」で一応触れたので繰り返さないが、歴史言語学の中でもロマンス語学は、1980年代においては最盛期を遠く過ぎ去って久しかった分野の感があったのである。それはひとえに、「新しい論説」が出てこないせいであると言って良いであろう。その点ライトの書が、ロマンス語学の根底にある重大な論点「ラテン語はいかにしてロマンス語になったか」、を新たに論じ始める刺激を作ったことは間違いない。

　歴史言語学的見地から見たとき、ラテン語資料は他の言語の場合と比較するなら例外的なほど多くあると言って良いであろう。そしてそれが行き着いた先であるロマンス諸語に関しても、そのバラエティと量も実に豊富である。だから、その両端を対照させてそこに見られる音韻や形態の変化を記述することは難しくはない。

　ところが、両者を繋ぐミッシングリンクを探るための資料となると、多いと言えば多く、少ないと言えば少ないのである。だから、「ラテン語はいかにしてロマンス語になったか」を論ずる際にも研究者は、まず資料の多量さの中で道に迷い、確

03 第三章 ラテン語からロマンス語へ

定的事実を示す資料は実は少ないのだとその後に悟る。これは「俗ラテン語」のところで述べた事柄である。

こんなところに、ロマンス語学の研究方法と印欧語学のそれとの明白な差がある。印欧語学では祖語の実体は存在しないのが出発点なのであってそれはあくまでも研究者が理論的に作り出す仮説である。だから、「どれほど真実らしいか」を競う仮説が理論的に作られることは、「0322 ロマンス祖語という概念」で述べた通りである。理論が重要なのだから新しい説は出てくる。

一方祖語としてラテン語が厳然と控えているロマンス語学では、理論を組み立てることは重要ではない。「ラテン語はいかにしてロマンス語になったか」を論ずることは、結局はどれだけ多量の資料を渉猟するか、そしてその中からいかにして適切な部分を選び出すか、の「判断」なのである。

「判断」は、それに賛同しない人から見るとただの「推測」にすぎない。だから、ライトの説も結局は推測の積み重ねであるとの批判を受けている。アルクインが教えたラテン語の正しい発音の内実もその推測の一つである。ライトは、アルクインは古典ラテン語風の発音を維持していたと考えているが、それには実は確たる根拠はない。反論者の一人ウオルシュは「アルクインの発音はどっぷりとイタリア式になっていたと信じる理由はいくつもある」と書く。ブリテン島のカトリックへの改宗は 7 世紀のことで、イタリア人修道僧の指導によっているからである（Walsh 1, p.212）。

これは「064 子音変化」の「06403 調音位置の前進（いわゆる「口蓋化」)」で詳しく論じることであるが、ラテン語の CA/CE/CI/CO/CU は古典期には「カ」、「ケ」、「キ」、「コ」、「ク」と破裂音で発音されていたのに CE/CI だけはある時期から「ツェ」、「ツィ」のような破擦音の発音に変わったのである。それがまた各国でそれぞれの発音へと変わって伝統的なラテン語の発音が固定した。19世紀になって正しい古典ラテン語の発音が「再建」されても、その慣習は強固に残って Cicero は「チチェロ」であったり「ツィツェロ」であったり「シセロ」であったりする。

問題は、そのような音韻変化がいつどこで起こり、それが教養人の間でどのような位置を占めていたか、ということである。ウオルシュは、こんなことは本文で詳しく論じてほしいのであるが脚注で、「後期ローマ帝国から近代に至るまで、CE/CI が破擦音でなく発音されたという証拠は一つとしてない」と付け加えている。ライトは、アルクインの師匠格であるベーダ（Beda Venerabilis、日本ではビード尊者と訳される）が CĀRITĀS と CELSA に頭韻を踏ませる詩を書いていることか

ら彼らにとって CA も CE も同じ破裂音［k］であったと判断するのであるが、ウォルシュはそれは発音ではなく純粋に綴り字上の問題であるとする。

　ライトの書は、大家の過去の説に容赦なく批判を加えることでかなりの反感をも生み出した。スエーデン人レーフステドが書評（Löfstedt）で、かつてドイツの大古典学者であるシャーデヴァルトが言ったという「イギリス式傲慢」arrogantia Britannica との言葉を引用しているのが面白い。

　勿論レーフステドはライトの説には大反対で、丹念にその短所をえぐり出している。その中でも明解なのが、この話題のきっかけとして提出しておいた"transferre studeat in rusticam Romanam linguam aut Thiotiscam" の解釈である。"in rusticam Romanam linguam" だけであるならライトの説も通用しうるが、では"aut Thiotiscam" の解釈はどうなるか。"lingua Thiotisca" は「ドイツの言葉」であって、それは発音を変える云々では意味が通らず「翻訳する」との解釈しかありえない。レーフステドはこの点を突いて、「偏見のせいで研究者がどれほど盲目となるのか」とまで書いている。

　この問題を巡る議論を読む中で、我々はラテン語の現実の発音について面白い現状を知ることができる。

　現代日本においてラテン語の教育は主として大学においてであり、そこで使われる教科書に載っている発音はほぼ例外なく、19世紀に始まった比較言語学的「再建」の成果である「新しい発音」なのである。しかし、ヨーロッパ各国においては、それ以前から慣例的になっていた発音がそれぞれの国で使われている。

　大学の古典語教育の現場では、日本人がするような再建された発音（これについては、第六章「音の変化」で詳しく述べる）が本当は正しいのだと知られてはいる。しかし、現実にはそれは実行されてはいないのである。英語、フランス語、スペイン語、イタリア語の話者はそれぞれ自分の言語の慣習で古典ラテン語文を発音してそれで済ませている。

　前述のウオルシュの証言（Walsh 2, p.212）では、ラテン語の発音で必須の単子音と二重子音の区別を英語・フランス語・スペイン語話者の研究者は「事実上していない」そうである。さらにまた彼の証言をそのまま写すと「私の知っているいかなる国でも、ラテン語の母音の長短の区別は、資料をすぐに参照できる立場の古典学者によってすらも常に守られてはいない」のだそうである。彼の視野に日本が入っていてくれたら良かったのだが。

母音の長短の区別や単子音と二重子音の区別は、ラテン語を理解するためには不可欠な知識である。TURRIS「塔」と TŪRIS「乳香（属格形）」との違い、OCCIDŌ「私は倒れる」と OCCĪDŌ「私は打ち倒す」の違い、FIDĒ「信義（奪格形）」と FĪDĒ「忠実に」の違い、PARĒS「あなたは用意すべきだ」と PĀRĒS「あなたは出てくる」との違い等々、それを区別しないことには文の理解ができなくなり、詩の場合なら韻律通りに読めなくなる事例は多々ある。日本人は「来た」と「切った」を視覚上、発音上、聴覚上のすべてで区別する。「時」と「陶器」の区別も同じである。だからラテン語を正しく学んだ日本人は、VENIT「彼・彼女は来る」とVĒNIT「彼・彼女は来た」の区別が発音上でも聴覚上でもできる。ところが西洋の大学では必ずしもそうではないのだそうである。もちろん、普通の研究者は知識の上では両者の区別は厳密にする。ただし発音や聴覚に関しては、その厳密な区別は一応棚上げにしてもかまわないということであろう。

ウオルシュは、英語話者の間でもイギリス人とアメリカ人とではラテン語の発音に差が出てきて、アメリカ人は母音間の t を有声化して ladder「梯子」も latter「後者の」も同じに発音することが多いから、ラテン語の CRĒDAM「私は信じるべきだ」も CRĒTAM「成長した（女性単数対格）」も同じ発音にしがちであると言う。

彼が強調しているのは、たとえ研究者が国ごとに様々な発音で扱おうとも、同じラテン語を対象としている意識に変わりはない、という事実である。それは古代末期、中世前期でも同じことであって、ローマ帝国瓦解後の各地域でラテン語の発音はそれぞれの民衆語と同じように変化したとしても、読む文章としてのラテン語はその語彙や文法に関しては話されていた言語とは異なっていたはずである。

そのようなラテン語をウオルシュはこう要約する。「ラテン語とは何よりもまず書かれた言語であり、その発音が民衆の発音の仕方に大きく影響されていたことは今までずっと研究者が認めていた通りである。それは変わることなく第二言語で、しかも高度に教養高い人々にとってもそうであった。それは公式で荘厳な、特に宗教的な機会のために使われるために人工的操作を経て受け継がれてきたものであったのだが、お互い言葉が通じ合わないほどに話し言葉が異なっている地方から来た教養人の間では多分相互理解のためにも使われたであろう」と（Walsh 1, p.212）。

このように、後期ラテン語と初期ロマンス語との並存状態は可能であったと考えるなら、当然、ライトの挑戦的な表現である「中世ラテン語とはカロリング朝ルネッサンスにおける発明品である」という主張は否定される。

98

035　ロマンス諸語への分化

　ライトの革新的な理論は大体において否定されていると考えて良い。しかし、それで何かが解決したのではない。前に提起した問いの中の３番目である、「異なった地域でそれぞれに変化したラテン語が、相互理解が難しくなるまでに個別化したのはいつか」への検討はまだ残っている。民衆のラテン語は、それがどれほど古典ラテン語の規範からはずれていてしまったとしても、ともかく旧ローマ帝国の大部分で共通語の役割を果たしていた。それが、共通語の役割を果たせなくなるほど変質したのはいつであるのか、という問いである。

　それは、個別ロマンス語の誕生と密接に関わりを持つともみなされるから、たとえば「フランス語はいつ生まれたのか？」という問いにも変換されて、大きな論争点となるのである。

　何度も問われ多くの学者がそれへの答えを出そうとした問題の研究史については、ヴェーネーネンの文が役立つであろう（Väänänen 3）。

　「いつ？」という問いに対する答えでは、両極端が二つ揃っているのが面白い。ローマ人による征服が始まったときから既にラテン語は地域ごとに異なっていたのだという説と、もう一方はライトの説で、メロヴィング朝が終わった後もラテン語は均質であり、800年頃になってやっと別の言語に分かれたのだという説である。

　この違いは主に研究の態度の違いから生じると言って良い。前者は各ロマンス語の資料から時代を遡り、帰納的に再建する道を選んだときの結論の一つであり、後者は逆に前進的に、ラテン語文書資料から演繹的に推論したときの結論である。

　その中間を想定する温和な理論でも、説は分かれる。ヴェーネーネンの上記の文では、両極端を除くとそれらは、２〜３世紀説（サルディニアとダキアの分離）、３〜４世紀説（政治的混乱とローマの精神的衰弱）、５世紀説（西ローマ帝国の解体）、６〜７世紀説（伝統的教育の終焉）、７〜８世紀説（後期ラテン語の証言）の説に分かれるそうである。括弧の中の句はそれぞれの説の理由づけである。論者の名前は省略する。

　ヴェーネーネンが名前を挙げていない人の中では、ロールフスは、現在見られるような各ロマンス地域の独自性も首都ローマからの文化的乖離も、３世紀頃には見られるとする（Rohlfs 3, p.18）。口語ラテン語の文語ラテン語からの分離を前４世紀にまで早く想定したパルグラムは、個別ロマンス語への分離についてはグラフで図示するのみであるが、それによると紀元後700年前後にそれを想定していると読める（Pulgram 2, p.30）。

99

そもそも、ラテン語をそれぞれ異なった言語へと変化させた原因とは何であったのか。その要因についてもそれぞれ異なった説があり、ヘルマンはそれを「ローマ化された時代の差」、「各地への入植者の方言差」、「ローマ化の度合いの差」、「ローマ化の道筋やローマ化された地域間の繋がり」、「政治的、文化的要因」、「ローマ化の社会学的局面」、「地理的分布」、「基層語」、「上層語」、「その他色々」、と要約している（Herman 1, p.64）。そして、それらのうちどの要因を重視するかで、各ロマンス語への分化の年代の理論は異なってくるのである。ついでに触れておくと、ヘルマンは上記日本ロマンス語学会機関誌への寄稿文（Herman 3）で、「ライトは本質的に正しいところから出発している」としている。

9世紀中頃の「ストラスブールの盟約」が既に「フランス語」としての性格を明瞭に見せていたように、この時代には各ロマンス語の「個別化」は終わっていたことであろう。イタリア半島やイベリア半島ではそれとははっきりと異なった言語が話されていたであろうことは予想がつく。それが文書の形では我々に届いていないだけなのである。

乏しい資料から、音韻的特徴や語彙的特徴を探ることで探求はなされる。ともかくまず最初になされるべきは、個別ロマンス語がそれぞれどのような関係を持っているのか、どれとどれが近く、どれが遠いのかを、具体的な言語資料から決定することである。

「064 子音変化」で詳しく述べるが、音韻変化の特徴を主たる理由としてイタリア半島北部のある地域に線を引き、その線でもって全ロマンス語を二つに分類する考えがある。それが正しいなら、まずその線でもってロマンス語の祖先が二分割され、そしてその後にさらなる分化が生じたことになるであろう。

現代ではその説はそのままでは信用されていない。しかし、歴史的見地から見たロマンス語の分類という課題は残っているから、諸家はそれぞれの分類を試みる。

まず第一に、現代で最も丹念にその問題を検討していると思われるホールの説を紹介する。

ロマンス語学研究者の中でアメリカ構造主義言語学の伝統を最も強く維持しているホールは、純粋に比較言語学的手法で「祖語の再建」を試みる。彼はひたすら音韻変化の共通性だけを手がかりとして論を進める。最古の資料からいくつかの言語や方言をまとめ、それらから一つ前の段階の「祖語」を想定するのが最初の作業である。その作業を繰り返すことで最終的なロマンス祖語が浮かび上がり、全体を図示してみると、印欧語比較言語学ではおなじみの「祖語から現代語に至る系統樹」

が出現するのである。

　彼の試みを祖語からではなく現代語から遡る順序で、しかも大幅に簡略化した形で説明してみる。

　出発点としてイタリア語を取り上げると、ホールはまずイタリア語の各方言とダルマチア語（死語）から「イタリア・ロマンス祖語」を想定するのである。そして、イベリア半島の3言語から「イベリア・ロマンス祖語」を想定し、それとガリア地域とスイスの地域の言語から想定される「ガリア・ロマンス祖語」とを合わせて「西ロマンス祖語」を想定する。それと「イタリア・ロマンス祖語」との共通の祖先として「イタリア・西ロマンス祖語」が想定されることになる。その手法をさらに進めてルーマニア語を含む「バルカン・ロマンス祖語」と合わせると「大陸ロマンス祖語」が想定される。それとサルディニア語諸方言を合わせた「サルディニア祖語」と合わせることでついに「ロマンス祖語」にまで遡る。

　このような系統樹は、引用文献の「Hall 1」で原型ができているのだが、上の説明は「Hall 3」によっている。

　ロマンス祖語と古典ラテン語の分離については、ホールは前2世紀半ばと想定している（引用文献 Hall 2, p.72の図による）。しかし、ロマンス祖語がさらに複数に分離していくその年代については言わない。理論としての再建では時間の決定は難しいのである。

　俗ラテン語の項で紹介しておいた言語資料は、それぞれが古典ラテン語とロマンス語とを仲介する性質を明瞭に見せてはいる。しかし、6世紀終わりまでの資料に関しては、それらは「地域的特質」だけは見せていない。キリスト教教父たちの著作における言語にも地域的特色は見られない。それが、「ラテン語は長いこと均質であり、800年頃になってやっと別の言語に分かれた」という説の根拠にもなる。

0351　比較言語学的探求

　具体的言語資料を用いてロマンス語の地域的特徴が現れた時期を特定しようとする試みはある。1990年に出されたヘルマンの論説がその一例である。彼は、碑文に書かれたラテン語の特徴の中に地域的特色が現れているかを見ようとする（Herman 1, pp.62-92）。

　第六章「音の変化」で詳しく述べることであるが、古典ラテン語の母音体系は整然たるもので、長短の区別を持つ5母音 A、E、I、O、U からなっていた。しかしそれはあるときから A 以外では長短の区別を失ったのである。その中でも、長い

E は短い I と同一化し、また長い O は短い U と同一化したことがロマンス語における母音体系から分かる（「0631 原初ロマンス語の母音構造」を参照）。

　また子音においても、その位置によって消失したり無声音が有声音化したりするのが一般的特徴である。

　碑文のラテン語で、E/I や O/U に関して古典ラテン語とは異なった「間違った綴り」が書かれている割合がどれほどあるか、母音間で無声音が有声化している割合はどれほどか、語末子音の脱落の傾向に地域的差異が見られるか、を特定しようというのがヘルマンの試みである。その資料自体は、ラテン語碑文の集大成である Corpus Inscriptionum Latinarum である。

　略称 CIL で知られるこの集大成は19世紀中葉にドイツの歴史学者モムゼンによって刊行が開始されたもので、現在まで17巻にまとめられているがそれで完成ではなく、収集、発刊の作業は現在も続けられている。日本国内の大学図書館にも所蔵されているそれを見た人には分かるように、時代と地域によって分類されたその碑文の読みにくい印影から文字を読み取る困難さは別として、ともかくその量の膨大さを考えるとこれは気が遠くなるような作業である。ヘルマン自身それを assez pénible「かなり辛い」と言っている。

　ヘルマンの研究は先人の業績をも踏まえた慎重かつ丹念なるものであって、その詳細を紹介することは適切ではないから、結論の部分だけを述べることにする。

　まず、6世紀以前の口語ロマンス語に地域差は存在したか、という問いに対しては、彼は5世紀・6世紀の碑文には地域差異は見られると結論する。

　しかし、その地域的差異の様相を言語学的に適切に説明することに関しては、彼は極度に慎重になる。碑文のラテン語が真にその地域のラテン語特徴を表しているのか、という疑問点がまずある。また、方言差と言えるほどいくつかの特徴がまとまってある地域に見いだせるということはなく、結局のところその差異をもって地域間に明白な線を引くまでには至らないのである。

　そして最も肝心な点である、これらの差異がロマンス諸語の形成に対してどの程度関与しているのかに関しても、ヘルマンの結論は漠然たるものにならざるをえない。

　彼はラテン語－ロマンス語の歴史に連続した、しかし明瞭に区別された、三つの「波」があったことを結論し、その「波」をあえて dialectalisation「方言分化」と呼ぶことにする。

　その第一は後1世紀まで続いた、ラティウムの1方言であった草創期ラテン語が

周囲の同属言語を飲み込みつつイタリア半島の標準語となった過程である。

第二の「方言分化」はその後西ローマ帝国の崩壊（476年）の数十年後まで続いた現象で、碑文の言語の差異化に見られたような「ラテン語の前ロマンス語的分裂」があって、それが明晰とは言えぬまでも将来の個別ロマンス語のいくつかの特色を見せているのである。

第三が真に「ロマンス語方言分化」と呼ぶべきものであって、それは西ローマ帝国の崩壊と最初のロマンス語テキストの出現（842年）の間に起こったことである。

0352　メタ言語的証言による探求

見たように、ヘルマンの結論は彼のなした作業の膨大さを考えるとある種ありきたりである。しかし、純粋に直接的言語資料のみを用いて「個別ロマンス語の分化」の時期を特定しようとすることへの限界がここに見えているとも言えるのである。ヘルマン自身、「実在する言語はそれ自身では我々が必要とする証拠はもたらしてはくれない」と断言している（Herman 1）。その言葉は、上記の比較言語学的探究の論文から6年後に出された論文にあるもので、彼はここでは比較言語学的手法とは別の方法論を用いて同じ課題を解明しようと試みる。それはローマ帝国末期から「ストラスブールの盟約」が作られた842年までの間の「言語移行時期」と呼びうる時代を、彼の言う metalinguistic testimony「メタ言語的証言」に頼って解明しようとする試みである（Herman 2）。

メタ言語的証言とは、いわゆる俗ラテン語文書のような「言語資料そのもの」ではなく、その時代に作られた「言語に関わる言説」のことである。メタ言語的証言と言っても、この時代のそれは宗教的分野における言説に限られる。しかしそれは当然のことであって、宗教指導者にとっては、教会で読み上げられたり説法のために使われたりしたラテン語が民衆にどれだけ理解されるかは重要な問題であった。ヘルマンは同論文で、宗教人の残した文書から「教会で読み上げられたラテン語がどの程度民衆に理解されえたのか」を探ろうとする。このような研究はヘルマン以前に、既に言及したバニヤールによって500頁を超える大部な書として刊行されている（Banniard）のであるが、それは主に歴史学的観点からの書であり、ここでは言語学の立場からそれを論じているヘルマンによる研究で紹介する。

ヘルマンが定めようとしたのは、考古学的用語で言うなら terminus post quem である「ラテン語がすべての人に理解されていた最後の時代」と terminus ante quem「ラテン語がもはや一般的には理解されなくなっていたと判定できる最初の

時代」である。

　そのために役立つようなメタ言語的証言が良く残されているのは、メロヴィング朝のフランク国である。メロヴィング朝の時代とはおよそ500年から750年の間の時代と考えておくのが良い。必然的に現在のフランスの地における言語の変化の探索が主たる話題となる。

　ヘルマンによると、メロヴィング朝でも、7世紀と8世紀前半では信者の教化のために使われた聖人伝文書は読み上げられていて大衆から理解されていたことは分かる。聖人伝は英語では legend であるがその語源は「読み上げられるべきもの」の意味なのである。ただし、現在読めるそれらの文書はそれより100年以上経ったカロリング朝時代の写本であるから、前時代に読み上げられていたものを再建することはできないことは知っておかねばならない。

　6世紀前半の南ガリアの証言では、「聖書の文字を読めない人は、他人が読んでいるのを注意深く聴くべし」とある。つまり、ラテン語は音では理解されていたと解釈される。

　6世紀終わりから7世紀初めのスペインでの証言（セヴィリアのイシドールス）でも、読み上げられた文書は大衆に理解されたと読める。

　7世紀初めのイタリアでの証言も同じようである。

　つまり、7世紀の初めにおいては、たとえ各地で発音にそれぞれの変化が生じていようとも、典礼用のラテン語が読み上げられたときにはそれは理解されていたのである。

　ヘルマンは、terminus post quem「ラテン語がすべての人に理解されていた最後の時代」として「620年から630年の間のあるとき」を定める。

　そして terminus ante quem「ラテン語がもはや一般的には理解されなくなっていたと判定できる最初の時代」を知る資料として彼が重視するのはシャルルマーニュが789年に発布した、Admonitio Generalis と呼ばれる勅令である。これは「総体的勧告書」の意味であって82の条文からなり、フランク国の支配者としての彼の理想が現れた文書であり、カロリング朝ルネッサンスの成果の一つとみなされるものである。その中でシャルルマーニュは教育の重要性を説き、特に聖職者に対して教養を高めることを説いているのであるが、それが巧まずして当時の聖職者の知的レベルと一般大衆の言語能力の現状を垣間見せてくれるのである。

　そこには、「聖職者は『主の祈り』を理解するべきであるし、何を神に祈るべきかを一人一人に分からせるために、『主の祈り』がすべての人にとって理解可能で

あるように説教すべきなのである」という文言がある。

この文書は拙速に作られたものではなく20年ほどの綿密な準備を経て作られたとヘルマンは判断する。つまり、770年頃には一般大衆は主の祈りの意味が理解できなくなっており、聖職者の中にも知識の曖昧な人が存在していたということである。『主の祈り』とは、かつての日本語訳では「天にまします我らの父よ　願わくは　み名をあがめさせたまえ」で始まり、「アーメン」で終わる11行の文で、接続法や命令法などは出てきてもごく簡明な言葉からなっている。

結局彼は、後にフランスとなるべきガリアの地では 8 世紀後半の初めこそが terminus ante quem であると判断するのである。

その正確さ優秀さは問わず、ともかくラテン語で書かれ朗誦された言葉はガリアにおいて620年から630年には耳で聞いて理解されていたのに、それから150年経つとそれは理解されなくなっていた。それはカロリング朝ルネッサンスと呼ばれる文化事業以前のことであり、そのような変化は社会的政治的変化とは無関係な自然な言語変化に由来すると結論される。

ガリア地域で他に先んじて生じた現象、つまり以前にはあった相互理解を不可能にしてしまう事態の発生の原因をヘルマンは、「語末母音の消失」という音韻変化に見ている。第六章「音の変化」で改めて述べることであるが、「付録 2　単語対照表 2. 名詞」の DIGITUS「指」、LUPUS「狼」、PORCUS「豚」などを参照してもらえれば分かるように、スペイン語・イタリア語では残っている語末の o がフランス語では消えている。

英語で apocope と呼ばれるこの語末母音消失現象は、ガリアでは 7 世紀後半から 8 世紀の間に生じたのであろうとほぼ推測されている。

それは、語の音節数を一つ減らすことで単語のアクセントの位置にも影響を与えた。「0622 ラテン語のアクセント」で述べるように、ラテン語では存在しえなかった「語末母音にアクセントを置く単語」が口語の中に多数混じるようになったのである。また動詞に関して言うなら、単数形においては人称の区別が動詞それ自体では区別できなくなった。現代のフランス語では、スペイン語やイタリア語とは異なり、動詞に必ず人称代名詞を用いなければならぬのはこのような音韻変化の必然の結果である。

語末母音消失は、他と区別してフランス語を特徴づける音韻変化の中でも最後に生じたものであるとヘルマンはみなしている。つまり、7 世紀前半から 8 世紀にかけてガリア地域独自の音韻変化が着々と進行し、8 世紀中頃には文字を全く知らな

いか殆ど知らないような人々にとっては朗誦されたラテン語は理解不能になっていたと彼は要約する。言葉を変えるとそれは、ガリア地域特有の言語（ガリア・ロマンス語、英語で言う Gallo-Romance）が生まれていたということになるであろう。その後にカロリング朝ルネッサンスが起こる。先に述べたシャルルマーニュによる Admonitio Generalis の発布はその当然の帰結なのである。

　フランク国では多く見られたメタ言語的証言は、その他の地域では同時代には見つからない。言い換えると、民衆の言語事情についてはカロリング朝フランク国は例外と言えるほど意識的だったのである。

　イタリアでは、北部のロンバルディア地方であれローマであれ、あるいはかつてビザンチン帝国に属していた土地であれ、9世紀から10世紀初期に至るまでラテン語理解の困難さ、あるいはそれと民衆語との乖離などを示している文書は見つからないとヘルマンは言う。彼によると、ラテン語と口語との相違を意識した文書が現れるのは960年で、ガリアに遅れること約100年経っていた。

　イベリア半島では、6世紀以来そこを支配していた西ゴート王国が8世紀になるとイスラム勢力の侵攻を受け、732年にはほぼ全土が制圧されている。そこにおける同時代の言語状況は他の地域よりも分かりにくいし、ガリアにおいてのようなメタ言語的証言による探求はできない。

　結局のところ、そこでの民衆の言語状況を示すために最初に現れるのは生の言語資料で、俗ラテン語文献の中の意識的資料として既に「03313 難語彙集」で言及した、Glosas Emilianenses（10世紀）や Glosas Silenses（10世紀後半）などが一番古い状況を伝えていることになる。述べておいたように、ここでは確かにスペイン語以外ではありえぬ実例が書かれていた。

　9世紀か10世紀初期までは民衆語と公式の言語との断絶が見られないイタリア・スペインとフランスとの違いの原因をヘルマンは社会的な要素よりは言語そのものの変化に見る。フランスでは既に生じていた語末音消失現象や母音間子音の変化などがイタリアとスペインでは10世紀半ばを過ぎてから生じたので、その結果語の音節数が減ったり、アクセント位置が変化したりしてラテン語の朗誦では民衆には意味が聞き取れなくなったのであろうとするのである。

　そして、カロリング朝ルネッサンスやその後に生じた教会ラテン語の変化が、口語とラテン語との差異に関して徐々に意識を高めて最終的にはそれぞれの言語に別々の名称を付けるに至ったとヘルマンは結論している。

106

04　第四章　文法の変化

041　ラテン語とロマンス語との対照例
　　0411　単語の自立性と語順
　　0412　性・数・格
042　文法化という現象
　　0421　定冠詞の誕生
　　0422　不定冠詞
　　0423　HABĒREの助動詞化
　　0424　イエス・ノーの誕生
　　0425　再帰動詞の誕生
　　0426　再帰受動態
　　0427　否定補助語の文法化
　　　　04271　人間に関わる否定補助語
043　ロマンス語では不可能となった構文

041　ラテン語とロマンス語との対照例

　まず最初は「文法の変化」から始める。ラテン語とロマンス諸語との対照性が最も明確に現れているのは「文法の違い」においてなのであるから。その差異性を一見して明らかにさせるためには、同じ意味のラテン語の句とロマンス語の句を対照させてみるのが良い。

　西洋でよく知られている格言として「神を畏れることが知の始まり」というものがある。旧約聖書の『詩編』111-10　にあるこの句のラテン語訳とロマンス語訳を並べる。煩雑を避けるため、フランス語、イタリア語、スペイン語、ルーマニア語だけにする。

　　ラテン語訳聖書　"initium sapientiae, timor domini"
　　フランス語　"la crainte de l'Éternel le commencement de la sagesse"
　　イタリア語　"il timore del Signore, l'inizio della saggezza"

04 第四章　文法の変化

スペイン語　"el temor del Señor, el principio de la sabiduría"
ルーマニア語　"frica de Domnul este începutul înţelepciunii"

　一見して分かる違いは、まず語順である。語順が自由なラテン語と異なり、語順が意味の違いを作るロマンス語では、日本語と同様に主語・述語の語順にするのが自然であるので、「畏れること」の方が前に来ている。また、ルーマニア語においてのみはラテン語で省略されていた「〜である」を表す動詞が復活している。

　しかしそれよりも顕著な差異は、語数であろう。ラテン語では４語で済んだ文が最初の３言語では10語である（イタリア語とスペイン語にある del、della は２語が結合したもの）こと、ルーマニア語でも一見６語に見えてもその実態は10の要素からなっていることである。

　語数の違いの根底にあるのは、文法の変化（英語では syntactic change で、正確には「統辞論的変化」）である。「023 変わったこと」で、総合的と分析的という用語を紹介しておいたが、ここにおいて総合的構文と分析的構文の対照が明らかに見て取れる。

　ロマンス語では「冠詞」という品詞が生まれていてそれが構文によって名詞に義務的に性と数を、時に格を、区別されて付加されるのである。ルーマニア語でも定冠詞が生まれているが、名詞の後に付けられる決まりである。この文では、frică「畏れ」の語末母音 ă を a に変えること、Domn（< DOMINUS）、început「始まり」をそれぞれ Domnul、începutul へ、înţelepciune「知恵」を înţelepciunii へと変えることが文法的規則なのである。

　そして、ロマンス語では de、di という前置詞が便利に使われている。ラテン語文ではこの前置詞は使う必要がなかった。これは、ラテン語に存在した「格変化」の消失という現象から必然的に生じた結果である。典型的屈折語であったラテン語では、名詞の格変化だけで文中の意味を表示しえた。「ローマに（住む）」、「ローマへ（行く）」という表現のためには、それぞれ地格 RŌMAE と対格 RŌMAM だけで良かったのに、それは（スペイン語の場合）"en Roma"、"a Roma" と表現されるようになる。

　ラテン語にも前置詞はあり、DE もあった。しかし、その意味、用法がはっきりと変化している。ラテン語の DE は、英語でなら out of のような「由来、起源」を意味して、単なる「の」以上の文法的意味を表すためのものであった。「知の」という固有性質とか所属を表す「の」には、SAPIENTIAE のように属格を用いれ

ば良く、前置詞は不要であったのである。

「神を畏れること＝神への畏れ」は、これとは少し異なる目的格的意味なのであるが、これも DOMINĪ のように DOMINUS（古典ラテン語では「家の主人」であるが聖書ではもっぱら「主、神」として使われる）の属格で済むのがラテン語であった。

ルーマニア語のみは格変化を残していて、女性名詞 înţelepciune「知恵」は定冠詞付き従属格である înţelepciunii へと格変化をさせることで「知恵の」の意味とする。しかし、「神への畏れ」のような目的格的意味では前置詞を必要としている。ルーマニア語の「格」については、「0725 ルーマニア語」を参照のこと。

別の例文で別の文法的変化を見てみる。

1世紀の詩人カルプルニウスの作った句に「女は風より動きやすし」というものがある。"femina mobilior ventis" である。フランス語では "la femme est plus mobile que les vents" となり、語数は二倍以上に増える。イタリア語なら "la donna è più variabile dei venti"、スペイン語なら "la mujer es más móvil que los vientos" で、これらも同様である。

ここでも定冠詞が使われること、さらに「～である」という動詞が義務的に使われることで語数が増えているのであるが、それ以上に顕著な違いは比較級の使い方である。

ラテン語では MŌBILIS「動きやすい」の語尾活用で MŌBILIOR という比較級を作った。ロマンス語では比較級を表すために特有の副詞（フランス語 plus、スペイン語では más、イタリア語なら più）をその前に持ってくるのが規則となっている。

さらにまた、「～より」という被比較のためにはその語を奪格形にするだけでよかったラテン語とは異なり、それを示すための前置詞か接続詞（イタリア語なら che か di、フランス語とスペイン語なら que）が必要となる。

0411　単語の自立性と語順

実例を列挙することはいくらでもできるが、ここで簡単にまとめておく。全般的に言えることは、ラテン語に存在していた「単語の自立性」の衰弱である。単語が意味を表示する、そのあり方が大きく変化しているのである。

「意味」というとき、それには2種類がある。一つは「語彙的意味」である。MŌBILIS が「動きやすい」を意味すること、VENTUS が「風」を意味すること等々

04　第四章　文法の変化

は「語彙的意味」である。その MŌBILIS が MŌBILIOR と形を変え、VENTUS が VENTĪS と形を変えるとそれらの前者は「比較級」であり、後者は「被比較の対象」であるという「文法的意味」まで表すことになる。

　例文にあった他の単語 INITIUM、SAPIENTIAE、TIMOR、DOMINĪ などもすべて、それ自身で「語彙的意味」と「文法的意味」の双方を表現していた。INITIUM、TIMOR も、主格であるから主語を表すという文法的意味の持ち主であった。

　語の一つ一つが自立的に文法的意味までをも表示していたのがラテン語であったから、そこでは語順は文法的には重要な役割は持たなかった。

　しかしロマンス語では単語はラテン語にあった自立性を大きく弱めてしまい、多くの場合語彙的意味しか表せない。だから、文全体の中での各単語の働きを十分に示すためには冠詞や前置詞のような別単語を必要とするようになったのである。

　語の自立性の衰弱は、例文にあった名詞や形容詞に限られた現象ではなく、動詞組織においても明瞭に現れている。

　ラテン語においては、動詞は殆どの場合１語でもって多くの文法的意味を表しえた。この点は、「022　変わらなかったこと」での caperes という動詞で説明してある。

　また、ロマンス語では文中における単語の位置、つまり語順も、文法的意味のための重要な要素となった。

　世界の言語の類型的分類法の一つとして、主語＝Ｓ、動詞＝Ｖ、目的語＝Ｏ がどのような順序を取るかを見る仕方がある。日本語は必ずＶが最後に来るがＳ、Ｏの順は自由である。英語は必ずやＳＶＯである。

　ラテン語の場合、もし標準的語順を言うならＳＯＶになるのだが、しかし既に述べたように実際にはその語順は自由であると言って良い。ロマンス語ではＳに関しては英語ほどの固定化はないが、ＯとＶでは必ずやＶＯの順序が決定されている。

　古代ローマの最大の詩人ウェルギリウスの句に "Omnia vincit amor"「恋はすべてを征服する」というものがある。英語にすると "Love conquers everything"で、英語では語順はこれ以外はありえない。イタリア語でも "L'amore vince tutto" となって同じことである。一方ラテン語では、三つの単語が取りうる６通りの語順すべてが通用する。それぞれの文法的意味が明確だからである。「恋」を表す AMOR は単数の主格形で、どの位置に来ようとも主語にしかなりえない。「征服する」の VINCIT は３人称単数形である。「すべて」の OMNIA は主語にも目的語にもなり

110

うる形だが、複数形であるから、VINCIT の主語にはなりえないのである。

　ロマンス語に生じた統辞的変化はその内容が多彩であり、詳細に記述することは読み物としての関心を減退させることであろう。
　本書では、最も重要である動詞体系の変化は後回しにしておく。
　まず最初に名詞と形容詞に生じた根本的変化について簡略に記述して、それに付随する事柄をその後述べることにする。

0412　性・数・格

　典型的屈折語であったラテン語では、名詞は三つの性に分類され、単数と複数の形が明瞭に区別され、そして文中の役割に応じた格変化をした。形容詞も、修飾する名詞の性数格に合わせた活用形を持っていた。
　「分析的」言語となったロマンス語では、性と数を区別する概念は本質的には維持されているものの、そこにはある程度の変化が生じている。格変化はルーマニア語以外では消失した。既に書いたごとくに「変化したが変化しなかった」実例である。

性　ラテン語は名詞を男性・女性・中性と３種に分類し、形容詞もそれに従って異なった形を取った。ロマンス語では、ルーマニア語を除いては男性と女性の区別だけに単純化されている。多くの場合はラテン語で中性であった単語は男性に包括されることとなった。
　ルーマニア語は特殊であって、そこには男性名詞と女性名詞の他に別の性の名詞が存在するのだが、それはラテン語の中性と同じものではない。この問題については、第七章「形の変化１」の中の「0725 ルーマニア語」で詳しく論じる。

数　数は、ラテン語そのままに単数・複数の２数形式が維持されている。

格　ラテン語では主格・対格・属格・与格・奪格・呼格と最大限六つの格が存在したのに対し、現代においては格変化はルーマニア語に残っただけである。
　ルーマニア語は、丁寧な解説では主格・対格・呼格・属格・与格の５格があるとされるが、通常最初の３格と後の２格はそれぞれ形が等しいので、例外的な場合を除いては２格形式であると理解しておけば良い。
　古フランス語と古オック語の名詞は格変化を保持していた。主語や主格補語（フ

ランス語文法での属詞）として使われる主格（フランス語で cas sujet）と、動詞や前置詞の目的語となる被制格（cas régime）の二つの格である。被制格の方はほぼラテン語の対格の変化した形で、2格と言ってもルーマニア語とは完全に異なる。

　この2格形式は、14世紀を境にして文法体系から消失した。両方の語とも、例外的ないくつかの語を除き主格形が使用されなくなり、被制格の方が、つまりラテン語での対格が、現代の名詞として残っているのである。

　フランス語の例を書くと、「犬」は古フランス語では単数主格 chiens、被制格 chien、複数主格 chien、被制格 chiens であった。現代語では chien/chiens の組み合わせとなり、古フランス語と並べると順序が逆である。

　それ以外のロマンス語では、その最古の資料において既に格変化は消滅していた。単純化すると、「ロマンス語ではラテン語の対格形が生き残った」と理解しておいて良い。これ以上の事柄は、第七章「形の変化1」で扱うことにする。

　結局、格変化のあるルーマニア語以外では名詞は単数形と複数形の2形しか持たないことになる。形容詞は、修飾する名詞の性・数に従って最大四つの形をとる。ロマンス語では名詞・形容詞の活用が大幅に単純化されたことになるのだが、ある種の複雑さも新しく生じているとも言える。ラテン語にあった「規則性」が変質し、時に消失しているからである。

　フランス語が規則性消失の例である。そこでは、名詞の綴りはその性を示す機能は持たないから、初学者は名詞の性を個別的に覚えなければならない。複数形も、「原則的には単数形に -s を付ける。語尾が -s、-z、-x の語は複数形も同形、-al は -aux にし、-au、-eu には -x を付ける」という手続きを経て作られる。そして -al/-aux の場合を除けば、いわゆるリエゾンによる以外では発音の変化はないのだし、もちろん例外的な形を取る語も出てくる。形容詞の性・数の変化においても同様に、語末の音の種類に応じた複数の規則がある。

　名詞と形容詞に関しては、ここではロマンス語に生じた根本的変化を概説するにとどめる。各言語に生じた形の変化については、別の章で詳述することにする。

042　文法化という現象

　見たように、ロマンス語の文の語数が多くなる原因として冠詞の存在があった。定冠詞であれ不定冠詞であれ、冠詞というものはラテン語からロマンス諸語へ変化・発展する過程で生じた新しい品詞である。ロマンス語の定冠詞は、ラテン語の

指示形容詞であった語が変形して誕生した。指示形容詞という任意的用法しかなかった品詞が新しい役割を獲得したのである。

定冠詞の誕生は、元来が語彙的意味だけで機能していた語（この場合は指示形容詞）が、文を成立させるための必須要素へ成り上がった現象の一例と言い換えられる。注目すべきは、それが指示詞だけに生じた限定的現象ではなく、数詞や動詞においても同様な事例が見られることである。このように、ある語彙が構文を作るための必須要素としての存在へと変身してしまう現象を「文法化」grammaticalization と言う。ラテン語からロマンス語への発展の過程では、様々な種類の文法化現象が生じた。

文法化を必須要素へと「成り上がる」現象と書いたのであるが、言い換えるとそれは語彙的意味の弱体化でもある。それを「漂白」bleach とする表現も見たことがある。それらの中でも特にロマンス語的現象をいくつか述べておくことにする。「0421 定冠詞の誕生」、「0422 不定冠詞」、「0423 HABĒRE の助動詞化」、「0424 イエス・ノーの誕生」、「0425 再帰動詞の誕生」、「0426 再帰受動態」である。否定に関しては、別の面白い話題もあるのでそれは「0427 否定補助語の文法化」として最後に付け加えることにする。

0421　定冠詞の誕生

定冠詞は、英語の歴史においても新しく誕生した品詞なのであって、この並行的現象の存在は言語学的に興味深いのであるが、今はこれには触れずロマンス語に話題をしぼる。

まず、ロマンス語の定冠詞とラテン語指示形容詞との関係である。

日本語の指示詞は「この」、「その」、「あの」の３種類で、話者からの遠近、あるいは話者と対話者との関係に応じて３段階で表される。英語の“this”、“that”よりは複雑なのである。ラテン語も英語より複雑で、日本語の「この」、「その」、「あの」と殆ど対応した形で“HIC”、“ISTE”、“ILLE”と３段階の指示がある。この３種はそれぞれ、１人称、２人称、３人称と意味的に繋がっている。またラテン語には、「〜自身」を意味する別の指示形容詞 IPSE もあった。

このうちの ILLE とその活用形、またロマンス語の一部ではあるが IPSE とその活用形が、ロマンス語における定冠詞のもととなった。それらはラテン語では随意的存在にすぎず、ある名詞の位置関係とか話者の意識における遠近、あるいは強調を示さねばならぬ場合にだけ使われた語である。それがロマンス語では、構文に

113

04 第四章 文法の変化

よっては必ず付加せねばならぬ義務的存在へと変化したのである。

　冠詞を新たな文法的要素として誕生させた動機として、キリスト教ラテン語を介したギリシア語の影響を考える理論がある。古典ギリシア語には定冠詞は立派に存在していて、それはローマ人文法学者が強く意識せざるをえない要素であった。ロマンス語冠詞へのギリシア語の影響の有無は、ロマンス語形態論における重大問題の一つであるとされる。

　しかし、冠詞の誕生にとっては、ロマンス語内部における固有の性格の方がより重大な要因であったはずである。それはつまり、既に述べておいた名詞の性格における自立性の衰弱という現象である。

　ラテン語では、文中の名詞はそれが文のどの部分にあろうとも、その文法的意味を明確に主張して存在していた。しかし、格変化が消失したとき、名詞は文法的意味の表出には文中の位置であるとか、または前置詞のような自分以外の要素に頼らざるをえなくなる。名詞を文のしかるべき位置へ定置するための補助として使われたのが指示形容詞で、それは元来の指示の意味を弱め、形も縮まり、アクセントも持たぬ小辞である冠詞となって、新しい品詞の地位を獲得した。

　ロマンス語で最初に定冠詞として用いられたのは「〜自身」を意味する IPSE であったようである。『エジェリアの旅行記』（「033 俗ラテン語の源」を参照）では“lectus est ergo …… ipse locus de libro Moysi”「モーゼの書のその個所が読み上げられた」のような文が見られる。しかしその直後には “lectus est etiam locus ipse de libro Moysi” のような例も見られ、語順は一定していない。

　IPSE の定冠詞化は、最も保守的ロマンス語であるサルディニア語と、そしてカタルーニャ語の一方言のみに残った。サルディニア語における実例は「0931 サルディニア語」に示してある。その他の言語で使われた指示形容詞は 3 人称的指示形容詞 ILLE とその活用形である。『エジェリアの旅行記』にも ILLE の定冠詞的用法は見られる。

　ルーマニア語の場合は特異であって、既に一部を述べたが冠詞は後置される。doctor「教師」は定冠詞を取ると doctorul となる。limbă「言語」は定冠詞付きでは limba であり、母音の音の変化（[ə] > [ɑ]）だけで定冠詞付き名詞となる。この言語には三つの性と格変化があるから、内実はもっとずっと複雑である。

　冠詞が品詞の位置を獲得したと言っても、それは緩やかに進行した変化の結果である。冠詞がロマンス語の歴史の中で用法を徐々に固定化させた過程の一部は、たとえば古スペイン語におけるその欠如から分かる。「人間の苦難」というような語

114

の包括的意味を言う場合、現代では la miseria de l'hombre と定冠詞を付けなければならないが、中世では miseria de omne で済んでいた。「キリスト教徒とイスラム教徒」のような集合的意味も中世では cristianos e moros で良かった。現代では両方に複数の定冠詞 los を付けなければならない。

　現代では、冠詞の役割はフランス語において最も重要化していると言える。定冠詞なしでは、フランス語は性や数の違いを表しえないのである。スペイン語やイタリア語なら、「本」の単数形／複数形はそれぞれ libro/libros、libro/libri のように明瞭に音韻的差異を持つ。一方フランス語では語末子音は発音されぬから、le livre/les livres のごとくに数の区別には冠詞を必要とする。

0422　不定冠詞

　不定冠詞、たとえばフランス語の un/une もその実例である。ラテン語ではそれは数詞 ŪNUS/ŪNA/ŪNUM であって、２や３など、その他の数詞と同じ役割でしかなかった。であるから、単語が単数であれば１という意味の形容詞語を書き入れるのは不要であったのである。ところがロマンス語ではそれが必ず必要とされる。

　日本語のことわざにもなっている「大山鳴動して鼠一匹」という言い回しの源の一つはホラティウスの詩にあって、実力不相応の主題に取りかかってみすぼらしい結果を生み出す詩人をからかった句である。その後半、「馬鹿げた鼠が生まれるだけ」の原文 "NASCĒTUR RĪDICULUS MŪS" をフランス語に直せば "une souris ridicule va naître" となって不定冠詞が必要になる。イタリア語の un topo、スペイン語の un ratón も同様である。

0423　HABĒREの助動詞化

　HABĒRE は、元来「持つ」という意味の一般的動詞の一つであった。しかし殆どのロマンス語で、HABĒRE の子孫はある時制やアスペクトを表すために必須の文法的要素となっている。

　フランス語での複合過去 j'ai/tu as/il a などにおける ai、as、a などが avoir の活用形であることは自明であるが、未来形 j'aimerai/tu aimeras/il aimera などにおける語尾 -ai、-as、-a なども、それが語幹と一体化しただけである。HABĒRE の助動詞化は『エジェリアの旅行記』の "ipsam ergo vallem nos traversare habebamus"「その谷を我々は横切った」のような例に既に見られる。

　スペイン語においては、HABĒRE から来た haber は定動詞としての位置までも

04　第四章　文法の変化

失ってしまい、「持つ」は tener（＜ TENĒRE）が代行することになっている。カタ
ルーニャ語 tenir においても事情は等しい。ポルトガル語に至っては、同じ語源
の ter が定動詞のみならず助動詞としての位置までをも haver（＜ HABĒRE）から
奪っている。動詞の時制その他の変化に関しては、第八章「形の変化2」でさらに
詳しく述べることにする。

0424　イエス・ノーの誕生

フランス語では、「〜ではない」という否定を言うためには、英語の not に当た
る ne だけでは不十分である。「私は英語は話せません」と言うには、"Je ne sais
pas parler anglais" と、pas という語を添えなければならない。そして、急いだ発
話では ne は聞こえない、と言うより省略されがちで、もっぱら pas「パ」という
明瞭な音こそが「否定」を明確に表示している。

辞書を引けばすぐに分かるように、pas は「一歩、二歩」の「歩」である。つ
まりこれは、ne という音声的に力強さに欠ける語の意味を補強するための要素に
すぎなかったのである。そして、古フランス語を学んだ人ならこれと並んで mie、
point、gote などが使われていたことを知る。 mie は「薄片」、point は「点」、
gote は「一滴」である。pas がそれらを押しのけて勝者となったのは16世紀から
だそうである。

フランス語には non もある。non と ne の関係は、当初はアクセントの有無にす
ぎなかった。しかし現代フランス語ではその区別が「文法的」となり、両者は別単
語となった。

フランス語では、否定の意味のバリエーションとして、ne … plus …、ne …
que …、ne … jamais …、ne … guerre …、ne … rien …、ne … personne …、ne …
nul …、ne … aucun … などがある。同様のバリエーションは他のロマンス語でも
存在しているものでラテン語における否定の統辞法とは異なっている。この中でも
特に rien、aucun、personne、jamais、nul などは、代名詞、形容詞、副詞という
品詞の枠を横断して共通の性格を持つに至った語群で、ロマンス語における文法化
という主題には特に興味深い性格を持っているので、筆者はそれに否定補助語とい
う名称を付けている。

否定補助語の問題は、細かなところに入りすぎる嫌いもあるのでここでは扱わ
ずこの章の最後に再説することにする。まずは最も身近な表現である「イエス」、
「ノー」についてである。

116

フランス語での oui、non、イタリア語・スペイン語での si、no のようにひとことで同意か否定を表すこのような単語は、一見言語に必須な要素のように見えるのであるが、実はこのような簡便なる単語はラテン語には存在しなかった。

「父は家の中にいるの？」"Estne pater intus?" という疑問 (-ne は、疑問文を作るための小辞）には、「います」"Est" か「いません」"Non est" のように疑問文の中にある動詞を繰り返した文の形で答えるのが通例であった。

ロマンス語では、必ずしも文の形を取ることは必要ではなくなった。否定の答えには non か、それが形を変えた1語で済むようになった。スペイン語なら、"No" ひとことで済むし、丁寧に言う場合には "No, no està dentro" ともう一度否定辞を重ねる。

これはロマンス語すべてにおいて共通な現象である。イエスのための表現には言語間でばらつきがあるのだが、いずれにしてもここにあるのは、「語彙化」morphologization という現象である。ラテン語での NŌN は副詞であって、動詞に否定の意味を重ねるために付加されたのである。肯定の意味のための副詞は不要であった。ロマンス語は、non の意味を保ったままそれを間投詞へと語彙化した。そして、それに似合うような肯定のためのもう一つの間投詞を作ったのであった。

イエスの場合の不統一性と対照させると、non に関する統一性はちょっと面白い。

筆者は現役教師時代に、休み中に外国旅行を計画している学生に対して、「外国旅行で忘れてはいけない一番重要な単語は何だと思うか」と試してみたことが何度かあった。筆者の考えではそれは「ノー」のひとことである。「どんな言語の国に行こうとも、ともかくそれが必要な事態になれば、はっきりと、大声で、何度でも繰り返し、ノーと言いなさい」と学生に言ったのであった。「イエス」と言いたいなら、それが小さい声でもうなづきでもただの微笑でも通じる。しかし、否定、拒否、忌避、このようなことのためには断固とした声での意思表示が必要なのだ、と言いたかったのである。non の中に存在している「強い意思表示性」、それこそがこの語の生命力の強さなのだろうと考える。

さて、イエスの方である。ルーマニア語では、スラブ語起源の da がそのために使われるようになった。その他の言語では、ラテン語の代名詞 HOC「それ」か副詞 SĪC「そのように」が肯定のための間投詞となった。「お前はそれを（そのように）したのか？」"Fecistine hoc/sic?" に対して、「私はそれを（そのように）しました」"Hoc/Sic feci" と答える代わりに HOC か SĪC だけで良いようになった、とい

117

うことである。

　HOC は南フランスの叙情詩の言語では oc　となった。北部フランスではそれは o にまで縮まったので、その後に代名詞 il を補って o-il とすることで存続した。フランス語最古の叙事詩である11世紀成立の『ローランの歌』ではそれはまだ oïl という形で発音は「オイル」であり、それが後に oui となったのである。

　oc は、フランス南部の言語を端的に表した現象とみなされて「オック語」occitan という呼び方が生じている。

　以上の3言語以外では SĪC 系統が定着した。フランス語でも、「～しないのか？」という問いへ「いえ、します」と答えるのには oui ではなくて si を用いるのである。

0425　再帰動詞の誕生

　文法化の別の事例として、ラテン語の再帰代名詞 SĒ の用法の拡大がある。

　ラテン語代名詞 SĒ（対格、奪格）、SUĪ（属格）、SIBI（与格）は主格を持たず単複同形で、「自分を、自分に、自分から」という意味を表していた。対格形 SĒ は、"In taurum se convertit"「彼は自分を雄牛に変身させた」とか "Muro se praecipitavit"「彼は壁から身を投げた」のように使われたが、これらは "In taurum me converti"「私は自分を雄牛に変身させた」、"Muro me praecipitavi"「私は壁から身を投げた」と同質の、他動詞の目的語がたまたま主語と一致した場合の用法であってなんら特別なものではない。一方ロマンス語では事情が異なる。

　フランス語を習い始めた人は、英語にはなかった「代名動詞」というものの存在を知らされる。スペイン語やイタリア語の文法では「再帰動詞」という名称を用いるようであるが、本質的にこれらは同質である。

　「彼は起きる」はフランス語では "Il se lève"、スペイン語では "Se levanta"、イタリア語では "Si alza" と言う。「私は起きる」なら "Je me lève" のごとく代名詞を1人称に変える。それぞれの動詞 lever、levantar、alzare は他動詞「起こす」であって、自動詞的意味の「起きる」のためには「自分を起こす」と言わなければならない。これは孤立した例ではなく、同種の動詞は多数ある。たとえば「寝る」、「座る」、「止まる」、「近よる」に関しては以上の3言語は単語自体は異なろうともすべて同種の言い回しをしなければならない。ポルトガル語、カタルーニャ語、ルーマニア語でも全体としての事情は同じである。

　ラテン語にはこのような現象は存在しなかった。"Domum me recipiam"「俺は自分を家へ引き取るよ＝俺は家に引っ込むよ」（プラウトゥス『ペルシア人』より）

のような例はあるが、それはあえて作った構文であって義務的構文ではない。ロマンス語では少なからぬ数の動詞が「再帰代名詞＋他動詞」で自動詞としての意味を取る。そして、少数ではあるが再帰代名詞を伴わない用法が存在しない動詞もあるのである。たとえばスペイン語の atreverse「あえて〜する」、イタリア語の pentirsi「悔やむ」、フランス語の s'enfuir「逃げ出す」など。

代名動詞（再帰動詞）と呼ばれるものの用法は多彩である。そのほんの一例として、英語の "I wash my hands" とフランス語の "Je me lave les mains" の対照がある。フランス語では、「私自身を洗う」と言ってから「手を」付ける。自分の身体に対して行う行為（ひげを剃る、服を着るなど）に関してはスペイン語、イタリア語、カタルーニャ語でも同じ構文を取る。

また、相互的行動も再帰代名詞で言われる。フランス語 "La vie sépare ceux qui s'aiment"「人生は愛し合うものを引き離してしまう」、ルーマニア語 "Ne-am văzut la gára"「我々は駅で出会った」のように。

0426　再帰受動態

ここまでの例なら se に何かの「文法化」が生じたとは必ずしも言えないのであるが、ロマンス語では SĒ の子孫はもっと多彩な用法を持つようになった。それは、再帰代名詞による受動態である。

たとえばイタリア語で「門は6時に開けられます」は "La porta si apre alle sei" である。無生物の門が「自分を開ける」という言い方で受動態が表される。スペイン語、フランス語、ポルトガル語、カタルーニャ語、ルーマニア語すべてがこの構文を取る。そして動詞が主語よりも先に来る構文も普通に見られる。スペイン語なら "Se abre la puerta a las seis" となる。

ウェルギリウスの『アエネーイス』には他動詞 tollere「高くあげる」が clamor「叫び」の対格を目的語とした "Clamorem tollunt"「彼らは叫び声をあげる」という句がある。またそれが受動態となった "Clamor tollitur"「叫び声があげられる」もある。ここまでは通常の文法の構文である。

しかしウェルギリウスは "Clamor ... magnus se tollit" とも書いている（Aen. 11. 454-5）。直訳すれば「大きな叫び声が自分をあげる」で、無生物である叫び声が「自分をあげる」はずがないからこれは "Clamor tollitur" と同義で、再帰代名詞が受動態の手段として使われていることになる。

1世紀の人プリニウスの『博物誌』第5巻においては、findere「分割する」は

119

2 個所で se とともに「分割される」の意味で使われている。また、「〜と呼ばれる」に対して "vocatur"、"se vocat"、"vocata est" の 3 通りの表現が見られる。

　時代を下ったいわゆる俗ラテン語文書においても再帰代名詞による事実上の受動態文は書かれていた。『キロンの獣医学書』（「0332　無意識的資料」参照）には、"comprehenditur caput …… ubi primum morbus se abscondit" のごとくにプリニウスの場合と同様、古典的受動態と再帰受動態とが同一文内に現れている。なお、ABSCONDERE「隠す」の子孫を再帰代名詞とともに使って「隠れる」にする用法はルーマニア語 ascunde やスペイン語 esconder などにそのまま残っている。

　つまりロマンス語は、SĒ を受動態という動詞の用法と緊密に結び付いた必要不可欠な文法要素へと成長させたのである。

　英語の受動態構文である「be 動詞＋過去分詞」と同じ受動態はロマンス語にも存在する。「彼女は皆から愛されている」というならイタリア語では "Lei è amata da tutti" で、他の言語でも類似の表現を取る。しかし、このような構文が受動態構文として支配的なのではなく、フランス語以外では再帰代名詞を用いた受動文の方が多数派である。

　そして、既に述べたように主語と動詞が倒置されて、"Se abre la puerta a las seis" のようになる文もよく見られ、ここから、se の用法はまた別の方向へと進むのである。

　受動態文では、行為者という存在がありうる。英語なら by で導かれる語・語句である。ロマンス語の se を用いた受動文でも行為者を前置詞とともに明示する文は可能であるのか、という問題が出てくる。これは、「それが実際の用例として存在するのか」ということと「それを文法的に正しいと認めるべきか」との二つの観点からすぐには結論は出ないのである。

　スペイン王立アカデミー発行の文法書によるとスペイン語ではそれは可能である（引用文献　Esbozo 3.5.3）。イタリア語、カタルーニャ語では筆者の知る限りでは論者によって違いが出てくる。実際の用例は見られようとも、正しい文とは認めにくいということである。

　スペイン語 "Se abre la puerta a las seis" はフランス語の "On ouvre la porte à six heures" と全く同義である。この on は不定代名詞で、あえて訳すなら「人は」となる。開門のように実際の行為者を特定する必要がない場合、あるいはあえて行為者を曖昧化したい場合によく使われるフランス語独特の要素である（語源はラテン語の HOMŌ「人間」）。スペイン語でも、se が代名詞主語である on と同じ位置

で機能していると、事実上それは主語として働いているとも言えるのである。

その結果、「門」に当たる語が複数であるとき、当然あるべき "Se abren las puertas" と並んで、"Se abre las puertas" という文も使われることになる。

これを「受動文」と解釈するなら後者は文法的に誤りとなるわけであるが、それは理屈の上だけであって、普通に通用している文である。

スペイン語では次にあるような、お互い少ししか違わず文法的にも正しい二つの文が意味を明瞭に分ける（auxiliar「助ける」、herido「負傷者」、accidente「事故」）。

　　(a) Se auxiliaron los heridos en el accidente.
　　(b) Se auxilió a los heridos en el accidente.

まず知っておかねばならぬのは、スペイン語文法独特の「他動詞の目的語名詞が人を意味するときには必ず前置詞 a を付ける」決まりである。

　(a) は、los heridos を主語とした再帰文であり、「事故でけがをした人はそれぞれが自分を助けた」か「事故でけがをした人はお互いを助け合った」か、いずれかの意味となる。los heridos se auxiliaron と倒置しても意味は同じである。

一方 (b) の方は「事故でけがをした人は助けられた」の意味となる。救助を行った人は特定されない。これは se を事実上の主語とした文で、a で導かれる句は目的語であり、こちらは倒置は不可能である。これを受動文とするか否か、議論はあるがそれは重要ではない。要するに、se を用いた受動文が近世のスペイン語で発達し、増々フランス語の on と同様の不定代名詞主語の役割をも持つようになり、その結果事態はここまで進行したのである。この構文はスペイン語を通じてカタルーニャ語の文法にまで影響を与えている。

on は ouvrir「開く」のような他動詞だけではなく自動詞とも共起する。"On vit heureux là"「そこでは人は幸福に生きている」のように。すると、そのようなフランス語構文に影響を受けて、スペイン語でも "Se vive feliz allá" のような構文が作られるようになる。これはもう受動態とは言えない。非人称構文である。

「〜と言われて（信じられて、望まれて、考えられて）いる」のように英語なら they say (believe etc.) that ... と不定の主語を用いる文は、フランス語なら on dit (croit etc.) que ... であるが、イタリア語、スペイン語では 再帰代名詞で作られる（イタリア語では si dice/crede/spera/pensa）。

121

04　第四章　文法の変化

　以上の記述では、se の用法の拡大を言い尽くすには足りない。各言語それぞれが独自の広がりと制限を持っている問題なのである。それらを理論的にどのように記述するかは各言語の研究者の役割であって、これ以上の記述は本書の性質にそぐわないであろう。

0427　否定補助語の文法化
　これから書く「否定補助語」の文法化は、文法化現象の中でも記述の冠詞、助動詞、再帰動詞などよりは周辺的な問題とみなすことも可能である。それで、ここは読むのを後回しにしてもかまわない。
　ロマンス語では、ラテン語では重要ではなかった語順が文法の要素となっていることは既に述べた。これをより一般的な説明に変えるなら、「語と語が一定の関係を作ることで新しい意味を生み出す特性が生じた」ということである。ラテン語では殆ど重要ではなかった「熟語」の誕生である。
　英語に習熟しようと思うなら、数々の「熟語」を頭に詰め込まなければならない。give up が「あきらめる」で、give in が「屈服する」であるなどはすぐに覚えられることであるが、翻って考えてみると、give、up、in のどれをとってもそれらの意味との関連はないのであって、理屈抜きにそれを暗記する他はない。ラテン語はその点で対極的であり、何度も書いた通り各単語の自立的意味表示性が文全体の意味に寄与するのであるから、熟語的言い回しなどは存在しないと言っても良いほどである。
　ロマンス語に関しても、それを学ぶ人は英語におけるほど熟語の使い方に熟達する必要はないと思う。しかしここでは、否定の文法化の一部としての「否定補助語」の問題に焦点を当ててみる。
　否定補助語と筆者が名づける語群は、学者によっては negative polarity items とされているものである。この用語は NPIs と略称され、日本語では「否定極性項目」と訳されている。polarity とは南極か北極かの「どちらかに引っ張られる」ということで、英語学での否定極性項目とは anybody、any longer、at all などのように、not、no のごとき否定辞に引っ張られて使われやすい語を言う。反対にsomewhat のごときに否定文では使われえない語は肯定極性項目である。
　ロマンス語学においては、カタルーニャ語の文法書で外国語で書かれた最大のもの（Wheeler）が、このグループに属する ningú、cap、res、enlloc、gens、gaire、mai などに上述の negative polarity items の名称を与えてひとくくりのものとし

122

て扱っている。しかしながら、そこで考察の対象とされている単語群は、筆者の判断では英語における anybody その他と同質とは言えない。むしろ nobody、none、nothing のごとき negator「否定辞」の一種として働き、しかもそれらと同質でもない語群なのである。

筆者としては、極性とか項目といった訳語のごつごつさにまず生理的違和感を感じるのであるが、そのような個人的好みとは別に、カタルーニャ語のみならずロマンス語全般を対象とした場合には NPIs の用語を当てはめることは正しくないと考える。また、1990年以後に起きているこれらの語に関わる議論はネット上に沢山現れるが、いくつか読んでみても、それらの語群が NPIs なのかそうでないのかを検討しているだけのことで、いかにも不毛な「分類学」taxonomy 談義にしか見えない。

本書では筆者は一応それに否定補助語（negation auxiliaries）という名を与えた。ここでそれらの歴史的起源と各言語におけるその働きを一部でなりと明瞭にしておきたい。

否定補助語とは、否定の内容を明確化したり、強意、留保その他の付加的意味を加える副詞・形容詞・代名詞グループを指す。具体的には、フランス語に関して既に述べた語群、スペイン語の nadie、ninguno、nada、nunca など、イタリア語では nessuno、niente、mai など、そしてカタルーニャ語の上記の語を指す。

カタルーニャ語においてはこれらの単語の数は比較的多く、またその使い方も他言語以上に習熟が必要である。さらにはその文法規範にもカタルーニャ語特有の曖昧性がつきまとう。筆者は、それを明快に理解しようと努めるうちに、他のロマンス語における同種の語との比較考察に導かれた。

何語であれ、否定補助語に分類されることになる単語群は、ラテン語においてはそれぞれの語彙的機能しか持たぬばらばらの名詞、副詞、代名詞、形容詞と、それらの組み合わせにすぎなかった。

語彙的意味だけで機能していた単語が、否定構文の必須要素として否定補助語へと文法化される過程は、たとえばスペイン語の nadie（英語の nobody にほぼ相当）に見えている。

"Nadie le vio"「誰も彼を見なかった」では、否定の副詞 no を必要とせずに全体否定が形成される。一見したところではこれは英語の "Nobody saw him" と同じ構造で、nobody に相当するラテン語 NĒMŌ の位置をスペイン語では nadie が占めているかのように見える。

しかしそれは、nadie が動詞の前に置かれたときにだけ見える現象であって、語

04　第四章　文法の変化

順を変えて同意味の文を作ろうとすると "No le vio nadie" のごとく否定副詞の no が必要になる。nadie は NĒMŌ や nobody と等価値ではないのである。これは語源を遡ればすぐに頷かれることで、nadie には NĒMŌ（NĒ＋HOMŌ）のごとく英語の no に相当する否定要素が存在しない。nadie は nado という古い形から変化した語で、nado は語源的には NĀTUS、つまり「生まれる」を意味する動詞 NĀSCĪ の完了分詞男性単数形である。

　上記の文を意味を変えずにラテン語の単語で作るなら、"Homo natus non illum vidit"「人間として生まれたものは彼を見なかった」という構文となろう。それが "Nadie le vio" に至るには、NĀTUS「生まれた」が「ことごとく」の意味を帯び、次いでそれが全面否定構文に必要な特定の要素となり、その後、修飾していた名詞（HOMŌ）が必要性を失って脱落し、ついには単独で全面否定を表現しうる統辞論機能をも獲得する過程が考えられる。

　しかし、nadie そのものに否定要素が本来存在しないから、語順を変えて主語を動詞の後に持ってくると、否定副詞を必要とすることになる。この間の事情は、スペイン語の「もの」を意味する全面否定代名詞で英語の nothing に相当する nada にもことごとく当てはまる。nada の語源も nadie のそれと同様 NĀSCĪ の完了分詞 NĀTUS で、女性名詞 RĒS「もの」を修飾していたので女性形で固定し、nadie と同じく機能するようになった。

　フランス語で nadie のように否定補助語として機能するのは personne である。その語源 PERSŌNA は、ラテン語時代に「仮面」から「役柄」、次いで「人物」の意味を帯びることになった語で、フランス語では 1 女性名詞として「人物」の意味を保持しながらも、同時に "Je n'ai vu personne"「私は一人も見なかった」のごとく、人物の全面否定のための否定補助語としての機能も持つようになった。しかし、この語は nadie の用法とは異なり、"Personne ne m'a vu"「誰も私は見なかった」のごとくに、動詞の前に来ても否定副詞を必要とする。つまり、フランス語とスペイン語は類似の文法化過程を踏みながらも同一の結果は生み出してはいない。

　この nadie、personne のケースと類似した「否定補助語の文法化」という現象は、ロマンス諸語のすべてにおいて、性質・程度の差を含みつつ生じている。この 2 語の例を見ただけでも、それらが英語におけるいわゆる否定極性項目とは異なった存在であることは自明であろう。

　フランス語で personne という語の意味・用法を学んだ人が、スペイン語の勉強を始めると、nadie の用法は少し違うと学ぶ。そこまでなら、フランス語学、スペ

124

イン語学の範疇である。personne と nadie は歴史的にはどのような関係にある語であるのか、という疑問を持つとき、ロマンス語学が始まる。

nadie、personne と対応関係にあったラテン語は NĒMŌ である。これは人間に関わる全面否定代名詞で、英語の nobody にそっくり相当する。ラテン語には他に、数量その他を全面的に否定する形容詞 NULLUS（＝ no）、ものに関わる全面否定代名詞 NIHIL（＝ nothing）、頻度に関わる全面否定副詞 NUMQUAM（＝ never）、場所に関わる全面否定副詞 NUSQUAM（＝ nowhere）があった。

これらは純然たる否定語、英語で言う negator で、英語の該当語と同じく統語的関係からは影響を受けずに自立的意味を保持し続ける。

この中で現代の日常語に子孫を残しているのはルーマニア語の nimeni、フランス語の nul/nulle、イタリア語の nulla、スペイン語の nunca などであるが、それらはことごとく否定の自立的意味を弱め、その位置によって no に相当する語の補助を必要とする。そして nadie、personne のように新たに否定のための語を作り出したときも、やはりそれはラテン語の対応語とは性質を異にする用法を持つのである。

ラテン語の否定辞がロマンス語ではどのように変容していったか、それをすべてに亘って見ていくことは本書の容量ではできないが、その代表例たる「人間に関わる否定補助語」の変遷をたどるだけでも多くの事柄が見えてくる。

04271　人間に関わる否定補助語

ラテン語では自立的意味を持つ全否定辞であった NĒMŌ は、ロマンス諸語においては用法から脱落するか意味を弱めた。各言語はその欠落を補うために固有の分析的表現を発達させたのであるが、その結果、ラテン語ではありえなかった「誰か」や「誰でも」を表す不定代名詞（ラテン語ではそれぞれ ALIQUIS、QUĪVĪS）との境目が曖昧化される現象が生じている。また、後で述べるように配分構文における用法の制限のような現象も生じた。

しかし、いずれにしてもそこにあったのは、ほぼ同一の言語素材を用いているのにも関わらずそれぞれが異なっている「文法化」の過程である。それらすべてに共通しているのは、語彙の自立的意味の弱まりを補強するために発達した統辞論的方策（たとえば語順の固定）であった。そして、そこには規範の「ゆれ」が時折見られ、それらの文法化過程が必ずしも完成してはいないことも知らされるのである。

125

04 第四章 文法の変化

　ラテン語 NĒMŌ は語源的には印欧語まで遡ることはなく、イタリック語派の段階で否定副詞 NĒ と HOMŌ「人間」の組み合わせで合成された語である。

　"heu me miseram, habeo neminem"「哀れな私、私には誰もいない」（テレンティウス『兄弟』より）に見られるように、NĒMŌ はそれ単独で意味的機能を十全に果たしている。

　特に強調すべきは、それが否定副詞 NŌN や類似語と継起していわゆる二重否定構文を作るとき、その前後関係によって全面肯定か部分否定かに截然と区別される、ロマンス語には存在しない明快さである。

　NĒMŌ の後に否定語が来れば、「〜でないものは誰もいない」で全面肯定となる。NĒMŌ の前に否定語が来れば、「誰もいないのではない」で、部分否定となる。キケロの「ウェッレース弾劾」から対照的な好例を挙げておく。

3.21 "Nemo nisi stultissimus non faciet"「最愚の人間以外、しない人はいないだろう＝最愚の人間以外、すべての人はするだろう」

2.15 "Non nemo vestrum audierit"「あなた方の誰一人が（それを）聞かなかったのではないだろう＝あなた方の数人は聞いただろう」

　これは、各否定語が自らの語彙的意味を発揮した結果、当然の意味を生み出しただけのことで、フランス語、スペイン語で見たような、2語の組み合わせが格別の意味を生み出したのとは異なった現象である。

　ロマンス語の大方は、この NĒMŌ を失ってしまった。

　現代語でそれを残しているのはルーマニア語（nimeni）だけであるが、そこにおいてもそれはラテン語的な簡明なる意味表示能力を一部失ってシンタックスの一部としてしか機能せず、否定副詞の nu を必要とする。

　"Nimeni nu ştie mai bine ca el"「彼以上に良く知識のあるものはいない」

　イタリア語、カタルーニャ語も、それぞれが独自の分析的表現を作り出している。

　イタリア語では、人間の全面否定語は nessuno である。語源としては、NĒ-IPSU-ŪNUS が想定されるが、この表現は現存のラテン語テキストには現れない。

　動詞との前後関係で non の必要性が変わるのは、スペイン語と同様である。

　"Nessuno è venuto stamane"「今朝、誰も来なかった」

　"Non c'era quasi nessuno"「殆ど誰もいなかった」

　ただ、スペイン語の場合と異なり nessuno は、人とものの双方に通じる全面否定形容詞 nessuno/-na の男性単数形でもある。今扱う4言語の同意味語の中では最も用法の幅が広いのが特徴である。スペイン語では全面否定形容詞は別語

126

で、ninguno/-na（< NEC ŪNUS = and not one）が使われる。古語は niguno で、ning- の形はアナロジーによる。

　NEC ŪNUS が「一つとしてない」という全面否定の意味で用いられるのは古典ラテン語にはなくて、5 世紀以後のラテン語文に現れる。

　そしてカタルーニャ語では、それと語源を等しくする ningú が人間の全面否定語なのである。ただしカタルーニャ語では規範のゆれが見られる。ningú が動詞に先行した場合、"Ningú no m'ha vist"「誰も私を見なかった」のように no を必要とするというのが文法書の言う用法だが、一般には no は使われないのである。

　personne、nadie、nessuno、ningú はあくまでも「現代語における標準形」である。時間的、空間的に視野を広げると、古語における別形や方言における別形にすぐに行き当たる。わずかな例しか述べられないが、たとえばフランス語も古語では NEC-ŪNUS を語源とする negun、neun、nun があったし、スペイン語にも ninguno およびその別形があった。方言分化の特に甚だしいイタリア語においてもまさにしかりで、その標準語を形成したトスカナ方言には niuno（< NĒ-ŪNUS）があり、方言形では niguno やその類似形がある。

　本書では現代語における標準形だけを考察の対象とするのであるが、その際論点は三つある。(1) 他の否定語との相互関係、(2) 不定的用法との境界、(3) 用法の制限、である。そしてこれらすべてにおいて、これら 4 言語がそれぞれに微妙な差異を見せている。

　(1) の他の否定語との相互関係であるが、たとえば英語の without に相当する語の場合である。英語では without anybody であって without nobody とはならない。

　これに関してはロマンス語は一致している。sans personne、sin nadie、senza nessuno、sense ningú となるし、ポルトガル語では sem ninguém、ルーマニア語では fără nimeni である。言い換えると、このような構文では personne etc. は英語の anybody に相当する不定代名詞として働いている。このような、全面否定と不定との用法の境界線の曖昧さが、ロマンス諸語の否定補助語全般に見られる特殊性である。

　一方、英語の not に相当する語との継起に関してはロマンス諸語は一様ではなく、否定の意味の強弱には差があるのであった。

　常に ne を必要とする否定補助語であるのが personne、動詞の前に来たときは

04 第四章 文法の変化

全面否定語であるが動詞の後におかれた構文では動詞の前に no を必要とするのが nessuno と nadie、基本的にはそれと似ているようで、動詞の前に来たときには no の有無に関しては厳密な規範はないのが ningú である。

規範的カタルーニャ語文法を制定したプンペウ・ファブラは、no を用いる方が（つまりスペイン語とははっきりと異なった用法が）正しいとしており、後代の文法家もその文言を紹介するのが常である。しかし実際に流布する用法はスペイン語と同様に no がない、"Ningú m'ha vist"「誰も私を見なかった」式の文であることに変わりはない。

既に述べたように、nessuno（< NĒ-IPSU-ŪNUS）と ningú（< NEC-ŪNUS）には元来は否定の要素が存在しており、一方 nadie、personne にはそれはなかった。しかし、その違いが現代語の用法における「否定の意味の強弱」の差を作っているのではない。

スペイン語において、諸家が引用する通り（García, p.378）古語では nadie の後に no が置かれており、それは nadie には本来の否定要素がないのであるから当然なのであるが、結局は "A nadie veo"「私は一人も見ない」式の用法が固定化した。

フランス語 personne は否定補助語としての用法は新しく、14世紀からである。それ以前に用いられた negun etc. はその語源に否定の NEC を含んでいたのにも関わらず、ある限定的な環境以外では、別に ne を加えることでしか否定の意味を表せなかったのである（Foulet, p.356）。結局フランス語は、NEC-ŪNUS の子孫は切り捨てて personne で代行させることで新たなる文法化を果たした。

カタルーニャ語 ningú の古形 negú はカタルーニャ語の最古の文献の一つである Homilies d'Organyà では "a negú no té prod"「それは誰にも益にならぬ」となっており、フランス語の negun etc. と同様その最古の時期に既に全否定の意味を薄めて別語の no を必要としていた。現代カタルーニャ語では、ningú に no を後続させる由緒正しくて「正式」とされる用法と、スペイン語 nadie と等しく明瞭に否定補助語的に扱う口語的用法とが並列されているのが現状である。

イタリア語 nessuno は否定の要素を内部に持ちながら、古語や現代の北部方言では no を後続させる構文がある。しかし結局勝ちをおさめたのは、トスカナ方言に基礎を置く "Non c'era nessuno"「誰もいなかった」、"Nessuno è venuto"「誰も来なかった」であった。

ロマンス諸語が分析的表現を否定構文にまで広げたことで生じた問題点の一つ

128

が、（2）否定表現と不定的表現との境の曖昧さである。

フランス語には純粋の不定代名詞 quelqu'un「誰か」があり、「誰かいないか見る」という句は "voir s'il y a quelqu'un" であるが、これは "voir s'il y a personne" とも言い換えられる。一方「彼がそれを誰よりも良くできる」"Il le fait mieux que personne" に対して「彼以上に良くできる人を知っていますか？」は "Connaissez-vous quelqu'un qui le fait mieux?" となり、ここでは personne には置き換えるとしたら "Ne connaissez-vous personne qui ...?" にしなければならない。

英語なら anyone か anybody ですべて片づけられる構文で personne が果たす役割の曖昧さは、たとえばそれと置き換え可能な構文を持つ quiconque や n'importe qui d'autre の存在からも分かる。「彼がそれを誰よりも良くできる」は次のようにも言える。

"Il le fait mieux que quiconque"

"Il le fait mieux que n'importe qui d'autre"

フランス語の personne と quelqu'un はイタリア語の nessuno と qualcuno「誰か」の関係に似ているが、同じではない。「誰か見た？」"Hai visto qualcuno?" は "Hai visto nessuno?" と言い換えられるが、フランス語では personne は使えない。必ず "As-tu vu quelqu'un?" である。

また、イタリア語の比較文で「誰よりも」に nessuno が使われることはなくて、chiunque altro としなければならない。

こんなときに融通無碍なのがスペイン語 nadie であって、「彼がそれを誰よりも良くできる」は "Él lo hace mejor que nadie" である。

スペイン語の「誰か」は alguien であるが、これと nadie との棲み分はかなり明瞭である。「もし誰かを見たら」という文では "Si ves a alguien" であって、ここに nadie が関わることはない。

一方カタルーニャ語になると、ningú と algú「誰か」との境界があいまいになり、ここでスペイン語との差が明らかになる。同じ今の文は "Si veus algú" と "Si veus ningú" のどちらが「正しい」かは決定できないであろう。20世紀後半のカタルーニャ語学の最高権威バディアは、肯定文における no の用法の曖昧さに関してはある程度の規範性を主張したのであるが、この不定と否定の境界線については明確な規範性は述べず、両方を許容する立場である（Badia 1, §236.4）。先に言及した英語による最大の文法書も、規範性や意味の差は述べず、単に「ningú は疑問、条件文では不定的意味でも使えるが、事実上 algú の方がよく使われている」と言

04　第四章　文法の変化

うにとどめている（Wheeler, p.139）。

　（3）用法の制限であるが、今まで扱ってきた、personne、nessuno、nadie、ningú に関して、その一部に共通な事柄は、全面否定として用いるのに一種の制限が課されていることである。それは、配分構文の場合である。

　フランス語では、"Je n'ai vu personne"「私は誰も見なかった」に対して、「私は君の友達は誰も見なかった」は、"*Je n'ai vu personne de tes amis" とすると非文である。この場合 personne は用いられず、"Je n'ai vu aucun de tes amis" としなければならぬ。aucun は本来の用法は次の例で見られるような、全面否定の形容詞でラテン語の NULLUS に相当する。

　　"Il n'a aucune importance"「彼は何の重要性も持たぬ」

　　"sans faire aucun bruit"「何の音も立てずに」

　しかし、配分構文になると、"Aucun de vous ne sera pauvre"「君たちのうち、誰一人として貧しくはなるまい」のごとく代名詞として用いられる。

　同様な事情は、スペイン語、カタルーニャ語にも存在する。

　　"Ninguno de ellos vendrá"「彼らのうち、一人として来るまい」（"*Nadie de ellos vendrá" は非文）。

　この ninguno は、もちろんカタロニア語の ningú と語源を等しくするものであるが、本来のスペイン語の用法はフランス語の aucun と同じ、全面否定の形容詞である。

　一方カタルーニャ語では、配分構文ではその ningú が禁圧され、全面否定形容詞である cap を用いることが規範である。"Cap d'ells no ho ha entès"「彼らのうち誰もそれを理解しなかった」。

　このような用法の制限がないのがイタリア語である。

　　"Nessuno di noi andò"「我々のうちで行った人はいない」

　　"Hai visto nessuno dei miei fratelli?"「僕の兄弟の誰かを見た？」

　そして、既に述べた通り、最後の文の nessuno は qualcuno と言い換えてもほぼ同義である。

　ラテン語においても、配分構文（ラテン語では前置詞 DĒ ではなく、複数属格を用いる）において NĒMŌ に代わって全面否定形容詞 NULLUS を用いる例がないわけではなかった。

　　"Nam istorum nullus nefastus est"「彼らのうち、誰一人として悪いやつでは

130

ない」（プラウトゥス『カルタゴ人』より）

しかしそれは例外であって、NĒMŌ と複数属格との継起は普通であり、ロマンス語におけるような統辞論的制限は存在しなかった。

"Neminem vestrum fallit"「あなた方の誰も間違うはずがない」（キケロ『セスティウス弁護』より）

用法の制限から見えてきたのは、ラテン語ではかなり截然と分けられていた人間に関わる全面否定代名詞 NĒMŌ の用法と、数量その他を全面的に否定する形容詞 NULLUS の用法が、ロマンス語ではその境が曖昧になっていることである。ただし、NULLUS の子孫についての記述は本書の容量を超えてしまう。

043 ロマンス語では不可能となった構文

ロマンス語で生じた新たなる構文法と裏腹の関係にあるのが、ロマンス語では不可能なラテン語独特の構文である。

特に格変化の消失は、文法全体に対して深刻な影響を及ぼしている。

格変化はラテン語の、特にキケロ、カエサルなどに代表される論理的散文を特徴づける簡潔にして正確なる構文のための最も有用な手段だった。それの消失は、散文において珍重されたラテン語独特の構文法を不可能化したのである。

「041 ラテン語とロマンス語との対照例」で示された文例で、ラテン語の属格がロマンス語では前置詞を用いることで表現されることを見た。また、被比較のための奪格もやはり前置詞か接続詞を使う用法に置き換えられていた。

これらの例は構文の確かな変化に見える。しかし見方によってはそれは要するに語彙の置き換えであり「言い回しの工夫」にすぎないのである。

格の消失は、ロマンス語の構文法に対してそれ以上に大きな変革を強制することとなっていて、それはラテン語散文をそのロマンス語訳と対照させてみると明らかになる。

ある一連の出来事を最初から最後まで簡潔に記述するために格変化という機能がいかに働くかの例を、カエサルの『ガリア戦記』の一文章から説明してみる。第2巻5の冒頭である。解説のために該当部分に番号と下線を引いた。

Caesar Remos [1]cohortatus liberaliterque oratione [2]prosecutus [3]omnem senatum ad se convenire [4]principumque liberos obsides ad se adduci iussit.

04 第四章 文法の変化

　高橋宏幸氏による『ガリア戦記』の新訳は以下のごとしである。

　「カエサルはレーミー族を [1]元気づけ、思いやりのある言葉を [2]かけてから、[3]元老全員を自分のもとに集め、[4]指導者の子供たちを人質として連れてくるように命じた」

それが、ロマンス語訳では以下のようである。フランス語、イタリア語、スペイン語の訳を順に掲げる。重要ではないので、訳者は特定されていない。

フランス語　　César [1]encouragea les Rèmes et leur [2]parla avec bienveillance; il les invita [3]à lui envoyer tous leurs sénateurs et [4]à lui remettre comme otages les enfants de leurs chefs.

イタリア語　　Cesare [1]incoraggiò i Remi e [2]rivolse loro parole di benevolenza. Ordinò [3]che tutti i senatori si recassero da lui e [4]che gli fossero consegnati in ostaggio i figli dei più nobili.

スペイン語　　César [1]habiendo animado a los remos y [2]habiéndoles hablado afablemente con su discurso ordenó [3]que todo el senado compareciera ante él y [4]que fueran llevados hasta él como rehenes los hijos de los jefes.

　まず見るべきは、原文は定動詞 iussit 一つでできあがった一つの文であることである。日本語はある意味では融通無碍の文法を持っているから、同じく一つの文に収めることは難しくはない。一方ロマンス語では、意味の通った、かつ内容にふさわしい格調の文にしようとするならそれが難しく、フランス語、イタリア語では二つの文にしてしまっている。原文下線部１と２の、主語に合わせて主格である完了分詞は文の定動詞として表され、結果的に１文が２文に分割された。前者では区切りがピリオドではなくてセミコロン（フランス語では point-virgule と言うが、同じことだ）であるのは苦し紛れの妥協に見える。

　スペイン語は英語なら分詞構文に相当する構文にすることで一つの文に収めているのだが、ラテン語の主格完了分詞に当たる語１と２双方に「複合gerundio」を用いていることに注目すべきであろう。複合時制については「0831 複合時制の誕生」で、スペイン語 gerundio については「0815 現在分詞と動名詞」に、詳しい解説をしてあるのであるが、主格完了分詞一つのために完全に非ラテン語的なる工夫が必要とされている。

下線部 3 は直訳なら「元老全員が自分のところへ集まること」で、「元老たち」senatus が不定詞の主語として対格に置かれている典型的ラテン語構文の一例である。ad se の se は主語である Caesar を指示する真の意味での再帰代名詞。その下線部 3 がフランス語では不定詞を軸とした名詞句となっていてある意味で簡潔であるが、イタリア語とスペイン語では接続詞で導かれた名詞節に置き換えられている。ここまで「丁寧に」言い換えないと原文の意味は伝わりにくいのである。

下線部 4 の liberos obsides は二つの対格を並べること（同格関係）で comme、in、como のような語彙なしでも「子供たちを人質として」の意味になる。これらは受動態不定詞 adduci の対格主語でもあり、直訳なら「子供たちが人質として連れて来られること」である。このような受動態不定詞の用法はロマンス語では完全に不可能である。これら不定詞句もフランス語以外では接続詞を伴った名詞節になっている。

以上の例は、格の用法と動詞とが深く関わった場合である。しかし、動詞とはほぼ関係なしでありながら、格の消失の結果不可能となった構文もある。それは独立奪格句と称される構文である。独立奪格を用いた文をロマンス語で表そうとすればやはり全く別の種類の構文を構築しなければ同じ意味の文にはならない。

その実例をやはり『ガリア戦記』から取って、その原文と一例としてここではフランス語訳のみを対照させてみる。

『ガリア戦記』第 1 巻24.4は次のような文である。後半部を意味の切れ目で分割し、順に番号を振った。

Helvetii cum omnibus suis carris secuti impedimenta in unum locum contulerunt; ipsi [1]confertissima acie, [2]reiecto nostro equitatu, [3]phalange facta [4]sub primam nostram aciem [5]successerunt.

高橋宏幸氏による訳は以下のごとしである。その後半、翻訳では日本語らしく主語を省いているのであるが、それ以後は原文と翻訳の語順はほぼ等しいことが分かる。

「ヘルウェーティイー族は全荷役車輛とともに追ってきて輜重を一個所に集めた。[1]じつに密に固めた戦列で [2]わが軍の騎兵を撃退すると、[3]密集陣形を作って [4]わが軍の戦列の第一列へ [5]攻め寄せた」

04 第四章 文法の変化

それがフランス語訳ではどうなるか。

Les Helvètes, qui suivaient avec tous leurs chariots, les rassemblèrent sur un même point; et les combattants, [2]après avoir rejeté notre cavalerie [1]en lui opposant un front très compact, [3]formèrent la phalange [5]et montèrent à l' attaque [4]de notre première ligne.

句の配列の順序が変わっているが、これは実は大した問題ではない。重要なのは、2と3に関わる問題である。2も3も独立奪格句で、これがフランス語では完全に別種類の構文に置き換えられている。2の reiecto nostro equitatu は、名詞equitatus「騎兵」に二つの形容詞（一つは完了分詞であるが）が付いて、それが奪格となっている。3の phalange facta は、phalanx「密集陣形」に完了分詞が付いてこれも奪格となっている。「撃退されたわが軍」、「作られた密集陣形」がともに周囲とは切り離された（absolutus）関係であるので ablativus absolutus なる名称があり、日本語では時に絶対的奪格と訳されている。それを文全体と照合するとこの場合日本語訳のように解釈される。

ロマンス語ではこれがそのままでは再現はできない。それを翻訳するには文全体におけるその句の機能を個別に判断しそれに応じた工夫がなされる。2に対しては、前置詞＋完了不定詞を用いて「〜の後で」と時間的関係を明確化している。3に対しては分詞を定動詞にまで格上げして「節」の形にする。そのような工夫でやっと文意が通じるようになった。

1も奪格句であるが、これは独立奪格句と考えるよりはむしろ手段の奪格という用法である。その意味を明確化するためにフランス語文法で gérondif と称される新しい構文（これも「0815 現在分詞と動名詞」を参照のこと）が使われている。

ラテン語原文の1、2、3はすべて奪格句で、それぞれの句がその「格」だけで3種類の異なった付帯状況を表現していた。言い換えると、ラテン語を正確に読むためにはロマンス語的付属物がなくともただ「格」だけでそれを判断しなければならないのである。それはラテン語の難しさとも言えるが、それがラテン語を読む快感でもある。

ついでに、あるイタリア語訳も紹介しておく。

Gli Elvezi, che venivano dietro con tutti i loro carri, raccolsero in un unico posto i bagagli, [1]si schierarono in formazione serratissima, [2]respinsero la nostra cavalleria, [3]formarono la falange [5]e avanzarono [4]contro la nostra prima linea.

　前半部と後半部を一つにまとめ、三つの奪格句のすべてに対してその名詞句性を無視し、結果として四つの定動詞を順番に並べた文にした。意味はもちろんこれで通る。それは日本語訳の意味が通るのと同じである。ただ、ラテン語原文に見られた技巧は完全に消え去り、実に単調な文となって、ラテン語との「差」をやけに目立たせている。もちろん翻訳は訳者の技量や好みによって様々な結果を生むのだから以上の例が絶対的ということはない。しかし、ラテン語の構文との「対照性」に関しては変わりはないはずである。

　ロマンス語では完全に消えた構文法としては、動詞的形容詞（gerundivum）による句もある。動詞的形容詞については、近頃よく見聞きする日本語「レジェンド」で説明するのが良さそうだ。英語 legend「伝説」の語源はラテン語動詞 legere「読む」の動詞的形容詞 legendus「読まれるべき」から来ている。中世キリスト教会において殉教者や聖人の事績を読み上げて信者に聞かせる習慣があり、そのテキストが vita sanctorum legenda「読まれるべき諸聖人の生涯」で、この形容詞 legenda「読まれるべき」が独立した一名詞として扱われて各国語に伝わり、英語を経て日本語になった。

　動詞的形容詞 gerundivum は未来に関わる受動分詞で、義務、予定、必要性などが表されるのだが、ロマンス語では跡形もなく消え去った。フランス語文法で gérondif という用語があるが、これは新造語で意味的に gerundivum とは無関係である。

　gerundivum の用法の中で最も多用されていると見えるのは ad を伴った対格句である。出典は省略するが、ad eas res conficiendas「それらのことどもが完成されるために」→「それらを完成させるために」のごとくに使われる。

　さらに二つの実例を、『ガリア戦記』から高橋氏訳、無名氏のフランス語訳とともに並べてみる。

　［3-2］id aliquot de causis acciderat, ut subito Galli belli renovandi legionisque opprimendae consilium caperent:

　「いくつかの理由から、急にガリア人が戦争を再開し、軍団を制圧する計画を立てたのであった」。（直訳は、「再開されるべき戦争と制圧されるべき軍団の計画」）

Plusieurs raisons avaient provoqué cette décision soudaine des Gaulois de recommencer la guerre et de tomber à l'improviste sur notre légion:

[3-13] naves totae factae ex robore ad quamvis vim et contumeliam perferendam
「船全体が樫の木で造られ、どんな力で荒っぽく扱われてもびくともしない」
le navire entier était en bois de chêne, pour résister à tous les chocs et à tous les heurts.

　対照性の詳細の解説は省略してもかまわないであろう。これはフランス語の例であるが、ロマンス語のどれにとってもラテン語的構文はそのままでは応用はできない。いかに優れた文章家であろうとも使うべき道具そのものがロマンス語に存在しないのであるからそれは仕方がない。

05　第五章　語彙の変化

　　051　語彙変化の種類
　　052　残った言葉・消えた言葉
　　　　　0521　名詞
　　　　　　　05211　月名と曜日名
　　　　　0522　形容詞
　　　　　0523　副詞
　　　　　0524　前置詞
　　　　　0525　接続詞
　　　　　0526　動詞
　　053　受け入れた言葉
　　054　ロマンス語間の相互借用
　　055　色彩語はどうなったか　―感覚の記号化の実例―

051　語彙変化の種類

　「041 ラテン語とロマンス語の対照例」で書いた二つの例文から名詞と形容詞だけを取り出して、ラテン語とそれに対応するフランス語/イタリア語/スペイン語（ルーマニア語は省略する）を対照させると以下のようになる（ロマンス語名詞は単数形に、ラテン語名詞は単数主格形にしてある）。

　　INITIUM; commencement/inizio/principio
　　SAPIENTIA; sagesse/saggezza/sabiduría
　　TIMOR; crainte/timore/temor
　　DOMINUS; Éternel/Signore/Señor
　　FĒMINA; femme/donna/mujer
　　MŌBILIS; mobile/variabile/móvil
　　VENTUS; vent/vento/viento

　ここでは、commencement などラテン語文での用語とは全く別の単語も見られ

137

05 第五章 語彙の変化

る。しかし、inizio、timore、temor、femme、mobile、móvil、vent、vento、viento のようにラテン語と良く似た語も使われていて、それがラテン語対応語と深い関係を持っているに違いないと疑わせる。そうなると、sagesse、saggezza、sabiduría のような語もラテン語 SAPIENTIA との関係を示唆し、それを詳しく探求する必要も生じることになる。

結論を述べると、前者9例は、音韻変化を受けただけのラテン語からの直接の子孫か、それに近いものである。それに近い、と言ったのは、inizio、mobile、móvil の場合は INITIUM、MŌBILIS が徐々なる音韻変化を遂げて現代にまで伝わったのではなく、ある時期にそれらをもとに学者文人が人工的にイタリア語、フランス語、スペイン語に取り入れたと見られるからである。だから、INITIUM、MŌBILIS をこれらの「語源」と言ってしまうことは早計である。それ以外は TIMOR、FĒMINA、VENTUS を語源とすると言って良い。より厳密にはそれらの対格形からであるが。

学識ある人によって人工的な作為で作られたり取り入れられたりした単語は、英語では learned word、フランス語では mot savant、イタリア語では voce dotta、スペイン語では cultismo とか palabra culta と呼ばれて区別される。本書ではそのような語は大雑把ではあるがすべて「人工語」と呼ぶことにする。

「語源」を言う場合には、人工語かそうでないのかは重要な分かれ目であって決して軽視してはいけない。しかしそれが軽視されがちである。かつて日本でロマンス語語源辞典を名乗る書物が出版されたのだが、その点が無視された、言語専門家には扱いかねる書物であった。それなのに、学会でこの書を引用する研究発表があったのであるから、情けない思いをしたものであった。

両者を見分ける判断基準は、要するに各単語が一体いつの時代に初めて文献に現れるか、である。初出文献が新しかったり、そうでなくても明らかに学者の手による文献に現れたのであれば、それは人工語と判断されることになる。筆者は単語ごとにそこまでを調べる技量は持ち合わせぬから、各語の語源辞典、特にマイエル＝リュプケの『ロマンス語語源辞典』を参照している（引用文献　REW）。

さて、sagesse、saggezza、sabiduría の方である。これらはラテン語 SAPIENTIA と、別単語ではあってもある種の関係を持った単語である。

その「関係」を見てみると、それが入り組んでいてなかなかに面白い。細かな問題に入り込みすぎるのではあるが、ロマンス語の語源学に関わる話題でもあるので、詳しく書くことにしたい。

SAPIENTIA は動詞 SAPERE「賢い」から派生した語である。詳しく言うなら、SAPERE の現在分詞 SAPIENS（ホモ・サピエンスのサピエンスで、「知的な」の意味）から出た名詞である。形容詞としては SAPIENS が正しい形だが、いつかその別形でいかにも形容詞らしい形の *SAPIUS が作られたらしいのである。らしい、と言うのは理論的に推定されても現実に資料として現れていないからで、そのように推定されただけの語は、このように星印を付けて区別するのが言語学の慣習である。

ラテン語の SAPIENS は第三活用をする形容詞で、-us の語尾を持つ形容詞（BONUS、NOVUS、ALTUS など）に比べるとその活用の仕方は多少複雑である。だから、*SAPIUS という規則的活用をする形が生まれたであろうとの推定は根拠を持つ。スペイン語にある sabio「賢い」はその直接の子孫であるし、フランス語では特有の変化を蒙って sage「賢い」となった。そこから二次的に派生した名詞が sagesse なのである。ただし、sage、sabio の語源に関しては異説があり、SAPERE から作られた形容詞 SAPIDUS を想定する説も根強い。

そして、これが面白いのであるがイタリア語 saggezza はラテン語からの直接の子孫ではなく、そのフランス語を経由しているのである。母音の前に来る pi がジュの音になるのはフランス語特有の変化であってイタリア語にはないから、これは借用の結果であるとしか解釈されない。フランス語 sage はイタリア語に借用されて saggio となった。そしてイタリア語はそこから名詞 saggezza を作った。だから、これらの単語の語源を言うときには、必ずやフランス語の介在を言わねばならない。

スペイン語では動詞 SAPERE は saber という形になり、その過去分詞は sabido である。そこからスペイン語独自に派生させた名詞が sabiduría である。

短い文例であるのに、そこにある語の由来を探索するとすぐにこれだけの複雑さが出てくる。

さて、それ以外の単語である。以下の語が残った。

commencement、principio、crainte、Éternel、Signore、Señor、donna、variabile、mujer である。

これらの語とラテン語との関係を見ていくと、「ロマンス語への変化」という道筋の複雑さがそれぞれに反映していて面白い。これらの語への変化の過程は5種に分類できる。

1) ラテン語が音韻変化を蒙っただけで意味は変わらぬもの＝mujer。ラテン語 MULIER「女」の対格形 MULIEREM より。

2) 形は音韻変化を受けただけだが、意味は大きく変わったもの＝Signore、Señor、donna。ラテン語 SENIOR は SENEX「年老いた」の比較級にすぎなかったがその対格形 SENIŌREM が「神」の意味となる。また、ラテン語 DOMINA「女主人」がアクセントのない母音の消失と同化現象で donna となり、「女」の意味となる。

3) 人工語＝principio、Éternel、variabile。それぞれ古典ラテン語 PRINCIPIUM、後期ラテン語 AETERNĀLIS、VARIĀBILIS より作られた。 principio は語源辞典によると初出はダンテ（1265-1321）である。ダンテによる人工語であったのかもしれない。

4) ロマンス語共通の新形成＝commencement。まず、新しい動詞 commencer の形成がある。これは *CUM-INITIĀRE（INITIUM「始まり」を素材にして接頭辞とともに作られた動詞）からの発展で、イタリア語 cominciare など他のいくつかの言語にもその子孫はある。その動詞をもとに、ラテン語に存在していた接尾辞 -mentum の発展形を付けて名詞とした。イタリア語 cominciamento、カタルーニャ語 començament も同じ系列である。名詞形の方は、人工語と言っても良いであろう。

5) 1言語（この場合フランス語）独自の新形成 ＝crainte。これは動詞 craindre「恐れる」の名詞形であるが、craindre 自体はラテン語 TREMERE「震える」からフランス語独自の特殊な音韻変化を蒙った形と理解されている。

結局全体を見渡したところ、これらの単語はすべて、たとえ変化の経路は様々であろうとも、ラテン語資源から調達されたことだけは確かなのであった。

052　残った言葉・消えた言葉

見たように、ラテン語語彙とロマンス語語彙との関係は単純ではない。しかし、たとえロマンス語のすべてではなくとも大部分にラテン語から自然に伝承された語というものは多数ある。上の文の例で言うと VENTUS「風」がそうであった。ありふれた自然現象の用語として、それは途切れることなく単に音韻変化を蒙っただけで現代にも伝えられたのであった。

様々な地域に広がり、長い時代を経た後でもロマンス諸語を一塊として捉えうる

こと、だからこそ「ロマンス語学」という研究分野が存在しうること、その最も明らかな根拠の一つがこの「語彙の持続性」である。たとえば数詞である。1から10までの数詞は、ポルトガル語、スペイン語、カタルーニャ語、フランス語、イタリア語、ルーマニア語のすべてにおいてよそからの語彙に置き換えられることなく残っている（「付録2 単語対照表 4. 数詞」を参照）。

ロマンス語は、単に祖先を同じくするだけではなく歴史の中で相互に語彙、語形、さらには構文法についてまでも貸し借りの関係を保ってきた。先に紹介した、interinfluence のことである。ルーマニア語が18世紀後半以来フランス語やイタリア語からの借用を重ね、間接的にラテン語との関係を再構築していったのはその最たる例である。

どのような語彙が、どこでどれだけ現代にまで持ち越されたか、さらにはどのように変化したか、を実例でもって述べることは重要なのであるが、紙面を取りすぎることと叙述が羅列的になりすぎることが読みものとしての欠点を作る。それゆえ、代表的事例を述べながら、その他の事例については「付録2 単語対照表」にある各品詞の対照表を参照してもらうようにしたい。

なお、この章においても「付録2 単語対照表」においても、事例はすべて地域的に西から東へ、ポルトガル語、スペイン語、カタルーニャ語、フランス語、イタリア語、ルーマニア語の順で並べる。それ以外の言語については、特に表記を必要とするとき以外は省いている。また、人工語、古語、借用語、方言形などの表記については対照表に指示しておく。

0521 名詞

まず顕著なのは、「パン」PĀNIS、「ミルク」LAC、「卵」OVUM、「水」AQUA、「塩」SAL、「果実」FRUCTUS、「葡萄酒」VĪNUM、「肉」CARŌ、「夕飯」CĒNA、「魚」PISCIS などの食物用語が殆どの言語で生き抜いたことである。

親族名称や人間関係を表す語では、「人間」HOMŌ、「母」MĀTER、「父」PATER、「息子」FĪLIUS、「娘」FĪLIA、「女主人」DOMINA、「主人」MAGISTER なども残った。

身体名称、身体活動の単語もかなり残る。「手」MANUS、「足」PĒS、「身体」CORPUS、「指」DIGITUS、「眼」OCULUS、「額」FRONS、「歯」DENS、「胸」PECTUS、「腕」BRACHIUM、「拳」PUGNUS、「舌、言葉」LINGUA、「心」MENS、

141

05　第五章　語彙の変化

「ひげ」BARBA、「四肢」MEMBRUM、「血」SANGUEN、「胆汁」FEL、「声」VOX、「眠り」SOMNUS などである。

　自然現象や自然の物体、地理的存在の語もよく残る。「月」LŪNA、「大地」TERRA、「星」STELLA、「空」CAELUM、「雪」NIX、「雨」PLUVIA、「海」MARE、「夜」NOX、「木」ARBOR、「野原」CAMPUS、「花」FLŌS、「湖」LACUS、「鉛」PLUMBUM、「鉄」FERRUM、「街」CĪVITĀS など。最後の語では、ラテン語にあった「市民共同体」という意味は完全に消え、単なる「街」である。

　日常生活で使われる単語では、「荷車」CARRUS、「手紙」CHARTA、「鍵」CLĀVIS、「窓」FENESTRA、「炉」FOCUS、「煙」FŪMUS、「楽しみ」IOCUS、「羊毛」LĀNA、「（暦の）月」MENSIS、「井戸」PUTEUS、「石鹸」SAPŌ、「印」SIGNUM、「扉」PORTA がある。

　動物名では、「狼」LUPUS がすべてで保存されたのが興味深い。他には「雄牛」BŌS、「雌牛」VACCA、「雄鹿」CERVUS、「野兎」LEPUS、「豚」PORCUS がある。「犬」CANIS はスペイン語とカタルーニャ語では消えている。

　面白いことに EQUA「雌馬」はフランス語とイタリア語以外では残ったのに一般的な語としての EQUUS「馬」は完全に消えた。基本的名詞でも、古典語がそのままでは残らない場合が多々あるということである。多いのは、古典語が消えて全く無関係な民衆語彙に置き換えられる例である。典型的な例はその EQUUS「馬」の他に DOMUS「家」と ŌS「口」がある。

　EQUUS は CABALLUS に置き換えられる。CABALLUS は古典期からあってホラティウスなども使っているが文学での用例は圧倒的に少ない語である。

　DOMUS はサルディニア語ログドーロ方言に domo として残るだけである。その他の言語ではフランス語が maison（< MANSIŌNEM ← MANSIŌ「とどまり」）である他は、「掘っ立て小屋」であった CASA から来ている。

　なお、東京ドームの「ドーム」はフランス語 dôme が英語を介して入った語でイタリア語 duomo に遡るのであるが、これは「神の家」としての人工語である。

　ŌS はルーマニア語以外は「ふくれた頬」の意味であった BUCCA に置き換えられた。ルーマニア語の gură「口」はラテン語 GULA「喉」から来ている。同様に、UNGUIS「爪」は動物の爪である UNGULA に置き換えられている。

　ここからは、ある種の変容を伴って残った語である。

　「男」、「女」の語はかなりの変化を蒙った。ラテン語に存在していた男女の対称

性がロマンス語では消えて男優位になっているのが明瞭に見て取れる。

ラテン語の HOMŌ はすべてに残っているのであるが意味は変容している。ラテン語では「人間」であって、男女両性を含むのに対してロマンス語では、殆どすべてでその第一の意味は「成人男子」であり、次いで「人間」をも意味する。だから、「女に対する男」という意味合いではルーマニア語で bărbat である以外ではすべて既に述べた HOMŌ の子孫が使われる。ラテン語の「男」VIR は完全に消えたのであった。

「女」には、MULIER、FĒMINA の 2 語があった。前者はフランス語以外では残ったが、「妻」の意味に変化している。なお、イタリア語形 moglie は他と異なり主格形が残っている。後者はフランス語で femme が「女」「妻」の両方の意味でよく使われるが、スペイン語形 hembra は「雌」といった語感である。イタリア語では femmina となっているが、一般的に「女」を言う語は「女主人」DOMINA から来た donna で、カタルーニャ語も同様 dona が「女」である。

「夫」と「妻」にも同様の非対称性が生じた。「夫」MARĪTUS がルーマニア語以外では残っているのに対し、「妻」UXOR は完全に消えて、ロマンス語での「妻」はばらばらである。スペイン語・ポルトガル語の esposa は SPONDĒRE「誓約する」の過去分詞 SPONSA「（結婚を）誓った女」から来ている。

ラテン語単語が消えるのではなく、接尾辞で拡張されてロマンス語へといわば成長する例も見受けられる。フランス語の「太陽」soleil が SOL ではなくて *SOLICULUS から、「眠り」sommeil が SOMNUS ではなく SOMNICULUS から、「日」jour が DIĒS ではなく DIURNUM から（イタリア語 giorno も同様）来ているのがその好例。

これらは孤立した例であるが、『プロブスの付録』83 に既に auris non oricla とあったように、「耳」は AURIS ではなく AURICULA が全ロマンス語に子孫を残した。GENU「膝」、AGNUS「子羊」、AVIS「鳥」、OVIS「羊」、APIS「蜂」が同様のケースであるが、OVIS はルーマニア語でそのまま残り、「蜂」はイタリア語では原型と接尾辞形の二つが残った。ポルトガル語、スペイン語には人工語としての ave「鳥」もある。

「殆どの言語に残った語」と同じくらい関心を持たせる事柄に、「ありふれた語であるのに消えた」単語のことがある。

「少年」PUER、「少女」PUELLA は完全に消えた。この現象自体が興味深いこ

143

となのであるが、本書ではその問題に深入りする余裕はない。ともかく、英語なら boy、girl に相当する語はロマンス語ではそれぞれが新たに作られることとなった。そして、それらが各言語で殆ど一致しないのもまた面白い現象である。ここでは話題をフランス語とイタリア語だけに限定しておく。

　フランス語は、「少年」のためには garçon というゲルマン語の中でもフランク語の単語を取り入れている。元来は「従僕、兵士」の意味でそれが若者一般へと変化した。今は用法はかなり変わっているようだが、かつてはウエイターに向かってそれが年配者であろうとも garçon と呼びかけたのにはこのような語源が関与しているのであろうか。

　ところでフランス語には英語で girl に相当する語はないのである。そのためには肉親としての「娘」FĪLIA から来た fille が代用されるのである。肉親を意味しない「年若の女」のためには jeune fille と言わなければ明確にならない。

　イタリア語では ragazzo/ragazza と簡明であるのがフランス語と対照的であるが、その語源に関しては長い論争があった。現在最も認められている説ではアラビア語語源で、元来が「書簡配達人」を意味した語が多分シシリー島経由でイタリア語へ入って ragazzo となり、女性形も生み出したのである。

　ラテン語で頻用され、最も重要な語であった RĒS「もの、こと」は、フランス語の rien のごとき否定辞の一種としてしか残らなかった。代わりに使われたのは元来が法律用語である CAUSA である。「訴訟、弁明、理由、動機」などの意味で用いられた語であるがそれが「もの、こと」という一般的意味を持つようになった。

　VĪS「力」は完全に消えて、形容詞 FORTIS の中性複数形 FORTIA がそれに取って代わった。IGNIS「火」は完全に消え、FOCUS「炉」がその意味を担うようになった。CAPUT「頭」は、身体部位として残るのはカタルーニャ語とルーマニア語の cap だけであり、その他の言語では「ボス」の意味でしか残らない。フランス語の chef は日本語にまでなった。新たに「頭」の意味をとったものは元来が「素焼きの壷」であった TESTA である。

　名詞のみならず形容詞、動詞のロマンス語的置き換えについては、エルヌーが詳しく書いている（Ernout 2, pp.185-192）。

05211　月名と曜日名

残った言葉で重要なものに、月名がある。元来は「月」である男性名詞 mensis に付く男性形形容詞であった。そのゆえに OCTŌBER/OCTŌBRIUS のような二重の語源形が生じた。それが単独で男性名詞として使われる用法もあって、ロマンス語では名詞として固定している。

「付録2 単語対照表 2. 名詞」に表示されているように、ラテン語から「残った」言葉ではあるものの各言語において現在見られる月名は、かなりの部分が他言語から借用されたり、あるいは人工的にラテン語綴りに合わせられたものである。好例が「9月」で、フランス語 setembre、スペイン語 setiembre であったものが語源に合わせて sept- となっている。

月名と似て非なるものが曜日名である。それも対照表に載せるが、これは「残った言葉」ではなくて新しく組み合わされた言葉なので、多少の解説が必要となる。

曜日名というものはギリシア・ローマ文化とは無縁のもので、後からそれに接ぎ木されたものにすぎない。しかしその名称は確かにラテン語に関係づけられる。ポルトガル語が特殊で日曜と土曜以外では「X番目の祭日（feira）」となっているがそれを除けば主にローマ神話の神名と関連した名前が付いているからである。

肉眼で観測可能であった五つの惑星に太陽と月を加えて七とし、それと「日」を結び付けて「太陽の日」、「月の日」、「火星の日」、「水星の日」云々と名づけること、その7日が一塊となって循環していくとすること、このような観念はギリシア・ローマ世界においては本来存在しなかった。

「曜日」の究極の起源である占星術については、畏友矢野道雄氏の著書『星占いの文化交流史』（勁草書房、2004）に科学的な記述があり、非常に役立つ。しかし、それらがギリシア・ローマ世界に導入された歴史的経緯については筆者は完全に無知なままである。

現在の常識である水星、金星、地球、火星、木星、土星という順序は太陽からの距離によるもので、天動説の時代においては無意味であった。曜日名に見られる「太陽、月、火星、水星、木星、金星、土星」という順序が成立した理由については矢野氏の書で丁寧に述べられているので再説はしない。ここで述べるのは単に曜日名とラテン語との関連のみである。

日曜と土曜が一番簡単である。

日曜の場合は dies Dominica「主の日」の形容詞部分だけが名詞化している。

土曜であるが、そのもととなった Sabbata という語自体は「ユダヤ人が守る安

145

05　第五章　語彙の変化

息日」として１世紀からセネカその他の文人に使われている。元来がヘブライ語で
ギリシア語を経由した語であり、ラテン語では常に複数形で使われていたが単数形
sabbaton がロマンス語で日曜の前日に当てはめられた。だからここには「土星の
日」の意味はない。フランス語、ルーマニア語の語源も（そしてドイツ語の
Samstag も）sabbaton の変異体にすぎない。

　月曜から金曜の曜日名は、星の名称とされた神の名が使われている。

　ギリシア語で火星、水星、木星、金星、土星の５惑星にはそれぞれアレス、ヘル
メス、ゼウス、アプロディテ、クロノスの神の名が付けられていた。月と太陽の場
合は神ではないのであるが、それを意味する語（セレネ、ヘリオス）が神を意味す
るとして扱われることもあった。５惑星はラテン語ではローマ神話でのそれぞれの
対応神名である Mars、Mercurius、Iupiter、Venus、Saturnus に変換されていた。

　日月五星と「日」を組み合わせることで曜日名ができるのであるが、その起源と
ギリシア・ローマ世界との関わりについては明快に説明することができない。古典
ラテン語文献にはそれらは見当たらず、dies Mercurii「水星の日」という用例が碑
文に見つかることが古典ラテン語辞典で知られる唯一の例である。

　しかしながら中世ラテン語においては、明確にいつの時代からかは筆者には不明
なのだが、「付録２　単語対照表 2. 名詞」に挙げておいたような dies Martis、dies
Mercurii、dies Iovis、dies Veneris のような曜日名は一般化していた。２語の順序
は自由である。

　辞典の記述では、まずギリシア語で「月の日」、「アレスの日」、「ヘルメスの日」、
「ゼウスの日」その他があって、それらがラテン語に変換されたのだとある。理解
できることであるのだが、どのギリシア語文献にそのような文言が存在するのかに
ついては探索できていない。

　ともかくそれらが、火曜日から金曜日までのロマンス語での曜日名となったの
であった。月曜日は「月」のラテン語 Luna がそのまま使われている。ギリシア語
の土星であるクロノスはローマ神話ではサトゥルヌス Saturnus に相当するのであ
るがロマンス語の土曜にはそれは残らず Saturday として英語に残るだけとなった
（英語で火水木金に使われた名前は、ローマ神話の神名に対応するゲルマン神話の
神の名前である）。

　同「対照表」で見る通り、ロマンス語における異同は DIĒS「日」の扱いにあ
る。DIĒS を省略してしまったスペイン語・ルーマニア語、それを後置するフラ
ンス語・イタリア語、前置するカタルーニャ語に分かれる。サルディニア語は

146

lunis、martis、mercuris etc. のような省略型である。古オック語の場合は diluns、dimartz、dimercres etc. のような前置型と lus、martz、mercres etc. のような省略型の両方があった。

0522　形容詞

　形容詞を見ると、基本的用語である「良い」BONUS、「悪い」MALUS、「新しい」NOVUS、「高い」ALTUS、「長い」LONGUS、「暑い」CALIDUS、「冷たい」FRĪGIDUS、「緑の」VIRIDIS、「若い」IUVENIS、「強い」FORTIS、「重い」GRAVIS、「多い」MULTUS、「貧しい」PAUPER、「一杯の」PLĒNUS、「乾いた」SICCUS、「わずかの」PAUCUS、「甘い」DULCIS、「確かな」SĒCŪRUS などはすべて、あるいは大部分で残った。

　残ったとしても、意味・用法の変容はある。ポルトガル語・スペイン語の caldo（< CALIDUS）が「スープ」であるのがその例。フランス語 mal（< MALUS）は名詞、副詞としてしか残らず、形容詞としては mauvais（< *MALIFĀTIUS）が作られている。

　VETUS「年老いた」は、指小辞で拡大された VETULUS がすべてに残った。MULTUS「多い」はフランス語においては消えてしまった。古フランス語では mout、moult として使われたが16世紀以後名詞句の beaucoup de に取って代わられた。BELLUS「美しい」とギリシア語起源の COLAPHUS「打撃」が結び付いた語が beaucoup「多量」である。

　ラテン語とロマンス語との語彙の対照性を見るとき、既に述べたような「明らかな俗語による置き換え」ではなく、「文学的単語ではなく日常語が残る」という、ある意味では当然な現象もある。「美しい」では PULCHER ではなく FORMŌSUS、BELLUS を、「すべての」では OMNIS ではなく TŌTUS を、「大きい」では MAGNUS ではなく GRANDIS を、「黒い」は ĀTER ではなく NIGER を、というのがその典型的例である。

　GRANDIS がルーマニア語以外では残ったのに対し、「小さい」の語は一致しないのが注目すべき現象である（スペイン語 pequeño、フランス語 petit、イタリア語 piccolo、ルーマニア語 mic）。考えてみると、ラテン語では「小さい」の形容詞（PAULUS、PARVUS など）の出番は少なかった。「小さい〜」のためには -lus のような指小辞を名詞に付けて表現されることがあったのである。また、この二つの形容詞は「大きさ」と「量」双方に使われたのでその点意味の不明確さもあったと

147

言える。

　「高い」ALTUS はすべてで残ったのにその反対語「低い」HUMILIS は消えた。フランス語 humble のような意味を限定された語はあるが、それらは人工語である。その跡を埋めたのは、由来不明の BASSUS（古典ラテン語にはない、オスク語であろうと推測される語）であった。

　「右」と「左」の場合、「右」DEXTER、「左」SINISTER 双方が残るのはイタリア語 destro/sinistro だけである。フランス語にあった destre/senestre は16世紀には使われなくなった。

　DEXTER は消えるか、ポルトガル語、カタルーニャ語のように「器用な、巧みな」に変わる。「右」は「真っ直ぐの」DĪRECTUS が受け持ってしまうのである。

　「左」は、フランス語 gauche はゲルマン語起源、イベリア半島 3 言語の esquerdo/izquierdo/esquerre は語源学の大家コロミナスによると印欧語族のイベリア半島到達以前の民族の語彙であろうと。ルーマニア語 stâng については、イタリア語の stanco「疲れた」の語源と等しい *STANCUS が想定されている（REW 8225）が、なにか危うい感じがする。

　「長い」LONGUS は「豊潤な」LARGUS と交錯し合った。LONGUS はスペイン語では消え、カタルーニャ語では稀語となり、LARGUS がその後を埋めた。ポルトガル語、イタリア語、フランス語、ルーマニア語では LONGUS が残り、LARGUS は「広い、大きい」の意味で使われる。

　BREVIS「短い」はルーマニア語以外では残っている。興味深いのは、ラテン語では「断ち切られた」の意味で多用はされなかった CURTUS がすべてのロマンス語で「短い」の意味でよく使われ、BREVIS と競合する結果となっていることである。

0523　副詞

　副詞は、大きな変化を見た品詞である。そのままで残った語は少なくて、残るのは例外的事例と言えるのである。しかし、ここにもロマンス語特有の「変わったが変わらなかった」という現象が見える。副詞という品詞の機能が変更されることはなく、ロマンス語にはラテン語と意味を同じくする副詞が作られた。そして多くの場合それは別の 1 語で置き換えられるのではなく、ラテン語の単語をいくつか繋ぎ合わせるいわゆる「迂言法」によっている。これは、後で述べる接続詞や前置詞と共通の現象なのである。

まず「残ったもの」であるが、「良く」の BENE はすべてで残った。反対語「悪く」MALE もルーマニア語では消えたが他では残った。

「非常に」MULTUM は、その形容詞形と連動して残ったのみならず、その使用が増大したと言える。muy bueno の muy のように形容詞を強めるためにはラテン語では MULTUM は必ずしも使われなかった。BONUS の意味を強めるためには MULTUM BONUS ではなくてその最上級である OPTIMUS に変える方が普通だったからである。一方ロマンス語では、フランス語以外では MULTUM の子孫が最も便利な強意の副詞として大活躍する。フランス語でそれが消えたのは形容詞の場合と同様で、動詞の強意の beaucoup には既に触れたが、形容詞の強意のための très は前置詞 TRANS「〜を超えた」からの変形である。

英語の more に相当する MAGIS も生き延びた語であるが、意味の変容を伴った。イベリアの3言語とルーマニア語では原義を保って比較級を作る副詞のままでいるのに対し、他では「しかし」の意味の接続詞となっている。またこの語は別形を作り出すことがある。イタリア語は ma「しかし」の他に強意のための語 mai を持つ（mai più = never again）。カタルーニャ語の més と mai も同様である。ポルトガル語では、原義の mais の他に mas「しかし」がある。

SEMPER「常に」もフランス語とルーマニア語以外では残った。古フランス語では sempre もあった（「031 最初期のロマンス語」における「聖エウラリアの続誦」を参照）が、toujours に置き換えられた。

生き残ったと言っても、元来が自立した語彙であったのにロマンス語では単独では意味を表示しえず別の語と結び付くことで残った例がある。

HĪC「ここに」は、フランス語 y などのように単独でも残るがそれは独立した語彙ではない一種の小辞である。「ここに」と明確に言うためにはフランス語では ici、イタリア語では qui、スペイン語では aquí としなければならない。ici はラテン語間投詞 ECCE「ほら、ここに」＋HĪC が語源であり、qui、aqui などは ECCE の変形である ECCO との連動である。

ECCE/ECCO は短い副詞を支えて意味を補強するのによく使われた。ルーマニア語 acum「今」は ECCUM MODO から来ているし、イタリア語 quinci、quindi も ECCO と HINC「ここから」、INDE「そこから」が融合した語である。

イタリア語 ci は HĪC-CE のように接尾辞で補強された形の後半が残った。

重要なのは、残らなかったケースである。

05　第五章　語彙の変化

　副詞は形容詞と意味的にも語形成においても連動する場合が多い。形容詞と副詞との関係性については第七章「形の変化１」で別に扱うのであるが、それとは別にロマンス語で生じた大きな変化に触れておかなければならない。それは、ラテン語においては必須の要素であったある種の副詞がロマンス語においては跡形もなく消えてしまっていることである。

　特に時間的関係のための副詞、NUNC「今」、TUNC「そのとき」、QUONDAM「かつて」、NŪPER「最近」、ANTEĀ「以前に」、MOX「すぐに」、ŌLIM「以前に」、STATIM「ただちに」などがすべてで消えてしまった特異性については前から注目されており、詳解する論文もある（Herman 1, pp.298-314）。それ以外の副詞でも、SAEPE「しばしば」、VIX「英語 hardly に相当」、DĒNUŌ「新たに」、ITEM「同様に」、PAENE「殆ど」、DIŪ「長時間に」、SATIS「十分に」、MOX「すぐに」などは残っていない。

　これらの語はいずれにしても必要なのであるから、ロマンス語で新たに発生した副詞形成法による語に置き換えられるか、複数の語を組み合わせる「迂言形式」で言い換えられるか、全く別の語源で置き換えられることになる。

　ルーマニア語以外の主要ロマンス語で生じた完全に新しい副詞形成法は、女性名詞 MENS「心」の奪格である MENTE を用いるものである。形容詞の単数女性形に、-mente あるいは -ment を付けることで形容詞が容易に副詞になった。

　イタリア語 rapido「素早い」に対する「素早く」は rapidamente で、無理に直訳するなら「素早い心で」である。元来が２語であったことの痕跡は、この形の副詞を２語以上続けるときには、その一つで -mente は省略されうることに見られる。面白いことにスペイン語、ポルトガル語では最初の方で、カタルーニャ語の -ment は後の方で省略される。

　このような形成法が適用されてラテン語副詞 ITEM、NŪPER、STATIM はフランス語では également、récemment、immédiatement のごとくに変換された。その他の言語でも同様である。

　この方式以外での置き換えは、言語ごとに、また単語ごとに多様である。以下、「付録２　単語対照表」と同じ順序で同じ意味の副詞を並べてみる。

　　NUNC;　agora/ahora/ara/maintenant/ora/acum
　　TUNC;　em seguida/entonces/llavors/alors/allora/atunci
　　SAEPE;　frequentemente/a menudo/sovint/souvent/spesso/de multe ori

SATIS; bastante/bastante/bastant/assez/abbastanza/destul

MOX; em breve/pronto/aviat/bientôt/presto/curând

ŌLIM; uma vez/una vez/un cop/une fois/una volta/o dată

PAENE; quase/casi/gairebé/presque/quasi/aproape

DIŪ; longo/largo/llarg/longtemps/lungo/lung

　ここから分かるのは、新語形成にはいくつもの異なった方式があることである。スペイン語の例だけで言うと次のごとくに分類される。

　　(1)　名詞句；ahora（< HĀC HŌRĀ）、una vez

　　(2)　前置詞＋副詞；entonces（< IN *TUNCE）

　　(3)　前置詞＋形容詞；a menudo（< MINŪTUS）

　　(4)　現在分詞；bastante　← bastar

　　(5)　別副詞の転用；casi < QUASI「あたかも」

　　(6)　形容詞そのまま; largo、pronto

　　(1) から (3) は他の品詞でも共通して生じた変化である「迂言形式」による。

　付け加えなければならないが、上に並べた語はその意味のための唯一の用語ではない。フランス語で assez を suffisamment と言い換えられるように、文体に応じて「別の言い方」というものが必ずや存在しているのがラテン語とは異なるロマンス語の特質である。

　他の言語でも副詞の起源はスペイン語とおおよそ同じである。それらの語源を一つ一つ説明するのは紙面を取りすぎるので、各言語の語源辞典にお任せしたい。

　ルーマニア語についてだけ追加すると、まずこれらの副詞（副詞句）がすべてラテン語起源であることである。スペイン語にほぼ準拠して分類すると次のようになるであろう。

　　(1)　de multe ori、o dată

　　(2)　atunci（< AD *TUNCE）、aproape（< AD PROPE）

　　(3)　destul（< de satul「満腹の」< SATULLUS ← SATUR）

　　(4')　curând（CURRERE の動名詞 CURRENDUM より）

　　(5')　acum < ECCUM MODO

　　(6)　lung

151

05　第五章　語彙の変化

迂言形式での新しい副詞については、前置詞の項でも触れることにする。ロマンス語の新しい副詞は前置詞と強い結び付きを持つようになり、ついには接続詞とも関連を持つようになったからである。これらは確実に新しいロマンス語的現象である。

0524　前置詞

ロマンス語においては格変化が例外を除いては消失したから、前置詞の存在意義はラテン語よりは大きくなったと言える。その語彙の変化に関しては、事情は副詞と似ている。少数のものは強固に残ったが、よく使われていたものでも消えたものはあるし、また複数の語を重ねて新たなる語、語句が作られたことも副詞に似ている。

意味を変えず形もわずかに変化しただけですべてに残ったものは IN、CONTRĀ、DĒ、SUPER、INTER である。

PER もすべてで残ったが意味の変容を伴った。元来は英語の through に近い意味であったが、by と似た意味（カタルーニャ語、イタリア語、フランス語）、on の意味（ルーマニア語）へと変化した。ポルトガル語、スペイン語の para は AD と結合して英語の for の意味を取る。この語は、PRŌ から変化した por と形の上でも意味の上でも融合しているのが特徴である。

音韻変化だけで意味を変えずに殆どに残ったものには、AD（例外ルーマニア語）、CUM（例外フランス語、カタルーニャ語）、SINE（例外フランス語、イタリア語）、PRŌ（例外ルーマニア語、イタリア語）がある。

よく使われたのに消えた前置詞には、AB、OB、Ē(EX)、ANTE、APUD、POST などがある。これらのいくつかは前置詞句の中でのみ生き残った。

別の品詞が前置詞へと転用されることもあった。

副詞から（SUBTUS > sotto、sous）

名詞から（FACIĒS > hacia、FĪNIS > fino、CASA > chez）

形容詞から（BASSUS > bajo、SALVUS > sauf）

現在分詞から（durante、concernant、pendant）

外来語から前置詞が作られた例はアラビア語起源のスペイン語 hasta 以外には存在しない。

152

052　残った言葉・消えた言葉

　ロマンス語の特徴は複数の語彙を重ねて前置詞句を作ったことである。一般的に、短い単語は消えやすいのであって、1音節か2音節でできている前置詞はまさにそのような運命にあった。結果的にいくつかの前置詞は、他の要素と結び付くことで形態的安定性を確保したのである。

　INSUPER や DĒSUPER は古典期から存在していた。IN ANTE のような例は、「03323『キロンの獣医学書』」で言及した5世紀のウェゲティウスに見られるが、ロマンス語はそのような複合形を多数作り出した。

　　スペイン語　desde < DĒ EX DĒ
　　フランス語　dans < DĒ INTUS、avant < AB ANTE、avec < APUD HOC、
　　　　　　　　après < AD PRESSUM
　　イタリア語　da < DĒ AD、dopo < DĒ POST、dentro < DĒ INTRŌ
　　ルーマニア語　până < PAENE AD、după < DĒ POST、prin < PER IN

　このような新語の創造に力あった DĒ は、ロマンス語の歴史の中で前置詞句のためにさらなる活躍をすることになる。副詞＋DĒ なる前置詞句が多数生まれたのである。

　ラテン語では、いくつかの前置詞（CONTRĀ、ANTE、PROPE、CIRCĀ、CŌRAM、POST など）はそのまま副詞としても使われえた。そのような現象はロマンス語でも見られる。フランス語なら、avant、devant、après、depuis、derrière などがそうで、前置詞と副詞の双方で使用される。しかし、たとえば auprès「近くに」は auprès de としなければ前置詞にならない。

　このように副詞＋de が前置詞句を作る場合はイベリア半島3言語に特に多いようである。ここではスペイン語の例だけにするが、副詞の delante（< DĒ IN ANTE。n ＞ l の変化が起こっている。「06409　同化作用・異化作用」を参照）、dentro（< DĒ INTRŌ）、lejos（< LAXIUS）、cerca（< CIRCĀ）、detrás（< DĒ TRANS）、después（< DĒ EX POST）、fuera（< FORĀS）などは、de を添えることでやっと前置詞の役を果たすことになる。多くの場合、古スペイン語では1語で済んでいたのに、その後になって de が前置詞のための必要要素となったのである。

　イタリア語では dentro は1語で前置詞であるのにスペイン語では違う。このようなわずかな差異がロマンス語をしゃべるときの難しさでもあり面白さでもある。

153

05 第五章 語彙の変化

0525 接続詞

洗練されたラテン語においては、論理展開のためには接続詞が重要な役割を担っていた。しかし、古典ラテン語の魅力の特徴とも言える微妙な意味合いを作り出すための接続詞は消える。ただ単純でよく使用されるものだけが生き残るのである。

最も頻度の高い ET と SED (and と but) は別々の道をたどった。

ET はルーマニア語以外で残った。ただし、ET の強意形と言える ETIAM、同義語の ATQUE、QUOQUE は消えている。ルーマニア語の şi は SĪC から来ていて、スペイン語などの yes のための語と起源を同じくしている。

SED は完全に消えた。前述のように MAGIS の変化形がその後を埋めている場合が多いが、それと並んで PER HOC「そのために」が1語化した語もスペイン語、カタルーニャ語、イタリア語で用いられる。ルーマニア語の dar の語源は諸説があり、一例として引用文献「REW 2513」を紹介すると、DĒ EĀ RĒ「そこから」である。ルーマニア語には iar (別形 iară) もあるが、これは EĀ RĒ から来ている。

AUT「あるいは」はルーマニア語以外では ou、o として残る。ルーマニア語 sau は語源が不明確で SĪVE、SEU が示唆されている。

CUM「~のときに」は消えて QUANDŌ に取って代わられた。

イタリア語では che、ルーマニア語では că、その他では que である一種の万能接続詞はその共通の祖として *QUE が考えられるが、それが QUŌ、QUOD、QUID、QUIA のどれから来たのであるかは決定できない。それらの混合であったのであろう。

このような個々の例とは別に、ロマンス語接続詞に起こったもっと重要な変化が別にある。ルーマニア語以外のロマンス語では、複数の語を組み合わせた「接続詞句」が活躍するのである。それは前置詞や新たに作られた前置詞句を中核として形成される。

ラテン語文の論理構成のための重要な要素であった、目的文を導く UT、NĒ、QUĪN、到達点を示す DŌNEC、起点を示す POSTQUAM、同時、条件を示す DUM、などが、しばしば接続法動詞を伴って、ラテン語特有の複文を作り出していた。これらの接続詞は完全に消え、多くは接続詞句によって置き換えられているのである。

フランス語で例を示すなら、目的には pour que、到達点なら jusqu'à ce que、起点なら depuis que、同時は pendant que のごとき接続詞句が必要となる。他には sans que、après que、avant que のごとき接続詞句が通常の用法に存在している。

154

0526　動詞

　使用頻度の高い基本的用語の動詞がよく残っているのは、「付録2 単語対照表5. 動詞」を一瞥すると見えるであろう。むしろ問題とすべきは、基本的用語でも残らなかった事例である。

　名詞とは異なり動詞の場合には、「残るか、消えるか」の違いを作るのにはその語の形の特性や活用の種類が大きく作用した。典型的な例はラテン語動詞の中の少数派であった、意味は能動であるのに形は受動態と等しい形式受動態動詞である。

　LOQUĪ「話す」は完全に消え、FĀBULĀRE（ポルトガル語、スペイン語）かギリシア語語源の PARABOLĀRE（カタルーニャ語、フランス語、イタリア語）に取って代わられた。ルーマニア語 spune は EXPŌNERE から来ている。同じく消えて別語源の語に取って代わられたものが FIERĪ「なる」、CŌNĀRĪ「取りかかる」、OPĪNĀRĪ「推測する」、ORĪRĪ「昇る」などである。しかし、いくつかは普通活用動詞に形を変えて残った（NĀSCĪ「生まれる」、MORĪ「死ぬ」、SEQUĪ「後に従う」、PATĪ「蒙る」、など）。

　通常動詞でも、活用が不規則なら残らない。典型は FERRE「運ぶ」で、ほぼ同じ意味の PORTĀRE に駆逐される。MEMINISSE「覚えている」も消えて様々な結果を生む（スペイン語 recordar、フランス語 se souvenir など）。

　多義的である語も残りにくいようである。典型は AGERE と GERERE で、前者は「動かす、作る、なす、演じる」その他に使われ、後者は「運ぶ、持つ、実行する」その他に使われた重要な動詞であったが完全に消え失せた。その派生語でフランス語などにある acte「行為」、agent「代理人」、geste「武勲詩」などはすべて人工語である。「なす、作る」のためには FACERE がすべてに生き残った。

　また、短い単語も残りにくい。SCĪRE「知っている」はルーマニア語 şti 以外では「賢い」という意味であった SAPERE に取って代わられる。「知っている」のためには「認識する」NŌSCERE の完了形 NŌVISSE もあったがそれは消えた。ただし、接頭辞形 COGNŌSCERE は、「付録2 単語対照表5. 動詞」で良く見えるようにすべてで残った。ĪRE「行く」の場合には、イタリア語とルーマニア語では完全に消え、その他の言語では活用の一部にかろうじて入る形でのみ残っている。接頭辞形 EXĪRE「出る」の場合、その子孫はよく残ってはいるのだが実際に「出る」の意味で使われるのはイタリア語 uscire とルーマニア語 ieşi だけであり、フランス語・カタルーニャ語では「籤で当てる」が原意の sortir が使われる。スペイン語 salir とポルトガル語 sair は SALĪRE「跳ぶ」から来ている。EDERE「食べる」

05 第五章 語彙の変化

はスペイン語・ポルトガル語では COMEDERE からの子孫が残ったが、他では民衆語 MANDŪCĀRE である。

　強調度の高い語に置き換えられたのは FLĒRE「泣く」で、イタリア語・ルーマニア語では PLANGERE「胸を打ちたたく」が、その他では PLŌRĀRE「嘆き悲しむ」がその位置を占めた。VOCĀRE「呼ぶ」も CLĀMĀRE「叫ぶ」に圧倒された。

　同じ語源から出た、別語のみが生き残る例がある。CANERE「歌う」、IACERE「投げる」、AUDĒRE「あえてする」、ADIUVĀRE「助ける」などは、同意義の CANTĀRE、IACTĀRE、AUSĀRE、ADIŪTĀRE に取って代わられた。これらは、もとの動詞の完了分詞 CANTUM、IACTUM、AUSUM、ADIŪTUM を通じて拡張された関係を持つ。OBLĪVISCĪ「忘れる」が同意義の OBLĪTĀRE に、ŪTĪ「使う」が ŪSĀRE に置き換えられたのも同じ経緯である。

　全くの別語に置き換えられる例も少なくない。SINERE「そのままにする」は消え、取って代わったのは、元来が「緩める」であった LAXĀRE であった。LAXĀRE は、やはり消えた LINQUERE「残す」の役割を受け持つことがあった。CUPERE「欲する」は類義語の *VOLĒRE（← VELLE）か QUAERERE「探求する」に吸収された。「つかむ、取る」の CAPERE も消えて PREHENDERE の子孫で置き換えられたが、スペイン語・ポルトガル語でよく使われるのは語源不明の tomar である。COMMŪTĀRE「取り替える」はケルト語起源である *CAMBIĀRE、*EXCAMBIĀRE に置き換えられた。

　METUERE「恐れる」は完全に消えた。類義語である TIMĒRE は残る。しかし「恐れる」のためによく使われるのは、スペイン語の tengo miedo de や「イタリア語の ho paura di 式の熟語形式である。

　DOCĒRE「教える」、DISCERE「学ぶ」は両方消えて、ルーマニア語を除くと *INSIGNĀRE と APPREHENDERE がそれぞれに取って代わる。ルーマニア語では、「教える」と「学ぶ」が同語 învăţa である。VITIUM「悪徳」からの派生語 *INVITIĀRE が語源であり、ルーマニア語語源の権威プシュカリウによると、「悪徳に染まる」が単なる「慣れ親しむ」へと変化し、それが「教える、学ぶ」へと発展したのであると（Puşcariu 898）。フランス語 apprendre、イタリア語 apprendere も「教える」、「学ぶ」双方を意味しうる。

　古典ラテン語が相知らぬ存在を語源として共有する例があるのも面白い。

　既に触れたが、INCIPERE「始める、始まる」はルーマニア語の începe 以外では *CUM-INITIĀRE に置き換えられた。同義語の COĒPISSE も消えている。

156

TANGERE「触る」はその意味では完全に消え、ルーマニア語以外では擬声語と推測される語 *TOCCĀRE に置き換えられた。ただし「楽器を演奏する」の意味では残ることがある（スペイン語 tañer など）。ルーマニア語以外で「過ぎる、越えて行く」を意味する動詞の共通の語源 *PASSĀRE も古典ラテン語にはなくて、「歩」を意味する名詞 PASSUS から作られた語である。

IUBĒRE「命じる」も消えて、ORDŌ「秩序」から来た名詞から新語を作ることになる（フランス語 ordonner、イタリア語 ordinare など）。

INVENĪRE「見つける」も消えた。スペイン語・ポルトガル語・ルーマニア語では AFFLĀRE「息を吹きかける」から来た語（それぞれ、hallar、achar、afla）となり、その他ではギリシア語起源の名詞 TROPUS「方法」から来た *TROPĀRE がその後を埋めた（フランス語 trouver）。

PERVENĪRE「着く」が消えた後は様々な結果が生じる。カタルーニャ語・フランス語・イタリア語は RĪPA「岸」からの派生語 *AD-RĪPĀRE を語源とし（フランス語 arriver、イタリア語 arrivare）、スペイン語 llegar、ポルトガル語 chegar は PLICĀRE が直接の語源となる。PLICĀRE は「畳む」の意味であるが、それが変化したのではなくてその派生語 APPLICĀRE「近接させる」が縮小したのであると語源学の大家コロミナスは言っている（Corominas, s.v. llegar）。 APPLICĀRE は古フランス語 aplier を介して英語 apply の語源となる語である。PLICĀRE はルーマニア語では pleca となっているがこれは「出発する」であってスペイン語などと方向が正反対になる。マイエル＝リュプケの説明では、これはフランス語の plier bagage「荷物を畳んで出立する」と同じく、兵隊用語から来ているのであると（REW 6601）。イタリア語の別語 giungere は IUNGERE「しばりつける」から、ルーマニア語の ajunge はその派生語 ADIUNGERE「結び付ける」から来ている。

053　受け入れた言葉

ラテン語起源ではなく外部からロマンス語に入って来て定着した言葉ももちろんある。ゲルマン語とアラビア語について少しだけ「0252 上層語」で触れているが、ゲルマン語について追加をする。ただしここで扱うのは古代から中世における現象であって、近現代におけるドイツ語や英語からの影響は無視する。

ゲルマン人は部族に分かれており、それぞれ多少の言語的差異を見せていた。その中でロマンス語に影響を一番及ぼしたのはフランク族の言葉、次いでロンゴバルド族の言葉である。両者の場合であれその他の場合であれここでは一括してゲルマ

ン語としてしか扱わないので、それ以上の分類については各言語の語源辞典を参照してほしい。

　SAPŌ「石鹸」は1世紀の文献に現れてすべてのロマンス語に残っている（「付録2　単語対照表 3. 名詞」参照）。それはローマ帝国最盛期に借用されたことを意味するから、ローマ人は大浴場を建設したのにも関わらず石鹸は野蛮人から教わったことになる。実際、Sapo と題されたマルティアーリスの短詩（14.27）はそれがゲルマン人のものであることを明確に言っている。

　しかしそのような例は例外であってゲルマン語語彙の存在は言語間で大きなばらつきがある。また、その数から見てもロマンス語の語彙全体を考慮するならゲルマン語が与えた影響は小規模にとどまる。それは、たとえば英語の語彙体系に与えたフランス語の影響と比較するとその差は歴然である。

　特にルーマニア語ではゲルマン語系の語彙は乏しい。そのことは「ルーマニア語住民は現在のルーマニアにローマ時代から継続して住んだのではなく後世になって移住した」との説の根拠の一つとなっている（「092 ルーマニア語の所属問題」を参照のこと）。

　一番多く受け入れたのはフランス語である。フランス語ではゲルマン語系語彙が日常語として定着しているのに、それ以外ではラテン語系が使われる例もいくつかある。「選ぶ」choisir（< *KAUSJAN）がその代表例。他では LEGERE「集める、読む」からの派生語系統が残る（スペイン語 escoger（< EX-COLLIGERE）、イタリア語 scegliere（< EX-ĒLIGERE）のように）。「憎む」haïr（< *HAIJAN）に対する odiar、odiare（< ŌDI）、「恥辱」honte（< *HAUNITA）に対する vergüenza、vergogna（< VERĒCUNDIA）などもそうである。「建てる」bâtir（< *BASTJAN）に対する construir、costruire（< CONSTRUERE）の場合は、人工語が残された。

　そして、複数ロマンス語において共通語源の語が使用されていようとも、それはまずある単語が一旦フランス語に借用されて日常語彙化し、そこから他国へと再び借用されて移っていった場合が殆どである。

　ここに、フランス語の日常語となったゲルマン語系統の語のいくつかを並べる。ゲルマン語と言ってもその内実はもっと複雑でフランク語、ロンゴバルド語、ゴート語その他に分類可能だがここでは単純化しておく。語源形は主としてREWに倣っているがその他の語源辞典によっているものもあり、その形態については異論は多々あることも承知していただきたい。

　明白に目立つのは、戦いとか社会的身分に関わる語である。baron < *BARO「自

由人」、marche < *MARKA「境界」、riche < *RIHHI「有力な」、épier < *SPEŌN「スパイする」、trêve < *TRIUWA「休戦協定」、tromper < *TRUMBA「ラッパ」、gagner < *WAIDANJAN「獲得する」、garder < *WARDŌN「防衛する」、guérir < *WARJAN「防ぐ」、guerre < *WERRA「戦争」、guide < *WIDA「先導者」、orgueil < *URGŌL「誇り」などがそれに入る。

日常語としては、trop < *THROP「密集」、blé < *BLAT「穀物」、guise < *WĪSA「方法」、banc < *BANKA「ベンチ」、blanc < *BLANK「白い」、bois < *BUSK「森」、jardin < *GARDO「庭園」、gris < *GRĪSI「灰色の」、auberge < *HARIBERGO「避難所」、parc < *PARRIK「囲いされた場所」、bâtir < *BASTJAN「建てる」などがある。

これらは多くの場合他のロマンス語にも同じ語源の語を持つ。ただしそれらがゲルマン語から直接入ったのか、他のロマンス語（多くの場合フランス語）を経由して定着したのかはそれぞれによって異なる。またその歴史の詳細も研究者によって見解は異なる。その詳細は「付録2 単語対照表 3. 形容詞」に任せる。色彩語については、「055 色彩語はどうなったか」で再説する。

054　ロマンス語間の相互借用

語彙に関しては、「変化」とは別の問題が存在する。それは「借用」である。語彙とは言語間を自由に行き来するものであることは日本語にある外来語の例を考えると容易に理解できる。

小都市ローマに生まれてイタリア半島全体へ広がり、さらには巨大なローマ帝国のほぼすべての地域に広まったラテン語が、ロマンス諸語へと分化していったその途次において様々な要素から語彙を受け入れている。まず、ラテン語が広まる前からあった言語「基層語」からの借用があった。そして、既にラテン語化した地域に後から侵入して来た言語「上層語」からの借用もあった。基層語などについては、「0662 構造主義・ウムラウト・「層」理論」を参照。

ここで扱うのは傍層語、つまりすぐ近縁にいて何らかの影響を与える言語からの借用である。ロマンス諸語はそれぞれがそれぞれの傍層語だったのである。各時代の政治的・文化的様相を写した形で語彙はそのときの上位の言語から下位の言語へと流れていった。それがまた別の言語へ、たとえば英語へと流れていった。

ロマンス語の中で他言語への影響力を一番多く持った最初の言語はガリア・ロマンス語であった。まず、11世紀と12世紀におけるオック語の詩的権威が重大であっ

た。そしてその後、フランス語の優雅さが重視されるようになった。その好例は
『東方見聞録』として知られる著作である。これは、マルコ・ポーロ自身が書いた
のではなく、彼がジェノヴァの牢獄に捕らわれていたときに同房者であったルス
ティチアノ・ダ・ピサに体験を口述し、筆記されたものが基である。イタリア人同
士であるのに、その名が示す通りトスカナ方言話者であったルスティチアノがその
ときの筆記に用いた言語は当時（13世紀終わり）のフランス語の一種なのであった。

　その後、イタリアが文化的先進地域となると、イタリア語が他の地域にも広まる
ことになる。

　しかし、ロマンス語間における語彙の借用全般に関しては本書では深く関わるこ
とはできない。それはあまりに多岐に亘っていて、それらを詳細に記述することは
散漫になるだけだから、ごくわずかの例、特に日本語にも伝わった例（多くは英語
を介してであるが）を述べることにする。

　フランス語やオック語からイタリア語に入った語には、ancora、burro、dama、
formaggio、giardino、lampa、omaggio、parco、prince、mangiare、marciare がある。
英語には mark と march の２語があるが、前者はゲルマン語がそのまま変化した
もの、後者は一旦フランス語になって［ka］＞［tʃa］という変化を蒙って後に英語
に入ったものである。

　逆にイタリア語からフランス語に入った語は、たとえば balcon、grotesque、
pédant、parfum、banque、tarif、colonel、bataillon、perle などである。

　この問題についての最良の書物は、筆者の知る限りホープの書である（Hope）
がイタリア語とフランス語との関係に限られている。

055　色彩語はどうなったか　―感覚の記号化の実例―

　語彙の変遷の一例として、ここで人間の感覚に関わる形容詞である色彩語がラテ
ン語からロマンス語への過程でどのような歴史をたどったかを見ることにしたい。
色彩語には、元来の語の消失、異言語からの借用、意味の変容、別の言語との意味
の交錯など、ロマンス語の歴史以外では滅多に見られぬような話題が詰まってい
る。

　色彩に名称を付けるとは、感覚を記号化するという行為である。現代人は幼児の
ときから絵画のための物質を与えられて教育され、色彩名を刷り込まれている。
しかし、絵の具やクレヨンのような名称と色とが一致した物質がなかった時代にお
いて、人は自然界にある色を、ただ感覚だけでどのようにして切り分け、名づけを

したのであるか。そしてそれは、歴史の中でどう変化していったのか。

　2世紀中葉を生きたアウルス・ゲッリウスの著 Noctes Atticae『アッティカ夜話』の第2巻26話に、ギリシア語とラテン語の色彩名の比較の挿話がある。

　それは、「色の相は重層的なのに、その呼称たるや定めがなく数も乏しい」し、「色の識別は、眼の感覚においての方が言葉や言い回しにおける以上に多くなる」という問題点の的確な指摘から始まっている。それから、特に赤を表す様々な語の色調を、知識人が過去の詩人の用法を引用しつつ蘊蓄を傾けて論議しており、ラテン語の色彩語事情が明瞭に現れてくる。

　その時代を考えれば納得できることではあるが、言及されている色彩語のいくつかは、現代語には移しにくいものである。たとえば FULVUS は、「鷲、ジャスパー、革製帽子、黄金、砂、ライオン」などに使われた形容詞で、「赤と緑が混ざった」色であるとされる。またそれに白が混ざった色として FLĀVUS の語が言われる。茶色や黄色、オレンジ色に近い色が想像されるが、一つの日本語に移すことは難しい。

　現代人は有彩色と無彩色を区別し、前者を虹のスペクトルを手がかりにして段階に分け、名称を作る。ローマ人はそのような区別は言語化していないし、有彩色として青、紫、黄色、オレンジ色をそれぞれ独立した色彩として扱うことはなかったことがこの議論から分かってくる。

　一方、他と区別しやすい色の代表は赤で、それには RŪFUS の語が代表例とされるのだが色調によって変わる様々な語形があって、詩人はそれぞれ一番ふさわしいと思える語を用いた。紫も赤の一種であったようである。

　赤とは異なってバリエーションを持たず、明確な単一の色彩名として扱われているのが、ALBUS「白」、NIGER「黒」、VIRIDIS「緑」であった。

　確かに、月例を見る限りラテン語の緑には VIRIDIS しかなかった。しかし、古典ラテン語の白には、ALBUS の他に CANDIDUS もあったし、黒には ĀTER という語もあったのに、ゲッリウスでは言及されていない。

　また、少し理解しにくいことは、青の扱い方である。青を表すラテン語は、文献での用例を見る限り CAERULEUS とその変形 CAERULUS しかない。だからそれは単一の色彩名で、紫、黄色、オレンジ色の場合と事情は異なっていると思えるのであるが、ここの論議では独立した色としての青は問題とされていないのである。

　そのようなラテン語から歴史を経て、ロマンス語では色彩名はどのようになっているかというと、ここから述べるようにその変化は多彩であった。

05　第五章　語彙の変化

　例外的事例は緑である。緑のための唯一のラテン語であった VIRIDIS が、形を変えただけですべてのロマンス語に保存されたのである（「付録2　単語対照表3. 形容詞」を参照）。他の色の名が消えたり、消えないまでも多くの変化を蒙ったことを考えると、この言葉の持つしたたかさは特筆すべき現象である。その生命力に何らかの根拠を見たくなるのであるが、筆者の判断ではそれは、緑が持っていた自然界との結び付きの強さである。

　VIRIDIS は、ラテン語独特の動詞 VIRĒRE「（植物が）緑である、繁茂している」の派生語であった。要するに緑は、地中海世界では1年の大半の時期において至るところに見られる、安定した色であったのである。ただし、その動詞 VIRĒRE 自体はロマンス語では消えた。

　日本語での緑と黄緑のごとくに色調の差を表す語はなく、VIRIDIS とその縁語 VIRIDANS 以外の類語はすべてギリシア語からの借用で詩人のための用語でしかなかったから、それらは歴史の中で淘汰された。

　緑の次に堅固だったのが黒である。ĀTER（辞書的な説明では「輝きのない黒」）と NIGER（「輝きのある黒」）のうちの後者が、すべてのロマンス語に残った。語形はそれぞれ違っていても、各言語の音韻変化に即した形を示しており、他の語源から生じた語彙との置き換えなどはどこにも存在しない（「付録2　単語対照表参4. 形容詞」参照）。

　本来的には用例の多かった ĀTER が、「汚れた、不吉な」という否定的意味合いを持った結果、NIGER が価値的に中立で用いられやすい用語となったのである。色彩が心理に及ぼす影響が、その名称の用法へも影響を与える実例であると言える。

　白の場合は逆である、ALBUS、CANDIDUS の2語ともにルーマニア語を除いて消えた。ルーマニア語 alb の他は、ロマンス語の白はゲルマン語派の中のフランク語語源の *BLANK で置き換えられた。フランス語に意味を変えて存在する candide は学者語である。ALBUS は「朝明け」を意味する名詞としては生き延びた（フランス語 aube など）。

　白は、一見最も基本的な色と見えながらその用語には置き換えが生じている。語としての生命力は弱かったのである。自然的現象としての白の安定性の欠如がその名称の安定性に影響したのだと筆者は判断している。黒にとっては、感覚に容易に訴えかける「暗黒」の日常的現象が存在するのに対して、純白は自然界に普遍的に長く存在することは稀なものである。

　青のためにあった唯一の語である CAERULEUS も、白の場合と同様ロマンス語

からは消えてしまう。

　結果は、「付録 2　単語対照表」との同じ語順で並べると、azul/azul/blau/bleu/azzurro/albastru のごとくである。オック語も blau である。

　フランス語、オック語、カタロニア語は英語の blue から分かる通りゲルマン語の語彙（*BLAO）によって置き換えられた。その印欧語的語源からは既に言及したラテン語 FLĀVUS が生まれているのだが、FLĀVUS は後で述べるように「実った穀物、金貨」などのための語であるから青からは非常に遠い。

　azul、azzurro は、濃紺色の宝玉であるラピスラズリ LAPIS LAZULI に由来している。LAZULI はペルシア語起源で、アラビア語を経由して西洋世界に入り、宝玉の持つ色の印象深さのゆえに色彩名として固定した。

　ルーマニア語 albastru に関しては、マイエル＝リュプケは自明のごとく語源を ALBASTER としている（REW 319）が、そのようなラテン語がいつできたのか筆者には不明で、今のところ由来不明としか判断できない。

　青の場合、その明度の差をどう表すかで独特の問題をはらんでいるように思える。英語は、blue という語を根幹に据えて、light blue、dark blue、sky blue、turquoise blue のごとくに形容詞で明度、色調の差を言うのが普通である。ロマンス語に関しては少し事情が異なる。

　イタリア語の例を見ると、その明度の濃さの段階順で turchino、azzurro、celeste と別語で分類される。スペイン語もほぼ同様で、turquí、azul、celeste である。

　celeste は「空の」という意味でもあり、英語の sky blue に相当して、ラテン語 CAERULEUS の派生元である CAELUM「空」に結局は関係づけられる。turchino、turquí は少し首をひねることになる語である。語源的にはこれは「トルコ石」のイタリア語 turchese、スペイン語 turquesa と関係づけられる。しかし、トルコ石の青（英語の turquoise blue）はむしろ薄青で濃青ではない。

　黄色については、その形が多様でそれぞれの由来にも納得しにくいことがあり、その意味する色自体が不確定的で、語るべきことが非常に多くなる。

　まず最初に確認すべきことは、この色は自然界との結び付きがまことに不安定な存在であるということである。その実例が、たとえば現代語の辞書の記述法に現れてくる。イタリア語辞書 Garzanti における記述では、赤、緑、青はそれぞれ「生血の色」、「草、葉の色に似た色」、「晴れた空の色」と実在物を根拠に説明されているのに対し、黄色は「オレンジ色と緑の中間の色」で実在物は示されない。

　黄色を実例で記述する辞書はある。しかし黄色は、普遍的長期的に存在する自然

物からその例を見つけにくいのである。辞書の説明で挙げられる実例はレモンで
あったりエニシダの花であったりサフランであったりするが、いずれも普遍性に乏
しい。そのなかで普遍的物質に頼る記述をしようとするとそれは結局「黄金の色」
ということになる。しかし黄金は黄色とは必ずしも一致しない色の物質であるから、
より正確にその色を記述しようとすれば、感覚とは無関係な物理的特質に頼る他は
ない、ということである。

　鈴木孝夫氏は『日本語と外国語』（岩波新書、1990）の中で、黄色を意味すると
されるフランス語 jaune が実際には薄茶色その他を示している実例を多数挙げて
いる。要するにそれは、物理的に確定された色として我々が教育された黄色は、実
際には自然界に安定して存在しにくいことの結果にすぎないのである。

　筆者の印象では、古典ラテン語で最も黄色に近い語は FLĀVUS である。これは、
既に述べたように英語の blue と語源を等しくするものなのだが、その用例を見る
と、「髪の色、実った穀物の色、金貨の色、蜜の色、蝋の色」などに用いられてい
る。しかし、『アッティカ夜話』で引用されている哲学者フロントーの定義によると、
FLĀVUS は「緑と赤と白で合成された色」なのであった。FLĀVUS なる語は、自
然界における黄色の不確定性を実証するためにあるかのようである。そして、この
語 FLĀVUS はロマンス語では消えてしまう。

　辞書的に「黄色」として現れる語は同じ語順では amarelo/amarillo/groc/jaune/
giallo/galben のごとくである。オック語では辞書などで見る限り黄色には ros、
jaune の２語がある。

　筆者にとって一番気になるのは、他には存在しないカタルーニャ語の groc であ
る。この語の用例は13世紀にまで遡り、南フランスのオック語の詩人たちの用語に
もかつては存在していた。語源的には CROCUS「サフラン」であり、ラテン語に
は黄色のために CROCEUS という語もあったから実に由緒正しく保存されたと見
えてくる。サフランのおしべを布地の染料として用いたところから来た用語で最も
具体的であり、色の印象としてもまた一定的である。しかしこの語はギリシア語か
らラテン語に取り入れられた、古典ラテン語時代には詩人しか使用しない、いわば
民衆的に使い継がれるには実に不似合いな語であったのだ。コロミナスのカタルー
ニャ語語源辞典はこれを人工語とはしていない。しかし、筆者には何か疑念が残る。

　フランス語、イタリア語、オック語、ルーマニア語は語源を等しくしていて、ラ
テン語の GALBINUS から来ている。イタリア語の方は、フランス語の古形 jalne
からの借用である。

164

GALBINUS はラテン語における意味は「黄色」そのものではなかった。そもそも、この語の用例は 5 例しか残されていない。最初の用例は後 1 世紀のペトロニウスの小説『サテュリコン』で、確かに色彩を言っているのだが、柔弱で女めいた男の衣服を特徴づける色のことであり、彼らを軽蔑的に表すときにしか使われない語なのである。そのような比喩的意味の勝った語が、価値中立的な色彩名へと成り上がっていった過程には何らかの説明が必要とされるのであろうが、筆者の手の及ぶ問題ではない。

スペイン語やポルトガル語の場合もすぐには理解しにくい過程があったようである。語源学の大家コロミナスの説に従うなら、ラテン語 AMĀRUS「苦い、不愉快な」の中世的派生語 AMĀRELLUS「顔色の悪い」から、つまり、黄疸にかかった人の顔の色から来ているというのである。

オック語に 2 形を書いたのは、出典によって差異があるからである。これは、人の感覚の差でもあるし、また鈴木孝夫氏が指摘しているような、黄色にまつわる独特な困難さの実例でもある。一般辞書ではオック語の黄色はフランス語と等しい jaune であるが、多田和子氏の『オック語会話練習帳』（大学書林、1998）では黄色を ros としている。

ros は、ラテン語の RUSSUS「赤」から来ていて、後で述べるようにイタリア語の rosso「赤」の語源なのである。一方フランス語では RUSSUS は roux となり、「焦茶色の、赤毛の」の意味で、料理用語ではブラウンソースも意味するから、日本語の（カレー）ルーにまでなった。ラテン語からロマンス語への変化の過程で、黄と赤は微妙な交錯をしたのであった。

さて、赤である。

赤は、印欧語の中でも例外的な色彩である。他の色彩名とは異なり、赤のためにはバルト語派、ケルト語派、スラブ語派、ゲルマン語派、インドイラン語派、ギリシア語、ラテン語といった多くの語派において同一語根から派生した語が意味の差異をあまり見せずに残っているからである。英語の red もフランス語の rouge も、印欧祖語に遡れば同じ語根に帰着する。

『アッティカ夜話』では、色の話題を出した人が赤の形容詞の代表として挙げるのは RŪFUS であった。そしてそれと RUBER、RUSSUS とは、同じ赤であるとも言った。

このうち、RUBER と RŪFUS はロマンス語には残らない。ロマンス語に子孫を残したのは、用法は稀であった RUSSUS とその派生語 RUSSEUS、それに RUBEUS

05　第五章　語彙の変化

である。また、英語の worm と共通した語源を持つ VERMIS「虫」の指小辞である VERMICULUS も赤のために使われるようになった。

　印欧祖語からラテン語までの旅路では、赤はいわば一直線であった。ところが、そこからロマンス諸語へと分化していったとき、赤も四つに分裂したのである。

　　RUBEUS より：フランス語 rouge　　オック語 roge
　　RUSSUS より：イタリア語 rosso　　ルーマニア語 roşu
　　RUSSEUS より：スペイン語 rojo（< roxo）
　　VERMICULUS より：ポルトガル語 vermelho　カタロニア語 vermell

　ロマンス語の赤に関しては、その用法に面白い現象が新しく生じた。髪の色を表すための使い分けがそこに参入したのである。

　フランス語とオック語の「赤」の語源 RUBEUS はスペイン語では rubio になったがこれは金髪を意味する。一方、同語源のポルトガル語 ruivo、カタルーニャ語 roig は、同じく髪のためではあっても赤毛のための形容詞である。

　ラテン人種は多く黒髪で金髪は少ないというのが一般的な印象であると思うが、そのせいであるのかどうか、金髪の語はなぜか 4 系統に分かれてしまう。

　スペイン語 rubio は既に述べた。フランス語、イタリア語、ルーマニア語はゲルマン語系統の blond、biondo、blond だが、カタルーニャ語では ros で、イタリア語の赤である rosso と同系、ポルトガル語は louro で月桂樹を意味する LAURUS から来ている。

　ついでに述べておくと、ポルトガル語にはスペイン語の rojo と語源を等しくする roxo があるのだが、これは赤ではなく紫である。

166

06 第六章 音の変化

061 ラテン語の発音
062 ロマンス語への根本的音韻変化
    0621 ロマンス語のアクセント
    0622 ラテン語のアクセント
    0623 アクセントの勝利
063 母音変化
    0631 原初ロマンス語の母音構造
    0632 各言語個別の変化とその条件
        06321 二重母音化
        06322 鼻母音化
064 子音変化
    06401 ［h］の消失
    06402 破裂音の弱化と消失 ―「髪掻き」から「笄」へ―
        064021 ラ・スペツィア=リミニ線
    06403 調音位置の前進（いわゆる「口蓋化」） ―キケロからシセロへ―
    06404 唇軟口蓋音の変化 ―「クワジからカジへ」―
    06405 yod効果 ―テフテフからチョーチョーへ―
    06406 連続子音の扱い
    06407 語中音節の脱落 syncope
        064071 わたり音の挿入
    06408 音位転換 metathesis ―フンイキからフインキへ―
    06409 同化作用・異化作用 assimilation/dissimilation
        064091 ウムラウト Umlaut
        064092 重音脱落 haplology
    06410 音の消失・添加・挿入
        064101 語末音消失 apocope
        064102 語頭音添加 prothesis
        064103 語頭音消失 apheresis
        064104 語中音挿入 epenthesis

06 第六章 音の変化

06411 類推作用 analogy
06412 ゲルマン語語彙の扱い
065 個別言語事情
0651 ポルトガル語
0652 スペイン語
0653 カタルーニャ語
0654 フランス語
0655 古オック語
0656 イタリア語
0657 ルーマニア語
0658 フォアグラの謎 ―ロマンス語学者はこんなことまで探求したがる―
066 音韻変化の解釈
0661 人工語と lexical diffusion
0662 構造主義・ウムラウト・「層」理論
0663 idealism と positivism

061 ラテン語の発音

ラテン語からロマンス語への音の変化はどのようなものであったか。それに取りかかるには、もとの音がどのようなものであったのかが、つまりローマ人はどう発音していたのかが確定されなければならない。

しかし、紀元前1世紀のローマ市の言語の発音などどうしたら分かるか。現在ローマ市に住んでいるイタリア人に聞けば分かるのか。どうも現代の日本ではそんな考えを持つ人がいるらしいのだが、もちろんそんなことはない。京都人が源氏物語の時代の日本語を発音しているはずがないのと同じである。

このような問題には、国籍などとは無関係に比較言語学の専門家が必要となる。比較言語学とはギリシア語、ラテン語、サンスクリットを比較することでその共通の祖先を探り出そうとするところから始まった学問で、その後、英語、ドイツ語の祖先やロシア語などスラブ語の祖先、その他のいくつかの言語（英語で Indo-European Languages と呼ばれ、日本語では印欧語と訳される）をもそこに入れてその変化の過程を詳細に探り出そうとするものである。

168

西洋人がインドに旅するようになり、そこで発見した古代語サンスクリットの単語と、ギリシア語・ラテン語の単語の形が偶然以上に類似していたことから、18世紀半ばになって比較言語学という学問が始まったのであった。その研究の成果は色々とあるのであるが、本書と関わりのある事柄としては、2000年前のラテン語の「正しい」発音の復元がそれである。

もっとも、それ以前からラテン語の発音の乱れを嘆き、書物でそれを是正しようとした人はいたことは既に述べている。8世紀から9世紀の人アルクイン、また15世紀から16世紀の人エラスムスはその代表的人物である。前者がブリテン島（現代のイギリス）で育ち教育を受けた人であり、後者はオランダ人であって二人とも生まれながらのロマンス語話者ではなかったのが幸いした。ロマンス語話者でないということは、生まれながらの偏見をも持たずに済むともいうことで、それは日本人にも役立つのである。

筆者は長いことラテン語の文法や講読の授業を担当してきたのであるが、年度の初めによく学生に言った言葉がある。それは、紀元前1世紀の古典ラテン語の発音を忠実に再現して発音すること、言い換えるとラテン語をキケロやカエサルが発音していたのと同じように発音すること、そのためには日本語話者ほど適切な人種はいないのだ、ということである。突飛に聞こえるであろうが、それが事実なのである。

古典学の本場のイギリス人でもドイツ人でも、あるいはラテン語に一番近い子孫言語を話すイタリア人でも、身に付いた母語の音声組織に影響されて日本人ほどにはキケロ風にラテン語を発音することはできない、少なくとも難しい、のである。この問題については、「0343 ライト説の検証」で既に触れている。

実例としてそのキケロ Cicero を用いると、高校や大学の一般教養程度の授業でのラテン語では、イギリスではスィセロ、ドイツではツィツェロ、イタリアではチチェロと発音されて、それで異とはされないであろう。

大学の古典専門家の間では、キケロという発音こそが正しいのであると認められている。しかし大学でも実際の授業などでは、スィセロ、ツィツェロ、チチェロと伝統のままに発音されても誰も訂正しない（真実は異なっていると認識はされていても）のが現状であろう。要は、正しく意味を読み取ることなのであるから。日本人は、必ずキケロと正しく発音する。

ただし、それだけのことなら日本語話者の特質がそれに介在することにはならない。これは単に「c という文字は古典ラテン語の時代では後続の母音に関わらず

常に［k］の音のための文字で、つまり ci はキであり、ce はケであった」という、現在では専門家は誰も疑うことのない事実についての知識でしかないのであるから。

ci、ce をキ、ケと発音することは、特にイタリア人に抵抗がある様子である。筆者自身、ラテン語の発音に関してイタリア人と意見が食い違った経験を2度もしている。しかし、イタリアにおける印欧語学、ロマンス語学の代表的研究者の一人ボンファンテ教授は、古典ラテン語においてはキ、ケの発音であった証拠を並べてそれを証明している。分かりやすい例は、古典期にラテン語からギリシア語やゲルマン語（ドイツ語の祖先）へ借用された語が［k］という発音をそのまま保っている実例である。Cicero の名前自体がギリシア語では k の文字（カッパ）で転写されている。

日本語話者がラテン語を一番正しく発音できる理由は別にある。それは、母音の長短の区別と、アクセントの性質に関わっている。

Cicero という人名を本当に正しく読むためには、アクセントを最初の音節 Ci に置き、そして最後の ro はローと二倍の長さにのばして読まなければならない。アクセントは別として、ローの発音を実践することは、日本人には簡単だが西洋諸国の言語話者にとっては必ずしも簡単ではない。長い母音と短い母音が峻別され、長い母音は短い母音のほぼ二倍の長さであるということが音声組織の中に組み込まれている言語は少ないからである。そして、まさに日本語とラテン語は（そして古典ギリシア語も）そのような言語なのである。

英語の feet と fit、peak と pick のような母音の区別を日本人は長い母音と短い母音の区別として認識し、発音し分けている。それはそれで実用的には何の問題点でもないから辞書の発音記号では［i:］と［i］のように長短の差のように指示されている。しかし純粋に音声学的見地から見たときには実はこれは長短の差ではない。この差を作っているのはイを発音するときに唇にどれだけ緊張があるか、である。前者のイは「緊張したイ」、後者のイは「弛緩したイ」なのであって、前者が後者の二倍の長さを持って発音されているのではない。だから、詩においてはそれらは同じ量の母音として扱われる。pool と pull におけるウの区別に関しても全く同じことが言える。

一方、日本の俳句、短歌においては、長母音は短母音の二倍、2音節として扱われる（音節ではなく、モラという用語で解説することもあるが、ここでは煩雑を避けるために音節にしておく）。ラテン語（古典ギリシア語も）の詩の韻律法におい

てもこれとほぼ同じ原則が存在している。母音の長短は言語の音声組織の根幹に存在する差異であり、それを発音し分けることが正確な発音には不可欠だということである。日本人にはこれが実に簡単だ。

　さらにアクセントの問題がある。ラテン語のアクセント（古典ギリシア語も）は、日本語と同じ「高低」のアクセントであった。日本語における箸と橋の差のごときものである。ただしその位置の決定は日本語とは異なっている。日本語の場合、アクセント位置の決定に関しては規則などなく、単なる慣習にすぎないから、関東弁と関西弁とではアクセント位置が異なることも多い。ラテン語では母音の長短の区別を基礎とした規則からアクセントの位置が自動的に決まるのであるから、長短を区別して発音することが絶対に必要となる。各単語での長短の区別をどれだけ身に付けているかで、どれだけ正確にラテン語を学んだのかが分かると筆者は考えている。

　簡単な実例を挙げると、「ばら」のラテン語 rosa は「ロサ」と 2 母音とも短く発音されなければならない。もちろん「ロザ」でもない。これは決まりであって変えられないのである。詩人西脇順三郎はエレゲイアという形式のラテン語詩を書いて発表しているのであるが、この単語の語頭母音を長めて「ローサ」と読まなければその詩型に合わない個所に rosa を当てはめてしまった。個々の単語の母音の長短の区別を身に付けている人、そしてエレゲイア詩型の規則を知っている人にとっては、大きな誤りであると分かる。しかしそうでない人にとってはこの詩（詩集『Ambarvalia』中の一編である）は日本人の書いた立派なラテン語詩として尊重されているようである。

　少し余談になるが、古典ギリシア語の場合にはアクセント位置は自由であり、個々にその位置が決まっている。だから、ギリシア語の場合には個々の単語のアクセント位置をどれだけ正確に知っているかでその学習の深浅の程度が分かるのである。

　ラテン語の子孫言語であるロマンス諸語では、アクセントが英語やドイツ語のそれと等しい強弱のアクセントに変化してしまった。そして母音の長短の差もなくなった。だからイタリア人でもフランス人でもスペイン人でも、長短を発音し分け、かつ高低の差を付けてラテン語を読むこと（あるいは、それらの差を聴覚で実感すること）は易しくはないのである。古典ラテン語の時代に既に、そのアクセント規則が強弱のアクセントに変化していたという学説がイギリス、ドイツの学者によって強く説かれているが、筆者はフランス人学者と同調して高低アクセント説である。

06 第六章 音の変化

　母音の長短を的確に読み分けて、そこから決定されるアクセント位置を守り、高低の差を付けてラテン語の詩を読むと、その詩の音楽性が良く実感される。母語では母音に長短の差がなく、また強弱アクセントを付けて発音することが身に付いている人の場合、ラテン語詩の音楽性はどこまでを実感できるものなのであろう？

　筆者は外国でラテン語の詩について語り合った経験は一度しかないので権威を持って発言するのは少し躊躇するのであるが、しかし、その経験からしてラテン語の詩の音楽性が理論上のみならず感覚の上で実感されているのかに疑いを持った。

　筆者がかつて出席した国際シンポジウムでの懇談の際、スペイン人古典学者が「スペイン語こそがラテン語の特質を一番保っている言語だ」と自慢したことがあった。ラテン語にあったアイウエオの５母音体系をそのまま保っているのはスペイン語だけだ、と言いたかったのである。イタリア語の場合、エとオは口の開きの差で２種になるから、計７母音となるし他の言語はもっと複雑化している。もっともイタリア語の場合には実用上は、エもオも口の開きの差は無視して５母音として発音しても差し支えない、というのが筆者の観察であるが。

　しかしこのスペイン人学者は、ラテン語に存在していた長短の差がスペイン語では消失していることは完璧に無視しているのである。ラテン語の発音の際に長短の差がそれだけ軽視されていることが良く分かる。

　それで筆者は思い切って持論を口走ってしまったのである。「日本語こそがラテン語の音韻体系に一番近いのだ」と。しかし、その場の言語であったイタリア語を私が自由自在に使いこなせなかったことと、他の人々（すべてヨーロッパ人）にとってはあまりの突飛な理論であるからして、この説を承認させることはとてもできなかった。このシンポジウムでの経験については、「09131 code-switching とカタルーニャ語」でまた触れる。

　こんなことを書いていると、知る人ぞ知る故水野有庸氏のドイツでのエピソードが思い出される。京都の大谷大学で長く教鞭を執られて2008年に他界された水野氏は古典ラテン語の形式で詩を創作することを長く続けてこられた方で、その作品は外国のラテン語詩のための専門誌に掲載され、日本でも編集・出版されている（『古典ラテン詩の精』、近代文藝社、1994）。

　1985年に当時の西ドイツ、アウグスブルグ市で Ludi Latini という行事が開催された。これは、話すことであれ書くことであれ何事もラテン語でするのが好きという好事家が集まって催した祝祭である。水野氏はまさにそのような好事家の典型であって日本での西洋古典学会の際には出席者にラテン語で話しかけられたもので

172

あった。その祝祭に日本人としてただ一人参加された水野氏は、自作のラテン語詩をまさに日本人らしく堂々と（ということは、紀元前 1 世紀のウェルギリウスやホラティウスのように正しいアクセントで）朗誦されたのである。

　その朗誦は参加者に賛嘆され、「聞き給え、これこそがラテン語の詩の読み方なのだ！」という言葉が、もちろんラテン語で、叫ばれたそうである。この反時代的な祝祭についてはアメリカの雑誌 TIME（1985年 5 月20号）において 1 頁にも亘る記事になっており、水野氏の朗誦のことも詳しく述べられていた。

　余談ながら水野氏は前述した西脇順三郎作のラテン語詩を見せられたときには言下に、「まったくのでたらめだ」と答えたそうである（『ラテン詩人水野有庸の軌跡』大阪公立大学共同出版会、2009、p.44）。詩を決められた韻律に分析して読む、英語で scansion という行為をラテン語詩について行う場合、筆者程度の人間なら頭の中で母音の長短を計算しながらゆっくりと行うだけであるが、古典ラテン語の感覚が殆ど内面化されていた水野氏のごとき人にとっては母音の長短の取り違えのあるラテン語詩などは、一見しただけで「でたらめ」が見えてしまったのであろう。元総理大臣が作って中国政府要人に披露したような、中国語にある 4 種のイントネーション区別を無視した自己流漢詩も、普通の日本人には通用しても、分かる人にはすぐ「でたらめ」が分かるのと同じことである。

　さて、結論である。現代の日本においてはラテン語教育はほぼ大学でなされていて、そこで使われている教科書は比較言語学的に正確な知識に則って書かれているものばかりである。だから、そこに書かれている発音は、古典ラテン語を可能な限り再現したものであると信用して良いのである。

　ラテン語発音の一番分かりやすい説明は、要するに小学校で習う「ローマ字読み」をそのままずれば良いということである。

　母音は日本語と同様で、a、i、u、e、o の 5 母音があり、それぞれ短母音と長母音が区別される。

　長母音の場合、その文字の上に線を引いてそれを示すことが文法書など初心者用書物にあるが、一般のテキストにはそれがないから、一つ一つ覚えなければならぬことは前に書いた通りである。しかし、それができなくとも一応の読解は詩以外ならできる。

　二重母音として ae、oe、au、eu があるが、これもアエ、オエのようにその通りに読む。間違っても英語式、フランス語式、ドイツ語式に読んではいけない。

06 第六章 音の変化

半母音としてヤユヨの語頭の音である y があるが、これは i の文字で表される。同じく半母音であるワの語頭の音 [w] は、v の文字で書かれる。

以下は子音である。

　破裂音　t、d、p、b、k、g

　鼻音　　m、n

　流音　　l、r

　摩擦音　s（常に無声音）と f　　　　　（チ、ジ、ツ、ズのような音はなかった。z の文字はあったがほぼ無用のものであった）

c の文字は常に [k] で発音され、x は [ks] である。k の文字は例外的にしか使われない。q の文字は qu の組み合わせでのみ使われ、英語の quick の発音と同じである。

h は日本語ハヘホのように発音される。gn は文字通り [g] + [n] であり、ニュではない。

ところで書物によっては、j という文字をヤユヨの子音のために使っていることがある。英語 joke「冗談」の語源である iocus はヨクスと発音されたのだが、このような場合に jocus としてあるようなことである。しかしこの文字は本来はなかった。

ラテン語では i の字が母音と子音の両方のために使われていたのであった。フランス語 fille「娘」の語源 FĪLIA では i の文字はそれぞれ長母音、短母音でありフィー/リ/アと 3 音節で発音されたが、同じ i が iocus の場合では音節を形成せず子音の扱いをされ 2 音節で発音されたのである。

純母音であるのか半母音であるのかをはっきりと区別するために後世になって発明された工夫が、i の文字の変形として作られた j なのである。

ついでに書くと、ラテン語では u と v は同じ文字であって、下部が丸いか尖っているかは単なる書体の差にすぎなかった。英語 voice のフランス語を経由した語源である VŌX は発音はウォークスであるが UOX とも VOX とも書かれえた。母音ウのためには u を、子音 [w] のためには v を使う使い分けも古典ラテン語時代にはなかった後世の工夫である。ただしこちらの工夫は j の場合よりもよく使われる。

174

062　ロマンス語への根本的音韻変化

　さて、ラテン語の音韻構造をこのように確認しておいた後で、ロマンス語の音声学的特徴を観察すると何が見えてくるか。そこにあるのは、母音組織とアクセントの性質における、根本的と言っても良い相違である。

　母音の長短の差（これからは母音の音量差と言う）が意味の違いを作ることはロマンス語にはない現象である。意味の違いのための重要な要素は、ロマンス語では母音の質的な差であり、口の開きが広いか狭いか、あるいは唇が丸まっているかいないか、などなのである。

　そして、既に述べたようにアクセントがロマンス語のすべてで高低のではなく強弱のそれに変化している。その変化がいつの時代に生じたのか、という問題は、丁寧に論じるにはあまりに複雑な事柄なのでここでは触れないことにする。ロマンス語に関する限りにおいては、アクセントはラテン語がロマンス諸語に分かれる以前のある時期から、高低の差ではなく強弱の差で表されるようになったのである。

　この二つの変化では、アクセントに関する変化の方が重要である。ロマンス語では母音の音量差が意味に関わることがなくなり、アクセントの位置というものが意味の違いを示す要素となったからであるから。

　これは、たとえば英語の moral「道徳的」と morale「士気」の例、present が形容詞と動詞とではアクセントの位置が逆になる例を考えたら良い。両者の意味の差を作っているのは綴りや母音よりはアクセントの位置である。ラテン語ではアクセントは綴りから自動的に決まるのであってこのようなことはありえないが、ロマンス語では英語と同様アクセントの位置が意味に関わる。

　こういう問題は、実例で見るのが良い。

　「私は愛する」はラテン語でもイタリア語でも綴りは同じで amo である。しかし、実際の発音は異なる。ラテン語ではアモーだがイタリア語ではアーモである。

　ラテン語では、動詞 AMĀRE「愛する」の語頭の a- は短いと決まっており、1人称単数の語尾である -o は長いと決まっている。音韻規則上アクセントは a- に来て高く発音されるのだが、その発音の長さが変化することはないからアモーである。

　一方イタリア語では、見た目の綴りに変化はなく長短の区別は消えてしまったのに、歴史的に定まっていたアクセントの位置は変わらなかった。ところがアクセントのある音節は「高く」ではなく「強く」発音されるようになり、その結果自然にアクセントのない後続の -o よりは少し長く発音されるようになったからアーモと

175

06 第六章 音の変化

なるのである。

　ところで、イタリア語の amare には「アモー」とモーの方が強く発音される語形もあるのである。それは完了形3人称単数 amò で、意味は「彼/彼女は愛した」である。アーモ「私は愛する」とアモー「彼/彼女は愛した」、アクセントの位置が意味の違いを作る実例である。

　ラテン語では AMĀRE の完了形3人称単数は AMĀVIT であった。語形の変化そのものは、語末の子音が消失し -ĀVI- がアクセントのある -o- になったという単純な音韻変化にすぎない。しかし結果として現れているのは、-are という不定詞を持つ多数のイタリア語動詞はアクセントの移動だけで意味を変化させるという事実で、これはラテン語にはありえなかった現象である。

　さらにまた、アクセントの有無がその音節の母音の発音を左右することが生じている。スペイン語学習者にはおなじみのことであるが、動詞の活用形で、アクセントがある場合にだけ二重母音となるなどの変化が生じることがある。

　スペイン語 mover「動く」の現在形活用では語幹の o にアクセントが来る場合には ue となる。 perder「失う」では e は ie となる。また、pedir「要求する」ではアクセントがあると e は i となるのである。

　アクセントの位置がまず定まっており、そこからアクセントに影響された別の音韻規則が生じるということである。これはラテン語には起こりえないことであった。アクセントはあくまでも固定した母音の音量と綴りによって決定される二次的な現象であった。だから同じ単語でも活用形で綴りが変わればその位置も変わりうる。

　「私は愛する」AMŌ の主語が複数「私たちは」になると AMĀMUS で、アクセントは語中の -Ā- に移る。フランス語、イタリア語、スペイン語における動詞現在形では、1人称と2人称の複数形でのみアクセントが語尾に移動するのは、ラテン語で綴りのせいで起こっていたアクセントの移動の結果をそのまま受け継いでいるということである。

　名詞では、たとえばラテン語 ANIMAL「生物」のアクセントは語頭の A- にあるが、それが複数形で ANIMĀLIA となれば語中の -Ā- に移るのがラテン語の規則である。ロマンス語では単数形でアクセント位置が決まっていれば複数形でも必ず同じである。

　アクセントの性質の変化は、付随的に文学への影響をももたらした。ラテン語の詩においては、アクセントの位置はリズム感に関与することはない。古典ラテン語の詩においては、長い音節と短い音節との規則的交替こそがリズム感を作り出す要

176

素なのである。単語自体のアクセントはあくまでも二次的要素にすぎない。

　一方、ラテン語の子孫である言語の韻文では、母音の長短の差がなくなり、そこから長音節と短音節との聴覚上の識別も無意味となったから、リズム感を作り出すためにはアクセントが最重要な存在となったのである。さらにはまた語頭音を同じくする（頭韻）とか、行末に同じ音色を揃える（脚韻）ような副次的要素も生み出された。

0621　ロマンス語のアクセント

　ところでアクセントが単語のどこにあるのかはどうしたら分かるのか。これは、外国語学習者にとっては重要な課題である。アクセント位置には規則はあるのか。英語の場合には規則などはないから、単語ごとに覚えなければならない変な言語である。日本語もそうだが。

　一方フランス語は、アクセント位置に関しては初心者でもすぐに判断できてありがたい。つまり、語末の母音が曖昧母音［ə］であるならその前の音節に、それ以外なら語末に、という単純な規則で済むのである。ただし、これはロマンス語においては例外的事例で他の言語ではそうはいかない。

　スペイン語、ポルトガル語、カタルーニャ語などでは語末の綴り字からアクセント位置を判断させるための何項目かからなる規則がある。その規則は言語ごとに複雑さが異なっているし、規則に例外が生じた場合の表示の仕方もまたばらばらである。

　そしてイタリア語やルーマニア語になると、英語同様に規則を持たない。

　繰り返すが忘れてならぬのは、ロマンス語はラテン語時代において決まっていたアクセント位置を継承しているだけだということである。一方単語の綴りは、各言語ごとに異なった音韻変化があるからそれぞれ特有の形を取る。

　スペイン語、ポルトガル語、カタルーニャ語の文法書の述べるアクセント位置のための規則は、規則と言ってはいても実は規則ではない。規則と言うなら、それがまず最初にあってそれに則って位置が決まるはずである。実際はアクセント位置は先に決まっているのであって、なぜそこにあるのか、を説明する言葉が必要だっただけなのである。決まっているアクセント位置と、言語ごとに異なる単語の綴りとの関係を説明するために必要だった解説文にすぎないのだ。だからその「規則」は複雑になりうる。カタルーニャ語のアクセント規則などは、いやになるほど長い。

　そして、再び言うがイタリア語とルーマニア語には規則はない。いちいち辞書に

06　第六章　音の変化

当たるか、それを母語とする人に訊かなければ分からない。しかもルーマニア語の場合、ルーマニア人が作った辞書はその母語話者向けであってアクセントの位置などは自明のこととして無視されているのである。

　フランス語の場合は、幸運な偶然が起こっただけだ、ということである。どうしてそんな結果が生じたのかはすぐ後で解説するが、ともかくフランス語ではアクセント位置を示す記号は不要となり、綴りにおけるアクセント記号の意味までが変化してしまった。そこでは鋭アクセント、重アクセント、曲アクセントの記号がよく使われていても、それは音としての本来的なアクセントとは無関係であって、同音異義語の区別（前置詞の à と動詞の a など）のためであったり、母音の開口度を表示するためのもの（frère、étude など）であったり、古い綴りにあって無音化された文字の所在を示すもの（teste > tête、estre > être など）であったりする、正書法規則にすぎなくなっている。

　スペイン語はその点がはっきりと異なる。アクセント記号はその本来の働きを明瞭に表していて、学習者の正確な発音を良く手助けしてくれるのである。イタリア語だってスペイン語同様にアクセント記号を用いた正書法を作れば良いと思ってしまうのだが、それがないから初歩学習者へのちょっとした障害となる。ただ、必ずアクセントをとる接尾辞（-accio、-one、-oso など）と、アクセントを持つことのない接尾辞（-bile、-file、-fono など）の違いがあって、それを覚えればルーマニア語よりは少しましだとは言える。

0622　ラテン語のアクセント

　ロマンス語の単語でのアクセントの位置を決めたのは、ラテン語のアクセント規則であった。それは、ロマンス語の場合とは明瞭に異なり、真の「規則」であった。簡単に述べる。

　EST、MĒ、SĪC のような 1 音節語ではアクセントは問題にならない。

　SUMUS、MIHI、PATER のような 2 音節語では語頭に、言い換えるなら語末から 2 番目の音節にアクセントが来る。例外はない。「市」を表すフランス語 cité、イタリア語 città、スペイン語 ciudad、これらはすべて 2 音節語で語末にアクセントを持つ。このようなことはラテン語にはなかった。これらの語はすべてラテン語 CĪVITĀTEM（CĪVITĀS の対格形。ロマンス語の名詞は、ラテン語の主格形ではなく対格形を受け継ぐのが原則である）から来ている。そのアクセントが規則（下の例 1 ）通りに Ā にあったので、語全体の変形にも関わらずその位置だけは維持

178

されたのである。以下、アクセントのある音節の母音には下線を引く。

　３音節語、またはそれ以上に長い単語の場合には、語末から２番目の音節の長さがアクセントの位置を左右する。そこが長ければそこにアクセントが来る（例１）。その音節が短ければその前の、語末から３番目の音節にアクセントが来る（例２）。イタリア語 vedere「見る」と credere「信じる」の アクセント位置の違いを決めたのは、語源において前者が例１のケース（VIDĒRE）、後者が例２のケース（CRĒDERE）であったからである。

　ここで重要なのは「音節の長さ」と言っていることで、それは「母音の長さ」そのものではないのである。長母音ならもちろん長音節を形成する。しかし短母音でも、その後に子音が二つ以上続くなら「音節としては長い」という規則がある（例３）。ただし、二つ続く子音であっても「破裂音と r/l の組み合わせ」は長音節を作らせないとなっていた（例４）。

　　例１　　AMĀRE　　RŌMĀNUM　　NĀTŪRAM
　　例２　　EPISTULAM　　DOMINUM　　FĪLIAM　　FACILEM
　　例３　　SUPERBUM　　EXEMPLUM　　MAGISTRUM
　　例４　　CELEBREM　　INTEGRUM　　PENETRŌ

　このような規則に従って定まった各単語のアクセント位置を、ロマンス語はほぼそのまま保った。

　もちろん例外はある。特に、例４に該当する単語である。フランス語、イタリア語で「全体の」を表す entier、intero は上記例４の INTEGRUM の直接の子孫であるが、アクセントがあらかじめ in- から -te- に移っていてそれから変化した形であることが分かる。

　また、ラテン語では動詞に接頭辞が付くと、例２の規則上そこにアクセントが移ることがあった。LEVAT「彼は持ち上げる」に対する RELEVAT「同」のように。後者はフランス語では relever「起こす」として残っている動詞であるが３人称単数形は relève であってアクセントは動詞幹から動かない。

　接頭辞を付けることで複合動詞を作り、意味のバリエーションを増やすことはロマンス語がラテン語からそのまま受け継いだ特質である。しかし、接頭辞の持つ音韻的な特質は変化した。ラテン語ではそれは語幹と一体化したから、アクセント規則がそのまま適用された。ロマンス語では、接頭辞は語幹への一種の「付けたり」であって、意味はともかく音韻的には語幹には影響を及ぼさない。

179

06 第六章 音の変化

　そもそもロマンス語の複合動詞は、接頭辞が語幹と一体化してしまった場合（「051 語彙変化の種類」で述べた、フランス語 commencer < *CUM-INITIĀRE のような例）を除くと、たとえラテン語に類似形が存在しようとも直接の子孫と言うよりは歴史の中で再形成されたように見えることが多いのである。

　PLACĒRE「喜ばせる」に否定の接頭辞 DIS- を付けてできる反意語は、「語中の短い a は i になる」というラテン語特有の音韻規則が適用されて DISPLICĒRE である。しかしロマンス語では、PLACĒRE に DIS- が付けられた形から作られている（フランス語 déplaire、スペイン語 desplacer etc.）。

　ラテン語なら 3 人称単数 DISPLICET は例 2 に該当する形で、アクセントは DIS- に来る。フランス語なら déplait で -ait に来る。ロマンス語が受け継いだのは、接頭辞で複合動詞を増加させうるという運動性なのであって、複合動詞の形そのものではなかった。

　以上の少しの例外を除くと、ロマンス語はラテン語時代のアクセント位置を忠実に変えずに守った。その忠実度は注目すべきほどで、それがラテン語の場合とずれているときには何らかの理由があるはずである。

　ラテン語「易しい」は FACILIS であるが、アクセントは上に記したように FA- にある。ところでフランス語の facile では -ci- にアクセントがある。何が起こったのか？　要するにこの単語は、基本語のように見えてもフランス語で言う mot savant、つまり学者が取り入れた人工語であって、アクセント位置はフランス語らしく変えられているのである。イタリア語 facile、スペイン語 fácil だとて、ラテン語とアクセント位置を同じくする技巧が凝らしてあろうとも人工語であることには変わりはない。だから真の意味での語源辞書である REW には、FACILIS などは記載されていない。

0623　アクセントの勝利

　アクセントは、その位置を変えなかっただけではない。元来が「綴り＝発音」の支配下にあったそれが、ロマンス語では逆に「綴り＝発音」を支配するようになったのである。アクセントの有無は母音の音形に影響を与えるし、アクセントのある音節は周囲の、特に直後の音節に大きな影響を及ぼし始める。

　顕著な例は、直後の音節の母音を消失させることで、これは既に古典期ラテン語でも時折見られた現象である。「右手」に dextera と dextra の 2 形があるのがそ

の代表的例であるが、英語で syncope という、語中母音を消失させる現象が後期ラテン語で特に頻繁に生じたらしいことは、先に言及した『プロブスの付録』（「0331意識的資料」）に明らかに見えている。

　そこで全227例列挙されているものの3番目から5番目が speculum non speclum、masculus nɔn masclus、vetulus non veclus である。ここで間違った形とされている語中母音の消えた speclum、masclus、veclus は、まさにスペイン語 espejo「鏡」、macho「雄の」、viejo「年老いた」の直接の祖先である。

　正しい形である speculum、masculus、vetulus はすべて上のアクセント規則の例2に該当する、語末から3番目の音節にアクセントを持つ、音形パターンでは少数例外派に属したものであった。間違った形の方はアクセントを語末から2番目の音節に移した結果となっており、その点例外ではなくなったのである。

　このように、単語のアクセントを語末から2番目の位置に来るようにさせる傾向はスペイン語、フランス語において顕著に見られ、イタリア語はそれほどではない。

　ラテン語 ARBOREM（「木」ARBOR の対格）がイタリア語 alberoであるのに対して、スペイン語 árbol フランス語 arbre であるのがその一例である。他の例をラテン語、イタリア語、スペイン語、フランス語の順で並べる。

　　IUVENEM; giovane/joven/jeune
　　TABULA; tavola/tabla/table
　　POPULUM; popolo/pueblo/peuple

人工的な操作が加わったらしい語でもパターンは似ている。

　　SAECULUM; secolo/siglo/siècle
　　MĪRĀCULUM; miracolo/milagro/miracle

　特にフランス語は、スペイン語よりも「アクセントの支配」を徹底させた言語であった。フランス語では、例1、例3、例4の語群の場合は -a 以外の語末音節母音を消失させている。上記 INTEGRUM の例の他には以下がある。

　　AMĀRE > aimer（イタリア語 amare）
　　VĪCĪNUM > voisin（イタリア語 vicino、スペイン語 vecino）
　　DĪVERSUM > divers（イタリア語、スペイン語 diverso）

　-a だけは曖昧母音 [ə] として残った。

181

PERSŌNA > personne（イタリア語、スペイン語 persona）

FĪLIA > fille（イタリア語 figlia、スペイン語 hija ）

PARABOLA > parole（イタリア語 parola、スペイン語 palabra）

　例２の単語は ARBOREM の場合と同じで、語末母音は曖昧母音として残っただけであった。

　結果としてフランス語では、既に述べた「アクセントは語末母音が曖昧母音ならその前の音節に、それ以外なら語末音節に来る」という単純極まる規則が生じたのであった。

　スペイン語ではそこまで徹底しないから、アクセント位置にはばらつきがある。しかしそれを補う形でのアクセント記号の使用法が正書法の中に組み込まれたから、初心者には正しい読み方は易しい。

　それと対照的なのがイタリア語であって、語末から３番目の音節にアクセントを持つ単語（「滑りやすい単語」の意味で parola sdrucciola と称される）が多数残っていてもそれを指示する統一的正書法は定まっていない。これは要するに英語と同様、「アクセント位置には規則はないから、それが分からない外国人はいちいち辞書で調べなさい」という意味である。

063　母音変化

　母音の構造で音量差がなくなったというのは、すべてが同じ長さで発音されるという意味ではない。母音の長短の違いは意味の違いには関わらないということである。これは「音量が意味弁別的価値を失った」と総括される。

　その結果、ラテン語では長短の差で示された母音の対照性がロマンス語では別種の対照性に置き換えられている。

　ラテン語 POPULUS「民衆」と PŌPULUS「ポプラ」は、-o- の長短だけの違いであった。スペイン語ではそれは pueblo と poblo の違いへと変化している。これは孤立した例ではなく、アクセントを持つ音節の例だけを挙げていくと、OVUM「卵」、NOVUS「新しい」、PORTA「扉」などは huevo、nuevo、puerta となっていて、一方 TŌTUS「全体の」、HŌRA「時間」、VŌX「声」はそれぞれ、todo、hora、voz である。つまり「長いオ」は o のままだが「短いオ」は ue へと変化しているのである。

　ラテン語の「短いウ」はスペイン語ではどうなっているか。GUTTA「水滴」、

UNDA「大波」、BUCCA「口」、PUTEUS「井戸」はそれぞれ、gota、onda、boca、pozo である。つまり「長いオ」と「短いウ」は同じ結果を生み出している。

また、「長いイ」が i のままで残っているのに対して「短いイ」は e に変じている。FĪLIA「娘」、VĪNUM「葡萄酒」、AMĪCUS「友」が hija、vino、amigo であり、DIGITUS「指」、LINGUA「舌、言葉」、PILUS「髪」、が dedo、lengua、pelo となる。

一方、「短いエ」は ie となるのに対し、「長いエ」は e のまま残る。MENS「心」、SEPTEM「7」、FERRUM「鉄」が miente、siete、hierro であり、CATĒNA「鎖」、TĒLA「織布」、RĒGĪNA「女王」はそれぞれ cadena、tela、reina である。

これは言い換えると、「短いイ」と「長いエ」はある時期に合一していたということである。

記述を簡単にするために、スペイン語のアクセントを持つ母音の例だけを書いたのであるが、「付録2 単語対照表 2. 名詞」を参照したら分かるように、同種の現象は他のロマンス語においても生じている。そしてそこには、「音韻変化の規則性」という特質も見えてくる。

0631 原初ロマンス語の母音構造

要するにロマンス語は、各言語に分裂する以前の時代（人によってはそれを俗ラテン語とか原初ロマンス語と呼ぶ時代）に母音体系の再編成が生じていたのである。

新しく生じた母音体系が、その後にもまたそれぞれの言語で独自の変化を蒙って、現在我々が知っている各言語の母音体系ができあがった。

ラテン語の伝わりが一番古かったサルディニア島で発展したサルディニア語では、母音の長短の差が消失して単純な5母音体系となった。またゲルマン人などの異民族の侵入によって早くからラテン語地域から切り離されたルーマニア語においてはそれとは少し異なった6母音となった。ルーマニア語については、「0657 ルーマニア語」で再び扱うことにする。

それ以外の主要な言語で生じた新しい母音体系が、ロマンス語の音韻を支配することとなった。要約すると「長短の差」が無意味となり、それに代わって「口の開きの差」が意味の違いを表すようになったのである。

「ア」は長短の差そのものが消えて合一した。「長いイ」は「イ」のまま、「短いイ」と「長いエ」は合一して「狭いエ」になった。「短いエ」は「広いエ」に、「短いオ」は「広いオ」に、「長いオ」と「短いウ」は「狭いオ」になった。そして

06　第六章　音の変化

「長いウ」は「ウ」のままであった。

　以上の変化を表としてまとめるのだが、その前に本書の原則を確認しておく。現代の発音を表記するときには国際音声記号（International Phonetic Alphabet、略称 IPA）を用いる。それは現実に実証可能なものとして扱うからである。たとえば、広いエは [ɛ] であり、狭いエは [e] である。[ ] の括弧を用いるのはその際の規則である。音声記号とともにアクセント位置を指示する際には、アクセントのある音節の直前に ' を置く。

　しかし、歴史言語学においては、音韻変化の諸相はすべて仮説であるからして、別種の記号を用いるのが慣例である。本書においても、音韻変化の段階を示すためには、諸関係書における表記との対応性を考慮して IPA とは異なる表記を用いる。以後ラテン語の音韻にはすべて大文字を用いるが、それから変化した音韻には小文字を用いる。ラテン語の長母音は Ā のように書く。短母音は特に注意するときのみ Ă のように書く。ロマンス語の場合、文字の下にマークを付けて区別する。ẹ、ọ は「広いエ」、「広いオ」であり、ẹ、ọ は「狭いエ」、「狭いオ」である。

　なお、ラテン語単語で特にアクセント位置を示す必要がある場合にのみ、その母音に下線を引くことにする。

　サルディニア語、ルーマニア語を除く主要のロマンス語の母音体系の由来は以下のごとくであったろうと考えられている。

a	<	Ā	Ă		
ẹ（広いエ）	<	Ĕ	AE		
ẹ（狭いエ）	<	Ē	Ĭ	OE	
i	<	Ī			
ọ（広いオ）	<	Ŏ			
ọ（狭いオ）	<	Ō	Ŭ	AU	
u	<	Ū			

0632　各言語個別の変化とその条件

　上の表は、各ロマンス語に分化する以前の段階の母音体系を想定したものである。それらは、その後の歴史の段階で各言語ごとにさらなる変化を蒙ることになる。

　スペイン語で一番よく耳にする言葉である bueno や bien にある ue、ie のよう

063　母音変化

な二重母音は、それぞれ「広いオ」ǫ、「広いエ」ẹ から二次的に発展した形である。それがフランス語では bon、bien、イタリア語では buono、bene となり、その他の言語も、それぞれ特有の発展をさせているからこそ、現在見られるような別々の語形を持つようになったのである。

　別の例を挙げると、現代のフランス語では、oi という綴りは［wa］ワと発音される。しかしそのような発音がフランス全土で一般化したのは18世紀終わりであって、それまでは［we］ウェという発音が標準とされていた。フランス語の「王」roi は、革命前までは発音の多数派は［rwe］ルェであったはずである。しかしこの発音もそれ以前にあった音韻変化の最後の段階にすぎない。

　フランス最古の武勲詩『ローランの歌』（12世紀後半の写本で残されているが、成立は11世紀らしい）では、「王」には reis と rei の２形があった。これはそれぞれ、ラテン語の「王」RĒGIS（RĒX から変わった仮の主格形）と RĒGEM（対格形）からの直接の子孫である。要するに、上の表で見られたような「長いエから生じた狭いエ」は古フランス語では二重母音エイに変化していたのである。そしてそのエイは12世紀中にオイという発音へと変化して綴りもそれに従ったから、「王」の綴りは rei から現代と等しい roi となった。その発音は当然ロイであったのだがそれが徐々に変化してついにはルェとなってそれが多数のフランス人の発音である時期が18世紀終わりの革命期まで続いたのである。

　ラテン語から現代フランス語への Ē、Ĭ > ẹ（狭いエ）> ei > oi > oe > we > wa という音韻変化は孤立したものではなく、avoir（< HABĒRE）、moi（< MĒ）、toile（< TĒLA）、quoi（< QUID）など多数の他の語においても見られるものである。

　これはほんの一例である。各言語特有の音韻変化とはまさに様々であって、それぞれのロマンス語が、ラテン語から始まって具体的にどのような母音体系を持つように変化していったかは、今まで出版されたロマンス語学に関わる書物においては大きな部分を占めていた事柄である。

　しかし本書においては、その一つ一つに深く立ち入ることはできない。それはあまりに詳細に亘る事柄であり、各言語ごとにその歴史を記述したものを参照してもらう他はないのである。

　本書の方針としては、この章では母音の音韻変化に関わる基本的条件を確認しておくことと、ロマンス語の母音に生じた、特に甚だしく脱ラテン語的な現象である「二重母音化」と「鼻母音化」とを紹介することだけにとどめておく。そして、個別ロマンス語の音韻変化については「065 個別言語事情」以下で改めて論ずる。

06　第六章　音の変化

　母音変化を支配する基本的条件は三つある。（1）各母音の語中における位置、（2）その語のアクセントとの関係、（3）母音のある音節の性質、である。

（1）　3音節以上の長い単語の場合、その母音が語頭にあるのか、語末にあるのか、それ以外かで、母音の変化は大きく異なることがある。
　　　一般に語頭にある母音は、たとえ音価は変化しても消失することは起こりにくい。語末の母音は、フランス語の例で見たように弱まりやすく時には消失する。
（2）　アクセントに関しては、それのある音節の次の音節の母音が、比較的弱く発音されることで消失する傾向があったことは既に述べている。それだけではなく、アクセントがそこに来ているのか、その一つ前なのか、後なのか、それ以外か、を見極めないといけない。
（3）　また、その音節が開音節（母音で終わる音節）なのか閉音節（子音で終わる音節なのか）も考慮に入れておかねばならぬ条件である。

06321　二重母音化

　ロマンス語はそれぞれが異なった母音体系を持っているのであるが、その差異を作り出す要因で最も強力だったものが、アクセントのある母音の二重母音化である。
　ラテン語では「綴り＝発音」の支配下にあったアクセントが、ロマンス語では逆に「綴り＝発音」を支配するようになったことは既に述べた通りである。その「アクセントの支配」の好例が ǫ と ę における音韻変化である。ラテン語の Ŏ と Ĕ から変化した ǫ（広いオ）と ę（広いエ）は、各ロマンス語においてアクセントの支配を受けた結果それぞれ異なった形となり、各言語特有の母音体系を作り出すのに寄与したのである。
　新しい二重母音の誕生は、ロマンス語の音韻変化の歴史における最も目覚ましい現象であって、言語ごとにその結果は異なるし、またその由来についても様々な解説が存在する。それらをすべてここで紹介するのはふさわしくはないので、とりあえずはスペイン語、フランス語、イタリア語だけを素材としてその概略を説明する。もっと詳しいことは「065　個別言語事情」で扱うことにする。
　Ŏ を含むラテン語がスペイン語、フランス語、イタリア語ではどのような結果を生み出しているか、3言語の例を並べてみると、その共通性と対照性の両方が明瞭に浮かび上がる。

186

「付録 2　単語対照表 2. 名詞」で見られる通り OVUM「卵」、FOCUS「炉」、
IOCUS「楽しみ」、CORIUM「革」はそれぞれ huevo/œuf/uovo、fuego/feu/
fuoco、juego/jeu/giuoco、cuero/cuir/cuoio である。つまり o はスペイン語では
［we］に、フランス語では［œ］、［ø］、［y］に、イタリア語では［wo］に変化してい
る。

　結果はそれぞれ異なっているように見えるのであるが、古フランス語の「卵」が
uef であったように、フランス語の［œ］その他も二重母音［we］を経たものなの
である。

　ǫ > uo という変化がまず起こり、その後さらなる変化が生じたと考えるのが良
い。イタリア語でのその変化の最古の実例は 8 世紀であるという報告がある。イタ
リア語の標準語はその変化を維持したのだが、11 世紀頃にスペイン語とフランス
語はそれを ue に変えており、フランス語は13世紀以後、中期フランス語の時期に
それをさらに円唇母音［œ］へと変化させているのである。円唇母音については、
「065 個別言語事情」のフランス語の項で詳しく述べる。

　ところで、CORPUS「身体」、FONS「泉」、PONS「橋」、COSTA「岸辺」の変化
した形を見てみるとそれぞれ、cuerpo/corps/corpo、fuente/font/fonte、puente/
pont/ponte、cuesta/côte/costa である。スペイン語では同様の変化が生じている
のにフランス語、イタリア語では二重母音化は生じていない。

　つまり、ǫ の二重母音化はフランス語とイタリア語においては、開音節において
しか生じず、閉音節においては o のままであった。一方スペイン語は二重母音化
を閉音節にまで広げたのである。

　同様の現象は ę（広いエ）< Ĕ、AE にも見られる。スペイン語とフランス語・
イタリア語とでは開音節と閉音節での二重母音化（ę > ie）の結果が異なっている。

　CAELUM「空」、FEL「胆汁」、PĒS → PEDEM「足」が cielo/ciel/cielo、hiel/
fiel/fiele、pie/pied/piede であるのに対して、TERRA「大地」、FERRUM「鉄」、
CERVUS「雄鹿」の方は、tierra/terre/terra/、hierro/ferre/ferro、ciervo/cerf/
cervo である。

　ここまで、記述を簡便にするために例を名詞だけに限ってきたのであるが、同じ
二重母音化現象は動詞の形にも明瞭に反映している。そしてそれは、単語の形の変
化にとどまらず動詞体系そのものの変化と結び付いている。動詞の変化については、
第八章「形の変化 2　動詞」で改めて詳述することにする。

06　第六章　音の変化

興味深いことに、ǫ、ę の二重母音化はポルトガル語とカタルーニャ語には生じてはいないように見える。しかし、「066 音韻変化の解釈」の章で触れることであるが、二重母音化が全く存在しなかったのか、あるいは一旦起こった二重母音がその後単母音へと変化したのか、については論争はある。

なお、古オック語は語彙、語形、文法の多くの点でカタルーニャ語と酷似しているのであるが、二重母音化についてだけは明瞭に異なる。「付録2　単語対照表2. 名詞」にある FOCUS、BŌS、LOCUS、NOX などの例で見られる通り、オック語では二重母音化の例は少なくない。これはカタルーニャ語とオック語とを見分ける有用な指標である。

ルーマニア語にも二重母音化は存在する。それについては、「065 個別言語事情」の中の「0657 ルーマニア語」で説明することにする。

06322　鼻母音化

ラテン語にはなかったのにロマンス語で生じた新しい種類の発音は、フランス語とポルトガル語における「鼻母音」である。鼻母音とは、アならアの発音をするときに息を口からではなく鼻から出すときの母音を言う。

フランス語には［ɛ̃］、［ã］、［ɔ̃］、［œ̃］の4種の鼻母音があるが、最後の［œ̃］は現代では［ɛ̃］へと変化しているので無視しても実用上差し支えない。

鼻母音化とは、n または m が母音と子音との間に来たとき、n、m が前の母音に鼻音性を与えてしまうことであって、「06409 同化作用・異化作用」の項で扱う「逆進的同化作用」の一種であると言える。

LINGUA「舌、言葉」> langue［lãg］、UNDA「大波」> onde［ɔ̃d］などがその例であるが、語中音節の脱落（子音変化の「06407 語中音節の脱落」を参照）の結果生じた子音連続でも結果は同じである（NUMERUS「数」> *numrus > nombre［nɔ̃br］）。

古フランス語の時代には n、m の子音自体も弱まった形で発音されていたが、中期フランス語の時代（14世紀前半から17世紀前半）にはそれも完全に消えて現在の発音になった。

語末母音が消失して n または m が語末に来たときにも同様の結果が生じる（MANUS「手」> main［mɛ̃］、VĪNUM「葡萄酒」> vin［vɛ̃］）。ただし、語末母音の a は完全には消えず一種の支え母音として残ったので鼻母音化を阻止している（LĀNA「羊毛」> laine［lɛn］）。

188

063 母音変化

　鼻母音は南フランスのロマンス語であるオック語には見られない。鼻母音の発達はガリアの地域のロマンス語を北と南に分離する要因の一つである。

　ポルトガル語の鼻母音はフランス語より多彩である。[ĩ]、[ẽ]、[ũ]、[ɐ̃]、[õ]の５種類の単鼻母音がまずある。in/im、en/em、un/um、an/am、on/om の綴りはおおむねこのように発音される（「良い」bom [bõ]、「百」cento [ˈsẽtu]、「１」um [ũ]）。

　聴覚上のフランス語との相違は、ポルトガル語の方が鼻音性が比較的弱いこと、また後続子音によっては n、m の子音自体が発音されることである。

　フランス語 onde [ɔ̃d] に対して onda [ˈõndɐ] であるし、langue [lɑ̃g] に対しては língua [ˈlĩŋgwɐ] となる。[ɐ] はポルトガル語にある「少し奥で発音されるア」である。

　また、[ẽw]、[ɐ̃j]、[ẽj]、[õj]、[ũj] のような二重母音の鼻母音が存在することもポルトガル語の特徴である。「0651 ポルトガル語」で述べるように母音間の子音が脱落することの多いポルトガル語では、そもそもが二重母音が他のロマンス語よりは多いと言えるが、そこに鼻音が加わるのである。

　二重鼻母音と綴りと発音の関係は単純ではないので、ここでは代表的例のみを挙げておくことにする。

　　CANIS「犬」→ CANEM > cão [kɐ̃w]
　　MANUS「手」> mão [mɐ̃w]
　　MĀTER「母」→ MĀTREM > mãe [mɐ̃j]
　　HOMŌ「人間」→ HOMINEM > homem [ˈomɐ̃j]
　　MULTUS「多い」> muito [ˈmũjtu]

　また、少数の語では [jẽw]、[jõj] のような三重鼻母音も現れる。

　さらには、動詞の３人称複数においては二重母音が繰り返されて四重鼻母音と化することもありうるのである（TENENT「彼らは持つ」> têm [ˈtẽjẽj]）。

　鼻母音はイベリア半島の別のロマンス語であるスペイン語とカタルーニャ語には生じていない。また、ポルトガル語と密接な歴史的関係を持つ（考え方ではポルトガル語の母とも言える）ガリシア語でも母音体系には存在していない。

189

06　第六章　音の変化

064　子音変化

　子音の変化は、母音のそれ以上に各言語で異なっている。その詳細を十分に書き切るためには多量の紙面を必要とするので、類書はそれぞれ工夫をして省略を行っている。

　ロマンス語史の子音変化を記述するには、二通りの記述法があると言える。言語を個別に分けておいて、それぞれの言語史の一部として記述する方法（引用文献 Bourciez 1 が代表例）と、言語音をまず分類しておいて、それぞれが各言語でどう変化したかを並べて記述する方法（Lausberg、Hall 3 が代表例）である。

　いずれにしても果断な省略は必要で、本書では全く別の、類書では見たことのない記述法を取ることにする。

　まず最初に、ラテン語からロマンス語への流れの中で特に特徴的であると思われる子音変化の現象を定義しておく。そして、それらの現象を個別に重要と思われる順序で並べ、それらがどのような結果が生み出されているのかを見るのである。その現象を順に並べると、(1)〔h〕の消失、(2) 破裂音の弱化と消失、(3) 調音位置の前進（いわゆる「口蓋化」）、(4) 唇軟口蓋音の変化、(5) yod効果、(6) 連続子音の扱い、(7) 語中音節の脱落、(8) 音位転換、(9) 同化作用・異化作用、(10) 音の消失・添加・挿入、(11) 類推、(12) ゲルマン語語彙の扱い、となる。

　このような記述によって、ロマンス語と、たとえば日本語における音韻変化との比較が可能になり、言語変化の普遍的性格というものが見えてくるであろう。なお、以上の12項目のうち、「青年文法学派」的理論で音韻変化（規則的であり、機械的に条件づけられていて語彙を選ばず、徐々に目に見えぬ形で起こる変化）とされるのは 7 番目までで、それ以後は音韻変化とは別の言語的変化（不規則であり、語彙ごとに異なり、突然生じる変化）に分類されるものである。

　記述されるのはもっぱらポルトガル語、スペイン語、カタルーニャ語、フランス語、イタリア語、ルーマニア語である。その他の言語、古オック語、サルディニア語などについても必要な事柄があれば解説することにする。

　例証として用いる単語は、品詞別に「付録2　単語対照表」において一覧表にしてあるので、記述に従って参照していただきたい。

　なお、それぞれの言語はそれぞれ固有の正書法を持っており、綴りと発音との関係はある程度は複雑である。1 言語特有の文字を持つ場合もある。それらをすべて解説するのは個別言語の文法書や辞書を参照してもらうことにして、ここでは本書

190

を理解するための最小限度の解説をカタカナと国際音声記号（IPA）を用いて行っておく。

　もちろん、文字はその環境によって、あるいは単子音か二重子音かによって有声と無声に分かれるような場合があり、以下の記述は最も単純化されているものである。いわゆる「ローマ字読み」で済む場合は全部省いてある。

　ç はどの言語でも［s］。c、g はそれぞれ［k］、［g］であるのが基本であるが、後続母音が e/i である場合には発音は必ず異なる。それぞれ ce/ci、ge/gi としてその場合の発音を書く。またイベリア半島３言語においては gu の綴りには共通の約束があり、gua は［gwa］であるが gui/gue においては［gi］/［ge］である。

　［ʃ］は摩擦音シュ、［tʃ］は破擦音チュ、［ʒ］は摩擦音ジュ、［dʒ］は破擦音ヂュ。

　［ʎ］はリュ、［ɲ］はニュ、［j］はユ。

　［x］は無声軟口蓋摩擦音で、日本語のハ、ヘ、ホの子音よりは前よりで発音される類似の音。

　［ts］、［dz］はそれぞれ破擦音ツ、ヅ、［θ］は英語 thin の子音、［ð］は this の子音である。

　　　　ポルトガル語；ce/ci［s］、ge/gi［ʒ］、ch［ʃ］、j［ʒ］、lh［ʎ］、nh［ɲ］、
　　　　　　　　　　x［ʃ、z］、z［z、ʃ、ʒ］
　　　　スペイン語；ce/ci［θ］、ge/gi［x］、ch［tʃ］、j［x］、ll［ʎ］、ñ［ɲ］、
　　　　　　　　　　v［b］、z［θ］
　　　　カタルーニャ語；ce/ci［s］、ge/gi［ʒ］、ig［tʃ］、ix［ʃ］、ll［ʎ］、ny［ɲ］、
　　　　　　　　　　tg［dʒ］、tll［ʎʎ］、x［ʃ］　　　語末の r はほぼ発音されない。
　　　　フランス語；ce/ci［s］、ge/gi［ʒ］、ch［ʃ］、gu［g］、j［ʒ］、ll［j］
　　　　　　　　　　語末子音は発音されない。
　　　　イタリア語；ce/ci［tʃ］、ge/gi［dʒ］、ch［k］、gh［g］、gli［ʎ］、gn［ɲ］、
　　　　　　　　　　gu［gw］、sce/sci［ʃ］、z［ts、dz］
　　　　ルーマニア語；ce/ci［tʃ］、ge/gi［dʒ］、ch［k］、gh［g］、j［ʒ］、ş［ʃ］、ţ［ts］

06401　［h］の消失

ラテン語においては独立した音韻であった［h］は、早々に消えた。ルーマニア語を除いて現在のロマンス語でこの音を持つものはない。それが英語やドイツ語との大きな違いである。ルーマニア語は、他と同じく一旦はラテン語の［h］を失っ

たのであるが、その後借用語や人工語においてのみそれを復活させたのである。

ラテン文学の黄金時代であった前1世紀において既に［h］は民衆の間では発音はされなくなっており、人工的に教養階級の間でのみ保存されていたと思われる。前1世紀前半を生きた詩人カトゥッルスの詩に、insidias「奇襲」という言葉をhinsidias と発音することで粋がっている滑稽な人物が書かれているが、要するに［h］音のあるなしの区別を知らぬ人物がいたということである。このように自分の発音の欠陥を正そうとしてかえって別の間違いを犯す現象には hypercorrection「過剰訂正」という名称が付けられている。バーナード・ショーの戯曲『カンディダ』に、hand を and と、act を hact と発音する人物が出てくるが、ロンドン訛りを持った人物の過剰訂正の実例である。英語の場合は［h］の消失は方言的特徴だけであって、それが英語全体の現象とはならなかった。ロマンス語においては、例外なく［h］は消失したのであった。

それは、口語から消え去っただけではなく、ラテン語を知っている人がそれを音読する際にも h の文字は発音されなかった。8世紀から9世紀にかけてフランク王国でラテン語教育に奮闘したアルクインの書物によれば、否定のための語 haud も、「あるいは」の意味の aut もフランス人の間では発音は一緒であったらしい。アングロ・サクソン人であって［h］音を間違いなく保持し、また古典ラテン語の発音においてもそれを使用していたアルクインは、その誤りを正そうと努力したのであったが実りは多くはなかった。

06402　破裂音の弱化と消失　―「髪掻き」から「笄」へ―

次に述べなければならぬのは、破裂音の変化である。女性の髪飾りの一つ笄（こうがい）の元来の音はカミカキ（髪掻き）であった。その後半部のカがガになり、キがイになっていること、これが破裂音の弱化と消失の好例で、ロマンス語の音韻変化にもそれが現れている。

破裂音は言語音の中では普遍的に存在し、また最も明瞭に識別される存在である。ラテン語では両唇音［p］、［b］、軟口蓋音［k］、［g］、歯茎音［t］、［d］の6種が、つまり無声音と有声音の両方が揃っていた。

日本語や英語を含む多くの言語も同じなのであるが、このような状態は必ずしも常態であるのではない。たとえばラテン語と隣接していたエトルリア語では有声破裂音は存在しなかった。ギリシア人が作り出したアルファベットをそのエトルリア人を介してローマ人は採用したのであるが、エトルリア語に［g］の音がなく、ギ

リシア語の３番目の文字ガンマを［k］の音として彼らは使っていたのでその結果 c の文字がラテン語でも［k］のためのものとなってしまった。［g］のための文字を必要としたローマ人は自分たちで新しくそのための文字 G を作り出さなければならなかった。G とは C のちょっとした変形である。［b］、［d］に関しては、文字だけは存在していたからローマ人も取り入れることができた。

　ロマンス語においては、破裂音がどのような変化をたどったかで各言語の差が良く見えてくるのであるが、その中でも［k］、［g］の場合は後続の母音が a、o、u であるのか、e、i であるのかで、大きな違いを見せることになる。後者の場合については次の「06403 調音位置の前進（いわゆる「口蓋化」）」で扱うことにして、この項ではそれ以外の組み合わせのみを考察する。

　語頭においては、原則として破裂音は変化せず無声音、有声音がそのまま存続した。「付録２ 単語対照表 2. 名詞」のうち、BŌS「雄牛」、CAMPUS「野原」、DOMINA「女主人」、GALLĪNA「雌鶏」、PĀX「平和」、TEMPUS「時間」などを参照すると、その変化が見えてくるであろう。

　唯一の例外はフランス語における ca-、ga- 変化である。それは歯茎破擦音へとまず変化し、そして最終的に摩擦音となった。簡単に言うと、「カ→チャ→シャ」の変化が生じたのである。「付録２ 単語対照表 2. 名詞」の CAMPUS「野原」、CAPILLUS「頭髪」、GAUDIUM「楽しみ」などを参照のこと。古オック語にはこの現象は起こらなかったから、これは両者を区別する簡便な指標となる。

　英語 chamber は古フランス語 chambre からの移入であるが、元来はラテン語 CAMERA から来ている。フランス語の語頭音は、13世紀頃に変化した現代と同じ摩擦音であるが、英語の方はそれより古い破擦音を保存しているということである。同様の例は joy/joie < GAUDIUM の他に change/changer < CAMBIĀRE（これは、ケルト語から入った語である）、charm/charmer < CARMINĀRE のようにいくつか存在する。

　破裂音の変化が良く各言語の差を見せているのは、母音に挟まれた個所に単独で出る場合である。

　「友達」をイタリア語、スペイン語、フランス語の順で並べてみると、amico/amigo/ami のようになる。これは、ラテン語 AMĪCUS の対格形 AMĪCUM の子孫なのであるが、ここに見られる母音間の c（＝［k］）の変化のあり方が、この３言語における音韻変化の一つの特徴を良く表している。

　イタリア語の amico という形はまさに原初ロマンス語に起こった AMĪCUM >

193

06 第六章 音の変化

amico という変化をそのまま保存している形で、子音 [k] には変化は生じていない。

スペイン語 amigo はその後に起こった別の変化を示している。amico から amigo への変化とは、一般化して考えれば二つの母音に挟まれた無声破裂音（p、t、k）が有声破裂音（b、d、g）になるという現象である。母音間の有声音化は非常に起こりやすい、日本語でも頻繁に見られる現象で、これは発音の弱まり（弱音化）の一種である。そして、現代のスペイン語では弱音化がさらに進んで破裂音から摩擦音へと変化している。amigo を [aˈmigo] と発音しても誰でも理解はしてくれる。しかし本当にスペイン語らしい純正の発音は [g] が摩擦音化しており、[aˈmiɣo] である。[ɣ] は有声軟口蓋摩擦音のための国際音声記号。

そしてスペイン南部の方言形では、その摩擦音が無音化にまで至ることがある。スペイン語での「ダンサー」は bailador であるが、フラメンコダンサーに限っては bailaor である。アンダルシア地方の発音がそのまま標準スペイン語の語彙として定着している。

フランス語 ami の場合は、有声化、さらに摩擦音化が進んでついには消失したことを示している。さらに、フランス語では語末の o が消失するのも規則的変化であった。

同じ環境（母音間に来て、しかも後続母音が e、i 以外の場合）にある [k] には同じ変化が起こっていることがいくつかの例から分かる。

形容詞の表から SĒCŪRUS「確かな」がどのようにロマンス語へと変化したかを取り出してみると、seguro/seguro/segur/seür sûr/sicuro/(sigur) となる。下線があるのは古形で、括弧にくくったのは借用語である。

ルーマニア語は近世になってフランス語などから多数の借用を行っているのだが、他の言語でも相互的借用の例は数多い。それはロマンス語という一つの「かたまり」を特徴づける要素の一つなのである。しかし、音韻変化を論じる限り、借用語や人工語は考慮に入れないのが鉄則である。

「付録2　単語対照表 5. 動詞」からは IOCĀRE「冗談を言う」（古典語形は IOCĀRĪ）の場合は jogar/jugar/jugar/jouer/giocare/juca が見つかる。

同「対照表 2. 名詞」からは、FOCUS「炉」（ロマンス語では「火」）；fogo/fuego/foc/fou feu/fuoco/foc、LACUS「湖」；lago/lago/llac/lai (lac)/laco lago/lac が見つかる。

これらの例からは、「ポルトガル語・スペイン語・カタルーニャ語」、「フランス語」、「イタリア語・ルーマニア語」の三つのグループがそれぞれ AMĪCUS に起

194

こったのと同じ変化を見せていることが分かる。カタルーニャ語の場合、有声化が起こっていないようにも見えるが、これは語末母音の消失がその後に起こった結果である。一旦有声化していた語末音が支えの母音を失い、また無声音へと戻っている。「男友達」は amic であるが、「女友達」は amiga なのである。古オック語はカタルーニャ語と等しい。

しかし、それに反する例も見られる。「平定する」から「払う」の意味となった PĀCĀRE はフランス語 payer でイタリア語は pagare である。「殺す」から「溺れさせる」になった NECĀRE は noyer、annegare である。LACUS「湖」の例も参考になる。

つまり、イベリア半島の3言語とルーマニア語はともかく、フランス語では c の前の母音が a、e である場合にはそれは消失せず y 音として存続する、また、イタリア語では有声化もありうる、ということである。

無声破裂音［t］もほぼ同じで、VĪTA「命」は vida/vida/vida/vithe vie/vita/viață のようになる。11世紀のフランス語聖人伝『聖アレクシウス伝』では vie は vithe である。これは「有声化→摩擦音化→消失」というそのプロセスを良く示している。ラテン語の［d］の場合はイタリア語とルーマニア語では保存されるが、その他では消失に至る。「付録2 単語対照表 5. 動詞」の CRĒDERE、CADERE、RĪDĒRE などを参照。

他の例としては、同「対照表 2.名詞」のMARĪTUS「夫」、PISCĀTOR「漁夫」、CATĒNA「鎖」、形容詞 TŌTUS「すべての」を参照してほしい。ただしイタリア語においては、strada「道」（STRĀTA より）のような有声化の例は存在する。

フランス語での créateur「創造主」、nature「自然」などは自然に生成した語ではない人工語 mot savant である。matin「朝」が無声子音を保っているのは、語源が *MATTĪNUM であり、二重子音 tt が有声化を防いだからである 。

無声破裂音［p］に関しては事情は少し異なり、フランス語では有声摩擦音化しただけで［v］として存続する（rive「川岸」< RĪPA、savoir「知る」< SAPERE）。他の例では、SAPŌ「石けん」、動詞の CREPĀRE（「がたがたさせる」から「壊す」へ）を参照のこと。

ここでもイタリア語は不統一であり、「川岸」に ripa、riva の2形があるように、フランス語と同様の有声摩擦音化の例もある。

06 第六章 音の変化

064021　ラ・スペツィア＝リミニ線

　ここで注目すべきなのは、ポルトガル、スペイン、カタルーニャ、フランス、ルーマニアの各言語には「一貫性」が存在するのに対してイタリア語にはそれがないことである。無声破裂音の処遇に関してイタリア語に見られる不統一性はこの言語の方言分化と深く関わっている。そしてこの差異は、1言語の問題を超えてロマンス語全体の歴史にも関わる問題ともされているので、ここで簡単に触れておくことにする。

　イタリア語は、方言分化の観点からは北部方言と中部・南部方言にまず二大別するのが慣例である。両者の境目となっているのは、リグリア海に面した街ラ・スペツィア（La Spezia。ピサとジェノヴァの中間あたり）と、それとほぼ緯度が等しいアドリア海の街リミニ Rimini を繋いだ線である。その北側にはミラノ、ジェノヴァ、トリノ、ヴェネツィアなどの大都市がある。中部・南部方言のうち、一番北にあってこの「ラ・スペツィア＝リミニ線」に接しているトスカナ地方の方言がイタリア語の標準語となっている。中部・南部方言では無声音を存続させているから、amico、vita のごとき語が標準イタリア語となっているのであるが、北部方言では無声破裂音を有声化させていて、そのような語もイタリア語には入り込んでいるということである。

　ラ・スペツィアとリミニを結ぶ線、通称「ラ・スペツィア＝リミニ線」を、イタリア語の方言分化を超えて全ロマンス語を二つの地域に分かつ等語線とする理論が20世紀前半の代表的ロマンス語学者であるスイス人ワルトブルクによって提唱されて、広く行き渡っている（引用文献　Wartburg）。

　それによると、ポルトガル語・スペイン語・カタルーニャ語・フランス語・オック語・レト・ロマン語はその共通の特徴によって1グループとなり、イタリア語（コルシカ語を含む）とルーマニア語（バルカン半島に散在している諸方言を含む）と19世紀終わりに消滅したダルマティア語は別のグループをなす。このように全ロマンス語を二大別したとき、その境界線になるのがこの「ラ・スペツィア＝リミニ線」なのである。

　ワルトブルクが用いた分類の基準の中でも、最も重要とみなされてものの一つが「無声破裂音の有声化の有無」であった。

　ロマンス語の地域をこのように西ロマニアと東ロマニアに二大別することは、特にイタリア語とルーマニア語とをそれら以外と対比させて理解するのには役立つ。しかし、言語の分類とは音韻特徴以外の多くの要素を考慮しなければならぬ問題で

あり、本書の性格上「ラ・スペツィア＝リミニ線」の問題は特に重視はしないことにする。ワルトブルクの説とは異なったロマンス語の分類については、既に言及したレナードの論文が紹介している（Trends 1, pp.23-41）。

　有声破裂音 b、d、g は、周囲の環境が同じである場合には、無声破裂音に生じた変化を少し平行移動したかのごとき変化を示した。
　これらの現象を明瞭に見せてくれるのは、「付録2　単語対照表 5. 動詞」のLAUDĀRE、PROBĀRE、HABĒRE、VIDĒRE、CADERE、LIGĀRE などである。同「対照表 2. 名詞」PLĀGA、同「3. 形容詞」RĒGĀLIS も役立つ。
　イタリア語では g、d はそのまま存続した（PLĀGAM > piaga、LAUDĀRE > lodare）が、b は摩擦音化して v となった（PROBĀRE > provare）。ルーマニア語ではイタリア語とほぼ等しい成り行きとなっている。
　スペイン語では摩擦音化する（PLĀGAM > llaga［ˈʎaɣa］、PROBĀRE > probar［proˈβar］）か、消失（LIGĀRE > liar、LAUDĀRE > loar、CRĒDERE > creer）である。ポルトガル語、カタルーニャ語の変化はスペイン語のそれにほぼ等しい。
　フランス語では、g、d、b は c、t、p に生じた変化をそのまま引き受けていると言える（LIGĀRE > lier、RĒGĀLEM > reial、royal、LAUDĀRE > louer、PROBĀRE > prouver）。ただし、bu、bo の場合には摩擦音を経て消失に至る。avoir、devoir の過去分詞 eu、dû の古形はそれぞれ e-ü、de-ü であるがそれは*HABŪTUM（← HABITUM）、*DĒBŪTUM（← DĒBITUM）が語源である。PARABOLA > parole も同様である。

　ポルトガル語、スペイン語などで母音に挟まれた無声破裂音が存在している場合、それが人工語や借用語でない場合には、元来の二重子音が単純化したものである。「付録2　単語対照表 2. 名詞」VACCA、BUCCA、GUTTA、同「対照表 5. 動詞」MITTERE、APPĀRĒRE、同「3. 形容詞」SICCUS を参照のこと。

06403　調音位置の前進（いわゆる「口蓋化」）　―キケロからシセロへ―
　今までは母音間の破裂音を見てきたが、それはすべて後続母音が a、o、u の場合であった。e、i の前に来たときには、語頭、語中に関わらず破裂音は異なった変化を蒙ることがある。そしてそれは口蓋化という語を用いて語られることが多い。
　口蓋化という言葉を見てすぐに意味の分かる人は多数ではなかろうが、palatali-

197

zation の訳語であるこの言葉は音韻変化に関する文章には頻繁に現れ、しかもその意味がただちに了解されるがごとき使われ方をしている。しかし筆者の観点からはその意味は曖昧で、前もっての解説が必要であろうと思わされる。ここで「調音位置の前進」という説明を付けたのは、その意味をある程度明瞭化させるためである。

　口蓋とは上あごのことで、上の歯の付け根から奥へ広がって喉の奥へと達する部分である。舌を、歯の付け根から奥へずらしてやると、途中までは硬いのに、ある部分から柔らかくなるのが分かる。これを調音位置と結び付けて、前者を硬口蓋（英語では palate）、そこで調音される音を硬口蓋音（palatal）と呼ぶことになった。後者の場合は軟口蓋（velum）と軟口蓋音（velar）である。そのような区別をしない場合は、すべて palate「口蓋」である。

　「音声学」Phonetics という研究分野においては、言語音は「調音位置」＝「どこで調音されるか」と「調音方法」＝「どのように調音されるか」で分類される。であるから、日本語で柿「カキ」と言うとき、二つの k の音は音声学的見地からは同一ではないのである。カの k は舌の盛り上がりが軟口蓋に接触してそこで調音されているが、キの k は舌の位置が軟口蓋よりずっと前であり、軟口蓋音とは言えないからである。だからこのような音を前者と区別して k' のごとき記号で区別することがある。

　柿は江戸時代からヨーロッパに紹介されており、スペイン語では caqui、イタリア語では cachi として市場で売られている。ここでも二つの発音には日本語と同じ差は存在するのであるが、しかし日本語でもこれらの言語でも、また英語でも、それを二つ別々の音韻とする必要はない。音声学ではない、「音韻論」Phonology 的見地から見ると、k も k' もたとえ調音位置が異なろうともこれらの言語の子音組織の中では同一の機能を果たしているからである。たとえ同一「音」ではなかろうとも同一「音素」とみなされる。

　だから、[k]、[g] は軟口蓋音であるがこれを palatal としている記述は普通にある。この場合は、硬口蓋音、軟口蓋音を区別せず、単に口蓋音としているのである。

　ところで、キと発音しかけておいて、舌をもっと前方へ歯茎にまでずらして声を出すとチに近い音になる。ロマンス語に起こったのは、そのような発音の変化で、それが口蓋化と呼ばれている。

　ロマンス語史での口蓋化の実例としてすぐに現れるのは ce、ci の発音の変化である。Cicero が西洋各国ではキケロとは発音されず、イタリアではチチェロ、フ

ランスその他ではシセロと発音されるのはケ、キがまずツェ、ツィを経てチェ、チへと変化し、イタリア語ではそれがそのまま保存されているのに対し、別の言語ではさらに別の変化を起こしたからである。

　チェ、チは舌先を歯茎に一旦接触させた後に生じる音であるから、調音位置は口蓋ではなく歯茎なのであって、この変化を「口蓋化」の用語で片づけるのは安易すぎる。矛盾と言っても良い。しかもこの場合は調音位置が口蓋から歯茎へと変わっただけではなく「破裂音から破擦音へ」という調音方法の変化もここには存在するのである。

　［k］も［g］も、e、i の前ではサルディニア語や死滅したダルマティア語を除いてすべてのロマンス語で一旦歯茎破擦音に転じたと考えられている。［ke］、［ki］はそれぞれ［tse］、［tsi］となり、その後［tʃ］を経由してそれぞれの変化を蒙った。［ge］、［gi］は［dʒe］、［dʒi］となり、その後別々の結果をたどった。マイエル＝リュプケはこれを、ロマンス語子音変化の中で最も重要な変化であると言っている（引用文献　Meyer-Lübke 1, §125）。

　サルディニア語に関しては、「付録2　単語対照表 2. 名詞」の CĒNA、CRUX、FACIĒS、IŪDEX、LŪX、PĀX、VŌX、「3. 形容詞」の DULCIS などを参照のこと。

　ローマ人文法学者の記述や後期ラテン語における誤った綴り（ -icio を -itio と書く）から、軟口蓋破裂音から歯茎破擦音への変化は、少なくともその萌芽は後3世紀頃のラテン語に、つまりロマンス語への分化が始まる以前に既に現れていたことが分かる。

　イタリア語とルーマニア語では破擦音［tʃ］のままでその後変化はなかった。

　［tʃ］はそれ以外の言語ではそれぞれの変化をする。フランス語の場合は13世紀以後摩擦音［s］へと変化する。オック語もほぼ同じ。スペイン語では16世紀以後歯間摩擦音［θ］（英語 thin の子音）となった（「付録2　単語対照表 4. 数詞」CENTUM「100」、同「2. 名詞」の CERVUS「雄鹿」を参照）。

　ただしフランス語では母音＋ ce/ci ＋子音 の組み合わせでは［z］となるのが特徴である（同「5. 動詞」IACĒRE、PLACĒRE、LŪCĒRE を参照）。

　スペイン語・フランス語・イタリア語で［ke］、［ki］の発音があるときは、元来の［kwe］、［kwi］から来ている（QUAERERE ＞ スペイン語 querir、イタリア語chiedere、QUĪ ＞ フランス語 qui、イタリア語 chi）。［kw］は軟口蓋音と唇の丸め（円唇化）とを合わせた唇軟口蓋音と呼ばれる音で、この音については次の項で詳しく扱う。

199

ルーマニア語での［ke］、［ki］の発音は元来の cl の綴りにおいて l が消失した場合である（CLĀMĀRE > chema、DISCLŪDERE > deschide）。

［dʒ］はその位置によって結果が異なる。

語頭に来た場合、イタリア語とルーマニア語では破擦音のままであったがその他ではさらなる変化を蒙っている。ポルトガル語・カタルーニャ語・フランス語ではそれが摩擦音［ʒ］に変化している。カタルーニャ語の場合、方言形ではまだ破擦音の発音は残っていると報告されている。フランス語で摩擦音への変化が起こったのは［tʃ］の場合と同じく13世紀頃とされる。スペイン語では y 音に変化する（同「対照表 2. 名詞」GENER「娘婿」を参照のこと）。ただしスペイン語では、アクセントのない音節では［h］音となってその後消失した（同「2. 名詞」GENU「膝」を参照）。

語中にある場合には、原則として一旦 y 音に変化した後に消失する。MAGIS は「単語対照表」と同じ順序では mais/más/més/mais/ma/mai となる。同「対照表 2. 名詞」、LĒX、「5. 動詞」FUGERE も参照のこと。ただしイタリア語では legge、fuggire が示すように二重子音化することで消失を回避した例もある。

一方、ロマンス語の中でも最も古形を保っているサルディニア語では［k］、［g］の破擦音化のような変化は全般的には生じてはいなかった。サルディニア語は三つの方言群に分けられているが、その中でも北方のログドーロ方言では kena < CĒNAM、kera < CĒRAM、kentu < CENTUM、kingere < CINGERE、yungere < IUNGERE などが見られるからである。

t/d、p/b に関しては、後で扱う「yod効果」の有無で結果は異なる。一応それとは無関係の場合、これらの破裂音が e、i の前に来たときの変化は、既に述べた a、o、u の前に来たときの変化と同一である。

06404　唇軟口蓋音の変化　―「クワジからカジへ」―

筆者が子供だった頃には、火事のカを［kwa］と発音する人はまだ見られた。これは西日本の古い発音を保存していたもので、16世紀末から17世紀初めにキリシタン宣教師たちによってローマ字で書かれた日本語では［ka］と［kwa］は区別されていた。そこでは歌舞は cabu、感涙は canrui であるが、火災は quasai、過言は quagon となっている。

064　子音変化

　日本語で［kw］＞［k］という変化が生じたことは明瞭だが、これはラテン語からロマンス語への歴史の中でも生じたものである。

　ラテン語には、QUIS「誰？」、AQUA「水」、QUERCUS「樫」の語に見られるような［kw］の複合子音があった。また、多くはないが LINGUA のような［gw］もあった。それは唇の丸めと軟口蓋の閉鎖を同時に行ったときの音で、唇軟口蓋音と呼ばれる。英語の quick、question の語頭子音が唇軟口蓋音である。なお、ロマンス語学の立場からは余計なことではあるが、唇軟口蓋音はラテン語が印欧祖語からそのまま受け継いだもので、ギリシア語では［p］か［t］へと変化している（ラテン語 QUIS に対する τίς、QUŌ に対する πῶ）。英語での what、when などの語頭子音［hw］は唇声門音と名づけられた音に分類されるもので、これも印欧祖語の［kw］からの変化である。

　そのように、いわば由緒正しい音である［kw］もロマンス語ではそのままでは維持されず、多くの場合円唇性を失って［k］へと変化する。

　［kw］＞［k］の変化は語によっては早くから生じていたものであり、『プロブスの付録』に明瞭に記録されているし（39 coquens non cocens、40 coqui non coci）、またそれよりずっと古い『サテュリコン』にも cocus の綴りが出ている。つまり、COQUERE「料理する」は、ロマンス語の語源としてはむしろ *COCERE を想定した方が良いのであることは、「付録2　単語対照表 5. 動詞」から見えてくる。数詞 QUINQUE「5」に関しても同様で、想定される直接の語源の形は *CINQUE である。

　ここから後の記述に関しては、同「対照表 2. 名詞」の AQUA「水」、EQUA「雌馬」、QUADRĀTUM「四角」、同「4. 数詞」の QUATTUOR「4」、QUINQUE「5」、同「5. 動詞」の QUAERERE「探求する」、SEQUĪ「後に従う」→ SEQUERE、同「3. 形容詞」のAEQUĀLIS「等しい」などを参照してほしい。

　［kw］が残存した語においてもその後［k］への変化が暫時起こったのであるが、その変化が徹底しているのがフランス語である。母音間に来たもの以外は殆どすべてが［k］である。綴りでは qu を維持しているので紛らわしいが、12世紀には円唇性を失って［k］になっていたらしいと考えられている。現在 quoi が［kw］の発音を持つが、これは母音構造のところで既に説明したフランス語の母音変化（ĭ ＞ ę ＞ ei ＞ oi ＞ oe ＞ we ＞ wa）に由来するものであって新しい。それ以外で qu の綴りで［kw］と発音されるフランス語があればそれは人工語である。

　母音間に［kw］が置かれた場合には、逆に軟口蓋性が消えて［w］のみが残り、

201

06 第六章 音の変化

その後それも消えた（AQUA「水」> eve > eau）。

　ルーマニア語ではまた異なった変化で、qua、quo の場合［k］になるのはフランス語と同様であるが、que、qui では破擦音［tʃ］にまでなってしまう。また、面白いことに［kw］は少なからぬ語では円唇性が強調されて［p］へと変化するのである。それは、語頭であろうと母音間であろうと同じである。

　ポルトガル語・スペイン語・カタルーニャ語・イタリア語は、良く似た経過をたどった。

　qua は語頭では［kw］を維持する。母音間では［gw］と有声化する。語頭のque、qui、quo は［ke］、［ki］、［ko］となる。

　ただし、イタリア語は少し特殊である。第一に、［kwe］や［kwi］の組み合わせが残っている。もちろん、querela「苦情」、questione「質問」、quieto「静かな」などは人工語、イタリア語で言う voce dotta であるが、quercia「樫の木」、quindici「15」、quinto「5番目の」などは自然に伝承された語なのである。これらの［kw］の残存をロールフスは「奇妙だ」と言うだけでそれ以上探求しない（Rohlfs 1, §163）。

　さらにイタリア語は、新たなる［kw］を作り出している。qui「ここ」、questo「これ」、quello「あれ」、quindi「そこから」などである。これらはすべて、ラテン語の ECCE（「ほら、ここに」という意味の間投詞でイタリア語では ecco になっている）が変化した *ECCUM と HIC「ここ」、ISTUM「それ」、ILLUM「あれ」、INDE「そこから」などが結合した結果である。

　有声音［gw］においても、無声音の場合と並行的な変化が生じていることは、「付録2 単語対照表 2. 名詞」の LINGUA「舌、言葉」> língua/ lengua/ llengua/ langue/lingua/limbă の例から分かる。

　ロマンス語は、ラテン語以外からの参入による新しい唇軟口蓋音を持つこととなった。それはゲルマン語系単語の流入による。これについては、「06412 ゲルマン語語彙の扱い」で述べる。

06405　yod効果　―テフテフからチョーチョーへ―

　ロマンス語の子音変化において、「yod効果」と称される現象がある。yod とは日本語「ヤ、ユ、ヨ」の母音の前にある半子音（半母音と言っても同じことである）で、国際音声記号、いわゆる発音記号では［j］で表される。本書では、国際音声記号として［　］で囲んだ場合は［j］とするが、本文中では y の記号で表す

202

ことにする。yod効果とはこの音の介在によって特定の音韻変化が生じることを言う。たとえば、p の後に yod が続く場合（本書では p-yod と書く）である。先に「051 語彙変化の種類」でフランス語 sage の語源を俗ラテン語 *SAPIUS であると書いたが、PIO > bio > byo > ge という変化がその実例の一つである。yod は全ロマンス語において前後する音に大きな影響を与えたのであった。このような音韻変化を前述の「口蓋化」現象に含めてしまう記述があるが、これはやはり別項目として扱うべきである。

　y音はラテン語子音組織にもあったのであるが、そのためだけの文字はなかった。既に述べたように母音記号であるはずの i にその役が負わされていたのである（FILIA なら「フィーリア」で３音節の語であるが、IOCUS では「ヨクス」と２音節語）。詩を読むときのようにラテン語を正確に発音するためには、その違いが分かっていなければならないのである。

　半子音 y は、IOCUS「楽しみ」がスペイン語では juego、フランス語では jeu、イタリア語では giuoco、ルーマニア語では joc となっているように、語頭に来た場合にはロマンス語においては「半子音から子音へ」という変化を明瞭に見せている。他に「付録2　単語対照表 2. 名詞」IŪDEX「判定者」も参照のこと。

　しかし yod効果とはこのような自然な変化を言うのではなく、ロマンス語への変化の過程で生じた二次的な y音が作り出す現象である。

　その一例が、[l] や [n] が「リュ」、「ニュ」のようになる「湿音化」である。

　FĪLIA「娘」は、イタリア語では figlia、スペイン語では hija、フランス語では fille となっており、VĪNEA「ブドウの木」はそれぞれ vigna、viña、vigne となっている。元来は ia、ea という母音連続であったものが、ya という発音へ変わり、その後二次的変化を蒙っているのである。ルーマニア語では、同じ環境では [l]、[n] は湿音化を経て消失に至る（femeie < FAMILIA、vie < VĪNEA）。スペイン語の [l] は j の文字が示す通り現代語では [x] の音にまで変化しているのであるが、この問題については、後で別に触れる。

　VĪNEA の例で分かるように、yod音を作るのは i だけではなく母音の前の e もそのように変化する。「055 色彩語はどうなったか」で触れた、スペイン語 rojo「赤い」< RUSSEUS、フランス語 rouge「赤い」< RUBEUS のような変化も、eu > yo という変化がまずあったからである。蝶々は旧仮名遣いでは「てふてふ」である。「テフテフ」から「チョーチョー」への音韻変化、「今日」の「ケフ」から「キョー」への変化はまさに yod効果の現れである。

203

06 第六章 音の変化

『プロブスの付録』が既にそれを示していて、そこには、55 vinea non vinia、63 cavea non cavia、68 palearium non paliarium のような「訂正」がいくつか存在している。面白いのはそこには 113 alium non aleum、114 lilium non lileum のような逆の訂正も同じ数ほど書かれていることである。つまりこの訂正が書かれた時代、ロブスンの見解に従うなら6世紀後半にあっては、母音連続の際の発音が大きく変化しており、正書法への迷いが頻繁に見られたということである。

既に述べたように、ラテン語は摩擦音は［f］と［s］しか持たず破擦音には縁のない、音声学的には単純な言語であった。しかし、ロマンス諸語は［z］、［v］のような有声摩擦音を増やし、破擦音も［ts］、［dz］、［tʃ］、［dʒ］などのように現代フランス語以外は備えている。ルーマニア語に至っては摩擦音と破擦音を合わせると10の音韻が子音組織の中に存在する。その変化を後押しした要素の一つが yod であった。

yod が行使した影響を子音すべてに亘って各国語ごとに記述することは本書の範囲を超えている。それはそれぞれの言語の音韻史の書物にお任せする他はない。本書ではそのうちでも顕著な例の説明にとどめることにする。

p-yod と b-yod の例から始める。

yod効果が摩擦音を生み出した最も顕著な例と言えばそれは先ほど引用した *SAPIUS > sage の例である。sage の場合、フランス語ではこれは特例であって、p-yod は無声音［ʃ］となるのが規則的変化であり、［ʒ］を生み出すのは b-yod と、そして v-yod である（SAPERE「賢い」→ SAPIAT > sache、*APPROPIĀRE「近づける」> approcher、RABIĒS「怒り」> *RABIA > rage、RUBEUS「赤い」> rouge、CĀVEA「檻」> cage、ABBREVIĀRE「短くする」> abréger）。sage の場合は、*SAPIUS が早くから *SABIUS へと変化していた結果であると推測されている。

b-yod、v-yod はオック語やカタルーニャ語でも摩擦音を生む。「付録2 単語対照表 3. 形容詞」RUBEUS、同「対照表 5. 動詞」の ABBREVIĀRE を参照。

k-yod、g-yod の場合は、既に述べたいわゆる口蓋化現象とほぼ同じであると考えて良い。

t-yod の例で見ると、これが早くから［ts］のような発音に変わっていたらしいことは、2世紀の文書において既に TERTIUS を TERCIUS と誤記する例が見られることから分かる。

204

ロマンス語における結果は、同「対照表 2. 名詞」の CRĒDENTIA、FORTIA、PUTEUS、TRISTITIA、RATIŌ などに現れている。

ルーマニア語では無声破擦音［ts］になるのであるが、その他では (a) 子音に続く t-yod であるのか、(b) 母音の後であるのか、で結果は異なる。

イタリア語では (a) の場合は credenza、forza であり、(b) なら pozzo、tristezza であるように、無声破擦音［ts］とその二重子音とに分かれる。イタリア語には RATIŌNEM「計算、判断」から ragione「理由」と razione「割当」が、STATIŌNEM「停止」から stagione「季節」と stazione「駅」ができるような例があるが、gi の方はフランス語からの借用とされる。zi は人工語である。

フランス語では (a) と (b) は無声摩擦音［s］になるか有声摩擦音［z］になるかの差となる。tristesse（< TRISTITIA）の場合は明らかにそれに反しているのだが、ブルシエはわざわざそれを取り上げて -TITIA が -TICIA に変わっていたからであろうと説明している（Bourciez 2, §147）。

ポルトガル語に関しては、tristeza、razão のような例もあるのにメネンデス＝ピダルは「全部無声摩擦音になる」としている（Menéndez 2, §53）。

スペイン語ではそれは無声破擦音［ts］と有声破擦音［dz］の差であって、14世紀以来 ç、z と書き分けられて発音の差を示していた。それらは差を保ったまま次第に歯間摩擦音［θ］と［ð］へ変化した。そして17世紀以後有声音が無声化し、現代標準スペイン語における c、z の正書法が固定化した。

d-yod は、母音間であれば早い時期から d の音を失い、yy となっていたと見受けられる。スペイン語とフランス語ではそれは y に単純化される（RADIUS > rayo、rai、HODIĒ > hoy、(aujourd'）hui）。rai は英語に ray を残したが現代語では人工語 rayon に置き換えられている。ポルトガル語は後続母音で結果は分かれる（raio、hoje）。

イタリア語のトスカナ方言では yy が ggi へと変化している（raggio、oggi）のであるが、イタリア語の多様性はここにもあり、raggio「光線」と並んで razzo「（車輪の）スポーク」も RADIUS から出ている。MEDIUS > mezzo は標準語である。d-yod の結果が一様ではないことについてイタリア語史の泰斗ロールフスは、母音間の d-yod は民衆の間では yy へと変化していたが教養人による ddy という発音も残っており、後者の方が zz という結果をもたらしているのではないかとしている（Rohlfs 1, §276）。スペイン語にも GAUDIUM「楽しみ」> gozo、MEDIUS「中間の」> medioのような例はある。

205

06 第六章 音の変化

　d-yod は、それが母音ではなく子音に続くときには別の結果が出る。ただし、可能な組み合わせである ndy、rdy を含んで多くのロマンス語に子孫を残している語は少ないのが難点で、記述は十分にはできない。

　ルーマニア語では d-yod はその位置に関わらず z となる（MEDIUS > miez、PRANDIUM「朝食」> prânz）。スペイン語では z（発音は［θ］）となるのが一般的である（vergüenza < VERĒCUNDIA、almuerzo < *ADMORDIUM）。フランス語では前に来るのが n の場合には vergogne < VERĒCUNDIA の例が示すように ndy は ny へと変化する。n 以外の子音に続くときには d-yod は破擦音化し、そして14世紀以後それを摩擦音にした（verger < *VIRDIARIO < VIRIDIĀRIUM）。イタリア語では z となる（PRANDIUM > pranzo、HORDEUM「大麦」> orzo）。ただし、vergogna < VERĒCUNDIA のような例もある。

　イタリア語の場合、yod が特異な結果を生み出しているのは ry の場合で、それは r を無音化させてしまう（gennaio < IĀNUĀRIUM、cuoio < CORIUM、paio < *PARIUM（← PAR）、muoio < *MORIO < MORIOR など）。

　この変化は各地の諸方言の中でもトスカナ方言にのみ生じたもので、それがイタリア語の標準語となった。memoria、conservatorio のごとくに -ria、-rio の語尾を持つ語は人工語である。

　yod効果の一つとして、それが音位転換を促すことがある。音位転換 metathesis については後でも扱うのでここでは簡単に触れるだけにするが、yod の音位転換はスペイン語とフランス語において明瞭である（BASIĀRE「接吻する」> *baisare > besar/baiser、PRĪMĀRIUS「最初の」> *primairo > primero/premier など）。queso「チーズ」もその一例で、この源流はポンペイの落書きに既に CASIUM として見られる。CASEUM であるべき語であるが、ここに音位転換が生じて *kaiso となり、それが queso へと変化したのである。この語については「0711 チーズの言葉あれこれ」で再説する。既に述べたフランス語 SAPIAT > sache は単純な yod効果であるが、スペイン語とポルトガル語においては同じ語に音位転換が起きていて、SAPIAT > *saipat からスペイン語 sepa、ポルトガル語 saiba となった。

06406　連続子音の扱い

　yod効果とは子音と半子音との連続が起こさせた変化であった。子音が別の子音と連続しているときにも、単独の場合とは異なった変化が生じることがある。

206

［k］の変化は、単独の場合と［ks］、［kt］の連続の場合とでは大いに異なる。［ks］、
［kt］の［k］は、ラテン語時代に既に一種の摩擦音で発音されていたのであろうと
ラウスベルグは推測している（Lausberg,§430）。それはその後 yod に近い音に
変化し、さらなる個別的変化をもたらしたらしい。

　［ks］はラテン語では x の一文字で書かれ、その習慣は今も多くのロマンス語
で続いている。しかし、［ks］の発音自体をラテン語からそのまま存続させた言語
はただ一つとして存在しないのである。ロマンス語で x の文字が［ks］を表すの
ならば、それはすべて人工語である。

　ラテン語の［ks］が蒙った音韻変化については、「付録2　単語対照表 2. 名詞」
の、COXA「腿」、同「対照表 4. 数詞」の SEX「6」、同「5. 動詞」の LAXĀRE
「緩める」、TEXERE「織る」を参照のこと。

　ポルトガル語は ks > ys >［ʃ］という変化が大多数だが、同化現象による ss な
る変化もある（SEXĀGINTĀ > sessenta）。スペイン語はポルトガル語と同じく
ks > ys >［ʃ］という変化をたどったのであるが、その後［ʃ］>［x］という変化が起
こっている。フランス語では ys > is となり、i がその前の母音と融合して e となっ
ている。イタリア語はこの語では［ʃ］音となっているが、一般的には ss という二
重子音となる（SAXUM「岩」> sasso、VĪXĪ「私は生きた」> vissi）。

　［kt］は、ルーマニア語では［pt］へと変化したのが特徴的である。「付録2
単語対照表 2. 名詞」の FACTUM、FRUCTUS、LAC、NOX、PECTUS を参照の
こと。［ks］も［ps］になりえた（COXA「腿」> coapsă）。イタリア語は二重子音化
（tt）している。［kt］の結果はすべて同「対照表」の上記の単語に現れているので
あるが、ルーマニア語とイタリア語以外については、「065 個別言語事情」で詳し
く述べる。

　［nkt］の連続の場合には、［nt］となる（SANCTUS「聖なる」）。

　鼻音に関して言うと、［gn］の連続もそのままでは維持されえず、ルーマニア語
で mn へと変ずる他はニュへと湿音化した（同「対照表」PUGNUS、SIGNUM 参
照）。

　［mn］もルーマニア語では維持された（SOMNUS「眠り」> somn）が、他では
湿音化する（スペイン語 sueño）か二重子音化する（イタリア語 sonno、フランス
語 somme）などの変化を蒙っている。現代のフランス語では単子音になっている。
この連続に関しては、「064071 わたり音の挿入」も参照のこと。

　［ns］は早くから［s］と単純化されていた。「執政官」CONSUL が COSOL と

なっている前 2 世紀の碑文が残されている。フランス語 penser「考える」などはすべて人工語である。

　以上の連続子音は語頭には来ない組み合わせである。語頭にも存在しえて興味深い変化を見せるのは、pl、cl、fl の連続である。これらが語頭に、あるいは音節の先頭に来た場合、ポルトガル語ではすべて［tʃ］を経て［ʃ］になる。綴りは ch である。イタリア語ではそれぞれ pi、chi［ki］、fi になってしまうのである。PLUERE「雨が降る」、PLŌRĀRE「泣く」、CLĀMĀRE「呼ぶ」、CLĀVIS「鍵」、FLAMMA「炎」などにその変化が明瞭に表されている。これらの言語で planta「植物」、claro「明るい」、flor「花」などの語が存在する場合、そこには外国語からの借用や人工的操作などの介在があるとみなすのが通例である。スペイン語ではそれらが ll［ʎ］になるのであるが、fl に限って言えばその例は FLAMMA 以外殆ど見られず、fl で始まる語が多数ある。FLŌS がその好例で、FL >［ʎ］をスペイン語の規則的音韻変化とするなら、FLŌREM > flor には特別な説明が必要になる。スペイン語語源学の第一人者コロミナスはこれを一種の教養語であったからと説明する。当然それには反論もあるのだが、満足しうる理論は目にしていない。

　p、k、f に対応する有声音 b、g、v と l の組み合わせでは結果が異なる。

　まず、vl の組み合わせはラテン語時代から存在しない。

　bl の例も数少なく、ロマンス語で残る例は多くゲルマン語起源の単語であり（*BLANK「白い」、*BLAO「青い」、*BLUND「金髪の」など）、イタリア語はそれらを bianco、biondo のごとくに変えるのに対してポルトガル語やスペイン語では借用語しか存在しないようである。

　gl はイタリア語では ghi となる（「付録 2　単語対照表 2. 名詞」の GLACIĒS「氷」、GLANS「どんぐり」を参照）。

　他の 3 言語では、ルーマニア語は cl、gl ではイタリア語と同様の変化を見せているのに対し、その他の組み合わせでは変化を見せていない。フランス語、カタルーニャ語ではそれが語頭に来る限りにおいては pl、cl、fl、bl、gl はすべてそのまま維持されることは、以上の例を見れば明瞭である。

　しかし、この中でも cl、gl は、母音間においては特有の変化を見せる。

　AURIS「耳」、GENU「膝」、OCULUS「眼」、OVIS「羊」などの例を見ると分かる通り、cl はポルトガル語、カタルーニャ語では［ʎ］である。フランス語はそれをさらに進めて半母音［j］にしてしまっている。スペイン語もさらなる変化を見ているのであるが、それについてはスペイン語特有の変化で詳しく述べる。イタリ

ア語、ルーマニア語は語頭の場合と同じ変化をしている。

gl も cl とほぼ等しい結果を見せている（同「対照表」TĒGULA「タイル、瓦」、VIGILĀRE「起きている」を参照）。

06407　語中音節の脱落 syncope

ロマンス語における音韻変化は、個々の子音に別々に生じたのではなくて、全体としての音韻構造の変化と深く関わっている。

アクセントが強弱アクセントへと完全に変化したロマンス語では、アクセントのない音節の母音が弱化し、ついに消失する現象が起こることは既に述べた。フランス語の動詞、mettre「置く」、vivre「生きる」、prendre「取る」はそれぞれ、ラテン語 MITTERE、VĪVERE、PREHENDERE から来ているのがその実例の一部である。

syncope と呼ばれるこの現象は、ttr、vr のようなラテン語にはなかった連続子音を作り出し、それが新たなる音韻変化の引き金ともなる。

新しく生じた連続子音がそのまま維持されえなかったとき、それへの反応として最も明快なものは子音の単純化である。

ASINUS「ろば」はポルトガル語・スペイン語では asno で子音連続を維持しているがフランス語では古形 asne を経て âne となる。一方カタルーニャ語では別の子音を消して ase とする。CĪVITĀTEM（← CĪVITĀS「街」）は *civtate となり、イタリア語 città、スペイン語 ciudad、ルーマニア語 cetate を生む。

一方、新たに生じた連続子音がまた別の子音へと変化する現象も当然起こる。

『プロブスの付録』にあった 5 vetulus non veclus に見られる cl が新たに生じた連続子音の一例である。VETULUS「古い」> VECLUS がロマンス語でどのような形へと変化したかは「付録 2　単語対照表 3. 形容詞」が示すところである。これを「眼」OCULUM の変化と対照させてみると、olho/ojo/ull/œil/occhio/ochiu となり、全く平行的である。要するに OCULUM も同様に *OCLUM という形を経たであろうことが分かる。

cl > cy へと変化したイタリア語・ルーマニア語に対して、その他では cl > yl > ly という変化を示している。結果的に yod 効果の項で述べた ly と同一である（「葉」FOLIUM を参照）。

スペイン語における j の発音（発音記号では［x］であり、日本語のハヒフヘホ

209

の［h］よりは前で発音される）は特異に見えるがスペインでも cl > yl > ly という変化は同じく起こっていたのであった。「眼」はアラゴン方言では uello、レオン方言では ueyo である。ただカスティリア方言においてはそれから先の変化が生じて、リュはジュにまで進み、当然それは j の文字で書かれることとなり、それがスペイン語の標準語となった。［ʒ］から［x］への発音の変化については、「0652 スペイン語」でさらに述べる。

フランス語では二次的子音連続 rc、dc、bc が［dʒ］となるフランス語特有の変化を見せている。CARRUS「荷車」から作られた *CARRICĀRE は *CARRCĀRE の形を経て charger となり、英語を通じて日本語「チャージ」のもととなる。VINDICĀRE「強く主張する」は同様の経路を経て venger「復讐する」（日本語「リベンジ」の源流）を、MANDŪCĀRE「食べる」は manger を生む。イタリア語 mangiare はこの借用である。他に「付録2　単語対照表 5. 動詞」IŪDICĀRE「判定する」も参照。

この現象と連動して、ロマンス語の歴史にかなりの足跡を残しているものに -ĀTICUS という名詞形成語尾がある。これについては、「07911 派生」で詳しく述べる。

064071　わたり音の挿入

syncope による二次的子音連続は、音韻変化以外の結果をも生み出す。それは、発音を円滑にするための新しい音の挿入である。そのような音は、わたり音（glide）と呼ばれる。これは、後で扱う「語中音挿入」（epenthesis）という現象の一部であるが、二次的子音連続での発音を円滑にするための epenthesis に関しては「わたり音」としてここで別に扱うことにする。なお、glide は半母音を指すときに用いられる語でもあるので文献を読むときには混同しないように注意が肝要である。

わたり音の最も顕著な例はフランス語で最重要な動詞 être の -t- である。ラテン語語源 ESSE から être に至るには、ESSE >（1）*ESSERE >（2）essre >（3）estre >（4）être という4段階の変化が存在して、変化のそれぞれに名称を付けることが可能である。

（1）は不規則形であった不定詞を -re の語尾の標準的形へ変える平準化現象、（2）は syncope、（3）は発音を滑らかにするためのわたり音 t の挿入、（4）は3子音連続を解消するための第一子音消失と、その結果としての綴り字の改変を表して

いる。

　「祖先」ancêtre < ancestre < ANTECESSOR も同じで、-essor > -essr > -estr > -êtr の変化を見せている。ancêtre の語末の e は正書法の約束事で発音とは無関係である。英語 ancestor は古フランス語形の時代に取り入れられた語。

　わたり音挿入はスペイン語、カタルーニャ語、フランス語に見られるのだがその他では稀で、法則化されない突発的現象である。以下にその例を示す。

　　　mr > mbr の例

　NUMERUS「数」はフランス語・カタルーニャ語では nombre、スペイン語では número。一方 CAMERA「小部屋」はフランス語 chambreであるがカタルーニャ語 càmera。

　　　ml > mbl の例

　TREMULĀRE「震える」はフランス語 trembler、スペイン語 temblar（< tremblar）であるが、カタルーニャ語 tremolar。

　フランス語 sembler「〜のように見える」は後期ラテン語 SIMILĀRE「似ている」から来ているが孤立した例で、カタルーニャ語 semblar、イタリア語 sembrare は借用語である。

　　　nr > ndr の例

　これは、スペイン語動詞 poner、tener、venir の未来形がその代表である。第八章「形の変化２　動詞」で述べるように、多くのロマンス語の未来形はラテン語とは異なり不定詞＋「持つ」の意味の動詞で組み立てられている。スペイン語の場合には poner ＋ é、ás、á etc. であり、それが syncope の結果 ponré etc. となってその形も古スペイン語では残されているのであるが、その後発音の滑らかさのために d が挿入されて pondré となり固定化した。カタルーニャ語とフランス語のtenir、venir においても事情は同様である。これらでは、スペイン語では poner であるのに対して不定詞形でもわたり音が入った pondre が標準となっている。また「付録２　単語対照表 2. 名詞」GENER「婿」の例も参照のこと。

　　　lr > ldr の例

　スペイン語 valer の未来形 valdré etc. も valer ＋ é etc. にわたり音が入った実例。フランス語 valoir の未来形 vaudrai etc. も同じ現象であるが、aldr が audr となる規則変化を蒙っている。vouloir の voudrai etc. も同じである。カタルーニャ語においても同じ現象が生じている。しかし、イタリア語、ポルトガル語、ルーマ

211

06 第六章 音の変化

ニア語には類似現象はない。

スペイン語では、mn という二次的子音連続がわたり音挿入を持つこととなった（FĒMINA > hembra、HOMŌ→ HOMINEM > hombre、SĒMINĀRE > sembrar）。13世紀までは hemna、uemne のごとき形が保たれていたが、カスティリア方言で mn が mr へと異化作用を蒙り、それが mbr のようにわたり音を導入する結果となったのである。異化作用についてはこの後「06409 同化作用・異化作用」で述べる。

これと等しい変化の例として NŌMEN「名前」に由来する nombre がある。同「対照表 2. 名詞」で見る通り、スペイン語以外では NŌMEN からの直接の子孫であることは明らかだが、nombre に関しては古い nomne という語形が示す通り NŌMEN ではなく *NŌMINE という語源を強く示唆するのである。しかし中性名詞である NŌMEN は *NŌMINEM という対格形を持つことはない。スペイン語のみに生じているこの現象は、LEGŪMEN「野菜」→ legumbre、LŪMEN「明るさ」→ lumbre に関しても同じである。

スペイン語学の最長老であるメネンデス＝ピダルの説明は少し曖昧に感じられるのであるが、筆者の理解によると、NŌMEN > *NOMNE という音位転換（これについては直後で述べる）によるか、*NŌMINEM という類推的男性対格形のどちらかであると言う（Menéndez 2, §77）。

ところで、DOMINUS を語源とする dueño はその変化に従っていない。メネンデス＝ピダルは、DOMINUS > DOMNUS への syncope 現象は非常に早くラテン語時代に起こっていて、dueño はスペイン語で通常の mn > ñ という変化（AUCTUMNUS「秋」> otoño、DAMNUS「被害」> daño）を先に受けていたからであると説明している（Menéndez 2, §59）。

06408　音位転換 metathesis　―フンイキからフインキへ―

「忘れる」はスペイン語では olvidar、カタルーニャ語では oblidar で、lv/bl と子音の順序が逆になっている。語源はラテン語 OBLĪVISCĪ の完了分詞 OBLĪTUS から作られた *OBLĪTĀRE で、子音の順序はフランス語 oublier とともにカタルーニャ語の方が古い。スペイン語の方で v と l が順序を変えてしまう音位転換の現象 metathesis が起こっているのである。

これは何語でも起こりうる現象で、永井荷風は日記『断腸亭日乗』の中で「あき

212

ばはら」か「あきばがはら」であった秋葉原が「あきはばら」と発音されることに痛憤しているがもはや止めようはない。日本語で今現在進行中の現象では雰囲気を「ふんいき」ではなく「ふいんき」と発音する人が多数出て来たことがある。先日テレビでもその発音を聞いている。

　音と音とが順序を変えるこの変化 metathesis は、程度は様々だが主要ロマンス語にはすべて見られるものである。音の種類としては流音［r］、［l］に生じやすい。ただし規則的なものではなく、突発的変化である。

　QUATTUOR「4」は「付録2　単語対照表 4. 数詞」で見るごとく、-tuor の部分が -tro/-tre/-tru と母音と子音の順序がすべてで逆になっている。類似現象は INTER > entre etc.、PRŌ > por、pour、FORMĀTICUM > fromage、*TURBULĀ-RE > torbler > troubler などで、母音と子音の逆転は metathesis のなかでは一番多く見られるものである。

　わたり音挿入のところで言及した GENER「婿」がフランス語で gendre であるのに対してスペイン語で yerno であるのは、yenro を経たもので、フランス語のようにわたり音によるのではなく音位転換で発音の滑らかさを作り出しているのである。

　子音の順序が逆転する現象としては、スペイン語 olvidar　の他に、イタリア語 pioppo「ポプラ」がある（「付録2　単語対照表 2. 名詞」PŌPULUS 参照）。ルーマニア語では plop となっているのを参照すると popl- から plop- への変化があったことが見えてくる。語頭の pl が py へと変化するイタリア語の変化は既に述べた。

　もっと複雑なのは、l と r が置き換わる現象である。ギリシア語から入り元来は「比喩、比較」の意味であった PARABOLA がロマンス語では「語」の意味になったのであるが、フランス語 parole、イタリア語 parola であるのに対してスペイン語では palabra、ポルトガル語では palavraであるのがその好例。スペイン語で PERĪCULUM「危険」が peligro、MĪRĀCULUM「奇蹟」が milagro となっているのも同現象であるが、ここには人工的操作が入っているとみなされている。

　metathesis には、子音が音節を飛び越して前、あるいは後に移動する現象もあって次の例にそれが見られる。

　　INTEGER「完全な」→ INTEGRUM > ルーマニア語 întreg「完全な」
　　INTEGRĀRE「再生させる」> ポルトガル語・スペイン語 entregar「手渡す」
　　CREPĀRE「雑音を立てる」> ポルトガル語・スペイン語 quebrar「壊す」

213

06 第六章 音の変化

06409 同化作用・異化作用 assimilation/dissimilation

同化作用 assimilation については、「0253 基層語」で、その問題とからめて一応触れておいた。要するにある音が、近接した音韻と同性質を持つようにと変化する現象である。既に見た無声破裂音の有声音化も、近接する母音の有声性への同化と解釈できる。同様に、連続子音 gn の変化も同化作用の一種である。メネンデス＝ピダルはこの現象を「音韻変化における最も強力な要因の一つである」と書いている（Menéndez 2, §65）。

『プロブスの付録』に、214 grundio non grunnio、149 persica non pessica とあるようにこの現象はロマンス語への発展において早くから観察されていたし、それ以前のラテン語の歴史の中に既に存在していた。ラテン語動詞 AGERE の完了分詞が ACTUS であるのは、t の無声音性が語根の -g- の有声音を無声音に同化させたからである。

ACTUS や、イタリア語での kt > tt、ks > ss の変化は後の要素が前の要素を同化させているので逆進的同化（regressive assimilation）であり、『プロブスの付録』214は前進的同化（progressive assimilation）である。

スペイン語 venir、valer、フランス語 venir、valoir などの未来形において d というわたり音が入ることを述べた。イタリア語の場合、それに対応する動詞は venire、valere であるがその未来形は verrò、varrò etc. である。nr、lr という新しい子音連続を滑らかにするためにイタリア語ではわたり音ではなく逆進的同化でそれを解決しているのである。

隣接しない音への同化もある。「搾乳する」MULGĒRE がイタリア語で mungere、ポルトガル語で mungir となっているのは、語頭の鼻音が l に対して前進的同化を強いた結果で、IŪLIUS「七月」がイタリア語では luglio であるのは逆進的同化である。ルーマニア語 fereastră「窓」（< FENESTRA）も同様。

同化作用と対になって論じられる、異化作用 dissimilation がある。これは、隣接の音とむしろ異なった方向へと変化させる現象である。これについては、syncope の結果としてのわたり音挿入の個所で既に触れている。

HOMINEM > hombre という変化の中間には mn > mr という変化が存在した。鼻音＋鼻音から、鼻音＋流音へと変化しているのである。

異化作用は鼻音と流音に起こりやすい現象で、español の古形は españon であったし Barcelona の古形は Barcinona で、Bologna は Bononia であった。これら

214

の場合、鼻音は連続はしていないが一方の鼻音が流音へと置き換えられている。LONDINIUM がフランス語で Londre「ロンドン」となったのは、dn という歯茎音連続を避ける異化作用による。

　流音が別の流音に置き換えられる例もある。PEREGRĪNUS「巡礼」> フランス語 pèlerin、イタリア語 pellegrino、LĪLIUM「ゆり」> スペイン語 lirio。

　ARBOR「木」の場合は複雑で、様々な異化作用が現れている。イタリア語 albero、スペイン語 árbol であるのは、同種の異化作用が別々の個所に現れている例である。一方フランス語とカタルーニャ語は arbre であるのだが、カタルーニャ語の場合、最初の r は綴りだけで発音はされない。これも、二つの流音の連続を避けるための異化作用の発現とみなされる。フランス語でも17世紀では同様な発音であったが現在では綴り字通りに両方が発音される。綴りは保守的で発音の変化にすぐにはついていかないのに、その綴りが後になって発音に影響を与えているのである。カタルーニャ語動詞 prendre「取る」も、不定詞形では最初の r は発音されない。しかし、現在形など語尾に r が来ない語形の場合には pr は［pr］と発音するのがカタルーニャ語文法の規則である。

　二つの流音の一方が破裂音になる例は、QUAERERE「探求する」> イタリア語 chiedere。一方、スペイン語・ポルトガル語では querer である。

　二つの流音の一方が破擦音になる例は、LĪLIUM「ゆり」> イタリア語 giglio。スペイン語の例は既に書いた。

　二つの鼻音の一方が破裂音になる例は、MARMOR「大理石」> フランス語 marbre。スペイン語では mármol で別の異化作用を起こしている。英語では、フランス語を通過することなく古英語時代に marmel となっており、それがさらに marble へと変化しているので異化作用が二度生じているわけである。

　英語の「水準」level に対応するのはフランス語 niveau、スペイン語 nivel、イタリア語 livella である。関係ないはずのイタリア語が英語に一番近い。この結果を生み出しているのは、「指小辞形の派生」、「破裂音の擦音化」、「語末音消失」、「異化作用」、「借用」という言語変化にはよく起こる現象の連続である。

　究極の語源は LIBRA「秤」から来た LIBELLA で、イタリア語では最小限の変化しか起こらなかった（ただし、現代イタリア語では男性形 livello が「水準」である）が古フランス語で livel となり、その後14世紀に異化作用が起こって nivel と

215

06 第六章 音の変化

形を変え、さらなる母音の変化で niveau となった。英語は古フランス語時代からの借用、スペイン語は中期フランス語からの借用である。

064091　ウムラウト Umlaut

　同化作用の一種としてドイツ語 Umlaut をそのまま使うウムラウト現象がある。これは母音に生じる現象なのであるが、ここで解説しておく。よく metaphony という語で置き換えられ、日本語では変音と訳される。ある母音が同じ単語内にある別の母音に影響を及ぼす現象のことを言う。

　ドイツ語の場合それが文字の形に反映するので補助マークの付いた母音がウムラウトであると理解する人が多いが、これはその変化を起こさせた要因に付けられた名称なのである。

　たとえば、語末の母音が i であったとき、その前に来た母音が、それが隣接していなくとも、規則的でない変化を蒙ることがあるのである。実例は「06321 二重母音化現象」において、さらには第八章「形の変化 2 動詞」においていくつか見られる。

　なお、Umlaut を「母音交替」と訳している解説を見たことがあるが、母音交替というのは Ablaut の訳であり、言語現象としては Umlaut とは全く別のものであるから間違えてはいけない。印欧語学では最重要な概念である母音交替（英語では apophony で、形容詞 BONUS に対して副詞 BENE となるように o と e が交替する現象にそれが見られる）は、ロマンス語学とは無縁であると考えるべきである。マイエル＝リュプケは Ablaut の用語を用いる（Meyer-Lübke 3, §§ 185-192）が、それはアクセントの有無による母音の違いであり、印欧語的 Ablaut 現象とは異なる。

064092　重音脱落 haplology

　異化作用の別の現れとして、似通った音のある音節連続があった場合その一方を脱落させてしまう現象がある。feminine「女性的な」に -ism を付けてできた語 femininism「女性的であること」から feminism を作り出すのは人工的操作であるが、このような現象は言語の歴史では無意識のうちに生ずるものなのである。England は元来は Angla-land「アングル族の住む土地」であった。「悲喜劇」tragicomedy に対応するラテン語 tragicomoedia はプラウトゥスの喜劇『アンピトルオ』の文中から始まるのであるが、それには tragicocomoedia という別読みもあ

216

る。語源的にはこちらが正統的で、tragicomoedia は -co- の連続の一方が脱落しているのである。

この現象は（ある資料によると20世紀アメリカ構造主義言語学の第一人者であったブルームフィールドによって）、英語 simple と語源を共有するギリシア語 haplos ＋「言葉」logos から haplology と命名されている。日本語の用語としては重音脱落というものが定まっている様子である。

ロマンス語の歴史の中では、この現象は動詞の活用の中に現れて来る。DARE「与える」の完了形は DEDĪ/DEDISTĪ/DEDIT/DEDIMUS/DEDISTIS/DEDERUNT であったが、それがスペイン語では di/diste/dio/dimos/disteis/dieron となっているのがその一例である。

06410　音の消失・添加・挿入

ロマンス語における変化とは、大体において語が短くなっていくものであった。語中の母音が消失する syncope については既に見た。音の消失は語頭においても語末においても起こるのであるし、また逆に新たに音が増えていくこともある。そのような現象にはそれぞれ名称がある。ここでの記述の順序に従うと、語末音消失は apocope、語頭音添加は prothesis、語頭音消失は apheresis、語中音挿入は epenthesis である。

064101　語末音消失 apocope

apocope の典型的例が AMĪCUS「友」がフランス語で ami にまで短くなっていることである。「付録 2 単語対照表 2. 名詞」を参照すると分かることであるが、apocope が一番進んでいるのがフランス語で、スペイン語、ポルトガル語、イタリア語は語末母音を多く残している。その中間にあるのがカタルーニャ語とルーマニア語である。

064102　語頭音添加 prothesis

音が消失するのではなく、その反対に以前にはなかった音が加わることも起こりうる。

スペイン語とイタリア語を対照させたとき、すぐに目立つ相違の一つに語頭の e の有無がある。「学校」escuela/scola、「書く」escribir/scrivere、「星」estrella/stella、「鏡」espejo/specchio、「狭い」estrecho/stretto のように。

217

06 第六章 音の変化

　スペイン語では、語頭の s の後に子音が続く単語は存在しない。それは辞書を見ればすぐに分かることである。その結果スペイン語話者の多くは speed、street のような英語の発音に苦労するし、外来語 ski、snob も esqui、esnob としてしまうほどである。

　語頭に「s ＋子音」の存在を許さない制限はポルトガル語、カタルーニャ語でも同じである。この 3 言語ではラテン語の SCHOLA、SCRĪBERE、STELLA、SPECULUM、STRICTUS の語頭に e が加わってしまった。これが語頭音添加、英語で prothesis または prosthesis と称される現象で、ロマンス語の歴史における一つの特徴である。

　語頭音が添加されたのは、主として「発音のしやすさ」のためである。母音で終わる語の後に来る場合には発音に問題はないが、子音で終わる語の後に来た場合には子音連続がさらに増えることになる。だから滑らかな発音のために間に母音が挿入されたのである。

　フランス語にもそれは起こっていた。最初の 3 語に該当する école、écrire、étoile は古フランス語では es- という形が存在していて、その後 s が消失したのである。

　現代イタリア語を見る限りではそのような制限はなく、ラテン語の語頭音がそのまま維持されたように見える。ルーマニア語もイタリア語と同じである。しかし、この現象が最初に看取されたのはイタリア半島内であった。現在のトルコの地名イズミル Izmir は古名が Smyrna であったのだが、それがポンペイの遺跡中の碑文に ismurna という形で出てくるのである。これは 1 世紀の例であるが、2 世紀になると語頭音添加の例はもっと多く見えてくる。

　古イタリア語では iscola、istella という例が見られることから、i の語頭音添加はロマンス祖語時代に生じた全ロマンス語的現象とみなすほうが良い。それがスペイン語などでは e- へと変化した一方、イタリア語とルーマニア語では別の道をたどった。古イタリア語では suola/iscuola、sposa/isposa と 2 形が存在し、それが la scuola/in iscuola、la sposa/per isposa のように前に来る音が母音か子音かで使い分けられている例がある。しかしその後、i で始まる形は消え、「s ＋子音」で始まる形の方が正当であることが固定したのである。

064103　語頭音消失 apheresis

　イタリア語 scuola の場合、結果的にはラテン語における元来の語頭子音が維持

されたことなのであるが、見方を変えると「s ＋子音」の前の語頭母音が脱落する現象であるとも言える。実際そのような語頭音消失現象（英語での apheresis、あるいは aphesis）はロマンス語の歴史には存在する。

　最も顕著な例は日本語ブティックとなったフランス語 boutique「小売店」である。語源は本来はギリシア語の APOTHĒCA で、「倉庫」のような意味であった。ポルトガル語・スペイン語 bodega は「酒蔵、酒屋」で多少原義に近い。英語 rice は古フランス語 ris から入った語であるがそのもとは ORYZA であってこれも apheresis の一例。日本語の「スペイン」、「ストーリー」も同じことである。それらは英語 Spain、story であるが、それらの起源をたどれば HISPĀNIA、HISTORIA であった。その h- がまず発音から消え、その後 i- が二次的な添加音であるかのごとくに感じられてそれも切り捨てられ、spania、storia のような語が生まれた。「スペイン」、「ストーリー」にはそんな経緯が存在している。「付録2　単語対照表　2. 名詞」での EPISCOPUS「司教」も参照のこと。ただしこれらすべてをマイエル＝リュプケは人工語としている。

　apheresis はイタリア語とルーマニア語に特に見られる。ラテン語で exc- で始まる語は、これらでは sc- となるがそれ以外では esc- となっているのが通例である（EXCALDĀRE「温める」は、イタリア語 scaldare 、ルーマニア語 scălda「入浴させる」に対してフランス語 échauder、スペイン語 escaldar「熱する」）。

064104　語中音挿入 epenthesis

　先にわたり音挿入について述べたが、このような単語の内部に新しい音が挿入される現象一般には epenthesis という名称が付いている。

　スペイン語の「星」は estrella であって、イタリア語ではラテン語の語源そのままの stella であるのに対し、余計な r が挿入されている。これが典型的な語中音挿入現象である。ギリシア語起源の「財宝」THESAURUS がフランス語で trésor となるのも同現象であるが、これは半人工語であるとみなされる。

　STELLA から estrella が生じたように、これは特に st の後に起こりやすい。日本語「レジスター」は英語 register であるが、この語は古フランス語時代に registre が英語に入ったもの。その語源は後期ラテン語の REGESTA「カタログ」でイタリア語とスペイン語でも registro となっている。英語の baluster「手すり」とその究極の語源 BALASTHIUM との関係も全く同じである。

06　第六章　音の変化

06411　類推作用 analogy

　語内部の環境のせいで音の変化が生じるとは限らない。別の単語における状況に影響されて音韻変化が、と言うよりも形の変化が生じることがある。それが類推作用である。

　REDDERE「戻す」はスペイン語 rendir、フランス語 rendre、イタリア語 rendere となっており、本来なかった n が挿入されている。この場合は、estrella のように純粋に音韻的条件から生じた変化とは異なった現象とみなされる。つまり、REDDERE と形が似通い、用法でも共通性のある PREHENDERE「取る」（＞フランス語 prendre、スペイン語 prender）に影響を受けて、後期ラテン語時代において *RENDERE という形に変わっていたのであろうと想定されるからである。

　スペイン語所有形容詞 tuyo、suyo の語源は TUUS、SUUS であるが、y の挿入は関係代名詞所有格 CŪIUS からの類推作用によると結論される。

　このような現象（類推作用 analogy）は、音の変化と言うよりはむしろ形の変化であると言える。そしてそれは特に動詞において起こりやすい。動詞活用形から不規則に見える形を追放する動きが加わるからである。

　古フランス語においては「愛する」の不定詞は AMĀRE からの規則的変化による amer であったが、それが aimer へと変化した。これは ［a］＞［e］という音韻変化が生じたというのではなく、単数形 aime（AMAT からの規則的変化による）からの類推によって活用形から不規則性が除去されたということである。

　スペイン語とイタリア語の動詞 poner/porre、tener/tenere、venir/venire、valer/valere、salir/salire などは、語源での 1 人称単数は PŌNŌ、TENEŌ、VENIŌ、VALEŌ、SALIŌ であったのに対し、pongo、tengo、vengo、valgo、salgo と一見不条理な g の介在を見せる。ポルトガル語では ponho、tenho、venho、valho、saio と本来的な yod 効果による音韻変化をそのまま見せており、そのような音は発生していない。この g も類推的作用で生じたものである。これについては、「08422　第四活用」の音韻変化の VENĪRE「来る」の項を参照。

　イタリア語に関するテカヴチクによる解説を短く引用すると、pungere（＜ PUNGERE）の 1 人称単数形には本来的形 pungo ['pungo] に加えてそれが変形した形 pugno ['puɲo] が併存していた時期があった。venire もそれに影響されて本来的形で yod 効果を受けている vegno ['veɲo] の他に vengo ['vengo] なる形が生まれた。その後 pugno 型は消えて pungo 型に統一されたのだけれど、同じく venire に関しても vegno 型は消えて vengo 型に統一されたのである。g の挿入が接続法形な

220

ど他の形にまで広がっていくのは、それからさらに類推作用が働いた結果である（Tekavčić, vol.2, §667。他にも Menéndez 2, §113、Rohlfs 1, §535）。

valgo に関して、またスペイン語の場合に関しても同様の説明が可能である。

動詞の変化における類推作用の具体例は、第八章「形の変化2　動詞」で頻繁に見られることになる。

06412　ゲルマン語語彙の扱い

フランク王国をその代表として、ゲルマン諸部族は旧ラテン語地域の大半で支配者となった。彼らは結局は被征服者の言語に同化したのではあるが「053 受け入れた言葉」で書いた通り語彙に関してはある程度の影響をロマンス語に残している。

英語 war のもととなった *WERRA「戦争」に代表される［w］を含む語彙の流入がその一つである。

古典ラテン語にも半母音［w］の音は存在しており、v の文字で表されていた。VOX「声」はウォークスなのであった。しかし、ブルシエの説に従うなら後1世紀にはそれを摩擦音［v］に変化させていた（Bourciez 1, §53, c）。ラテン語をギリシア文字で書いた文書では v を β で書く例が見られることでそれが分かる。それから数世紀が経って、5世紀頃からゲルマン語語彙の流入が始まるとロマンス語話者はもう発音しなくなっていた語頭の［w］を［gw］と発音することを受け入れたのであった。

この音はイタリア語においてそのまま保存されているのであるが、他では e/i の前では唇音性を失って単なる［g］にしてしまっている。日本語のガイドと出自を同じくするイタリア語の guida「案内人」［ˈgwida］（< *WIDA）はその他の言語では［gi］の発音である。

ゲルマン語は、ロマンス語が失って久しかった［h］の音も持ち込んで来た。しかしそれはただちに無音化され、フランス語において正書法の一部として存続しただけであった。*HARPA「ハープ」はフランス語では harpe だが他では arpa である。harpe を含む h で始まるゲルマン語系名詞は、フランス語では母音省略（フランス語で言う élision）を阻み、la harpe のごとくに書いてそのように発音される。ゲルマン語系であるという事情はそのような現象だけで示されている。

221

06 第六章 音の変化

065 個別言語事情

ロマンス語全般に亘る子音変化を扱ってきたが、ここからは、書き切れなかった各ロマンス語の音韻の特色を個別に述べることにする。順序は「付録2 単語対照表」におけるのと同じである。

0651 ポルトガル語

ポルトガル語は、母音の多様性で特徴づけられている。鼻母音の存在があり、また二重母音が多数存在するからである。

鼻母音については「06322 鼻母音化」で十分に述べてある。

スペイン語と比べたとき、ポルトガル語の無アクセントの母音は極めて「緩く」発音される。その結果有アクセント母音との差が明瞭である。

a はアクセントの有無に関わらず基本的に変わらなかったのであるが、［a］と並んで［ɐ］という音声記号で表される音が誕生しているのが特徴である。これは［a］よりは少し奥で調音される母音で、主に無アクセント a の音である（amigo「友」［ɐ'miɣu］、boca「口」［'bokɐ］）。綴りの上から両者を区別する指標はないし、［ɐ］と［a］の区別はBPには存在しない。このような発音傾向の誕生は en época reciente とされているのであるが詳しくは不詳である（Vásquez & Mendes da Luz, p.260）。

アクセントのある ę は、既に述べた通りポルトガル語では二重母音化は免れ、基本的には ę の音価を維持している（FERRUM「鉄」> ferro［'fɛrru］）。アクセントのある ẹ（狭い e）も基本的には狭いエである（FĒMINA「女」> fêmea［'femjɐ］、SIGNUM「印」→ senha［'seɲɐ］）。しかし、現代のポルトガル語では［e］と［ɛ］との対照性は明瞭ではなく、またそのどちらが発音されるかの区別は必ずしも歴史的由来（ẹ と ę の別）では説明できない。その説明の詳細に踏み込むことは本書の性格から外れるであろう。

無アクセントの e は、そのもとが ẹ であれ ę であれ区別はなく、語末に来たときには曖昧音［ə］である（BREVIS「短い」> breve［'brɛvə］）が、BPでは［i］にまでなる（breve［'brɛvi］）。また語頭か、あるいは s の前に来るなどの特別な条件では無アクセント e は極端に狭くなり、イに近く聞こえる。

o に関しても e とほぼ同じことが言える。アクセントがある場合には ǫ（< ŏ）は基本的に広いオであり（NOVEM「9」> nove［'nɔvə］）、ọ（< ō/ŭ）は狭いオである（LŬPUS「狼」> lobo［'loβu］）。しかし、語源とは無関係の広いオと狭いオの別も多く存在しているのである。無アクセントの場合には、語源とは無関係に

222

［ɔ］［o］［u］の３種の現れ方をする。語末に来た場合には［u］であるが、語末以外の場合については辞書に当たる他はない。

　ポルトガル語は、アクセントがもたらす二重母音化は免れたものの、別の動機から多くの二重母音を備える結果となった。非常に多いのでその一部しか挙げられないが、［aj］、［ɐj］、［ej］、［oj］、［aw］、［ew］、［iw］などは母音要素が前に来るので「下降的」二重母音と、［we］、［wɛ］、［wi］、［jɐ］、［ju］、［jɔ］などは逆なので「上昇的」二重母音として分類される。

　そのいくつかは２母音の母音連続が１音節化したものである（DEUS「神」> deus［dewʃ］、POĒMA「詩」> poema［'pwemɐ］）。

　ラテン語二重母音 AU は ou となり、それは時に oi となる（AURUM > ouro、CAUSA > cousa > coisa）。

　母音間の子音の消失によって２母音が連結した結果による例も多い（MALUS「悪い」> mau［maw］、RĒX「王」→ RĒGEM > rei［rrɛj］、MONĒTA「金」> moeda［'mwɛðɐ］、FRĪGIDUS「寒い」> frio［friw］）。

　また、ct の連続が yod効果で it となり、二重母音を生む。LAC → LACTE > leite が好例であるが他に「付録2　単語対照表 2. 名詞」の FACTUM「事実」、NOX「夜」、PECTUS「胸」の例を参照のこと。同「対照表 3. 形容詞」の STRICTUS「きつい」> estreito、DĪRECTUS「真っ直ぐの」> direito も同じ現象である。カトリックの異端審問と処刑を表す auto-de-fé の auto はラテン語 ACTUS が一応語源であるがこれはフランス語 acte 同様人工語であることが分かるであろう。

　また、子音の前に来た l は母音化し、MULTUS「多い」> muito、ALTER「別の」> outro のように二重母音化される。muito の場合には語頭 m- の影響で鼻母音化まで起こり［ũj］と発音される。

　ポルトガル語に特有の子音変化としては、母音間の d と l の消失がある。上の mau、frio の他に、CAELUM「天」が céu［sɛw］となっているのが好例である。FIDĒS「忠節」→ FIDEM > fé もその例。消失の結果母音連続が生じるとそれが短母音へと縮約されることが起こる（ver < veer < VIDĒRE）が、これは16世紀には終わっていた現象である（Vásquez & Mendes da Luz, p.267）。他には FĪLUM「紐」や TĒLA「織布」、形容詞 MEDIUS「中間の」を参照のこと。ポルトガル語で母音間の l がある場合は、人工語や借用語でなければ、元来の二重子音 ll が単音化した場合であることが多い（ANELLUS「指輪」、CABALLUS「馬」、GALLĪNA

223

「雌鶏」、STELLA「星」の例）。同じく d が残っているのは t が有声化したものである（moeda）。

　ポルトガル語では、母音に挟まれた n にも特有の変化が生じている。それは単純に消失するか、前にある母音を鼻音にする形で残存するかのどちらかである。前者の例は TENĒRE「保つ」＞ ter、PŌNERE「置く」＞ pôr、LŪNA「月」＞ lua などに見られる。後者の鼻母音化については、既に述べてある。

　また、母音間での b が英語での v と等しい歯唇摩擦音［v］へと音素化している。これは、フランス語、イタリア語などとも共通の変化であり、スペイン語やカタルーニャ語においては綴りが v であろうとも発音は b の場合と変わらない両唇摩擦音［β］であることと明白に異なっている（同「対照表」における、CABALLUS「馬」、HĪBERNUM「冬」、DĒBĒRE「義務がある」、HABĒRE「持つ」などを参照）。

　s はスペイン語とは異なり母音間では有声音［z］となる（coisa「もの、こと」［ˈkoizɐ］）。また語末の位置を含め多くの場合［ʃ］となり、それは母音または有声音が後に来ると［ʒ］となる（este「この」［ˈeʃtɐ］、desde「～以来」［ˈdeʒðɐ］）。BPにおいては両者は［ˈestʃi］、［ˈdezdʒi］である。

　フランス人ブルシエは、ポルトガル語とスペイン語との音韻変化の差異の要因を両者の気候や気質の違いに見ている。前者が気持ちの良い（彼の言葉ではdélicieux）気候の影響で「柔らかく」なったのに対し、後者にはイベリア高原の気候の持つ荒々しさ（âpreté）とさらにはスペイン貴族の傲慢な誇り（fierté hautaine）があると言うのであるが、当事者が納得する理論であろうか（Bourciez 1, §335）。

　ポルトガル語の歴史的音声学については筆者が読みえた参考書は少ない。マットーゾ Mattoso は役に立たず、テイシエ Teyssier も簡単すぎる。結局役立ったのは Vásquez & Mendes da Luz, pp.247-284 と、Harris & Vincent, pp.137-145 であった。池上岑夫氏の『ポルトガル語とガリシア語』（大学書林、1984）からも学ばせてもらった。同書の文献案内にある Serafim da Silva Neto; História da língua portuguesa は版を重ねている書物で世評は高いと思われるが、参照できなかった。

0652　スペイン語
　スペイン語の母音に生じた顕著な変化はエとオの二重母音化である。これについては「06321 二重母音化」で既に述べているので重要な点だけを繰り返すと、ラテ

ン語の短母音 E、二重母音 AE が変化した ẹ（広いエ）は、アクセントのある位置
では ie になる。Ǒ が変化した ọ（広いオ）も同環境では ue となる。そしてそれは、
開音節（母音で終わる音節）のみならず閉音節（子音で終わる音節）でも変わらな
いということである。

　ただし、ẹ、ọ が二重母音化していない例は少なからず見つかる。PECTUS
「胸」> pecho、SPECULUM「鏡」> espejo、NOX「夜」→ NOCTEM > noche、
OCULUS「眼」> ojo、FOLIA「葉」> hoja、PODIUM「出窓」> poyo「ベンチ」
などである。

　二重母音化を防いだのは、yod効果である。［k］［l］［d］などが y音と結び付い
たりあるいはそれ自身が y音となってその前の母音へ影響を及ぼす逆進同化作用が
起こっているのである。

　以上のことを除くと、スペイン語は「0631 原初ロマンス語の母音構造」で見た、
いわゆる「俗ラテン語」の時代の構造を良く保存している。

　スペイン語に特有の子音変化としては、まず語頭の f > h という現象がある。
FERRUM「鉄」からの hierro を始めとして、「付録2　単語対照表」における f-
で始まる語を見れば明らかである。ただし語頭の f は ue の前では維持される
（FORTIA「力」> fuerza）。

　語頭 f の h への変化、あるいは無音化を示す資料は既に11世紀に見られる。と
もかく15世紀末までは文書では語頭の f は書かれていたが、その後16世紀には気
息音を示す h で書かれるようになった。その気息音もやがて発音されなくなった。
17世紀の劇作家カルデロンの韻文では h の発音は考慮に入れられていない。

　バスク語にも［f］は存在しないことから、この変化をローマ人到来以前のイベ
リア半島の住民の言語からの影響とみる「基層語」説がある（Menéndez 2, §38）
が、それは殆ど信用されていないという記述もある（Posner 2, p.242）。この問題
についてマイエル＝リュプケも完全に否定的である。f 音を持たないイベリア人が
FERRUM のような語を受け入れたならば、f を b のように変えて発音するか f を
全く発音せずに済ましてしまうかのどちらかであろうと（Meyer-Lübke 1, §225）。

　スペイン語とポルトガル語を聴覚的にカタルーニャ語から区別するものとして、
有声破裂音の摩擦音化がある。LACUS「湖」、LUPUS「狼」、SCŪTUM「盾」は両
言語とも lago、lobo、escudo であるが母音間の g、b、d は破裂音としてではなく、
［ɣ］、［β］、［ð］の記号で表される摩擦音で発音される。ただし、［ɣ］、［β］、［ð］は
音素として存在しているのではなく、あくまでも［g］、［b］、［d］の異音にすぎな

いから、［ɣ］、［β］、［ð］の発音を一切しなくとも意味は通じる。

　［v］は音素としては存在せず、v の文字は事実上 b と同じ働きをすることになる。vivir は［biˈβir］である。

　さらに述べるべき事柄としては、既に「06406 連続子音の扱い」で触れておいたことだが、g、j、の文字の発音に関わるスペイン語特有の正書法がある。

　スペイン語では j は無声軟口蓋摩擦音である［x］を表す。g も gi、ge においては同様に発音される。しかし、これらの音を持つ語の由来は一様ではないのである。

　hijo「息子」、mujer「女」などにおいては、l-yod（< FĪLIUS、MULIER）に由来する［ʎ］が変化した音である。 coger「取る」も同様の由来（< *COLLIĘRE < COLLĬGERE）である。

　oreja「耳」（< AURICULA）、ojo「眼」（< OCULUM）などは syncope の結果の二次的 cl に由来しており、上と同様に元来は［ʎ］であった。

　語頭にその音が来る juego「楽しみ」、juez「判定者」などの場合は少し異なり、語頭の半子音（IOCUS、IŪDEX）から変化した音である。

　これらは元々は j、g の文字が示唆するように有声音であり［ʒ］と発音されていたのである。

　綴りに j を持つ単語には他に、［ks］が変化した場合もある。LAXĀRE「緩める」> dejar「させる」がその代表例であるが、この語はかつては dexar と綴られていた。そして発音は無声摩擦音［ʃ］であってデシャールだったのである。decir「言う」の点過去形 dije etc. も DĪXĪ etc. から変化した dixe etc. が元来の綴りであった。

　rojo「赤い」も roxo であった。語源は「055 色彩語はどうなったか」で書いた通り RUSSEUS であり、s-yod が［ʃ］となった結果が綴りに現れていた。

　メネンデス＝ピダルの記述に従えば、［ʃ］>［x］の変化は16世紀初めには起こっているが、そのときには hijo、coger はまだ有声音であった。17世紀初めから、［ʃ］と［ʒ］両方の摩擦音が現代と等しい軟口蓋無声摩擦音［x］へと合流した。dexar > dejar、dixe > dije、roxo > rojo という綴りの変化はその後である。

　ここに見られる［ʒ］>［ʃ］の変化と［ʃ］>［x］の変化にコセリウは別々の要因を想定している。前者は傍層語としてのバスク語の存在に加えて［ʒ］と［ʃ］との差が弁別的に重要な意味を持たなかったからであるが、後者の場合は［ʃ］と［s］との差を強調する必要があったことに加えてカスティリア方言の文化的威信を見るのである（Coseriu, 3, 2, 1）。

その他の現象として、ct の子音連続が［tʃ］になる変化がある（NOX →
NOCTEM > noche。他に、「付録2 単語対照表 2. 名詞」の LAC、PECTUS、
FACTUM を参照）。ここに見られる kt > it > tʃ という音韻変化は yod効果の一つ
で、見たようにポルトガル語では it の段階で終わっていたのにスペイン語の場合、
yod が t の擦音化を起こしているのである。オック語の方言においてもスペイン語
と同じ例がある。

　［ʃ］と並ぶ摩擦音［s］および［θ］についても触れなければならない。

　ラテン語の s は、他のロマンス語と同様スペイン語でも母音間では有声化したの
であった。cosa（< CAUSA）は［z］で発音されていた。一方 passo（< PASSUS）
は［s］であった。中世スペイン語では並立していた［s］と［z］は、16世紀以後［s］
に統一されてしまう。

　［θ］に関しては、現在 c、z はともに無声音であって綴りの違いは発音の差を
生まないが、元来は z は有声音［ð］であった。

　このことについては「06405 yod効果」で既に述べていることであるが、pozo <
PUTEUS、tristeza < TRISTITIA、razón < RATIŌNEM、dezir（decir の古形）、
hazer（hacer の古形）などから分かるように、母音間の t-yod と CE/CI は z（=［ð］）
となった。

　一方、子音 + t-yod は［θ］であった（cazar < CAPTIĀRE、terçero < TERTIĀRIUS、
fuerça < FORTIA）。

　しかし、17世紀以来［ð］は無声化したので、hazer > hacer のごとき綴りの変
化も生じたのである。

　二重子音のうち ll、nn は湿音化し、［ʎ］、［ɲ］となった（estrella「星」< STELLA、
año < ANNUS）。他の二重子音はおおむね単子音へと単純化されたている（vaca
「雌牛」< VACCA、boca「口」< BUCCA、meter「入れる」< MITTERE）。

　lt は u に続く限りでは［tʃ］となった（mucho < MULTUM、cuchillo「ナイフ」
< CULTELLUS）。

0653　カタルーニャ語

　カタルーニャ語は「アクセントの支配による二重母音化」がないことで特徴づけ
られる。その結果この言語は、ポルトガル語と同様に、「0631 原初ロマンス語の母
音構造」で述べた新しい母音体系 a、ẹ、ę、i、ǫ、ọ、u を良く維持しており、アク
セントのある母音は［a］、［e］、［ɛ］、［i］、［o］、［ɔ］、［u］の7種である。

227

06 第六章 音の変化

　ただし、[e]/[ɛ]、[o]/[ɔ] の別は歴史的な ẹ/ę の区別、ǫ/ọ の区別とは必ず
しも一致はせず、方言差も存在することについては研究者の報告がある。FOLIA
「葉」> fulla、OCULUM「眼」> ull のように ǫ > u となっているのは yod効果によ
る。

　「アクセントの支配」は、しかしながら別の形でカタルーニャ語にも及ぼされて
いる。無アクセント母音の弱化、緩まり、が甚だしいのである。これはポルトガル
語の場合と共通の現象である。この両言語はアクセントの有無の対照を「無アクセ
ント母音の弱化」という形で明瞭に音声化して、スペイン語との聴覚的差異を作っ
ている。

　語末の無アクセント e、o は消失した。「付録2　単語対照表 2. 名詞」の LAC
「ミルク」→ LACTE > llet、LUPUS「狼」> llop などの例を参照のこと。

　語末母音の脱落 apocope はポルトガル語・スペイン語との対比を見せる現象で
ある。フランス語ではそれらは lait、loup で、一見類似しているように見えるがフ
ランス語では語末子音までもが脱落しているのであるから、カタルーニャ語はその
中間にあると言える。

　語末の e、o が [ə] として残る語は少なからずある（PATER「父」→ PATREM >
pare、FERRUM「鉄」> ferre、NUMERUS「数」> nombre）が、それは大部分 r
が直前に来た場合の「支え母音」としてである。ferre は現代では ferro になって
いる。

　a は、語末でも弱化した形で残った。ANIMA「魂」> arma ['armə]。

　語末以外の位置でも母音はアクセントがない場合には極めて緩く発音されるか
ら、それは [ə]、[i]、[u] の３種にまで減ってしまう。a、e、ɛ は [ə] であり、o、
ɔ は [u] となるからである。無アクセント母音が３種しかないことは、外国語と
してこの言語を学ぶものには聞き取りを甚だしく難しくしている、というのが筆者
の感想である。

　ただし、カタルーニャ語は新しい種類の二重母音を持つようになった。これはポ
ルトガル語と類似した現象であるが、二重母音の数はそれよりは格段に少ない。主
な下降型二重母音は [aw]、[ew]、[iw]、[ow]、[ej]、[oj]、[uj] で、上昇型 [wa]、
[we]、[wi]、[wo] は g、q の後にしか来ない。

　二重母音の起源はいくつかある。

　一つは語末母音の消失後、語末となった子音（c、d、g、v、t-yod など）が [w]
という半母音に転じて、その後直前の母音と結合するかなり多いケースで、この言

228

語の特徴の一つとも言える。次の例をポルトガル語、スペイン語と対照させてみるとそれが良く見える。PĀX「平和」→ PĀCEM > pau、PĒS「足」→ PĔDEM > peu、PUTEUS「井戸」> pou、OVUM「卵」> ou、VŌX「声」→ VŌCEM > veu、LĒX「法律」→ LĒGEM > llei、CRUX「十字架」→ CRŬCEM > creu、BŌS「雄牛」→ BŎVEM > bou。カタルーニャ語動詞の3人称単数形によくある -eu、-iu、-ou という形はすべて -DET、-DIT、-BET、-BIT からの変化である（riu「彼は笑う」< RĪDET、cau「落ちる」< CADIT、beu「飲む」< BIBIT など）。

　もう一つは、母音間の子音が消失して2母音が1音節化するもの。PARABŎLA「言葉」> paraula、TĒGULA「瓦」> teula、CĪVITĀS「街」→ CĪVITĀTEM > ciutat、RĒGĪNA「王妃」> reina ['rejnə]。

　また、［kt］の子音連続における yod 効果が作るものもあるのはポルトガル語と同様である（OCTŌ「8」> vuit、FRUCTUS > fruit）。

　カタルーニャ語では、yod 効果で生じた二重母音 ai、ei は単母音 e となる（LAC「ミルク」→ LACTE > llet、FACTUM「事実」> fet、DĪRECTUS「真っ直ぐの」> dret、FRĪGIDUS「冷たい」> fred など）。

　この例には従わない PECTUS「胸」> pit、LECTUS「ベッド」> llit については、「0654 フランス語」で説明する。

　子音の変化では、語頭の l が湿音化して［ʎ］となることが他と異なっている。llet「ミルク」、llop「狼」など「付録2　単語対照表 2. 名詞」の l の語群を参照のこと。

　語末母音の消失の結果 n、r が語末に来た場合は、それも通常消失する（MANUS「手」> mà、PLĒNUS「満ちた」> ple、SĒCŪRUS「確かな」> segur［sə'gu］、CLĀRUS「明らかな」> clar［kla]）。正書法では残った r の発音の有無はかなり変則的であるから、個別的に覚える他はない。millor［mi'ʎo]（< MELIŌREM）に対して menor［mə'nor]（< MINŌREM）であるように。

　活用形の場合については、第七章と第八章の「形の変化」を参照のこと。

　母音間での［g］、［b］、［d］の［ɣ］、［β］、［ð］への摩擦音化もスペイン語と共通なのではあるが、1年間バルセロナで生活した筆者の体感としては、スペイン語ほどには一般化していない気がするし、それを無視しても実用的に差し支えない。

　さらに、カタルーニャ語の音韻変化で一部で注目を集めている現象がある。それは、nd という子音連続である。DĒMANDĀRE「委託する」はフランス語 demander「要求する」を始めとして他では nd が保存されているのに対してカタ

229

ルーニャ語では demanar となる。同「対照表 2. 名詞」の UNDA「大波」＞ ona の例も参照のこと。

　既に「0253 基層語」の項で述べておいたことだが、nd ＞ nn ＞ n という変化をオスク人の入植によって持ち込まれたオスク語の基層語説で解釈する説が存在するのである。筆者はこれを単純な前進的同化作用としか解釈しておらず、基層語説を認めないことは既に書いた通りである。

0654　フランス語

　フランス語の場合、その歴史が長く、かつまたその音韻変化も他の言語に比して激しいから全体を見るためには他よりは詳しく記述する必要がある。

　その歴史は既に述べたように、古フランス語時代（9世紀から14世紀初めまで）、中期フランス語時代（それから17世紀初めまで）、古典フランス語時代（それからフランス革命1789年まで）、その後の近代フランス語時代と区分される。

　音韻変化において重要なのは古フランス語と中期フランス語の時代であり、そのときにフランス語の音韻体系は定まっている。その後古典フランス語の時代において正書法に改革が起こり、その結果として現在我々が知るフランス語特有の綴りと発音の関係が固定化した。école「学校」、bête「獣」などは中期フランス語まではescole、beste と書かれていたが、s は既に発音上は消えていたのである。

　フランス語は他の主要ロマンス語と比べると綴りと発音との関係は格段に複雑である。綴りが異なっていても同音異義であるケースもかなりある。このような事情は、その歴史において音韻変化が他の言語よりも進んだせいなのであると言える。どこまで正確かは確かめてはいないが、古フランス語を読むことは普通のフランス人には難しいのにカタルーニャ語話者なら楽に理解すると読んだ覚えがある。

　古フランス語時代に既に見えていた、母音に起こったフランス語特有の現象としては、開音節でアクセントのある a が e となる変化がある。-ĀRE 動詞が -er となるのがその典型である。名詞でも同様で、「付録2　単語対照表 2. 名詞」のCLĀVIS「鍵」＞ clef の他、MARE「海」、SAL「塩」などを参照。CAMERA がchambre で a が保存されているのは CAMPUS が champ であるのと同じことで、*CAMRA となる中間状態があって a は閉音節にあったからである。この変化が、ガリアの土地のロマンス語を北（後のフランス語）と南（オック語）に分離する一番明瞭な指標である。

　母音に関しては、フランス語をイタリア語やスペイン語からすぐに区別する別の

特徴がある。それは語末の母音が一つ消えていることである。フランス語は、アクセントに関わらない音節の母音を極度に弱化させ、多く消失させている。

　語末音節、また語頭以外での無アクセント音節では、a 以外の母音、e、i、o、u は消失する。これらのことは同「対照表 2. 名詞」から明らかであろう。a のみは、同じ環境ではごく弱い曖昧母音 [ə] として維持されたので e の綴りで残された。soie「絹」（＜ seie ＜ SAETA）、monnaie「通貨」（＜ MONĒTA）、vie「命」（＜ VĪTA）の語末の e は語源の -ta の名残である。現在は通常は発音されず、韻文においてのみ [ə] として発音される。普通シャンソンと呼ばれる歌謡曲でも明瞭に聞き取れる。

　e、i、o、u も、子音連続の後に来たときには支え母音として e [ə] として残った。POPULUS「民衆」＞ peuple、PATER ＞ pedre ＞ père などの例である。しかし、この [ə] は16世紀中頃には発音されなくなっていた。これらの現在の発音は [pœpl]、[pɛːr] であり、語末の e の存在理由はその前にある子音が消えてはいないことを示すだけである。

　ラテン語の Ŏ と Ĕ/AE から変化した ǫ（広いオ）と ę（広いエ）の各言語における二重母音化については既に述べたが、二重母音化が ǫ、ę 以外の母音でも生じていることと、その二重母音がさらに新しい円唇母音へと変化していることがフランス語特有の現象で、その結果フランス語の母音体系は他のロマンス語に比べてもっと複雑になっている。

　フランス語円唇母音は [ø]、[œ]、[y] という音声記号で表される。[ø] は、唇を強く丸めつつ [e]（狭いエ）を発音したときの音である。円唇のままで [ɛ]（広いエ）を発音すると [œ] であり、[i] を発音すると [y] である。3種の円唇母音は頻繁に発音される。

　円唇母音の発達が、フランス語を聴覚的に他のロマンス語から区別させる大きな要素であると言える。単母音の [u] と二重母音の前半である [w] 以外の円唇母音を持つロマンス語は、筆者の知識の範囲では現代のオック語だけである。そこには [y] だけは存在していて、luna「月」の u はフランス語の lune と同じ発音である。

　oui「イエス」であれ、non「ノー」であれ、フランス人は常に口をとがらせて発音している。筆者がほぼ50年前にフランス語を習い始めたときの先生であった大橋保夫先生は「ブリジット・バルドーの顔を思い浮かべなさい」と言ったものである。

06 第六章 音の変化

確かに当時の人気スターの顔をポスターで見ると、いつでも唇を突き出していたが、それは別に人に苦情を言っているのではないのである。

ǫ（広いオ）は、既に述べた通りアクセントのある開音節では一旦二重母音 ue となり、その後［œ］へと変化した。アクセントの前の位置では ǫ は中期フランス語で u となり、ou と綴られるようになった。

ǫ はその後に yod が来た場合には別の変化が起こる。ǫy > uey >［ɥi］となるのである（［ɥ］は［y］の半母音化した音）。ẹ も yod が来た場合には同じであって、ẹy > iey > i となる（NOCTEM（← NOX）> nǫyte > nuit［nɥi］、HODIĒ > ǫye >（aujourd')hui［ɥi］）。

ọ（狭いオで、ラテン語の Ō と Ŭ が合同したもの）も、アクセントのある同じ環境では円唇母音化するのである。それは古フランス語で ou［ou］と二重母音化し、中期フランス語になって円唇母音である eu［œ］へと変化する。FLŌS「花」→ FLŌREM > flour > fleur、HŌRA > heure のごとき変化の中にその典型が見られる。

結果的にフランス語では ǫ と ọ は同じ結果を生んだとはいえ、その経過は異なっていたのである。

ところで、ọ > eu という規則に従わない事例はいくつも見られる。たとえば、TŌTUS > tout、AMOR → AMŌREM > amour、VŌX「声」→ VŌCEM > voix などの例である。

tout の場合は *TŎTTUS という段階を経た結果であると解釈される。amour には２説あり、12世紀から13世紀にかけて隆盛を極めた南フランスの詩人たち（troubadour）の言語であるオック語からの影響とするか、amoureux（< AMŌRŌSUS）からの逆形成とするか、論は分かれる。voix のケースは、子音変化の項で述べた yod効果で、［k］>［i］という変化がまず生じたことによる。

現在のフランス語には eau、au の綴りは存在して（couteau「ナイフ」、autre「別の」）、双方「狭い o」である。これらの由来は下で述べる古フランス語時代以前の「l の母音化」で、元来は［au］の二重母音であった。それが［o］へと単母音化するのは16世紀である。

ラテン語の Ē、Ĭ、OE は ẹ（狭いエ）へと合同したのであるが、これがアクセントのある開音節では二重母音 ei へと変化し、それがさらなる音韻変化を続けたのも、フランス語の特性である。ei は12世紀には異化現象で oi へと変化する。発音は綴りのままである。実例としては、moi < MĒ、trois < TRĒS、avoir <

HABĒRE などの通常の語彙以外、「付録2 単語対照表 2. 名詞」の PILUS「髪」、PIPER「胡椒」、MENSIS「月」、LĒX「法律」などを参照のこと。

その後、中期フランス語の時代に oi は［we］という発音に変わる。しかし、［we］が単なるエ（広いエ）へと変化する兆しもあった。Français/François と2通りの綴り、発音が存在するのは、前者が民衆的な発音へと変化した結果綴りも変化した例、後者は従来の発音が保存された例である。

「0632 各言語個別の変化とその条件」で既に触れた通り、［we］>［wa］の変化はずっと遅かった。それは17世紀終わり頃パリではじまり、1789年に始まったフランス革命後にはほぼ標準の発音となったのだが正書法が変えられることはなかった。

個々の子音に関しては、まず［k］、［g］の変化が特徴的である。

ca、ga の子音が湿音化して破擦音［tʃ］、［dʒ］へ、さらに摩擦音［ʃ］、［ʒ］へと変化した特有の現象については既に述べた。

［k］、［g］は、流音［r］、［l］と組み合わされて2母音の間に来たとき、特有の変化を蒙った。

r の前では、母音間において r に単純化される。k がまず有声化し、yod効果を経て無音化するのである。LACRIMA「涙」> lairme > larme がその例で、他に FACERE「する、なす」> faire、NIGER「黒い」> neir > noir などにそれが見られる。例外である aigre「鋭い」（< ĀCRUS ← ĀCER）などについては、民衆語に入った時期が遅かったからであろうとブルシエは言っている（Bourciez 2, §132）。

cl、gl にも同様の変化が生じそれが湿音化を促す。これらは、最初は子音［ʎ］であったのだが17世紀になって半母音の yod（国際音声記号では［j］）になる。「付録2 単語対照表」の VIGILĀRE「起きている」や AURIS「耳」、OCULUS「眼」などを参照。［ʎ］>［j］の変化は、l-yod から来た［ʎ］でも同じことである（FĪLIA > fille の例など）。

既に他の言語で見た［kt］であるが、［k］が yod へ変化することで［it］となるのは LACTE > lait、FACTUM > fait、FRUCTUS > fruit、NOCTEM > noit > nuit、DĪRECTUS「真っ直ぐの」> dreit> droit、STRICTUS「きつい」estreit > étroit で見られる通りである。ait は元来は綴り通りの発音でかなり早くから et の発音に変わり、中期フランス語時代には t も消失した。しかし綴りが訂正されることは現代に至るまでなかった。

06 第六章 音の変化

　LECTUS「ベッド」> lit は、古フランス語 pit（< PECTUS「胸」）と並んでカタルーニャ語の場合と同じく二重母音にならない。dépit < DĒSPECTUS、répit < RESPECTUS もあり、ẹ（広いエ）＋ ct の変化について何らかの説明が求められる。

　これはカタルーニャ語に関しても同じであるが、LECTUS > *lieit > lit という変化（一旦三重母音となり、それが単母音化する）をマイエル＝リュプケやロールフスは想定している。

　母音間の tr、dr は rr となり（PETRA「石」> pierre）、時にその後 r と単純化される。PATER「父」> PATRE > père　が好例であるが、11世紀の『聖アレクシウス伝』ではまだpedreである。 patrie「祖国」のような例は人工語である。子音が前にあるなら tr、dr は維持される（同「対照表」の FENESTRA「窓」、OSTREA「牡蠣」、MAGISTER「主人」、PREHENDERE「取る」を参照）。母音間の rr は、綴りは維持されたものの16世紀以来徐々に単子音化して現代はほぼそれが一般化している。

　鼻音［m］に関しては、「064 子音変化」で書いたこと以上に付け加えることはない。

　鼻音［n］と母音との組み合わせによる鼻母音については既に述べてある。

　n-yod については、既に書いた n-yod >［ɲ］という変化以外の現象も起こっている。EXTRANEUS「無縁の」> étrange のように［ʒ］となる例である。SOMNIUM「夢」も参照のこと。

　［l］は、語頭に単独で来た場合も、子音（［k］、［g］、［f］、［p］）に続く場合もそのまま維持されて何の変化もしない（CLĀVIS「鍵」→ clef、GLACIĒS「氷」→ glace）。単独で母音間に来た場合も同じである。また、語末でも最後まで維持された。元来中性であって対格でも l が語末に来た語（FEL「胆汁」> fiel、MEL「蜜」> miel など）のみならず、語末母音を失った SAL「塩」→ SALEM > sel、CAELUM「空」> ciel も同様である。

　他の子音の多くが語末で無音化して綴りと発音の複雑な関係を作り出したことを考えると l は実に堅固な音に見える。しかし、その環境によっては l は独特な発展を遂げて文法全体にある種の複雑さを与えているのである。

　［l］＋子音の組み合わせの後に a、e、o が来ると、それは母音化して u となった。ALTUS「高い」> haut（h- の綴りはフランク語の影響）、CALIDUS「暑い」> CALDUS > chaud、DULCIS「甘い」> doux など。この音韻変化は800年には終

234

わっていたであろうとブルシエは書いている。

　フランス語の特異な点は、上記の条件における l の母音化が形態論の枠を超えて名詞形容詞の活用の問題にまで関わることである。mou「柔らかい」（< MOLLIS）の女性形は molle である。また cheval「馬」（< CABALLUS）の複数形は chevaux である。このような一見不規則に見える現象の元となっているのがこの「l の母音化」なのである。

　このような音韻変化が単語の形にどのように反映しているかは、まず古フランス語における現れ方から説明しなければならず、これらについて詳しく述べることは第七章と第八章の「形の変化」に譲る。

　［r］については、特に顕著な変化は見られず、ラテン語からのそのままの存続と考えておいて良い。ただ、二重子音 rr は単子音化している。TERRA > terre やゲルマン語起源の guerre などの綴りは正書法の決まりというだけである。

　ところで、［r］はラテン語では現在のイタリア語やスペイン語などと同じく巻き舌の音であり、フランスでも元々は同じ巻き舌の［r］であったのである。現代人が訓練される、舌の奥を持ち上げる発音はずっと後にパリで生じた現象で、17世紀以後にパリの文化的優越性の結果各地に広まったものである。

　フランス語を特徴づけているものに、中期フランス語時代になって生じた多くの語末子音の消失がある。フランス語学習者が最初に習う、語末子音は書かれていても発音されないという正書法の特性は中期フランス語において生じた変化が起源である。

　語末の s は13世紀以来まず子音で終わる語が後に続くと発音されなくなり、母音で終わる語の直前では［z］と有声音化し、文末に来た場合のみ［s］で保存された。16世紀終わりからは数詞などの例外を除いては文末でも発音されなくなり、現在のリエゾンとほぼ同様の発音の規則となった。

　語末子音の消失は、文法全体の変化に繋がった。語末の s が発音されなくなると、古フランス語を特徴づけていた主格と被制格の 2 格体系が無意味になったからである。この問題については第七章「形の変化 1」で詳しく述べる。

　当然、動詞語尾の r、行為者名詞の語尾の r も発音されなくなった。それらは、後続語が母音で始まる場合にのみリエゾン現象で発音されただけであった。-ir、-oir、-eur で［r］が発音されるように「訂正された」のは18世紀であるが、-er と -ier の場合はついに無音のままであった。 -eur に関しては、-eux と発音が同じに

235

06 第六章 音の変化

なってしまい、文法的混乱が生じた結果であると考えられる。

一旦消えた語末子音が復活する現象がある。それは同音異義語が生じるのを防ぐ
ためである。sens「感覚」、sang「血」はともに〔sãn〕であったが、前者は〔sãns〕
となった。

同音衝突の危険のために単語が置き換えられることもある。PECTUS > pit〔pi〕
「胸」の場合は、あまりに短くなったためのみならず pis、pie などとの同音衝突
をさけるため「牛、羊の乳房」である pis として残る他は派生語起源の poitrine
（< PECTRĪNA）で置き換えられた。カタルーニャ語の「胸」では pit〔pit〕は健
在である。

子音の前の s は中期フランス語では消失し、その前の母音を長める。ただ綴り
ではそのまま書かれることが続く。estre、fenestre が être、fenêtre という綴りに
なるのは18世紀のことである。例外は多くあり、esprit（< SPĪRITUM）の場合は
人工語とみなされる。

0655 古オック語

歴史的にフランス語と関係の深いオック語についても簡略に、フランス語との対
照を重視して特徴を書く。以下、「付録2 単語対照表」を参照しつつ読んでほし
い。オック語の綴りの発音は以下のごとしである。

　　ce/ci〔ts〕、ge/gi〔dʒ〕、-ch、-ig〔tʃ〕、j〔dʒ〕、lh〔ʎ〕、nh〔ɲ〕、ai〔ai〕

開音節でアクセントのある a は e にならず a のままである。IŪDICĀRE「判決
を下す」などの -ĀRE 動詞、また名詞の PĀX「平和」、SAL「塩」、LĀNA「羊毛」
などを見ること。

開音節における o と e は広狭に関わらず、限定された状況以外では二重母音
化しない。COR「心臓」、FLŌS「花」、PĒS「足」、CAELUM「空」、TĒLA「織
布」などを参照。

二重母音化させる状況は後続の母音と子音が作る。つまりこれは、ウムラウト現
象の一種である。

　（1）i あるいは yod が後に来る場合（PECTUS「胸」、OCULUS「眼」、NOX
　　　「夜」、FOLIUM「葉」、CORIUM「革」、PILUS「髪」、VETUS「年老いた」
　　　などを参照）。

　（2）〔k〕、〔g〕、〔w〕などの音が後に来た場合（AVIS「鳥」、AQUA「水」、BŌS

236

「雄牛」、IOCUS「楽しみ」、LĒX「法律」、LOCUS「場所」、OVUM「卵」などを参照）。

注意しなければならぬ点は、同「対照表」で見られる通り古オック語では綴りは一定せず、同一語が単母音であったり二重母音であったりする例が頻出することである。

語末母音が a 以外は全部消失するのはフランス語と同じである。フランス語ではそこで語末に来た子音までもその多くが消失するのに対して、オック語では維持されることが多い（FRUCTUS「果実」、IOCUS「楽しみ」、LAC「ミルク」などの例）。この点、オック語はカタルーニャ語と良く似ている。

円唇母音の発展は〔u〕>〔y〕以外はなかった。eu, ou のごとき二重母音は、ai の場合と同様、おおむね綴りの通りに発音されていた。

鼻母音はない。

〔ka〕、〔ga〕の湿音化（>〔tʃa〕、〔dʒa〕）はない。〔kt〕>〔it〕はフランス語と同じだが、その語の母音変化は少し異なる（FACTUM「事実」、FRUCTUS「果実」、LAC「ミルク」、LECTUS「ベッド」、CORPUS「身体」、FOCUS「炉」などを参照）。

br においては b は母音化する（DĒBĒRE > *debre > deure、SCRĪBERE > *scribre > escriure）。

tr は dr を経て ir となる（MĀTER「母」、PATER「父」を参照。他に FRĀTER「兄弟」→ FRĀTREM > fraire）。

cl、gl は湿音化して〔ʎ〕となるがそれにとどまる（APIS「蜂」、AURIS「耳」、OCULUS「眼」を参照）。

古オック語の歴史については多くの書物が書かれているが、その音韻変化に関して最も詳しい記述は筆者の知る限りではスペイン語書物（Fernández）である。

0656　イタリア語

イタリア語の母音に関しては、そこで特徴的である方言分化は一応度外視してその標準語となったトスカナ方言に限ってみれば、既に述べた事柄に付け加えることは多くはない。要するに、「広いエ」と「広いオ」が開音節で二重母音化したこと以外は、いわゆる俗ラテン語時代の母音体系（「0631」を参照）が維持されたのである。

二重母音化しない POPULUS > popolo などは、アクセント位置が語末から 3 番

目にある特殊性による。HEDERA > edera も同様。一見例外に見える tutto「全体の」は、語源は TŌTUS ではなく *TUTTUS のごとき民衆形が想定される。

例外的現象として、語頭の e が o になる例がある。DĒBĒRE > dovere の他に domani「明日」< DĒ-MĀNE など。

子音に関しても、ロマンス語全体における変化の記述で大体は済まされる。イタリア語の特徴的現象を繰り返すと、l が [k]、[g]、[p]、[b]、[f] の後では [j] に転じること、kt、ks が tt、ss へと二重子音化することである。

この二重子音化が、イタリア語の聴覚上の特徴と言えるかもしれない。元来のラテン語の二重子音がイタリア語ではそのまま維持された（GUTTA、STELLA、FLAMMA、VACCA の例を他言語と比較してみること）のであるが、元来の単子音を二重子音にすることも起こっている（AQUA、FĒMINA の例）。

0657　ルーマニア語

後で徐々に分かるように、ルーマニア語は本書で扱う他の主要ロマンス語とはその文法構造が大きく異なっている。音韻面にもそれが現れていることは、「付録2 単語対照表 2. 名詞」などを一瞥すると分かることである。

既に触れておいたが、原ルーマニア語は母音体系をスペイン語その他の主要ロマンス語とは異にしており、6母音体系（a < Ā/Ă、ę < Ĕ、ẹ < Ē/Ĭ、i < Ī、o < Ō/Ŏ、u < Ū/Ŭ）からなっていたと19世紀から学説は一致している。

そこから現在我々が見るようなルーマニア語の母音構造への発展は、ガルトナーやブルシエの書で記述されている（Gartner, pp.85-105、Bourciez 1, §457-462）のであるが、そのような歴史的経緯を述べることは本書の範囲を超えると判断する。本書では、子音に関しても現代ルーマニア語の音韻の一般的特徴の記述にとどめたい。

この言語の母音を特徴づけるのは â と綴られる母音（î とも書かれるが発音は同じ）の存在である。「[i] と [u] の中間の音」という雑な説明もあるが、唇は [i] のために両側に広げつつ、ただし舌の中央部を口蓋に押し上げて発音する母音である。そのもととなったラテン語母音は一定ではない。そこに音韻的条件を探ろうとする試みはあるが、本書ではそこまでの記述はしない。要するに長短の A、長短の I、長短の E の場合があるのである（それぞれ、când < QUANDO、lână< LĀNA、întreg < INTEGER、râpă< RĪPA、cuvânt < CONVENTUM、vână< VĒNA）。 â と î の書き分けは書物によって異なる。本書においては、î の

文字は întreg、înger < ANGELUS のように単語の先頭に置かれた場合にのみ用い、その他の場合は â を用いる原則である。

またルーマニア語は ă という綴りで示される弱音の a を独立した音素として持っている点でも他のロマンス語と異なる。CASA「家」> casă が示すように無アクセントの A との対応がすぐに見て取れる。car「荷車」< CARRUS とその派生語「運ぶ」căra との関係にもそれが現れている。ただし、ルーマニア語の ă は、carte「本」(< CHARTHA) の複数形が cărţi であり、mare「海」の複数が mări となるようにアクセントのある音節にも現れるし名詞の活用に介在する要素なのでもある。そのもととなった母音も A 以外に I、E などがある (păr「髪」< PILUS、număr「数」< NUMERUS)。その点で、ă は他のロマンス語における曖昧母音とは明瞭に異なった存在である。

二重母音化に関しては、o の広狭は差を作らないでそのまま o が維持されるのが原則である (CORPUS「身体」> corp)。しかし、PORTA「門」> poartă、COSTA「岸辺」> coastă、DOMINA「女主人」> doamnă の例で見るごとく a の前に来た o は時に oa と二重母音化する。この oa の二重母音がルーマニア語を特徴づける音韻の一つである。

ẹ に関しては、結果は様々である。最も古い形であろう ie を保存している FEL「胆汁」> fiere、FERRUM「鉄」> fier、PECTUS「胸」> piept の他に e (CAELUM「空」> cer)、i (MENS「心」→ MENTEM > minte)、ia (PETRA「石」> piatră) もあることは「付録 2 単語対照表 2. 名詞」から見えてくる。

また、二重母音化の結果が文法の複雑化を作り出しているのがこの言語の特色であるとも言える。一見同じ環境にありながら二重母音化の有無の差がある例 (DOMINUS > domn に対する DOMINA > doamnă、また drept < DĪRECTUS と dreaptă < DĪRECTA の差、joc < *IOCŌ (← IOCOR) と joacă < IOCAT の差) を対照させると後続母音の音色の違いが見え、ここに二重母音化の音韻的条件を、特にウムラウト現象を、見ることは可能である。しかし、第七章と第八章の「形の変化」でのそれぞれの「ルーマニア語」の当該個所で見られる通り、名詞や動詞の活用の中に存在する母音の変容は、音韻的条件のみで決まるとは言えないのである。

他のロマンス語と異なった現象としては、二重母音 AU が一部で保存されていることがある。AUDĪRE「聞く」、AURUM「黄金」を参照。

子音に関しては、ラテン語の子音体系をかなり良く保存しているのが特徴である

と言える。

　ラテン語の［h］を失ったことは他のロマンス語と同じであるが、［h］で始まる外来語や人工語が多数存在することが他と異なっている。それ以外のことで以下に述べる事柄は「064 子音変化」で既にある程度触れてあるものばかりである。

　［k］、［p］、［t］は母音間においても有声化しない（IOCUS、LACUS、SCŪTUM、LUPUS、POPULUS の例を参照）。

　ke/ki のいわゆる口蓋化については、［tʃ］の他に ţ の文字で表される［ts］音もあるのが特色である（BRACHIUM、GLACIĒS、FACIĒS の例）。t-yod も ţ である（PUTEUS、CRĒDENTIA）。

　ルーマニア語特有の現象としての［l］、［n］の消失（FĪLIUS、MULIER、STELLA、VĪNEA を参照）と、唇軟口蓋音の変化も既に述べてある。

　また、l > r　の変化が少なからず見られるのもルーマニア語の特色である（TĒLA、ANGELUS、POPULUS、PILUS、CAELUM、VELLE などを参照）。

　子音連続は、ルーマニア語では変化を免れ存続した例が多いのだが、例外は［kt］>［pt］（FACTUM、LAC など）の他に［sk］>［ʃt］（peşte < PISCIS、şti < SCĪRE）、［ks］>［ps］がある（coapsă < COXA「臀部」）。

0658　フォアグラの謎　―ロマンス語学者はこんなことまで探求したがる―

　音の変化を述べてきた最後に、少し本筋を離れた話題に入ることにする。フォアグラの語源について、である。

　滅多に食べたことはないが、フォアグラの美味しさは忘れかねる。フランス語では foie「肝臓」、gras「太った」で、foie は元来一臓器の名称である。

　肝臓はラテン語では IĒCUR であるがこの語はロマンス語では消え、すべて foie と関係づけられる語が取って代わった。イタリア語 fegato、スペイン語 hígado、ポルトガル語 fígado、カタルーニャ語 fetge などである。

　これらはラテン語の FĪCUS「イチジク」の派生語である FĪCĀTUM を語源とすることは間違いがない。現代のヨーロッパでは動物愛護精神に反するとしてフォアグラ追放運動までがあるのだが、鴨の肝臓を料理用に肥大させるためにイチジクを飼料として強制的に大量に与える習慣は古くからあったのであり、それが foie なる語に刻印されているのである。ギリシア語のイチジク sykos の派生語 sykoton から模倣的にラテン語 FĪCĀTUM が作られ、IĒCUR FĪCĀTUM「イチジクで肥大させた肝臓」という句ができて、その後半部だけが生き残って本来の単語 IĒCUR

を追い出した、ということである。

　ここまでだけならただの雑学で、特に意義ある話題ではない。この話題を取り上げたのは、ロマンス語学者が、と言うよりは比較言語学者が、「語源」というものを探求するときどこまで細かく、最後の最後まで掘り下げなければ満足しないのか、その実例を書きたかったからである。

　語源は FICATUM であると言った。しかし、i と a、二つの母音の音量は本当は何であったのか？　真面目な学者にとっては、それが実際に長かったのか短かったのかを明らかにするまでは問題は終わらない。

　イチジク FĪCUS の i は長い。それは明らかである。そして、それから過去分詞的形が生じるなら FĪCĀTUM となるはずである。

　ところがイタリア語・スペイン語・ポルトガル語ではアクセントは FI- の個所に来ている。フランス語 foie も、古語 feie を考慮に入れると同じである。それならば、語源は FICĂTUM のように A は短かったはずだ（「0622 ラテン語のアクセント」を参照のこと）。そして、イタリア語 fegato とフランス語からは、I も短かったはずだという結論が出るのである。長い I ならそのまま i となっているのがイタリア語の音韻法則であるから。一方スペイン語とポルトガル語では長い I であったことになる。

　これは無視しえぬ事実であり、何度か言及したタリアヴィーニの名著には、以上の各語形の分布が地図として掲示されているし（Tagliavini, p.480）、その他のロマンス語学の書物（Grandgent, §141、Väänänen 1, §165、Posner 1, pp.13-14 など）においても言及されるほど、これは注目されている。

　音韻法則というものを考える限り語源は一つにはしぼれなくて、FĪCĂTUM と FĬCĂTUM の二つが必要になる。しかも、ルーマニア語 ficat で語末にアクセントがあるのを見れば FĪCĀTUM というそれらより古いであろう別の語形も語源として想定されることになる。ルーマニア語以外にも同じパターンが見られるからである（レト・ロマン語の一つ、サルディニア語の一つに）。

　さらに問題を複雑にするのはカタルーニャ語とオック語での fetge「肝臓」の存在である。これは、母音の音量がどうであろうとも FICATUM から直接には作られえない形である。それらに語源を想定するならば、FICATUM に音位転換が生じ、*feticu- というような語が生まれて語源となった、と解釈する他はない。古フランス語では fedie なる形もあるのもその説を補強する。

　可能な語源の形は 4 通りも見つかったがそれ以上には進まない。しかしともかく

ここまで進んで来てやっと、ロマンス語の「肝臓」の語源探求は一段落となるのであった。

066　音韻変化の解釈

　今まで、音韻変化について記述してきた。このような記述の基盤となっているのは、音韻の変化が規則的であるという信頼である。しかし、ロマンス語の資料には必ず、規則に反した例も少なからず存在している。なぜそのような例外が生じるのか。そもそも音の変化というものが生じるその原因は何なのであろうか。

0661　人工語と lexical diffusion

　よく引用される例として、ROSA「ばら」がある。アクセントのある短いオであるから、スペイン語などでは二重母音化するのが規則であるが、「付録2　単語対照表 2. 名詞」で見られるようにそれは起こってはいない。同じ音環境にある ROTA「輪」の例と比較するとその違いは明瞭である。

　このような例外的現象に関して最も多く見られる説明は、それらが教養人によって取り入れられた語（本書で言う「人工語」）であるからというもので、たとえば ROSA についてのマイエル＝リュプケの説明はそうである（Meyer-Lübke 2, §219）。すぐには飲み込めないところであるのだが、だからといってそれに代わる説得的な理論があるわけではない。

　音韻変化を純粋に音環境とそれに影響を与える類推作用だけで説明し尽くそうとする「青年文法学派」的方法論では、音韻法則に当てはまらない事例は多く「人工語」や「借用語」の範疇に入れられる。スペイン語での flor「花」も *llor ではないせいで人工語と解釈されていることは既に「06406　連続子音の扱い」で述べた。このように、音韻法則とされるものに当てはまらぬ事例にすぐに「人工語」説を応用することに猛反発しているのがライトである（Wright 1, pp.5-14）。

　ライトが依拠しているのは lexical diffusion という理論である。これは青年文法学派的な「音韻法則の規則性」を否定したりそれに修正を迫るいくつかの理論の一つであり、1970年代から注目を集めていた。この理論によると、音韻変化は語彙を選ばず例外なしに生じるのではなく、それが適用されるのは語彙ごとに異なっていて変化を受けやすい語彙と受けにくい語彙があることになる。この理論によるなら、flor のような日常的語彙を「人工語」とみなす必要がないことは確かである。

　lexical diffusion 説については、筆者の管見に入った範囲では否定的な見解が多

い。ホックは「もしも実際に音韻変化が語彙ごとに個別に働くのであり、一時的であれ古い発音と新しい発音との間の可変性を伴うこともないのなら、その変化が別の語彙においても繰り返される理由は何もなくなってしまうではないか」と書く（Hock, p.650）。キパルスキーの判断では lexical diffusion とは類推的変化の一種にすぎない（Kiparsky, p.314）。

しかし、いずれにしても例外的とみなさざるをえないケースには何らかの説明が必要となるのである。たとえば、イタリア語 bene（< BENE）はなぜ biene にならなかったのか。

0662　構造主義・ウムラウト・「層」理論

ロールフスは「bene はそれ自身のアクセントを持たぬ語（proclitic）であったから」との説明が一般的だとしている（Rohlfs 1, §84）。つまり、bene は後続の語に依存してそれ自身のアクセントは関与しなかったからということなのであるが、しかし同じような環境で使われるであろうフランス語やスペイン語では二重母音化は起こっているのである。

ラウスベルクは完全に別の説である。VENIT > viene、BENE > bene の例に見られる母音変化の差は、前者が動詞であって一連の活用体系の中にある語であるのに対して、後者は副詞で孤立した語であることが差を作ったと言う。それは形容詞 nuovo < NOVUS「新しい」と数詞 nove < NOVEM「9」に見られる差でもあると（Lausberg, §198）。

このように音韻変化に個別的な要因を求めるのではなく、関係する語彙全体の枠組みの中でその要因を探ろうとする「構造主義的」理論も20世紀のロマンス語学における中心的理論の一つである。

そもそも、O、E の二重母音化は「なぜ」生じたのか。それについての解釈の違いを見てみるのも面白い。

ロマンス語の二重母音の起源に関する古典的な理論は、メネンデス＝ピダルによる解説に見られる（Menéndez 1, pp.125-127）。彼は二重母音を、「アクセントのある母音を調音的に誇張した結果生じた、母音的音韻の bimatización である」と定義する。bimatización とは変わった言葉で筆者としては「二色に配色すること」としか訳せないのであるが、要するに ǫ（広いオ）の表現性を高めようと誇張すると、その前に ọ（狭いオ）を置いて発音されることが起こると言うのである。そしてọ はさらに緊張した半母音 w へと変わる。彼はそうは書いてはいないが異化作用が

起こるということである。彼の図式を簡略化して再現すると ǫ > ǫǫ > wǫ > we ということになる。ブルシエも同様の説明である（Bourciez 2, §§ 46, 66）。

現代において主流となっている理論はこれとは異なる。二重母音化にもっと明確な条件であるウムラウト現象を見ようとするのである。

ウムラウト説を主張する一人がラウスベルクである（Lausberg, §§193-201）。なぜか彼は Umlaut とは言わず Harmonisierung「調和」なる用語で解説しているが同じことである。要するに多くのロマンス語において語末の母音が ī か u であったとき、その音色が前にある ę と ǫ に、それが隣接していなくとも、影響を与えて二重母音化させたというのが彼の理論である。各言語でどれがどのような結果を生みだしたかを彼は詳述しているがそれは本書では省略する。

ウムラウト説には賛同者が多数いる。しかし、それがいつの時代に起こったのか、起源は一つなのか別々なのか、については理論は分かれる。もし起源が一つであるなら、つまりロマンス語全般にそれが起こったのなら、現代語ではそれを見せていないポルトガル語、カタルーニャ語、そしてサルディニア語では二重母音の単音化がその後に起こったと想定しなくてはならなくなる。この説に関わる諸問題についてはホールが丁寧に解説している（Hall 3, pp.189-192）し、テカヴチクも詳しく記述している（Tekavčić, vol.1, pp.27-35）。

ラウスベルクは構造主義的理論の人であるけれど、ウムラウト説は別に構造主義的ではない。しかし二重母音化を完璧に構造主義的に解説するルイジ・ロメオによる説がある（Romeo）。書名の economy が示すごとく構造主義者マルチネの影響を十分に受けた書物である。

「0321 原初ロマンス語の母音構造」で書いたように、多くのロマンス語では個別的に分離する以前に母音の長短の差は無意味となっており、「口の開き」が意味を持つようになっていた。その新しい母音体系を「口の開き」の程度に応じて書くなら i、ę、ẹ、a、u、ọ、ǫ となる。最初の四つは口の前方で調音させる前舌母音、残りの三つは後方で調音される後舌母音である。言い換えるなら、前舌母音は口の開きが４段階であり、後舌母音は３段階である。

ロメオは、ラテン語の二重母音 au の o への単母音化が最初に生じた出来事であるとする。そしてその変化が従来の母音構造の安定性への脅威となり、その後の母音変化を誘い出すこととなったと考えるのである。新しい o の誕生は、後舌母音の数を増やして４段階とし、元来の ǫ との「差」を曖昧にする。母音の弁別性が希薄になると従来の構造そのものを改変する圧力となる。それが結局 ǫ > u̯o なる

変化を生み出す動機となり、さらには別の変化を引き起こしたとするのが彼の主張である。

ここまででも十分に複雑であるが、しかし問題はこれにとどまらない。以上の説はすべて「言語内」に変化の要因を求めていた。しかし言語とは社会的現象であり、言語外から来る影響もそこに関わる。たとえば、借用である。言語的借用は、単語を外部から取り入れるだけではなく発音にすらそれも起こりうる。二重母音に関して言えば、標準イタリア語のトスカナ方言には本来は二重母音化はなかったと大権威ロールフスは述べている。それは、別の北イタリアの諸方言からの影響なのであり、それがトスカナの教養階級に広がったと推測する（Rohlfs 1, §§85-99）。

その源をゲルマン語の発音傾向に求める説がある。「064021 ラ・スペツィア＝リミニ線」で紹介したワルトブルクは、二重母音化ウムラウト起源説を否定して、ゲルマン語話者であったロンゴバルド族の発音の影響をそこに見ようとしている（Wartburg, っ.141）。

ミラノを州都とする現在のロンバルディア州はゲルマン人であるロンゴバルド族がそこに王国を築いていたことからその名前が付いている。彼らの王国は6世紀半ばから8世紀後半までパヴィアを首都として存続し、その後はフランク王国の一部となった。北イタリア一帯にはゲルマン人が支配者として長く存在したのである。彼らはガリアにおけるフランク族支配者と同様に、ある期間の二重言語状態を経て結局はロマンス語話者へと変貌したのであるが、しかしそこに影響は残している。

ワルトブルクはロールフスに反駁してトスカナ方言は最初から二重母音を保持していたと主張している。しかしながらその源は、開音節における母音をことさら強めて発音するゲルマン人支配者の発音傾向であってそれが民衆にまで広がったのではないかと推測するのである。

上層語であるロンゴバルド族の言語からの影響という外的要因を重視しているのであるから、ワルトブルクのこの説は「層」理論の一つになる。

上層語 superstratum language については基層語 substratum language とともに既に触れている。層概念には、他に傍層語 adstratum language がある。傍層語とは、地理的あるいは観念的に近くにあって影響を与える言語を言う。日本語にとってなら、かつては漢語が、現在なら英語が傍層語に当たる。ロマンス語は、単語の借用に見られるように多くの影響を与えあっているからお互いがお互いの傍層語であると言って良い。

基層語、上層語、傍層語と、言語変化の要因として外部からの影響を重視する理

論は根強く存在する。しかし、そのような「層」理論は、ロメオのような構造主義的理論とも、ラウスベルクのウムラウト説のような言語変化の特定の要因を言語内に求める理論とも相容れず、それを安易な解決法として排斥する説も強くある。ホールによると、ワルトブルクのように二重母音化に「層」理論を当てはめるのは、substratomaniac であることになる（Hall 2, p.243）。

　ただ、研究者によっては、構造主義と「層」理論は必ずしも二者択一とはならない。「層」の存在を考慮に入れると解決するように見える問題はあるから、構造主義者も「層」理論を受け入れることはある。一例は構造主義－機能主義理論の代表的権威たるマルチネで、彼はロマンス語のかなりの部分に生じた破裂音の有声化には基層語たるケルト語の影響を見ているし、f ＞ h というスペイン語特有の変化にはメネンデス＝ピダルの説を受け入れて、傍層語バスク語の影響を見ている（Martinet, pp.257-296, pp.304-311）。

　二重母音化はロマンス語すべての母音構造にまたがる重大問題であるがゆえに、識者はその問題を解明しようと様々な学説を生み出した。上に述べたことはそのごく一部にすぎない。これ以上の解説をすることは本書の範囲を、いやそれ以上に筆者の力量を超えてしまう。二重母音のみならずロマンス語音韻変化に関する理論の変遷についてもっと知るためには、ジュリアス・プルチンスキーの記述が便利である（Trends 1, pp.77-104）。

　ここでついでに AIS という略称でよく引用される大著（K. Jaberg & J. Jud, Sprach- und Sachatlas Italiens und der Südschweiz, Zofingen, 1928-1940）についても言及しておきたい。スイス人ヤーベルクとユートによって作られたイタリアと南部スイスの言語地図で、これは19世紀終わりからジリエロンによって主導されて20世紀前半において歴史言語学研究に大きな寄与をすることとなった「言語地理学」の精華の一つである。

　ロールフスであれワルトブルクであれ、たとえば二重母音化に関して研究を進めることができたのは、それぞれの語がイタリア各地において発音の差をどのように見せているかがこの書物において既に詳細に地図の形で示されてあったからなのである。言語地理学については、ヨルダンに詳しい記述がある（Iordan-Orr, pp.144-278）。

0663　idealism と positivism
音韻変化の解釈について述べるのであるならば、20世紀に起こったもう一つの言

語学的論争についても触れておくべきであろう。それは一般的には音韻変化の規則性を理論の根本に据えている positivism に対する idealism の側からの攻撃という風に要約される。

これらの月語はその論争の創始者であるフォスラー（Karl Vossler）が用いたものである。フォスラーが自らの立場を言った idealism は訳しにくい言葉で、観念主義という訳語はあるがそれで彼の真意が伝わるかは心もとない。ともかく彼は自らの立場を idealism とし、19世紀後半と20世紀初めにおいて言語学を主導した青年文法学派の理論を positivism と規定してその根本的思想を批判・糾弾したのである。

青年文法学派 Junggrammatiker は英語では neogrammarians と訳されるので、これからはこの用語を用いる。彼らは、「音韻法則に例外なし」というモットーで代表されるように、音韻変化を生理的現象とみなして話者の意思・感情とは無関係に機械的に起こるものとする。

idealism はそれに反対して、言語における感情の側面、美的側面、芸術性、個人の創造性を強調するのである。彼らは neogrammarian に対抗する形で自らをneolinguist と呼び、neolinguistics という用語も作り出した。

idealist に、あるいは neolinguist に名を連ねた学者は沢山いるがここではそれらは省略する。その論争の全体を記述することも筆者の手に負える仕事ではないので別の書物（Iordan-Orr, pp.86-143, 451-455）にお任せする。本書においては、他の個所でもその記述を引用しているホールとボンファンテとに話題をしぼる。二人の間で学術問題に関してなら少し珍しいほどの激しい言葉のやり取りが、アメリカの代表的言語学雑誌 Language においてなされているからである（Hall 5, Bonfante 3）。

コーネル大学教授であったホールはブルームフィールドの教えを受けた人で、アメリカ構造主義言語学派の嫡流であると言っても良いであろう。一方イタリア生まれでアメリカに亡命しプリンストン大学教授となっていたボンファンテの方はバルトリ（Matteo Giulio Bàrtoli）と並ぶ idealism の旗頭の一人であるベルトーニ（Giulio Bertoni）の弟子であった。

ホールはもっぱらバルトリの理論を俎上に上げて批判を加えておりボンファンテの名前は見当たらない。しかしボンファンテはそれを意図的な自分自身への非難と解釈している様子で、ホールの論文の三倍近い長さの反論を発表している。ホールはイタリア留学の経験があるが、当時のファッシスト政権への嫌悪感が「反イタリ

247

ア人」的傾向へと傾いたとする見解もあり、また、亡命イタリア人が有名大学のポストに就くことでアメリカ人の就職口が狭まったことへの反感があったとの憶測を読んだこともある。

　ホールのバルトリ批判の典型的例は、「祖形の再建」に関わることである。「0322ロマンス祖語という概念」で述べたように、実際に残された資料からその祖先の形を演繹的に作り出すことは比較言語学の方法論の根幹にあり、そこから現実の言語資料には存在しない *m̥ とか *ə のような音韻の「想定」がなされる。バルトリはそのような祖形の存在を認めない。「父」を表す語の語根母音がサンスクリットでのみ a でなくて i であることの歴史的説明は、*ə という祖形の想定ではなく単にサンスクリットにおいて後に生じた音韻変化の結果とされる。ホールはそこに猛然と批判を加えるのである。彼のバルトリ批判はもちろんそのことだけにはとどまらず「周辺地域」対「中心地域」というバルトリの類別の恣意性も鋭く追求される。

　「比較の方法を用いることで我々は過去の歴史を再建できるしその後発見されるかもしれぬ事柄を予言することもできる。我々のしてきた再建と予言はしばしば、新しい事実が明らかになったときに立証されたのだ。バルトリの方法論では何一つ再建も予言もできないではないか」との誇らかな宣言がある。

　それに対してボンファンテは、ホールにひけをとらない率直さで51項目に分類した反論を述べている。そのすべてを述べることはできないので、典型的な neolinguist 的信条を選んでみる。

　「neolinguist は、音韻変化を含めてあらゆる言語変化は精神的・人間的プロセスであって生理的プロセスではないと主張する」

　「言語変化は、その始まりにおいては一人の人間の自由な創造である。それが別の一人によって模倣され、同化され、それがまた別の人間に、結果として規模の大小はあれ広大な地域へと拡散する。その創造がどれだけの力を発揮するか、生き残る可能性がどれだけあるかは、個人の持つ創造力とか社会的影響力とか文学的名声によって決まるのである」

　「フランス語の歴史はフランスの全歴史を考慮に入れなければ書けない」

　「フランス語はフランス文化、フランス精神の表現であり、本質的一部なのである」

　「言語全体とは精神的創造物なのだ。人は語で話す、いやそれ以上に文で話すのであって、音素や形態素や統語素で話すのではない。そんなものは独立した実態を持たぬもので、我々が作り出した抽象概念にすぎない」

などである。

　結局のところ、現在言語学における idealism という言葉自体はもう歴史的存在になっていると言って良いであろう。比較言語学においてはやはり neogrammarian の思想を多く受け継いだ方法論が主役である。ただ、idealism 的なアプローチというものはあり、ポズナーは20世紀後半において影響力を持った言語学者コセリウ（Eugenio Coseriu）をその一人としている（Iordan-Orr, p.454）。彼の理論のうちロマンス語学に関わる部分は、引用文献コセリウで述べられている。それについては、「08341　ラテン語の未来」で触れることにする。

　長寿を保ったボンファンテ（1904-2005）は、1982年に東京で開かれた国際言語学会に出席して、80歳近い高齢ながら活発に発表していた。そのとき、FORMŌSUS「美しい」がポルトガル語、スペイン語、ルーマニア語という東西の端においてのみ残り（「付録2　単語対照表 3. 形容詞」参照）、ラテン語地域のその他ではBELLUS 系統に置き換えられていることを neolinguistics 風に「中心地域」対「周辺地域」の特徴の例として述べていたことを筆者は記憶している。コセリウも出席者の一人であった。

　余談ながら、筆者はボンファンテとは短い交流を持っている。東京での言語学会議の翌年である1983年に筆者がローマに滞在した折（これは、「09131 code-switching とカタルーニャ語」で述べる、国際シンポジウムからの帰途であった）に野外喫茶店におられる氏をたまたまお見かけして話しかけたのがきっかけで論文の抜き刷りなどを送って下さるようになったのである。令嬢であるラリッサ・ボンファンテ氏の "Etruscan" の翻訳（『エトルリア語』学藝書林、1996）を担当したのも、交流の一部と言えようか。

249

07　第七章　形の変化１　動詞以外

071　形態変化の叙述について
　　0711　チーズの言葉あれこれ
072　名詞
　　0721　スペイン語・ポルトガル語・カタルーニャ語
　　0722　フランス語
　　0723　古オック語
　　0724　イタリア語
　　0725　ルーマニア語
073　形容詞
　　0731　フランス語の特殊例
　　0732　ルーマニア語の特殊例
　　0733　比較級・最上級
074　副詞
075　冠詞と指示詞
　　0751　定冠詞
　　0752　不定冠詞
　　0753　部分冠詞
　　0754　指示詞
076　人称代名詞
077　所有形容詞
078　数詞
　　0781　基数詞
　　0782　序数詞
079　新語の形成
　　0791　名詞の語形成
　　　　07911　派生
　　　　07912　合成
　　0792　動詞の語形成

071　形態変化の叙述について

　言語の記述にあたっては、音韻論、形態論、統語論、意味論という風に最も下部の構造から上部へと移っていくことが通常の仕方である。

　しかし、このような整然たる記述は言語史を語る際には滑らかには機能しない。特にロマンス語学のような、複数の言語の歴史を記述しようとする場合には、形態論の部分のみを切り分けて記述することは困難すぎる。形態論は音韻論や統語論と混じりあった形でないと説明はできないのである。

　ラテン語にあった母音や子音がその音価を変えれば、単語の形も必然的に変わる。*SAPIUS がフランス語 sage になる、MULIEREM がスペイン語 mujer になる（「051 語彙変化の種類」を参照）のがその例である。音韻的変化は形態的変化に直結するのである。

　同時に、音韻変化だけによるのではない形の変化もある。一例は、新しい接尾辞を用いた新語の形成である。これについては、「0791 名詞の語形成」で別に述べる。

　また、形態的変化は文法規則の変化と直結していることがあり、動詞の形態変化はその典型的な例である。ラテン語 HABĒBIT「彼は持つだろう」をそれに相当するイタリア語 avrà、フランス語 il aura と対比させたとき、その間にあるのは音韻変化であり、未来形を作る規則そのものの変化であり、また代名詞主語の必要性というフランス語独特の変化も存在する。

　ロマンス語の形態的変化は音韻変化・統辞変化の記述と同時に、しかも各言語ごとに、なされなければ十分に意味あるものとはならないのである。しかし本書の性格上、それをすべて記述することは不可能で、かなりの省略を施していることは承知していただきたい。

0711　チーズの言葉あれこれ

　単語の形の変化には上に述べたような様々な要因が関与する例として、面白い話題に触れてみようと思う。

　ある年のロマンス語に関する学会に出席した折りであったが、休憩室でお茶の世話をして下さる学生と話をすることになり、たまたま話題がその場にあったチーズのことになった。その学生はフランス語の専攻であったが、スペインに旅行をしたことがあったらしい。

　「チーズのことをフランス語ではフロマージュと言うのに、スペイン語ではケソって言うんですね。まるで違いますね」と学生は素朴な疑問を呈した。

251

07　第七章　形の変化 1　動詞以外

　フランス語とスペイン語は姉妹語同士であり、語彙には似たものが多いが当然違っているものもある。だから、これもその一例であって何もそれ以上の話題になる必然性はないのである。しかしお節介な筆者は、真に意味のある知識を学生に増やしてあげたくなる。

　「イタリア語ではフォルマッジョ formaggio です。そしてスペイン語のケソ queso はフロマージュ fromage にもフォルマッジョにも関連はあるのだし、また随分違っているようでも英語のチーズ cheese と語源は等しいのですよ」と。

　と言ってもこんな話題だけなら特に意味のない知識の羅列のようだ。しかしこれは、ロマンス語学を歴史言語学の一部門として見た場合、語彙の変化の歴史に存在している様々な現象を観察し説明するのに使える好例なのである。

　チーズを意味するポルトガル語 queijo、スペイン語 queso、カタルーニャ語 formatge、フランス語 fromage、イタリア語 formaggio を並べてみる。ルーマニア語のチーズは brânză でラテン語とは無関係であり、そして周囲のどの言語とも一致せず筆者にはその由来は分からないので無視しておく。

　これらに英語 cheese を並べてみると、二つの異なった系列に分けられるのは見て取れるが、それらは互いに無関係に見えるであろう。しかし、これらはすべて一つの源に行き着く語であり、フランス語とイタリア語に見られるちょっとした違いも、やはり一つの法則性で説明できる現象である。

　ラテン語でチーズは CĀSEUS である。前 3 世紀から 2 世紀にかけてのローマの劇作家プラウトゥスの作品『捕虜』には、食い意地の張った男が自分の手柄を餌に金持ちに饗応を強要する場面があるが、そこで男が並べ立てる「食べたいもの」の一つが CĀSEUS であった。これが英語の祖先であるゲルマン語に入り、それがいくつかの段階を経て英語 cheese となった。ドイツ語では、語頭の [k] の音は変化せぬままで、Käse である。英語で [k] ＞ [tʃ] の変化が生じた過程については、ロマンス語の話題ではないのだから、ここでは扱わない。

　スペイン語 queso はラテン語 CĀSEUS の対格形からの直接の子孫である。

　このことは「06405 yod効果」で短く触れているのだが、CĀSEUM から queso までの変化の過程を一つ一つたどると次のようになる（[k] の音は k で表す）。

　(1) CĀSEUM　　(2) *kaseo　　(3) *kasio　　(4) *kaiso　　(5) keso
ここに見られる音韻の変化は、どれ一つとして特殊・孤立的な現象ではなく、あらゆる言語の歴史の中で起こりうる普遍的現象ですべて第六章「音の変化」で触れ

252

たことばかりである。

　（1）から（2）への変化は、ラテン語からロマンス語への道筋ですべてに起こった現象である、語末の m 音の脱落、無アクセント u＞o である。

　（2）から（3）への変化、「エオ」が「イオ」になる変化は、「06409 同化作用・異化作用」で見た異化作用で、二つの母音が隣接したとき、その発音を明瞭化するためにその「差」を広げることが起こったのである。

　（3）から（4）への変化は音位転換（「06408 音位転換」）。

　（4）から（5）は、二重母音の単母音化という現象。

　ポルトガル語 queijo も同じことで、既に述べた母音間における〔s〕＞〔ʃ〕＞〔ʒ〕という変化の結果である。スペイン語もケゾと発音されていたが、16世紀以来無声音化した。

　形が全く異なるカタルーニャ語、フランス語、イタリア語ではどうなのか。

　CĀSEUS FORMĀTICUS という表現がまず最初にあったようだ。これは古典ラテン語には出てこない組み合わせなので、「あったようだ」としか言えない。古典時代のチーズは多分固まっていないどろどろかほそぼそしたもので、それを現在の普通のチーズのように固めたものになったとき、「四角い形にした」の意味のFORMĀTICUS（FORMA「形」から派生した形容詞）が付いた表現ができたのであろう。

　その組み合わせ CĀSEUS FORMĀTICUS が「チーズ」のための固定した形となったとき、その後の歴史の中で使いやすい省略形が一般的になり、ポルトガル語・スペイン語・カタルーニャ語では前半が、それ以外では後半が、チーズの意味に使われたわけである。なお、イタリア語とルーマニア語でも、一般的な「チーズ」の意味ではないにせよそれぞれ cacio、caş という語が残されてはいる。

　formatge、fromage、formaggio と並べたとき、or/ro の違いが見える。実は、フランス語の古形は formage だったのであって、他言語はそれを移入したのである。その後フランス語には音位転換が生じたのであった。

　-TIC- という音の連続の変化には、「079 新語の形成」でまた触れることにする。

072　名詞

　まず名詞に関してであるが、最初に言うべきは名詞活用の「型」の変化である。

　ラテン語では、すべての名詞の活用において明瞭に5種に分類される「型」があり、形容詞には2種の「型」があった。そして、その「型」に従って名詞はその

07 第七章 形の変化 1 動詞以外

性・数・格を表示し、形容詞はそれに従って形を変えたのであった。

　ロマンス語では格の概念が大きく変化し、大部分では消失したこと、また中性名詞が男性名詞に合流するか、それに類似した変化を起こしたこと、これらが要因となって、かつて存在した規則性がそのままでは通用しなくなった。

　ロマンス語全体の問題として「型」の単純化がある。ラテン語名詞は第一活用から第五活用まで5種に分類されて異なった活用をしたが、個別ロマンス語に分化する前の段階で、それが単数の形に関しては3種に単純化されていたのである。それぞれ、第一種、第二種、第三種名詞と名づけることにする。

　第一種名詞は、ラテン語第一活用名詞と、それに吸収された第五活用名詞（「日」DIĒS → スペイン語 día、ポルトガル語・カタルーニャ語 dia のごとくに）である。大部分が女性名詞で、例外的に男性名詞があった。語幹母音は a である。本来的な語尾は、単数主格 -A、対格 -AM、複数主格 -AE、対格 -ĀS であった。しかし、語末の m は早くから無音化しており、単数主格と対格は同形 -A のままロマンス語へ引き継がれた。複数では用法上の混乱があり、-AS の形が主格として使われる例が散見されていて、それがロマンス語における複数形へと引き継がれた可能性がある。後で触れるフランス語の例を参照のこと。

　第二種名詞は、ラテン語第二活用名詞と、語末の母音 u が第二活用と同じであった第四活用名詞からなる。男性名詞と中性名詞からなり、例外的に女性名詞があった。語幹母音は u から変化した o である。本来的な語尾は、男性名詞は単数主格 -US、対格 -UM、複数主格 -Ī、対格 -ŌS、中性名詞は単数主格・対格 -UM、複数主格・対格 -A であった。

　中性名詞は、単数形では容易に男性名詞と混じり合うこととなり、ロマンス語では男性名詞へと変化することが多かった。中性名詞に男性名詞の語尾を付ける例（CAELUM「天」→ CAELUS）などは古典期から見られ、帝政期になるともっと頻繁になっていたのである（VĪNUM「葡萄酒」→ VĪNUS、FĀTUM「運命」→ FĀTUS など）。

　しかしその複数形では、女性名詞との混同が起こりそこから言語ごとに異なった結果が生じることにもなった。後で触れるイタリア語の例を参照のこと。

　第三種名詞は、男性・女性・中性すべての性を含む第三活用名詞から来ている。男性名詞と女性名詞とでは活用の型に違いはないが、中性名詞の場合はそれらとはっきりと異なる。第三種名詞を特徴づけるのは、中性名詞以外では単数主格と対格の形がはっきりと異なり（MĀTER「母」／MĀTREM）、時にはアクセントの位置

254

までが異なる場合が生じることである（RATIŌ「理性」/RATIŌNEM）。本来的には「綴り」の支配下にあったアクセントが、逆に「綴り」を、つまり発音を左右する存在になったことは既に述べた。そしてその後は語の形の変化に大きく関わることになる。

　ルーマニア語以外では、どのロマンス語であれその始まりから中性名詞の存在はなかった。中性は主として男性に吸収され、性は男性と女性の二つに単純化されていた。ただし、中性名詞の吸収のされ方は一様ではなく、各言語がそれぞれの様相を見せている。中性名詞の名残をどのように扱うかが、名詞変化の規則性の程度を左右すると言って良いようである。

　スペイン語では3性の2性化が形式の上でも徹底して進んでいるが、イタリア語になると中性名詞の名残がそこここに残されており、結果として名詞変化の不規則性に反映している。ルーマニア語においても、生き残った中性名詞はラテン語における独立した存在とははっきり異なって、男性と女性との中間的存在（単数では男性、複数では女性と一致する）となっている。そこからルーマニア語のこの性に「中性」neutral の名称を与えることを躊躇する余地が生じ、それを「両性」ambigenous とする見解もある。

　ルーマニア語、古フランス語、古オック語以外では名詞に格変化の痕跡はなかった。つまり名詞には単数と複数の2形しかないのである。結局ロマンス語名詞の形態論とは、単数と複数がどのような形であるかを記述することに帰着する。

　単数形は、大多数の場合ラテン語の対格形が音韻変化を受けつつ残存した。そこから、それに対応する複数形が生み出されることとなった。

　複数形の作り方は一様ではない。ラテン語の複数形がそのまま残存する場合の他に、何らかの類推作用で新たな形が作られる場合もあり、またそれらが複合して現れる場合とがあるからである。

　これらの記述に関しては、スペイン語・ポルトガル語・カタルーニャ語を一括して扱い、その後フランス語、古オック語、イタリア語、ルーマニア語をそれぞれ個別に扱うのが一番良いと判断する。

0721　スペイン語・ポルトガル語・カタルーニャ語

　イベリア半島3言語の名詞の複数形の作り方を「→」で指示させてみる。既に述

07 第七章 形の変化 1 動詞以外

べたような 3 種に単語を分類し、それらがどのような結果を生んでいるかを見るの
である。語順は、「付録 2 単語対照表 2. 名詞」と同じくポルトガル語、スペイン
語、カタルーニャ語の順である。

第一種名詞
FĪLIA「娘」；filha → filhas / hija → hijas / filla → filles
HŌRA「時」；hora → horas / hora → horas / hora → hores
STELLA「星」；estrela → estrelas / estrella → estrellas / estel → estels
第二種名詞
FĪLIUS「息子」；filho → filhos / hijo → hijos / fill → fills
OVUM「卵」；ovo → ovos / huevo → huevos / ou → ous
MANUS「手」；mão → mãos / mano → manos / mà → mans
第三種名詞
MĀTER「母」；mãe → mães / madre → madres / mare → mares
HOMŌ「人間」；homem → homens / hombre → hombres / home → homes
PECTUS「胸」；peito → peitos / pecho → pechos / pit → pits
RATIŌ「理性」；razão → razões / razón → razones / raó → raons
SAL「塩」；sal → sais / sal → sales / sal → sals
MENSIS「(暦の) 月」；mês → meses / mes → meses / mes → mesos

　ここでは各言語の音韻変化ではなく、単数と複数の関係だけを見る。多少のばら
つきは見えているが、根底にあるのは複数形には s かあるいはそれを含んだ語尾
が付いているという同じ現象である。
　一番規則的に見えるのはスペイン語で、複数形形成規則は実に単純で、単数形が
母音で終わるなら -s を、子音で終わるなら -es を付加するという規則が見えてい
る。
　ただ、ラテン語の複数形の形成と比べると、スペイン語 huevo、mano、pecho
はラテン語とは異なっている。
　MANUS は第四活用名詞であって、それが第二活用に合流しただけである。ラテ
ン語での例外的事例で女性名詞であったがそれはスペイン語でも受け継がれてい
る。
　huevo、pecho は、中性名詞をすべて男性化し、それに従って複数形を作るとい

256

う、スペイン語における形態変化の特徴を見せている例である。

結果的に、ごく少数の例外を除けば「母音で終わる語には -s を、子音で終わる語には -es を付ける」という単純な規則が成立しており、学習者にとって何よりもありがたいスペイン語の美点の一つがここにある。

ところで、ここに見られる規則性は、ラテン語にあった活用の「型」の残存のようにも見えるのだが、ここにはラテン語との根本的な断絶が存在していることも見逃してはいけない。それは、「語尾の接尾辞化」である。

-s、-es は、ラテン語の複数対格形語尾 -ĀS、-ŌS、-ĒS から来ているのだが、それが単独で「複数」を表示する接尾辞として働くようになっている。元来が活用語尾の一部にすぎなかった［s］という音自体が、一定の文法的意味を表すまでに格上げされたのである。

これを言い換えれば、［s］は、一定の意味を表示する独立した存在であり、単独では出現しないものの「複数性を表す形態素」になっているということである。だからそれらは、本来は無関係な語、元来が中性名詞であった huevo、pecho にまで適用されるし、英語から取り入れられた新語にもそのまま応用される（esquí「スキー」→ esquís のように）。

これはラテン語の特質であった「語尾変化」とは性質を異にしており、名詞に関してはスペイン語は屈折語性を失って膠着語になったのだと言える。

複数語尾の接尾辞化は、ポルトガル語やカタルーニャ語でも基本的には同じである。

ポルトガル語の場合には、この言語特有の鼻母音の存在と特有の子音変化のせいで複雑さが見えてくるがスペイン語とそれほどの違いがあるわけではない。homem の語尾は鼻母音であって［m］音は存在しない。sal → sais の場合は、「子音の前の l は母音化する」という音韻変化に則っている。

カタルーニャ語の場合、見かけ上はもっと複雑である。まず、無アクセントの a で終わる語は -es となるのが原則であるが、その前に来る子音の綴りも同時に変わることが多々あるからである。その例の一部だけでも boca「口」→ boques、pluja「雨」→ pluges、llengua「言葉」→ llengües のごとくである。

a 以外の無アクセント母音で終わる語（ou「卵」、clau「鍵」、creu「十字架」、febre「熱」など）と、子音で終わる語の大部分は、単に -s を付けるだけで良い。

有アクセント母音で終わる語には -ns を付ける。上記 mà「手」、raó「理性」以

257

07 第七章 形の変化 1 動詞以外

外に matí「朝」→ matins、pa「パン」→ pans、fre「ブレーキ」→ frens など。
-ó で終わる語はかなり多いがすべて複数形は -ons である。

カタルーニャ語には、他に -os、あるいは -sos を付けて複数を作る語がある。上記 mes「月」が os型名詞の一例で、他には braç「腕」、país「国」、glaç「氷」など。

sos型 はずっと数少ないが nas「鼻」→ nassos、cos「身体」→ cossos、os「骨」→ ossos などがある。

スペイン語文法の簡便さ（-s か -es）と比較すると、複数形成に -s、-es、-ns、-os、-sos を使い分けなければならぬことは、カタルーニャ語を外国人に学びにくくさせる要素の一つに見えてくる。筆者はこのような活用は不規則とみなして一語一語辞書に明示すべきであると考えるのであるが、不思議なことにカタルーニャ人の作る辞書では軽視されている。sos型名詞はさすがに複数形を表示しているが、その他の場合にはほぼ無視されていて、カタルーニャ語話者の感覚に任されているのである。

ともかく、このような違いを考慮に入れても、結局のところカタルーニャ語においてもスペイン語と同じ「名詞の膠着語化」は起こっているのである。

0722　フランス語

フランス語に関しては、別の説明が必要になる。古フランス語には格変化がまだ残っており、それがいかに近代のフランス語に変化したかを記述しなければならぬからである。

古フランス語における格とは、主格（フランス語で cas sujet）と被制格（cas régime）の二つである。既に触れたように、主格は主語や主格補語として使われ、被制格は動詞や前置詞の目的語となる。二つは同形であることも多いが、はっきりと別の形を持つこともあり、機能は明白に異なっている。

結果として複数形の作り方には決まりは存在しなかった。個別的に判断する他はなかった。ただし、それは中期フランス語において単純化され、綴りにおいては -s を付ける、ただし発音は原則として変わらない、という規則ができた。

古フランス語は、「文学」と呼びうるものを多数生み出している。11世紀末に成立して12世紀の写本で残る『ローランの歌』のような武勲詩 chanson de geste や、宮廷風恋愛詩 roman courtois の作品が残されているのである。しかし現代フランス人がそれらを楽しもうと思えば、その言語はほぼ「外国語」として学ぶ必要があるほど異なっている。

258

本書においては、古フランス語作品を読めるようにするまでの記述は行わない。あくまでも歴史言語学の立場から、現代のフランス語へ進むその道筋を解説するだけである。

古フランス語に関する鉄則は、現代フランス語とは異なり書かれた文字は語末であれその通りに発音することである。もちろん例外はあり、また時代や作者や地方によって綴りのばらつきはある。しかし、書かれた文字は何らかの「音」を明示している。au はオーではなくてアウであり、z は［ts］である。

11世紀の『聖アレクシウス伝』には、冒頭近くに次のような詩句がある（Foerster の読みに従う。引用文献　Rohlfs 5, p.2）。

　　Cuens fut de Rome, del mielz qui donc i eret,

　　Sor toz ses pers l'amat li emperedre.

アレクシウスの父親を述べた個所で、神沢栄三氏訳では「都ローマの大官とて当代随一の人物なり／皇帝並みいる重臣を措きてこの者を寵愛す」となる意味の文である。

難しそうな語を現代語に直すと順に、comte、meilleur、était、sur、tous、pairs、aima、empereur となるが、動詞、形容詞その他はそれらの項に譲り、名詞のみを解説する。

名詞のうち主格であるのは cuens「大官」と emperedre「皇帝」、被制格は Rome と pers「重臣」である。

pers（単数形 per < PĀR「同等のもの」）は後に pair と綴りは変わり「重臣」の意味は歴史的用法としか残らないが、形は本質的には古フランス語と同じである。なお、per は古フランス語の意味のまま英語に入り peer となっている。英語には日本語ペアとなった pair もあるが、こちらの方は、中性複数形 PĀRIA がフランス語を経由して入ったもの。

古フランス語を難しく見せるのは主格形である。cuens はラテン語 COMES「仲間」がそのまま変化した形で、意味はその後変わり、現在では comte は「伯爵」である。emperedre はラテン語 IMPERĀTOR「皇帝」からの変化である。これらの被制格形はそれぞれ conte、empereedor で、pers の例からも見えるように、被制格形は近代フランス語に近いのである。

そして中期フランス語になると格変化は消失し、その中期フランス語の時代に

07 第七章 形の変化 1 動詞以外

我々の知っているフランス語がほぼ定まったのであった。これを言い換えると、フランス語の歴史を簡略化するなら、「形の変化」に関する限り古フランス語はとばしてもかまわないことになる。古フランス語に見られる少し変わった名詞の形はラテン語名詞の主格形から来たもので、それが消えてしまえば残るのは被制格から来た形で、そうすると他のロマンス語の場合と同様である。

　古フランス語の名詞については、上記の引用の中で現代語と最も離れた形を見せる cuens と emperedre から説明するのが良い。この形が既に述べた音韻変化規則の結果なのであることは変化の過程から見えるであろう。下線はアクセント位置である。

　　COMES > cuomes > cuons > cuens > 用法から消失
　　COMITEM > com'te > conte（comte は17世紀以後の綴りの改変）
　複数形は主格、被制格の順に conte（< *COMITĪ）、contes（COMITĒS））であった。*COMITĪ は、ラテン語第二種名詞の変化からの類推で COMITĒS から変化したものである。
　この語の特徴は、ラテン語で単数主格以外では音節が増えることである。同様の語は他に homme「人間」がある。HOMŌ/HOMĬNEM、*HOMĬNĪ/HOMĬNĒS は uem(uom)/ome、ome/omes の形を生み出した。

　　IMPERĀTOR > emperedre（> empereire）> 消失
　　IMPERĀTŌREM > emperedor（> empereor > empereur）
　複数形は emperedor（< *IMPERĀTŌRĪ）、emperedors（< IMPERĀTŌRĒS）
　この語の場合は、音節数の変化に伴いアクセント位置が格によって異なることになる。同様の語はかなりある。単数形のみを主格、被制格の順に書く。
　　enfant「子供」（enfes < INFANS/enfant < INFANTEM）
　　sœur「姉妹」（suer < SOROR/serour < SORŌREM）
　　neveu「甥」（nies < NEPOS/nevout < NEPŌTEM）
　　prêtre「僧侶」（prestre < PRESBYTER/provoire < PRESBYTEREM）
　　seigneur「主」（sire < SENIOR/seignor < SENIŌREM）
　　ancêtre「祖先」（ancestre < ANTECESSOR/antecessor < ANTECESSŌREM）

ゲルマン語も同様であった。baron「男爵」(ber < *BARO/baron < *BARONE)。

　全体の趨勢で名詞として残ったのは被制格、つまりラテン語での対格の形であったことは見る通りである。例外はいくつかあって、sœur、prêtre、ancêtre などは主格が残る例。ancêtre については、「064071 わたり音の挿入」も参照のこと。

　2形が意味や用法を多少変えて両方残ることもある。sire/seignor、om/ome などがそれである。sire は英語の sir として頻用される語となった。om は 代名詞 on に、ome は homme になる。

　以上は特殊例である。フランス語語彙の大半はもっと分かりやすい変化をしている。

　女性名詞は、古フランス語では格による形の変化はもう持たなかった。rose（< ROSA「ばら」）の例で説明すると、以下のごとくであった。

　　単数主格　rose（< ROSA）　　　　　複数主格　roses（< *ROSĀS）
　　単数被制格　rose（< ROSAM）　　　複数被制格　roses（< ROSĀS）

　これに属するのはラテン語の第一活用と第五活用が合同した第一種名詞である。複数主格は ROSAE ではなく民衆のラテン語 ROSĀS からと想定されている。

　第三種女性名詞も結果的に同じ活用になる。

　　単数主格　medre（< MĀTER）　　　　複数主格　medres（< MĀTRĒS）
　　単数被制格　medre（< MĀTREM）　　複数被制格　medres（< MĀTRĒS）

medre はすぐに mere へと変わる。mère の綴りは18世紀からである。

　女性名詞は、格変化はなく複数は単数に s を付けるという単純な形式に原則としてすべて従う。ただ例外として単数主格形で s の付いた形も amors、flors のごとく時折見られる。このような例を「12世紀以後の革新である」という説が一番明解に見えるが、その反対の説もある。マイエル＝リュプケは上手く説明し難いことを認めている（引用文献　Meyer-Lübke 3, §243）。

　男性名詞は2種に分かれる。

　MŪRUS「壁」から来た murs では、単数は murs/mur、複数は mur/murs である。語源の MŪRUS/MŪRUM、MŪRĪ/MŪRŌS からの音韻変化を明瞭に見せている。

07 第七章 形の変化 1 動詞以外

単数の語尾は s/ø であり、複数は ø/s であるこの形式は、多くの男性名詞をそこに引き込むことになる（ø はゼロの意味で語尾として何もないことを示している）。

CABALLUS「馬」は単数 chevals/cheval、複数 cheval/chevals と音韻変化の定式に則った形をまず取り、その後の音韻変化を受けることになる。既に述べた、子音の前の l は u へと母音化することで、chevaus/cheval、cheval/chevaus へと変化するのである。それが chevaux/cheval、cheval/chevaux となるのは音韻変化ではなくただの綴りの慣習の変化にすぎない。-us は写本で x に似た略文字で書かれた（chevax = chevaus）。この x 記号の前に不要な u が書かれることがあったから、chevaux の綴りもあってそれが固定化したのである。

そして中期フランス語において主格形が消え被制格形が残ったのであった。主格形が残ったのは例外的ケースであった。

被制格の方が残った結果として、現代の規則である cheval → chevaux という複数形規則が固定化した。その後、語末音の［s］も、消えた。

OCULUS「眼」の œil → yeux の場合、単数被制格が *oclu > oil から［œʎ］となりその後子音性を失って［œj］の発音に変わっただけの単純な音韻変化であるのに対し、複数は複雑である。

OCULŌS > OCLŌS から yeux への変化は 4 段階で説明される。（1）二重母音化；OCLŌS > *uecls。（2）［k］の yod 化；*uecls > *ueyls 。（3）l の湿音化・母音化とわたり音の挿入；*ueyls > ［ueʎs］ > ［ueuts］。（4）異化作用と単母音化；［ueuts］ > ［jøts］。古フランス語では ieus、euz などと綴られていた。語末音は中期フランス語では消えたが yeux という綴りは固定化した。

単数語尾が s/ø、複数語尾が ø/s である形式は、第三種男性名詞をも引き入れる。CANIS「犬」は単数 chiens/chien、複数 chien/chiens という形式を経ているし、RĒX「王」もほぼ同じである。これには RĒGIS という別の主格形が作られ、そこから音韻変化法則に則って同じく reis/rei、rei/reis なる形式に一旦落ち着いたのである。そこから被制格が残り、結果的に単数 roi → 複数 rois の形式となる。

PĒS「足」の場合も同様で、PEDIS/PEDEM から単数 piez/pied、複数 pied/piez が成立し、現代へと繋がる。z は ds、ts を 1 字で書く工夫である。「王」との母音の違いは、こちらは「広いエ」であったからである。

中性名詞 VĪNUM もこの形式に参入する（vin → vins）。CAELUM も同様で、

262

ciel → cieux の形式は cheval の経過と完全に等しい。

TEMPUS、CORPUS は語尾の s を維持した不変化単音節名詞 tens、cors となった。temps、corps などの綴りは、語源を考慮した後世の改革である。語幹に s を持つ MENSIS（（暦の）月）、NĀSUS「鼻」も同じ結果となった（meis > mois、nes > nez）。

男性名詞のもう一つの種類は、PATER「父」から来た pedre（> père）が代表例である。単数 pedre/pedre、複数 pedre/pedres と活用する。それぞれ PATRE（< PATER）/PATREM、*PATRĪ/PATRĒS の祖型が想定される。PATRĪ は MŪRĪ の類推による。

単数語尾が ø/ø、複数語尾が ø/s である形式は、第二種・第三種男性名詞で -er の語尾を持つものを集めた。LIBER「本」、FRĀTER「兄弟」、MAGISTER「主人、先生」がそれぞれ livre、fredre（> frère）、maistre（> maître）となる。

14世紀に格変化は消失した。フランソワ・ヴィヨン（1431-?）の詩になると格の概念とは完全に無縁の中期フランス語なのである。

結局のところ、元来は数の指標とは限られなかった s が複数形マーカーとなったことはスペイン語などと同じである。その流れの一部として、複数形から単数形が作られる「逆形成」と呼ばれる現象が時として起こる。好例は GENŪCŬLUM「膝」（← GENŪ）の場合である。古フランス語では被制格は単数形 genoil、複数形 genous であったが、genoil は残らず、複数形から -s を除くことで新しく genou という形が生じ、それが固定したのである。peau「皮膚」も同様で、複数形 peaux（< peaus）が単数被制格 pel を追い出して新しい単数形を作った。CAPILLUS「髪」（cheveu → cheveux）、CULTELLUS「ナイフ」（couteau → couteaux）、CASTELLUM「城砦」（chateau → chateaux）なども同様に、複数形から単数形が作られた逆形成の実例である。

現代のフランス語は、方式としての複数形の作り方は s という記号を用いる点でスペイン語と同じく非常に単純である。しかしそこにはスペイン語などとの決定的断絶がある。スペイン語では［s］という子音は常に発音される自立した形態素であるのに対し、現代フランス語では例外的単語（cheval/chevaux の類い）を除けばそれは発音には反映されず綴り字上の決まりにすぎない。語末子音の消失は16世紀には既に完結していたのである。直後の単語が母音で始まった場合にそれが、いわゆるリエゾンで、［z］という音で存在を示すことがあるだけである。それ以外

07　第七章　形の変化 1　動詞以外

では冠詞に頼らなければ複数性は表示できない。かつては存在した複数のための形態素が、音韻変化の果てに、まるで幽霊のようにときたましか姿を見せない存在に成り下がっている。

0723　古オック語

　古オック語名詞は、古フランス語と同様、主格と被制格の2格体系であった。そして、その後の歴史の中で被制格を残したのもフランス語と同じである。複数形の作り方にも同じく統一した決まりはなかった。

　本書で扱うのは、古オック語の形のみである。ラテン語から古オック語への名詞の形の変化の道筋は、古フランス語のそれとほぼ平行的であったと考えて良い。違いがあるのはただ単語の形のみである。

　ここでは、古フランス語の個所で例に出した単語の主なものの単数主格形をほぼその順番で並べる。それに現代フランス語の形を添えて、その後に古オック語形を単数主格/被制格、複数主格/被制格の順で並べてみる。

　　cuens（comte）；coms/comte　comte/comtes

　　uem（homme）；hom/home　home/homes

　　emperedre（empereur）；emperaire/emperador　emperador/emperadors

　　enfes（enfant）；enfas/enfan　enfan/enfans

　　suer（sœur）；sor/seror　serors/serors

　　nies（neveu）；neps/nebot　nebot/nebotz

　　prestre（prêtre）；preire/preveire　preveire/preveires

　　sire（seigneur）；senher/senhor　senhor/senhors

　　ancestre（ancêtre）；ancestre/ancessor　ancessor/ancessors

　　ber（baron）；bar/baron　baron/barons

　　rose（rose）；rosa/rosa　rosas/rosas

　　medre（mère）；maire/maire　maires/maires

　　murs（mur）；murs/mur　mur/murs

　　chevals（cheval）；cavals/caval　caval/cavals

　　pedre（père）；paire/paire　paire/paires

　　fredre（frère）；fraire/fraire　fraire fraires

　　maistre（maître）；maestre/maestre　maestre/maestres

264

古オック語に関して言わなければならぬことは、綴りは必ずしも一定していないことである。活用形にもそれは現れる。単数主格形で語源的には存在しないはずの-s 語尾が類推的に付けられたり（fraire → fraires）、複数主格形でもやはり同様の現象が起こることがある（paire → paires）。

0724　イタリア語

これまで述べてきたスペイン語その他と対照的なのがイタリア語である。複数形の作り方が明瞭に異なる。

「0721 スペイン語・ポルトガル語・カタルーニャ語」において例として出した語のイタリア語の形をその順序に書くと、第一種名詞は figlia → figlie、dia → die、第二種名詞は figlio → figli、uovo → uova、mano → mani、第三種名詞は madre → madri、uomo → uomini、re → re、petto → petti、imperatore → imperatori となる。

ここには複数性を指示する形態素は誕生しておらず、ラテン語的な語尾変化の一部が残存している。しかし、ラテン語の屈折語性は完全に崩壊しているのであるから、そこに見られる複数形規則はスペイン語的簡潔性からはかなり遠いものである。かつまた例外的事例も少なからずあって、「不規則な複数形」についての記述はイタリア語学習書の最初に必ず記述されることになる。

上記の語の中では uovo → uova、uomo → uomini、re → re がその事例に相当するのだが、例外的扱いが生じた事情はそれぞれ異なる。

uovo → uova の例はラテン語の中性名詞の活用形（-UM → -A）を保ったために生じた不規則形である。この場合、単数は男性なのに複数は女性となる新たなる不規則性も生み出されている。類似例は、il braccio「腕」→ le braccia、l'osso「骨」→ le ossa などである。しかしこれらの語においては、意味の変異を持つ通常形と共存しているのが通例である（le braccia「人の腕」に対して、「川の支流」では i bracci となるように）。

uomo → uomini の場合、単数はラテン語の対格形 HOMINEM でなくなく主格形 HOMŌ が残された例である。主格が残る例外的ケースは他に sarto「仕立て屋」（< SARTOR）、ladro「泥棒」（< LATRŌ）などがあるが、それらでは複数形は通常の形（sarti、ladri）となる。uomini はラテン語複数主格対格形 HOMINĒS がそのまま残った、他に類例を見ない特殊な形である。

265

07　第七章　形の変化 1　動詞以外

　re → re は、単音節語は単数も複数も同形である、というイタリア語独自の規則
に基づく。単音節語のみならず単複同形語はイタリア語には少なからずあって、た
とえばスペイン語の簡潔さとの差を際立たせる。それらはアクセントのある母音で
終わる語（città、caffè など）、ラテン語第五活用からの人工語（serie、specie な
ど）、子音で終わる外来語（bar、film、sport など）、短縮語（foto、cinema など）、
ギリシア語系の -i で終わる人工語（anàlisi、crisi）その他である。

　これらのうち、最後の系列に関してはスペイン語でも el análisis → los análisis
のごとくに単複同形であるが、その他においては通常の規則に基づいた複数形を作
るか、外来語を自国語に置き換えるのである。

　以上の例外を除外するとイタリア語での複数形成のための規則的語尾変化はスペ
イン語と同じく 3 種類で、一見単純明快な形を取る。

　　　第一種名詞（a → e 型）；ragazza → ragazze、amica → amiche、
　　　　　　　　　　　　　　sorella → sorelle
　　　第二種名詞（o → i 型）；ragazzo → ragazzi、amico → amici、
　　　　　　　　　　　　　　fratello → fratelli
　　　第三種名詞（e → i 型）；padre → padri、parente → parenti、pane → pani

　ただし、このような語尾変化の成立過程に関しては、本書の性格にはそぐわない
程度の長い説明が必要になるようである。知っておかねばならぬことは、最も権威
ある「イタリア語史」であるロールフスの書物が「イタリア語とその諸方言の歴史
的文法」（Rohlfs 1）と題されているように、元来イタリア語が多くの方言に分化
していた中にあって、トスカナ方言が標準イタリア語の中核となったということで
ある。語彙の形態の変化は決して一筋道ではないのである。

　これらのうち、説明に異論が出ないのは第二種名詞 o → i における -i の由来だ
けであろう。そこでは、ラテン語第二活用男性名詞の複数主格形の語尾 -Ī がその
まま受け継がれているのである。

　ただ、個別の例を見ていくと、多少の問題点に行き当たる。amico「友達」→
amici、medico「医者」→ medici などの複数形はラテン語の活用をそのままを見
せているのだが、イタリア語を学んだ人は必ず知るようにこれは例外である。-co、
-go で終わる単語の複数形は原則として -chi、-ghi となる（fuoco「火、炉」→
fuochi、fungo → funghi「きのこ」）のである。

266

そして、fuochi、funghi はラテン語の複数主格 FOCĪ、FUNGĪ からの直接の子孫ではありえない。ロマンス語の殆どで生じた「口蓋音化」のためにラテン語のキ、ギはイタリア語ではチ、ジに変化したはずだからである。ここにある［k］、［g］の音はどのような歴史的由来を持っているのか？

　イタリア語文法だけであるなら規則と例外の関係にすぎないものを、ロマンス語学の立場からはそれを説明せずに済ますことはできないのである。そして、上記ロールフスのイタリア語史の当該個所などを読むと、イタリア半島各地の方言における例証、ダンテを含む古典作家の例証が延々と続いて明快な結論はなく、なにか密林に迷い込んだような気にさせられる。これは、以下に続く諸問題に関しても同じことである。

　音韻変化の規則性を重視するマイエル＝リュプケのような伝統的な理論は、amici、medici などが口語的に代々受け継がれた語なのであるとみなす。fuochi、funghi のグループは、本来の第二活用から外れた扱いを受けて［k］、［g］の音価を維持しただけで、その後類推的に -i の語尾を取るようになったのであると。

　しかし、amici、medici などの例は少数派であり、圧倒的多数派は fuochi、funghi 式であることから、そこには有力な反論がある。-chi、-ghi の語形はトスカナ地方のみならず各地の口語に多数見つかるので、こちらが本来的形であると主張され、amici、medici などは必ずしも民衆的語彙とは言えず、ラテン語的綴りを維持した結果それをイタリア語的に発音しただけであるとされるのである。

　これらの説は両方とも弱点を抱えており、より詳細な検討が必要なのであるが、その細部にまで言及することは本書の性格にはそぐわない。それは、これ以後の問題に関しても同じで、より詳しく知るためにはロールフスの書と並ぶイタリア語史の名著であるテカヴチクの書の当該部分を参照していただきたい（Tekavčić）。

　a → e である第一種名詞の変化については、ある程度説明が必要となる。複数語尾 -e の由来は、先ほどの -i ほどには明快ではないのである。

　figlia → figlie の組み合わせからは、ラテン語 FĪLIA → FĪLIAE からの単純な変化と見えてしまう。しかし、「女友達」amica → amiche、「結合」lega → leghe のように、-ca、-ga の語尾を持つイタリア語の複数形は -che、-ghe となるのが規則で、例外はないのである。

　ラテン語 ae は口語においては早い時代に e へと単母音化されていた。AMĪCA の複数形が *AMĪCE となってそのまま発音されたなら、当然 c は口蓋音化されたはずであるのに、それを免れている。amiche はどこから来たのか？

267

07　第七章　形の変化 1　動詞以外

　やはりここでも結論は曖昧である。結局、この複数語尾 -e の由来はラテン語複数主格語尾 -AE だけにしぼれはしないのである。後期ラテン語の文書では、-AE であるべき複数主格形の位置に -ĀS の語尾を持つ語が少なからず書かれていて、実際古フランス語の複数主格 filles は FĪLIĀS を語源として持っているのだが、この -ĀS がイタリア語複数主格語尾 -e の祖先なのではないかとラウスベルクは書いている。語末の s が母音 i に変化してその後単母音化した（-as > -ai > e）結果ではないのかと彼は言うのである（Lausberg, §594）。

　第三種名詞の -i に関しては、最初からその由来は不明確である。第三種名詞のほぼすべてはラテン語第三活用名詞から来ている。そして、「母」の後の例で見たごとくその複数形は中性名詞以外は主格と対格は同じ形 -ĒS を取る。
　単数 madre が対格形 MĀTREM から来ていることは自明として、複数 madri の -i はどこから来たのか？
　その経路の説明は 2 系統に分かれるようである。この問題については、テカヴチクが各説を紹介している（Tekavčić, §376.5）。
　一つはそれを音韻変化のみに帰する。たとえば、-ĒS > -is > i という経路を想定するものである。最初の段階では madre:madres の対立があり語尾の s が複数の意味を表示していたのであるが、それは自然に脱落する。その前から複数語尾 -ĒS の長音 e は狭い e であり、事実上 i の異音にしかすぎなくなっていたので、複数性を明確化するためにその狭い e が独立した音素 i となった、と想定するのである。音韻変化説のバリエーションとして、-ĒS > -ey > i なる経路を想定するものもある。
　別の説は、音韻変化の後に類推作用を想定するものである（Rohlfs 1, §366）。複数語尾 -ĒS の語末子音 -s が自然に脱落した後、単数と複数を区別する指標がなくなった(madre：madre)。その曖昧さを解消するために自然の類推作用が働いて、第二種名詞の複数語尾 -i が応用された、とする。

0725　ルーマニア語

　ルーマニア語における名詞の変化は以上のものよりもっと複雑で長い説明が必要となる。その名詞は基本的には他の言語と同様に 3 種に分類されうるが、それらが歩んだ歴史は他とかなり異なっているのである。
　まず性であるが、既に触れたように、ラテン語名詞の三つの性別が少し性格を変えただけで残った。男性名詞と女性名詞の他に、その両方と重なる存在の中性名詞

268

があるのである。単数では男性名詞と、複数では女性名詞と形の上では区別はなく、それに付く形容詞の形もそれに従う。

　ラテン語中性名詞が男性名詞へ変化した例は多くあるのだが、男性名詞から中性名詞への変化があるのもルーマニア語の特殊性の一つである。

　中性名詞の存在以上に特殊な事情は、ラテン語の格変化の名残を残していることである。

基本格と従属格

　格変化は古フランス語のそれとは全く異なるもので、主語、あるいは直接目的語として用いられる基本格（ラテン語の用語を用いるなら主格と対格に相当する）と、間接目的や所属を表すための従属格（同様に属格と与格に相当する）の2格形式である。

　「基本格」および「従属格」という名称は筆者が独断で作った新しい用語であることを明言しておく。他の文法書では、前者には「主・対格」、後者には「属・与格」のような名称が与えられている。英語で書かれた文法書でも前者を N/A、後者を G/D としているものがある。それぞれ nominative、accusative、genitive、dative の略である。筆者は、ルーマニア語文法はラテン語文法から独立したものであるべきであり、ラテン語式の名称は不要、と言うより無用のものと考える。フランス語で主格・被制格の名称が新しく作られたようにルーマニア語にもそれが必要であり、筆者は基本格・従属格の名称を作った。

　いずれにしても変化の型そのものは単純で、男性名詞と中性名詞では基本格と従属格は同形で数変化だけがある。女性名詞では、単数にのみ格変化があり、基本格の複数形がそのまま単数・複数の従属格となる。これは後で述べる形容詞に関しても同じである。

　ルーマニア語には呼格形もあるが、その使用は人間を表す語に限定されている。そして呼格のための語尾は、DOMINE「主よ！」に相当する doamne のようにラテン語のそれに似ていることがあってもラテン語からの連続ではなく、スラブ語系統のブルガリア語からの借用と考えられている。本書においては基本格、従属格の二つの格のみを対象とする。

　数・格の変化に際しては、語末音の変化のみならず語中母音の変化を伴うことが多々ある。さらに、定冠詞は常に名詞に後置され、接尾辞的に名詞に付け加えられ

07 第七章 形の変化 1 動詞以外

る以外に語末母音の変容によってもそれは表されるので、名詞の活用形を頭に入れることは初学者には多少の問題となるであろう。

　一例として女性名詞「石」piatră（< PETRA）の例を掲げておく（ă はルーマニア語独特の「アとエの中間音」とも説明される音）。定冠詞形の解説は後で行う。

	無冠詞形		定冠詞形	
	基本格	従属格	基本格	従属格
単数	piatră	pietre	piatra	pietrei
複数	pietre	pietre	pietrele	pietrelor

　piatră < PETRA、pietre < PETRAE という語源を考えたとき、ここに見られる ia/ie の交替に後続母音 -a、-ae（> -e）の影響を考えることは許される。つまり、ウムラウト現象の存在を見ることができる。しかし、名詞であれ動詞であれ活用の中の音韻の交替に規則性を見つけようとすることは無駄である。これらは無理矢理覚える他はないのである。

　ここからのルーマニア語名詞の性・数・格の記述は「ロマンス語史」の観点からのものであり、他のロマンス語の場合と同様に名詞を３種類に分類してから行う。であるから、出回っている実用的文法書での記述とはかなり異なることになる。

　ルーマニア語には非ラテン語系の語彙が多く日常用語に含まれているが、それらについてはこれからは無視しておく。また、近世以後フランス語、イタリア語などから取り入れられた多数の外来語・人工語もできる限り排除している。

　第一種名詞は、原則として -ă の語末音を持つ女性名詞として現れる。しかしその複数形を見ると、そこにはルーマニア語独特の問題点が隠されている。

　以後、ラテン語形とルーマニア語形を対置させたとき、その複数形をも指示することが特に重要であるので、それは斜線で区切って並べることにする。

　イタリア語と同様に -e の複数形がある一方、それらと同じほど多くの語で一見女性形とは相容れない印象を与える -i なる複数形が存在するからである。それぞれ、e型名詞、i型名詞とする。それらの区別は語形からは判断できず、いちいち辞書に当たる他はない。余談ながら、ルーマニア人の編纂する辞書には名詞の複数形を表示しないものがあり、外国語としてそれを学ぶ者にとっては実に不便不親切な代物である。

270

072　名詞

e型女性名詞

FACIA「顔」（< FACIĒS）> faţă/feţe

FENESTRA「窓」> fereastră/ferestre

CASA「家」> casă/case

AQUA「水」> apă/ape

-e の由来に関しては、イタリア語の第一種名詞のところで紹介した説がそのまま応用される。

i型女性名詞

TERRA「地」> ţară/ţări

VACCA「雌牛」> vacă/vaci

ANIMA「魂」> inimă/inimi

LINGUA「舌、言語」> limbă/limbi

HŌRA「時間」> oară/ori（「回」の意味）

複数語尾 -i に関しては、類推説と音韻変化説の二つがある.

　類推説では、後で述べることになる第三種名詞の女性名詞（単数 -e、複数 -i）からの影響によるとする（Bourciez 1）。

　音韻変化説は、-i も -e と同一の起源（ラテン語の複数語尾 -AE、あるいは -ĀS）を持ちうると考える。つまりそれは、VACCA > vacă/vaci 、VIRGA「鞭」> vargă/vergi のような -că、-gă の語尾の語の複数が -ce、-ge となって［k］、［g］の音が口蓋音化し、それが -ci、-gi へと変化したことが発端であり、それが別の子音を持つ語、さらには別系統の語へと波及したと想定するのである（Lausberg, Gartner）。

　既に触れたように、女性名詞にあってはその従属格は単数複数同形であって、複数基本格と一致する。apă の従属格 ape は AQUA の属格与格形 AQUAE からの直接の子孫とする説（Bourciez 1, Lausberg）が明快だが、類推による変化を考える説（Gartner）もある。その AQUAE が同時に複数主格形でもあることが、従属格が単複同形であることへと繋がっている。

　例外的に男性名詞もある。

TATA「父（幼児語)」> tată/taţi

271

07 第七章 形の変化 1 動詞以外

第一種名詞には -ā とは別の語末母音を持つものがあり、また例外的な複数形もある。

AURICULA「耳」> ureche/urechi

SOCIA「仲間」> soție/soții「妻」

FAMILIA「家族」> femeie/femei

DIA「日」（< DIĒS）> zi/zile

STELLA「星」> stea/stele

FARĪNA「粉」> făină/făinuri

複数語尾 -uri については第二種名詞の項で述べる。

第二種名詞もまた、独特の変化を見せている。男性名詞と中性名詞があるのであるが、男性名詞の複数形が -i に統一されているのに対し、中性名詞には -e と -uri の２形が存在するのである。

ラテン語男性名詞からの発展には以下の例がある。

DOMINUS「主」> domn/domni

SOCIUS「仲間」> soț/soți「夫」

PILUS「髪」> păr/peri

PORCUS「豚」> porc/porci

CABALLUS「馬」> cal/cai

FĪLIUS「息子」> fiu/fii

ラテン語中性名詞から男性名詞に変わった例も少なくない。

PŌMUM「果実」> pom/pomi「木」

*OC'LUM「眼」> ochiu/ochi

男性名詞の複数語尾 -i はラテン語語尾からの直接の結果で、その由来についての問題は存在しない。

中性名詞の場合は、複数語尾は２種類あって、-e か -uri である。それぞれ、e型名詞、uri型名詞とする。この場合も形の上でそれを区別する指標はないから、どの複数形を持つかは個別的に辞書に当たる必要がある。

　e型名詞

272

BRACHIUM「腕」> braţ/braţe

OSSUM「骨」(< OS) > os/oase

MĀLUM「林檎」> măr/mere

FACTUM「事実」> fapt/fapte

CORNŪ「角」> corn/coarne

-e は、ラテン語女性複数形語尾 -AE が応用されたものと考えられている。中性複数語尾 -A は中性名詞が単数では男性名詞と、複数では女性名詞と形の上で混同されることが多かったからである。一方ラウスベルクは、この後で述べる中性複数定冠詞 -le の母音からの類推によるとしている（Lausberg, §605）。

ラテン語男性名詞から中性名詞へと変わった例も少なくない。

CARRUS「荷車」> car/care

POPULUS「民衆」> popor/popoare（アクセントが移動している）

ACUS「針」（第四活用）> ac/ace

uri型名詞

-uri は、第三活用中性名詞の複数語尾 -ORA（TEMPUS/TEMPORA「時間」）に由来するのだが、この変化をする名詞の圧倒的大部分は第二種名詞である。本来的な中性名詞（VĪNUM「葡萄酒」> vin/vinuri、IUGUM「くびき」> jug/juguri、CAELUM「天」> cer/ceruri、LUCRUM「利得」> lucru/lucruri）以外にも、多数の男性名詞がこの変化をするようになった。

CAMPUS「原」> câmp/câmpuri

FŪMUS「煙」> fum/fumuri

LOCUS「場所」> loc/locuri

LACUS「湖」（第四活用。上の ACUS との対照に注意）> lac/lacuri

RĪVUS「川」> râu/râuri）

言い換えるなら、ルーマニア語以外の言語に起こった現象とは正反対に、男性名詞から中性名詞への変化が生じたということである。

以上に入らない例外として、OVUM「卵」> ou/ouăがある。

ルーマニア語において非常に多くの名詞が -uri 複数形を持つようになったことは、言葉の歴史の中で形態変化を引き起こす要因の不可解さの一例であろう。

273

07 第七章 形の変化 1 動詞以外

既に触れたように -uri は、第三活用中性名詞の複数語尾 -ORA に由来する。TEMPUS/TEMPORA が timp/timpuri へとなった経緯は、まず普通の音韻変化があり、その後類推変化（-ure > -uri）を蒙ったということで容易に理解できる。同様に PECTUS/PECTORA「胸」> piept/piepturi、FRĪGUS/FRĪGORA「寒冷」> frig/friguri の例もある。ところが、第三種名詞でこの複数語尾を持つルーマニア語は、人工語（CORPUS「身体」> corp など）を除けばこれらの3語だけで他には存在しない。

ラテン語で PECTUS/PECTORA と共通の活用（-us/-ora）をする中性名詞はせいぜい15程度であった（他に DECUS、TERGUS、NEMUS、LĪTUS、PIGNUS、FACINUS、STERCUS など）。そのうち3語がその活用形を保ってルーマニア語に残り、そのパターンをなぜか無関係な第二種名詞の多数の中性名詞にまで拡大させた、ということなのである。そしてその勢いを男性名詞にまで延長させてそれらを中性名詞へと変化させ、例外的ながら第一種名詞（HERBA「草」> iarbă/ierburi）にまでそれが及んでいる。

第三種名詞は、元来は三つの性が揃っていた。ルーマニア語にあっては中性名詞の扱いが問題となる。

一旦第二種名詞へと変化した後に中性名詞として存続した一例が既に述べた OSSUM「骨」（< OS）> os/oase であるが、他に VĀSUM「容器」（< VĀS）> vas/vase がある。

第三種名詞がそのまま中性名詞として生き残った例は少なく、上で触れた timp < TEMPUS などの例の他には、CAPUT「頭」> cap/capete、NŌMEN「名前」> nume（不変化）などごく少数である。それ以外は、男性名詞化した lapte「乳」< LAC の他はすべて女性名詞へと転じた（LŪMEN「光」> lume「世界」、MARE「海」> mare、LATUS「側」> lature）。

男性名詞も女性名詞も大部分は単数は -e で終わり、複数は -i で、イタリア語の第三種名詞と全く同じパターンとなる。

男性名詞：CANIS「犬」> câine/câini　　MONS「山」> munte/munți
女性名詞：MORS「死」> moarte/morți　FLŌS「花」> floare/flori

子音の語末を持つ例外の一例として、om/oameni「人間」があるが、これは主格形 HOMŌ からの発展である点でも例外である。主格から来た語としては他に

274

「兄弟」frate < FRĀTER、「姉妹」soră < SOROR がある。

　ルーマニア語では定冠詞は後置される。定冠詞については「0421 定冠詞の誕生」で述べており、「0751 定冠詞」でも再説するのであるが、後置されて名詞と一体化するというルーマニア語の特殊性からここで別に扱う必要が出てくる。他の言語では、定冠詞は名詞の性と数に機械的に従って使い分けられるのに対して、この言語では名詞の音韻やその他の条件で定冠詞の形が変わってしまうからである。

　殆どのロマンス語におけるのと同様、ラテン語の指示形容詞 ILLE がその祖形であったが、それが独特の仕方で縮小化されている。また、その形は名詞と同様に単数では男性・中性が同形、複数では女性・中性が同形となる。以下、前と同様に単数と複数を斜線で区切って並置する。

　第一種名詞 casă/case「家」は、基本格定冠詞形は casa/casele となる。従属格は casei/caselor である。

　見るように、基本格単数においては ă → a とすることで定冠詞形となる。

　-a は語末母音 -ă と ILLA の縮小化形 -a が融合したものであり、複数の -le は ILLAE の変形である。

　従属格単数の casei は case と -ei が融合した形。-ei の語源は、いわゆる俗ラテン語で新たに作られた女性単数属・与格形 *ILLAEI である（古典ラテン語では3性共通で、属格 ILLĪUS、与格 ILLĪ）。複数の -lor は本来は男性・中性複数属格であった ILLŌRUM がすべての性に使われるようになったもの。ラテン語ではアクセントを持つ独立した語であった ILLŌRUM もここではアクセントを失ってその前にある語に付属した無アクセント接尾辞に成り下がっている。なお、*ILLAEI はイタリア語代名詞 lei になり、ILLŌRUM はイタリア語 loro、フランス語 leur になっている。

　第二種男性名詞 domn/domni「主」は domnul/domnii となる。従属格は domnului/domnilor である。

　基本格単数 -ul は ILLUM、複数 -i は ILLĪ からの変化。従属格 -lui は、女性名詞用に *ILLAEI が作られたように男性・中性名詞用に *ILLUI が作られて、それが縮小した形である。*ILLUI はフランス語代名詞 lui の語源でもある。

　第二種中性名詞は、e型の braţ「腕」は基本格 braţul/braţele、従属格 braţului/braţelor である。uri型の vin「葡萄酒」は、基本格 vinul/vinurile、従属格 vinului/vinurilor となる。

07　第七章　形の変化 1　動詞以外

ここで目立つのは複数形の -le であるが、これは女性複数の -le と同じではなく、ラテン語中性複数 ILLA が HAEC からの類推で *ILLAEC となったものの変化とされる。

第三種名詞の場合、定冠詞形は性によって異なる。

　　男性名詞 câine「犬」→ câinele/câinii、câinelui/câinilor

　　女性名詞 moarte「死」→ moartea/morţile、morţii/morţilor

女性形は第一種名詞の場合と同じでなんら問題は提起しないが、男性単数の -le は一見男性と相容れないようである。ILLE の語末の存続説（Bourciez 1）の他に、第二種名詞の場合と同様に ILLUM の変化した -l からの音韻変化とする説（Gartner）がある。

中性名詞に関しては、単数は男性と、複数は女性と一致するのであるから、timp「時間」は基本格 timpul/timpurile、従属格 timpului/timpurilor である。

ここまでの記述は「原則」を述べただけであり、格変化語尾の母音はその前の母音によっていくつかのバリエーションを持つ。それらの詳細については、ルーマニア語文法書に頼る他はない。またそれらの歴史的経緯について詳述することは本書の枠を超える。その詳細について、筆者の知見の範囲で役だったのは引用文献表にある Gartner である。

073　形容詞

形容詞に起こった変化は、名詞のそれに比べると単純であったと言える。

ラテン語形容詞は 2 種しか存在しなかった。BONUS型と GRANDIS型である。

主格・対格のみを見るなら、BONUS型は 3 性それぞれ異なっていて、GRANDIS型は男性と女性は同形で中性だけ異なる。ロマンス語に関わるのは、男性形と女性形だけである。ルーマニア語では中性名詞があるのであるが、そこでは単数形は男性名詞と、複数形では女性名詞と一致するので、結果としては同じことである。

ラテン語形容詞の複数形の作り方をロマンス語に関連する主格と対格のみで記すと以下のようであった。

	主格	対格
男性	BONUS → BONĪ	BONUM → BONŌS
女性	BONA → BONAE	BONAM → BONĀS
中性	BONUM → BONA	BONUM → BONA

276

	主格	対格
男性・女性	GRANDIS → GRANDĒS	GRANDEM → GRANDĒS
中性	GRANDE → GRANDIA	GRANDE → GRANDIA

BONUS は現代語では以下のような形へと変化している。

	スペイン語	フランス語	イタリア語	ルーマニア語
男性	bueno → buenos	bon → bons	buono → buoni	bun → buni
女性	buena → buenas	bonne → bonnes	buona → buone	bună → bune

　ここからだけで判断すると、単数は対格形がそのまま存続し、それに対する複数形はラテン語にはとらわれずに名詞の複数形成規則がそのまま適用されている。

　一方、GRANDIS は男性形と女性形が同形になり、複数も名詞と同じ原理で作られることになる。スペイン語では grande → grandes、イタリア語では grande → grandi、カタルーニャ語では gran → grans となる。ルーマニア語にはこの語は残らない。

　ところがフランス語では、男性形 grand → grands、女性形 grande → grandes で、わざわざ男女別形にしている。言い換えるとこれは、GRANDIS型形容詞をBONUS型に変えていることである。

　GRANDIS型（ラテン語文法の用語では第三活用形容詞）を BONUS型（第一・第二活用形容詞）と混同して男性形、女性形を新たに作ってしまう間違いは既に『プロブスの付録』で 記録されていた（56 tristis non tristus, 42 pauper mulier non paupera mulier）から、いわゆる俗ラテン語の時代においては頻繁に生じた現象であったのであろう。

　GRANDIS型が BONUS型へ変わってしまう（つまり女性形が新たに作られる）のはフランス語に比較的多いように見える（fort/forte、vert/verte、doux/douce など）が、それに限られているのではなく、すべてのロマンス語でばらばらにその変化が生じている。結果的に、学習者に思わぬ間違いを起こさせることになる。PAUPER はフランス語・スペイン語では男女同形（pauvre と pobre）だがイタリア語では違う（povero/povera）。

　ĀCER「鋭い」はフランス語では男女同形 aigre だがスペイン語・イタリア語では別形（agro/agra）となる。ただし、スペイン語の現代の形は agrio/agria である。

　カタルーニャ語がその点でかなり複雑である。たとえば DULCIS は dolç/dolça →

dolços/dolces で BONUS 型へ完全に移行しているが、FĒLĪX は feliç → feliços/felices であり、単数では男女同形で複数のみ別形であり、これもいちいち辞書に当たる必要がある。

0731　フランス語の特殊例

　形容詞の形の変化に関しては、フランス語はもっと詳しく説明する必要がある。古フランス語における格変化の存在があるからである。

　フランス語における bon/bonne、bons/bonnes、grand/grande、grands/grandes というのはあくまでも中期フランス語以後の形であって、主格と被制格とでは形に違いがありえた古フランス語では以下のようであった。

	単数		複数	
	主格	被制格	主格	被制格
男性	bons	bon	bon	bons
女性	bone	bone	bones	bones

	単数		複数	
	主格	被制格	主格	被制格
男性	granz	grant	grant	granz
女性	grant	grant	granz	granz

　z は ts であり、結局形容詞は男性形は名詞 mur と同じく単数は s/ø、複数は ø/s ということである。

　単純に言うと、名詞の場合と同じく被制格がそのまま残ったのである。grand の場合は、発音とは関係なしに語源に沿った綴りの変化が起こり、その後 BONUS 型に変わって女性形が作られたのである。

　フランス語の形容詞活用に関しては、さらに付け加えなければならぬことがある。子音の前の l が母音化したことが、既に見た名詞の場合と同様形容詞の活用にも影響を与えたのである。フランス語に特有の beau/belle → beaux/belles 式の活用のことである。

　まず BELLUS「美しい」から来た beau であるが、これは、名詞の genou「膝」

073　形容詞

と同じことで、複数形 beaux からの逆形成である。ラテン語複数対格 BELLŌS > *bels > beaus という音韻変化（a はわたり音である）があり、それが名詞 chevaux の場合と同じく beaux と綴られたのである。発音は綴り通りの三重母音であったが16世紀には［o］へと単母音化している。母音の前に現れる別形 bel は、被制格 bel（< BELLUM）の継続である。女性形 BELLA は格に関わりなく、単数 bele、複数 beles となってそのまま継続した（男性形 bel からの形成という説もある）。

　NOVELLŪS「新しい」からの nouveau/nouvelle、MOLLIS「柔らかい」からの mou/molle、FOLLIS「革袋」から来た fou/folle「狂気の」についても同じことが言える。

　vieux/vieille の場合、vieux は複数被制格 vieus（< *vecls < *VEC'LŌS）がそのまま単数形にもなっている。

　royal/royale → royaux/royales の場合は逆形成はなく、男性単数被制格 royal（< RĒGĀLEM）、複数被制格 royaus（< RĒGĀLĒS）がそのまま残った。名詞の cheval → chevaux の場合と同一である。女性形は男性形からの形成。

　mental、original などの場合、mentaux、origiaux などは –al → -aux という文法規則に則って作られた、準人工語とでも呼ぶべき形である。

0732　ルーマニア語の特殊例
　ルーマニア語は、中性名詞の存在と格変化の両方の理由によって他よりは複雑になる。bun の変化形は、フランス語の bon/bonne → bons/bonnes を平行移動させたかのような bun/bună → buni/bune と要約できるが、その実際の使用例は以下のようなものである。

	単数		複数	
	基本格	従属格	基本格	従属格
男性	bun	bun	buni	buni
女性	bună	bune	bune	bune
中性	bun	bun	bune	bune

　ここに見られる定式「男性形と中性形は格変化をしない」、「女性形は単数のみ格変化し、その従属格形が複数形となる」、「中性単数は男性形と、複数は女性形に一

279

07　第七章　形の変化 1　動詞以外

致する」がすべての形容詞活用に適用される。

　形容詞の活用は、基本格の男性形と女性形の最大 4 形で示され、殆どの形容詞は bun と同じく 4 形を持つ。ただしそこには、母音の変容や語尾の子音の変化が起こることがある。

　　　cald「熱い」/caldă → calzi/calde（< CALIDUS）
　　　lat「広い」/lată → laţi/late（< LĀTUS）
　　　greu「重い」/grea → grei/grele（< *GREVIS）
　　　acru「辛辣な」/acră → acri/acre（< ĀCER）
　　　frumos「美しい」/frumoasă → frumoşi/frumoase（< FORMŌSUS）
　　　tot「すべての」/toată → toţi/toate（< TŌTUS）

　複数形が男女同形の場合がある。そのときは 3 形で、このような形容詞も少なくない。

　　　larg「大きな」/largă → largi（< LARGUS）
　　　nou「新しい」/novă → noi（< NOVUS）
　　　sec「乾いた」/seacă → seci（< SICCUS）

　2 形しか持たぬ形容詞もある。男女同形で同じ数変化をするものか、あるいは男性形が単複同形で女性形のみが数変化するものである。前者は dulce「甘い」→ dulci（< DULCIS）、verde「緑の」→ verzi（< VIRIDIS）のような例、後者は vechi「古い」/veche → vechi（< VEC'LUS < VETULUS）のような例である。形容詞変化形は、結局個々に覚えるほかはない。

0733　比較級・最上級
ラテン語形容詞では比較級、最上級は原則として語尾変化で表された。

　　　ALTUS「高い」→（比較級）ALTIOR、（最上級）ALTISSIMUS
　　　FACILIS「容易な」→ FACILIOR、FACILLIMUS

形容詞であるから名詞に合わせた性・数・格の活用形も持つ。

　ロマンス語では語尾変化による比較級形成はなくなり、特別な副詞を用いる「迂言式」へと変化したのであった。フランス語とイタリア語では PLŪS から来た語を、ポルトガル語、スペイン語、カタルーニャ語、ルーマニア語では MAGIS から来

280

た語を用いるのである。そして、それに定冠詞を付けると最上級になるのもすべて同じである（ルーマニア語の場合は定冠詞と類似の形容冠詞 cel/cea/cei/cele を付ける）。

このような新しい文法化は、少しの意味変化ももたらした。ラテン語での最上級は必ずしも他との比較を伴わぬ単なる強意のために使われた。"vir fortissimus" なら、「一番強い男」ではなくて「非常に強い男」である。比較級も時には単なる強意である。だから、ラテン語ではフランス語の très、スペイン語の muy に相当する強意のための副詞（MULTŌ など）にはそれほど出番はなかった。一方ロマンス語では、それらが頻繁に出現するようになったのである。

ロマンス語文法にある「劣等比較、同等比較」もラテン語では事情が異なる。たとえばイタリア語であるなら、più alto「より高い」に対するに meno alto「より低い」、tantɔ alto「同じく高さの」のような用法が必ず書かれることになるのだが、ラテン語ではこのような構文は表現可能であっても文法項目としては現れることはない。ロマンス語の劣等比較、同等比較は、迂言形式による「比較」の新たな文法化（ALTICR → più alto）に引きずられて生じた別の文法化の例であると言える。

ラテン語にあった不規則な比較級のいくつかはそのまま残った。特に BONUS「良い」→ MELIOR、PARVUS「小さい」→ MINOR、MALUS「悪い」→ PĒIOR の場合である。「付録2 単語対照表 3. 形容詞」で見られる通り、ルーマニア語では消えたが、他では強固に残っている。

残ったのは男性・女性単数対格形であるが、フランス語の moindre、pire の場合は、古フランス語の主格が残った例である。

前者では、MINOR > menre > mendre > meindre という変化の過程が文書の中で残されている。第六章「音の変化」でそれぞれ見た「音位転換」、「わたり音の挿入」、「二重母音化」がそこに明瞭に示されている。被制格の meneur は残らなかった。pire に関しても、被制格形 pieur は15世紀に消えている。

なお、フランス語の副詞 mieux、moins、pis などは、中性形である MELIUS、MINUS、PĒIUS から来ている。

074 副詞

ラテン語で普通に使われていた副詞が、あるいは残りあるいは消えて新語に置き換えられたが、その例のいくつかは既に第五章の「語彙の変化」で述べている。こ

こでさらに書くべきことは、形成法における変化である。

　ラテン語 RAPIDUS の副詞は RAPIDĒ であるが、形容詞の語尾を -e に変える形成法はロマンス語では痕跡的に少数残っただけだった。イタリア語の buono と bene、malo と male の組み合わせがその例である。

　ロマンス語では形容詞男性単数形がそのまま副詞として働く場合が多くある。「わずかの、わずかに」と「強い、強く」はイタリア語 poco、forte、スペイン語 poco、fuerte、フランス語 peu、fort で、それぞれ 1 語で済む。

　歴史的に見るなら、poco/peu のケースはラテン語の BONUS型形容詞（この場合は PAUCUS/-UM/-A）の、forte/fuerte/fort のケースは GRANDIS型形容詞（FORTIS/-E）の、それぞれ中性形が副詞としても働くようになったと説明される。

075　冠詞と指示詞

0751　定冠詞

　定冠詞の誕生とその素材については、既に述べた。

　定冠詞を名詞に付加するための規則、あるいは定冠詞の有無による意味の違い、これらは言語ごとに多少異なっている。しかしその詳細を述べることは各ロマンス語の「語用論」の範囲であって、言語史を扱う本書の範囲を超える。

　歴史言語学の観点から重要なのは、新しい存在である冠詞が「品詞」としてどのような地位を獲得しているかである。これが必ずしも一様ではない。

　冠詞の指示性の強さには、言語間で差が存在している。「私の家は近いが父の家は遠い」と言うとき、スペイン語なら「父の家」は la de mi padre で済む。de で導かれる形容詞句が後に続く構文では、定冠詞が指示代名詞としても使われうるのである。一方フランス語ではこの場合は定冠詞 la を用いることはできず、celle de mon père と指示代名詞そのものを用いなければならない。イタリア語も同様この場合は指示代名詞 quella を用いなければならない。カタルーニャ語、ポルトガル語はスペイン語式で定冠詞の la、a で済む。定冠詞が後置されるルーマニア語ではそもそもこのような句は作れない。

　また、ラテン語なら quod 1 語で済む先行詞なしの関係代名詞（QUOD AIUNT = what they say）を、イベリア半島の 3 言語では冠詞を先行詞に用いる（スペイン語 lo que dicen）が、フランス語、イタリア語、ルーマニア語では指示形容詞か指示代名詞が要請される（それぞれ、ce que、ciò che、ceea ce のように）。

ところが、「赤い車と白い車」のように名詞が形容詞で区別されるのなら、フランス語では la voiture rouge et la blanche のように名詞は省略できる。そしてイタリア語ではやはり名詞なしの冠詞構文は不可能で、la macchina rossa e quella bianca でなければならない。

0752　不定冠詞

既に述べたように、不定冠詞もロマンス語での創造である。数詞であって「1」を特に言うためにしか使われなかった ŪNUS/ŪNA が、文法の必須用語として格上げされたのである。もっとも、1世紀の作品である『サテュリコン』には既に不定冠詞としての使用は見られる。

冠詞であるからには、名詞の数に従って複数形も存在するのが合理的であり、スペイン語、ポルトガル語、カタルーニャ語は単数形から複数形を作っている。スペイン語の uno と unos、una と unas の組み合わせがその例である。ただしその使用は単数の場合とは違って義務的ではない。"I bought books" はスペイン語では "Compré libros" でも済むのであり、unos libros とするのは英語の some books に相当する。

またこの3言語では、不定冠詞複数形は別の数字の前に置かれて副詞的に「約、おおまかに」の意味を取る。

古フランス語には uns のような複数形が存在したが、それは結局 des に取って代わられた。de les が融合した形で、部分冠詞の複数形からの転用である。そして何よりも、フランス語では単数であれ複数であれ、冠詞の使用が義務である点で他の言語と異なっている（I bought books = J'ai acheté des livres）。

イタリア語は不定冠詞複数形は作り出さなかった。

ルーマニア語は、従属格では不定冠詞複数形があるが、基本格では複数形を欠いている。複数性を特に言うときには、英語の some に当たる nişte を付加する。ラテン語の NESCIŌ ="I don't know" の変形した語である。

0753　部分冠詞

フランス語は、部分冠詞（du、de la）の義務的使用を持つことでも他のロマンス語と異なっている。お金、液体、食物など、数ではなく量的にしか限定できない物質に用いるのがその代表的な用法である。「彼は葡萄酒を飲んでいる」はスペイン語では "Bebe vino" で済むが、フランス語では "Il boit du vin" としなければ

ならない。

du は 古い形は del（< de le）であり、de は beaucoup de vin におけるのと同じ「部分の属格」を表していた。boire del vin とは本来は「その葡萄酒の（一部を）飲む」ということであった。しかし中期フランス語以来、定冠詞の指示性は弱まり、特に指定されている語以外にも del、de la は適用されるようになり、それが部分冠詞として文法化されたのである。

南フランスのオック語にも部分冠詞がある（不変化の de）。

イタリア語にもフランス語と素性を共有する del、della etc. の形があり部分冠詞の名称を持つ。しかしフランス語とは異なりその使用には地方的な差異があり、義務的ではない。通常「彼は葡萄酒を飲んでいる」は "Beve vino" で良いのであって del vino とすれば「ある程度の」という意味が付け加わるだけである。

ともかく、これら 3 言語での部分冠詞の使用は1300年以後のことで、それぞれ独自の発達によると見られる。この品詞に関するフランス語とイタリア語との共通性の原因を、先に述べた「定冠詞の指示性の弱さ」という共通性に帰する理論がある。

0754　指示詞

ラテン語には "HIC"、"ISTE"、"ILLE" と 3 段階の指示詞があった。これらは意味的に日本語の「この」、「その」、「あの」に対応していて、名詞について指示形容詞として働く。しかしそれだけではなく、独立した指示代名詞「これ」、「それ」、「あれ」としても使われた。

同じく形容詞としても代名詞としても使われた指示詞には他に IS、ĪDEM、IPSE、の 3 種があった。IS は指示よりも「限定」のために使われ、ロマンス語の定冠詞と似通った役割も果たしていた。ĪDEM は「同じ～」の意味、IPSE は「～自身」の意味である。

これらをそのまま持続させているロマンス語はない。HIC と IS は単独では使われなくなった。これらは単音節語で表現力が十分強くはなかったし、またそれらの複数形 HĪ と Ī（IĪ）は早い段階で同じ発音となり相互に区別ができなくなっていた。

ロマンス語でしぶとく生き残ったのは、ISTE、ILLE、IPSE の 2 音節語である。スペイン語の「この」este/esta/esto、「その」ese/esa/eso はそれぞれ ISTE/ISTA/ISTUD、IPSE/IPSA/IPSUM の直接の子孫である。ポルトガル語 este、esse

も同様である。

しかしこのように音韻変化を受けただけで語が生き続けるのは例外的事例である。ロマンス語では多くの場合、何らかの別の要素と組み合わせることで指示の意味を強化して、やっと持続させることとなった。そのためによく利用された補助的語は ECCE とその変形 *ACCU である。ECCE は感嘆詞であって「ほら、そこに（ある）」という意味を持っていた。ニーチェの晩年の著作『この人を見よ』の原題 Ecce Homo の ecce であるが、これは『ヨハネによる福音書』でピラトがユダヤ人たちにイエスを指し示して言う「見よ」という動詞命令形（ἰδού）がラテン語訳聖書でこのように訳されているのである。

フランス語で est の主語となりうる ce（古形は ço）、「この」である ce（cet）/cette、「指示代名詞」celui/celle はそれぞれ、ECCE＋HOC、ECCE＋ISTE、ECCE＋ILLE の組み合わせに由来する。

「あの、あれ」はスペイン語 aquel/aquella、ポルトガル語 aquele/aquela、イタリア語 quello/quella、ルーマニア語 acela/aceea であり、「この、これ」はイタリア語 questo/questa、ルーマニア語 acesta/aceasta であるが、これらは *ACCU＋ILLE、*ACCU＋ISTE との組み合わせである。

スペイン語、イタリア語、ルーマニア語の例で見たごとく、日本語文法で言う中称「その、それ」であった ISTE はロマンス語では近称「この、これ」の意味のために使われた。

ロマンス語で中称を残しているのは少数派で、スペイン語・ポルトガル語以外ではイタリア語の codesto/codesta（< *ACCU-TIBI-ISTU/ISTA）、カタルーニャ語 aqueix/aqueixa（< *ACCU-IPSE/IPSA）などがあるが、いずれにしても近称、遠称ほどには使用されぬ語である。

ラテン語では日本語と同じく近称・中称・遠称の３段階であった指示詞が、ロマンス語では英語の this/that のごとき２段階分類の方向へと変化していると言える。

さらに単純化させているのがフランス語で、基本的には、ce(t)/cetteと男女同形の複数形 ces ですべてまかなわれ、特に遠近の必要な必要な場合のみ小辞 ci（< ECCE＋HIC）と là（< ILLĀC）が付加されるのである。フランス語の特殊性は他にもあって、ここでは指示代名詞（celui/celle/ceux/celles）と指示形容詞（ce(t)/cette/ces）が完全に分離している。他のロマンス語ではラテン語と同じく、指示詞は代名詞・形容詞両方の機能を持つのが基本である。

ルーマニア語の場合、上に述べた acela/aceea、acesta/aceasta のように指示代

07　第七章　形の変化 1　動詞以外

名詞・形容詞両方の機能を持つ語（形容詞としては定冠詞付きの名詞に後置される）と、名詞の前に置かれる形容詞（acel/acea、acest/această）との 2 系列が存在する（「この人」は、acest om か omul acesta となる）のが特徴である。

076　人称代名詞

1 人称・2 人称においては、ラテン語の人称代名詞が格形を単純化しただけで維持された。

1 人称単数主格 EGO においては、母音間の -g- が消失し、その後それぞれの音韻変化を経た形が残った。「付録 2　単語対照表」におけるのと同じ順に並べると、eu/yo/jo/jou je/io/eu となる。下線は古形である。

2 人称単数主格 TŪ も大きく形を変えることなく残った。

複数形主格 NŌS/VŌS も音韻変化を経ただけで存続しているのであるが、スペイン語・カタルーニャ語では目的語と区別するためにラテン語 ALTER「別の」に由来する別要素を加えた形（nosotros/vosotros、nosaltres/vosaltres）ができている。

3 人称には、ラテン語においては独立した人称代名詞は存在しなかった。それが特に必要な場合においてのみ、指示詞の ILLE か IS がそのために代用されただけであった。

ロマンス語では、指示詞 ILLE が 3 人称のための人称代名詞として転身を遂げた。既に述べたように、ILLE は殆どのロマンス語で定冠詞へと別の転身も遂げている。要するにこれは、ラテン語指示詞が併せ持っていた代名詞と形容詞の二重の役割を、アクセントの有無の区別で分離させて別語としたということである。

ただしイタリア語においては、主格形である ILLE/ILLA から来た egli/ella は口語からは退場し、lui/lei が使われる。これらは、いわゆる俗ラテン語に存在した与格形 *ILLUI/*ILLAEI が変形したものである（ラテン語では 3 性共通で ILLĪ である）。複数形 loro は属格形 ILLŌRUM から来ている。

人称代名詞に関して新しく生じた現象として、「接辞化」がある。それらはロマンス語では語彙としての自立性を失い、動詞や他の代名詞との位置関係を厳密に規定された存在に成り下がったのである。

ラテン語では、代名詞であっても文中における位置には制限がない。EGO とその対格形 MĒ を例にとれば次のような文がある。

286

"Huic ego me bello ducem profiteor, Quirites"（「元老院諸君、私はこの戦争の指揮官へは私を、と申し出ているのだ」キケロ『カティリーナ弾劾演説』より）

主格 EGO は動詞から切り離されても問題ではなく、MĒ は DUCEM と同様に対格の意味を担った自立語として機能している。文全体の意味に関与するのはあくまでも各語に内在する文法的意味（この場合は格）であって他者との関係性ではない。

ロマンス語は、少数の例外を除いてラテン語人称代名詞の主格・対格・与格形を残したのであるが、主語として使われる形以外ではそれらを、動詞の前か後に付随させることでしか意味を表示できない、そして多くの場合自身のアクセントすら持たない「接辞 clitic」にしてしまった。アクセントのある「強勢形」もそれとは別に作ってはいるが、それは強調のためや前置詞の目的語として用いるための語であって、ラテン語的な語の自立性とは縁遠い現象である。

ロマンス語の文法では、人称代名詞の接辞としての形と独立して使われる形とを必ず区別する。そしてそれらに「弱形」、「強形」のような名称を与えることがある。唯一の例外が、スイス国内のレト・ロマン語の一つロマンチュで、接辞形は存在しないのだが、しかし、それもドイツ語の影響で生じた新しい現象であると見られている。

1 人称・2 人称接辞形では、ルーマニア語を除いては直接目的（ラテン語なら対格になる）と間接目的（ラテン語では与格）とでは形に違いは存在しなくなった。

イタリア語とスペイン語の双方を学んだ人を面白がらせるのは、前者では接辞形が mi、ti であり強勢形が me、te であるのに対して、後者ではそれが正反対であることである。mi、ti はラテン語与格形 MIHI、TIBI から、me、te は対格形 MĒ、TĒ から来ている。両者ともここでは「格」の意味の区別は消失させていて、一方無アクセントと有アクセントの区別を新たに作り出したのであるが、それぞれへの対格形と与格形の割り振り方が 2 言語間で正反対になっているということである。フランス語は対格形で一貫している。

イタリア語は、noi、voi の接辞形が ci、vi であることで他と異なっている。これらはラテン語人称代名詞 NŌS、VŌS とは無関係で、位置を表す指示副詞から来ている。ci は ECCE＋HĪC「ここに」、vi は IBI「そこに」が語源である。

3 人称では直接目的と間接目的が異なった形になるのが原則であるが、スペイン語ではそれへの例外（男性単数で同形となる用法がある）も見られる。

強勢形に関しては、その由来をフランス語、イタリア語、スペイン語に限って

07 第七章 形の変化 1 動詞以外

見てみても、主格形から（elle、él、ella）、対格形から（eux、elles、ellos、ellas）、与格形から（lui、lei）、属格形から（loro）と様々であることが興味深い。ラテン語人称代名詞の体系に存在していた秩序が崩壊した後、各ロマンス語がそれぞれの体系を個別に組み立てた、その過程がこのような不統一性に映し出されているのである。

　二つ以上の代名詞を連続して用いる際の語順の決まりも、ロマンス語で新たに生じた、学習者を戸惑わせる問題の一つである。フランス語文法で初期に叩き込まれる、「lui、leur は、me、te など他の間接目的語とは語順の規則が異なる」などというのはむしろ単純な事柄で他の言語ではそれぞれの決まりがある。この語順問題が一番複雑なのはカタルーニャ語で、代名詞の複合が最多で4種類の形をとりうる決まりである。それが置かれるのが「子音で始まる動詞の前」か、「母音か h で始まる動詞の前」か、「子音か u で終わる動詞の後」か、「u 以外の母音で終わる動詞の後」かで、異なる場合があるからである。実例を挙げておくと、「我々に」と「それ、かれを」の組み合わせは上記の順ではそれぞれ、"ens el"、"ens l'"、"-nos-el"、"-'ns-el" と4形が存在する。だからカタルーニャ語文法書には1頁かそれ以上を割いて複合代名詞のための表が載せられている。それは正しい文章を書く際にはカタルーニャ語話者にも必要とされる表なのである。

　人称代名詞に関してロマンス語に生じた別の新しい現象は「丁寧語」の誕生である。たとえばフランス語では2人称単数の代名詞には tu と vous の使い分けがあり、前者は友人・家族間で用いられて後者は見知らぬ人・尊敬すべき人・よそよそしい人などへ用いられる。ラテン語では、社会自体は堅固な奴隷制度をあくまでも維持しながら言語においては身分の差別はなくて、奴隷と主人との会話でも呼びかけ代名詞の使い分けなどは存在せず TŪ 一つで足りていたのであった。ラテン語訳聖書の神への呼びかけでも同様である。ラテン語には敬語法そのものが存在しなかったと言って良い。

　フランス語やルーマニア語の場合、2人称複数形が単数複数双方の丁寧語として働くので単純明快であるが、他の言語では様相は異なる。

　イタリア語では、単数の男女とも「あなた」には3人称女性形である lei と3人称動詞がその役割を果たす。しかし複数の「あなた方」になると多少まごつかされる。理屈の上では lei の複数形 loro があるのであるが、loro を用いるよりは voi

288

と２人称動詞で済ませてしまうのが一般的なようである。イタリア語の実際の敬語法は平衡性を欠いていると言える。

　スペイン語では usted という３人称動詞と用いる語が作られている（語源は、vuestra merced「あなたのご好意」）。カタルーニャ語 vostè も同様の形成である。ポルトガル語は、o Senhor/a Senhora を３人称動詞とともに用いるのが一般的である。

　誰に対して丁寧形を使うべきかも、各言語ごとに異なった基準があるようであるが、歴史言語学の立場からはその問題については無視することにする。

　フランス語は、「不定人称代名詞」という独特なものを作り出し、現在まで維持している。それは既に「0425 再帰動詞の誕生」でも触れておいた on の存在である。具体的な行為者は特定せず行為の存在のみを言う場合、たとえば「人は〜と言っている」のような文はラテン語では３人称単数受動態で DĪCITUR とするか３人称複数能動態で DĪCUNT とするかであったがそれがフランス語では "on dit" のごとくに言う。フランス語最古の資料である「ストラスブールの盟約」の盟約に既に om が「人が」の不定的意味で使用されていたのであった。

　ここにゲルマン語からの影響を見る見方がある。ガリア地方の中世ラテン語では HOMŌ DĪCIT のごとき文が見られて、これは、現ドイツ語の "Man sagt" に当たるようなカルク（文法模倣）であると考えられるからである。しかし、それには反論もある。

　HOMŌ は、通常の音韻変化では uem となる。しかしアクセントを持たぬ不定代名詞としては um/om であった。このように１単語がアクセントの有無によって用法を分裂させたのである。homme は uem の被制格 ome、omne（< HOMINEM）から来ている。

　同語源の不定代名詞 om は古オック語にも存在し、現代のオック語にも伝わっている。しかしその用法は一般的ではないように見受けられる。ルーレの辞書においては、フランス語 "on dit" に対応する形としては "òm dits"、"l'òm dits" の他に "dison" と "se dits" を併記している（Rourret）。前者はラテン語 DĪCUNT であり、後者はイタリア語、スペイン語で通常に見られる再帰動詞用法である。

　またカタルーニャ語にも「人間」home とは別語の不定代名詞 hom があると文法書には必ず記載がある。しかし、筆者がバルセロナに滞在したときの１年間の新聞においては、文学者の技巧的文章以外では hom の用法は殆ど見つけられなかっ

07　第七章　形の変化 1　動詞以外

た。結局、不定人称代名詞 on の存在と活躍ぶりはフランス語独特の現象であると
考えて良い。

077　所有形容詞

　ロマンス語の所有形容詞は、ラテン語では存在しなかった「語順の固定」と「冠
詞の存在」という二つの問題と向き合うこととなった。

　それと並んで、所有形容詞の「二重性」の問題も生じた。ラテン語では一般形容
詞と同様の自立的価値を持っていた MEUS/MEA、TUUS/TUA には、そのまま音
韻変化を受けただけの形（これを「自立形」と呼ぶ）の他に、それ自身のアクセン
トを持たずに後続の語と一体化して発音される「接辞形」が新たに生じたのである。

　古フランス語を例に取ると、自立形 mien（< MEUM）、meie（< MEA）と並ん
で接辞形 mon、ma が、tuen（< TUUM）、toue（< TUA）と並んで ton、ta が生
じている。ここでは記述を簡単にするために現代フランス語の語形のもととなった
被制格の形だけを書いている。人称代名詞と同様に所有形容詞のなかった３人称に
おいては、ラテン語の再帰所有形容詞（「自分の」）SUUS/SUA の子孫がその欠落
を埋めたのだが、ここでも同様 suen/son、soue/sa の２系統がある。複数形には
mes、tes、ses が作られている。

　NOSTER/NOSTRA、VOSTER/VOSTRA にはこのような二重化は起こらなかっ
た。

　ただフランス語・イタリア語では「彼ら/彼女らの」のためには別の形 leur、
loro を導入した。「076 人称代名詞」で見たごとくこれらは指示詞 ILLE の複数属
格形であり、名詞の性・数に合わせて形を変えることはない。スペイン語・ポルト
ガル語・カタルーニャ語ではラテン語と変わらず単複ともに所有形容詞であり、英
語における his/her と their の区別は存在しない。

　ルーマニア語はやはり少し特殊であって、三つの性と二つの数の変化以外に格
変化をも保持している。また、３人称では日常の用例では SUUS/SUA から来た形
よりは英語の his/her/their に相当する lui/ei/lor が用いられる。ILLE の単数与格
（lui < *ILLUI、ei < *ILLAEI）と複数属格（lor）であるから不変化である。

　ラテン語では存在しなかった「語順の固定」と「冠詞の存在」という問題は、各
ロマンス語間でその対処法が少しずつ異なり、初心者を戸惑わせる。その点で最も
簡便な解決法を取ったフランス語の例から始めるのが良い。

290

フランス語は、所有形容詞としては「接辞形」のみを残存させた。それらは常に前置され、かつ冠詞とともに使われることがない。「自立形」の子孫である mien/mienne etc. は中期フランス語までは形容詞としても使われたが18世紀以後は代名詞でしかないから、現代語は単純で分かりやすい構造となっている（mienne、tienne などは古フランス語の meie、toue の子孫ではなく、男性形 mien、tien からの形成）。

　しかし、この簡便さはロマンス語の例外である。イタリア語の例と比べてみるとその差が良く見える。イタリア語はかつて持っていた「接辞形」は廃止したので所有形容詞は１種類しかないのだが、それが所有代名詞としても働くのである。"il mio figlio e il tuo"「私の息子とあんたの息子」のように。そして、冠詞（定冠詞、不定冠詞）とともに前置されるのが通常であるが、親族については冠詞は省略されうるし（mio figlio）、形容詞は後置もありうる（Mamma mia!）。

　ポルトガル語がこれとほぼ同じである（自立形１種類のみ、代名詞化可能、冠詞付きだがなしもあり、前置だが後置もあり）。

　ルーマニア語の場合は最初の２条件は同じであるが、必ず定冠詞が付き、かつ後置されるのが原則である。「私の息子」は fiul meu である。「息子」は fiu で、-l が定冠詞である。所有形容詞が後置される言語には、他にサルディニア語がある。

　スペイン語とカタルーニャ語の場合は、自立形と接辞形の双方を存続させたのが他と異なっている。スペイン語なら el mío と mi のように自立形は冠詞とともに使われる。接辞形は単独で使われ、常に前置である。

　自立形は、スペイン語では必ず名詞の後に置かれるのに対して、カタルーニャ語では原則は前置で、後置もありうるがその際は冠詞なしとなる。そして両者ともそれを形容詞だけではなく代名詞としても用いる。

　ただしそのどちらが普通に用いられているかでは、両者は正反対である。「私の息子」は、スペイン語は接辞形（mi hijo）が通常用いられるのに対し、カタルーニャ語は冠詞付き自立形（el meu fill）の方が普通で接辞形は稀である。

078　数詞

　「付録２ 単語対照表 4. 数詞」で明らかに見えるように、数詞は基本的にその形や機能を大きく変えることなく引き継がれていると言って良い。

07　第七章　形の変化 1　動詞以外

0781　基数詞

特に 1 から10までの基数詞においては、単にラテン語からと言うのではなく印欧祖語からの持続性がそのまま見られることは、目覚ましい現象である。試しに、スペイン語の 2 から10、（dos、tres、cuatro、cinco、seis、siete、ocho、nueve、diez）をサンスクリットのそれ（dvi, tri, catur, pañca, ṣaṣ, sapta, aṣṭa, nava, daśa）と比べてみると良い。

数詞は一般的に、品詞の中でも特に外来語と置き換えられにくい品詞とされている。しかし日本語が 1 から10までを基本的に中国語に変えてしまっていること、「レイ」という音が殆どの場合捨てられて英語の「ゼロ」に置き換えられていること（テレビのアナウンサーだけが、まるで法律で禁止されてでもいるかのようにレイに固執している）と対照させてみると、この持続性には改めて驚かされるものがある。

ラテン語にあった 1、2、3 の性変化は変質した。1 はすべてでそれが残されているが、2 はポルトガル語、カタルーニャ語、ルーマニア語のみにしか性変化は残らない。言うまでもないが、1、2 は対格形（ŪNUM/ŪNAM、DUŌS/DUĀS）から来ている。イタリア語 due は女性形が男性形を追い出したものである。3 では女性形は完全に消えている。

11以後になると、形の多少の変化が見えてくる。16 あるいは17 からはラテン語での固有名は消える。特に18、19 の引き算法（18 DUODĒVĪGINTĪ＝20－2）は消えて、10＋X式の足し算法になる。

ルーマニア語はやはりもっと明確な変化を見せている。11から19を unsprezece（＜ ŪNUS-SUPER-DECEM）etc. と表すように、より丁寧な分析的形をとる。これはスラブ語の影響であるとされる。また20、30、40 etc. にあった固有形はすべて廃止して、2×10、3×10… 式の形に変えた。

ルーマニア語以外はラテン語にあった固有形を存続させた（スペイン語 veinte、treinta、cuarenta etc.）のであるが、フランス語のみが70以後を特有の形に変えている。70を60＋10（soixante-dix）と、80を 4×20（quatre-vingt）と、90を 4×20＋10（quatre-vingt-dix）とするのであるが、これは先住民であったケルト人の持っていた20進法の影響であると説明されている。ベルギーのフランス語話者は、septante、octante、nonante を新たに導入している。

0782　序数詞

基数詞と並んで順番を表すための序数詞の存在がある。

英語においては、「最初・1番目」から「3番目」までは固有語であるがそれ以後は、多少の綴りや発音の変化はあれ、基数詞に -th という接尾辞を付けることで序数詞ができる簡明な方式を取っている。

ラテン語はそれと異なり、序数詞は基本的にはそれぞれが固有の形を持っていた。そしてロマンス語の多くもその方式を受け継いでいる。

記述を簡略にするために大幅な省略を施して、ラテン語での「1番目」から「12番目」まで、そして「20番目」と「100番目」のみを書くと以下のようになる。

PRĪMUS、SECUNDUS、TERTIUS、QUARTUS、QUĪNTUS、SEXTUS、SEPTIMUS、OCTĀVUS、NŌNUS、DECIMUS、ŪNDECIMUS、DUODECIMUS……VĪCĒSIMUS……CENTĒSIMUS

これらは名詞を修飾する形容詞であって、性数格の変化をする。

序数詞の形の変化を各語ごとに書くのはあまりに紙面を取りすぎることになる。ここではロマンス語において起こった最重要なことのみに記述を限定する。

ポルトガル語、スペイン語、カタルーニャ語、イタリア語が、程度の差こそあれラテン語的固有語方式を維持した一方、フランス語とルーマニア語はそこに大幅な改変を導入した。

フランス語は、英語の場合に類似した接尾辞形式を取るようになった。「2番目」以後は deuxème、troisième、quatrième のごとくに接尾辞 -ième で序数詞が作られるのである。この接尾辞はラテン語にあった -ĒSIMUS を示唆するものだが、語源辞典ではその由来に確定的説はない、とある。

ともかくこれは、フランス語の著しい変革であって、数字が何であれ「X番目の」を言うときには、性に関わりなく基数詞にその接尾辞を付加すれば良いのだから、外国人学習者にとってはありがたい変化である。「1番目」premier/première と、「2番目」の別語 second/seconde のみがラテン語からの残存である。premier は PRĪMUS の派生語 PRĪMĀRIUS「最重要な」から来ている。

フランス語における変化、そして次に来るルーマニア語における変化は、今まで何例も見てきた「総合的から分析的へ」というロマンス語的変化の流れの一つなのである。

07 第七章 形の変化 1 動詞以外

　ルーマニア語では PRĪMUS のみが残存しているのだが、ルーマニア語特有の定冠詞後置のせいで primul/prima の性変化がある。それ以外は基数詞をもととしてそれにルーマニア語特有の「属格冠詞」(al/a) を前置させ、男性・中性形には -lea、女性形には -a という接尾辞を後置させる。-a の前では基数詞の語末母音は変化することがあり、「2番目」以後は al doilea/a doua、al treilea/a treia、al patrulea/a patra、al cincilea/a cincea etc. となる。「2年目」は al doilea an、「3度目の夜」は a treia noapte である。

　その他の言語の場合、ラテン語的方式を維持したとはいえ多少の変革はある。そしてそれも、フランス語において見られたような「総合的から分析的へ」の変化である。

　イタリア語の例を書くと、上記のラテン語に対応するのは、

　　primo、secondo、terzo、quarto、quinto、sesto、settimo、ottavo、nono、decimo、undicesimo、dodicesimo……ventesimo……centesimo

となっている。ここで注目すべきは「11番目」以後である。undicesimo はラテン語の ŪNDECIMUS からの発展形ではない。これは「11」undici と接尾辞 -esimo との合体であって、いわばフランス語的形成法である。「13番目」以後も同様に「基数詞 + -esimo」式に序数詞はできあがっている。それは、ラテン語での「20番目」にある語尾 -ĒSIMUS（「30番目、40番目、50番目……」でも同様）が応用されている。ただし、「11番目」だけにはラテン語的 undecimo もある。

　スペイン語ではそれと対照的であり、undécimo、duodécimo、decimotercio、decimocuarto etc. であって語源的形を維持している。

　いずれにしても、このような差異の由来は、多かれ少なかれ人工的操作の結果であるとみなすのが正しいから、これ以上詳しく記述する意味は少ない。

　序数詞が「X分の1」を表すこと（スペイン語 cuarto「4分の1」）は既にラテン語にあった働きである。元来は女性名詞 PARS「部分」について QUARTA PARS が「4分の1」なのであったが、QUARTA だけで名詞として同じ意味で使われた。ロマンス語では男性形で男性名詞として使われるのが普通である。

　ただしここでもルーマニア語は例外で、「3分の1」、「4分の1」、「5分の1」はそれぞれ treime、patrime、cincime である。この -me の由来についての記述は読んでいないが、ラテン語序数詞に存在した -ĒSIMUS の後半から来ているのであ

294

ろうと判断している。

079 新語の形成

　語形成法、英語で word-formation という文法項目は、日本語に関しては殆ど無意味な項目である。日本語は新しい語彙を日本語内部から作るのが特に不得意であって外来語に頼らざるをえないのである。かつては漢字を並べることで、現在は英語をそのまま片仮名表記することでその用を足していた。その英語文法においても大して重要ではない項目であるのに対して、word-formation はロマンス語学では軽視できない。

　まず最初に言わなければならぬのは、ロマンス語では品詞間の垣根が低くなったということである。ラテン語では名詞と形容詞とは相通ずる場合が多かった。形容詞を中性形にすると、それはただちに抽象名詞となった（BOSUS「良い」→ BONUM「善」）し、それがまた名詞へと使われた（BONA「資産」）。しかし、名詞と動詞との間では、形態的また意味的に厳然たる相違が立ちはだかっていたのである。

　一方ロマンス語では、その相違がなくなる場合がある。*POTĒRE「できる」（← POSSE）から出たスペイン語 poder、フランス語 pouvoir etc.（「付録2　単語対照表　5. 動詞」参照）はそれのみで「権力」の意味となる。動詞不定詞がそのまま名詞として通用する現象はロマンス語で初めて生じたものである。動詞が名詞としてすぐに使われうるための必須の要素は定冠詞の存在であって、このような用法の出現はロマンス語における定冠詞の発達と密接に関連している。

　ルーマニア語については特別な注釈が必要になる。他では男性名詞であるのに対してルーマニア語ではラテン語不定詞から来た形は女性名詞である。そして、文法的不定詞は常に、語源から -RE を取った形なのである。同「対照表」から分かるように純然たる名詞 putere「権力、力」（< *POTĒRE)）に対して不定詞形は putea である。

　しかし、だからといってロマンス語では不定詞がすべて名詞化するのではなく、そのような融通性の多少は言語ごとに異なっている。筆者の見るところそのような使われ方はフランス語が一番多い。aller、baiser、boire、déjeuner、devoir、dîner、être、faire、manger、parler、rire、sortir、souvenir、vouloir と名詞用法を持つ動詞がすぐに見つかるのに対して他言語ではそれほどではなく、別の名詞形が必要になる場合が少なからず見つかると筆者は観察している。

07 第七章　形の変化 1　動詞以外

0791　名詞の語形成

「0523 副詞」で -MENTE の語尾で新たな単語を作る事例を述べた。このような造語法は、2語を1語にするのであるから「合成語」、英語で言う compound である。しかし、ロマンス語の語形成に関しては、合成とは異なる「派生」derivation が重要で生産的な形成法であった。

07911　派生

ラテン語の強みの一つは接尾辞や接頭辞を利用して派生語を次々と作りうる生命力であった。派生は、ラテン語自体に深く根づいた現象である。自在に派生語を生み出すことをメイエは『ラテン語史概要』の中で、ラテン語の持つ「民衆的性格」に結び付けている。

動詞 AVĒRE「欲求する」は形容詞 AVIDUS「熱望している」を生む。それはさらに別動詞 AUDĒRE「あえてする」を生み出す。ここまでは特に言うことはない通常の派生である。しかし、AVĒRE から作られた別の形容詞 AVĀRUS「貪欲な」、そこから生まれた名詞 AVĀRITIA「貪欲」、また AUDĒRE から派生した形容詞 AUDĀX「大胆な」の「表現力の強さ」にメイエは注目するのである。同様な「表現力の強さ」を強調する派生語の実例を彼は列挙している（Meillet 2, pp.170-172）。

派生の源となるのは動詞とは限らない。MĪRUS「驚くべき」という語源不明の形容詞は、MĪRĀRĪ「賛嘆する」という動詞を生み、その後接尾辞を用いて形容詞 MĪRĀBUNDUS、MĪRĀBILIS、MĪRĀTRIX、名詞 MĪRĀCULUM、MĪRĀTIŌ、MĪRĀTOR が作り出されている。MĪRĀRĪ は接頭辞 AD とともに ADMĪRĀRĪ となることで意味と形式が強化され、その語がさらに ADMĪRĀTIŌ その他の派生語を生み出した。

しかしながら、これらの語がすべてロマンス語に残されているのではない。英語の miracle、admire の語源となったフランス語の miracle、admirer も、イタリア語 miracolo、ammirare、スペイン語 milagro（古形 miraglo）、admirar も、学者文人の手による人工語である。

イタリア語には ammiratore、ammiratrice、ammirazione、ammirevole があり、ADMĪRĀTOR、ADMĪRĀTRIX、ADMĪRĀTIŌ、ADMĪRĀBILIS と綺麗に対応しているがこれらもすべて人工語である。

一方、MĪRĀBILIS の名詞形 MĪRĀBILIA はイタリア語 meraviglia「驚異」を作

296

り出した。それから meraviglioso「驚くべき」という形容詞とその副詞 meravigliosamente が作られ、動詞 meravigliare「驚かせる」も生まれた。これらにはラテン語の対応形は存在しない。しかしそこではラテン語の形容詞派生用接尾辞 -ŌSUS、先に述べた -mente、それにラテン語動詞で最も規則的活用をする不定詞の語尾 -ĀRE が働いている。フランス語 merveille とその派生語に関しても同じである。

　ロマンス語は必ずしもラテン語の言葉そのものを受け取ったのではなく、言葉を作る生命力と方法論を、メイエの言う「民衆的性格」を、受け継いでいるのだと言うべきである。

　ラテン語の代表的接頭辞である RE、IN/IM、DĒ、PER、PRAE などはその形と意味を大きく変えることなくロマンス語で活用されている。しかし、ロマンス語における新しい局面はむしろ接尾辞の働きで生まれたのであった。

　指小辞的接尾辞で同義かあるいは多少の意味の変異を持つ語を作ることは古典期以前から続いていた。OCULUS「目」はそもそもが英語 eye、ドイツ語 Auge に繋がる語根を指小辞的語尾 -ULUS で拡大したものである。それはさらに OCELLUS「可愛い目」のように変形されたりした。その特性がロマンス語ではさらに進展したのである。

　「03314『サテュリコン』」で述べた AURIS と AURICULA の例が典型的であるが、名詞・形容詞において -ULUS/-ULA、-ELLUS/-ELLA のような接尾辞が付けられることで音節数を増やし表現力を高めた語がロマンス語の語彙となるケースが目立つ。

　「付録2　単語対照表 2. 名詞」の APIS「蜂」、AVIS「鳥」、GENŪ「膝」、同「対照表 3. 形容詞」の VETUS「年老いた」の例を参照してほしい。

　「雄、男」のための MĀS → MASCULUS の場合も同じで、MĀS は残らないのに MASCULUS は強固に残り、ポルトガル語、スペイン語、英語を経由する長い旅を経て日本語マッチョにまでなった。

　ロマンス語において新たなる機能を獲得した接尾辞に -ĀRIUS がある。

　これは元来は名詞から形容詞を作るためのものであって、LAC「乳」の派生語 LACTĀRIUS は「授乳する」の意味であった。しかしそれはスペイン語 lechero、イタリア語 lattaio、ルーマニア語 lăptar で「牛乳売り」という名詞となって残っている。

07 第七章 形の変化 1 動詞以外

ARGENTUM「銀」の派生語 ARGENTĀRIUS は元来は「銀に関する」程度の意味であったが、「銀細工職人」としてイタリア語 argentaio、ルーマニア語 argintar を生む。フランス語 argentier は「財務大臣」である。

SELLA「椅子」からの SELLĀRIUS は「鞍作り」のフランス語 sellier、スペイン語 sillero、イタリア語 sellaio、ルーマニア語 şelar を生んだ。

元来がケルト語起源で「婦人用乗り物」であった CARPENTUM からの CARPENTĀRIUS はフランス語 charpentier、スペイン語 carpintero、イタリア語 carpentiere である。イタリア語の -iere の語形はオック語 carpentier からの借用語であることを示している。

他にロマンス語に職業名詞を残した語には、FERRĀRIUS「鉄工」、CAMERĀRIUS「給仕人」、OPERĀRIUS「労働者」その他がある。

スペイン語において -ero はさらに -ería と拡大されて別の意味を派生させる（tabaco「煙草」、tabaquero「煙草売り/職人」、tabaquería「煙草屋」）。日本語になったカフェテリアのエリアの部分にはこのような歴史が隠されている。

さらに影響力の大きかった接尾辞に -ĀTICUS がある。

-ĀTICUS は元来は名詞をもとにして「〜に関わる」という形容詞を作る機能であった。LŪNA「月」から LŪNĀTICUS「月に打たれた＝狂気の」を生み出したように。しかし、特に生産性の高い接尾辞とは言えなかった。

この接尾辞がフランス語で -age、オック語で -atge という形に音韻変化して、別の名詞を派生させる役割を持つようになった。典型的な例はフランス語 langage である。これは langue「言語、舌」（< LINGUA）とともに10世紀から見られる語で、語源は *LINGUĀTICUM である。

LINGUA そのものはスペイン語 lengua、イタリア語 lingua、ポルトガル語 língua、ルーマニア語 limbă のごとく自然な流れで受け継がれている。しかしそれらと並んで存在する lenguaje、linguaggio、linguagem、limbaj は、*LINGUĀTICUM からの直接の子孫ではない。-ĀTICUS はスペイン語なら -azgo となるのが通常の音韻変化であって lenguaje になるはずはない。通常の音韻変化は pontazgo「橋の通行料」、montazgo「山林通行料」などに残っている。

lenguaje その他は、フランス語の威信が作り出させた人工語なのである。langage はそのままの形で英語にも入る。そして、フランス語 langue の影響で1300年以後、language と綴られるようになり、綴りに合わせて発音まで［gw］へ

と変わったのである。英語では、語源に合わせて綴りを変え、発音までもそれに合わせてしまう spelling pronunciation という現象が時折起こるのである。fault、adventure、advance などにおける［l］や［d］の発音がその例である。

　ロマンス語のすべてで同様な形式での新語形成が促された。スペイン語、イタリア語で -aje、-aggio の語尾を持つ語の殆どはこれである。このようなフランス文化の威信による影響は言語の他の面でも見られて、それはたとえばスペイン語では galicismo と称されている。

　英語 outrage「暴行」は古フランス語 outraige「過剰」が入った語であるが、その語源は ULTRA-ĀTICUS である。

　先に述べたイタリア語 carpentiere で見たように、その発信元が南フランスの言語オック語であることもあった。VIA「道」から派生した VIĀTICUM は「旅行」の意味でイタリア語 viaggio、スペイン語 viaje の間接的父親となっているが、これはフランス語 voyage（古形 veiage）よりはオック語 viatge に倣っている。「勇気」の coraggio、coraje もオック語 coratge からである。

　フランス語における -age の発達はロマンス語ではない英語にも深い影響を与えた。英語でも -age は集合的意味を表すための接尾辞としての役割を獲得したから、ラテン語系統以外の語にもそれは応用されている（bag → baggage、store → storage）。

　ロマンス語で発達した造語法として、「小さい」、「大きい」、「悪い」という印象を名詞、形容詞に付け加える接尾辞の用法がある。これはイタリア語とスペイン語において特に発達しており、初歩的文法書にも「指小辞」、「増大辞」、「蔑称辞」などの名称とともに一種の文法的事項として必ず記述されることになる。たとえばスペイン語 cosita「ちょっとしたこと」（cosa「こと、もの」からの派生）などは辞書に載せるまでもないとみなされる語で、学習者は -ito/-ita による造語法を知らなければ理解できないのである。

　同じ造語法はポルトガル語、カタルーニャ語、ルーマニア語にもあるが文法の要素としてはこれら２言語ほど重要ではなく、フランス語になると殆ど目立たない。

　指小辞は「小さい」以外に「可愛らしい」や「つまらない」の意味も含めうる。拡大辞は「大きさ」以外に「尊大さ」も付け加える。蔑称辞は、「程度の低さ」以外に「偽物」であったりする。

　イタリア語の例では、ragazzo「若者」→ ragazzino「少年」、ragazzotto「屈強

な青年」。bianco「白い」→ bianchiccio「白っぽい」。

スペイン語の例では hombre「男」→ hombrecito「小男」、hombretón「大男」、médico「医者」→ medicastro「薮医者、偽医者」、mujer「女」→ mujerona「大女」などがすぐに見つかる。

07912　合成

派生とは別に、合成による新語形成もロマンス語においてある程度発達した現象であった。合成による語形成は、第五章「語彙の変化」の「0524 前置詞」で既に見ている（スペイン語 desde < DĒ EX DĒ、フランス語 avant < AB ANTE など）。

複数の語を連結させて 1 語とするこのような語形成法はギリシア語、ゲルマン語に属する英語・ドイツ語では大いに活躍し、サンスクリットでは特に発達した現象であった。サンスクリットの伝統文法で合成語はその組成の種類ごとに厳密に分類され命名されている。

ラテン語においても、IŪDEX「判定者」、PRINCEPS「統率者」などは由来を見ると合成語である。名詞 IŪS「法」、形容詞 PRĪMUS「最初の」の後にそれぞれ DĪCERE「言う」、CAPERE「取る」から来た名詞的要素がついて 1 語となっているのである。

しかし実際にはラテン語では合成による語はごく限られた例、特に文学者による人工的な新造語でしか見られなかったのであった。ロマンス語では合成語はラテン語以上に発達したのだが、その重要性は派生に比べると限られていると言っても良い。マイエル＝リュプケはロマンス語合成語を 2 種に分類し、それをさらに下位分類して詳細に解説している（Meyer-Lübke 3, §542-557）のだが、別のロマンス語史についての概略本（Meyer-Lübke 1）では派生は記述しても合成はほぼ完全に省略である。本書でも、ロマンス語の合成についてはその内実にまで亘って記述する必要はないと判断するので、以下はその概略のみである。

ビスケットは英語 biscuit であるが、これはフランス語そのままで、bis「二度」cuit「調理された」に分解できる。要するに、一旦焼かれたパンにまた調理を施したものなのである。イタリア語でも biscotto で、ラテン語 BIS COCTUS が 1 語に融合した。

wardrobe「箪笥」は古フランス語 garderobe の変形であるが、これは garder「保管する」の命令形 ＋ robe「衣装」である。ゲルマン語起源の garder が命令形＋

300

名詞という新語を作り、それが英語に入ったのである。このような命令形＋名詞の組成はラテン語には全く存在しなかったのに対して、ルーマニア語以外のロマンス語には普遍的に存在して、イタリア語 copritavola「テーブルクロス」、スペイン語 portacartas「書類入れ」など、多くの例が見られる。

　フランス語 midi「正午」、milieu「環境」、minuit「深夜」の前半は MEDIUS「中間の」であり、それが DIĒS、LOCUS、NOX と融合しているのである。他の例では、MALE HABITUS が、「病気」の意味のフランス語 malade、イタリア語 malato、カタルーニャ語 malalt を生み、それぞれ名詞 maladie、malattia、malaltia を作ることになった。

0792　動詞の語形成

　新語の形成は、動詞の分野において特に多産であると言える。動詞の形態的変化については、この後別に一章を設けて論じるので、ここでは、形とは別に「新語の形成」だけに話題を限る。

　何度も述べたように、ラテン語は派生語を作り出す生産力の強い言語であった。たとえば、動詞を作る際にも、形容詞 MOLLIS「柔らかい」から MOLLĪRE「柔らかくする」、MOLLESCERE「柔らかくなる」、名詞 FLŌS「花」から FLŌRĒRE「咲いている」、FLŌRESCERE「咲き始める」のような例が多数あった。その生産力がロマンス語においてはラテン語以上に旺盛になったのである。新語の生産性が及ぼす効果はロマンス語にとどまってはいない。たとえばフランス語に生じた語形成の生命力は結局英語にも影響を与え、そして日本語を含む別言語へも影響を与えているからである。

　新動詞形成のロマンス語的特徴は、元来の動詞語根に接頭辞と不定詞語尾の両方を新たに付加することでそれまでになかった多彩さを生み出したことである。

　接頭辞自体には新しいものはない。IN、AD、EX、DĒ、DIS などである。これらを用いて動詞の意味を限定したり特殊化したりすること（SISTERE「立っている」→ AD-SISTERE「横に立っている」のごとき）はラテン語における通常の「派生」現象で、特に新語形成と呼ぶべきではない。重要なのは、新しい不定詞語尾の活躍ぶりである。新しいと言っても、無から生み出されたのではなく、元来存在したものが従来とは無関係な環境でも多用されることになったことを指す。

　第五章「語彙の変化」の中の「0526 動詞」で、CANERE、IACERE、ADIUVĀRE などが同義の CANTĀRE、IACTĀRE、ADIŪTĀRE に取って代わられたことを述

07 第七章 形の変化 1 動詞以外

べた。ここに見られる -t- は、完了分詞 CANTUS etc. に見られるように語源に既に存在していた要素である。同様に内在していた -t- を用いることでロマンス語は -TĀRE 動詞を多数作り出した。

スペイン語で見るなら、habilitar「資格を与える」、confrontar「対決させる」、colectar「徴収する」、contristar「悲しませる」、desertar「放棄する」、transitar「通行する」などの例はすぐに多数見つかる。そしてそれらは語尾の形や音韻を多少変えればイタリア語、フランス語などでも同義語として通用するのである（フランス語 collecter、イタリア語 disertare など）。このような例は枚挙にいとまがないと言っても良いであろう。

-ICĀRE形も新しく作られた。AEDIFICĀRE、IŪDICĀRE、MENDICĀRE に見られるように -c- は元来は語源的に必然的な要素であったのだが、-ICĀRE が独立した語尾として感じられるようになり、-c- を含まなかった語も -ICĀRE 形を作るようになったのである。

その代表は CABALLUS「馬」から作られた *CABALLICĀRE「乗る」と CARRUS「荷車」から作られた *CARRICĀRE「積み荷する」である。これらはルーマニア語以外の 主要ロマンス語に子孫を残した（「付録2 単語対照表 5.動詞」参照）。

後者の子孫であるフランス語動詞 charger は名詞 charge を生み出し、英語に取り入れられて日本語チャージとなった。

CARRUS が動詞を作り、その動詞が新たな名詞を作るのはスペイン語もイタリア語も同じである。しかしそこに面白い対比がある。スペイン語では carga「積み荷」、cargo「職務」のように性で意味が分けられるのであるが、イタリア語では性別が逆で「積み荷」carico、「職務」carica となる。

少し話題がずれるが、キャリア官僚などと言うときのキャリアはイタリア語から取り入れられたフランス語 carrière が英語に入りそこから日本語になったもので、これも語源は CARRUS である。

ところで、語源的には無関係の -c- を含む -ICĀRE形を語源とするロマンス語動詞が上記2例のように他地域でのロマンス語にも共有されることは多くはない。

たとえば、スペイン語 amargar「苦くする」、holgar「無為に過ごす」、otorgar「授与する」で、それぞれ AMĀRUS「苦い」、FOLLIS「革袋」、AUCTOR「当事者」から拡張された -ICĀRE形から来ているのであるが、共通の例はほぼイベリア半島の3言語に限られる。

形容詞・分詞からの形成のために -IĀRE も活躍した。この形成は上記「対照表」

302

での以下の列から分かる通り -ICĀRE形とは異なり広くロマンス語に分布している。

　　BREVIS「短い」→ ABBREVIĀRE

　　FORTIS「強い」→ *FORTIĀRE

　　ALTUS「高い」→ *ALTIĀRE

　　CAPTUS「捕らわれた」→ CAPTIĀRE

　　MOLLIS「柔らかい」→ *MOLLIĀRE

　　DĪRECTUS「真っ直ぐの」→ DĪRECTIĀRE

　上記 ABBREVIĀRE（← AD-BREVIĀRE）では、核となる語を挟んで接頭辞と不定詞語尾を付けることで新語が形成されている。DĪRECTIĀRE の、ポルトガル語・スペイン語で en の接頭辞が付いているのも同じことである。このように「両面拡張」とでも言うべき現象が新動詞の形成におけるロマンス語的特徴であると指摘しておかなければならない。

　その典型的例は、元来は起動動詞を作るための語尾 -ESCERE と接頭辞、特に IN、との組み合わせである。起動動詞とは、既に述べた FLŌRĒRE「咲いている」に対する FLŌRESCERE「咲き始める」のように「〜になる」という意味の動詞である。-sk- という動詞の拡大要素はギリシア語、サンスクリット、その他にも存在していたがその意味作用は一定ではなかった。ラテン語はそれを起動相作成へと特化し、それがロマンス語においてさらに広まったのである。

　特にスペイン語においては、形容詞を核とした新語が enardecer、endurecer、enternecer、embellecer、engrandecer、enrarecer、ennoblecer、enmudecer、enrojecer、ensombrecer ととどめを知らぬかのように現れる。

　このうちのいくつかはポルトガル語にも共有されているが、その他の言語では不定詞形には -cer に相当する形は現れない。

　これら「ロマンス語起動動詞」と呼ばれるべき動詞群の歴史的経緯については第八章「形の変化２　動詞」における「0825 ロマンス語起動動詞」で改めて述べる。

　別の生産的語尾は -IZĀRE である。これはギリシア語の名詞派生動詞を作る -zein という不定詞語尾（nomos「慣習」→ nomizein「〜とみなす」）をラテン語的に変形したものである。

　ギリシア語 baptizein「水に浸す」がキリスト教ラテン語では BAPTIZĀRE と変形されて「洗礼を施す」の意味に使われたのが、そのラテン語化の典型的例である。

07　第七章　形の変化 1　動詞以外

その -IZĀRE が宗教的用語の枠を超えて一般的な名詞・形容詞派生動詞のための便利な語尾となったのであった。

　これもスペイン語の例を挙げていくのが一番簡便であると判断するのであるが、たとえば arcaizar、legalizar、especializar、naturalizar、humanizar、economizar のごとき新語はポルトガル語ではほぼ全部が同形で、カタルーニャ語では -itzar で、フランス語では -iser で、イタリア語では -izzare で、ルーマニア語では -iza で同意味の語として使われる。元来どの言語から発生してどのような経路で伝わったかを詮索することは本書の枠を超える。要するにロマンス語には普遍的に存在する相互影響現象の結果がこれなのだと納得するだけで十分である。

　フランス語の -iser形の動詞は英語に入り、-ize の形を取るようになった。realize のごときは初出は17世紀であるからまだ新しい。それでも名詞・形容詞から -ize という動詞を作る造語法はがっちりと英語に根づき、womanize などとゲルマン語系統の語にもそれが応用される。それは日々に新語を生み出し、映画のシナリオを小説に書き直すノベライズなどという言葉は完全に日本語化した。

304

08 第八章 形の変化2 動詞

080 動詞変化の記述

081 動詞活用の全体像

    0811 法

    0812 態、人称と数、時制

    0813 活用項目概説

    0814 不定詞

    0815 現在分詞と動名詞 ―進行詞の誕生―

082 活用形式の変遷

    0821 不規則動詞の誕生

    0822 複数語源の混在1 ―ESSE の場合―

    0823 複数語源の混在2 ―aller をどう見るか―

    0824 複数語源の混在3 ―「ある/行く/来る」―

    0825 ロマンス語起動動詞

083 ロマンス語的動詞組織

    0831 複合時制の誕生

    0832 新しい完了時制

    0833 時制の再編成

    0834 新しい未来形の誕生

        08341 ラテン語の未来

        08342 HABĒRE 未来

        08343 その他の未来

    0835 いわゆる「条件法」

        08351 法としての「条件法」

        08352 時制としての「条件法」

        08353 「条件法」文成立の過程

        08354 「条件法」以外の条件文

    0836 新しい受動態

    0837 過去分詞の形成

084 個別動詞の音韻・形態変化

08　第八章　形の変化 2　動詞

　　　　　0841　動詞変化の特殊性
　　　　　0842　現在形
　　　　　　　　08421　第一活用（CANTĀRE）
　　　　　　　　08422　第四活用（*MORĪRE、VENĪRE）
　　　　　　　　08423　第二活用（VIDĒRE、HABĒRE、*POTĒRE）
　　　　　　　　08424　第三活用（CRĒDERE、*ESSERE、FACERE）
　　　　　0843　不完了（imperfectum）形
　　　　　0844　完了（perfectum）形
　　　　　　　　08441　V型完了
　　　　　　　　08442　U型完了
　　　　　　　　08443　延長型完了
　　　　　　　　08444　S型完了
　　　　　　　　08445　重複型完了

080　動詞変化の記述

　動詞のためには、形の変化の中でも他の品詞とは異なって別の一章を作ることにする。それは単なる形態にとどまらぬ言語の決定的変化と直結しているからである。動詞は、文の意味に関与する存在としては、ラテン語においてもロマンス語においても、他の品詞とは比較を超えた重要性を持つのである。

　動詞の形態に関する記述は、ロマンス語歴史文法の中でも知識と工夫と、そして手腕とを最も必要とする分野となる。筆者は先達の学者の記述を参考にしたのではあるが、やはり自分独自の記述をする他はないと結論した。

　何度も繰り返すが、ロマンス語はラテン語から「変化したが変化しなかった」。変化しながらも変化しなかったから、ロマンス語と総称すべき言語群があるのである。そのような特殊な変化の様相を明瞭に記述すること、それこそが筆者がなすべきことで、それなりの工夫が必要である。今まで書かれた書物は、ラテン語の構造についての十分な知識が既に読者に備わっていることを前提としており、それをそのまま踏襲するのではロマンス語特有の変化の様相を記述するには不十分だと考えざるをえない。

　参考にした書物の例を述べるなら、まずタリアヴィーニには、動詞変化に関する

306

独立した項目は存在しない。

　ロマンス語全体に関わる点に関してかなり簡便な記述で済ませているのはブルシ
エである（引用文献　Bourciez 1, §§84-93, 203-212）。ただし彼の書はその後に
来る個別言語の記述が詳しいので、それである程度折り合いがつけられているとは
言える。

　それより多少長い記述があるのはエルコックの書で、これは大体が物語的に言語
の歴史を記述する性格の書物であり、その点では読みやすいものなのであるが、筆
者としては歴史言語学的観点からは別の記述の仕方があるべきと思う。「活用」、「動
詞派生名詞・形容詞」、「単純時制」という三つの項目に分けるだけでの説明は、動
詞変化の全体像の記述としては論理的ではない（Elcock, pp.116-157）。

　ラウスベルクはもっと長く、100頁弱をそのために割いている。その記述は、動
詞の章全体が「A. 第一活用」、「B. 第二活用」、「C. 第三活用」、「D. 第四活用」
と、活用体系に準拠した四部立てになっていることから分かるように、もっぱら語
形の変化に関わっている。だから、ロマンス語全般で生じた動詞組織における新現
象（新しい未来形とか助動詞を伴う時制など）に関する記述も A、B、C、D のど
こかに入れられるか、あるいは各部で繰り返されることになる（Lausberg, §§787-
948）。

　筆者は、重視すべきは動詞組織の記述なのであって、個々の単語が音韻的・形態
的にどのような変化をしたかは文全体への意味的関与の観点からは二次的問題であ
るとみなす。動詞組織がロマンス語はラテン語とどのように異なり、どこが共通な
のか、それをまず正確に記述することが必要だと考えるのである。

　その点で参考になるのがマイエル＝リュプケである。彼はそのために250頁以上
を割いていて、全体を三部構成にしている。時制組織の記述に5頁、活用体系の変
遷に19頁を費やした後、残りの230頁で個々の動詞の形態変化を具体的に記述して
いる（Meyer-Lübke 3, pp.137-389）。このように、基本的構造から始めて個別的、
具体的な形態変化の記述へと至るのがあるべき方法であると筆者は考えている。

　本書ではマイエル＝リュプケがなしたような詳細な記述は何よりも筆者の能力か
らして不可能である。そこで、日本人読者にとって最も有益となるであろうと考え
る以下のごとき項目で整理した。

　　１．動詞活用の全体像

　　２．活用形式の変遷

　　３．ロマンス語的動詞組織

08 第八章 形の変化2 動詞

４．個別動詞の音韻・形態変化

081　動詞活用の全体像

　ロマンス語の動詞は、それを「組織」の観点から見る限りは、ラテン語のそれを根本的に変えることはしなかった。唯一根本的変化と言えるのは、形式受動態動詞（形は受動態と同じなのに意味は能動態である動詞）が存在しなくなったことだけである。「022 変わらなかったもの」で述べたごとく、動詞組織の中に様々な文法的意味を構造的に組み込む性格自体は維持されたこと、これが重要なのである。だからロマンス語の辞書にある動詞の活用表自体は、ラテン語のそれと大して変わらない。

　しかしその具体的中身はかなり変わった。その詳細を各言語に亘って述べることは本書の制限を超えてしまうであろうから、個々の言語の特殊性に立ち入ることは必要最小限にとどめる。

　まず述べるべきは動詞活用の項目である。ラテン語動詞は法、態、人称、数、時制といった文法範疇を持ち、各動詞はそれに従った活用をした。それらはどのように変化したのか。

0811　法

　ロマンス語の法について述べる前に、まず言語学における法（英語の mood）の概念について述べておくべきであろう。

　ギリシア人は自国語の文法を記述するのにその動詞に対して時制（英語のtense）、態（voice）その他と並べて法という範疇を想定し、それを五つに分類した。法とは、時制や態その他が何であれ、発話者が発話の内容に対してどのような態度を取っているかで分類されるものである。ギリシア語ではそれは直説法、接続法、希求法、命令法、不定法の五つとされたのであった。

　ローマ人はギリシア人の文法理論をそのまま受け入れ、ギリシア語の用語をラテン語に翻訳して使っている。「法」自体は modus と訳された。これは「量、大きさ、計測、尺度、リズム、音階」など色々な意味で用いられる語であるが、その最後の方に位置する「やり方、工夫」という意味で採用されたのであろう。

　ラテン語には希求法はなかったが、その他の法はギリシア語のそれぞれの語に対応するラテン語単語を用いて訳され、文法記述に用いられた。modus indicativus、modus coniunctivus、modus imperativus、modus infinitivus である。

308

この中で一番その意味が明瞭なのは命令法 imperativus で、要するに相手に対して発話者が欲求をそのまま表現するときの形である。だからそれには 1 人称を除く人称の区別があり、数の区別もあり、能動態の他に受動態もあり、現在と並んで未来時制まであった。それらがすべて語尾変化で表されることは以下すべて同じである。

直説法 indicativus は命令法の正反対で、発話者が発話の内容に何の色づけもせずに述べる形である。時制は下に述べる通りで、人称、数、態の区別がある。

接続法 coniunctivus は主として従属節の中で使われるもので、話者の要求の意味が含まれる。単文に使われるときは、意志、欲求の意味が入る。時制が少し数が減るが、人称その他は直説法と同じく区別される。

不定法 infinitivus は、人称や数などに縛られないという意味で「不定」なのであると解釈される。

ロマンス語ではそれがどうなったか。

殆どのロマンス語文法書では、上の四つの法は健在で、それに条件法という新しい法が加わっている場合が多い。ラテン語とは形式的関係しか持たぬ英語ですらも多くそんな用語で説明されている。ラテン語文法に倣ったこのような記述は、文法を学ぶ上では特に問題があるとは言えないであろう。しかし言語学的見地からは正しい記述法とは言えない。ロマンス語に関しては、それにふさわしい記述が必要になる。

法の概念から外してかまわないものは、命令法と不定法である。前者は、2 人称単数複数の 2 形が残るのみで、それらを特に法として独立させるだけの存在ではない。要するに「命令形」としておけばそれで良いのである。不定法も、不定詞という名称を付けておけばそれでかまわない。これは現在分詞、過去分詞などと並んだ活用形の一つにすぎず、法の意味は表さず単なる動詞の代表形として扱えばそれで良いのである。

直説法と接続法は「法」mood として維持され、用法にも根本的な変化はなかった。

ロマンス語では、条件法と称される法（英語で conditional mood）がそれに加えられることがある。それを「法」の一つとして扱うべきか否かは単純な問題ではない。これに関しては、「083 ロマンス語的動詞組織」で詳しく述べることにする。

0812　態、人称と数、時制

動作を表すための、能動態／受動態の二大別はそのまま維持された。しかし、受

08　第八章　形の変化 2　動詞

動態の形成法は根本的に変化し、多様化した。このことについては別項で詳述する。

　三つの人称の区別、単数と複数の区別の明確な表示も維持されたのだが、音韻変化の結果、ラテン語では絶対に存在しなかった同音異義語のケースが生まれた。特にフランス語ではその進み具合が甚だしく、綴りが異なっていようとも発音が等しい活用形が多数生まれたから、活用形には代名詞主語を必ず付加することとなった。

　またポルトガル語では 2 人称形は単数複数ともに使用される頻度は非常に限定されており、3 人称形で代用されるのが通常の会話である。

　ラテン語直説法には 6 時制が、接続法には 4 時制があった。直説法は現在、不完了（imperfectum）、完了（perfectum）、未来、未来完了、過去完了（plusquam-perfectum）であり、接続法は現在、不完了（imperfectum）、完了（perfectum）、過去完了（plusquamperfectum）である。

　不完了、完了、過去完了にラテン語名称を付したのは、それと対応するロマンス語形の名称が各言語ごとに、また学者ごとに、さらには日本語訳において、ばらばらとなるので、ともかくラテン語における対応形を明確にするためである。

　「変わったが変わらなかった」というロマンス語の特質はここにも現れる。時制や法の明らかな峻別は維持したまま、その形には大きな変革が起こったのである。その第一が、総合的形成法に取って代わる分析的形成法の導入である。時制の表現のために助動詞が持ち込まれ新しい複合時制が生まれたのである。

　複合時制が加わると、時制の数と内容にも変化が起こった。ロマンス語ではおおむね直説法が 8 時制に増えている。ラテン語動詞には対応形のない時制が新たに作られたからである。新たに生まれた 2 時制は、たとえばフランス語では複合過去と前過去という名称が付されているように過去に関わる時制である。

　接続法は 4 時制のままであるが、その中身は変わっている。

　それに加えて、先ほど述べた条件法（conditional）と呼ばれることの多い新しく作られた形には、現在と過去の 2 時制がある。

　音韻変化や類推による変化を蒙っただけでラテン語的形式が存続したものは、直説法のうちの現在、不完了（imperfectum）、完了（perfectum）と、接続法現在の 4 時制のみで、その他の時制は、ラテン語での形は存続しなかった。新しい時制の作られ方には 2 種類あって、一つは複合時制による置き換えである。もう一つはラ

310

テン語での別の時制をそこに横滑りさせることである。このように、元来の形は変えずその意味を改変（あるいは誤用）して新しい用法を作る catachresis と呼ばれる現象がロマンス語でも起こっていた。

これ以上の詳細については「083 ロマンス語的動詞組織」で改めて述べる。

0813　活用項目概説

各言語に新たに生じた時制と法の全体的構成は、ルーマニア語以外ではおおむね似通った結果を迎えているとはいえ個々の単語の形やその用法は微妙に異なっている。それらの詳細については後で改めて説明することにしてまず最初に、動詞の活用のその他の部分の大まかな変化に関して述べておく。

ラテン語動詞には、その定動詞形以外にも不定詞の他に、完了不定詞、完了分詞、現在分詞、動名詞、動詞的形容詞、未来分詞、目的分詞の活用形があった。AMĀRE の場合ならそれぞれ、AMĀVISSE「愛したこと」、AMĀTUS「愛された」、AMANS「愛している」、AMANDUM「愛すること」、AMANDUS「愛されるべき」、AMĀTŪRUS「愛しようとしている」、AMĀTUM「愛するために」である。

これらの活用形は、実際に使われた例が残っているかどうかはともかくとして、ごく少数の例外を除いて動詞なら必ずその形を作りうることが保証されていたのである。そのような特質こそがラテン語独特の生命力の源であった。それがロマンス語では変わる。

このうち最後の三つ、動詞的形容詞、未来分詞、目的分詞はその形も用法もロマンス語から消えた。動詞的形容詞については、「043 ロマンス語では不可能となった構文」で既に触れている。未来分詞は ESSE と併用することで未来不定詞を形成していたから、当然未来不定詞もなくなった。後で述べるように未来不定詞の消失は別の新しい形式である「条件法」の形成へと繋がっていく。それについては、「0835 いわゆる『条件法』」で詳しく述べる。

残ったものにもいくつかの変化が生じた。完了不定詞は、用法は残ったがその形成法は助動詞＋過去分詞（ラテン語の完了分詞）という迂言法に変わった。

0814　不定詞

ラテン語とロマンス語とでは不定詞の用法が異なる。その使用がロマンス語では減ったとも言えるし増えたとも言える。

まず、使用されなくなった例から。

311

08 第八章 形の変化2 動詞

　ラテン語にあった「間接話法のための不定詞」がなくなった。ロマンス語ではそのためには英語の that に相当する接続詞で導かれた名詞節にしてしまうからである。

　カトゥッルスの有名な詩句 "Dicebas quondam solum te nosse Catullum, Lesbia"「レスビア、おまえは『ちぎりを結んだ人はカトゥッルスだけ』って言ってたよね」はフランス語なら "Lesbie, tu disais une fois que tu ne connaissais que Catulle" とでもなるであろう。

　増加した用法は、名詞としてのそれである。ラテン語では不定詞は文の主語（"Dulce est desipere in loco"「場に応じて愚かになるのは良いことだ」）、直接目的語（"Tacere qui nescit, nescit loqui"「黙る術を知らぬ者は話す術も知らぬ」）にはなりえたが、それ以上名詞としては機能しなかった。

　ロマンス語では、「079 新語の形成」で述べた通りある種の動詞の不定詞は定冠詞を取ることによってすぐに名詞化された。それ自身名詞化されなくとも前置詞の目的語となることで事実上の名詞扱いをされ、ラテン語の動名詞 gerundium の役割を奪ってしまった。"ad bene honesteque vivendum"「良く、かつ正しく生きるために」はイタリア語では "per vivere bene ed onestamente" となる。前置詞と不定詞との継起は、たとえばスペイン語 sin saber que「〜を知らないで」のような構文（フランス語、イタリア語などでも同様）を可能にする。これもラテン語との大きな相違である。

　前置詞と不定詞を組み合わせて別の動詞（あるいは形容詞）の目的語とすることもロマンス語で発達した構文である。「すぐに出発しろと彼は私に言った」のような文はラテン語なら接続詞 ut「〜するように」と接続法を用いた複文にする他はないが、フランス語なら "Il m'a dit de partir bientôt" で済む。ただしこのような構文が他のすべてのロマンス語でも常に可能であるかというとすぐに答えは出ない。スペイン語ならやはり複文として "Él me dijo que me fuera pronto" とする方が自然であると思われる。

　このような制限はルーマニア語で特に厳しくて、フランス語の例のような構文は決して作れない。必ず接続詞 să を先頭とする接続法構文が必要となる。ルーマニア語において不定詞の用法が制限される原因に関しては「基層語」の影響その他の理由づけがなされている。

　動詞（あるいは形容詞）の目的語としての不定詞が使われる場合、そこに前置詞が必要なのか不要なのか、必要ならどの前置詞であるか、が問題となる。フランス

312

語なら、不要、à、de の三つの場合が考えられる。各言語ごとにこの問題を記述するのは本書の手に余る。

　不定詞に関しては、ルーマニア語は別の特色を持つ。そこでは別の形で不定詞の名詞化が起こっている。「082　活用形式の変遷」で述べることであるが、ここでは動詞はラテン語の場合とほぼ等しい4種の活用（語尾がそれぞれ -a、-ea、-e、-i となる）に分類され、それぞれラテン語の -ĀRE、-ĒRE、-ERE、-ĪRE 動詞に対応する。そして各動詞は不定詞に -re を付加するとその意味に対応した女性名詞となるのである。不定詞を単独に明示するときには常に a（< AD）を前置させる規則になっているのであるが、a pierde「失う」に対して pierdere「損失」が、a plânge「泣く」に対して plângere「嘆き」があるように。これらはラテン語の PERDERE、PLANGERE からの直接の子孫である。つまりルーマニア語は、動詞活用の一部である不定詞としては語末音消失（apocope）が生じて語末の -RE を消失させたのではあるが、名詞としてはラテン語の形を保存しているのである。

　また、これはポルトガル語に限ったことであるが、新たに「人称不定詞（英語で inflective infinitive）」という用法も生まれた。ポルトガル語では、不定詞の語尾に人称と数を示す接尾辞を付けることによって正確さと簡便さを両方表せうるのである。その結果、スペイン語なら従属節を作らなければならぬ構文もポルトガル語では不定詞句で表せうる。「彼らがそれを知るように」と言うためにはスペイン語なら接続法を用いた "para que lo sepan" という節を作るのであるが、ポルトガル語では "para o saberem" で済む。saberem は「知る」saber の人称不定詞3人称複数形である。

0815　現在分詞と動名詞　―進行詞の誕生―

　残った活用形のうち完了分詞は過去分詞としてその用法を拡大していった。過去分詞については「0837 過去分詞の形成」で詳しく述べることにする。

　それに対して現在分詞は逆で、動詞から必ず形成され使用されうる活用形としての生命力は大きく失った。ロマンス語で、「～している、～しつつ」のような形容詞的意味を表示する、現在分詞的役割をするように見える活用形は、主にラテン語の動名詞が変化してできた形である。

　現在分詞と動名詞は、ロマンス語全般においてからみ合った発展をしているから、それを同時に記述する必要があり、その入り口にはスペイン語とイタリア語を例にとるのが良いようである。

313

08 第八章 形の変化2 動詞

　両語とも、cantar/cantare「歌う」には cantando と cantante の二つの形が付随している。cantando は「歌いつつ」という形容詞的意味で、cantante は名詞「歌手」である。しかしラテン語との関係を見ると、前者は動名詞 CANTANDUM の奪格形であり、後者は現在分詞 CANTANS の対格形 CANTANTEM から来ている。

　ここまでなら、名詞と形容詞が機能を交換し合っただけのことなのであるが、問題は cantante の方で、これは活用形とは言えず一種の派生語でしかなくなっている。だから、スペイン語の文法書では動詞の活用に関して cantante に相当する形に言及することはない。一方イタリア語では、"salice piangente"「しだれ柳」のような形容詞的用法はあるし、文語に限って言えば "la legge obbligante i giovani a portare le armi"「青年の武装を義務づける法律」のように動詞派生の形容詞として（つまり、直接目的語を取りうる形容詞として）の現在分詞のラテン語的用法の残存はあるのである。

　ここから、日本語文法書での語形の名称の問題が始まる。cantando はラテン語動名詞（gerundium）の子孫であって両語とも gerundio という名称で扱われるのだが、それを日本語にどう移すべきかの問題である。gerundium は英語では gerund で、それに倣ってかお手軽に動名詞としている日本語文法書もあるけれどもちろん間違いである。それを現在分詞とするのは、ラテン語を無視してスペイン語のみを見る限りでは合理的であると言える。しかし、他の言語をも視界に入れたロマンス語学的見地からは別の名称がほしくなるのである。

　イタリア語においても、cantante形を単なる派生語として文法的名称を無視する考えはある。やはり cantando形のみを活用形とするのであるが、英語の文献を見るとそれを gerund とするものと present participle とするものに分かれる。そして、どちらも正しいとは思われない。gerundio はラテン語の gerundium とは異なった機能を獲得した新しい活用形なのだからそれなりの名称があるべきだし、cantante形にも明確な名称を残したい。日本語文法書で cantando にはジェルンディオをそのまま用い、cantante を現在分詞としているのは今のところ一番合理的処理である。

　別言語の状況を書くと、ポルトガル語の事情は、スペイン語とほぼ同じであると言って良い。cantante形は派生語にすぎないから名称は不要で、cantando形（ポルトガル語でも gerundio）はスペイン語と同様の機能を果たす。さらにまた、em + gerundio「〜するやいなや、〜している間に」というスペイン語では廃れて使われない用法も健在である。

314

フランス語の状況ははっきりと別であり、ラテン語現在分詞と動名詞の双方が活用形として残った。しかし音韻変化の結果形の上での区別は早くからなくなって、イタリア語の cantando と cantante に相当するのは chantant しかない。不定詞の型に関わらず語尾は常に -ant である（Bourciez 1, §288）。

名称としては participe présent でこれを現在分詞と訳するのに問題はないのだが、用法としては、"les enfants chantant dans la chorale"「合唱隊で歌う子供たち」のような現在分詞的働きと "un jeune homme va chantant"「若者が行く、歌いながら」のような動名詞奪格的働きの双方がある。要するに、元来異なっていた二つの用法が一つの形にまとめられてしまったのである（Rohlfs 4, p.165）。フランス語文法では en + participe présent の組み合わせを gérondif と称するが、これは活用形の名称ではなく participe présent の一用法の名称にすぎないから言語学の観点からは無意味な用語である。

ラテン語の現在分詞は修飾する語の性・数に合わせられるのが本来の使い方で、フランス語でもそのような用法はあった。しかし participe présent の用法でも「一時的行為」と「恒久的性質」とではその扱い方に違いが生じる。18世紀には不変化で補語を取りうる用法としての participe présent と、事実上の形容詞で性・数の変化をして補語は取らぬ用法の分離が決定的となる。そして後者（分詞から作られた形容詞）の数はその後徐々に拡大するのである（Bourciez 1, §550）。

ルーマニア語は一番単純な結果となっている。現在分詞の子孫は消失して、動名詞から来た cântând 形のみが残っている。名称としてそれを現在分詞とするのには、ルーマニア語のみを見る場合なら不都合はない。

カタルーニャ語においては事情は独特である。gerundi と呼ばれる gerundio に相当する形の他に現在分詞から来た形がイタリア語と同様に一活用形として立派に機能する。seguir「続く」の場合、gerundi の seguint に対して現在分詞は següent となり、「相前後して」は "l'un seguint l'altre" だが、「その後の年月」は "els anys següents" である。現在分詞は支配する名詞の数に応じて複数形も作るのである。

ただここが微妙なところで、非常に多くの動詞では両者の形はフランス語と同様に同形で、「歌う」cantar なら cantant でしかない。異なった2形が存在するのは不定詞が -ir で終わる動詞のみなのである。それでも、二つの異なった文法用語が必要なことには間違いはなかろう。

カタルーニャ語において顕在化したこの名称問題はロマンス語の歴史から生じた

08　第八章　形の変化 2　動詞

ものなのであって、それは要するにイタリア語で gerundio をどのように訳するか
で人が迷っている状態にも現れているのである。

　筆者は、カタルーニャ語文法（未公刊）を記述していた際に gerundium の子孫
の問題にかなりこだわった。それぞれ用法なり重要度なりが異なっていようとも、
ロマンス語全般の記述に通用する gerundi(o)の日本語名称が必要であるというの
が筆者の信念である。それでそれに「進行詞」という名称を作ることにした。その
後、野上素一氏が『イタリア語四週間』（大学書林、1964）で gerundio に「進行
法」の名を与えていることを発見した。これは法（mood）の一種ではないのだか
ら、法の字を当てるのは正しくない。しかし、そのことを除けばあるべき名称に近
づいていると考える。今後イタリア語やスペイン語の文法を記述するにあたって
gerundio に「進行詞」という用語が用いられるようになれば嬉しいのであるが。

082　活用形式の変遷

0821　不規則動詞の誕生

　何であれロマンス語の動詞には規則動詞と不規則動詞の区別があり、文法書にお
いては一旦前者の活用を説明した後で長々と不規則動詞の活用の説明が続くことに
なる。そして、英語の知識をもとにした学習者はそれで嫌気がさすことになる。

　「不規則動詞」とはラテン語ではまず例外的存在だった。その誕生はロマンス語
で新たに生じた現象である。

　ラテン語では動詞は不定詞の語尾に従って分類されていた。第一活用（語尾
-ĀRE）、第二活用（-ĒRE）、第三活用（-ERE）、第四活用（-ĪRE）の４種であるが、
第三活用動詞は２種に再分類されるので、活用の形式としては５種類であった。5
種に分類された動詞はそれぞれに決まった活用形式を保持していて、それに従わな
い活用をする動詞は実に数個しか存在しなかった。

　どんな動詞であろうともともかく、その活用形のうちの四つを暗記する。する
とその動詞の全活用形が自動的に導かれることになる。現在 1 人称単数形、不定
詞形、完了 1 人称単数形、目的分詞形、この四つである。「愛する」なら AMŌ/
AMĀRE/AMĀVĪ/AMĀTUM と覚える。不定詞形から第一活用であるとはっきり
する。「保つ」は TENEŌ/TENĒRE/TENUĪ/TENTUM で第二、「言う」であるな
ら、DĪCŌ/DĪCERE/DĪXĪ/DICTUM で第三、「する、なす」は FACIŌ/FACERE/
FĒCĪ/FACTUM で第三活用の変種、「来る」は VENIŌ/VENĪRE/VĒNĪ/VENTUM

316

で第四活用である。母音の長短も無視してはいけない。そこから重要な「アクセント位置」が決まるのであるから。

　四つの形と、5種の活用形式を頭に入れてしまうと、「動詞変化の不規則性」などというものはもう存在しなくなる。すべてが規則的に導かれるのである。だから、ラテン語文法の教科書はともかくとして、ラテン語辞書には動詞変化表などは不要である。

　一方、ロマンス語の辞書には必ずやその最初か最後に「不規則変化動詞活用表」なるものが数頁に亘って載せられている。今手元にある辞書を見てみると、フランス語で69の、スペイン語で105の、ポルトガル語で82の動詞の活用表が記載されている。これは不規則動詞の数ではなく、活用のパターンの数であるから、実際の動詞数はもっと多くなる。イタリア語とカタルーニャ語では数えていないが、事情は変わらないはずで、そしてこれが重要なのであるが、このような変化表（1冊の小冊子になっていることもある）は、実は外国人学習者のみならずその母語話者にも必要になってくる場合もあるのである。

　ルーマニア語の場合には、筆者の所持している辞書はもっぱらルーマニア人に外国語を教えるためのものであってルーマニア語動詞の活用表などは載っていない。ある文法書の末尾に掲げられた動詞活用表ではその数は200近くで、詳しく数えるのも面倒なほどである。

　なぜこのような変化が生じたか。その大きな要因はやはり何度も言ったアクセントの支配である。アクセントの有無でその母音の変化に違いが生じる。また、その前後の母音にも大きな影響を与える。長い時間の中で、古典ラテン語時代にはわずかしか見えていなかった変化が着実に進行し、それがあれほどまでに規則的で堅固に見えた動詞体系にまで揺さぶりをかけたのであった。それに加えて、長い時間の間に類推作用も生じて活用の型が変化することもある。

　ただし、5種の活用の中でも第一活用だけは大した影響を蒙らなかった。と言うよりは以前よりは勢力を拡大した。それはすべてのロマンス語でかなり安定した規則性を帯びたものとして残っており、またその数も多い。

　その結果、新しい動詞が作られるときには、この型で作られることになる。既に述べたごとく、-TĀRE、-ICĀRE、-IĀRE、-IZĀRE などの動詞語尾は多く新語を形成したのである。すべてのロマンス語を調べたのではないが、フランス語の場合 -ĀRE 動詞の系統である -er動詞は全動詞の90パーセント以上を占めている。

　同じく、第四活用 -ĪRE動詞に起源を持つ動詞も、-ĀRE系動詞ほどではないにし

317

08　第八章　形の変化 2　動詞

ても規則性の程度が高いせいで同じ型を保ったグループとして存続した。

　ロマンス語で不規則的活用の動詞が増えた原因の多くは、第二活用動詞と第三活用動詞に生じた音韻変化に関わっている。

　ロマンス語においても動詞は一応不定詞の語尾で分類される形式を取っているのであるが、その様態は一様ではなく言語ごとに異なる。ここからの記述は「付録 2 単語対照表 5. 動詞」（以後、「動詞対照表」と略記）を参照しつつ読んでいただきたい。

　ロマンス語の動詞体系は、「スペイン語・ポルトガル語型」、「フランス語・ルーマニア語型」、「イタリア語・カタルーニャ語・古オック語型」の 3 種に分けて考えると良いと筆者は判断している。

　ポルトガル語とスペイン語は最も簡明な形式へと移行している。そこでは動詞は不定詞の語尾で -ar型、-er型、-ir型の 3 種にほぼ整然と分けられる。動詞対照表で明らかなように PERDERE、CRĒDERE、COQUERE などは DĒBĒRE や MOVĒRE と同じ結果を生んでいる。ラテン語の第二活用が、第三活用を吸収して同じ -er型に収束してしまったのである。ごく少数の例外的活用を持つ動詞はあるのであるが、それらを除くと同じグループ内で見られる異同は主として、これもやはりアクセントの有無が作る個々の母音の違いとか、綴りの変化でしかないのである。外国人にとっては一番覚えやすいものであると言える。

　ただし、第三活用がすべて -er型動詞となったのではなく、スペイン語では -ir型へと変化した例もかなりある。pedir < PETERE が代表的な例で、他に DĪCERE、REGERE、VĪVERE、REDDERE、SCRĪBERE、RECIPERE など。ポルトガル語はその点で少し異なっていて、dizer、viver、render、escrever、receber である。その逆の例が CADERE。第三活用の形式所相動詞が -ir型動詞となった例（MORĪ、SEQUĪ など）もある。

　フランス語とルーマニア語はこれと反対で、4 種の型を明瞭に保っている。前者は -er、-oir、-re、-ir、後者は -a、-ea、-e、-i の語尾で分類される。つまり、第二と第三の活用の混交は生じていない。そして、動詞対照表から分かる通り、第二活用動詞は -oir/-ea型動詞に、第三活用動詞は -re/-e型動詞となっているのが原則である（HABĒRE、VIDĒRE、VOLĒRE（← VELLE）、*POTĒRE（← POSSE）、

318

CRĒDERE、FACERE、DĪCERE、PŌNERE などを参照)。

　ただし、両語とも従来の型からの何らかの逸脱がある。

　フランス語の場合、-ir型動詞には第二活用から FLŌRĒRE、IACĒRE、TENĒRE、PLACĒRE が、第三からは COLLIGERE、FUGERE、QUAERERE、CURRERE（> courir）が加わった。PLACĒRE については古語 plaisir のことを言っている。現代語 plaire は faire などから影響を受けた類推形である。FUGERE の場合は、全主要ロマンス語で第四活用の型（語尾 -ir/-ire）に変化している。SAPERE > savoir は第三活用が -oir となっているが、これは全ロマンス語的現象であるから、SAPĒRE という祖形が想定されうる。第二活用から -re型動詞へと転じたものは、RĪDĒRE、RESPONDĒRE、また動詞対照表からは省いたが luire（< LŪCĒRE)、nuire（< NOCĒRE)、mordre（< MORDĒRE）など。

　ルーマニア語では、第三の BIBERE、CADERE が -ea型動詞へと変化している。逆に第二の TIMĒRE、RĪDĒRE が -e型となっている。第三から -a型動詞へと転じたのは PLUERE である。

　ルーマニア語の場合、活用のそれぞれにおいて活用の型にいくつかの変種があるのが特徴である。たとえば一番規則的になりそうな -a型動詞においても、aiuta（< ADIŪTĀRE)、mânca（< MANDŪCĀRE)、veghea（< VIGILĀRE）はそれぞれ活用は少しずつ異なる。-ea型、-e型でも事情はほぼ同じである。特に -i型には少数ながら -î という不定詞を持つ動詞もあり、そこからルーマニア語には計5種の活用があるとして説明する書もある。これらすべてを詳述することは本書の範囲を逸脱すると考える。筆者の知識の範囲では、この問題についてはガルトナーとデンスシアヌの記述が役立った（Gartner, pp.177-190、Densusianu, pp.147-156)。

　フランス語の場合には、不規則性のもととなっているのは主として、音韻変化の中で生じた母音の差異である。フランス語はアクセントの支配を最も強く受けた言語であり、アクセントの有無が二重母音化や円唇音化の有無に直結する。また、子音変化の項で述べた［l］の母音化が形の変化をも生んだりするのである。

　イタリア語とカタルーニャ語の動詞体系は、スペイン語・ポルトガル語型と、フランス語・ルーマニア語型の中間であり、古オック語もこのグループに入れられる。

　動詞は一応3種に分類されている。スペイン語、ポルトガル語と同様、第二活用と第三とが一つにまとめられるからであるが、そこが独特の問題をはらんでいる。

319

08　第八章　形の変化 2　動詞

　イタリア語では、-are、-ere、-ire と 3 種に分類するのが通例であろうが、-ere
型動詞はまた 3 種に分かれる。たとえば vedere と credere ではアクセントの位置
が異なる。アクセント位置を下線で示すと ved<u>e</u>re と cr<u>e</u>dereである。初学者を惑
わせるのは、イタリア語正書法では vedere も credere も綴りは同じで補助記号は
使われないことで、いちいち辞書でアクセント位置を確認し、暗記しなければなら
ない。また -rre という語尾の動詞もこの類に入れられる。記述文法書によっては
vedere 系と credere 系を分けて 4 種と記述するものもある（Regula & Jernej）。

　イタリア語は、イタリア語文法で言う parola sdrucciola（語末から 3 番目の音節
にアクセントを置く語）を良く保存している言語で、それが現れる第三活用の動詞
をそのまま保存することが他の言語よりは多かったことは動詞対照表の COQUERE、
SCRĪBERE、RECIPERE など多くの動詞で見られる通りである。-rre の語尾の動詞
はその変種で、syncope現象（「06407 語中音節の脱落 syncope」を参照）を起こ
した少数派である（porre < PŌNERE）。

　第二活用の場合は VIDĒRE、VALĒRE その他に見られるようにアクセント位置
をそのまま守り、イタリア語文法で言う parola piana として維持させている。た
だし、MOVĒRE、RESPONDĒRE、RĪDĒRE などではアクセントを移動させ、新た
に parola sdrucciola を作っている。COLLIGERE > cogliere においても同じ現象が
起こっている。ここでは、ラテン語単語の語末から 4 番目の位置までアクセントを
遡らせている。

　カタルーニャ語もそれと平行的である。-ar型動詞と -ir型動詞以外の通例第三グ
ループと分類される動詞の語尾は -er と -re に分かれるし、-er型動詞でもアクセン
ト位置にはイタリア語と同様のばらつきが出る。救いは、カタルーニャ語正書法で
はこの場合にもアクセント記号が使われていて、外国人学習者には迷いがないこと
である。

　第三活用動詞は、イタリア語とは異なり、多く syncope現象を蒙って -re型
動詞となる。MITTERE、PREHENDERE、RECIPERE、VENDERE のように元
来の子音が子音として残るものの他に BIBERE > beure、CADERE > caure、
CRĒDERE > creure のように二重母音が生じる例が多いのがカタルーニャ語の特
色である。このグループには第二活用からも参加している（DĒBĒRE、IACĒRE、
PLACĒRE）。TEXERE、GEMERE、COLLIGERE は -ir動詞へ合流している。

　少数は CURRERE > córrer のように語末母音が消失する。plànyer、vèncer、
tòrcer などは第三活用動詞からの発展であるが、témer < TIMĒRE のように第二

320

活用からこの少数派グループに入ったものもある。

　古オック語は、カタルーニャ語とほぼ並行的結果を生んでいる。

0822　複数語源の混在１　―ESSE の場合―

　ロマンス語動詞の歴史において起こった現象の一つに、複数の語源が一つの動詞に混じり合うことがある。その典型の一つが「～である」を意味する基本動詞、フランス語なら être、スペイン語なら ser である動詞、大まかに言ってラテン語 ESSE の子孫の場合である。

　フランス語 être の語形の成立過程については「064071 わたり音の挿入」で説明している。ESSE の子孫の意味的重要性はどの言語でも変わらなかったが、その活用は様々に変化している。

　元来がラテン語自体その活用全体は二つの語根から成り立っていた。ESSE・SUM・EST・ERAM などが一方のグループで、一見形がばらばらだが実は同じ語根から発している。もう一つは FUĪ・FUERAM・FUTŪRUS の系統である。前者は英語の am、is、ドイツ語の ist などと、後者は英語の be、been、ドイツ語の bin などと祖先を同じくしている（was、were、war などはさらに別の語根を持つ）。

　ERAM などは元来が *ESAM であり、母音に挟まれた［s］が［r］となる rhotacism と呼ばれるラテン語特有の音韻変化を受けた形である。不定詞形を作る -RE も元来は -SE であり、ESSE は ES + SE であってその本来の語尾を保存している。しかし、それが不規則形として受け取られて、ロマンス語ではそれが essere という形へと変化している。

　イタリア語では essere そのままであるが、カタルーニャ語では esser となり、アクセントが語末へと移動して結果的に ser という形になり、esser と同義の別形として機能するようになった。フランス語 être への発展については既に書いた。

　この３言語では、過去分詞はそれぞれ stato、estat、été である。これらは全くの別語 STĀRE「立っている」の完了分詞から来ている。ロマンス語はまた新たに別の語を ESSE の活用体系に加えたのである。イタリア語とカタルーニャ語ではそれが入り込んだのは過去分詞だけであるが、フランス語では現在分詞 étant も STĀRE系である。半過去 étais etc. も STĀRE と関係づけられるが、その不完了（imperfectum）STĀBAM etc. からの直接の発展ではない。これについては、「0843 不完了（imperfectum）」でまた触れる。

　ポルトガル語・スペイン語の ser の場合、カタルーニャ語と同形であるが語源は

08　第八章　形の変化 2　動詞

異なるとスペイン語語源学の第一人者コロミナスは主張する。カタルーニャ語では ser が esser の縮小形であるのに対してポルトガル語・スペイン語では最初期から ser であるからその源は別で、SEDĒRE「座っている」であるとする。活用形でも、過去分詞 sido のみならずスペイン語の未来形、条件法形（これらはカタルーニャ語の形とほぼ同形）、接続法現在も SEDĒRE から来ているというのが彼の説で支持者も多い。

　また別の問題もあって、これら 2 言語では STĀRE「立っている」が「～である、ある」の意味を持つ独立した別動詞 estar として語彙に加わることとなった。この点はカタルーニャ語も同様である。

　スペイン語の場合、ごく単純に ser と estar との用法の差を述べるなら、前者は「恒常的状態」を言うのに対して後者は「一時的状態」を指している。"Es enferma" は「彼女は病弱だ」で "Está enferma" は「彼女は今気分が悪い」である。しかし、両者の使い分けは 3 言語すべてで微妙であり、また言語間での違いもあるし意味の定義の仕方も学者ごとに異なったりする。だから、外国人学習者には習得が難しいものである。筆者の経験では、バルセロナ生まれでカタルーニャ語話者であると自認する女性が、両者の使い分けに関してはスペイン語とカタルーニャ語の違いが曖昧になり、外国人である筆者に説明を求めたことまでがあった。イベリア 3 言語における ser/estar 問題については、ポズナーによる多少の説明がある（Posner 1, pp.312-313）。

　ルーマニア語では不定詞形は fi という形をとる。これは、FIERĪ「～になる」から変化した fire が、さらにこの言語特有の「不定詞から -re を取り外す」という形態変化を遂げたものである。ルーマニア語では FIERĪ 系統の要素は現在接続法、条件法、命令形、現在分詞にも入り込んで活用体系形成の一部となっている。

0823　複数語源の混在 2　—aller をどう見るか—

　フランス語を学び始めた人に最初に突き当たる動詞の不規則活用に aller「行く」の活用（je vais/tu vas/il va/nous allons/vous allez/ils vont）がある。

　このような活用をともかく無理矢理に暗記してしまうことでフランス語の理解力は進んでいくのであって、この不規則性の由来までをも気にしていたなら、勉強は捗らない。

　しかし、ここでまた立ち止まってこの問題を考えてみる。それを単なるフランス語における不規則活用の一つと片づけるのではなく、ロマンス語学という視点から

見たときにそれがどんな由来を持っているか、を探求するのである。まず最初に「どのような経路で」このような結果となったのか、を明らかにする。その後、「そのような結果をもたらした要因は何か」を考える。まず how? の探求があり、その後 why? を考えるのである。そこには必ず、言語変化に関する普遍的理論が存在しているはずである。言語学者とはそんなことをするのが仕事である。

イタリア語の「行く」を意味する andare の現在形を今のフランス語 aller の場合と対照させてみると以下のようになる。

aller　　　vais　　vas　　va　　allons　　　allez　　　vont
andare　　vado　　vai　　va　　andiamo　　andate　　vanno

二つを比較してなによりもはっきりと指摘できること、それは「類似」ではなくパターンの同一性、つまり、「不定詞と1人称・2人称複数のみが異なっている」という事実である。

「不定詞と1人称・2人称複数のみが異なっている」というのはこの2語に限られてはいない。カタロニア語「行く」（不定詞はanar）では vaig/vas/va/anem/aneu/van という活用である。不規則性のパターンはフランス語・イタリア語と同一で、古オック語もカタルーニャ語と同じである。

スペイン語・ポルトガル語・ガリシア語でも、「行く」のための動詞は不規則活用をする。不定詞はともに ir で、その現在形はスペイン語で voy/vas/va/vamos（古スペイン語 imos）/vais（同ides）/van でポルトガル語は vou/vais/vai/vamos/ides/vão となる。ガリシア語では、1人称単数が vou である他は古スペイン語と同一である。「行く」に関して以上の7言語のパターンの共通性は明白である。7言語以外では、「09321 ロマンチュ」における例文8に資料がある。

そもそも、「行く」という動詞はラテン語ではどのようなものだったのかというと、不定詞は ĪRE であり、現在形は EŌ/ĪS/IT/ĪMUS/ĪTIS/EUNT となる。これはラテン語の中でも非常に数の少ない不規則動詞の一つで、別の存在に置き換わられやすいものであったのである。だからそれは現在形においてはポルトガル語 ides 以外では消えているのであるが、活用の別の場所ではしたたかに生き延びている。

スペイン語、ポルトガル語では不定詞がそもそも ir であり、それにフランス語を加えた3言語の未来と条件法は ir- に一種の助動詞が張り付いたものである。また、スペイン語の線過去（ラテン語の不完了 imperfectum に相当）は iba/ibas/

323

08　第八章　形の変化 2　動詞

iba/íbamos/ibais/iban であってこれも ĪRE の不完了そのままである。ポルトガル語ではそれが ia/ias/ia/íamos/íeis/iam であって由来は同じである。

　フランス語 aller の場合、vais/vas/va etc. と allons/allez/allais etc. と irai/iras/ira etc. が一つの活用体系に収まっているのであるから、3 種の系統から成り立っていることになる。

　イタリア語では ĪRE 系統は入り込まず 2 種の系統で済まされている。カタルーニャ語 anar も基本的には同じ 2 種の系統から成り立っているのであるが、未来と条件法においてはフランス語と同じく ĪRE から作られた別形（未来 1 人称単数なら標準形 aniré と並ぶ iré）も文法的に許容される形であるとされている。

　ロマンス語動詞「行く」の活用形での i- で始まる形、v- で始まる形に関しては、その出所ははっきりしている。ラテン語には VADERE「歩く、急いで行く」があり、VADŌ/VADIS/VADIT/VADIMUS/VADITIS/VADUNT という活用をした（アクセントのある音節に下線を施しておく）。

　ところが a- で始まる形は何なのかと問い始めると迷路に入ることになる。

　フランス語 aller に関して言うと異論百出である。その語源に関する問いを「ロマンス語の語源で最も悪名高い問題」と称する人までいる。イタリア語 andare に関しても同様で、ボンファンテは「良く知られているように、文献録は巨大にのぼる」と証言していて、1907 年の段階で「真面目な」語源説が 27 種あったそうである（Bonfante 1, p.455）。カタルーニャ語 anar に関しても事情は変わらない。

　そこに単一の由来を見る立場からは、ラテン語には AMBULĀRE「歩く、散歩する」という由緒正しい動詞があり、そこに aller、andare、anar などの語源を求める説が結局多数派なのであると筆者は観察している。スペイン語とカタルーニャ語の膨大な語源辞典を書いたコロミナスがこの説を採っている。

　aller に関しては AMBULĀRE で良いが、andare、anar 系統には別の語源があるとし、それに *AMBITĀRE を想定する説もある。マイエル＝リュプケ はそう考えている。これは、ラテン語 ĪRE からの派生語である AMBĪRE が俗ラテン語的に *AMBITĀRE と形を変えてそれが語源となったと解釈するものである。-TĀRE という語尾で規則的活用をする派生動詞を生み出すこと、そしてそれが生命力強く後世にまで残ることは、「079 新語の形成」で既に述べた。CANERE「歌う」が CANTĀRE を生み出してそれが残っているのがその代表的例である。

　しかし、それ以外の語源を想定する説もあり、筆者としてそのどれに肩入れして良いものやら決断はできないし、それにこだわることに意義は感じない。たった一

324

つの動詞の語源に関しても甲論乙駁の歴史は存在するのだということ以上のことが知りたい人には、ボンファンテの書が一番詳しく解説している（Bonfante 1, pp. 455-461, 503-511）。

いずれにしても、以上の7言語で一つの動詞の現在形が少なくとも二つの語源から成り立っていることだけは分かる。ここまでは、how? を知る段階である。ここからは、1人称・2人称複数において異物が混入してきた理由を、why? を、問うことになるが、それは容易に解釈できるであろう。

ĪRE の現在形は EŌ/ĪS/IT etc. が使われなくなったのは、それが不規則動詞であったこと、形が短すぎて表現力に乏しかったことが挙げられる。それに代わって「急ぐ」という強い意味の語が入り込むことも理解できる。では、なぜ VADERE 形だけで一貫できなかったのか。それは、アクセントの位置のせいである。ラテン語 VADERE においては、1人称・2人称複数形だけがアクセントが語末から3番目にあった。これらの排除とは要するにアクセントパターンにおける不規則性の排除なのである。しかし終局的には、スペイン語とポルトガル語では VADERE 系統が戻って形の上での不規則性はなくなる。ポルトガル語の2人称複数形 ides（< ĪTIS）は事実上使われない形である。つまりこれもまた、遅ればせながらの不規則性の排除だったのである。

なお「行く」の動詞はレト・ロマン語でも独特の現れ方をしている。「09321 ロマンチュ」における8を参照。

0824　複数語源の混在3　―「ある/行く/来る」―

ロマンス語の「行く」のための動詞に関しては、また別の問題も見えてくる。それは、スペイン語とポルトガル語における「行く」と「ある」との交錯である。

スペイン語・ポルトガル語には andar「歩く、動く」があるが、それはイタリア語 andare の場合とは異なり ir の活用とは無関係である。その代わりに ir には、VADERE、ĪRE 以外の源から来た要素がその活用形に入り込んでくる。

スペイン語の例だけを書いておくと、いわゆる点過去（ラテン語の完了 perfectum）と接続法の1時制に fu- で始まる全く形の異なった語形が入り込んでくる。点過去は fui/fuiste/fue/fuimos/fuisteis/fueron であり、ポルトガル語でも基本的に同じである。

そして、それらの形は別動詞である ser（英語の be 動詞に相当する）においても同じく現れるのである。言い換えると、スペイン語・ポルトガル語では「〜で

325

08　第八章　形の変化2　動詞

あった」と「行った」が同形だということである。

　元来は“I was”の意味であった FUĪ が“I went”の意味をも取るように変化していくこと（フランス語やイタリア語やカタルーニャ語では起こらなかった現象）がスペイン語とポルトガル語では中世以来起こっている。ガリシア語でも同じである。

　この一見不可思議に見える歴史的推移について諸家は特に注意を払ってはいないようである。マイエル＝リュプケにしてもメネンデス＝ピダルにしても他の誰の書にしても、このことに関する意味的な説明はまだ目にしていない。

　ただ分かることは、元来が ESSE の活用の一部であった要素が「来る、行く」の意味と交差する現象は既にラテン語時代にあった、ということである。

　そもそもキケロが“ad me …… Dionysius fuit”なる文を書いている（『アッティクスへの手紙』10.16）し、1 世紀の作『サテュリコン』42には「私は行った」がfui で表されている。

　このような経緯と歴史的に関連しているのか筆者には説明はできないのであるが、ロマンス語においては、「来る、行く」と「ある」の動詞との交錯が存在する。それは、「来る、行く」の意味の動詞が受動態構文において本来の意味を失った単なる助動詞として、ESSE の子孫と同じ役割をも担うことである。ESSE を用いた助動詞受動態については、「0836 新しい受動態」で詳述する。

　イタリア語においては、venire と andare が受動態のための助動詞として使われうる。“la finestra è chiusa”が受動態的な「窓は閉められる」の他に「窓は閉まっている」という状態の意味にも取られるのに対して“la finestra viene chiusa”は純粋に受動態構文である。ブルシエは、『キロンの獣医学書』（03323 『キロンの獣医学書』参照）にある“Si iumentum de via coactum veniet”を引用して、400年頃にはこのような現象が始まっていただろうと推測している（Bourciez 1, §245）。andare は venire ほど多くは使われないが“va fatto cosí”「こんな風になされなければならぬ」のごとくに特定の意味のためには受動態の助動詞となりうる（Lepschy, pp.141-142）。いずれの場合でも、venire と andare 本来の動作の意味合いは消えている。

　「来る、行く」の受動態助動詞化はイタリア語において特に頻繁に見られる現象であるように思われるが、スペイン語、ポルトガル語、カタルーニャ語にも同様な構文は見られる。

　スペイン語では、ir や venir の他に andar「歩く、動く」も同様の助動詞として

326

使われる（Esbozo, §§3.3.5）。これはイタリア語 andare と同様に出所に関して定説と言えるものがまだ現れない語なのであるがスペイン語では完全に独立した動詞である。イタリア語の場合とは異なって andar が ir から独立した動詞として定着したことは、やはりイタリア語（そしてフランス語、カタルーニャ語）とは異なって estar が ser とは別の動詞として分離独立したことと平行的現象である。

その点はポルトガル語も同じで、andar は「歩く」の意味の独立した動詞である。しかも一部不規則な変化をするスペイン語のそれとは異なり、完全に規則変化動詞として定着までしている。ポルトガル語でも ir, vir は受動態助動詞となりうる。ただし andar に関しては筆者は確かめてはいない。筆者が参照した最大のポルトガル語文法書（Vásquez & Mendes da Luz）でも受動態助動詞に関しては ser と estar しか述べていない。

0825 ロマンス語起動動詞

今まで触れてこなかった問題がある。それは、たとえばイタリア語の -ire動詞における2種類の活用である。その中での少数派である partire は parto/parti/parte/partiamo/partite/partono という活用であるが、大多数の -ire 動詞は finire を例に取ると finisco/finisci/finisce/finiamo/finite/finiscono である。つまり、単数のすべての人称と複数3人称には語幹と語尾の中間に -sc- という要素が挿入されるのである。

このパターンはカタルーニャ語とルーマニア語でも同じである。カタルーニャ語では -eixo/-eixes/-eix/-im/-iu/-eixen という語尾、ルーマニア語なら -esc/eşti/-eşte/-im/-iţi/-esc である。

これがフランス語になると、一見逆のパターンとなる。-ir 動詞の多数派は、je finis/tu finis/il finit/nous finissons/vous finissez/ils finissent のごとくになるからである。

スペイン語で特徴的なのは、-cer の語尾を持ち -zco/-ces/-ce/-cemos/-céis/-cen の活用をする動詞の増殖である。conocer、crecer、nacer などはラテン語で -SCERE の語尾を持つ動詞の子孫であるが、それに加えて、fenecer、establecer、permanecer、padecer など、元来が別系統の動詞がそこに同化している。OFFERRE > ofrir > ofrecer、FALLERE > fallir > fallecer のごとくにスペイン語の歴史内でその変遷がたどられるものもあるし、guarnir と guarnecer のようにゲルマン語起源でありながらスペイン語に入り、両形がともに使われている例もある。

327

08 第八章 形の変化2 動詞

ポルトガル語でも事情は殆ど変わらないが、語尾は -scer と -cer の2種に分かれる。そして、その語形の増殖性はスペイン語に比べると格段に弱い印象である。

これらに見られた -ss-、-sc-、-c- などは直説法のみならず接続法現在にも現れる挿入要素であるのだが、それらの由来に関してはラテン語の起動相動詞に現れる -SC- が起源であることは間違いがない。

起動相とはラテン語動詞にあった「相」の一種である。動詞には、過去・現在・未来の区別を言う「時制」という文法範疇の他にそれが動作の継続を示すのか、完了を示すのかといった「相（アスペクト）」という文法範疇もありうる。ラテン語には動作の起点を示す「起動相」があり、そのための接中辞が -SC- であった（RUBĒRE「赤い」に対する RUBESCERE「赤くなる」）。

この接中辞が、元来の意味的役割とは無関係に通常の -ire動詞系の活用に頻繁に現れるようになったのは、すべてのロマンス語の動詞の歴史を特徴づける現象である。この類の動詞を便宜上「ロマンス語起動動詞」と名づけておくことにする。

ロマンス語起動動詞が発生した歴史的経緯についてはいくつか異なった学説が唱えられている。

マイエル＝リュプケやエルコックは、ラテン語第四活用動詞のアクセント位置のばらつきを回避するための変化が起こったと考える。つまり、FĪNIŌ と FĪNĪMUS とではアクセント位置が異なるが、単数を FĪNISCŌ とすることで、等しくアクセントを末から2番目に統一させたとみなすのである（Meyer-Lübke 3, §§199-200、Elcock, pp.126-127, 136-138）。

グランジェントとヴェーネーネンは、文法学者が後期のラテン語についてしている記述の中にその起源を見ようとする。誤ったラテン語として、本来別であるべき -ESCERE の語尾と -ISCERE との混同があることが報告されている。両者の混同の結果、第四活用の -ĪRE動詞に -SC- の要素が導入されたと想定するのである（Grandgent, §§413-415、Väänänen 1, §316）。

ブルシエは完全に別の説で、起動相の観念が薄れ、スペイン語・ポルトガル語以外では -ĒRE動詞と -ESCERE動詞とが混交して -ESCŌ/-ESCIS/-ESCIT/-ĒMUS/-ĒTIS/-ESCUNT という活用語尾パターンが成立したことがロマンス語起動動詞が生まれる最初の動機であるとする（Bourciez 1, §§85-86, 207, 293）。

ラウスベルクの理論が最も精緻に作られていると思われる（Lauberg 3, §§919-923）。彼が例として用いる動詞は FLŌRĒRE で、それを用いて解説すると、FLŌREŌ が yod効果の結果 *FLŌRYŌとなり、*FLŌRĪRE という形式が成立する。

328

この *FLŌRĒRE と FLŌRESCERE とが混交して -ESCŌ/-ESCIS/-ESCIT/-ĪMUS/-ĪTIS/-ESCUN̰T というパターンが生まれたと言うのである。

　これらの説はすべて、ロマンス語起動動詞誕生の最初の動機を第四活用の音韻変化に見るか、あるいは第二活用と第三活用動詞に起こった変化に見ている。

　筆者はそのすべてに反対で、ロマンス語起動動詞はラテン語起動動詞の一種の延長であり、それが増殖的性格を持つようになった結果、別の活用の、特に第四活用の動詞をもそこに引き込んだものなのであると考えている。

　それについての筆者の論文は既に発表されていて（小林1、小林2）、その英語版はアメリカの権威あるロマンス語学雑誌にも掲載されている（Kobayashi）のであるが、その要約を書くことにする。

　第1段階として、ラテン語起動動詞においてアクセント位置の一元化が生じる。
　　-ESCO/-ESCIS/-ESCIT/-ESCIMUS/-ESCITIS/-ESCUNT　→
　　-ESCO/-ESCIS/-ESCIT/-ESCIMUS/-ESCITIS/-ESCUNT
つまり、アクセントはすべて語末から2番目の位置に置かれる平準化が起こったのである。

　第2段階では、その起動動詞に二つの異なった発展がある。スペイン語・ポルトガル語は保守グループであり、その他の言語にはある革新が生じる。
　　保守グループ；-esco/-esces/-escet/-escemus/escetis/-escent
　　革新グループ；-esco/-esces/-escet/-imus/-itis/-escunt
革新グループにおいては語尾をすべて2音節にまとめる「平準化」が生じたのである。保守グループは、多くの動詞をその活用に取り込むことはあってもそれ以上の形の変化に生じさせない。

　第3段階に、革新グループにおいてラテン語第四活用動詞の多くがこの新しい活用形式に入り込むことである。フランス語 finir のような動詞が起動活用するようになったのにこの段階からである。

　あまり認識されていないのであるが、ロマンス語のすべてで起動活用をする第四活用動詞というものは存在しない。だから、finir の活用をラテン語 FĪNĪRE の FĪNIŌ/FĪNĪS/FĪNIT/FĪNĪMUS/FĪNĪTIS/FĪNIUNT と対照させ、そこに FĪNISCŌ/FĪNISCIS/FĪNISCIT/FĪNISCIMUS/FĪNISCITIS/FĪNISCUNT という過程的段階を想定する説明（Anglade, p.107）は、ロマンス語学としての立場からは真に正確とは言えないのである。

08　第八章　形の変化2　動詞

　最後の第4段階では、革新グループの中心部（古オック語、フランス語、イタリア語、そしてレト・ロマン語の一部）において -isco/-iscis/-iscit/-imus/-itis/-iscunt への変化が起こる。フランス語においては平準化への圧力が特に強く、-ss- は現在直説法、接続法、半過去、命令形、現在分詞にまで進出することになった。

　これ以上の詳しいことについては、上記の小林論文を参照していただきたい。

083　ロマンス語的動詞組織

0831　複合時制の誕生
　既に述べたように、ラテン語形がそのまま連続してロマンス語へと伝わったのは、直説法のうちの現在、不完了（imperfectum）、完了（perfectum）と、接続法現在の4時制のみである。これらのうち、直説法現在、不完了（imperfectum）、接続法現在については、取り立てて言うべきことはない。要するに音韻変化は生じたが意味的変化は最小限であった。
　しかし、直説法完了（perfectum）に関してはその意味に大きな変化が生じている。それと意味的に競合する別の時制がすべての主要ロマンス語で新たに出現したからである。
　ラテン語の完了（perfectum）は、時制としての「過去」を表す他にアスペクトとしての「完了」をも表す二重の役割を持っていた。それは実例を見ると良く分かる。前2世紀に作られたと思われるある女への墓碑銘において、墓石自身が述べる形のその文は彼女の美点を "domum servavit, lanam fecit"「彼女は家を守った、機を織った」と述べた後に "dixi, abi"「これで終わりだ、立ち去りたまえ」で結ばれている。最初の二つの完了形（perfectum）は過去を意味するが三つ目 dixi は「私は言い終わった」なのである。
　ロマンス語ではおおむね過去と完了の二つの役割は分離され、完了のためには助動詞と過去分詞（ラテン語の完了分詞）とを組み合わせる文型が新たにできあがった。
　「総合的」から「分析的」への全体的変化が動詞組織にも及び、複合時制の誕生という結果を生んだのである。過去なり未来なりの時制を表すためにはラテン語では単語の形を変えることで、具体的には語尾変化で済んだのであるが、ロマンス語では多くの場合別の独立した単語を補助的に用いることが必要になった。

330

そのための単語の代表的例が HABĒRE である。元来は「持つ」という意味の通常の動詞が、その固有の意味を失い他の動詞の意味を補充するための、一段身を落とす役割をも持たされるようになった。

言い換えるとそれは、「助動詞」というラテン語文法にはなかった新しい品詞の誕生でもある。フランス語 avoir は動詞と助動詞の両方の役割を保持している。イタリア語 avere も同様。一方スペイン語では haber は助動詞化してしまい、「持つ」という一般動詞としては tener（< TENĒRE）にその位置を譲ってしまっている。カタルーニャ語 haver、ルーマニア語 avea の場合は、助動詞として使われる場合と一般動詞としてでは異なった活用形が存在している。カタルーニャ語では「持つ」の意味では tenir がもっぱら使われるのであるが。ポルトガル語はさらに進んで同語源の ter が動詞としても助動詞としても HABĒRE系を追い出した。

ロマンス語の助動詞的表現は、時制と態に現れる。過去・未来のための助動詞に使われたのは HABĒRE、ESSE、TENĒRE である。受動態のためには主に ESSE である。

助動詞の誕生は、ロマンス語の動詞組織の再編成という結果を生んだ。ラテン語の時制でそのまま形式が存続しなかった直説法未来、未来完了、過去完了（plus-quamperfectum）、接続法不完了（imperfectum）、完了（perfectum）、過去完了（plusquamperfectum）では別の形が作られるか、存続してもその用法を変えた。さらにまた、ラテン語には存在しなかった時制のための形も新たに作られた。

時制組織の再編成の結果、動詞の活用体系には新しい名称が必要となった。厄介なことにはその名称が言語ごとに、また文法学者ごとに、そして日本語訳においてはさらに、不統一なのである。これはある意味ではやむをえないことである。今まで「時制」という用語を用いたときにも、それは必ずしも「現在／過去」などの時間に関する概念以外の「継続／完了」に関わるアスペクト概念もそこに関わっていた。ラテン語では両者の関係は比較的単純に説明できたが、ロマンス語においては語構成が平行的であろうとも言語ごとに両者の意味関係は異なる。だから言語を超えて共通の名称を強制することは無理なのである。

本来的には言語ごとにその時制の名称とそれの意味するところを説明しなければならぬであろうが、そのすべてを紹介することは紙面を取りすぎる無用の業であり、その一部だけを述べることに限らざるをえない。それ以上は各言語の記述文法に任せる他はないであろう。

08 第八章 形の変化 2 動詞

0832 新しい完了時制

新たに誕生した時制とアスペクトで最も重大な役割を持つものは、助動詞現在形＋過去分詞（ラテン語の完了分詞）で作られる新形式である。これはサルディニア語を含むすべてのロマンス語に見られて、明らかにこの形式の誕生が他の複合的時制の形成への原動力となったのであった。

FĒCIT「彼/彼女は作った」に対応する文として、スペイン語なら "Hizo" と並んで "Ha hecho" が、フランス語なら "Il fit" と並んで "Il a fait" が、ルーマニア語なら "Făcu" と並んで "A făcut" が存在する。

第一のものは FĒCIT が音韻変化なり類推変化なりを蒙った結果存在している形、第二のものは HABET FACTUM に類する表現がやはり同様の変化を蒙った形で、これはカタルーニャ語やイタリア語でも同じことである。ポルトガル語のみが助動詞としては ter（< TENĒRE）を用いる。

この両者の使い分けは言語によっては重要な事柄であるのに、その名称、使用頻度、意味の差異、は実にばらばらである。

フランス語の場合、(1) ラテン語完了（perfectum）からの直接の子孫 "Il fit" には passé simple の名称が、新たに生じた (2) 分析的表現 "Il a fait" には passé composé の名称が固定していて、日本語ではそれぞれに単純過去、複合過去という訳があり、別訳は見ていない。この名称は形の成り立ちだけから付けられていて、それが表す意味については無視している。その無視具合が徹底的で、その分日本語への訳にも迷いは不要なのである。

本書においては言語に関わらず (1) を単純形、(2) を複合形と呼ぶことにする。

スペイン語ではどうか。単純形 "Hizo" は、スペイン王立アカデミー（Real Academia Española）編纂の文法書（本書での略称は Esbozo）においては pretérito perfecto simple という名称であるが、これには pretérito indefinido を初めとして pretérito absoluto、あるいは pasado simple などといった名称も付けられている。複合形 "Ha hecho" は王立アカデミーの書では pretérito perfecto compuesto であるが、単なる pretérito perfecto も見る。pretérito perfecto simple の例に見られる通り、ここには形の成り立ちだけではなくその意味までをも名称に含めようとする努力があり、その分複雑になって別名称の余地も出てくるのである。それが日本語名称にも現れて、前者には点過去や過去という名称が、後者には現在完了や完了過去などと、仕方がないことだが統一はされていない。点過去という名称がいつ誰によって広められたのかには筆者は無知であるが、これはラテン語不完

了（imperfectum）からの子孫である形を線過去としたこととセットの名称である。

イタリア語では単純形 は passato remoto で、複合形 は passato prossimo という意味的名称が一般的であろうと判断するが、前者を passato storico とか perfetto semplice とする書もあるし、後者には perfetto composto なる名称も見られる。手元にある日本語学習書ではそれぞれ遠過去と近過去である。

フランス語学習者は、単純過去は口語では用いられず複合過去の時制のみが使われることを教えられる。一方スペイン語学習者は 単純形も複合形も両方が重要であってその使い分けを教えられることになる。イタリア語、ポルトガル語、そして学習者は少ないがオック語も、二つの時制を使い分ける言語である。言い換えるなら、ラテン語完了（perfectum）の形はこの4言語でしか口語表現では生き残っていない。

他の言語では、元来は「現在において完了している動作、状態」のためのものであったロマンス語複合形が、単純形を追い出してその役を奪ってしまった。単純形は、クヌード・トグビーの表現を借りると、「北イタリア方言では1300年頃に、レト・ロマン語とカタルーニャ語では1400年頃に、サルディニア語では1500年頃に、フランス語では1700年頃に、ルーマニア語では1800年頃に、事実上消失した」のである（Trends 1, pp.142-143）。

ただし、カタルーニャ語においては異なった事情がある。それは単純形を単なる文語表現に押し込めてしまってはいるが、それに代わる別の複合形を作り出しているからである。これを第二複合形と呼ぶとするが、それはフランス語 aller「行く」に相当する動詞 anar を助動詞として用い、それに不定詞形を後続させることによってスペイン語における単純形とほぼ等しい役割を与えている。スペイン語 "Hizo" は "Va fer" であり、"Ha hecho" は "Ha fet" である。

このカタルーニャ語式複合完了形は、中世においてはフランス語、スペイン語にも存在していたものであった。それが歴史の中で淘汰され、カタルーニャ語においてのみ残って日常的表現の中にしっかりと構造化されたのであった。

ラテン語の「彼女は機を織った」"Lanam fecit" はフランス語の同義文では "Elle a fait laine" となろう。それをまた逐語的にラテン語に直すと "HABET FACTAM LĀNAM" になる。ラテン語でもこの文型は可能である。しかし意味は異なる。つまり「彼女は（他人によって既に）織られた布地を持つ」であって時制は現在であり、ただ分詞の中にのみ過去性が存在しているだけである。そして当然、目的語で

08 第八章 形の変化2 動詞

ある名詞と完了分詞の性・数・格は一致している。

そこから一種の文法化が始まった。まず、動詞の主語と分詞の主語との同一化が起こり、動詞と分詞が一体化されて動詞句へと性質を変える。動詞の助動詞化である。すると元来他動詞に限られて受動の意味を持っていた分詞が能動へと意味を変化させる。新しい時制の誕生である。そうなると助動詞＋分詞の動詞句は自動詞にも適用されるようになる。

HABĒRE の助動詞化が進むと、分詞と目的語との性・数の一致原則が揺らぎ出す。

古フランス語の例では、11世紀の『ローランの歌』において、語順と一致原則との関係がかなりあらわに見える。助動詞—目的語—分詞の場合には殆ど常に一致する。目的語—助動詞—分詞の場合なら一致は約4分の3になる。そして助動詞—分詞—目的語の場合なら一致、不一致はほぼ半々ずつである（Anglade, pp.196-198）。

その後助動詞が最初に来る語順が固定したが、目的語が分詞の前に置かれる文型においてのみは一致させることがほぼ原則となり、それが現代へと続いている。

イタリア語でも事情はほぼ同じである。一方スペイン語では、HABĒRE の助動詞化は完璧で、目的語に応じた分詞の性・数の変化はない。

フランス語とイタリア語（そしてオック語、レト・ロマン語、サルディニア語においても）では、複合形の助動詞として HABĒRE の他に ESSE も存在している。

助動詞としての ESSE の用法はラテン語時代においては "AMĀTUS EST"「彼は愛された」のような受動態完了（perfectum）と、"LOCŪTUS EST"「彼は話した」のような形式受動態動詞の完了（perfectum）に存在していた。

それが能動態複合形の要素としてロマンス語統語法に組み入れられる要因をテカヴチクは三つに整理している。第一は形式受動態動詞完了（perfectum）の形式が既に存在していたこと、第二は HABĒRE による複合形との平行性、第三は構造上の空白を埋める動きである。つまり、ESSE＋未来分詞、ESSE＋現在分詞という組み合わせがありながら ESSE＋完了分詞の組み合わせは不在であったから、それを埋めることで形式の整合性ができあがったと言うのである（Tekavčić, p.231）。

テカヴチクは ESSE複合形の存在を上記5言語のみであると断定しているのであるが、スペイン語、ポルトガル語、ルーマニア語にも元来は存在したのに中世においてHABĒRE に統一されたとの記述もある（Trends 1, pp.147-148、Posner 1,

334

p.16）。ただし筆者はその実例の存在は見ていない。

　ESSE を必要とする少数の動詞は、たとえばフランス語では「行く、来る、生まれる、死ぬ、入る、出る」などでイタリア語でも似通ってはいるのだが、必ずしも一致しない。そもそも最重要な動詞 être/essere の場合で異なっている（"J'ai été" に対して "Sono stato"）。また、フランス語なら avoir を使う通常の動詞 réussir「成功する」に相当するイタリア語 riuscire は essere を必要とするだろう。現在の助動詞の用法が確定したのはそれほど古い時代ではないし、これから変動する可能性もある。フランス語の現代口語では、複合過去には être を排除して avoir を用いる傾向が生じている。

　両者の選択の問題は、ポズナーによると「ロマンス語学者の好奇心をかき立て続けた問題」だそうである。その使い分けに動詞の意味的な要因を見ようとする議論は、いかにも文法理論研究者にとっての格好の主題ではあろうが、結局は承認されないようである（Posner 1, pp.5-16）。

0833　時制の再編成

　完了不定詞、直説法未来、未来完了、過去完了（plusquamperfectum）、接続法不完了（imperfectum）、完了（perfectum）、過去完了（plusquamperfectum）ではラテン語での形は廃止されて別の形が作られるか、存続してもその用法を変えた。

　完全に消えたのは完了不定詞と未来形である。

　AMĀVISSE のように直説法完了（perfectum）から作られる形は完全に消え、複合形に取って代わられた。

　未来では、AMĀBIT や HABĒBIT のような ［b］を媒介とする形成も REGET や AUDIET のような母音変化による形成も廃止された。結果的にロマンス語の未来には助動詞的要素を用いる新しい形が生じたのである。未来については、同じく消えた未来完了とともに後でまとめて扱う。

　元来の形が消失したと言って良いのは、接続法不完了（imperfectum）の場合であろう。それは、「歌う」CANTĀRE を例に取るなら、CANTĀREM/CANTĀRĒS/CANTĀRET etc. の形であった。これが現代にまで残されているのは、ロマンス語の中で最も古形を保っているサルディニア語のログドーロ方言のみである（金澤、p.176-177）。ただし、ポルトガル語を特徴づける要素の一つである「人称不定詞」の起源をこの時制に結び付ける説があることは確認しておく。

　直説法未来完了（CANTĀVERŌ/CANTĀVERIS/CANTĀVERIT etc.）と接続法

完了（perfectum）（CANTĀVERIM/CANTĀVERIS/CANTĀVERIT etc.）の場合は、ある痕跡を残す消え方をした。これは、「接続法未来」というこれもポルトガル語を特徴づける時制の起源なのである。スペイン語では、接続法未来は活用体系に一応残っていても用法は極めて限定されている（Alvar & Pottier, §176）。

なお、CANTĀVERIM などにおける -VE- は、次に述べる直説法過去完了（plusquamperfectum）CANTĀVERAM や接続法過去完了（plusquamperfectum）CANTĀVISSEM などにおける -VE-/-VI- と同様にラテン語の時代から多く省略されて使われていた。

時制消失の跡を埋めるためにいくつかの現象が生じた。

ラテン語にあったある時制を横滑りさせて別の時制に転用（catachresis）する例がまずある。接続法不完了（imperfectum）のためにはラテン語接続法過去完了（CANTĀVISSEM/CANTĀVISSĒS/CANTĀVISSET etc.）が使われるようになった。ただしフランス語ではこの時制は口語や普通の文章には使われないし、ルーマニア語においてはこの時制自体が統語法から脱落している。

もっと多いのが、助動詞による新しい複合形の形成から波及した、助動詞の時制を変えることで別の時制を作り出すやり方である。

使われた助動詞の形は、既に述べた複合時制の場合も含めて整理すると、(1) 不定詞、(2) 直説法現在、(3) 直説法不完了（imperfectum）、(4) 直説法完了（perfectum）、(5) 直説法未来、(6) 接続法現在、(7) 接続法不完了（imperfectum）である。

それが生み出した結果は、ポルトガル語とルーマニア語以外では、不思議に思えるほど共通で同性質である。その実例を「歌う」の1人称単数に相当する語句をスペイン語で示し、それとラテン語との関連を述べておく。

助動詞形	スペイン語の例	ラテン語で該当する形
(1) 不定詞	"haber cantado"	完了不定詞 CANTĀVISSE
(2) 直説法現在	"he cantado"	該当形なし
(3) 直説法不完了	"había cantado"	直説法過去完了 CANTĀVERAM
(4) 直説法完了	"hube cantado"	該当なし
(5) 直説法未来	"habré cantado"	直説法未来完了 CANTĀVERŌ
(6) 接続法現在	"haya cantado"	接続法完了 CANTĀVERIM

（7）接続法不完了　"hubiese cantado"　　接続法過去完了 CANTĀVISSEM

　繰り返しになるが、（1）～（7）はカタルーニャ語、フランス語、イタリア語においても全く平行的である。そのような文法構造が成立した過程に関心が湧く。しかし、筆者の力量においてはこの現象に関してこれら4言語の全歴史的過程を追っていくことはできないのである。

　（4）はラテン語形に置き換わるのではなく（2）と並んで新たに作られたもう一つの形である。これはフランス語では passé antérieur で他言語でもほぼ同じであり、日本語では「前過去」である。ロマンス語は、時制に関してはラテン語より精緻な構造を作ったのであると言える。

　この4言語連合以外ではどうなっているのか。
　ポルトガル語においては、（1）、（2）、（5）、（6）、（7）は共通である（それぞれ、ter、tinho、terei、tenha、tivesse cantado）。（3）は一応は存在する（tinha cantado）が同時にラテン語形からの連続も残っている（cantara < CANTĀVERAM）。（4）は少し異なっていて、完了（perfectum）形ではなくて過去完了（plusquamperfectum）形が使われる（tivera cantado）。
　ルーマニア語においては、（2）は共通である（am cântat）。（3）に関連する時制は、既に述べた通りラテン語接続法過去完了（plusquamperfectum）が横滑りしている（câ⸗tasem < CANTĀVISSEM）。しかし同時に複合形も存在している（am fost cântat）。（4）に該当するものは存在しない。その他は全く別種の構造を持つ。助動詞としては ESSE に該当する fi（< FIERĪ）が使われるのである。（1）は（a fi cântat）、（5）は（voi fi cântat）、（6）は（să fi cântat）。（7）に該当するものは一応存在する（să fi fost cântat）が殆ど使われない。a は不定詞を導く英語の to に相当する語、să は接続法節を導く接続詞、fost は fi の過去分詞である。（5）については、次節「新しい未来形の誕生」を参照。

0834　新しい未来形の誕生

08341　ラテン語の未来
　ロマンス語は語尾変化による未来形を消失させ、助動詞を用いる新しい形式を登場させた。変化を起こさせた主たる原因は音韻的条件なのであるが、それを説明す

08　第八章　形の変化2　動詞

る前にもっと根本的な事情について書いておきたい。それは時制組織における未来の不確定性である。

　メイエが「未来は主観的である」と一言で要約しているように、まだ生じていない先における動作や状態を単に「時間」の概念のみで表すことはできないのである。結局それは、「こうするぞ」という意志であったり、「こうなってほしい」という願望であったり、「こうなるであろう」という予測であったり、「こうなるべきだ」という指示を示すなどの一つであって、「時制」tense よりは「法」mood の範疇に近い。結果として、印欧語は未来をそれぞれが別々に作り出している。

　英語もドイツ語も、最初期には独立した未来時制の形を持たなかったのに、その後助動詞（will、shall、werden）を用いることでそれを作り出した。英語は「〜を欲する」と「〜しなければならぬ」が、ドイツ語は「〜になる」が元来の意味である。現代の英語で shall の用法が多く will に置き換えられていることは、未来の形式の不確定性を良く示している。

　ラテン語、ギリシア語、サンスクリットはその文法において助動詞を使わずして「未来」を時制の範疇に入れている。しかしその形の起源を見るならばそれは接続法なり、願望法なりの「法」に由来しているのである。

　さらにまたラテン語の場合、第一・第二活用と第三・第四活用とではその形成法が異なる。前者は -BŌ、-BIS、-BIT etc. のように -b- という要素を介在させて作られる（AMŌ → AMĀBŌ）が、後者は母音の変容によって表される（DĪCERE の現在形 DĪCŌ、DĪCIS、DĪCIT etc. に対する DĪCAM、DĪCĒS、DĪCET etc. のように）。

　平衡性を欠いた何かラテン語らしからぬこの活用の起源についてのエルヌーの説明を要約すると、後者は2種類あった古い接続法の一方が未来時制へと転用されたものであるのに対し、前者、第一・第二活用の場合は接続法を1種類しか持たなかったがゆえにそれを未来に転用することが不可能で、不完了（imperfectum）形（-BAM、-BĀS、-BAT etc.）に倣った -BŌ、-BIS、-BIT etc. が「一種偶然に」成立したのである。ESSE の不完了形 ERAM に対して未来形が ERŌ であることも -BAM 対 -BŌ の形式を後押した可能性があった（Ernout 1, pp.159-162）。

　ロマンス語はこの形式を完全に排除した。まず、AMĀBIT や HABĒBIT のような［b］を媒介とする形は、破裂音が摩擦音化すると完了（perfectum）形 AMĀVIT などと区別がつかなくなった。DĪCET や AUDIET のような母音変化による形成は接続法との区別が曖昧であった。古典的未来形を排除する、それ以外の圧力もある（Tekavčić, §608）。古典的未来の生命力が衰えたとき、それに取って

338

代わるべき時制形成法が模索される。その模索は実は古典ラテン語時代から始まっていた。それは何らかの助動詞的要素との組み合わせであり、そのために使われた語彙は実に様々でその実例はティールマンが丹念に収集している（Thielmann, pp.165-170）。

　ラテン語的未来形式が完全に退場し、ロマンス諸語がそれに取って代わるべき新しい形式を誕生させていることは、動詞全体の構造に関わる大問題とも言える。そのような現象をいかに説明すべきかについては当然既に多くの議論がなされているが、それらを詳しく紹介・検討する余地は本書にはない。知見を得るために一番入手しやすい資料は、翻訳が刊行されたコセリウの書である（Coseriu, 5.4）。

08342　HABĒRE未来

　結果的に、多くのロマンス語が採用したのが筆者が「HABĒRE未来」と名づける形式であった。つまり、不定詞形と「〜を持つ」の意味である HABĒRE を助動詞として併用することで未来時制とするのである。AMĀBIT は AMĀRE HABET に、DĪCET は DĪCERE HABET に置き換えられた。そして、それらが1語へと融合してしまったのである。フランス語における未来形、aimerai/aimeras/aimera etc. は、要するに不定詞 aimer に –ai/-as/-a/-ons/-ez/-ont が付加されて一体化したものであり、イタリア語、スペイン語、カタルーニャ語、オック語、ポルトガル語も事情は同じであって個々の言語で形が異なっているだけの話である。

　ただし、不定詞が前に来て助動詞が後に来る語順はある種の謎を含んでいる。ロマンス語では、助動詞的存在は語彙的動詞の前に置かれるのが普通だからである。ポズナーによるとこれは「言語学者の興味をそそり続けている問題」なのである。語順および活用語尾問題に関してはポズナー以外の記述も参考になる（Posner 1, pp.177-179、Lausberg, §§843-846、Meyer-Lübke 3, §§311-324）。

　興味深いことは、大多数のロマンス語で不定詞＋HABĒRE が未来時制として定着しているのにも関わらず、その起源においてはそれは時制ではなくやはり一種の法（mood）であったことである。

　不定詞と HABĒRE の組み合わせは、初めは「〜できる」の意味で現れて来る。キケロには、"habeo……dicere"「私は言える」という表現がある（『ロスキウス弁護』100）。このような場合、キケロでは使われる不定詞は DĪCERE に限られる。

　ギリシア語では「持つ」の意味の動詞＋不定詞で「できる」の意味にすることは可能であって、キケロのこの用法にギリシア語からの影響を見る見方もある。しか

339

し、ロマンス語との関わりにおいては、「HABĒRE未来」はギリシア語とは無関係であり、民衆的用法が変化した結果とする考えが支配的である。

後期ラテン語では、HABĒRE は DĪCERE 以外の動詞とも使われるようになり、現在形以外でも使われうる。オウィディウスに既に "plura quidem mandare tibi, si quaeris, habebam"「もしお前が求めるなら、託せるものはもっとあったのだが」という表現が現れる（『悲しみの歌』1）のであるが、テルトリアヌス（カルタゴ在住の教父。160-225）の著作には HABĒRE と不定詞の組み合わせはふんだんに用いられ、不定詞の種類にも制限はなくなる。ラテン語における HABĒRE ＋不定詞の用法については、ティールマンの論文がその最初期から最後期に至るまでを、筆記者の出身地にまで気を配る形で、懇切に実例を挙げて解説している（Thielmann）。

そこで分かることは、助動詞としての HABĒRE は可能性ではなく義務の意味でも使われることである。大セネカ（哲学者セネカの父）の『仮想弁論集』に "quid habui facere?"「私は何をすべきだった？」という表現が現れるのがその最初の例であるとされる。古典ラテン語ならそれは接続法不完了（imperfectum）を用いた "quid facerem?" であるはずである。

既に引用した842年とされる「ストラスブールの盟約」において saluarai, prindrai が現れるのが「HABĒRE未来」の最も早い文証なのであるが、この文脈においてその意味は未来であるよりは義務（〜でなければならぬ）の意味合いがはっきりしていることに注意せねばならない。

中世を通じて現代に至るまで、不定詞＋HABĒRE から来た形式は特に2人称においては「お前は〜せねばならぬ」の意味をも含意するし、「多分〜であろう」という推測の意味でもある。しかしともかくそれが、個々のロマンス語の文法体系において未来を示す時制へと制度化したのである。「法から時制」へというギリシア語やサンスクリットでも生じた印欧語的変化が、ロマンス語の歴史においてもまたもや繰り返されているのである。

付け加えなければならないが、ルーマニア語、サルディニア語、レト・ロマン語を除けば一見汎ロマンス語的現象に見える、「HABĒRE未来」が不定詞＋HABĒREから融合して1語化する過程も、必ずしも平行的に起こったとは言えないのである。

明瞭な事実は、ポルトガル語では HABĒRE の要素の独立性が生きていることで

ある。この言語では、代名詞目的語があるのならばそれは二つの要素の間に置かれるのが義務となっている。falar「話す」の未来形は falarei/falarás/falará etc. であるが、「彼は私に話すだろう」は Ele falar-me-á となるのである。そしてこの分離現象（tmesis）はイタリア語、スペイン語、カタルーニャ語、オック語においても古くは存在した。スペイン語では、17世紀に至るまで "hablar le has" のごとき文型（現代の文法では "le hablarás" に相当する）が承認されていた（Menéndez 2, §123）。これは、この後に述べる条件法の場合でも同じことである（Esbozo, §3-14-9）。

ただしフランス語においてだけは、その例が見当たらないのである。ここから、「HABĒRE未来」の１語化は最初にフランス語において起こった現象であってそれが中世にフランス語の威信ゆえに他の言語へと波及し文法化した、という説があることをポズナーは紹介している（Posner 1, p.179）。ルーマニア語やサルディニア語は、フランス語の威信が届かぬ範囲にあったであろうと言う。

08343　その他の未来

ルーマニア語の未来は独自である。口語的によく使われる未来は接続法を用いるもので、それにも２種類ある。一つは avea（< HABĒRE）の活用形に接続詞 sǎ ＋ 接続法を後置させる形、もう一つは不変化の小辞である o ＋ 接続法で未来とするのである。また、「～を欲する」の動詞 VELLE から変化した動詞 vrea の二つある活用形のうちの voi/vei/va etc. に不定詞を後続させる形式もある。しかしこれは文語的構文であるとされる。

サルディニア語に関しては、時制は現在と不完了（imperfectum）のみであって、未来形はない、という断言がまずある。そして、devere（< DĒBĒRE「～べきである」）＋不定詞とで未来は表現可能であるが、現在形も未来を指示しうるとある（Harris & Vincent, p.331, 334）。マイエル＝リュプケは未来に関しては HABĒRE 以外の助動詞には触れていないし、その他サルディニア語の文法に関する書物のどれをとっても、未来形についてこれ以上に明確に記述した個所は見つけることはできないでいる。

レト・ロマン語においては、HABĒRE を含む未来形は皆無ではないがイタリア語からの影響であると考えられている。その中のロマンチュでは、未来形は助動詞句 vegnir a（< VENĪRE AD）に不定詞を後続させる。この形式に関しては、ドイツ語の werden ＋不定詞の形式からの影響を考える説がある。

08　第八章　形の変化2　動詞

　確認しておかねばならぬのは、すべてのロマンス語において未来のためには別の
言い回しも確実に存在していること、さらにまたそれは HABĒRE 未来を浸食する
勢いでもあることである。

　まず、英語なら必ずや will を用いた形になるであろう文でも、ロマンス語なら
現在形で済ましてしまう例が多々ある。たとえば「彼は明日帰ってきます／すぐに
出かけます」というような比較的近い未来の動きを表す場合である。

　また、HABĒRE 以外の助動詞を用いた表現もある。中でも、「行く」の動詞を用
いた構文が広く見られる。「彼は話そうとしている」はフランス語 "Il va parler"、
スペイン語 "Va a hablar"、ポルトガル語 "Vai falar" である。不定詞の前の前置
詞の有無というばらつきは言語によってあるものの、口語的表現では未来はむしろ
この迂言的形式が1語化した未来形を置き換えていると言って良い。

　ただしカタルーニャ語では、"Va parlar" となると「彼は話した」であって、「行
く」anar は頻繁に使用される完了形を作る助動詞になっている。

0835　いわゆる「条件法」

　「HABĒRE未来」の誕生は、別の新しい活用の創造へと繋がった。未来のため
に HABĒRE の現在形が使えるのであれば、現在形以外でも時制を作りうることに
なる。そして実際、「HABĒRE未来」を持つ言語はすべて、もう一つ別の新しい形
式を HABĒRE の時制を変えることで作り出している。それは、ロールフスの表現
を借りると「形においても機能においてもラテン語のいかなる動詞形にも対応しな
いもの」である（Rohlfs 1, §677）。

　その新しい形式にはよく「条件法」という名称（英語での conditional mood）が
付けられている。法の概念については「動詞活用の全体像」で説明しておいたが、
この形式は時制と法との両方の役割を受け持っており、それを「法」の一つとする
ことには問題があると言える。しかし、ロマンス語全体を対象とした記述をする際
には、これに取って代わるべき名称は見つからない。そのために本書ではその名称
で扱うことにするのであるが、形式としてのそれに対しては「条件法」と括弧でく
くることにする。法（mood）の意味での条件法には括弧を付けない。

　イタリア語を除く他の言語では、使われたのは HABĒRE の不完了（imperfec-
tum）形（HABĒBAM/HABĒBĀS/HABĒBAT etc.）である。そしてそれらが音韻変
化・類推変化を経て動詞不定詞形と一体化するのは「HABĒRE 未来」の場合と同

342

じである。

スペイン語とフランス語の未来形と「条件法」とを対比させて掲げると以下のようになる。フランス語は16世紀以前の形と近代の形を並列させた。

スペイン語		フランス語	
未来	「条件法」	未来	「条件法」
cantaré	cantaría	chanterai	（chantereie） chanterais
cantarás	cantarías	chanteras	（chanereies） chanterais
cantará	cantaría	chantera	（chantereiet） chanterait
cantaremos	cantaríamos	chanterons	（chanteriiens） chanterions
cantaréis	cantaríais	chanterez	（chanteriiez） chanteriez
cantarán	cantarían	chanteront	（chantereient） chanteraient

一方イタリア語では完了（perfectum）形（HABUĪ/HABUISTĪ/HABUIT etc.）を用いたのであった。同様に未来形と「条件法」とを対比させて掲げると以下のようになる。

未来	「条件法」
canterò	canterei
canterai	canteresti
canterà	canterebbe
canteremo	canteremmo
canterete	cantereste
canteranno	canterebbero

ただし、このような条件法形はトスカナ方言を標準語とした結果固定化したものなのであって、その他の地方語では不完了（imperfectum）形を用いた canteria 式の語尾の「条件法」は存在しているし、ダンテにおいてもそれは見られる。この問題についてはロールフスに詳しい記述がある（Rohlfs 1, §§ 587-592）。

「条件法」には以上のような単純形に加えて、HABĒRE の「条件法」形＋過去分詞の複合形も必ず随伴している。スペイン語なら habría cantado/habrías cantado/habría cantado/habríamos cantado/habríais cantado/habrían cantado に

343

08　第八章　形の変化2　動詞

なる。この2形をそれぞれどう名づけるか、それも以下に述べる名称の問題とからまって単純ではない。本書では、単純形を「条件法現在」、複合形を「条件法過去」と呼ぶことにする。

　一般の文法書では、条件法という名称は通常に用いられているのであるが、それを言語学的な意味で「法」の一種とすべきかについては異論が多い。だから、その名称においても混乱が起こってくる。

　名称の不統一性は特にスペイン語学界において顕著である。それだけこの問題についての論争が多いからであろう。

　スペイン王立アカデミーの編纂になる現今の文法書では、condicional は「法」modo ではなく「時制」tiempo である。「法」は indicativo、subjuntivo、imperativo の3種類であり、condicional は indicativo にある5時制（presente、pretérito imperfecto、pretérito perfecto simple、futuro、condicional）の一つなのである（Esbozo, p.253）。

　Esbozo の記述はその1973年版からのもので、それ以前には同じ形に potencial という名称を与えて「法」の一つとしていて、これは日本語で可能法と訳されていた。詳しいことは調べてはいないのであるが、Esbozo では potencial とされるさらに前には接続法の一つとされていたと読んでいる。potencial は potencial simple、あるいは potencial imperfecto と呼ばれることもあった。しかし、indicativo の一つであると定義したとしても、condicional という名称を引き継ぐ限り日本語では条件法なる訳語しか作れないであろう。

　現代スペインの代表的言語学者の一人であるアラルコス＝リョラックはこの点では復古的であり、スペイン語の法を indicativo、potencial（これを condicionado とも名づける）、subjuntivo の3種類としている（Alarcos, §§216-218）。condicionado は明らかに新造語であり、それが日本のスペイン語学界でどう訳されているのかは筆者は知らない。

　現在よく使われる別の名称もある。時制の一つとしての pos-pretérito（またはpospretérito）である。これは過去未来と訳されている。また日本語の文法書で可能未来という用語を用いるものもある。それが何という原語に相当するのか筆者は厳密に確かめてはいないのだが、ヒリ・ガヤ（Samuel Gili Gaya）が使用する名称である futuro hipotético がそれに相当するのかもしれない。

　スペイン語におけるいくつかの異なった名称は、futuro hipotético 以外はポルト

344

ガル語文法においてもすべて現れている。

　イタリア語文法書の場合、筆者の知見の範囲ではテカヴチクが condizionale と並べて futuro del passato という名称を用いている（Tekavčić, §§618）だけで他には別の名称は承知していない。いずれにしてもその位置づけは一定ではない。ロールフスは condizionale を indicativo の中の1時制として扱っている（Rohlfs 1, §677）。しかし日本語文法書では条件法の名称以外目にしないし、もちろんイタリア語でも「法」を indicativo、congiuntivo、condizionale、imperativo の4種と記述する文法書はあるのである（Regula & Jernej, p.165）。

　フランス語、カタルーニャ語の場合はイタリア語とほぼ同様な状況であると考えて良いであろう。

　このように名称、定義が一定でない理由ははっきりとしていて、要するに二つの明白に異なった意味・用法があるからである。「条件法」は、ある場合では「時制」の一つとして働き、またある場合では明らかに「法」として働くのである。そしてそれは、同じ形式を受け継いだ上記ロマンス語すべてに共通する現象である。

08351　法としての「条件法」

　「条件法」の法としての働き、その典型は条件文の帰結節に現れることである。もちろんそれが、条件法という名称の起源となったのである。

　条件文とは「もしも〜なら（条件節 protasis）、〜であろう（帰結節 apodosis）」という形の文のことであるが、その「もし」の仮定の程度は様々である。ここで対象とするのは単なる論理的な仮定（「もし彼の説が正しければ」）や不確定の事柄の想定（「もし彼が道を誤るならば」）ではなく、現在の事実、あるいは過去の事実に反した仮定をした文を指している。

　現在の事実に反した仮定の場合なら、"Si tuviera/tuviese dinero, compraría esta casa"「もし金を持っているならこの家を買うのだが（金はないから買わない）」のように条件節は接続法不完了（imperfectum）であって、帰結節は「条件法現在」が使われる。この構成はイタリア語、ポルトガル語、カタルーニャ語でも共通である。ただしフランス語だけは条件節には直説法の不完了（imperfectum）を用いるのが規則である。

　過去の事実に反した仮定であったなら、"Si hubiera/hubiese tenido dinero, habría comprado esta casa" のように条件節には接続法過去完了（plusquamperfectum）を、帰結節には「条件法過去」を用いる。フランス語のみは条件節には直

345

08　第八章　形の変化2　動詞

説法過去完了（plusquamperfectum）を用いる。

　ラテン語の場合、同様の条件文には "Si haberem pecuniam, emerem hanc domum" のごとくに条件節にも帰結節にも接続法不完了（imperfectum）が使われたのであった。過去の事実に反した文であるなら、"Si habuissem pecuniam, emissem hanc domum" と接続法過去完了（plusquamperfectum）であった。

　ロマンス語でも、古い時代にはどの言語でもやはり条件節と帰結節双方に接続法が使われたのであった。ただし、接続法不完了は既に消えていたから過去完了が使われた。それが時代とともに現在見られるような用法に変わっている。

　非事実条件文における用法と繋がっているのが単文における「条件法」である。それは丁寧さ、婉曲、謙遜、あるいは反語のような語感を生み出すのに便利に使われる。自分の欲求を表現する際にもフランス語なら "je veux" ではなくて "je voudrais" を、イタリア語なら "voglio" ではなくて "vorrei" を、スペイン語なら "deseo" ではなくて "desearía" を用いるのが通常の表現である。

08352　時制としての「条件法」

　「条件法」は法とは無関係にある時制として働く。その意味は、「過去から見た未来」である。スペイン語で言うなら "Dijeron que volverían"「戻って来ると彼らは言った」のような文である。この場合、実際に彼らが帰って来たのか、まだ帰って来ないのか、まるで帰って来なかったのか、その区別にはこの形は影響されない。

　ロマンス語に新たに登場した「条件法」がどのような使われ方をするか、それを言語ごとに詳しく記述することは歴史言語学としてのロマンス語学には大きな意味を持たない。ここで扱うべき問題は、それがどのような経緯を経てできあがったか、そしてその形式が持つ「法として」と「時制として」の二つの異なった意味作用が、相互にどのような関係を持っているか、である。

　この問いのゆえに、「条件法」は新しい未来形式以上に関心を引き起こす。「HABĒRE未来」の誕生は1時制の形が別の形で置き換えられただけだ、と言ってもかまわないのである。一方「条件法」にはそれよりは複雑な文法事項がからんでくる。

　条件文の帰結節において、元来は接続法であったものが「条件法」に置き換えられた経緯がまずある。それはいかにして生じたのであるか。

　スペイン語の場合の歴史的経緯については、ペニーの記述を大幅に省略して説明

する（Penny, pp.201-207）。

　まず民衆のラテン語の条件文では、それが現在の事実に関わろうと過去の事実に関わろうと区別がなくなり、また非事実の仮定なのか単に「ありそうもないこと」の仮定なのかの区別もなくなり、条件節・帰結節ともに接続法過去完了（plus-quamperfectum）が使われるようになった。“Si potuisset, fecisset”が、「もしできるなら、するだろうに」と「もしできたなら、しただろうに」の両方を意味しえたということである。

　そこから、“Si potuisset, fecerat”という風に帰結節に直説法過去完了（plusquamperfectum）を用いる用法がスペイン語で始まる。それがスペイン語的音韻形態変化を蒙り、かつ目的語を後置させるとそれは“Si pudiese, fizieralo”になる。

　fizieralo と競合関係になったのが ferlo ia（< FACERE ILLUM HABĒBAT）である（綴りの母音には異同もあるが詳細は省略）。

　その後、条件節にも直説法過去完了（plusquamperfectum）を用いる用法が生じる。“Si pudiera, fizieralo”あるいは“Si pudiera, ferlo ia”が古スペイン語では最もよく使用された型であった。

　その後生じた現象は、「条件法」が帰結節に定着すること、目的語を前置すること、「非事実の仮定」と「ありそうもないことの仮定」を分けること、またそれが過去に関わるのか現在に関わるのかを峻別すること、である。そして結局、現代における用法が定まった。

　現在の「非事実の仮定」と、現在であれ過去であれ「ありそうもないことの仮定」は“Si pudiese/pudiera, lo haría”であり、過去の「非事実の仮定」は“Si hubiese/hubiera podido, lo habría（hubiera）hecho”となる。pudiese と pudiera、hubiese と hubiera の選択は語用論の問題である。

08353 「条件法」文成立の過程

　ペニーの理論では、「条件法」がなぜ、どのような経路で、条件文の用法のみならず間接話法中の時制の用法まで持っているのかには触れられていない。それが結果的に（eventually）、間接話法に取り入れられたと書くだけである（Penny, p. 145）。

　しかしながら、歴史言語学的観点からは、条件文における用法よりは間接話法に「条件法」が参加した事実の方が遥かに多くの関心を集める現象である。条件文の

08 第八章 形の変化 2 動詞

場合は、究極的に単純化するならば一つの形が別の形に置き換えられただけで構文の形式はラテン語そのままである。一方間接話法の場合はもっとずっと複雑である。ラテン語からロマンス語への変化における、語順の変化、接続詞の選択、不定詞構文の消失、新しい従属節の形成、といった項目が関わっているからである。

その中で、ロマンス語的変化として最も特徴的である「不定詞構文の消失」を見てみるのが良い。「戻って来ると彼らは言った」（スペイン語では "Dijeron que volverían"）はラテン語では "Se reventuros esse dixerunt" という構文になる。この間にあったはずの変化はどのような段階を追って生じたのか。

多少無謀とも思えるのであるが、それをここから筆者風に記述してみる。

最初に再確認すべきは、英語における "He said that......" という種類の構文、フランス語なら "Il a dit que......" となる文型は古典ラテン語では異例中の異例であり、同じ意味の文言は不定詞句でしか作られなかった、という事実である。

そのような文の典型的例は、キケロの作によく見える。彼の『アントニウス弾劾演説』から、記述を簡明にするために不要な要素を削って、引用する。主語はすべて Antonius である。

"Fabros se missurum et domum meam disturbaturum esse dixit"（5, 19）「彼（アントニウス）は、労務者を派遣して私（キケロ）の家を破壊するぞと言った」。

これは、従属句の意味上の主語（ここでは se「自分」）を対格にしてそれに不定詞を続けるラテン語的間接話法の実例である。不定詞はここでは未来不定詞であるが、それは定動詞より「以後」を表すからである。定動詞の時制自体には左右されず、それとの相対的関係が重要なのであるから、dixit が現在形の dicit であろうとも未来形の dicet であろうとも se missurum esse に変わりはない。

一方これはフランス語なら "Il a dit qu'il enverrait des ouvriers et ......" となり、従属節の時制は定動詞の時制に影響を受ける。

定動詞は「言う」には限らない。

"Antonius urbem se divisurum esse promisit"（4, 9）「アントニウスはローマ市を分割すると約束した」、

"Se ad urbem venturum esse minitatur"（3, 1）「彼は、自分がローマ市に来ると脅している」

そして、ここで使われるような未来不定詞（未来分詞 + ESSE）は、既に書いたように未来分詞が消失した結果存在しなくなったのである。このような文型はロマ

348

ンス語では完璧に消え去った。最後の文をフランス語に直すなら、"Il menace qu'il viendra à Rome lui-même" というような文になるであろう。

"Il menace qu'il viendra" をラテン語に逐語的に置き換えると、"Minitatur quod venire habet" となるであろう。そこから全体を図式化すると、

（1）"Se venturum esse minitatur" → （2）"Minitatur quod venire habet" → （3）"Il menace qu'il viendra"

という歴史的経過が見えてくる。

（2）→（3）の変移に見られるのは要するに語彙の変化だけである。節を導く接続詞 quod は後期ラテン語では quid に、そして民衆ラテン語では quia に変わっていたのであった。ここに「HABĒRE未来」の誕生の経緯が良く見られるのであるが、この新しい現象こそが、「条件法」の時制としての用法のいわば「親」なのである。

（1）→（2）の間には、動詞が最後に来る OV型言語ラテン語から VO型への変化がまずあり、さらに間接話法に接続詞 quod/quia を用いる構文への転換があった。

既に１世紀の人ペトロニウスの『サテュリコン』には "Dixi quia mustella comedit"（46）「（それは）鼬が喰ったのだと私は言ってやった」という文があった。ここでは従属節の時制は過去である。従属節に未来が来る文としては、ラテン語訳聖書 Vulgata に "Dico tibi quia……ter me negaturus es"（Marco, 14-30）「お前に言っておく。お前は三度私を否定するであろう」がある。

このイエスの言葉の構成をキケロの文の例に移し替えるなら、（2）"Minitatur quod venire habet" の前に（1b）"Minitatur quod/quia venturus est" が想定されるのである。

では、定動詞が過去であったらどうなるのか。従属節中の時制にも過去への平行移動が生じた、と想定される。「想定される」としか言えないのは、筆者の知る限り現実の資料でそれを例証することはできていないからである。

想定される平行移動とは、定動詞が過去になると「未来分詞 + ESSE 現在形」は「未来分詞 + ESSE 不完了（imperfectum）形」になり、それがその後未来の場合と同じく HABĒRE を用いた迂言法へ転換される、という図式である。最初に引用した文で言うなら、（1）"Se missurum esse dixit" →（1b）"Dixit quod missurus erat" →（2）"Dixit quod mittere habebat" →（3）"Il a dit qu'il enverrait" という経過が「想定」されるのである。このようなプロセスで時制としての過去未来は

08　第八章　形の変化2　動詞

完成した、と「想定」される。

　ところで、過去未来という新しい時制と条件文で使われる形式とが形で一致しているという現象はどう説明されるべきであるのか。言い換えるなら、「条件法」の二つの意味作用（条件法と過去未来）は相互にどのような関係を持つのか。

　この問いには明確な答えは見られない。時間的関係であるなら、「条件法」の条件文での用法は間接話法での用法よりは新しい現象であると諸家の意見は一致しているようである。条件文での条件法の用法の始まりは遅く、3世紀初頭に亡くなったラテン語教父テルトリアヌスの著作ではまだそれは見られない（Thielmann, p.79）。

　「非事実、仮定の用法は時制的用法からの歴史的発展 historical development と見られる」との記述がある（Harris & Vincent, p.112）。それを「発展」と見るか、あるいは2種の異なった用法が別々の由来を持ちながら後で「偶然に（per caso）」形が一致したとするか（Rohlfs 1, §677）では、両者の関係は異なることになる。

　筆者の力量上、本書ではそれ以上詮索せずにペニーのように「結果的にこうなった」と要約することで満足することにする。この問題に関しては、他にテカヴチクとブルシエに記述がある（Tekavčić, §§618-621, Bourciez 1, §§126c, 132, 136, 254, 257）。

08354　「条件法」以外の条件文

　これまで記述してきたのは、「HABĒRE未来」と形態的に連動した「条件法」であった。「HABĒRE未来」を作り出さなかったロマンス語（サルディニア語、レト・ロマン語、ルーマニア語）に関しても多少の説明は必要である。そこでは類似した「条件法」の形はない。しかし、「もしも～なら」という形式の条件文は存在するのである。

　サルディニア語の場合は単純である。このような条件文のための特別の形はなく、直説法で言われる。

　レト・ロマン語では、動詞の活用形に条件法と名づけられた形はあり、条件文に用いられる。ロマンチュの動詞 finir「終える」の direct conditional 形として　finess/finesses/finess/finessen/finesses/finessen がある。間接話法で使われる形として indirect conditional という変形も存在する。しかしその実際は元来がラテン語の接続法過去完了（plusquamperfectum）を起源とする接続法不完了

350

（imperfectum）の別形なのであり、フランス語、スペイン語、イタリア語などでも生じた「別の時制への横滑り」の実例の一つである。

ルーマニア語でも、意味的に条件法と重なる形式が発達している。しかしその歴史的形成には多少の謎が潜んでいる。

ルーマニア語で「事実に反する仮定」の文を書く場合、少なくとも文語的な文では、条件節、帰結節ともに特別な活用形を必要とする。それは aş/ai/ar/am/aţi/ar の後に不定詞を繋げることで作られる。

現在の事実に反する仮定の条件文

「もしできるなら、私は行くのですが」"Dacă aş putea, aş merge"

過去の事実に反する仮定の条件文

「もしも時間があったならば、私たちはもっと度々来たのですが」"Dacă am fi avut timp, am fi venit mai adessa"

fi はラテン語の ESSE に相当する不定詞（< FIERĪ）で、avut、venit は a avea「持つ」、a veni「来る」の過去分詞である。

多少の謎が潜んでいると書いたのは、条件法を作る助動詞的要素 aş/ai/ar/am/aţi/ar の由来が不明確だからである。

古いルーマニア語では、その要素がむしろ語尾として付加されていた。a merge「行く」の場合なら mergereaş/mergereai/mergerear etc. という形で現れたのである。

現代語の助動詞を伴った迂言形式はこのような１語形式が２語に分割されて発達したとする考え方がある。そうすると meregereaş は mergere-aş と分割するべきか merge-reaş と分割するべきかが問題となる。

前者の説ならそこにはラテン語の MERGERE という不定詞形が保存されていて、そこに HAEĒRE の接続法形が付加されているとされる。後者の説では reaş etc. が元来の助動詞的要素であってそれはラテン語 VELLE の不完了（imperfectum）から来ているのである。ラウスベルクはどちらであるかは不明確とする（Lausberg, §852、他に Gartner, §113）。

0836　新しい受動態

ロマンス語は、ラテン語では必ずしも厳然と分かたれてはいなかった能動・受動の区別を形態上明白に分離させた。

まず、形は受動なのに意味は能動である動詞（形式受動態動詞）をすべて退場さ

351

08　第八章　形の変化 2　動詞

せた。それを通常の能動の形に変える（「動詞対照表」IOCĀRĪ、MORĪ、NĀSCĪ、
PATĪ、SEQUĪ を参照）か、別の動詞に置き換えてしまった（「動詞対照表」OBLĪVISCĪ
を参照）のである。

　そして、語尾変化による能動・受動の区別をも廃止した。その結果は、ほぼすべ
てのロマンス語における 2 種類の新しい受動表現の誕生である。その 2 種類ともが
補助的な語を用いる「迂言法」によっている。総合的言語から分析的言語への変化
という全体的流れがこの部門においても起こっている。

　その一つは、再帰代名詞の用法を拡大した再帰受動態である。この表現に関して
は既に「0426 再帰受動態」で述べている。

　もう一つは「助動詞受動態」で、ESSE に代表される助動詞を用いた表現である。

　ESSE を用いた受動態はラテン語には既に存在していたがそれは完了、過去完
了、未来完了に限られていた。「彼女は愛されている」の現在/不完了/未来/が
AMĀTUR/AMĀBĀTUR/AMĀBITUR と語尾変化をする、その活用の連続として
AMĀTA EST/AMĀTA ERAT/AMĀTA ERIT があったので、ESSE は従属的存在
であった。

　分析的言語となったロマンス語は助動詞を用いた複合時制を発達させた。そこで
は、助動詞の時制が文の時制を規定する。受動構文でも同じことが起こる。ESSE
は活用形の一部ではなく独立した存在で、過去分詞の前に立って文全体の時制を規
定するようになるのである。結果としてラテン語とは一見時制が一つずれること
になった。「彼女は愛されている」がイタリア語 "Lei è amata"、フランス語 "Elle
est aimée" となるように。

　本来なら完了形であるべき形を現在の意味で用いる誤ったラテン語はいわゆる俗
ラテン語文に見えていて、たとえ文人が正しい用法を守り続けようとも口語におけ
る変化は遅くとも 5 世紀には生じているとエルコックは書く（Elcock, p.117）。

　英語の受動構文と一致しているこの形式はいかにも明快に見えるのではあるが、
ある問題点を含んでいる。過去分詞は形容詞の一種としても解釈され、それが「動
作の受け身」を意味しているのか単に「現在の状態」を意味しているのか、その境
目が曖昧になる。上の例文がその典型である。イタリア語・フランス語・ルーマニ
ア語では、「〜される」という「動作」と「〜されている」という「状態」の区別
はせず ESSE 系の一つの動詞（それぞれ、essere、être、a fi）で済ませることがで
きる。

　しかし、スペイン語・ポルトガル語・カタルーニャ語ではそのようなアスペクト

352

の差はかなり明確に区別される。「扉が開けられる」と「扉が開いている」とでは動詞は異なるのである。前者では ser、後者では estar が必ず用いられる（スペイン語の例：“La puerta es abierta”／“La puerta está abierta”）。

　他の言語においても曖昧さを避けるために受動態の助動詞として ESSE 以外の動詞も使われることは既に述べた（「0824 複数語源の混在 3 」）。

　二つの新しい受動態は主要ロマンス語のすべてに存在するのであるが、並行して発達したのではない。特にルーマニア語においては、本来的受動態は再帰受動であった。ルーマニア語ではスラブ語の影響で再帰代名詞の用法が拡大したのであり、それが受動表現にも及んでいる。現代のルーマニア語文法においては主として助動詞受動（「小包が彼によって送られた」“pachetul a fost trimis de el”）が記述されるのだが同時に「ルーマニア語はできる限り受動態構文は避けて能動か再帰構文を好む」と付言される。

　ある記述では、ルーマニア語の助動詞受動構文は19世紀以来フランス語をそのまま真似したものだとされている。その同じ書物においては別の著者が、将来には助動詞受動態が再帰受動態を完全に追い出してしまうのではないかと予測し、それをre-Romancing と形容している（Harris & Vincent, p.58, p.418）。つまり、ルーマニア語をできる限りラテン語の子孫へと近づけようとする人工的力が働いていると見ているのである。一方、ルーマニア人の手によるロマンス語史においては、この点におけるルーマニア語の独自性は一切無視されて「あらゆるロマンス語において受動態は分析的形式によってのみ表現される」としか記述されていないのは何か興味深い（Iordan & Manoliu, p.334）

　ラウスベルクによると、二つの受動態の前後関係は以下のようになる。

　最も古くかつ全ロマンス語的受動として現れたのは再帰受動であった。しかしそれは 3 人称動詞の場合だけに限られていて 1 人称・2 人称においては再帰代名詞は単なる再帰構文しか作れなかった。そこですべての人称に通じる、主語と行為者を明示した受動文のための形式を作る必要が生じ、そこから生まれたのが ESSE を用いた助動詞受動である（Lausberg, §§ 862-864）。

0837　過去分詞の形成

ロマンス語に複合時制が組み込まれたこと、助動詞受動が確立したこと、これは言い換えると過去分詞が絶対に必要な要素となったということである。だから、ラ

08　第八章　形の変化2　動詞

テン語では完了分詞を持たなかった動詞にも過去分詞は作られた。代表的な例が
POSSE と ESSE の場合で、フランス語 pu、été を初めとしてスペイン語 podido、
estado、イタリア語 potuto、stato、ルーマニア語 putut、fost など、すべてのロ
マンス語で過去分詞が作られている。

　新しく作られた pu、podido etc. の場合は別として、他の大部分はラテン語完了
分詞との何らかの繋がりを持つ。しかし、完了分詞から過去分詞の発展は必ずしも
滑らかではない。VĪVERE「生きる」の完了分詞 VICTUM に対して過去分詞はス
ペイン語 vivido、フランス語 vécu、イタリア語 vissuto である。

　ラテン語完了分詞がロマンス語過去分詞へと滑らかに、ということは音韻変化だ
けを受けただけで変化していくのは、第一活用の場合のほぼすべてと第四活用の大
多数である。

　結果的に、男性形では前者の場合、ポルトガル語・スペイン語は -ado、カタルー
ニャ語・ルーマニア語は -at、イタリア語は -ato、フランス語は -é という語尾にな
る。後者はそれぞれ、-ido、-it、-ito、-i である。

　第二活用、第三活用の場合には、ラテン語で既に完了分詞の形は自明とは限ら
ずそれぞれ固有の形の場合が多かった。VIDĒRE なら VISTUM であり、TENĒRE
は TENTUM、PŌNERE は POSITUM、MITTERE は MISSUM である。

　そのような不規則さを簡明な形式に変えてしまったのがスペイン語とポルトガル
語である。そこでは、-er動詞の過去分詞を原則として -ido にしてしまったからで
ある。HABĒRE の完了分詞 HABITUM に対しそれぞれ habido、havido を持つが、
アクセント位置から分かるようにそれは単純なラテン語形の子孫とは言えない。

　ポルトガル語の場合、14世紀以前の言語では avudo、perdudo、sabudo など
は存在したが、古典ポルトガル語においてはすべて -ido形に統一されている
(Teyssier, p.85)。

　結果としてこの2言語では例外的な形の過去分詞形は非常に少ない。スペイ
ン語の例で言うと、visto (< VISTUM ← VIDĒRE)、puesto (< POSITUM ←
PŌNERE)、dicho (< DICTUM ← DĪCERE)、muerto (< *MORTUM ← MORĪ)、
hecho (< FACTUM ← FACERE)、abierto (< APERTUM ← APERĪRE) などで
あるが、要するにラテン語の完了分詞形が音韻変化を受けただけの形である。

　ポルトガル語については補足が必要である。複合形のための過去分詞はほぼスペ
イン語と平行的に作られるのであるが、それとは別に、受動態のためとか、形容詞
として使われるための別の過去分詞形をも持つ動詞が少数あることである。そのう

354

ちの一部だけを示す。

　　imprimir → imprimido/impresso

　　expelir → expelido/expulso

　　juntar → juntado/junto

　　prender → prendido/preso

　不規則形〔規則形の「弱形」に対する「強形」という言い方もある〕のかなりの
部分は、ラテン語完了分詞から来ている。

　イタリア語になると、ラテン語の完了分詞形からの連続は数が多くなる。スペ
イン語の6動詞に対応する形（visto、posto、detto、morto、fatto、aperto）に
加えて例を挙げるなら、corso（← CURRERE）、letto（← LEGERE）、morso
（← MORDĒRE）、retto（← REGERE）、cotto（← COQUERE）、chiesto（← QUAERERE）、
messo（← MITTERE）、riso（← RĪDĒRE）などがすぐに出るであろう。スペイン
語ではこれらはすべて -ido あるいは -ído の形である。

　フランス語、カタルーニャ語、ルーマニア語も事情はイタリア語とほぼ同様であ
る。ラテン語完了分詞形が音韻変化を経て横滑り的に過去分詞として定着する少数
派と、新たに過去分詞形が作られる多数派が共存することになる。

　イタリア語が新たなる形を作る場合、それは必ずや -uto の形を取る（HABĒRE →
avuto、BIBERE → bevuto、CRĒDERE → creduto）。過去分詞の新規形成に母
音 -u- を介在させることは フランス語（eu、bu、cru）、カタルーニャ語（hagut、
begut、cregut）、ルーマニア語（avut、băut、crezut）すべてに共通している。

　フランス語の場合、二次的な音韻変化（母音間子音の消失とその後の二重母音
の単母音化）によって新規形成の過程が見えにくくなっているのであるが、古
フランス語では二重母音の段階がまだ明瞭に見えていた（eu < e-ü ← HABĒRE、
cru < cre-ü ← CRĒDERE、vu < ve-ü ← VIDĒRE、connu < cone-ü ← COGNOSCERE、
bu < be-ü ← BIBERE、reçu < rece-ü ← RECIPERE、pu < po-ü ← *POTĒRE ←
POSSE）。

　なお、各ロマンス語で過去分詞がどのような形を取るかは、それが新たな完了形
形成に大きな影響を与えることになる。それについては次章で述べる。

355

08 第八章 形の変化 2 動詞

084 個別動詞の音韻・形態変化

0841 動詞変化の特殊性

今までは、ロマンス語の動詞組織全体の推移を見てきた。ここからはもっと具体的に、動詞の音韻的・形態的変化を記述することにする。

扱うのは、ラテン語形がそのまま連続してロマンス語へと伝わった、直説法の現在、不完了（imperfectum）、完了（perfectum）と、接続法現在の 4 時制のみである。

どの品詞であれ形の変化は、個々の音韻の変化が最初の引き金となって生じる現象で、そこにアクセントの有無が大きく影響を与えることは何度も強調したところである。「063 母音変化」で説明したように、短い母音 e と o はアクセントのある音節でのみ二重母音化した。フランス語の venir「来る」< VENĪRE）が、je viens/tu viens/il vient/nous venons/vous venez/ils viennent と変化するのは、スペイン語の vengo/vienes/viene/venimos/venís/vienen、イタリア語の vengo/vieni/viene/veniamo/venite/vengono とまさしく平行的である。

*POTĒRE「できる」（← POSSE）は上の順序で peux/peux/peut/pouvons/pouvez/peuvent、puedo/puedes/puede/podemos/podéis/pueden、posso/puoi/può/possiamo/potete/possono である。イタリア語では少し見えにくくなっているが、やはりアクセントの有無が作る違いは明らかに見える。

しかし、動詞は他の品詞とは異なった環境に置かれている。それは、一つの動詞の個々の形態は絶対的なものではなく、その動詞全体の枠組みから切り離されては存在しえない、ということである。だから、一つの形だけを取り出してそこに通常ならありえないような音韻変化の結果を見ても、その動詞全体の活用を見るなら、すぐに納得できるケースが多々ある。音韻変化に反する結果を生み出すのは、活用形式全体における「規則化」への圧力である。動詞には、他の品詞以上に類推作用が働くものなのである。以下、類推作用に関しては、ホックの書の Analogy の章を参考にしている（Hock）。

類推作用が働いた結果として英語で言う leveling が起こる。「平にすること」であるが、言語学の用語としての定訳は筆者は承知していない。本書では「平準化」とする。

平準化は、たとえば動詞の活用形中の音（母音でも子音でも）、あるいは形、の種類をできるだけ少なく、できれば一つにしてしまおうとする現象である。

356

aimer「愛する」（< AMĀRE）は古フランス語では amer であった。ただ、a-
にアクセントがある活用形では ai- となり、現在形は aim/aimes/aime(t)/amons/
amez/aiment であった。これはフランス語特有の、アクセントのある開音節の
a > e という変化に加えてそれが -m, -n の前に来たときに ai となる特殊な現象で、
ここまでは規則的音韻変化の結果にすぎない。しかし近代語ではすべての活用形で
アクセントの有無に関わりなく ai- という綴りで［ɛ］と発音されることになって
いる。

laver「洗う」（< LAVĀRE）の場合、古フランス語では lef/lèves/lève(t)/
lavons/lavez/lèvent であって、amer の場合と同じく通常の音韻変化の結果を見せ
ている。しかし近代語では lever「上げる」の活用との混同を避ける圧力もあった
ので amer > aimer とは正反対の成り行きとなり、アクセントの有無に関わりなく
a- の綴りと発音で一貫することとなった。

これらは比較的単純な平準化の例である。フランス語動詞の語幹母音に生じた
平準化の時期は単語ごとに異なる。その詳細については、ポープを参照（Pope,
§§ 928-950）。

平準化のさらなる実例として、同じ「食べる」の意味を持つフランス語 manger、
イタリア語 mangiare、ルーマニア語 a mânca の不定詞形と現在形を、語源
MANDŪCĀRE の後に各形のアクセント位置に下線を引いて対照させてみる。フラ
ンス語の主語は省略する。

ラテン語	フランス語	イタリア語	ルーマニア語
MANDŪCĀRE	manger	mangiare	mânca
MANDŪCŌ	mange	mangio	mănânc
MANDŪCĀS	manges	mangi	mănânci
MANDŪCAT	mange	mangia	mănâncă
MANDŪCĀMUS	mangeons	mangiamo	mâncăm
MANDŪCĀTIS	mangez	mangiate	mâncați
MANDŪCANT	mangent	mangiano	mănâncă

見るように、フランス語とイタリア語ではアクセント位置はすべての形で一致し
ている。そしてルーマニア語では１人称・２人称複数では両言語と同じだがその他

357

08　第八章　形の変化 2　動詞

では異なっている。ところがそのルーマニア語は、アクセント位置がラテン語と完全に一致しているのである。

　もっと良く見ると、フランス語とイタリア語はその 1 人称・2 人称複数以外ではアクセント位置がラテン語とは異なっている。

　フランス語やイタリア語のように強弱アクセントのある言語では、アクセントのある音節の消失は非常に起こりにくい現象のはずである。しかるにフランス語の場合、単数形と 3 人称複数形の源として、*MANDCŌ、*MANDCĀS、*MANDCAT、*MANDCANT のような中間的な形を想定しなければならないように見える。アクセントのある母音が消失したこの形はどのようにして生じたのであるか。

　このような場合、最も合理的な推論は、フランス語の mange/manges/mangent のような形は、「有アクセント音節の母音の消失」というような起こりにくい音韻変化で生じたのではなく、動詞の屈折の型式を整然化するために別の形に置き換えられたのだと、つまり平準化の結果であるとみなすものである。ここにあるのは音韻の変化ではなく形態論的変化である。

　このような推論を補強してくれるのはカタルーニャ語である。カタルーニャ語の「食べる」menjar は menjo/menjes/menja/mengem/menjeu/menjen のようにフランス語と全く平行的である。しかし、古い文献を見るとそこでは menuc/menugas/menuga/mengem/menjets/menugan のような活用である。アクセントパターンはラテン語、ルーマニア語と一致している。カタルーニャ語では menuc → menjo、menugas → menjes、menuga → menja という変化が生じている。結果的に、「食べる」menjar の活用は同じく -ar の不定詞語尾を持つ規則変化動詞と同じアクセントパターンを持つようになったのである。ここから、フランス語が同様な過程を通ったであろうとの推論が補強される。

　俗ラテン語について「0331 意識的資料」において書いておいたように『サテュリコン』で庶民的な言葉の人物だけに使われていた MANDŪCĀRE「食べる」はロマンス語に引き継がれてそれぞれの変容を遂げたのであるが、その変容の段階は言語ごとに様々であることが分かる。

　ルーマニア語 a mânca は、語源が持っていたアクセント位置を変えない古い形式を保存し、結果的に一見不規則に見える活用形を持つこととなった。カタルーニャ語 menjar はその初期においては本来のアクセント位置を保存したが、その後新しい形態論的変化を起こしてアクセントパターンを変え、一見規則的な活用形を持つことになった。フランス語 manger はその最初期において既に形態論的変化は終

358

わっており、規則活用動詞として使われている。そしてイタリア語は、フランス語の規則活用動詞 manger を外来語として取り入れ、mangiare としたのであった。

ところで、カタルーニャ語における menuc → menjo、menugas → menjes、menuga → menja という変化には、平準化とは別の類推作用が働いているのであって、それは proportional analogy と称されるものである。日本語では「応用類推」としておく。英語では four-part analogy という用語も用いられる。

-ar動詞はカタルーニャ語では最大多数派の規則変化動詞である。その中でも -jar の語尾は名詞派生動詞のために働く生産性の高いものである。pas「歩」からの passejar「歩く」であるならば当然 passejo/passejes/passeja etc. の活用になる。

応用類推とは、menjar の当初の活用形であった一見不規則な menuc/menugas/menuga etc. に対して、passejar のように同じ -jar の語尾を持つ規則動詞の活用形である -jo/-jes/-ja etc. を「応用」してしまうことである。

0842　現在形

音韻・形態変化の具体例として現在直説法と接続法から述べることにする。

その他の時制でも例として扱うのは、最大限8言語で、(1) ポルトガル語、(2) スペイン語、(3) カタルーニャ語、(4) 古オック語、(5) フランス語、(6) イタリア語、(7) サルディニア語、(8) ルーマニア語の順である。ただし、ポルトガル語がスペイン語とごくわずかな子音の差しか示さない場合には省略する。

この章におけるサルディニア語の用例は、特に明示しない限りは金澤雄介氏の著書(金澤)から採られているログドーロ方言であって、(古)とあれば11世紀～13世紀の資料から採られたもの、(現)とあれば現在話されている言語である。

フランス語は、古フランス語と近代フランス語とでは形が大きく異なる場合が多いので、必要な語には (5') として古フランス語形を挿入する。古フランス語の綴りはすべて発音されるのが原則である。

それ以外の言語で古形を示すときは下線を引いておく。括弧内の形は方言的異形か、異なった意味で使われる形である。

08421　第一活用 (CANTĀRE)

「082 活用形式の変遷」で述べたごとくすべてのロマンス語で安定した規則性を保っているのは第一活用であり、そこから始める。

CANTĀRE (CANTŌ/CANTĀS/CANTAT/CANTĀMUS/CANTĀTIS/CANTANT)

08　第八章　形の変化 2　動詞

がロマンス語ではどのような形になっているかを直説法から示してみる。

　　（2）　cantar; canto/cantas/canta/cantamos/cantáis/cantan

　　（3）　cantar; canto/cantes/canta/cantem/canteu/canten

　　（4）　cantar; cant/cantas/canta/cantam/cantatz/cantan（-en, -on）

　　（5'）chanter; chant/chantes/chantet/chantons/chantez/chantent

　　（5）　chanter; chante/chantes/chante/chantons/chantez/chantent

　　（6）　cantare; canto/canti/canta/cantiamo（cantamo）/cantate/cantano

　　（7）　（現）kantare; kanto/kantas/kantat/kantamus/kantates（kantaðes）/
　　　　　　　　　　　kantant（kantan）

　　（8）　cânta; cânt/cânţi/cântă/cântăm/cântaţi/cântă

　　活用形の前に不定詞形について述べると、語末母音はイタリア語・サルディニア語以外では言語の出現時から消失している。カタルーニャ語の場合には、語末の -r も現代の標準語では発音されない。それがいわゆるリエゾン現象で復活する場合に関してはバディアの記述があるが、歴史経過については無視されているので、いつの時代に -r の無音化が起こったのかは不明である（Badia 2, §100, Ⅲ）。ルーマニア語は、ラテン語形から -re そのものが取り去られた形が不定詞となるのはどの動詞でも同じである。

　　活用形においては、ラテン語にあったアクセントの移動はどの言語においてもそのまま保存されている。ロマンス語形は大体が通常の音韻変化の結果を示していて問題とすべき点は少ないのだが、いくつかの点を述べておく。

　　まずフランス語の 1 人称・2 人称複数形である。

　　1 人称の -ĀMUS > -ons の音韻変化はありえないことで、これは類推作用が働いた結果である。その出発点は、sons < SUMUS（← ESSE）であると考えられる。sons と sont < SUNT の組み合わせから、-ons/-ont の語尾の応用類推がまず 3 人称複数が -UNT である第三活用に及ぼされ、それがすべての活用の 1 人称複数形にまで応用されたというのが大方の推測である（Meyer-Lübke 4, §292）。

　　一方 2 人称の方は逆で、第一活用の -ez < -ĀTIS という通常変化の結果が、固定した語尾として第二・第三・第四活用にも応用されている。

　　3 人称複数 -ent は13世紀末にはその鼻音を失い、-t は母音の前でのみ発音されたのであるが、17世紀にはリエゾンとしても発音されなくなった。

360

イタリア語の場合、方言形はもっと多彩であることにまず注意しなければならない。ここに挙げたのはあくまでもトスカナ方言から来た標準語形である。

２人称単数 -i ← -ĀS は異常に見えるものであるが、最古のイタリア語に既に見られる。これは第四活用の -ĪS の -i- の応用であるとされる。ラテン語では人称の差異は語末の子音で示されたのに、その子音が消失して第一活用では差異が見えにくくなった。一方第四活用においては VENĪS > vieni、VENIT > viene と明瞭に２人称は３人称と区別される。だから -i が２人称単数語尾としてすべての活用に応用された、とされるのである。この説への異論についてはテカヴチク参照（Tekavčić, §676）。

-iamo に関しては、方言形では -amo の形はよくあるのであるが、トスカナ方言文語では最初期から -iamo で、-ere動詞、-ire動詞においても共通である。この形の起源については二つの要因が想定されている。一つは essere の１人称複数形 siamo の語尾からの応用類推である。siamo は元来が接続法でそれが直説法にもなっている。古典ラテン語の接続法形 SIMUS は既に後期ラテン語では SIĀMUS であった。それに加えて、第二活用の接続法形 -EĀMUS からの応用類推もそれを推進する。

接続法が直説法になってしまうその原因として、１人称複数形の用法では、それが疑問、質問であるのか奨励であるのかの差が少ないからであろうとロールフスは推測している。彼の用いた用例をそのまま使って説明すると、"Bevimo?"「飲もうか？」のところに"Beviamo!"「飲もうぜ！」が入ったということである（Rohlfs 1, §530）。

カタルーニャ語 -em、-eu については接続法の項を参照のこと。

現在接続法については（2）スペイン語、（3）カタルーニャ語、（5'）古フランス語、（5）フランス語、（6）イタリア語、（8）ルーマニア語のみを示す。

（2）car̠te/cantes/cante/cantemos/cantéis/canten

（3）car̠ti/cantis/canti/cantem/canteu/cantin

（5'）chant/chanz/chant/chantons/chantez/chantent

（5）chante/chantes/chante/chantions/chantiez/chantent

（6）canti/canti/canti/cantiamo/cantiate/cantino

（8）cânt/cânți/cânte/cântăm/cântaţi/cânte

ラテン語では、CANTEM/CANTĒS/CANTET/CANTĒMUS/CANTĒTIS/CANTENT であった。

スペイン語は（ポルトガル語も）直説法の場合と同じく音韻変化の結果をそのまま見せている。

カタルーニャ語の場合、音韻変化で生じた２人称単数の -is の母音が他の形にも応用されている。 -em/-eu（古形は -etz）も音韻変化の自然な現れで、それが直説法にまで応用されたのがこの言語の特色である。

フランス語 -ons/-ez は16世紀までは使われた。近代語的な -ions/-iez は第四活用の形が応用されたものである。単数形における -e/-es/-et は第三活用の形の応用で13世紀以来である。

イタリア語単数の -i なる語尾は２人称単数 canti < CANTĒS からの応用類推の結果であるとロールフスは書くが詳しい説明はない。テカヴチクはそこに異論を挟もうと努力するが結論自体はないも同じである（Rohlfs 1, §555、Tekavčić, §684）。イタリア語で接続法現在の単数形が三つの人称で同形となるのは、どの動詞においても同じである。

ルーマニア語においては、a fi を除くと活用の種類に関わらず接続法は３人称以外では直説法と同形となる平準化が生じている。そして３人称は単複同形であるので、接続法３人称単数形のみを指示することで現在形はすべて分かる。

08422　第四活用（*MORĪRE、VENĪRE）

第一活用に次いで規則的であるのは第四活用動詞である。この動詞は、結果的に２種類に分離することになった。元来の活用形式を保つ従来型と、ロマンス語起動動詞と筆者が名づける発展型である。数としては、発展型の動詞の方が多い。

ロマンス語起動動詞については「0825 ロマンス語起動動詞」で一応の解説をしておいた。この動詞に関しては、その発生に関する議論が重要ではあるもののその具体的活用形には個別的バリエーションはないから、この章で再び繰り返すことはしないことにする。

個別的な説明を必要とするのは、少数派である従来型の動詞である。

例として初めに形式受動態動詞 MORĪ から第四活用へと変化した *MORĪRE を用いることとする。ラテン語の形は想定形である。

直説法は、（2）スペイン語、（3）カタルーニャ語、（4）古オック語、（5）フラン

ス語、(6) イタリア語、(8) ルーマニア語に加えて、(5') 古フランス語の例も載せる。ポルトガル語 morrer は規則変化の -er 動詞になっている。

(2) morir; muero/mueres/muere/morimos/morís/mueren

(3) morir; moro/mors/mor/morim/moriu/moren

(4) morir; muer(muor, mor)/mors/mor(muer)/morem/moretz/moron
  (mueiron)

(5') morir; muir/muers/muert/morons/morez/muerent

(5) mourir; meurs/meurs/meurt/mourons/mourez/meurent

(6) morire; muoio/muori/muore/moriamo/morite/muoiono

(8) muⁱi; mor/mori/moare/murim/muriți/mor

ロマンス語のもととなったいわゆる俗ラテン語では、*MORIŌ/*MORĪS/*MORIT/*MORĪMUS/*MORĪTIS/*MORIUNT のごとき変化であったであろう。

　しかし分かるのは、イタリア語を除けば3人称複数では -IUNT ではなくて -UNT が原型であるということである。イタリア語の -oiono には yod効果が働いているから -IUNT であった。yod効果は古フランス語とイタリア語の1人称単数形にも見られるがフランス語にはその後そこに平準化現象が起こっている。

　第四活用を特徴づける -i- の母音は非常に強く維持されているのだが、フランス語とイタリア語の1人称複数に関しては、第一活用で述べた事情がそのまま適用される。

　古フランス語 muir < *MORIŌ は、yod の音位転換とその後の母音変化というフランス語特有の規則変化に則った形である。しかしそれは類推による平準化で現在の形へと変化している。フランス語における母音の変化（二重母音から円唇母音へ）に関しては、「065 個別言語事情」の「0654 フランス語」を参照のこと。morir > mourir なる変化は mourons 同様中期フランス語での規則的変化の結果であるが、ou の母音が単純過去の mourus などその他の時制にまで広がったのは平準化現象である。

　スペイン語 muero も音位転換の結果とも解釈できるが、これは *MORŌ から来ていると解釈すべきであろう。スペイン語では、siento（← SENTIŌ）、parto（← PARTIŌ）のように1人称単数では yod は働かぬ例が多い。

　ルーマニア語では無アクセントの o（< Ō/Ŏ）と u（< Ū/Ŭ）は u になる通常の

363

08　第八章　形の変化2　動詞

音韻変化が mor/murim の例で明瞭に見られる。moare、接続法 moară については、「065 個別言語事情」の「0657 ルーマニア語」を参照。

　接続法は、(2) スペイン語、(3) カタルーニャ語、(4) 古オック語、(5) フランス語、(6) イタリア語、(8) ルーマニア語に、(3') 古カタルーニャ語と (5') 古フランス語を添える。

　(2)　muera/mueras/muera/muramos/muráis/mueran

　(3')　muyra/muyres/muyra/muyram/muyrats/muyren

　(3)　mori/moris/mori/morim/moriu/morin

　(4)　mueira (moira, mora)/mueiras/mueira/moriam/moriatz/mueiran (mueiron)

　(5')　muire/muires/muire/moriens (morons)/moriez (morez)/muirent

　(5)　meure/meures/meure/mourions/mouriez/meurent

　(6)　muoia/muoia/muoia/moriamo/moriate/muoiano

　(8)　mor/mori/moară/murim/muriţi/moară

　俗ラテン語では *MORIAM/*MORIĀS/*MORIAT/*MORIĀMUS/*MORIĀTIS/*MORIANT という形が想定される。

　スペイン語の muramos/muráis における o > u の不規則な変化の要因は、メネンデス＝ピダルによると後続の yod である（Menéndez 2, §20）。

　古カタルーニャ語は -ria- > -ira- となる音位転換（「06408 音位転換」を参照）の結果を見せているものであるが、結局母音を直説法に合わせる平準化を蒙ることとなっている。語尾は第一活用に起こった変化がそのまま応用されている。

　音位転換がフランス語の歴史においても生じたことが明らかに見える。その点イタリア語は、yod効果という自然の音韻変化の結果をそのまま保存している。

　平準化はルーマニア語でも同様に起こっている。

　VENĪRE「来る」の場合は以下のようである。

　直説法は、(1) ポルトガル語、(2) スペイン語、(3) カタルーニャ語、(4) 古オック語、(5) フランス語、(6) イタリア語、(8) ルーマニア語を書く。

　(1)　vir; venho/vens/vem/vimos/vindes/vêm

　(2)　venir; vengo/vienes/viene/venimos/venís/vienen

　(3)　venir; vinc/véns/ve/venim/veniu/vénen

364

（4） venir; venh（venc）/venes（vens）/ve（ven）/venem/venetz/ven

（5） venir; viens/viens/vient/venons/venez/viennent

（6） venire; vengo/vieni/viene/veniamo/venite/vengono

（8） veni; vin/vii/vine/venim/veniţi/vin

　ラテン語では VENIŌ/VENĪS/VENIT/VENĪMUS/VENĪTIS/VENIUNT であった。

　スペイン語、イタリア語に見られる -g- の由来は共通で、類推作用の結果である。この現象については「06411 類推作用」で既に解説している。

　同様の現象は TENĒRE、REMANĒRE にも起こり、それは PŌNERE にも波及した。また、l-yod の動詞（SALĪRE、VALĒRE）にも -g- が生じた。特にスペイン語では、caer（< CADERE）→ caigo、traer（< TRAHERE）→ traigo、oir（< AUDĪRE）→ oigo のごとくに -g- が 1 人称単数語尾として現れ、それらは下で見るようにもっと強固に接続法語尾に入り込むこととなったのである。

　ポルトガル語 vindes については、「08423 第二活用」の VIDĒRE の説明を参照。

　カタルーニャ語の vinc も *viny < VENIŌ からの音韻変化であるとみなされるが、カタルーニャ語が特殊なのは -c が本来的には無関係な多くの動詞にその 1 人称単数マーカーとして広まったことである。その一部を挙げると、beure（< BIBERE）→ bec、caure（< CADERE）→ caic、creure（< CRĒDERE）→ crec、deure（< DĒBĒRE）→ dec、escriure（< SCRĪBERE）→ escric、estar（< STĀRE）→ estic、moure（< MOVĒRE）→ moc、poder（< *POTĒRE ← POSSE）→ puc、riure（< RĪDERE）→ ric などである。この変化は、後で述べる通り別の法と時制にさらなる変化を働きかけることになる。

　接続法は古オック語を省略する。

（1） venha/venhas/venha/venhamos/venhais/venham

（2） venga/vengas/venga/vengamos/vengáis/vengan

（3） vingui/vinguis/vingui/vinguem/vingueu/vinguin

（5） vienne/viennes/vienne/venions/veniez/viennent

（6） venga/venga/venga/veniamo/veniate/vengano

（8） vin/vii/vină/venim/veniţi/vină

08 第八章 形の変化 2 動詞

ラテン語の VENIAM/VENIĀS/VENIAT/VENIĀMUS/VENIĀTIS/VENIANT が
以上のようになっている。スペイン語、イタリア語の -g- に関しては、直説法で
述べたことが元来の動機でそれが応用類推で広がったのである。ダンテ（1265-
1321）には vegna の形はある。

カタルーニャ語の -gu- に関しては、カタルーニャ語学の20世紀後半の代表
的学者であるバディアは別の説明をする。応用類推の結果生まれた1人称単数
が -c である動詞にはさらなる応用類推が生じて、そのすべての動詞の完了形
（perfectum）は -gu- で作られるようになった（VENĪRE → vinguí/vingueres/
vingué/vinguérem/vinguéreu/vingueren）。そしてその -gu- の要素が現在接続法
にも応用されたと説明する（Badia 2, §§ 151, 167）。

古フランス語では viegne/viegnes/viegne/veniens/veniez/viegnent であった。

08423　第二活用（VIDĒRE、HABĒRE、*POTĒRE）

第二活用は、「0821 不規則動詞の誕生」で述べたように第三活用との混淆が生じ
る場合もあり、ロマンス語の不規則動詞の存在と一部関わっている。

VIDĒRE の直説法は、（1）ポルトガル語、（2）スペイン語、（3）カタルーニャ語、
（5'）古フランス語、（5）フランス語、（6）イタリア語、（8）ルーマニア語を書く。
下線ある語は古形。

 （1）ver; vejo/vês/vê/vemos/vedes/veem

 （2）ver; <u>veyo</u> veo/ves/ve/vemos/veis/ven

 （3）veure; veig/veus/veu/veiem/veieu/<u>veen</u> veuen

 （5'）veoir; voi/vois/voit/veons/veez/voient

 （5）voir; vois/vois/voit/voyons/voyez/voient

 （6）vedere; vedo/vedi/vede/vediamo/vedete/vedono

 （8）vedea; văd/vezi/vede/vedem/vedeţi/văd

ラテン語では VIDEŌ/VIDĒS/VIDET/VIDĒMUS/VIDĒTIS/VIDENT であった。

ここに見られるほぼ規則的な音韻変化は、母音間 -d- の消失（ポルトガル語、ス
ペイン語、カタルーニャ語、フランス語）、yod効果（vejo、veig、スペイン語古
形 veyo）、フランス語の有アクセント Ĭ > ę > oi の変化、カタルーニャ語 veure
（< *vidre < VIDĒRE）などである。

ポルトガル語 vedes で［d］が残るのは異例で、不定詞が単音節の語のみの現象

366

である。

　類推作用の結果は、フランス語 voyons/voyez、カタルーニャ語 veuen（veu ＜ VIDET より）、イタリア語 vedono（第三活用 -UNT より）などに見られる。

　接続法は古フランス語を省略する。
- (1) veja/vejas/veja/vejamos/vejais/vejam
- (2) vea/veas/vea/veamos/veáis/vean
- (3) vegi/vegis/vegi/vegem/vegeu/vegin
- (5) voie/voies/voie/voyions/voyiez/voient
- (6) veda/veda/veda/vediamo/vediate/vedano
- (8) văd/vezi/vadă/vedem/vedeţi/vadă

　ラテン語では VIDEAM/VIDEĀS/VIDEAT/VIDEĀMUS/VIDEĀTIS/VIDEANT であって、-dea- という yod効果を誘いやすい形であった。それはポルトガル語やカタルーニャ語形の語尾子音［dʒ］に保存されている。後者の -i/-is/-i etc. の母音は第一活用に合わせた類推形である。
　スペイン語、フランス語では直説法に合わせる平準化が起こっている。

　HABĒRE の直説法は、(1) ポルトガル語、(2) スペイン語、(3) カタルーニャ語、(5) フランス語、(6) イタリア語、(7) サルディニア語、(8) ルーマニア語を書く。/{　}/とあるのは、文例が見つからない形である。
- (1) haver; hei/hás/há/havemos(hemos)/haveis(heis)/hão
- (2) haber; he/has/ha(hay)/hemos/habéis/han
- (3) haver; he(haig)/has/ha/havem(hem)/haveu(heu)/han
- (5) avoir; ai/as/a/avons/avez/ont
- (6) avere; ho/hai/ha/abbiamo/avete/hanno
- (7) （古）auer; appo(apo)/aes/aet(at, abit)/amus/{　}/aen(an)
- (8) avɛa; am/ai/are/avem/aveţi/au （助動詞形 am/ai/a/am/aţi/au）

　ロマンス語でその機能を大いに拡大した HABĒRE は、多用された結果 HABEŌ/HABĒS/HABET/HABĒMUS/HABĒTIS/HABENT という古典語形から、いわゆる俗ラテン語においてはおおむね *AIO/*AS/*AT/*AVEMUS/*AVETIS/*AN のよう

367

08　第八章　形の変化 2　動詞

な形になっていたであろう。

　スペイン語では aves/avemos/aven のような古形もあったが結局は -v- を消失させている。hay は「存在」を言うための別形。

　カタルーニャもスペイン語同様、複合完了形を作るための助動詞になっている。heure「持つ」（hec/heus/heu/havem/haveu/heuen）も存在するが、これは未来形 haurà からの逆形成である。

　フランス語 avons/ont は *AVUMUS/*AVUNT を想定させる。

　イタリア語 hai の方言形には as もある。-o/-ai/-a という語尾は stare → sto/stai/sta、dare → do/dai/dà のごとくに一部の動詞に固定化している。

　ルーマニア語の場合は、「持つ」という意味の定動詞としての形と複合形のための助動詞としての形は異なる。am の語末子音には、スラブ語の影響説（ラウスベルク）、アルバニア語影響説（ガルトナー、しかし異説もあり）がある。are は助動詞形 a（< *AT）からの形成である。それには別動詞 vrea（< *VOLĒRE ← VELLE）の歴史的経緯が関わっているので、この項の最後で説明する。

　接続法はサルディニア語を省略する。
　（1）haja/hajas/haja/hajamos/hajais/hajam
　（2）haya/hayas/haya/hayamos/hayáis/hayan
　（3）hagi/hagis/hagi/hàgim（haguem）/hàgiu（hagueu）/hagin
　（5）aie/aies/ait/ayons/ayez/aient
　（6）abbia/abbia/abbia/abbiamo/abbiate/abbiano
　（8）am/ai/aibă/avem/aveţi/aibă

　接続法は古典語の活用（HABEAM/HABEĀS/HABEAT/HABEĀMUS/HABEĀTIS/HABEANT）を直説法以上に残している。それは、b-yod の存在のせいである。

　スペイン語の場合は、b-yod が働いたのではなくて、いわゆる俗ラテン語での *AIAM/*AIAS/*AIAT etc. の形から来ている。

　カタルーニャ語は助動詞形である。hagi etc は、既に述べた b-yod ＞［dʒ］という音韻変化を見せている。母音 -i は第一活用からの応用。

　イタリア語は、二重子音とすることで yod効果が阻止されている。

　フランス語とルーマニア語は直説法からの応用類推の結果である。

368

*POTĒRE の直説法には、(1) ポルトガル語、(2) スペイン語、(3) カタルーニャ語、(5') 古フランス語、(5) フランス語、(6) イタリア語、(8) ルーマニア語を書く。下線ある語は古形。

   (1) poder; posso/podes/pode/podemos/podeis/podem

   (2) poder; puedo/puedes/puede/podemos/podéis/pueden

   (3) poder; puc/pots/pot/podem/podeu/poden

   (5') poeir (pooir); puis/pues/puet/poons/poez/puent

   (5) pouvoir; peux (puis)/peux/peut/pouvons/pouvez/peuvent

   (6) potere; posso/puoi/può/<u>potiamo</u> possiamo/potete/possono

   (8) putəa; pot/poţi/poate/putem/puteţi/pot

古典語では不定詞は POSSE であり、現在直説法は POSSUM/POTES/POTEST/POSSUMUS/POTESTIS/POSSUNT という不規則動詞であった。ロマンス語では不定詞と同様 *POTEŌ/*POTĒS/*POTET/*POTĒMUS/*POTĒTIS/*POTENT のような形から発展が生じたのである。ただしポルトガル語、イタリア語ではもとの形が一部に残っている。possiamo は接続法形が滑り込んだもので potiamo という古形は存在する。

スペイン語 puedo に関しては、muero に関する説明を参照。

カタルーニャ語 -c および接続法形については VENĪRE に関する部分を参照。

古フランス語では、puis 以外では規則的変化（母音間での T > d > ø、有アクセント母音の二重母音化）が明瞭に見られる。pouvoir などは1400年あたりから現れた応用類推の結果である。ここには avoir、devoir からの応用類推が働いている。puis については接続法の個所で述べる。

接続法は古フランス語を省略する。

   (1) possa/possas/possa/possamos/possais/possam

   (2) pueda/puedas/pueda/podamos/podáis/puedan

   (3) pugui/puguis/pugui/puguem/pugueu/puguin（puga etc. の別形あり）

   (5) puisse/puisses/puisse/puissions/puissiez/puissent

   (6) possa/possa/possa/possiamo/possiate/possano

   (8) pot/poţi/poată/putem/puteţi/poată

369

08　第八章　形の変化 2　動詞

　POSSIM/POSSĪS/POSSIT/POSSĪMUS/POSSĪTIS/POSSINT が古典ラテン語の活用であったが、それとの繋がりを見せるのはポルトガル語、フランス語、イタリア語だけで、他は直説法からの類推形である。

　フランス語の場合は、*possia/*possias/*possiat etc. のような形への変化がまずあった。フランス語では s-yod は音位転換を起こすのであって、*possia > *poissa となる。その後の *poissa > puisse は、既に「0654 フランス語」の母音変化の個所で述べてある ǫy > uey > [ɥi] なる変化である。直説法の 1 人称単数の別形 puis は、その接続法からの影響で POSSIS > possyo なる変化が起こり、そこから同じ規則変化で puis へと変化したとポープは述べている（Pope, §954）。

　第二活用の重要な動詞には他に *VOLĒRE（← VELLE）がある。動詞対照表で見るようにその子孫ではルーマニア語だけが解説を要するのでここに書き加える。

　イタリア語なら *VOLEŌ/*VOLĒS/*VOLET etc. > voglio/vuoi/vuole のような音韻変化のみの結果があったのに対し、ルーマニア語では vreau/vrei/vrea/vrem/vreţi/vor(vreau) という主に類推による活用へと変化している。不定詞形 vrea < *VOLĒRE、現在 1 人称複数 vrem < *VOLĒMUS、2 人称複数 vreţi < *VOLĒTIS のごとき通常の音韻変化がまずあって、そこから vr- という語頭子音が固定化したのである。ただし、未来形を作るための助動詞としては voi/vei/va/vom/vei/vor であった。3 人称単数 va のもとの形は vare（< *VOLET）で、それが助動詞形として va へと縮小されたのである。「助動詞」対「定動詞」が「va」対「vare」であったとき、そこから応用類推が avea に働いて、助動詞形 a から定動詞形 are が生まれたのである（Gartner, §123）。

08424　第三活用（CRĒDERE、*ESSERE、FACERE）

　第三活用動詞は、ロマンス語の歴史の中で最も他からの影響を受けた動詞群である。

　CRĒDERE の直説法。(1) ポルトガル語、(2) スペイン語、(3) カタルーニャ語、(5') 古フランス語、(5) フランス語、(6) イタリア語、(8) ルーマニア語。アクセントのある音節には下線を引く。

　　(1)　crer; creio/crês/crê/cr<u>e</u>mos/cr<u>e</u>des/crêem

　　(2)　creer; creo/crees/cree/cre<u>e</u>mos/cre<u>é</u>is/creen

　　(3)　creure; crec/creus/creu/crei<u>e</u>m/crei<u>e</u>u/creuen

370

(5') creire; crei/creis/creit/cre<u>o</u>ns/cre<u>e</u>z/creient

(5) croire; crois/crois/croit/croy<u>o</u>ns/croy<u>e</u>z/croient

(6) cred̶ere; credo/credi/crede/cred<u>ia</u>mo/cred<u>e</u>te/cre<u>d</u>ono

(8) crede; cred/crezi/crede/cre<u>d</u>em/cre<u>d</u>eţi/cred

　ラテン語の活用は CRĒDŌ/CRĒDIS/CRĒDIT/CRĒDIMUS/CRĒDITIS/CRĒDUNT であった。母音間の -d- の扱いとフランス語における平準化現象については VIDĒRE の場合と同様で特に言うべきことはない。

　ポルトガル語 creio は、元来の形 creo の母音隣接を阻止するために半子音が挿入されるこの言語特有の現象の現れである。スペイン語にはそれがない。

　ここで一番重要なことは、1人称・2人称複数におけるアクセント位置（下線が引いてある）である。第三活用はそこが他の活用と明白に異なっている。

　ラテン語のアクセント位置を維持しているのはルーマニア語だけで、他はすべてその形におけるアクセント位置を後方に一つ移動させているのである。ポルトガル語の場合は、*creemos/*cre<u>e</u>des の母音の縮約が生じただけである。ラウスベルクによるとイタリアのロンバルディア方言ではラテン語式アクセント位置が維持されているのであるが、標準イタリア語とは明白に異なる（Lausberg, §879）。

　イタリア語とルーマニア語との対照を別の動詞で紹介すると、porre と pune（ともに語源は PŌNERE「置く」）の1人称と2人称複数はそれぞれ poni<u>a</u>mo/pon<u>e</u>te と pun<u>e</u>m/pun<u>e</u>ţi であり、ridere と râde（両言語とも、第二活用 RĪDĒRE「笑う」から一旦第三活用 RĪDERE へと変化している）ではそれぞれ ridi<u>a</u>mo/rid<u>e</u>te と râdem/râd<u>e</u>ţi である。

　イタリア語は、不定詞のアクセントに関してはラテン語第三活用での位置を保存している。しかし、1人称・2人称複数においてはそれを第二活用的に変化させているのである。-iamo は新しい類推形であって、元来は -emo であった。

　第三活用からの発展における変異は、アクセント位置の他に、語尾の母音にも存在する。古フランス語 creons の母音は他と明らかに異なる。

　ラウスベルクによると、ロマンス語において第三活用動詞はアクセント位置と語尾母音の種類とで4種の異なった結果を見せている。その解説（Lausberg, §879）を筆者風に記述する。

　例として扱った CRĒDIMUS の -ĒD- の部分の母音・子音は単語ごとに異なるので、母音を V、子音を C で置き換えてみる。アクセント母音に下線を引くとラ

371

08 第八章 形の変化 2 動詞

テン語の形は -VCIMUS と単純化できるであろう。それがロマンス語ではアクセント位置と語尾の母音の違いで 4 種となって、(a) -VCimus、(b) -VCumus、(c) -VCimus、(d) -VCumusのごとくに分離するのである。(a) はルーマニア語、(b) はロンバルディア方言、(c) は標準イタリア語・スペイン語・ポルトガル語・カタルーニャ語、(d) はフランス語である。

接続法は古フランス語を省略する。

    (1) creia/creias/creia/creiamos/creieis/creiam

    (2) crea/creas/crea/creamos/creáis/crean

    (3) cregui/creguis/cregui/creguem/cregueu/creguin

    (5) croie/croies/croie/croyions/croyiez/croient

    (6) creda/creda/creda/crediamo/crediate/credano

    (8) cred/crezi/creadă/credem/credeţi/creadă

ポルトガル語とカタルーニャ語以外は、ラテン語形 CRĒDAM/CRĒDĀS/CRĒDAT/CRĒDĀMUS/CRĒDĀTIS/CRĒDANT からの音韻変化か既に見た類推変化である。

ポルトガル語は、直説法 creio からの類推応用である。二重母音には半母音が挿入されるこの言語の特徴にも合致している。

カタルーニャ語の類推形については VENĪRE について述べた説明がそのまま適用される。

*ESSERE の直説法。(1) ポルトガル語、(2) スペイン語、(3) カタルーニャ語、(4) 古オック語、(5') 古フランス語、(5) フランス語、(6) イタリア語、(7) サルディニア語、(8) ルーマニア語。

ラテン語で最も重要な動詞であった ESSE の子孫は以下のようである。

    (1) ser; sou/és/é/somos/sois/são

    (2) ser; soy/eres/es/somos/sois/son

    (3) ésser(ser); sóc/ets/és/som/sou/són

    (4) esser; soi(sui, son, so)/est(iest)/es/em/etz/son(so)

    (5') estre; sui/es(ies)/est/somes/estes/sont

    (5) être; suis/es/est/sommes/êtes/sont

（6）essere; sono/sei/è/siamo/siete/sono

（7）（古）essere; so/ses/est（es）/{　}/setes/sunt（sun, ssun）

（8）fi; sânt/eşti/este/sântem/sânteţi/sânt

　ラテン語不定詞は ESSE であった。それがフランス語では être にまで形を変えた経緯については、「064071 わたり音の挿入」で述べてある。ポルトガル語・スペイン語 ser の語源は ESSE とは無関係で SEDĒRE であるとされている。一方カタルーニャ語の異形である ser の方は _esser_ が esse_r へとアクセント位置を変えた結果できた縮約形であってスペイン語とは由来は異なると語源学の第一人者コロミナスは主張している。

　ルーマニア語の不定詞形は fire（< FIERĪ）から規則変化で -re が脱落した形である。fire そのものは女性名詞として存続し、「自然、性格」などの意味を持つ。

　現在形は SUM/ES/EST/SUMUS/ESTIS/SUNT であった。

　ポルトガル語 sou は古形 som［sɔ̃］から鼻音が消えて二重母音となったもの。

　スペイン語 soy は古形 so に y（ラテン語 IBI で、フランス語の y と同じ）が付加された形との説明もあるがメネンデス＝ピダルに言わせると y は由来不明である。いずれにしてもそれは1人称単数と3人称複数を区別する役を果たす。eres は未来形 ERIS に影響を受けている。ES/EST は音韻変化では同形となるので、それを避けたのである。3人称単数の形には音韻変化の結果がそのまま維持され、それと同形となる2人称の形に何らかの変形が施される図式はいくつかの言語で共通である。sois の古形は sodes であったがこれは somos からの類推で作られた形である。カタルーニャ語、ポルトガル語、イタリア語でも2人称複数が1人称複数に合わせられる現象が見られる。

　スペイン語の特殊事情は、ESSE と SEDĒRE との境界が見えにくいことである。現在形には seyo/seyes/seye/seyemos/seyedes/seyen なる古形も存在している（Menéndez 2, §116）。

　古フランス語 sui は完了形 fui からの類推。

　ルーマニア語ではラテン語形との直接の繋がりは3人称複数の sânt にしかない。他はそれからの類推によるとか、あるいはスラヴ語からの借用であるとか、いくつかの憶測がある。詳細については ガルトナーが述べている（Gartner, §131）。ラウスベルクによると、SUM、SUNT は音韻変化ではともに su となり、それは -s という前接語（"nu-s"＝"I am not"、"they are not"）でしか残らなかった。そこ

08 第八章 形の変化2 動詞

で SUNT から sânt が作られ、それが SUM のためにも適用されたと（Lausberg, §556）。

接続法は以下のようになる。
- (1) seja/sejas/seja/sejamos/sejais/sejam
- (2) sea/seas/sea/seamos/seáis/sean
- (3) sigui/siguis/sigui/siguem/sigueu/siguin
- (4) sia/sias/sia/siam/siatz/sian(sion, sio)
- (5') seie/seies/seiet/seien/seiez/seient
- (5) sois/sois/soit/soyons/soyez/soient
- (6) sia/sia/sia/siamo/siate/siano
- (7)（古）{　}/{　}/siat/{　}/siates/sian
- (8) fiu/fii/fie/fim/fiți/fie

　ラテン語では SIM/SĪS/SIT/SĪMUS/SĪTIS/SINT であったが、カタルーニャ語とルーマニア語を除けば *SIAM/*SIĀS/SIAT etc. が祖形である。
　ポルトガル語は、haja（< HABEAM）からの類推である。
　カタルーニャ語の古形には sia/sies/sia etc. の他に siga/sigues/siga etc.もあり、類推による語形変化の歴史が分かる。古オック語では、類推変化は起きていない。
　ルーマニア語はラテン語 FIERĪ の接続法形 FĪAM/FĪĀS/FĪAT etc. から来ている。FĪAT > fie という規則変化がまずあり、そこからの類推形で他の形が定まった。

　FACERE の直説法。(1) ポルトガル語、(2) スペイン語、(3) カタルーニャ語、(5') 古フランス語、(5) フランス語、(6) イタリア語、(7) サルディニア語、(8) ルーマニア語。
- (1) fazer; faço/fazes/faze/fazemos/faze̱is/fazem
- (2) hacer; hago/haces/hace/hace̱mos/hacéis/hacen
- (3) fer; faig/fas/fa/fem/feu/fan
- (5') faire; faz/fais/fait/faimes/faites/font
- (5) faire; fais/fais/fait/faiso̱ns/faites/font
- (6) fare; faccio/fai/fa/facci̱amo/fa̱te/fanno
- (7)（古）fakere; fatho/fakes/faket/fakemus/fakites/faken

(8) face; fac/faci/face/fac̲em/fac̲eţi/fac

古典ラテン語では FACIŌ/FACIS/FACIT/F̲ACIMUS/F̲ACITIS/F̲ACIUNT であったが、1 人称単数はスペイン語、ルーマニア語は *FACŌ が、3 人称複数ではスペイン語以外は *FACUNT が祖形である。

フランス語では12世紀に faimes が faisons に置き換えられてアクセント位置が平準化される。同様なことは dire の dimes → disons にも生じている。

カタルーニャ語 fem、feu は古形 faem、faets から縮約された形。

イタリア語の 2 人称・3 人称単数には規則的音韻変化の faci/face がダンテにはあるが、haver（hai/ha）、stare（stai/sta）などとのアナロジーで現在の形になる。stare（sto/stai/sta）の活用は逆に fare に影響を及ぼして faccio には fo の変形もなされる。

接続法はサルディニア語を省略する。
(1) faça/faças/faça/faç̲amos/faç̲ais/faç̲am
(2) haga/hagas/haga/hag̲amos/hagáis/hagan
(3) faci/facis/faci/fem（facem）/feu（faceu）/facin
(5') face/faces/face（facet）/faciens/faciez/facent
(5) fasse/fasses/fasse/fass̲ions/fassi̲ez/fassent
(6) faccia/faccia/faccia/facciamo/facci̲ate/facciano
(8) fac/faci/facă/fac̲em/fac̲eţi/facă

ラテン語の FACIAM/FACIĀS/FACIAT/FACIĀMUS/FACIĀTIS/FACIANT はイタリア語とフランス語に明瞭に残っているが、それ以外はほぼ、直説法からの類推形成による。

0843　不完了（imperfectum）形
不完了（imperfectum）形もラテン語形が連続してロマンス語へと伝わったものである。

ラテン語のその形式は極めて規則的で、語幹の母音（第一活用は Ā、第二・第三活用は Ē、第四活用は IĒ ）は異なるもののその後に -BAM/-BĀS/-BAT/-BĀMUS/-BĀTIS/-BANT が付けられるのである。

375

08　第八章　形の変化 2　動詞

　イタリア語ではそれが良く保存されて、-are、-ere、-ire の 3 種の動詞はそれぞれの語幹母音の後に　-vo/-vi/-va/-vamo/-vate/-vano を付けることでこの時制ができる。1 人称単数には -va の古形もあった。　-vo の母音は現在形の -o からの類推であろう。

　一方スペイン語では -ar動詞では -ba/-bas/-ba/-bamos/-bais/-ban であるがその他の動詞では語尾の -b- は消失してしまう。cantar の cantaba/cantabas/cantaba etc. に対して poner は ponía/ponías/ponía/poníamos/poníais/ponían であり、sentir は sentía/sentías/sentía etc. となる。つまり、PŌNĒBAM > poneạ > ponía、SENTIĒBAM > sentẹa > sentía という音韻変化の結果である。

　ポルトガル語とカタルーニャ語は、個々の音韻の違いだけでパターンはスペイン語に一致する。

　スペイン語においては、方言形、また南米のスペイン語で -iba、-eba etc. の形は存在する。それを語源的残存と尊重するか類推による新形成にすぎないとみなすかについては議論がある（Alvar & Pottier, §154）。

　フランス語においては、活用の種類にかかわらず不完了（imperfectum）の語尾は一定で、chantais/chantais/chantait/chantions/chantiez/chantaient のごとくである。

　古フランス語においてはそれは chanteie/chanteies/chanteie/chantiiens/chantiiez/chanteient であった。近代フランス語の形は -ions は現在形からの類推変化であるが、それ以外はそこからの音韻変化と正書法の変化にすぎない。

　古フランス語の形式は、第二活用動詞の音韻変化（aveie < HABĒBAM、aveiiens < HABĒBĀMUS）で成立したもので、フランス語はそれを すべての動詞に応用してしまった。古フランス語では第一活用に chantoe < CANTĀBAM のようにラテン語語尾を保存した形は存在したが、12 世紀には平準化が生じてそれらは chanteie に置き換えられている。 そしてその後、中世から近世のフランス語特有の ［ei］ > ［oi］ > ［we/ε］ なる変化が起こり（「0654 フランス語」参照）、18 世紀終わりには chantais と綴られるようになったのである。

　être に関しては、古フランス語では iere/ieres/ieret/eriens/eriez/erent があった。eriens/eriez は類推形であるが他はラテン語 ERAM/ERĀS/ERAT/ERĀMUS/ERĀTIS/ERANT からの変化形である。フランス語以外は基本的にそれらを保存している。

　一方フランス語では14世紀以来それは étais etc. の原形である estoie etc. に置き

376

換えられている。これは、estre という不定詞形をもとにして類推的に形成された esteie からさらに音韻変化を受けた形であり、それも上述の母音変化の結果 étais etc. となるのである。

　ルーマニア語も規則的で、-am/-ai/-a/-am/-ați/-au の語尾である。ただし、動詞幹の母音に従って e- あるいは i- が付く。

　　mânca（< MANDŪCĀRE）mâncam/mâncai etc.
　　vedea（< VIDĒRE）vedeam/vedeai etc.
　　crede（< CRĒDERE）credeam/credeai etc.
　　auzi（< AUDĪRE）auziam/auziai etc.

0844　完了（perfectum）形

　「0832 新しい完了時制」で述べたように、ラテン語の完了（perfectum）形からの直接の子孫であるロマンス語の形に対して日本語の文法書は、フランス語なら単純過去、スペイン語なら点過去、イタリア語なら遠過去といった具合に言語ごとに異なった名称を付けて呼んでいる。現代におけるその意味用法の差異が存在しているのであるから異なった名称を付与することは不合理ではない。しかし、ロマンス語学としての立場からはそれらをひとくくりのものとして同じ名称で扱うべきである。

　本書においてはあくまでも「完了」の用語で一貫し、必要に応じて完了（perfectum）とすることにする。

　ラテン語の完了（perfectum）形は、そもそもが多彩であった。「0821 不規則動詞の誕生」で述べたように、ラテン語では「現在1人称単数形、不定詞形、完了1人称単数形、目的分詞形」の四つを覚えることで動詞の活用の全体は自動的に導かれる。言い換えると「完了1人称単数形」は自動的に導かれる形ではなくいちいち覚えなければならぬということである。ただしラテン語においてはロマンス語とは異なり完了（perfectum）形語尾は音韻的には一定（-Ī/-ISTĪ/-IT/-IMUS/-ISTIS/-ERUNT）である。区別しなければならぬのはその前に来る「完了幹」と称すべき形である。

　ラテン語の「完了幹＋語尾」にその後生じた音韻変化と類推変化が、ロマンス語の完了（perfectum）形を作り出すことになる。ここにおいてもアクセント位置は重要な要素で、-ISTĪ、-ISTIS では語尾に、それ以外では完了幹にアクセントが来ることがその後の形に影響を及ぼす。古典語では3人称複数を -ĒRUNT とするの

377

08 第八章 形の変化 2 動詞

が慣例でそれならば -Ē- にアクセントが来ることになるが、実はそれは詩の韻律に合わせるための人工的操作であって語源的には -ERUNT で、実際の発音もそうであったことはロマンス語における子孫の形からも分かる。

　ラテン語完了幹は、6 種類に分類されうる。
　（1）V 型
　動詞幹＋ V ＋完了語尾で形成される。
　この形は、第一活用（CANTĀRE → CANTĀVĪ etc.）・第四活用（FĪNĪRE → FĪNĪVĪ　etc.）の大部分と第二・第三の少数の動詞に現れる。
　（2）U 型
　動詞幹＋ U ＋完了語尾で形成される。U の音価は半母音の［w］である。
　この形は第二活用の動詞に多く現れる（HABĒRE → HABUĪ、DĒBĒRE → DĒBUĪ、TENĒRE → TENUĪ、TIMĒRE → TIMUĪ）が、第一活用、第三活用にも少数ながらある（SECĀRE → SECUĪ、COQUERE → COQUĪ）。
　（3）延長型
　これは、動詞幹の母音を延長して完了語尾を繋げる形式である。これは活用の型を選ばず第一（LAVĀRE → LĀVĪ）、第二（VIDĒRE → VĪDĪ）、第三（FACERE → FĒCĪ、RECIPERE → RECĒPĪ）、第四（VENĪRE → VĒNĪ）とすべての型にあった。
　（4）S 型
　動詞幹子音＋［s］＋完了語尾で形成される。
　その際、子音に変化が生じることもある（DĪCERE → DĪXĪ、MITTERE → MĪSĪ、RĪDĒRE → RĪSĪ、SCRĪBERE → SCRĪPSĪ、VĪVERE → VĪXĪ）。
　（5）重複型
　動詞幹の語頭音節を重ねて完了幹とする。
　数は多くはない。STĀRE → STETĪ、DĂRE → DEDĪ が代表的例。
　（6）複合的理由による不規則型
　FERRE → TULĪ、ESSE → FUĪ など

　以上のように分類されうるのであるが、印欧語比較言語学の一分野としてのラテン語学においては意味あるこの分類も、そのまま明瞭な形でロマンス語の完了（perfectum）形の説明に応用することはできない。

378

「082 活用形式の変遷」で述べたように、ラテン語の 5 種類の活用形式はロマンス語へと変化する中で 3 種、あるいは 4 種の形式へと変化した。これは単純化とも言えるのではあるが、形式間での入れ替えも生じたのであるから一種のシャッフルがなされたのである。そして、そのシャッフルの結果が平行的に完了形に反映することはない。完了形の分類と活用形式とは必ずしも結び付いていなかったのは上で見た通りである。結果的に、ロマンス語完了（perfectum）形はさらなるシャッフルを蒙った上で規則性からは遠い形でできあがったのであった。

ロマンス語の「不規則動詞」とは、極言すれば完了形の不規則性が作り出したものである。そこでは音韻変化と並んで類推による形態変化が頻繁に起こる。また、よく使われる HABĒRE のような動詞に生じた形態変化が他の動詞の形にも影響を及ぼすようなことも起きる。

残念ながらロマンス語全体における完了（perfectum）形の推移を記述することはあまりに長大な紙面を取ることになり、個別ロマンス語における詳細はその言語史にお任せする他はない。ここからの記述は、ごく一般的な事象のみである。

08441　V型完了

ロマンス語における規則動詞を作る母胎となったのは V 型である。これは語幹母音によって AV 型（CANTĀRE → CANTĀVĪ）と IV 型（FĪNĪRE → FĪNĪVĪ）に分けられる。ラテン語にあった EV 型（DĒLĒRE → DĒLĒVĪ）はロマンス語には残らなかった。AV 型 と IV 型のそれぞれが、ポルトガル語・スペイン語・カタルーニャ語の -ar型と -ir型、フランス語の -er 型と -ir型、イタリア語の -are型と -ire型、ルーマニア語の -a型と -i型の動詞を形成する基となった（「0821 不規則動詞の誕生」参照）。

そこですべてに共通しているのは、-V- の扱いである。言うまでもないことであるがラテン語の文字 v の音価は子音の［v］ではなく半母音の［w］でいわば不安定な状態にあった。"si vis"「望むなら」が "sis" となるように母音間ではそれは消失しえたし AMĀSTĪ/AMĀRUNT とか FĪNĪSTĪ/FĪNĪRUNT のごとき形は普通に見られた。既に述べたように 3 人称複数は実際には -VĔRUNT であったからである。

結局のところ、ロマンス語の祖先となった形の語尾は、第一活用では -ai/-asti/-ait(-aut)/-aimus(-ammus)/-astis/-arunt/ であり、第四活用では -ii/-isti/-iut(-iit)/-immus/-istis/-irunt であったろう。

08　第八章　形の変化 2　動詞

　アクセント位置は a、i（ii の場合は最初の i）に統一される。言い換えると、ア
クセントはどの形においても語尾に来るということである。これが、V 型とその他
の型との決定的相違で、その他の型では人称や数によってアクセントが語幹に来た
り語尾に来たりするばらつきがあってそれが語形に影響を与えるからである。

　CANTĀRE はロマンス語ではどのような形になっているか。（1）ポルトガル語、
（2）スペイン語、（3）カタルーニャ語、（4）古オック語、（5）フランス語、（6）イ
タリア語、（7）古サルディニア語、（8）ルーマニア語の例を見る。サルディニア語
はログドーロ方言で、用例が少ないから、語尾だけである（金澤、p.184）。アクセ
ント音節には下線を引く。

　　（1）cantar; cantei/cantaste/cantou/cantamos/cantastes/cantaram
　　（2）cantar; canté/cantaste/cantó/cantamos/cantasteis/cantaron
　　（3）cantar; cantí/cantares/cantà/cantàrem/cantàreu/cantaren
　　（4）cantar; cantei/cantest/cante/cantem/cantetz/canteren（canteron）
　　（5）chanter; chantai/chantas/chanta/chantâmes/chantâtes/chantèrent
　　（6）cantare; cantai/cantasti/cantò/cantammo/cantaste/cantarono
　　（7）（古）-are; -ai (-a)/-asti/-ait (-at, -auit, -et)/-aimus/-astis/-arun
　　（8）cânta; cântai/cântaşi/cântă/cântarăm/cântarăţi/cântară

　想像されるラテン語の形が、一部を除いてはアクセント位置をも含めて明瞭に見
える。3 人称単数がスペイン語では -aut から（ポルトガル語 cantou も同様）、他
は -ait からである。

　例外的な事象の一つはイタリア語 3 人称複数の -rono で、他言語よりは 1 音節多
い。これは現在形 cantano からの類推で -no が付加されたのである。また、ポル
トガル語の -ram は -VERUNT が過去完了形語尾である -VERANT に置き換えられ
たものと考えられる。

　カタルーニャ語の場合、古語では canté/cantast/cantà/cantam/catats/cantaren
であり、ラテン語からの音韻変化が特に明瞭に見えている。canté → cantí は他の
動詞からの影響による。カタルーニャ語の特徴たる、2 人称単数、1 人称・2 人称
複数における -res、-rem、-reu は、現在形との明瞭な区別の必要から、3 人称複数
にある -re- がすべての動詞において応用されている（Badia 2, §164）。

　ルーマニア語 1 人称・2 人称複数における -răm、-răţi も特異である。これは、

380

民衆の間ではラテン語的完了（perfectum）の単純形は使われず複合形完了のみ
が使われるようになっていた時代に3人称複数 -rā から逆形成されたものである
（Gartner, §110）。

DORMĪRE は（1）ポルトガル語、（2）スペイン語、（3）カタルーニャ語、（5）
フランス語、（6）イタリア語、（7）サルディニア語、（8）ルーマニア語で以下のよ
うである。サルディニア語には語尾のみを示しておく。

(1) dormir; dormi/dormiste/dormi̯u/dormimos/dormistes/dormiram
(2) dormir; dormí/dormiste/durmió̯/dormimos/dormisteis/durmieron
(3) dormir; dormí/dormires/dormí/dormírem/dormíreu/dormiren
(5) dormir; dormis/dormis/dormit/dormîmes/dormîtes/dormirent
(6) dormire; dormii/dormisti/dormì/dormimmo/dormiste/dormirono
(7) （古）-ire; -ibi(-ivi)/{　}/-iuit(-ivit, -ibit, -iit)/-iuimus(-ivimus)/
　　　　　　　　　　　{　}/-irun
(8) dormi; dormii̯/dormişi/dormi̯/dormi̯răm/dormi̯răţi/dormi̯ră

ポルトガル語・スペイン語の3人称単数は共に -iut から来ているのにアクセン
ト位置が明瞭に異なる。ここに、スペイン語特有のアクセント移動が生じている。

08442　U型完了

V型に続いて残ったのが U型であった。これは、直接の子孫を残すと同時に、元
来 U型とは無関係であった動詞の完了形の一部に入り込む形でも残っている。そ
の原因は二つあり、一つは U型の代表的動詞 HABĒRE が持っていた類推を誘う
力、もう一つは過去分詞との関係である。

過去分詞がロマンス語で新たな活躍の場を得て重要性を増していることは既に
見ている。ラテン語ではその形成に不規則の要素を持っていた完了分詞は、ロマ
ンス語で過去分詞となるときその不規則性をかなり排除した（「0837 過去分詞の
形成」参照）。新しく形成された過去分詞は、スペイン語・ポルトガル語以外では
[u] の母音を介在させて規則的に作られる。それからの類推で新しい完了
（perfectum）形が形成されて U型完了形を作り出したのである。

HABĒRE の完了（perfectum）形は、（1）ポルトガル語、（2）スペイン語、（4）

08 第八章 形の変化2 動詞

古オック語、(5') 古フランス語、(5) フランス語、(6) イタリア語、(8) ルーマ
ニア語で以下の形を取る。下線はアクセント位置。

(1) haver; h<u>ou</u>ve/houv<u>e</u>ste/h<u>ou</u>ve/houv<u>e</u>mos/houv<u>e</u>stes/houv<u>e</u>ram

(2) haber; h<u>u</u>be/hub<u>i</u>ste/h<u>u</u>bo/hub<u>i</u>mos/hub<u>i</u>steis/hub<u>ie</u>ron

(4) aver; <u>ai</u>c（ag<u>ui</u>, ac）/agu<u>i</u>st/ac/agu<u>e</u>m/agu<u>e</u>tz/<u>a</u>gron

(5') aveir; <u>oi</u>/o-üs（e-üs）/<u>ou</u>t（ot）/o-ümes（e-ümes）/o-üstes（e-üstes）/<u>ou</u>rent

(5) avoir; eus/eus/eut/e<u>û</u>mes/e<u>û</u>tes/eurent

(6) avere; <u>e</u>bbi/av<u>e</u>sti/<u>e</u>bbe/av<u>e</u>mmo/av<u>e</u>ste/<u>e</u>bbero

(8) avea; av<u>ui</u>/av<u>u</u>şi/av<u>u</u>/av<u>u</u>răm/av<u>u</u>răţi/av<u>u</u>ră

まず注目すべきはアクセント位置である。ラテン語では H<u>A</u>BU<u>Ī</u>/HAB<u>U</u>IST<u>Ī</u>/
H<u>A</u>BUIT/H<u>A</u>BUIMUS/HAB<u>U</u>ISTIS/H<u>A</u>BUERUNT であった。下線を引いたアクセ
ント位置で分かるように、U型は語幹にアクセントのある形と語尾にアクセントの
ある形とに分かれる。V型の場合、完了（perfectum）では v が消失した結果すべ
ての語形でアクセントは語尾に来ることとなっていた。このアクセント移動は U
型のみならず延長型や S型など、V型以外のすべてに現れる。それゆえ、アクセン
ト位置の違いを示す明確な用語が必要となった。

　言語を超えて慣例的によく使われる用語は、語幹にアクセントがある形は「強形」
（スペイン語なら forma fuerte）であり、語尾にアクセントが来る形は「弱形」（同
じく forma débil）である。

　この「強」・「弱」という名称による区別は、完了（perfectum）形の形成法自体
にも応用される。その形にアクセント移動がある場合、言い換えると「強形」を含
む完了は perfecto fuerte「強完了」として perfecto débil「弱完了」と区別される
のである。「弱完了」は V型完了の子孫であり、「強完了」とは事実上不規則完了
を意味することになる。

　この強・弱という用語の始原がどこにあるのか筆者は詳しくは調べていないのだ
が、ドイツ語文法における強動詞 starken Verben あたりから来ているのであろう
と推測している。

　両者の区別のために強・弱のような実態を反映しない伝統用語に頼るのでなけ
れば、その形態の実態に即した用語を用いなければならない。そうするといわゆ
る「強形」は rhizotonic ということになる。ギリシア語の「根」を意味する rhiza
と tonos（元来は「緊張」、そこから「強調された音」）から作られた語である。「弱

382

形」は、rhizotonic に否定の接頭辞をつけた arhizotonic となる。

それをもっと通常語で言い換えるなら root-stressed/un-root-stressed とか stem-stressed/un-stem-stressed とかで区別することになる。またラウスベルクなどはそれに stammbetont/endungsbetont という納得できる用語をも用いるが一貫していないのが難である。

筆者は、ロマンス語学においては「強」・「弱」という伝統的用語を踏襲する意義はないと結論している。そこには形態音韻論的に適合した明瞭な名称があるべきであると考えるからである。そこで本書においては、各語形に関しては「語幹アクセント形」と「語尾アクセント形」として区別することにする。語幹アクセント形を含む完了（perfectum）形（いわゆる強完了）についてはそれをあえて「不規則完了」と呼び、語尾アクセント形で一貫されるいわゆる弱完了は「規則完了」とする。

見るように HABĒRE の完了の語幹アクセント形は1人称・3人称単数と1人称・3人称複数で、語尾アクセント形は2人称単数・複数である。これがラテン語U型完了の原型であった。それがロマンス語では種々の方向に変形される。一般的には語幹アクセント形が語尾アクセント形に変わるのであった。

ルーマニア語では、原型が殆ど見えぬまでに平準化が進んでいる。ルーマニア語の完了（perfectum）形は、4種の活用のうち -ea型動詞、-e型動詞は例外を除いて過去分詞からの形成となる。ラテン語完了分詞 HABITUM が消えて新たに類推による過去分詞 avut が形成され、そこから完了（perfectum）形が作られたのである。ここで注目すべきはアクセント位置で、ラテン語とは大きく異なってすべて -u- にある。これについては下で述べる FUĪ への説明を読むこと。

その他の言語では原型はほぼ保持されているが、1人称複数におけるアクセント位置の移動が顕著である。HABUIMUS > *habuimus という変化は明らかに類推的変化であるが、それがどの動詞からの影響であるかについての議論はあるが決定はされない。ともかくロマンス語の不規則完了（perfectum）においては、1人称複数形のアクセントは -imus から来ている。

3人称複数においてはポルトガル語とスペイン語だけがアクセント位置を移動している。これはこれらの言語の規則完了形3人称複数（-iram/-ieron）に倣った平準化の結果で、U型以外の不規則完了においても同じ結果となっている。

全体的に両語の完了（perfectum）形は、通常の音韻変化と多少の類推変化から成立した形式であると言える。

ポルトガル語・スペイン語では1人称単数語尾 -Ī は -e となるのが通例である。

08 第八章 形の変化 2 動詞

スペイン語の古形は ove/oviste etc. のように語幹は o- の母音であった。HABUĪ
etc. の -U- に「牽引されて」a > o なる変化が生じたとの説明がある（Menéndez
2,§120）が、音位転換後の *haubi なる形を想定しても良いのであろう。その後に
生じた o > u なる変化は類推がもたらしたものである。POTUĪ（← *POTĒRE）>
*poudi > pude という通常の音韻変化による形 pude の母音［u］がその基盤と
なって完了形母音の平準化が進んだのである。supe（< sope < SAPUĪ）、cupe
（< cope < *CAPUĪ）などにその例が見られるように、hube に見られる母音パター
ンは多くの動詞に移されるようになった。

　3 人称単数において、ポルトガル語とスペイン語とでは語末母音が異なる。スペ
イン語は 1 人称との混同を避けるために規則動詞の語尾母音と同じ -o へと類推変
化を起こしたのである。この語形はスペイン語では（ただアクセント位置だけが異
なるだけで）すべての動詞の完了（perfectum）形へと波及した。ポルトガル語は
ラテン語的母音を強固に保存したので、そこにスペイン語との大きな相違がある。
ただし、その分身であるガリシア語では最古の例から現代に至るまでスペイン語と
等しいパターンであるのが特色である。

　古オック語においては、-BU- が［k］/［g］という単子音に変化している。そ
れ以外の U 型動詞（ラテン語における U 型の DĒBĒRE、IACĒRE、NOCĒRE、
*POTĒRE、TENĒRE、VALĒRE、*VOLĒRE etc. 以外に、ロマンス語において U 型
を取るようになった BIBERE、CADERE、COQUERE、COGNOSCERE、CURRERE、
SEDĒRE など）において、-BU-、-CU-、-TU-、-DU- は［k］/［g］を生み出すことと
なっており、-LU-、-NU- は［lk］/［lg］、［nk］/［ng］となる。この音韻変化はカタ
ルーニャ語においても同様に生じた。

　古フランス語の形も通常の音韻変化によると言える。ハイフンは消失した［b］
の位置で、その前後を 2 音節に分割している。近代フランス語になると、単子音化
のようなさらなる音韻変化と新しい正書法規則のせいで語源との関係が完全に見え
なくなっている。

　イタリア語に関しては別の説明が必要である。一時制の中で子音と母音にばらつ
きが生じているのは、「語幹アクセント形」であるか否かによる。

　HABUĪ の u は半母音［w］であるが、イタリア語完了（perfectum）形では［w］
はその前に来る子音（p/b/t/d/l/n など）を二重子音化して消失するのが規則であ
る（*VENUĪ > venni、SAPUĪ > seppi、VOLUĪ > volli など）。「語尾アクセント形」
にはそれは生じない（Rohlfs 1,§582）。

384

HABUĪ > ebbi なる完了幹母音の変化はトスカナ地方において生じてそれが一般化したものである。この変化を起こさせた原因についてはロールフスは何も言わないがテカヴチクはその諸説を詳しく述べている（Tekavčić, §§ 701, 702）。ebbi/avesti の母音の交替もイタリア語独得の問題である。それについては VIDĒRE の個所、次いで FACERE の個所で述べる。

HABĒRE と意味的に近い、そして後代には文法的機能まで重なるようになった TENĒRE も U型（TENUĪ/TENUISTĪ etc.）であった。
（1）ポルトガル語、(2) スペイン語、(3) カタルーニャ語、(4) 古オック語、(5')古フランス語、(5) フランス語、(6) イタリア語、(7) サルディニア語、(8) ルーマニア語の例を書く。下線はアクセント位置。

（1）ter; t<u>i</u>ve/tiv<u>e</u>ste/t<u>e</u>ve/tiv<u>e</u>mos/tiv<u>e</u>stes/tiv<u>e</u>ram
（2）tener; t<u>u</u>ve/tuv<u>i</u>ste/t<u>u</u>vo/tuv<u>i</u>mos/tuv<u>i</u>steis/tuv<u>ie</u>ron
（3）tenir; ting<u>u</u>í/ting<u>u</u>eres/ting<u>u</u>é/tinguérem/tinguéreu/ting<u>u</u>eren
（4）tenir; tinc(tengui)/teng<u>u</u>ist/tenc/teng<u>u</u>em/teng<u>u</u>etz/t<u>e</u>ngron
（5'）tenir; tin/ten<u>i</u>s/tint/ten<u>i</u>mes/ten<u>i</u>stes/t<u>i</u>ndrent
（5）tenir; tins/tins/tint/tînmes/tîntes/tinrent
（6）tenere; t<u>e</u>nni/ten<u>e</u>sti/t<u>e</u>nne/ten<u>e</u>mmo/ten<u>e</u>ste/t<u>e</u>nnero
（7）（古）tenner; tenni/{　}/tennit/tennimus/{　}/tennerun
（8）ţine; ţin<u>u</u>i/ţin<u>u</u>şi/ţin<u>u</u>/ţin<u>u</u>răm/ţin<u>u</u>răţi/ţin<u>u</u>ră

ポルトガル語とスペイン語において共通する［n］の不在が関心を呼ぶ。前者では母音間の［n］は脱落する（TENĒRE > ter）のが通常の変化であるがスペイン語にはそのような音韻変化は存在しないはずである。
　両者に別々の由来を想定する説は、ポルトガル語は TE(N)UĪ > tive のように音韻変化の結果であるがスペイン語 tuve（古形 tove）は hube（古形 ove）に「倣った」とする（Meyer-Lübke 3, §284、原語は "angelehnt sein"「もたれかかった」）。
　一方、スペイン語にもポルトガル語の場合と同様の音韻変化を想定する説（Menéndez 2, §120）があるのだが、［n］の消失に関しては説明不足であると筆者には思われる。

08　第八章　形の変化 2　動詞

　ポルトガル語 tive の語幹母音については、fiz < FĒCĪ（← FACERE））の個所を参照すること。

　カタルーニャ語とオック語における、[k]/[g] という子音については HABĒRE のところで述べた。これは HABUĪ > hac のごとき音韻変化と平行的現象であって、相互的影響は存在したはずである。どれが本来的音韻変化でどれが類推によるのか、という詳細に関する議論については省略しておく。カタルーニャ語のアクセント位置は本来から変化して、cantai 式の規則変化動詞のアクセントパターンとなっている。

　フランス語のみは特異である。これは、延長型完了（perfectum）である VĒNĪ（← VENĪRE）に起こった変化に引きずられて同化したのである。まず、同化作用による母音変化 VĒNĪ > VĪNĪ があり、それが vin となる。そこから、語幹アクセント形と語尾アクセント形とでは母音が異なる体系（vin/venis/vint/venimes/venistes/vindrent）ができあがる。TENĒRE はそれからの類推作用で不定詞も tenir となり、古フランス語ではこのような完了形となった。

　近代フランス語では（tins/tins/tint/tînmes/tîntes/tinrent）という母音とアクセントの平準化が生じているが、これは venir に生じた変化と一致する。

　イタリア語 TENUĪ > tenni の子音については HABUĪ > ebbi に関する説明と同じである。結果的に生じた、二つの語幹が交替して現れる形式については次の延長型完了で説明する。

　ルーマニア語に関しては、HABĒRE に関してと同じ説明しか必要ない。

　さて、ラテン語においては一種の特殊現象であった ESSE → FUĪ について述べなければならない。印欧語的語源からラテン語に生き残り、そのままロマンス語へと移されたこの活用は、そこにおいてはU型完了（perfectum）への影響力を発揮するようになったのである。

　（1）ポルトガル語、（2'）古スペイン語、（2）スペイン語、（3）カタルーニャ語、（5）フランス語、（6）イタリア語、（8）ルーマニア語の例を書く。

　（1）ser; fui/foste/foi/fomos/fostes/foram

　（2'）ser; fui/fuste/fo/fomos/fustes/foron

　（2）ser; fui/fuiste/fue/fuimos/fuisteis/fueron

　（3）ésser(ser); fui/fores/fou/fórem/fóreu/foren

　（5）être; fus/fus/fut/fûmes/fûtes/furent

(6)　essere; fui/fosti/fu/fummo/foste/furono

　(8)　fi; fui/fuşi/fu/furăm/furăţi/fură

　古典ラテン語においては、FUĪ/FUĪSTĪ/FUIT/FUIMUS/FUISTIS/FUĔRUNT で
あったが、いわゆる俗ラテン語時代においてはアクセントはすべて幹母音 FU- に
移っていた。

　その母音に関しては、まず FŬ- > fo- なる自然の音韻変化があったはずである。
母音 -o- は多く保存されたが、1人称単数にはウムラウト現象（「064091 ウムラウ
ト」を参照のこと）で *foi > fui なる変化が生じたと考えられる。その後、-u- に倣
う平準化が起こり、スペイン語においてならばすべての形で –u- で一貫するという、
一種の「ラテン語戻り」が生じたのである（Lausberg, §905）。

　ポルトガル語 foi < FUIT は二重母音を保存する古い形である。スペイン語形に
関してはメネンデス＝ピダルが詳しく述べている（Menéndez 2, §120,5）。

　ルーマニア語におけるアクセント位置は、二次的形成の furăm/furăţi を除けばラ
テン語そのままである。この形式が固定して、ルーマニア語の U型完了（perfectum）
ではすべて -u- にアクセントが来るように平準化された（Lausberg, §897）。

　ポルトガル語とスペイン語においては、fui etc. は ir「行く」の完了（perfectum）
形でもあることは既に触れてある。

08443　延長型完了

　延長型完了（perfectum）は、ロマンス語では VĪDĪ（← VIDĒRE）、VĒNĪ
（← VENĪRE）、FĒCĪ（← FACERE）だけがその型を残しているのであるが、それ
ぞれが相互に無関係に不規則完了（perfectum）形を作った。ここでは VĪDĪ etc.
と FĒCĪ etc. の子孫のみを見る。

　VIDĒRE の完了（perfectum）形は（1）ポルトガル語、（2）スペイン語、（3）カタ
ルーニャ語、（5'）古フランス語、（5）フランス語、（6）イタリア語、（8）ルーマ
ニア語を示す。

　(1)　ver; vi/viste/viu/vimos/vistes/viram

　(2)　ver; vi/viste/vio/vimos/visteis/vieron

　(3)　veure; viu/veieres/veié/veiérem/veiéreu/veieren

　(5')　veoir; vi(t)/ve(d)is/vit/ve(d)imes/ve(d)istes/vi(d)rent

387

08　第八章　形の変化2　動詞

(5)　voir; vis/vis/vit/vîmes/vîtes/virent

(6)　vedere; vi̲di/vede̲sti/vi̲de/vede̲mmo/vede̲ste/vi̲dero

(8)　vedea; văz̲ui/văz̲uşi/văz̲u/văz̲urăm/văz̲urăţi/văz̲ură

ラテン語では VĪDĪ/VĪDISTI/VĪDIT etc. であった。

ポルトガル語とスペイン語では、古形では音韻変化による形（vide < VĪDĪ など）も見られるが、結果的には平準化により規則変化である dormir のような IV 型とアクセント位置も含めて完全に一致してしまったのが特色である。

カタルーニャ語の場合は viu（< VĪDĪ）以外はラテン語形からの音韻変化ではなく、すべて類推による。

古フランス語とイタリア語を対照させると、語幹アクセント形と語尾アクセント形における母音交替の共通性が目立つ（1人称複数 VĪDIMUS のアクセント は HABUIMUS の場合と同じく -DI- に移動している）。しかし、そこに共通の理由を見いだすことはできないようである。フランス語の場合は、VĪDISTĪ > ve(d)is に見られる語幹母音の変化は i : i → e : i という異化作用であるとみなされる（Pope, §1014）のに対し、イタリア語の場合は、語尾アクセント形においては「不定詞の語幹母音が現れる」という多くの動詞に生じた平準化がここにも現れているのだからである。

フランス語ではその後母音が平準化されたので、音韻変化そのものは見えなくなっている。一方イタリア語がこの型を保ったことは ebbi/avesti の例で既に見た。アクセントの位置が語幹にあるか語尾にあるかによって完了（perfectum）形が2種に分けられること（次に来る fare の他に、MITTERE → misi/mettesti、SAPERE → seppi/sapesti など）はロマンス語の中でイタリア語だけにある特徴である。イタリア語の「完了（perfectum）形における二重語幹形式」については、改めて FACERE の個所で集中的に述べる。

ルーマニア語は新たな過去分詞 văzut から形成された。avea の説明を参照。

FACERE に関しては（1）ポルトガル語、（2'）古スペイン語、（2）スペイン語、（5'）古フランス語、（5）フランス語、（6）イタリア語、（7）サルディニア語、（8）ルーマニア語を示す。

(1)　fazer; fiz/fize̲ste/fez/fize̲mos/fize̲stes/fize̲ram

(2')　fazer; fize/feziste/fezo/fezimos/fezistes/fezieron

388

（2） hacer; hice/hiciste/hizo/hicimos/hicisteis/hicieron

（5'） faire; fis/fe(s)is/fist/fe(s)imes/fe(s)istes/fi(st)rent

（5） faire; fis/fis/fit/fîmes/fîtes/firent

（6） fare; feci/facesti/fece/facemmo/faceste/fecero

（7）（古） fakere; feki/{ }/fekit/fekimus/{ }/fekerun

（8） face; fãcui/fãcuşi/fãcu/fãcurãm/fãcurãţi/fãcurã

ラテン語では FĒCĪ/FĒCISTĪ/FĒCIT etc. であった。

　この動詞に関しては、特に述べるべきことがあるのはイベリア半島 2 言語とイタリア語についてである。フランス語は音韻変化ではなく、次の S 型完了（perfectum）の形に同化した類推によるし、ルーマニア語は前の vedea の場合と同じく過去分詞 fãcut からの形成である。

　ポルトガル語とスペイン語を対照させたとき、ポルトガル語では 1 人称単数と 3 人称単数の語幹母音に i/e の差異が存在する。同じ現象は既に ter における tive/teve の例で見た。さらには、後で扱う estar の estive/esteve、また poder の完了（perfectum）形 pude/pôde、pôr（< PŌNERE）の pus/pôs でも、語幹母音の交替が人称の交替に繋がっている。スペイン語では、語尾によって人称の差異を示していて（poder では pude/pudo、poner では puse/puso）、その対照は明らかである。これを「ポルトガル語の最も顕著な革新である」とする記述がある（Mattoso, p.136）。

　ポルトガル語 fiz の -i- はスペイン語 hice と共通しているが、これは FĒCĪ の語尾 -Ī による影響で e > i なる変化が生じたことによる。これを yod 効果とする記述がある（García, p.169）がウムラウト現象であると説明する方が良かろうと判断する。語幹アクセントであるか語尾アクセントであるかによって古スペイン語・古ポルトガル語（fezemos）では語幹母音に違いが現れているが、結局両言語とも母音の平準化を蒙る。そこから生じる 1 人称単数と 3 人称単数の形態同一化を回避する仕方（fizo > fez 対 fezo > hizo）が異なっているのである。

　イタリア語の語幹アクセント形は音韻変化のみの形成である。語尾アクセント形に不定詞 fare の語幹母音が復活しているのは、avere → ebbi/avesti の例で既に見た。この後に来る mettere → misi/mettesti でも同じである。dire → dissi/dicesti においては母音は等しいが二重の完了幹の存在は同じである。

　二重完了語幹形式の由来についての記述はロールフスにはないに等しい。その歴

389

08　第八章　形の変化2　動詞

史的変遷よりは地域的バリエーションの説明に比重が置かれているからである。

　一方テカヴチクは二つの完了幹を due allomorfi「2 異形態」であると位置づける。そしてこの形式を「イタリア語の不規則完了形の最大の特色である」として、その成立の過程を説明している（Tekavčić, §§ 695-700）。本書においては異形態 allomorfo という述語は使わずに彼の説明を敷衍する。

　彼によると、問題の発生は U 型完了（perfectum）にある。イタリア語においては、HABUĪ > ebbi の変化に関して述べたように語幹アクセント形における子音の二重子音化現象がある。語尾アクセント形にはそれが起こらないから、自然の音韻変化の結果として VOLUĪ（← *VOLĒRE ← VELLE）には volli/volesti/volle/volemmo/voleste/vollero という完了形が成立する。

　一方、U 型完了はラテン語の U 型完了以外の動詞に広がっていて、新たな完了形が生まれている。*CADUĪ（← CECIDĪ ← CADERE）、*VENUĪ（← VĒNĪ ← VENĪRE）、*BIBUĪ（← BIBĪ ← BIBERE）などがその一部である。これらの完了形は caddi/cadesti etc.、venni/venesti etc.、bevvi/bevesti etc. となる。ここに、voll-/vol-、cadd-/cad-、venn-/ven-、bevv-/bev- のごとき二重完了幹現象ができあがるわけである。

　ここで重要なのは、語尾アクセント形の方が「不完了・進行詞・不定詞・直説法現在形 2 人称複数」の語幹と一致していて、その一致は規則変化動詞の場合と全く同じだということである（進行詞については、「0815 現在分詞と動名詞」を参照のこと）。

　その「一致」の形式が U 型完了以外の動詞にも類推的に応用されたのである。典型が、既に見た延長型完了の vedere の場合である。2 人称単数 vedesti はラテン語 VĪDISTĪ からの音韻変化ではありえない。これは不完了（imperfectum）vedevo、進行詞 vedendo、不定詞 vedere、直説法現在形 2 人称複数 vedete からの類推による、とテカヴチクは言うのである。この fare にも同じことが応用される。2 人称単数 facesti は FĒCISTĪ からの変化ではなく、facevo、facendo、facete などからの応用類推によるのである。

　実際のイタリア語の歴史において、ことがそう単純明快に進行したとは筆者には考えられない。しかし、成立した文語イタリア語においては、vedere に見られた形式が不規則動詞の完了形において完璧にできあがっている。次の S 型完了においてもそれは見られる。

390

08444 S型完了

S型に関しては、イタリア語以外ではその古い形は保存されにくかった。イタリア語の場合は、それを保存するのみならず他の型の完了をも S型に取り込んでしまったのが特色である。ポルトガル語とスペイン語では -er型動詞か -ir型動詞の通常の形に同化することが多かったし、フランス語やカタルーニャ語でも古形では S型の痕跡が見えるものの結局は独自の形は持たず、別の型の動詞との平準化が生じている。

S型完了（perfectum）の古い形を保存している例が多いのは DĪXĪ etc.（← DĪCERE）のみである。（1）ポルトガル語、（2）スペイン語、（5'）古フランス語、（5）フランス語、（6）イタリア語、（8）ルーマニア語では以下のようになっている。

（1）dizer; disse/disseste/disse/dissemos/dissestes/disseram

（2）decir; dije/dijiste/dijo/dijimos/dijisteis/dijeron

（5'）dire; dis/desis/dist/desimes/desistes/distrent

（5）dire; dis/dis/dit/dîmes/dîtes/dirent

（6）dire; dissi/dicesti/disse/dicemmo/diceste/dissero

（8）zice; zisei/ziseşi/zise/ziserăm/ziserăţi/ziseră

ここでは、子音変化における「06406 連続子音の扱い」を参照してほしい。

ポルトガル語は［ks］>［s］という異例の変化を起こしたケースで、それがそのまま保存されている。古スペイン語においては dixe［ˈdiʃe］（< DĪXĪ）etc. であったがその後スペイン語特有の［ʃ］>［x］が生じている。

古フランス語における母音のばらつきは、veoir の場合と同理由で、i : i > e : i という異化作用現象である。 -str- の t はわたり音。近代フランス語では母音間の s が消失して残った二重母音 ei が短母音化する。また子音連続の単純化が生じている。

イタリア語での dissi < DĪXĪ は通常の音韻変化で、dicesti etc. は fare の場合と等しい応用類推による。

ルーマニア語は通例通り過去分詞（zis）からの形成。

他の S型完了に関しては書くべきことは少ない。ポルトガル語・スペイン語はそれらを規則完了に変えてしまっている。フランス語・イタリア語に関しては今まで述べたこと以上の説明は必要ない。たとえば MĪSĪ ← MITTERE である。（5'）古

08　第八章　形の変化 2　動詞

フランス語、(6) イタリア語では次のようである。

(5') metre; mis/mesis/mist/me(s)imes/me(s)istes/misdrent

(6) mettere; misi/mettesti/mise/mettemmo/metteste/misero

ポルトガル語・スペイン語・カタルーニャ語では、古形としては S 型の名残はあった（古スペイン語 mise < MĪSĪ）が、結果的に -er 動詞の規則形（meter → metí）へと変化している（Menéndez 2, §120-4）。

フランス語・イタリア語に関しては、DĪXĪ ← DĪCERE の場合とほぼ同じことである。

S 型完了（perfectum）で他に書くべきことは VĪXĪ（← VĪVERE）である。(5') 古フランス語と (5) フランス語を対照させると以下のようになる。

(5') vivre; vesqui/vesquis/vesquiet/vesquimes/vesquistes/vesquierent

(5) vivre; vécus/vécus/vécut/vécûmes/vécûtes/vécurent

ここにあるのは変化ではなくて形式の置き換えで、vécus etc. は過去分詞 vécu（古形 vescu）からの形成である。そもそもの始めに [ks] > [sk] という音位転換が起こり、古フランス語の完了（perfectum）形が生まれたのであった。過去分詞もそれに由来する。同様な現象はカタルーニャ語（visquí/visqueres/visqué etc.）、古オック語（visquei/visquest/visquet etc.）にも起こっている。vesqui etc. が使われなくなるのは 17 世紀である。

ポルトガル語とスペイン語では規則変化となっているのに対し、イタリア語では vissi/vivesti etc. と既に見た二重完了幹形式である。ここには、イタリア語の特殊事情がある。

イタリア語は、まずラテン語 S 型完了（perfectum）の残存を多く見せている。ラテン語語源は省略してその一部だけを書くと、ridere → risi/ridesti、ardere → arsi/ardesti、chiudere → chiusi/chiudesti、rimanere → rimasi/rimanesti、chiedere → chiesi/chiedesti、giungere → giunsi/giungesti、scrivere → scrissi/scrivesti、vivere → vissi/vivesti、piangere → piansi/piangesti などがそうである。これらはすべてラテン語において RĪSĪ、ARSĪ のように S 型完了（perfectum）なのであった。しか

392

し見るように、すべてが mettere の場合と同様に二重完了幹形式へと移行してい
るのが特色である。

　以上と少し異なっているのは、ラテン語語源では S型ではなかったのにその完了
分詞語尾が -SUM であり、それがそのままイタリア語過去分詞で -so の形で残って
そこから S型完了幹が作られる例である。decidere → decisi/decidesti、prendere
→ presi/prendesti、mordere → morsi/mordesti、uccidere → uccisi/uccidesti、
difendere → difensi/difendesti などがそれに当たる。

　さらに、ラテン語形からは何の繋がりも見いだせないのに純粋に類推的に S型
となる例もあるのである。leggere → lessi/leggesti、vincere → vinsi/vincesti、
rispondere → risposi/rispondesti、cogliere → colsi/cogliesti、valere → valsi/valesti、
correre → corsi/corresti、cuocere → cossi/cocesti、muovere → mossi/movesti な
どである。

08445　重複型完了

重複型でロマンス語に子孫を残しているのは STĀRE と DĂRE のみである。

　他の例、たとえば CADERE → CECIDĪ などは既に「ライヒェナウ語彙集」
(「03313 難語彙集」参照) において ceciderunt: caderunt とされている。caderunt
はポルトガル語 caíram、スペイン語 cayeron の直接の祖先である。つまり、
CADERE > *CADĒRE > cair/caer という変化が起こり、完了 (perfectum) 形も
規則形に転じていたのである。同語源の古フランス語 cheoir の 3 人称複数形も
cheirent であったが現代語では動詞そのものが消えている。

　一方イタリア語は caddi/cadesti/cadde/cademmo/cadeste/caddero であって明
瞭に異なった結果である。

　STĀRE と DĂRE は、その重複型完了 (perfectum) を残存させたのみならず他
の動詞にも影響を与えたことで特殊である。

　STĀRE (STETĪ/STETISTĪ/STETIT/STETIMUS/STETISTIS/STETERUNT)
は (1) ポルトガル語、(2) スペイン語、(3) カタルーニャ語、(6) イタリア語、(8)
ルーマニア語では以下のようである。

　(1) estar; estive/estiveste/esteve/estivemos/estivestes/estiveram

　(2) estar; estuve/estuviste/estuvo/estuvimos/estuvisteis/estuvieron

　(3) estar; estiguí/estigueres/estigué/estiguérem/estiguéreu/estigueren

08　第八章　形の変化2　動詞

　　（6）　stare; stetti/stesti/stette/stemmo/steste/stettero
　　（8）　sta; stătuı̯/stătuşi/stătu/stăturăm/stărurăţi/stătură

　DĂRE（DEDĪ/DEDISTĪ etc.）の場合は（2）スペイン語、（6）イタリア語、（8）ルーマニア語のみで良い。
　　（2）　dar; di/diste/dio/dimos/disteis/dieron
　　（6）　dare; diedi（detti）/desti/diede（dette）/demmo/deste/diedero（dettero）
　　（8）　da; dădui̯/dăduşi/dădu/dădurăm/dădurăţi/dădură

　この2動詞のたどった道に関しては、イタリア語におけるその歴史で説明するのが良さそうである。

　dare には、detti/dette/dettero のような形が別形として存在している。これらを除くと、diedi/diede/diedero は DEDĪ/DEDIT/DEDERUNT からの音韻変化形であり、desti/demmo/deste の場合は DEDISTĪ/DEDIMUS/DEDISTIS からの DEDI という類似した2音説の一方が脱落した形で、「064 子音変化」で述べた異化作用の一種である「重音脱落」と解釈される。ただし、脱落したのが DE であるか DI であるかには各説がある。

　問題は、別形 detti etc. の由来である。これに類似した二重形は credere の credei と credetti、dovere の dovei と dovetti のごとくに他にもいくつか存在しているから、その成立に関して何らかの説明が必要とされる。

　このような二重性が生じたその究極の源は STĀRE にあるとされる。イタリア語の完了（perfectum）形は avere の場合と平行した U 型の *STETUĪ/*STETUISTĪ/*STETUIT/*STETUIMUS/*STETUISTIS/*STETUERUNT のごとき祖形を想定させ、それはポルトガル語以外の言語の完了（perfectum）形とも矛盾しない。

　イタリア語ではそこから、stetti/stesti/stette/stemmo/steste/stettero の形式が成立し、それが dare の完了（perfectum）にも応用類推されたのであった。テカヴチクの言う「イタリア語の不規則完了形の最大の特色」である二重完了幹形式がここにも生じて、diedi に対する detti が、diede に対する dette が、diedero に対する dettero が生じたのである（Rohlfs 1, §577、Tekavčić, §§693-694）。

　重要なのは、その影響は dare にとどまらなかったということである。それは -dere の語尾を持つ動詞（credere、vendere、cedere、sedere、perdere など）に、さらにはそれ以外の語尾を持つ動詞にまで広がったのである（Regula & Jernej,

394

§91,n.1)。それらは方言的あるいは文体的にバリエーションを持つと考えられるが、そこまでの詳細は筆者は承知していない。

　スペイン語 dar は、ver と同様に IV 型と一致することとなった。estar に関しては、estide（< STETĪ）/estidiste（< STETISTĪ）etc. のような古形があったとある（Menéndez 2, §120.2）が結局は U 型となった。別の古形 estovo、estudo があったが、結局は tener → tove > tuve の類推により o > u の変化を蒙っている。ポルトガル語も tive からの類推によると考えるのが適切であろう。

　ルーマニア語に関しては、古形では stetei/steteşi/stete etc.、dedei/dedeşi/dede etc. のようにラテン語の重複形式の残存を見せているのであるが、結局は過去分詞からの規則的形成法に変わり、U 型に変化している。

09 第九章 補遺

091 カタルーニャ語
    0911 カタルーニャ語の歴史
    0912 言語系統における所属問題
    0913 現代における社会言語学的状況
        09131 code-switching とカタルーニャ語
092 ルーマニア語の所属問題
    0921 その起源に関する二つの説
    0922 バルカン言語同盟とは
    0923 ルーマニア語はロマンス語である
093 少数言語文例集
    0931 サルディニア語
    0932 レト・ロマン語
        09321 ロマンチュ
        09322 ラディン
        09323 フリウラン
094 『星の王子さま』7ヶ国語対照例

091 カタルーニャ語

　筆者自身、ある特定のロマンス語を専門としてきたものではないことは既に述べた。ただ、カタルーニャ語に対しては、バルセロナで1年間の留学生活を送っていること、またこの言語の専門家が少ないことから特別の関心を持っており、それについて他の言語に対する以上の記述を残しておきたいと考えている。

　カタルーニャ語について特に書くべきことは、「0911 カタルーニャ語の歴史」、「0912 言語系統における所属問題」、「0913 現代における社会言語学的状況」の3項目に分かれる。

0911 カタルーニャ語の歴史

カタルーニャ語の歴史の要を得た記述で入手しやすいものはエルコックにある（引用文献 Elcock, pp.448-456）。

本書では、あくまでもバルセロナ市を中心とした地域の勢力拡大・消長と密接に結び付けてそれを記述してみる。

ローマ時代以前の前史は省略する。バルセロナは紀元前 1 世紀末には完全にローマに領土化されており、バルキノ（Barcino）と呼ばれていた。ローマ帝国崩壊後、5 世紀後半以来西ゴート王国の一部となった後、8 世紀初めにイスラム国家であるウマイヤ朝に組み込まれたが、住民はあくまでもラテン語化された人々の子孫である。ピレネー山脈で隔てられたそのすぐ北側はカロリング朝フランク王国であり、それは徐々に南進を始めてイスラム勢力を押し出し、9 世紀初めにはバルセロナはフランク領となる。このとき、バルセロナの住民にはむしろイスラム国家の方を歓迎した人もいたとの面白い記録が残っている。

9 世紀後半にフランク王国が 3 分割され現在のフランス、ドイツ、イタリア 3 国の境界線の源流が作られたことは「031 最初期のロマンス語」で述べている。フランク勢力の後退の余波は周辺地域に及んで自立性を求める運動が各地で起こる。9 世紀終わりにはイベリア半島の東北の一角において「バルセロナ伯爵領」と呼ばれる地域が事実上独立するのである。原カタルーニャ語とでも言うべきものがこの時期に既に話されていたと考えられている。ただし、カタルーニャ語の最古の実例と言うべきは、11世紀半ばのラテン語文書内に見られる単語であって、その出現は他のロマンス語と比べて遅い。

詩作は文学活動における重要な要素であるが、13世紀終わりに至るまでカタルーニャ詩人は自国語よりはオック語での詩作を選んでいた。カタルーニャ語で書かれた詩の最初に神秘思想家ラモン・リュリュ（Ramon Llull, 1232頃-1315頃）の作品である。

バルセロナ伯爵領は強固に残り、周囲を占領して拡大していく。12世紀中葉には婚姻によって西側のアラゴン王国と連合国家を形成する。13世紀にはヴァレンシアとバレアレス諸島をその領土として、それ以来現在のカタルーニャ語地域が固定することとなった。

アラゴン王国の政治的繁栄と歩を同じくしてカタルーニャ語文学も隆盛となり、14世紀と15世紀に一種の黄金時代を迎えている。文人として一番著名なのは既に述べたラモン・リュリュである。彼のカタルーニャ語作品は、哲学的著作にラテン語

ではなく民衆語を用いた最初の例であるとされる。

アラゴン王国は拡大し、15世紀にはサルディニア島、シチリア島を領土とするまで地中海における勢力を伸ばすことになる。この時期、イベリア半島の北部（南部は未だにイスラム勢力圏にある）にはいくつかの小王国が並立しており、バルセロナを中心とするカタルーニャ語地域とは言語的に分離していた。

アラゴン王国の海外進出の結果として、サルディニア島にもカタルーニャ語が移植された。それは現在もその島の西北に位置するアルゲロ市 Alghero に残存し、人口4万のうち2割はそれを第一言語とし、6割はそれを理解可能としているとの報告がある。

しかし15世紀終わりにアラゴン王国とカスティリア王国が統治者の婚姻によって統一スペイン国家を形成すると、政治・文化の中心地はマドリドに移った。新大陸の発見の結果経済的重要性も地中海よりは大西洋側に移っていく。カタルーニャ地方は文化的・経済的に力を失うこととなったのである。16世紀から18世紀まではカタルーニャ語文化は衰退しており、カタルーニャ語はカタルーニャ、ヴァレンシア、バレアレス諸島、アルゲロ市の口語として存続するのみとなった。アラゴン地方はカスティリア語を基とするスペイン語圏に組み込まれて、土着のアラゴン語の話者は今世紀では1万人から1万2000人という報告がある。

18世紀以後、カタルーニャ地域は新たに経済的発展を開始する。それはカタルーニャ地域人の民族主義的感情をも刺激し、文化復興運動への引き金となる。同時代ヨーロッパのロマン主義的思潮もそれを後押しすることとなった。そのように始まった運動は19世紀中葉には Renaixença（カタルーニャ文化ルネッサンス）と呼ばれるまでになる。

しかしながら、そこに至る道のりは平坦ではなかった。数百年に亘る文学活動の衰退は言語に対して様々な悪影響を残していたのである。

大まかに言ってカタルーニャ地方・ヴァレンシア地方・バレアレス諸島の3地域が言語的差異を伴って存在していて、それぞれの地方で方言分化が甚だしかった。そこに共通の標準的文語というものが未確立であって、当然正書法にも統一的な規則はなく文人は好きなように語を綴っていた。語彙においてはスペイン語の語彙が日常語に多く侵入していてそれを補う適切な必要語彙が見つけにくかったりしたのである。

20世紀初頭の30年間は、そのような状態を克服すべくカタルーニャ語文化人が協力して標準カタルーニャ語への統一的見解を作り出した画期的な時期であったと言

える。この時代の動きについて要を得た英語の記述が、ジョゼフ・グルゾイによってなされている（Trends 2, pp.194-204）。

　それは現代的言語学研究が既に爛熟した時代であって、それぞれの地域に専門の言語学者が存在し、それぞれが強固なる主張を持っていた。また、カタルーニャ語はその独自性で外国人研究者にとっても注目の的であり、彼らからの絶え間ない注視もあった。そのような状態で様々な会議や論争があり、標準語彙、標準文法が記述されることとなった。

　このような運動の中心部にいた人々のうち代表的人物を選ぶとすると、アルクベ（Antoni Alcover 1862-1932）とファブラ（Pompeu Fabra 1868-1948）の二人とするのが適切であろう。

　両者とも業績は様々であるが、その代表的なものだけを書いておく。

　アルクベには、10巻に及ぶ大辞典 Diccionari Català-Valencià-Balear（1926-1962）がそびえ立っている。これは、3番目の重要な人物と呼ぶべきモリュ（Francesc de B. Moll 1903-1991）との共同作業として彼の死後30年目に完成している。語義、用法の他に方言辞典、古語辞典、語源辞典も兼ねた、他に類を見るのが難しい総合辞書である。

　ファブラの場合は、カタルーニャ語標準文法の確立がまず挙げられる。彼の手による文法書のスペイン語版 Gramática de la lengua catalana が1912年に出版され、カタルーニャ語版 Gramàtica catalana は1918年に出た。さらにまた、中型辞典 Diccionari General de la Llengua Catalana の出版（1932）も標準語彙とその正書法の確立にとって重要な出来事であった。

　しかしながら、カタルーニャ語の歴史から一旦眼を離すならばこの時代は、カタルーニャ地方はスペイン全土の中でもとりわけ苦難に満ちた悲惨な時期であったのである。

　ごく単純に順を追って出来事を見ると、第一次世界大戦後の経済的不況を原因の一つとする労働運動の過激化が生じ、それは工業化が進んでいたカタルーニャ地方では最も先鋭的であった。それに対して軍人政治は弾圧を強め社会的不和が増大する。ついには王政が崩壊して一旦共和政が成立するが政治的混乱は収まらず、スペイン内戦が勃発することとなる。共和政勢力の牙城であったバルセロナはフランコ軍によって占領され、全土が制圧された（1939）後は、フランコ総統による独裁政治が彼の死（1975）に至るまで続くことになるのである。内戦の中でカタルーニャ人に多くの犠牲者が出て国外へ亡命する人々も多かった。ファブラも亡命者の一人

09　第九章　補遺

で、戦後未帰還のままフランスで他界している。

　その結果言語に関して何が起こったかというと、カタルーニャ語は以前に享受していた公用語としての地位を奪われたのである。抑圧はそれにとどまらなかった。カタルーニャ語による出版や広告は禁止され、カタルーニャ語式の人名、地名、表示はスペイン語式に変えられた。学校、役所、法廷など公的な場ではスペイン語以外使えず、私的な会話ですらも禁圧の対象になることがあった。筆者が個人的に聞いた経験では長距離電話の取り次ぎがカタルーニャ語ではしてもらえなかった、というのがある。カタルーニャ語は家庭内の、あるいはごく内輪の人々との会話においてのみ存続したのである。

　1946年になるとカタルーニャ語書物の禁圧は多少緩められたが出版は1961年に至るまでは微々たるものであった。1962年にはかなりの自由化が認められてカタルーニャ語の出版は大幅に増え、1975年のフランコ総統の死去で法的な束縛は一掃された。

　カタルーニャ、ヴァレンシア、バレアレス諸島がそれぞれ自治州となり、それぞれが言語政策を実施する。カタルーニャ自治州は最も野心的で、カタルーニャ語を公用語としてスペイン語よりも優先させる政策を実行している。

　法的な決定はともかくとして、社会生活における実情はどうなのかというと、カタルーニャ語が社会言語学的見地からは他のロマンス語とは異なった特有の状況にあることは、バルセロナに住んでみると日常的に体感される。それについては個人的体験を多く交えて「0913　現代における社会言語学的状況」で述べることにする。

0912　言語系統における所属問題

　所属問題とは、カタルーニャ語がロマンス語内においてどこに位置づけられるのか、あるいはどのロマンス語と一番近いのか、という問いである。

　これについては、「ロマンス語学の中で最も古くかつまた最も解決し難い問題の一つである」という評言がある。しかしまた、それを簡単に解いてみせる記述もすぐに見つかる。

　スペイン語・カタルーニャ語の語源学の大権威であるコロミナスの「カタルーニャ語要理」El que s'ha de saber de la llengua catalana（1980）にはこうある。

　「スペイン語のみ、あるいはその周辺の言語の一つのみ、を知る人にとってカタルーニャ語は理解可能だろうか？　少なくともすぐには不可能だろう。話し言葉に

至っては絶対に理解不可能だ。オック語の最南部の方言を話す人にとってのみ、カタルーニャ語話者との通話が相互理解可能である。それ以外のロマンス語話者には一定の勉強が必要だろう。2、3のロマンス語を知る人にとっては、文書の形でのカタルーニャ語に取りかかることが容易であるのは明らかである。スペイン語しか使いこなせぬ人がカタルーニャ語を理解することは、ポルトガル語の場合以上の困難を克服して初めて可能となろう」(pp.21-22)。

「もしロマンス諸語を兄弟同士にたとえるなら、ポルトガル語とスペイン語は双子であり、オック語とカタルーニャ語も同様に双子である」(p.20)。

オック語はもちろんフランス語と強い繋がりを持つ語である。実際カタルーニャ語語彙にはスペイン語ではなくフランス語の方と共通である場合が多数ある。その例のごく少数を記すと以下のようになる。括弧内の前者はスペイン語、後者はフランス語である。

menjar「食べる」(comer/manger)、parlar「話す」(hablar/parler)、trobar「見つける」(hallar/trouver)、arribar「到着する」(llegar/arriver)、cosí「いとこ」(primo/cousin)、espatlla「肩」(hombro/épaule)、petit「小さい」(pequeño/petit)、sovint「しばしば」(a menudo/souvent)。

コロミナスの記述は同感しやすいものであると分かるが誤解を招く可能性もある。言語の要素の中でも語彙は一番容易に他へ伝搬するものであり、もし語彙だけを取り出して判断するならルーマニア語はロマンス語よりはスラブ語の方へ分類されるかもしれないのである。

所属問題に関して最も影響力を持ち反響を呼んだ書物はマイエル＝リュプケの『カタルーニャ語』Das Katalanische（1925）である。ここで彼は、「カタルーニャ語の音声組織は一貫してガリア・ロマンス語的（galloromanisch）でありイベリア・ロマンス語的（iberoromanisch）ではない」と断言している（Meyer-Lübke 5, §142）。彼は1890年に出版したその記念碑的大著ではカタルーニャ語を「スペインに引きずり込まれたオック語」であるとしてその独立した言語としての地位を認めていなかった人である（Meyer-Lübke 2, §6）が、1925年に至ってその立場を多少緩めたわけである。

イベリア・ロマンス語とはスペイン語とポルトガル語であり、ガリア・ロマンス語とはフランス語とオック語である。さきに述べたコロミナスの記述は同じ判断の別の現れである。

ロマンス語全体を系統的に分類するときにはそれを4系統に分けることが一般的

である。タリアヴィーニの場合はイベリア・ロマンス語、ガリア・ロマンス語、イタリア・ロマンス語、バルカン・ロマンス語とされる（Tagliavini,§63）。エルコックは一部名称が異なり Hispano-Romance、Italo-Rheto-Romance であるが同じことである。

　カタルーニャ語に関しては、「イベリア・ロマンスかガリア・ロマンスか」という二分法がマイエル＝リュプケに見られるごとく存在し、それが問題を複雑にする。各巨匠がそれぞれの主張を強固に持っているのである。

　スペイン語学界の超人たるメネンデス＝ピダルはマイエル＝リュプケの分類にはっきりと反対している（Menéndez 1,§100-3）のであるが、筆者の観点からはそこには曖昧さがある。「スペイン語の起源」と銘打って様々な方言資料を駆使していながら、この書においてはカタルーニャ語に関する言及は実に乏しいのである。カスティリア、アストゥリアス、レオンと並べてナヴァラ・アラゴンの言語についても一章を割きながら、カタルーニャ語については無視である。このような記述の真意を筆者は理解できないでいる。

　他の学者の見解はどうか。管見に入って来たものをいくつか挙げてみる。

　ホールはイベリア・ロマンス派で（Hall 4, p.14）、Hispano-Romance という名称を用いるエルコックもイベリア・ロマンス派である（Elcock, pp.410-459）。

　ブルシエはガリア・ロマンスのような用語は用いないが明らかにカタルーニャ語をそちらに分類している。彼の記述は「言語学的にはカタルーニャ語はとりわけオック語と繋がっている。しかし早くからアラゴン語と接触を持ち、近代になって政治的状況のせいでスペイン語から、それから完全に分離はしているものの、影響を十分に強く受けた」である（Bourciez 1,§329）。

　イベリア・ロマンス語対ガリア・ロマンス語という二分法で考える限りは、これは決着がつくにはほど遠い問題として現代まで持ち越されて来ていると考えて良い。

　タリアヴィーニになると、「カタルーニャ語は、ガリア・ロマンス語とイベリア・ロマンス語との間の自然な通過地点（il naturale passaggio）を体現している」という、折衷的な表現になる（Tagliavini, p.417）。

　折衷的理論は20世紀後半におけるカタルーニャ語学研究の第一人者バディアにおいてより積極的に展開される。

　彼の説明は、カタルーニャ語は「根本的にスペインの言語（llengua hispànica）である」との断言から始まる。しかしロマンス語としてのカタルーニャ語の創成期

（6世紀から9世紀）においてはその南限以南はイスラム国家であり、カタルーニャ語の領域は優先的に北方指向であった。一言語の性格が固まりつつある最も重大な時期に北を向いていたことがマイエル＝リュプケが指摘するような文法的・語彙的なオック語との共通点の起源である、とする（Badia 2, §3,V）。

　この記述の少し前でバディアは「カタルーニャ語は橋の位置にある」と書いているのであるが、それ以後の著作ではもっと積極的にカタルーニャ語を「橋言語（llengua-pont）である」と表現し、その用語がその後固定化して他の研究者によっても頻繁に使われるようになっている。

　多少乱暴ながら単純化してみると、ブルシエは「オック語がスペイン語化された」とし、バディアは「スペイン語がオック語化された」とし、タリアヴィーニはそこを曖昧にしている、としても良いであろう。この判断の分かれ目には各研究者の民族感情が関与しているのか、と疑ってみるのは自由である。バディアの書は元来がスペイン語で1951年に、つまりフランコ独裁政権の最盛期に書かれたものであるが、この記述には筆者が参照したカタルーニャ語版（1981年初版で、カタルーニャ語に関しては完全に自由化されていた時代）との相違はない。

　ともかくバディアはイベリア・ロマンス対ガリア・ロマンスという二分法に反対し、同時に第三の理論である「ピレネー・ロマンス語」説にも反対を唱える。これは、イベリア・ロマンス語とガリア・ロマンス語との中間に存在したグループを想定してそれをピレネー・ロマンス語とし、そこにカタルーニャ語と並んでオック語、アラゴン語、ガスコーニュ語を分類する理論である。ガスコーニュ語については、「017 オック語」を参照のこと。ロールフスがこの理論を唱えているとあるが筆者はそれを読んでいない。

　これらの理論を総合的に総括している最新の論文として筆者の知識内に入ったのはブラスコ＝ファッレによるものである（Blasco Ferrer）。ちなみに、著名なテニスプレーヤーに Ferrer という人がいて新聞ではフェレールと書かれる。学者の Ferrer が実際にどのように発音されているのか筆者はつまびらかにはしないのだが、ferrer は明らかにスペイン語の herrero、イタリア語の ferraio/ferrero に当たるカタルーニャ語（語源は FERRĀRIUS「鉄工」。「付録2　単語対照表 2. 名詞」参照）であり、そのようにファッレと片仮名化しておく。

　彼はそれまでの理論の弱点を（1）近代オック語を考慮に入れていないこと、（2）古カタルーニャ語と近代カタルーニャ語への知識の不備、（3）音声学と語彙論の分野を偏重し形態統辞論への十分な比較考察が欠けていること、（4）政治・人種・

09 第九章 補遺

文化のごとき非言語的要因を不当に持ち込むこと、と４種に分類し、（3）の形態統辞論におけるカタルーニャ語と他言語との比較考察を重点的に行っている。しかし、「カタルーニャ語はピレネー山脈以北の言語、特にオック・ロマンス語と緊密な関係を示している」との結論は取り立てて説得力あるものとは思われない。特に、近代オック語諸方言とガスコーニュ語を含めるというオック・ロマンス語（occitanoromanzo）なる分類には賛同者は少ないと思われる。ともかくこの論文の利点は、その文献録の豊富さである。

　筆者としては、この問題に何らかの結論を出そうとは思わない。言語的事実を重ねる限りカタルーニャ語とオック語との近縁性は明らかである。問題は、そのような言語的事実が発生し、固定化した歴史的プロセスをいかに説明するかにかかっているのである。そうなるとガリア・ロマンス対イベリア・ロマンスという単純な二分法が使われることはなくなるであろう。結局は、「橋言語」なる用語に象徴されるバディアがなしたような折衷理論にどのように歴史的裏づけを重ねるか、がこれからなされるべきことなのであろうと思う。

　カタルーニャ語の研究史その他についての知識の概略は、ジョゼフ・グルゾイの記述によって得られる（Trends 2, pp.189-296）。これは、文献録も非常に役立つ。

0913　現代における社会言語学的状況

　「0911　カタルーニャ語の歴史」において前世紀におけるカタルーニャ語の独特の歴史を見た。その結果は今世紀においてどのような結果を生み出しているのか。

　ここで注意しておかねばならぬのは、「カタルーニャ語」が指す内容である。今までカタルーニャ州、ヴァレンシア州、バレアレス諸島と、その周辺のいくつかの地域における言語をすべてカタルーニャ語としていた。しかし地域によってはそこに異論もあることは知っておかなければならないのである。特にヴァレンシア州である。筆者はヴァレンシア市においてそこの地域語を「カタルーニャ語」català と表現したときに非常に不快な反応を示された覚えがある。そこの地域言語を català ではなく valencià と、あるいは llengua nostra（「我々の言語」である）と呼ぶべきであるという考えは根強く存在する。バレアレス諸島においても同様の地域ナショナリズムはあり、その現れとしては「0911　カタルーニャ語の歴史」で触れたアルクベの大辞典の名称が典型である。アルクベはマヨルカ島の出身で自己の言語を català と呼ぶことに強い抵抗があり、その畢生の大作には Diccionari Català-Valencià-Balear なる名称以外譲らなかった。

404

本書では，そのような地域的バリエーションは考慮に入れながらも言語の名称としてはカタルーニャ語で一括するのが方針である。

ある統計ではスペインの識字率は97.7%とあるが、それはもちろんスペイン語に関してである。では、カタルーニャ語地域におけるカタルーニャ語の言語能力はどのようなものか。

統計を取った正確な年代は不明だが、1977年出版の書物（R. Ninyoles; Cuatro Idiomas para un Estado, Madrid）においては3地域に関して次のような数字が見られる。

カタルーニャ語についてその能力ある人の割合を「話せる」「聴き取れる」「読める」「書ける」の順で示すと、カタルーニャ州ではそれぞれ53%、54%、13%、13%であり、ヴァレンシア州ではそれぞれ47%、48%、1%、0%であり、バレアレス諸島州では84%、85%、1%、2%である、というのである。「話せても読まない、書けない」という状態がかなり一般的であったことが分かる。要するに、カタルーニャ語の学校教育というものが存在しなかった時代の実情である。

カタルーニャ州においては既に1979年の条例に「カタルーニャ州固有の言語はカタルーニャ語である」、「カタルーニャ語はカタルーニャ州の公用語であり、スペイン語もまた公用語である」、「カタルーニャ州政府は両言語の通常の公的使用を保証すべく必要な処置をとる」などがあったのである。しかしそれは学校教育の成果にはすぐには反映されなかった。

この当時のカタルーニャ語話者の言語生活をバディアは次のように表現している。「考えるのはカタルーニャ語でする。自動的に自然にカタルーニャ語で話す。同じことをスペイン語でしなければならないなら、典型的訛りはあろうとも本当の困難さなしにできる。しかし、書くとなるとスペイン語でしかできない。カタルーニャ語で書こうとしてもあらゆる種類の重大な間違いを犯してしまう。（中略）カタルーニャ語を話し、スペイン語で書く。この分裂に慣れきって他の仕方がありうることに気づかない」（La Llengua Catalana Ahir i Avui, Curial, 1973, pp.192-193）。

それが21世紀の現在ではどうなっているか。筆者には実地調査の能力はなくWikipedia における数字しか入手できないのであるが、それによると2004年では上に書いた順番でカタルーニャ州ではそれぞれ84.7%、97.4%、90.5%、62.3% であり、ヴァレンシア州ではそれぞれ57.5%、78.1%、54.9%、32.5% であり、バレアレス諸島州では74.6%、93.1%、54.9%、46.9% である。

09　第九章　補遺

　バレアレス諸島では「話せる」人の割合が減っているのが目立つが、それ以外は
驚異的な数字の伸びである。カタルーニャ州ではほぼすべてが「聞いたら分かる」
人々であるが、書くとなると、カタルーニャ語で文章をそれなりに書ける人は6割
にとどまるということである。

　Wikipedia から別の数字を引用すると、カタルーニャ州人口（約736万）のうち
カタルーニャ語を母語とする人は38.5％、ヴァレンシア州（約500万）では21.1％、
バレアレス諸島（約98万3000）では36.1％である。カタルーニャ州ですら、母語は
スペイン語である場合が61.5％だということである。それなのに同州でスペイン語
を家庭内で使う人は45％だという数字もある（ヴァレンシア州では37％、バレアレ
ス諸島州では44％）。

　以後は話題をカタルーニャ州にだけしぼることにするが、上の数字を単純に解釈
すれば、両親がスペイン語話者でスペイン語で話し、子供に対してもスペイン語を
使っていても子供同士ではカタルーニャ語で話す例があるということになる。ここ
には学校におけるカタルーニャ語教育の成果が明瞭に見えている。

　1983年の法令に Llei de normalització lingüística というものがあった。英語なら
Linguistic Normalization Law である。ノーマライゼイションという用語は日本語
にも入って来ていて、たとえばそれは、身体障害者も健常者と同様のノーマルな生
活を送れる状態に社会を変えていくことである。カタルーニャでも同じことで、カ
タルーニャ語をスペイン語と同じ地位、状態に変えていくことを目標とする法律で
ある。

　ところで、normalització はカタルーニャ語に関する文献では二重の意味を帯び
て使われるのが特徴である。一つは、この法令におけるような政治的・社会的意味
であり、カタルーニャ語を望ましい権威ある地位に、ノーマルな位置に、押し上げ
ようとすることである。もう一つは、「0911 カタルーニャ語の歴史」で述べた、方
言分化の状態にあった言語から統一的標準文法、正書法、辞書を作り出そうとする
20世紀初頭における学者たちの努力を言う。その代表者の一人ファブラの論説を
編集し直した書物は La Llengua Catalana i la Seva Normalització と題されている
（Edicions 62, 1980）。

　標準語を定め普及させようとする行為は「標準化」であり、英語ならば
standardization という用語が適用されるであろうしカタルーニャ語にもそれに準
じた単語はある。しかしそれは使われないのである。ファブラなどにとっては、標
準語の制定は norma「規則」を定めてそれを普及させることだった。

406

1998年、カタルーニャ州政府の言語政策は Llei de política lingüística（言語政策法）の発布で一層カタルーニャ語寄りとなる。その内容はグーグルで検索可能である。そこには「カタルーニャ固有の言語であるカタルーニャ語はすべての段階、すべての種類の教育における言語である」、「児童は、カタルーニャ語であれスペイン語であれ自分の使い慣れた言語（llengua habitual）で初等教育を受ける権利がある」、「カタルーニャ語とスペイン語の教育がカリキュラムにおいて保証されるべきで、教育開始時期に児童の使い慣れた言語が何であろうとも義務教育の最後においては2公用語を正常に正しく使いこなせるようになるべきである」という項目が並ぶ。

これは公教育だけの問題であるが、つまりはスペイン語話者夫婦の間の子供であっても15歳になればスペイン語と並んでカタルーニャ語も普通に使えるように教育すべきだ、ということになる。カタルーニャ州政府の最初の目的は、「話せても読めない、書けない」という人々に正常な言語能力を復活させ、それを強化することであった。それを normalització と呼ぶことならそれは納得される。それが、スペイン語話者をもカタルーニャ語化しようとするところまで進んだのである。

しかしその政策が政府が望むほど円滑に進んでいくということはないのである。言うまでもないことだがスペイン語は大言語であって国際的に享受している威信はカタルーニャ語のそれとは比較にならないほど高い。スペイン語話者からの否定的反応は言うまでもないとして、カタルーニャ語話者であろうとも公的学校教育における州政府の政策に全面的に賛成できない人々もいる。

もう一つの見逃せない問題は移住して来た人々の存在である。カタルーニャ州はスペインの中でも工業化が進んだ地域であり、20世紀後半以来国内各地から働き口を求めて人々が入って来ている。南米からの移住者も存在する。そのようなスペイン語話者はカタルーニャ語の学習には当然熱心ではない。

増大するスペイン語話者とカタルーニャ語化を進めようとする州政府の間には当然溝もできる。州政府の言語政策は行きすぎで児童のスペイン語能力の発達を阻害して有害であるという主張が一方にあり、他方ではカタルーニャ語のnormalització が未だに不十分であるとみなす人々も存在する。外部からは見えにくい争いはこれからも続くことであろう。

以上のことを記録した上で、筆者としてはそのような数字や法令ではなく筆者自身の実感によるバルセロナにおける言語状況を記録しておきたいのである。その街でカタルーニャ語が具体的にどのように機能しているのか、あくまでも筆者の個人

09 第九章 補遺

的経験から見たそれを記述してみる。そこには、code-switching と呼ばれる興味深い現象が現れている。

09131　code-switching とカタルーニャ語

本題に入る前にまず、ちょっとしたエピソードから始めたい。

茫々たる記憶から確認してみると1983年ということになるのだが、その年に筆者はイタリア、ナポリ市での国際シンポジウムの講演者として招かれたことがあった。古代ローマ最大の詩人であるウェルギリウスは紀元前19年に死去しているので、彼の没後2000年を記念する行事の一環として、ウェルギリウスと縁の深いとされている都市ナポリで彼に関するシンポジウムが諸外国の学者を集めて開催され、なぜか日本からは筆者が招かれたのであった。ラテン文学研究者の端くれとしてウェルギリウスについての論文を書いたこともあり、それが知られていたのであろうか。

行ってみて分かったことだが、他の招待講演者はすべてヨーロッパの国々の西洋古典学研究者であった。

シンポジウムは数日に亘って行われたのであり、外国から招かれた学者やイタリア国内からでも他都市からの参加者は同じホテルに泊まって一緒に食事を取ることになる。そのとき、また時折の休憩のときには、参加者が歓談をする時間は多かった。

参加者の国は色々でも、そのときの用語は開催国を重んじて常にイタリア語なのであった。ドイツ人、オランダ人、イギリス人の古典学者も皆不自由なくイタリア語を話した。フランス人、スペイン人、ポルトガル人ももちろんそうである。スペインから来た人の中にはカタルーニャ語を母語とする人もいたと後になって知ったが、彼らも当然自由にイタリア語で歓談をしていた。筆者はと言えば、講演自体は英語でする承諾はもらっていたのであるが、そんなときに一人だけ英語を話すわけにはいかず、周囲に合わせて下手なイタリア語で会話する努力をする他はなかった。その5年前に同じナポリでの夏期講習でイタリア語を勉強した経験はあった。

歓談の際の面白い思い出として残っているのは、ドイツ人学者との会話の断片である。彼は、ヨーロッパでは水道水は汚染されていることがあるから、子供には瓶詰めの水しか与えないのだと言った。汚染物質である「鉛」に彼は当然イタリア語の piombo を使ったのだが、そんな言葉は聞き慣れていないだろうと親切に思ったのであろう、すぐに plumbum とラテン語で言い換えてくれたのである。なるほど、

408

ヨーロッパではラテン語の方が現代語より共通語として働く場は今もあるのだ、と再確認したものであった。

こんなことを述べるのは語学自慢をしたいからではない。その歓談の折りに経験した別の「社会言語学的出来事」とでも呼べる現象を記録に残しておきたいからである。

ある日の昼食の後、10名ほどで気楽な話しをしていたときであった。何かの理由でそこからイタリア人学者だけが退席する成り行きとなった。イタリア人がいないのだからイタリア語で話さなくても良い、とは言える。では、何語なのか。

そのときに起こった変化が筆者には実に印象深かった。誰かが合図や誘導をしたわけではない。ただ自然に、ひたすら自然に、会話はフランス語に変わったのであった。ドイツ人もオランダ人もイギリス人もそれが当然であるかのようにフランス語で話し始めた。英語ではなかった。記憶ではその中にはフランス人がせいぜい二人しかいなかったのにも関わらず、フランス語への切り替えが完全に静かに一瞬のうちになされ、そのことについて誰かが表情を変えるようなこともなかった。

筆者にとってはフランス語の方がイタリア語よりはまだ少しは楽であったから、それは良かったのである。フランス語の会話にも加わったことに対して、たまたま隣席にいたフランス人の参加者がお世辞を言ってくれた。東洋から来た無名の古典研究者はそれで、ほんの少しだけれど、面目を施したのである。

書きたいことはこれである。

会話の言語が別言語に切り替わること（あるいは切り替えること）を言語学では code-switching と呼ぶ。直訳するなら「信号切り替え」である。

シンポジウムで筆者が遭遇したのは、code-switching に関しては気楽な場面であったと言える。当事者はたまたま集まった人々で、別れてしまえば言語選択の問題も消えてしまうのだから。しかし、どの言語で会話がなされるべきかという問題、大げさに言えば言語選択に関わる戦略、はそこに存在していたのである。

あれから30年以上が経ち、老人となった筆者はこんなことを夢想することがある。それは、イタリア人がいなくなったあの場面で、もしもこの私が強引に英語で話題を提供して会話を主導するような鉄面皮なことをしていたら場面はどうなっていたのか、ということである。

あのような場面での英語とフランス語の力関係はどんなものであったのであろう。「東洋から来た若造が、今までイタリア語を無理してしゃべっていたのだからフランス語までは求めず英語に切り替えてあげよう」となったか、「何を小癪な、

09　第九章　補遺

ここヨーロッパ大陸では威信言語はあくまでもフランス語であるのだぞ」となった
のか。

　筆者には回答はできない。

　code-switchingは、それほど気楽に思い出せる問題ばかりとは限らない。

　多少複雑な実例のために、Ａ言語話者とＢ言語話者が結婚してＣ言語国に住み、
彼らの子供がそこで育っている家庭を想定してみると良い。

　家の外では、子供はもっぱら土地の言語であるＣ言語だけで過ごすかもしれない。
そして学校での教育はＡＢＣのどれでもないＤ言語で受けている可能性もある。日
本在住のロシア人とドイツ人の夫婦の子供がアメリカンスクールに通っているとい
う状況は少しも異常ではないし、子供の恋人は日本語以外話せないかもしれないの
である。

　子供だけではなく親たちにも、社会において場面ごとに使用言語を切り替える必
要が生じることがあるであろう。それはもしかするとかなりの緊張を生じさせるか
もしれないのである。

　上記のシンポジウムの後で筆者は、ナポリ近郊の街サレルノに住むある夫婦を５
年ぶりに再訪した。彼らの家庭がまさに code-switching の場の実例であった。

　イタリア人である夫は、第二次大戦中乗り込んでいた船がシンガポールに着いた
とき祖国が降伏、乗組員たちは一転して日本の敵国人捕虜とされて日本に強制移動
させられたという数奇な運命の持ち主であった。しかし日本の降伏後彼は連合国占
領軍のために働く道を確保して日本にとどまり、かなり裕福な生活をしたようで、
父がフランス人、母が日本人という女性と結婚したのである。その後夫は最後の勤
務地沖縄で引退、二人は夫婦だけで夫の故郷に移住していた。

　夫の母語はイタリア語だが英語は自由に操る。妻の母語はフランス語と日本語で、
しかし英語の教育はしっかりと受けていた。

　日本在住中の夫婦の会話は英語であったに違いない。夫はフランス語を学んだこ
とはなく、日本語会話はかなり学んでいたようだが、夫婦間でそれが主要言語で
あったとは想像できない。彼らには成人した一人息子がいて、日本で英語での教育
を受けてアメリカに住んでいるのであった。両親の母語はイタリア語、フランス語、
日本語なのであるが、家族間の共通語としては誰の母語でもない英語しかないこと
になるであろう。

　再訪のときには、夫婦がイタリアに移住して10年以上経っていたのだが、妻のイ

410

タリア語能力は不完全であり、夫はフランス語は全く覚えようともしていなかった。だから夫婦のみの会話は依然として英語であったと思う。筆者と彼らとの会話も英語であった。

　ここで一番微妙なのは妻の立場である。彼女には母語を使う場がないのである。日常生活でイタリア語を話さなければならぬ場合は多々あろうが、それは母語のように流暢になってはいなかった。フランス語を使える機会はごく限られているだろうし、日本語でとなると機会はゼロだったようだ。筆者が最初のナポリ滞在時にこの家に招かれたのは、夫婦の友人であるアメリカ人が筆者と同じ講座におり、夫婦に招待されていた彼が、日本語での会話に飢えていたその婦人のためにと筆者も誘ってくれたからである。

　5年後の再会のときにも彼女の日本語は何の不自然さもない上品な言葉であった。実はその5年の間にサレルノの街は日本にも報道されたほどの地震被害を受けている。その体験を「怖かったわ…」と日本語で言ったのが今も耳に残る。母語を知る人に母語で言いたい気持ちが良く分かった。

　妻の妹は日本人と結婚して東京在住であると聞いた。姉妹間でそれぞれの家庭の言語は完璧に異なることになったであろう。姉妹の間での会話はフランス語であろうか、日本語であろうか。会話のときと手紙のやりとりのときとでは言語が異なっている可能性もあるだろう。東京在住の甥、姪との会話や通信がなされるときには何語になるのであろう。

　この一族では、相手との関係や会話の場所によって、あるいは場面の展開の成り行きで、どの言語を選ぶかの決定をせねばならぬ場合が、頻繁に起こることであろう。

　シンポジウムで一時的な code-switching 現象を体験し、その直後個人の家庭に深く組み込まれたそれにも遭遇した後、さらに数年経って、筆者はもっと大規模で長い時間に亘って code-switching 的現象が続く土地に1年間とどまることになった。昭和の終わりの1年間を筆者は、バルセロナ大学における visiting professor としてバルセロナで過ごしたからである。

　このような地位を日本語で「客員教授」と称する人がいるけれど、筆者は招聘されたのでも講義をしたのでもなく数回の講演を頼まれてしただけなので、客員教授と名乗るのはおこがましく感じて「訪問教授」ということにしている。

　訪問教授としての1年間は、毎日の生活が code-switching の実践であった。バ

411

09　第九章　補遺

ルセロナ市とその近郊の土着言語はスペイン語ではなく、その姉妹語であるカタ
ルーニャ語だからである。ただし、カタルーニャ語しか理解しないという人はここ
には存在しない。スペイン語しか話さない人と、両方の言語を理解し使う人の２種
類があるだけである。だから、筆者はスペイン語だけで暮らそうとしてもそれは可
能であった。ただ、筆者のバルセロナ滞在の目的はカタルーニャ語の勉強であった
からできるだけカタルーニャ語を使おうとしたし、それが通じない人に対してはス
ペイン語にスイッチすることを余儀なくされた、ということである。

　確認しておかねばならぬが、筆者の滞在は1988年から1989年にかけてであって、
あれから20年以上が経った今では、状況にはある程度の変化が生じているものと考
えられる。しかし、一部民族主義者が希望するような「バルセロナ地域の完全カタ
ルーニャ語化」が起こっているわけはなく、事情は本質的には変わっていないはず
である。

　バルセロナの街は日本人にとっては建築家ガウディの作品のある土地として有名
で、バルセロナ人は日本人を見るとガウディ作品の見物に来たと思うらしい。筆者
も到着第一日に仮の宿として選んだホテルの帳場の男性からもそう訊ねられた。そ
の言葉はもちろんスペイン語であった。それへの筆者の答えがカタルーニャ語でな
され、しかも目的がカタルーニャ語の勉強のためであったので、彼は大いに驚いて、
同時に感心もしてくれた。

　ここで「感心してくれた」というのが微妙な問題なのである。相手によっては
「怪訝な顔をされた」、あるいはもっと悪く「嫌な顔をされた」もありえたのがバル
セロナなのである。

　バルセロナは、カタルーニャ文化の中心地であって、文化の中核である言語カタ
ルーニャ語の伝統は根強く続いている。続いているとは言っても、スペイン語しか
知らぬ人もやはり沢山住んでいる。しかもそれはスペイン国の公用語であること以
上に、カタルーニャ語などとは比較を超越したほど国際的に重要で威信を持つ大言
語の一つなのである。だから、バルセロナにおいても両者に対する感情は人によっ
てそれぞれ異なっている。二つの言語の棲み分けには微妙な色合いがあるのであ
る。

　ホテルにいた男性はおそらくバルセロナかその近郊の出身であって、カタルー
ニャ語に対して強い愛着を持った人物なのであろう。しかし、そのような人物にば
かり行き当たるとは限らない。

　筆者が住まいを定めた後、週に一度掃除に来ることを依頼した婦人は全くのスペ

412

イン語話者であった。ということはよその土地から働きに出て来た人である可能性が高い。彼女とはカタルーニャ語で話すなどは問題外で会話は常にスペイン語であった。

昼食を取るレストランでたびたび顔を合わせて会話をすることが多かった元弁護士の老紳士は非常に教養の高い人物であったが、アストリアス地方出身の彼もスペイン語話者で、カタルーニャ語に対しては「ただの地方的方言にすぎない」という差別的偏見を隠そうとはしなかった。

この程度の偏見はありふれているから別に気にするには当たらない。ただ不思議に思ったのは、カタルーニャ語を話せないまでも少なくとも読めたり聞き取れたりしなければこの街では不自由をするはずなのに、それにどう対処しているか、ということであった。

バルセロナは芸術の都市であり、音楽会は間断なく開かれて、その元弁護士氏とはそのような場面で遭うこともあった。バルセロナの市主催の音楽会のプログラムはすべてカタルーニャ語である。ドイツ歌曲の歌詞にはカタルーニャ語の対訳が付いている。スペイン語は１語もない。劇場での芝居の公演（『フィガロの結婚』その他を見ている）もカタルーニャ語である。舞台を見ることはなかったがギルバートとサリバンのオペレッタ『ミカド』のカタルーニャ語版のレコードを見つけて日本に持ち帰ったのも面白い思い出である。マドリードから劇団が来て公演をするときはスペイン語であった。

バルセロナが誇るオペラ劇場リセウは、世界的には首都マドリードのオペラ劇場よりも威信高いものである。筆者はあるシーズンの後半と翌年の前半を世界最高のキャストで楽しませてもらったものであるが、ここでの公演プログラムでも、主役はもちろんカタルーニャ語である。ここにはスペイン語も登場するが、英語やフランス語よりは多少ましな扱いをされていただけである。具体的に言うと、筋書き、曲目解説、出演者紹介がカタルーニャ語で書かれた後、スペイン語では最初の２項目だけが書かれ、英語と仏語では筋書きだけ書かれている。

日本映画の上映会があって、筆者の中学生時代かそれ以前の木下恵介作品が何本も上映された。そこにフランス在住の日本人研究者が来てフランス語で解説した。通訳はカタルーニャ語であった。

別の例を挙げる。1992年のオリンピックはバルセロナであった。筆者は日本からテレビで観戦しただけであったが、そこからだけでもこの都市の言語状況の特殊さは伝わって来た。

09　第九章　補遺

　オリンピックは国ではなく都市が主催者である。そして、その公式言語はその国の言語と英語とフランス語（近代オリンピックの提唱者の国籍を尊重して）である。バルセロナオリンピックではどうなっていたか。

　テレビで見た限りではカタルーニャ語とスペイン語が混在していた。国の代表者である国王の開催の挨拶はスペイン語であった。開催した都市の代表者バルセロナ市長の言葉はカタルーニャ語であった。競技中になされたアナウンスは、その両方が聞こえてきた。2ヶ国語で全部繰り返されたのか、その場その場でどちらかが使われたのかは、テレビの音声からは判断できなかった。

　この街が、間断なき code-switching の場であることはお分かりいただけるであろう。筆者は、初めての人と話すときには、どちらを用いるべきなのか、それをまず判断してから会話を始める習慣が自然にできたのであった。

　筆者の経験では、何の躊躇もなくカタルーニャ語で話し始めることができたのはバルセロナ大学の構内だけであった。印象ではここではスペイン語の肩身が狭そうだった。付き合いのあった古典学の教授は元来はスペイン語を母語としていた人で、筆者との会話は常にカタルーニャ語であったけれど、外国人である筆者にも判断できる文法の間違いをしたりした。

　ところで、生まれながらのカタルーニャ語話者にとっても、その母語を使う「場」というものには微妙な事情が介在するのである。誰とそれを用いるのか、それを読むときにも好んで用いるか、それを書くことにまで延長するか、といった問題である。

　切手を買うために何度も訪れた近所の煙草屋の、店番のおばあさんのことを思い出す。切手を買うためには数字をいくつか言わなければならない。筆者は数字をカタルーニャ語で言う。するとおばあさんは必ずそれをスペイン語で問い直して確認するのである。だから筆者は「その通り」と答える。あるときからは面倒になって最初からスペイン語で数字を言ったりもした。

　ところが、お金を受け取ったりおつりを渡すときに金額を確認しながら彼女が口の中でつぶやいている数字は必ずやカタルーニャ語なのである。たとえば8ならば、カタルーニャ語では vuit「ブイト」、スペイン語では ocho「オチョ」でまるで違うから小声でもすぐに分かる。他人には ocho と言っておいて、自分の頭の数字は vuit なのである。面白くて、どうしても笑いが出てしまった。

　この老人にとっては、カタルーニャ語は身内の言葉であって、客に対するときにはスペイン語に code-switching する装置が自動的に働くようになっていたのであ

る。東洋人の男などは異人中の異人であり、そのような存在とカタルーニャ語で会話することはあまりに異常すぎて、すぐに受け入れることはできなかったのであろうと解釈した。

その人の娘婿らしい中年男性が店番をしていたときは簡単であった。彼はカタルーニャ語学習中の人間を好意的に受け入れてくれて普通にカタルーニャ語で応対し、お世辞まで言ってくれた。筆者がカタルーニャ語での長い文章をパソコンで作成、プリントし、そのコピーを取るためにその店に行ったときには、「カタルーニャ語の作文が上手い」とほめてくれた。

ここで重要かつ微妙なのは、その娘婿氏自身がカタルーニャ語を話し読むことはできていたとしても、果たして筆者が書いたような「文法規則に則った正確な」カタルーニャ語を書く能力はなかった可能性があることである。街で人とカタルーニャ語で会話をする機会は他にもあったが、そのときに文法書では「誤り」と断定されている言い回しを聞くことは何度かあった。

標準語以外の言葉をしゃべることは何もおかしくはない。しかし、標準語の教育を受けていないということは、単語を正しく綴り正しい文章を書くこと、もしかしたら普通の文章を読むこと、を難しくするのは明らかである。

また、こんなこともあった。筆者が借りた部屋の家主の婦人はカタルーニャ語話者で、会話は対面でも電話でもカタルーニャ語でしていたのであるが、あるときどうしても彼女にスペイン語を使わなければならぬことがあったのである。

1988年のある日、バルセロナでゼネラルストライキがあった。これは実に徹底したゼネストであって交通は止まり、路地の小店舗でさえも店を閉ざして客を拒否していた。そのせいで約束の支払ができない事情を電話で伝えようとしたところ、彼女はカタルーニャ語での「ストライキ」の単語 vaga を理解しないのである。仕方なくスペイン語での同義語 huelga を用いることでやっと話が通じた。

家主の婦人にとってカタルーニャ語が日常会話の用具であることは間違いないのだが、非日常的な現象に関わる語彙になるとスペイン語のそれしか頭には貯蔵されていないのであろうと判断した。彼女はカタルーニャ語の本や新聞を読んだりカタルーニャ語で文章を書いたりすることはなかったのであろうと思う。

カタルーニャ語話者であることを自認しているのに、その言語は読まないし、書くこともない（書けない）、という実例は、少なくともその時点、1988年の段階では珍しくも何ともなかったのである。また、たとえカタルーニャ語を読んで理解することができても、実際にはスペイン語で読む方を選ぶ事例も多かったと思う。そ

09　第九章　補遺

の実例は、バルセロナにおける新聞事情である。少なくとも筆者の滞在時である昭和の最後の年（1989年）には、バルセロナでのカタルーニャ語新聞の発行部数はスペイン語新聞よりはずっと少なかった。筆者には、同じ店にカタルーニャ語新聞を買いに行くのが毎朝の日課であった。店員は、筆者の姿を見かけるとそれを取り上げて待っていてくれたものである。よほど風変わりな東洋人と思っていたことであろう。

　21世紀の現在ではカタルーニャ語での学校教育は強化されていて、事情はかなり変わっているはずである。しかし、「書く」能力となるとカタルーニャ州でもその能力のある人は6割にとどまることは上で見た。「書く」行為に関しては、筆者の個人的な思い出にすぎないのであるが、こんなこともあった。

　1990年代に京都で、筆者よりは若いカタルーニャ人と話をする機会が偶然あった。そのとき筆者は、別に悪意があったのではないのだが、こんな質問をしてしまった。「あなたは実家に手紙を書くときにはカタルーニャ語で書くのですか、それともスペイン語ですか」と。

　この質問に彼は明らかに返答につまってしまった。ややあってから「カタルーニャ語で書く」と答えたのであるが、どうも真実とは感じられなかった。彼の世代の人にとっては、家族との会話はカタルーニャ語でも手紙はスペイン語というのが慣習であったのだと思う。若い世代は学校で正則のカタルーニャ語を習うからそれを書くことには不自由はないであろう。しかし手紙とは相手があるものなのであって、それを受け取る側は、世代によってはスペイン語の方が良いと思うかもしれないのである。

　21世紀となった今でも、家族間での通信で書き言葉としてのカタルーニャ語が使われる事態はそれほど通常化してはいないのであろうと筆者は憶測している。

092　ルーマニア語の所属問題

0921　その起源に関する二つの説

　ルーマニア語は、ロマンス語の一つとされている。それはそれで良いのであるが、しかしそう言うための根拠というものを一応確認しておいた方が良い。その理由は、ルーマニア語は他のロマンス諸語と対照させてみたときそれだけが特別異なって見えることと、またそれがラテン語の子孫であることの歴史的裏づけが見えにくいことである。

416

まず、次のような歴史的事情もある。

ルーマニア語以外のロマンス諸語は、明らかにかなりの期間ローマ帝国の領土であった地域で発展してきた言語である。フランスもイベリア半島も紀元前から、まず最初は兵士によって征服され、役人が赴任し、軍人が駐留し、農民が入植し、商人が旅行し、いわゆる「ローマの平和」の時代が長く続いて、征服・支配された人々が様々なローマの都市文化を受け入れるとともに征服者の言語をも受け入れた結果が現代にまで続いている。

一方、近世現代においてルーマニア語が主要言語として話されている地域（ルーマニアと、旧ソビエト領にあって独立したモルドヴァ）とローマ帝国との結び付きは他と比べるとかなり薄弱なのである。そこにラテン語の子孫が存続した必然性が見えてきにくい。

現代のルーマニア国家の地域は古代のダキアとほぼ一致する。そこの先住民たるダキア人の言語は印欧語に属するとみなされているが、ラテン語とは遠く隔たったものだ。この、ドナウ河（英語ならダニューブ河でラテン語名はダヌウィウス Danuvius）の北側の地域をローマが占領していた年月は170年に満たないのである。詳しく言うなら、紀元後101年と105年、それに106年のトラヤヌス帝による侵攻によって現代ルーマニアの西半分にほぼ相当する地域だけがローマ帝国領土になったのではあるが、それすらも271年には西ゴート族の圧迫に耐えかねたアウレリアヌス帝の決断によって放棄される結果となっている。

ブリテン島のイングランド地域は、後1世紀から約400年の間ローマ帝国領であった。それなのに英語には当時のラテン語は地名程度にしか残されていない。ブリテン島にはその後ゲルマン語を話す民族が大挙して移住した歴史的事実があるから、ラテン語が消え去ったことはすぐに納得される。しかし、ダキアの地での民族移動による動乱はブリテン島の比ではないのである。ローマ人勢力を追い出した西ゴート族は、さらなる移動を開始するまで100年ほどはダキアにとどまっていた。彼らが去った後そこはフン族の領土となった。その首領アッチラが453年に死亡してフン帝国が瓦解した後には順繰りに、スラブ人、アヴァール人、ブルガリア人、ハンガリー人、クマン人、モンゴル人が支配者となった。

ところで、歴史上ダキアであったその地において、ラテン語系の言語を話す人々として認識される民族とその言語資料が記録されるのは14世紀初めである。つまり、ローマ人のダキア撤退からは1000年以上も後のこととなる。スラブ人、ハンガリー人、トルコ人など周囲の諸民族のすべてと際だって異なった言語を話すその民族は

09 第九章 補遺

ワラキア Wallacia 人と呼ばれていた。ルーマニア語話者をワラキア人と呼ぶ慣習
は長く続いている。モーツアルトの歌劇『コシ・ファン・トゥッテ』(1790) には、
"Io non so se son Valacchi"「あの人たちワラキア人かも」という歌詞があるが、
これはルーマニア人のことである。

　この Valacchi とか Wallacia という呼称（他には、Blachi、Vlahi というような
綴りで表される）に関しては、ルーマニア語以外の多くの言語との関わりがあり、
ロマンス語に関心を持つ人にとっては面白い話題でもあるので、別の項（「付録1
ロマンス語話題集 4. Wales という地名」）で詳しく述べている。

　そのような事情を考慮に入れた上で、ルーマニア語とラテン語との系統的関係に
ついてはおおよそ二つの異なった説明づけがなされている。

　その第一は、現ルーマニアで話されているルーマニア語をダキアの地で話されて
いたラテン語の直接の子孫とみなすものである。トラヤヌス帝の率いる軍隊は土着
の住民を殺すか追い払い、そこにラテン語を話す人々を大量に入植させた。そして
その人々がその地をローマ文化とラテン語の土地として「原ルーマニア人」とでも
言うべき民族集団となり、それが他民族による征服の歴史をくぐり抜けて現代にま
で到達している、とみなすのである。

　別の説は、ローマ帝国領であった時代にダキアへ入植した者の子孫がその後の動
乱の中でその地を離れず、文化的一体性を保ったまま存続したなどありえぬことと
考える。そして、ルーマニア語の祖先はドナウ河以北のダキアの地ではなく古代に
おけるイリリクムやモエシアというドナウ河の南の地で誕生していたと想定する。
その説では、ルーマニア語話者の現ルーマニアへの移住はそのずっと後の13世紀か
14世紀で、モンゴル人の建てたキプチャクハン国が東へ撤収した権力の空白期に生
じたとされる。イリリクムとは旧ユーゴスラビアの地域と、そしてモエシアとは現
ブルガリアの北部地域と考えると良い。これらの地域のローマ領への編入は古くは
紀元前から始まっているし、その後も長く東ローマ帝国の一部として存続している。

　このような説の根拠の一つは、現代においてダキア地方よりずっと南の地域であ
るマケドニア、アルバニア、ギリシアに、そしてまたずっと離れたクロアチアのイ
ストリア半島に、ルーマニア語の姉妹語と呼ぶべきものが明瞭に残存していること
である。

　これらは3言語に分類され、それぞれ名前が付いている。それらと並列させる場
合には本国での言語は単にルーマニア語とするのでは不明確になり、ダキア・ルーマ

418

ニア語と呼ぶことになる。ルーマニア語では Dacoromân で英語なら Dacorumanian である。他は Aromân (Arumanian)、Meglenoromân (Meglenorumanian)、Istroromân (Istrorumanian) である。

これら3言語はすべてユネスコの「消滅危機言語」に分類されている。

その中で話者数が一番多いのは Aromân (「アルーマニア語」と訳される) である。これはギリシアの北部地方、マケドニア、アルバニアの中央部、さらにはブルガリアにも、一個所に固まることなくいくつかの地域に点在した個所で話されている。話者数は2002年で50万人とされ、消滅危機に関しては「危険 (definitely endangered)」に分類されている。これは、「脆弱」、「危険」、「重大な危険」、「極めて深刻」、「消滅」と5段階に分けられた危険度の下から2番目に当たる。

Meglenorcmân はメグレン・ルーマニア語で、ギリシア北方のマケドニア共和国と境を接するメグレン地方とマケドニアに話者がいる。話者数は5000とされ、これは「重大な危険 (severely endangered)」に分類されている。

Istroromân とはイストリア・ルーマニア語と訳すべき言語で、クロアチアのイストリア半島の一部に残存、話者数は300でこれも「重大な危険」である。

これらの二説はともに、純粋に言語学的な考察よりはむしろ社会の歴史そのものの解釈に依存することが多い。その結論は、現在のルーマニアの地域における中世初期・中期の歴史にルーマニア人・ルーマニア語話者の存在なり役割なりをどの程度まで重く査定するかで結論は変わるのである。歴史問題においては、ハンガリー人研究者とルーマニア人研究者とでは結論は異なる。中立的立場で書かれた書物としては、クセジュ文庫におけるジョルジュ・カステラン著『ルーマニア史』(1993)がある。

第一の説は主としてルーマニア人研究者によって主張されるものである。ルーマニア人歴史家の書いたルーマニア史には「ルーマニア民族が彼らの祖国領土に継続して定住したことを否定するのは、人間の営む生活の現実性、自然の原理に反するものと言える」という一節がある (アンドレイ・オセツェテア編、鈴木四郎・鈴木学訳『ルーマニア史』恒文社、1977)。純粋言語学の立場からも、アレクサンドゥル・ニクレスク著『ルーマニア語史概説』(伊藤太吾訳、大阪外国語大学学術出版委員会、1993) においてその説が強く主張されている。ただ、筆者の印象ではニクレスクはルーマニア語がラテン語の正当な子孫であることに関しては当然説得的に語れるわけであるが、それが現ルーマニアの土地で発生し、その話者が途切れるこ

419

となくそこにとどまり続けていたとは主張しきれていない。

この説が必ずこのような愛国的観点から主張されるとは限らない。ヨーロッパの文学的伝統に関する卓抜な解説書『ミメーシス』で有名なドイツ（後にアメリカに亡命）のロマンス語文献学者エーリッヒ・アウエルバッハも、『ミメーシス』より少し前に書き上げた Introduction Aux Études de Philologie Romane（邦訳については「後書き」を参照）において、ダキアの急速かつ根本的ローマ化政策の存在を根拠としてこの説に賛同している。もっとも彼は、ダキアで形成された筆者の言う「原ルーマニア人」的存在が一時はドナウ河の南に移ってその後現在の地に再移住した可能性も否定していない（原著 p.59）。

これら両説には、それぞれの根拠が示されているのであって、どちらにも長所と短所があると言える。「依然この問題は本質的に未解決」という結論（レベッカ・ポズナー著『ロマンス語入門』による。原著については「後書き」を参照）に従っておいてかまわないし、どちらが正しいかを検討することはここではふさわしくない。ともかくも知っておくべきことは、この言語は文献的史料の存在しない1000年の間に多くの異なった言語話者の支配下に存在したこと、その結果必然的に他のロマンス語とは明白に異なった独自の性格を持つこととなったことである。

0922　バルカン言語同盟とは

ルーマニア語に関して、アルバニア語、現代ギリシア語、ブルガリア語、マケドニア語、セルボ・クロアチア語などとともに「バルカン言語同盟」という枠組みで語られることがある。バルカンとは地名としてのバルカン（Balkan）半島から来ていて、ルーマニア自体は地理的に半島内に存在するとは言えないのに言語はその中に含まされている。

それはこれらが統辞論、語彙、音韻で、必ずすべての言語においてではないにしてもそのいくつかにおいて、共通の様相を呈している場合が無視できぬほど存在しているからである。これらは言語系統を別にしていて、共通点と言えば歴史上長く一つの地域に隣接しかつ相交わって存在したことである。そこからドイツ語で言う Sprachbund「言語同盟」という用語が生まれた。

共通点が生じたその要因としてはいくつかの説が存在する。「基層」としてのギリシア語の影響を想定する説、ラテン語の威信が伝播したとする説、資料がごく乏しい古アルバニア語が大きな影響を与えているという説、単一の言語ではなく複数の言語が相互に影響を与え合ったのであるという説、などである。

筆者はここに挙げられた言語群のうち、ルーマニア語と現代ギリシア語に関して以外知識を何一つ持たない。だから、そこに「共通点」として指摘される要素についても個別的に判断する能力を持たない。ただそれを紹介するしかできないのである。以下は Wikipedia の Balkan sprachbund というサイトでルーマニア語が、これらの言語のすべてではないがその多くと、共通性を見せている特徴であるとして列挙されているもので、それに多少の注釈を付けてみる。

(1) 格変化において、属格と与格が同形である。
(2) 地格と対格が同形である。
(3) 未来形が助動詞で作られる。
(4) 完了形が助動詞で作られる。
(5) 不定詞形が避けられる（あるいは消失する）。
(6) 接続法が複文のみならず単文でも使われる。
(7) 定冠詞が後置される。
(8) 10 から 20 までの数詞が「10 ＋ X」の形式で言われる。
(9) 直接目的語と同格の小辞が動詞の前に重複して置かれる。
(10) 比較級が副詞とともに作られる。
(11) 同形の接尾辞がある。
(12) 同形の単語がある。
(13) 構成法が共通の熟語がある。

このうち、(2)、(3)、(4)、(6)、(10) は他のロマンス語においても見られる現象である。

(2) の現象は「034221 地格か対格か」で扱っている。(3)、(4)、(6)、(10) に関しては説明は不要であろう。

その他はルーマニア語を他のロマンス語から区別する指標ともなりうる。

(5) は、"I want to go …" のような構文が他のロマンス語では "voglio andare …" とか "quiero ir …" のように容易に不定詞構文で言えるのに対してルーマニア語では接続詞 să で導かれる接続法節 "vreau să merg …" を必要とすることを言う。同様の構文は南イタリアの方言にも見られることが報告されるが、これは両者とも同様に不定詞構文を持たないギリシア語からの影響であろうと説明される (Posner 1, p.165)。

421

0923　ルーマニア語はロマンス語である

　このようなことを考慮に入れた上であろうが、次のような記述がある。ルーマニア語が他のロマンス語と際立って異なった特徴を持っていることに関して、「0663 idealism と positivism」で名前を出したボンファンテが言っているのである。「言語は、受けた影響の大きさによっては、いわば忠誠を変えて、あるグループから別のグループへ移ることができる。ルーマニア語はロマンス語化したアルバニア語にすぎない可能性大で、もしアルバニア語に対するローマからの影響がもっと強かったりしたら、アルバニア語は今はロマンス語の一つになっているであろう」（Bonfante 3, p.351）。

　筆者は、この記述は行きすぎと言うよりは誤りであると思う。やはり、ルーマニア語はロマンス語以外の何ものでもない。

　ルーマニア語はなぜロマンス語とみなされるべきなのか。

　これに回答を与えるためには、たとえば日本語の系統を問う場合においても必要とされる「比較言語学」的方法論が厳密に使われなければならない。

　日本語の系統に関しては、『日本語の祖先は××語で解ける』といった種類のタイトルの書物が時折現れる。そして情けないことにそれがよく売れたりする。そこで扱われている手法は大体において、万葉集などにある古い単語と当該言語の単語との「形の類似」を両者の関係の証拠とすることである。しかし、このような論証は徹底的に疑わなければならない。「類似は無意味である」という断言が歴史言語学の学会でなされたのを聞いたことがあるが、まさにその通りである。

　重要なのは形の類似でも一致でもない。ルーマニア語の語彙には、フランス語やイタリア語にある単語と形が類似し、意味が一致する単語はいくらでも見つかる。しかしそれらは必ずしも３言語が同系であることは保証しない。ルーマニア語には、近世以降に生じたルーマニア民族主義と西欧文化志向のせいで、多数のラテン語系単語がフランス語やイタリア語から取り入れられているのである。日本語にある多数の中国語からの借用語、英語からの借用語が日本語の系統とは無関係であることは明白であって、借用語の可能性を全部排除した後でないと言語の系統などは論議できない。

　ルーマニア語がラテン語の子孫であることを明白に述べているのは、たとえば次のような事例である。

　ルーマニア語で「言う」（不定詞は zice）は次のような活用をする。アクセントのある音節には下線を引いておく。

zic/zici/zice/zicem/ziceţi/zic

一方、「見る」vedea の活用は以下のようである。

văd/vezi/vede/vedem/vedeţi/văd

ここで注目すべきはアクセント位置の違いである。1人称複数と2人称複数で、両者でアクセントの位置が異なっているのが分かるであろう。「見る」ではアクセントが活用語尾である –em、-eţi の上に来ているのに、「言う」ではその一つ前の音節にアクセントが来ている。強弱アクセントを持つ言語においては、「アクセントの位置」は非常に重要な指標である。

「言う」と同じアクセントパターンを持つ動詞には「信じる」crede、「運ぶ」duce、「作る」face、「要求する」cere など、多数ではないが意味的に重要な基本的動詞がある。

一方、「見る」型のパターンを示す動詞には「入る」intra、「見える」părea、などを初めとした多数の動詞がある。

ところで、ラテン語で「言う」、「信じる」、「作る」、「導く」、「探し求める」の意味を取る動詞は DĪCERE、CRĒDERE、FACERE、DŪCERE、QUAERERE で、これらは第三活用動詞と呼ばれる、ルーマニア語の対応動詞と同一のアクセントパターンを示す特別なグループなのである。DĪCERE の例だけを挙げておく。

DĪCŌ/DĪCIS/DĪCIT/DĪCIMUS/DĪCITIS/DĪCUNT

アクセント位置がルーマニア語と一致しているのが見えるであろう。

一方、ラテン語の「見る」VIDĒRE の活用は以下のごとくである。

VIDEŌ/VIDĒS/VIDET/VIDĒMUS/VIDĒTIS/VIDENT

これら二つの動詞は、一見それほどルーマニア語の対応語と似ているわけではないし、何よりもそれらが資料に現れた時代はラテン語資料よりは1000年以上後のことなのであるから、それらをすぐに「語源」という関係に結び付けることは躊躇される。しかし、この2動詞が、一般的には借用が起こりにくいであろう基本動詞であることは明瞭である。

それ以上に重要なのは、動詞のアクセントパターンの「対応関係 correspondence」という事実である。ラテン語で2種のアクセントパターンがあるとき、ルーマニア語においてもそれに対応したアクセントパターンがある。語彙を借用語として取り入れることは簡単だがその活用形に関してそのアクセント位置までをもそのまま借用することは不可能に近いのである。

二つの言語が同系（共通の祖先を持っている）であるのか否かを決定するのは、

423

09　第九章　補遺

形の類似や形の一致ではなく、隠された「対応関係」である。一見無関係に見える二つの形が、その対応関係を探り出すことによって「同系」であることを証明できる例を20世紀印欧語比較言語学の大家の一人メイエが書いている（Meillet 2, pp.17-18）。それを分かりやすく再説する。

　「2」を意味する数詞がラテン語 duo、ギリシア語 dyo、サンスクリット duvā であるのに対して古典アルメニア語は erku であって、一見形に何の共通性もない。一方、形容詞「長い」はアルメニア語で erkar でギリシア語では dēros である。ここにも何の共通点も見えない。しかし、ギリシア語 dēros は *dwāros という形からの変化であることは知られている。印欧語にあった［w］の音韻はギリシア語では一般に消失することが法則なのであって、「比較」に関して重要なのは「最も古い形」を探り、それを用いることなのである。「2」においても、dwi- という語根が再建されている。またギリシア語「私は恐れる」deidō の中にも dwi- という語根が存在している。そして、アルメニア語での「恐れ」が erkiwl であることをメイエは指摘する。

　「2」、「長い」、「恐れる」、これらは機能においても意的にも相互の共通性がない単語である。そこにおいて、「形の類似」は存在しないのに「音の対応」は確実に存在する。この対応関係の根拠は、「印欧語にあった dw- という音韻がアルメニア語では erk- へと変化した」という歴史的経緯でしか説明できないのである。

　結果として、アルメニア語がギリシア語、ラテン語などと並んで印欧語に属すると結論される。

　原ルーマニア語と称すべき言語が生まれたのがドナウ川の北側であったか、南側であったか、それは先に述べたごとく決定しにくい問題である。またルーマニア語が、他のロマンス語とは異なって、14世紀にその資料が出現する前はもちろんのこと、その後の歴史においても長いこと「ラテン語による文化」から切り離されていたことは事実である。ルーマニア語は、他のロマンス語国が通過した「ラテン的中世」という時代とは完全に無縁なのであった。ある学者が述べたという「その精神的伝統においてウェルギリウスもセネカも知らず、キリスト教精神においてアウグスティヌスもラテン語教父も知らぬ人々の＜ラテン語性＞を想像すること、推測することは難しい」という文言が引用されている（Tagliavini, p.548, note 164）。

　そうではあっても、「言語の系統」を言う限りにおいてはルーマニア語の＜ラテン語性＞にはなんら疑わしいことはない、と断言できる。

424

093　少数言語文例集

093　少数言語文例集

0931　サルディニア語

既に述べた通り、サルディニア語は方言分化が甚だしく、また標準文語というものも確立してはいない。どのような文例を提示するのが適切であるかは微妙な問題で、ここでは 2 例を選んだ。

(1) 最初に、Canthone de Sos Tres Res と題された歌詞の一部を紹介する。

口承で伝わり19世紀終わりに採集されたログドーロ方言の歌でイエス誕生の直後に東方から祝福に訪れたという 3 人の王のことを歌っている。1891年にトリノで出版された Canti Popolari in Dialetto Logudorese に収められている。この書物はインターネットで中身が閲覧可能である。

canthone はイタリア語なら canzone であるが「歌ではなくて、詩である」との注が付いている。sos は同じく i に相当する定冠詞男性複数で、イタリア語のような ILLE/ILLA からではなく IPSE/IPSA を語源としているところにサルディニア語の特徴が明瞭に出ている。tres res における -s による複数形も同様である。

括弧内は、省略がある場合に編者がそれを補ったもの。

ẓ は［dʒ］、cḥ は［ʃ］である。

　　　　　CANTHONE DE SOS TRES RES
　A cantare so(s) tres Res de Oriente,
　　　　　Res = re

　In favore a Ẓuseppe e a Maria,

　E a su Fiẓu sou onnipotente,
　　　　　su = il、fiẓu = figlio、sou = suo

　Continente si tòccan(o) so(s) tres Re(s)
　　　　　continente「急いで」、si tòccano「向かう」(3.pl.)

　Ca Gèsus e nacḥìdu in Betelem,
　　　　　ca「なぜなら」(< QUĀ)、nacḥìdu = nato、(nascere「生まれる」)

　E incontran(o) sa poltha beneitta,
　　　　　incontrano (3.pl.)「入る」、sa poltha = la porta、beneitta = benedetta

　Nelẓende: nois semus so(s) tres Re(s)
　　　　　nelẓende「言いながら」；nerrer「話す」(< NARRĀRE) の異体から派生し

425

09 第九章 補遺

た進行詞。進行詞については、0812を参照)、semus = siamo

Bennìdos po li fàghe (re) s'imbisìtta,
　　　bennìdos = venuti（「来る」bènnere < VENĪRE。スペイン語 venido）
　　　po li fàghe (re) s'imbisìtta = per li fare la visita

Po reconnòche (re) su veru Messia.
　　　reconnòche (re) = riconoscere

A bidere a Maria tantu ermosa
　　　bidere = vedere、ermosa「美しい」（スペイン語 hermosa < FORMŌSA）

Su Chelu si mustresi (t) de alligria,
　　　Chelu = cielo、si mustresit「現れた」；mustrare = mostrare の完了形

Santu Ƶuseppe cum sa sua iiposa,
　　　iiposa「妻」、（スペイン語 esposa < SPONSA）

E cum duos palthores in compania
　　　palthores = pastori

S'anghelu Gabriele lende rosa (s),
　　　lende「差し伸べて」；leare「取る」（< LEVARE）の進行詞

Po coronare su veru Messia,

Cantende melodia bravmente
　　　cantende = cantando

Incontrèsin (t) sos tres Res de Oriente.
　　　incontrèsin (t)「入った」(3.pl.)

　　　（後略）

(2) 次に、サルディニア語の標準化を念頭に置いて書かれた今世紀の文人の文章の一部を掲げる。

　これは、Antoninu Rubattu による Dizionario Universale della Lingua di Sardegna の序文の冒頭でサルディニア語とイタリア語との２語並列になっている。必ずしも逐語訳ではないが、イタリア語が理解できる人にはその対照性は大まかにでも分かることであろう。辞書自体、すべて検索可能である。

　　サルディニア語文

Duas cunsiderassiones m'an cumbintu, como bìndigh'annos, a trabagliare pro s'ammanizu de unu Ditzionàriu chi regoglierat in un'ùnicu corpus sa mazore parte de sas paràulas sardas, in calesisiat limbazu nostru: una chi podimos giamare polìtiga, assiat sótziu-limbìstiga, s'àtera de natura pràtiga, funtzionale.

イタリア語文

Due ordini di considerazioni mi hanno convinto, quindici anni orsono, a lavorare alla compilazione di un Dizionario che comprendesse il maggior numero di varianti della lingua sarda: una di carattere politico, e perciò socio-linguistico, l'altra di natura pratica, funzionale.

0932　レト・ロマン語

レト・ロマン語とはロマンチュ、ラディン、フリウランの3言語の総称であることは述べた。ここでそれらの文例を紹介するのだが、筆者の知識と手持ちの資料が限定されているので、それぞれの困難さがある。

09321　ロマンチュ

ロマンチュに関しては、その標準語とすべきものが存在しないことは述べた通りである。紹介するものはロマンチュの中でもその中央部の Sursilvan 方言で、Romontsch, Language and Literature（D.B. Gregor, The Oleander Press, 1982）から取られたもの（pp.322-325）。天候（aura）に関する民間の言い伝えで、Gregor による英訳からの翻訳とともに引用する。そこに筆者による最小限の文法、語源の解説を加える。"Niev Vocabulari Sursilvan Online" という有用なサイトの助けを借りて綴りもそれに合わせている。詳しい情報へはそこにアクセスしていただきたい。

綴りの発音は、s が無声子音の直前で［ʃ］となり、sch［ʃ］、tsch［tʃ］もドイツ語式で、tg も［tʃ］であるが、あとは gn、gl、ch などイタリア語と同じと考える。j は半母音［j］である。

1. L'aura ei il meglier luvrer.「天候こそが最良の働き手」
　　定冠詞は il/la/ils/las である。ei は esser「～である」の3人称単数で、現在形は sun/eis/ei/essan/essas/ein となる。meglier < MELIŌREM。定冠詞とともに最上級となる。luvrer < LABŌRĀTŌREM。

427

2. Plova ei Anzeina, dat ei buca tschereschas.「キリスト昇天祭（イースター
から40日目の木曜日）に雨が降ると、さくらんぼはないだろう」

plova; plover「雨が降る」（< PLUERE）の３人称単数形。ei は上記のような動
詞としてのみならず副詞や代名詞としてよく出てくる語。ここでは両方とも英
語の there と同じである。 dat ei は Gregor の示唆ではドイツ語の es gibt に当
たる。tscherescha [tʃeˈreʃa] < CERASIA。buca = not（語源不詳）。

3. In bletsch atun, in bien onn.「雨天の秋は豊作の年」

in < ŪNUS。 bletsch「湿った」（ゲルマン語）。atun < AUCTUMNUS。bien「良
い」は bien/buna/buns/bunas と活用する。 onn < ANNUS。

4. La neiv dil Dezember cuozza igl entir onn.「12月の雪は一冬もつ」

neiv < NIVEM。 dil = de + il。定冠詞 il は母音の前で igl となる。cuzzar「続
く」はアクセントの位置で母音が変わる動詞である（cuozzel/cuozzas/cuozza/
cuzzein/cuzzeis/cuozzan）が語源不詳。entir <INTEGRUM。

5. Ils dudisch dis suenter Nadal dutegian l'aura dils dudisch meins.「クリス
マスの後12日が、翌年12の月の天候のしるし」

dudisch < DUODECIM。 di < DIEM。 suenter「～の後」（< SEQUENTER）。
dutegiar「示唆する」（ドイツ語 deuten）。dils = de + ils。 meins「月」<
MENSEM（単複同形）。

6. L'aura della domengia regia l'jamna.「日曜日の天候が週の天候を決める」

regia; reger「支配する」（< REGERE）の３人称単数。jamna「週」（< HEBDOMAS）。

7. Cu la cazzola fa brastga, ei ina enzenna de macorta aura.「ランプの灯がま
たたくのは、悪天候のしるし」

cu「～のときに」は cura ((< QUĀ HŌRĀ) の縮約形 。cazzola「ランプ」。fa; far
「作る」（< FACERE）の３人称単数。brastga「火花」。ei = it is。
ina < ŪNA。enzenna < INSIGNIA。macorta ; mitgiert「醜い」の女性形、語源
解説は省略。

8. Beschlan las nuorsas fetg, cu ei van ad alp, dat ei ina ruha stad.「山の牧場
に行くときに羊が大声でメーと鳴くなら、荒れた夏になるだろう」

bischlar/beschlar「鳴く」語源不明瞭。nuorsa「羊」語源不詳。fetg「非常に」< FICTUS。ir「行く」の活用は mon/vas/va/mein/meis/van である。dat ei「～にある」。ruh/roh はドイツ語 roh そのまま。stad「夏」（< AESTĀTEM）

9. Vesa ins musteilas cotschnas, vegn ei biall'aura; vesa ins musteilas alvas, vegn ei neiv.「赤いイタチを目にすれば、晴れた天気になる。白いイタチを目にすれば、雪が降る」

> vesa; veser「見る」（< VIDĒRE）の命令形。musteila < MUSTĒLA。 cotschna; tgietschen「赤い」の女性形（< COCCINUS）。vegnir「来る」（< VENĪRE）の活用は vegnel/vegns/vegn/vegnein/vegneis/vegnan である。 ei「そこに」。alv「白い」< ALBU。bi「美しい」（< BELLUS）の活用は bi/biala/bials/bialas となる。

10. Schulan ils utschals fetg la sera, eis ei ina enzenna de macorta aura. Schulan ils gregls fetg la sera, eis ei ina enzenna de biala aura.「夕方、小鳥のさえずりが激しければ悪天候のしるし。夕方、コオロギの音が激しければ良い天候のしるし」

> schular「口笛を吹く」（< SIBILĀRE）。utschals は utschi「小鳥」の複数形（イタリア語 uccello < AVICELLUM）。gregl「こおろぎ」（< GRYLLUM）。

09322　ラディン

ラディンの文例はなかなか見つからないので、Wikipedia の Ladin language から「主の祈り」をイタリア語とともに引用するのみにする。

ラディン	イタリア語
Pere nost, che t'ies en ciel,	Padre nostro che sei nei cieli,
al sie santifiché ti inom,	sia santificato il tuo Nome,
al vegne ti regn,	venga il tuo Regno,
sia fata tia volonté,	sia fatta la tua Volontà
coche en ciel enscì en tera.	come in cielo così in terra.

09323　フリウラン

ここも、「主の祈り」の例のみにとどめる。

Bet nestri, che you sês tai cîi,

ch'Al sedi santificât it not to,

ch'Al vegni it to ream,

ch'E sedi fate the tô volontât

come in cîl, cussì in tiere.

094 『星の王子さま』7ヶ国語対照例

　ここで、サン＝テクジュペリ（Saint-Exupéry 1900-1944）の Le Petit Prince の冒頭の 6 パラグラフを引用し、その後にポルトガル語版、スペイン語版、カタルーニャ語版、イタリア語版、ルーマニア語版、ラテン語版の該当部分を載せる。

　Le Petit Prince（日本語では内藤濯による日本語初版の『星の王子さま』という訳が結局一般化している）は世界的なベストセラー書であり、各国語で翻訳・出版されている。その驚くほどの広がりは、"le petit prince translations" とでも検索するとインターネットが十分以上に教えてくれる。古英語版や古高地ドイツ語版まで作られているのだからラテン語版があるのは当然である。

　同一言語でも複数の翻訳がある。日本語の場合を考えると当たり前に見えるのであるが、ロマンス語に関しては少し事情は異なる。そこには根強い「地方主義」が見えているのである。検索で分かる10種類に近い日本語への翻訳は、各訳者の個人的好みや個性を主張するためにある。一方ロマンス語の場合は、個人を超えて「母語を主張する」ためにあるのである。

　ポルトガル語にはブラジルポルトガル語版もある。イタリア語に関しては各方言版がある。もちろんサルディニア語版も。オック語でも数種類あるし、アルーマニア語版もルーマニア語版とは独立して存在する。カタルーニャ語版の他にヴァレンシア語版も当然ある。ロマンチュに至っては 4 種類もある。

　これらのうちのいくつかは、pdf 版をネット上で無料で読むことも可能である。筆者は既に購入していた印刷本の他にポルトガル語版、ルーマニア語版をこのようにして入手した。

　この書の魅力の一つである挿画は、省略せざるをえなかった。対照をしやすいように、パラグラフには番号を振っておいた。注釈類は一切付けない。自分の知っている言語を良く読んで、そしてそれが別のロマンス語ではどのように表現されているのかをゆっくりと観察してもらうのが目的だからである。

そこに現れている「同一性」と「差異性」を見て、その詳細を知るために今まで読んだ記述に再び戻っていくことができれば上々の結果である。

『星の王子さま』

フランス語原文　　Le Petit Prince

1. Lorsque j'avais six ans j'ai vu, une fois, une magnifique image, dans un livre sur la Forêt Vierge qui s'appelait "Histoires Vécues". Ça représentait un serpent boa qui avalait un fauve. Voilà la copie du dessin.

2. On disait dans le livre "Les serpents boas avalent leur proie tout entière, sans la mâcher. Ensuite ils ne peuvent plus bouger et ils dorment pendant les six mois de leur digestion."

3. J'ai alors beaucoup réfléchi sur les aventures de la jungle et, à mon tour, j'ai réussi, avec un crayon de couleur, à tracer mon premier dessin. Mon dessin numéro 1. Il était comme ça:

4. J'ai montré mon chef-d'œuvre aux grandes personnes et je leur ai demandé si mon dessin leur faisait peur.

5. Elles m'ont répondu: "Pourquoi un chapeau ferait-il peur?"

6. Mon dessin ne représentait pas un chapeau. Il représentait un serpent boa qui digérait un éléphant. J'ai alors dessiné l'intérieur du serpent boa, afin que les grandes personnes puissent comprendre. Elles ont toujours besoin d'explications. Mon dessin numéro 2 était comme ça:

ポルトガル語版　　O Principezinho

1. Certa vez, quando tinha seis anos, vi num livro sobre a Floresta Virgem, "Histórias Vividas", uma imponente gravura. Representava ela uma jibóia que engolia uma fera. Eis a cópia do desenho.

2. Dizia o livro: "As jibóias engolem, sem mastigar, a presa inteira. Em seguida, não podem mover-se e dormem os seis meses da digestão."

3. Refleti muito então sobre as aventuras da selva, e fiz, com lápis de cor, o meu primeiro desenho. Meu desenho número 1 era assim:

4. Mostrei minha obra-prima às pessoas grandes e perguntei se o meu desenho lhes fazia medo.

09 第九章 補遺

5. Responderam-me: "Por que é que um chapéu faria medo?"

6. Meu desenho não representava um chapéu. Representava uma jibóia digerindo um elefante. Desenhei então o interior da jibóia, a fim de que as pessoas grandes pudessem compreender. Elas têm sempre necessidade de explicações. Meu desenho número 2 era assim:

スペイン語版　El Principito

1. Cuando yo tenía seis años vi en un libro sobre la selva virgen que se titulaba "Historias Vividas", una magnífica lámina. Representaba una serpiente boa que se tragaba a una fiera. He aquí la copia del dibujo.

2. En el libro se afirmaba: "La serpiente boa se traga su presa entera, sin masticarla. Luego ya no puede moverse y duerme durante los seis meses que dura su digestión."

3. Reflexioné mucho en ese momento sobre las aventuras de la jungla y a mi vez logré trazar con un lápiz de colores mi primer dibujo. Mi dibujo número 1 era de esta manera:

4. Enseñé mi obra de arte a las personas mayores y les pregunté si mi dibujo les daba miedo.

5. —¿Por qué habría de asustar un sombrero?— me respondieron.

6. Mi dibujo no representaba un sombrero. Representaba una serpiente boa que digiere un elefante. Dibujé entonces el interior de la serpiente boa a fin de que las personas mayores pudieran comprender. Siempre estas personas tienen necesidad de explicaciones. Mi dibujo número 2 era así:

カタルーニャ語版　El Petit Príncep

1. Quan tenia sis anys, una vegada vaig veure un dibuix magnífic en un llibre sobre la selva verge que es deia "Històries viscudes." Representava una boa empassant-se una fera. Aquí teniu la còpia del dibuix.

2. El llibre deia: "Les boes s'empassen la presa tota sencera, sense mastegar. Després no es poden moure i dormen durant els sis mesos de la digestió."

3. Hi vaig rumiar molt, aleshores, en les aventures de la selva i, per la meva banda, amb un llapis de color, vaig fer el meu primer dibuix. El meu dibuix

número 1. Era aixi:

4. Vaig ensenyar la meva obra mestra a les persones grans i els vaig preguntar si el dibuix els feia por.

5. Em van respondre : "¿Per què hauria de fer por un barret?"

6. El meu dibuix no representava un barret. Representava una boa que digeria un elefant. Aleshores vaig dibuixar l'interior de la boa, perquè les persones grans ho poguessin entendre. Sempre necessiten explicacions. El meu dibuix número 2 era aixi:

イタリア語版　　Il Piccolo Principe

1. Un tempo lontano, quando avevo sei anni, in un libro sulle foreste primordiali, intitolato "Storie vissute della natura", vidi un magnifico disegno. Rappresentava un serpente boa nell'atto di inghiottire un animale. Eccovi la copia del disegno.

2. C'era scritto: "I boa ingoiano la loro preda tutta intera, senza masticarla. Dopo di che non riescono piú a muoversi e dormono durante i sei mesi che la digestione richiede."

3. Meditai a lungo sulle avventure della jungla. E a mia volta riuscii a tracciare il mio primo disegno. Il mio disegno numero uno. Era cosí:

4. Mostrai il mio capolavoro alle persone grandi, domandando se il disegno li spaventava.

5. Ma mi risposero: "Spaventare? Perché mai, uno dovrebbe essere spaventato da un cappello?"

6. Il mio disegno non era il disegno di un cappello. Era il disegno di un boa che digeriva un elefante. Affinché vedessero chiaramente che cosa era, disegnai l'interno del boa. Bisogna sempre spiegargliele le cose, ai grandi. Il mio disegno numero due si presentava cosí:

ルーマニア語版　　Micul Prinţ

1. Odată, pe vremea când aveam eu şase ani, am dat peste o poză minunată, într-o carte despre pădurile virgine, numită "Întâmplări trăite". Înfăţişa un şarpe boa care înghiţea o fiară sălbatică. Iată copia acestui desen.

2. În cartea aceea se spunea: "Şerpii boa îşi înghit prada dintr-o dată, fără s-o mai

433

09　第九章　補遺

mestece. Pe urmă, nu mai sunt în stare să se mişte şi dorm întruna, timp de şase luni, cât ţine mistuitul".

3. M-am gândit atunci îndelung la peripeţiile din junglă şi am izbutit să fac la rându-mi, cu creion colorat, primul meu desen. Desenul numărul 1. Era aşa:

4. Le-am arătat oamenilor mari capodopera mea şi i-am întrebat dacă desenul acesta îi sperie.

5. Ei mi-au răspuns: "De ce să te sperii de-o pălărie?"

6. Desenul meu nu înfăţişa o pălărie. Înfăţişa un şarpe boa care mistuia un elefant. Am desenat atunci şarpele boa pe dinăuntru, pentru ca astfel să poată pricepe şi oamenii mari. Ei au întotdeauna nevoie de lămuriri. Desenul meu numărul 2 era aşa:

ラテン語版　　Regulus

1. Quodam die, cum sex annos natus essem, imaginem praeclare pictem in libro de silva quae integra dicitur vidi; qui liber inscribebatur: "Narratiunculae a vita ductae." Picta erat boa serpens beluam exsorbens. Quam imaginem sic expressam vides.

2. Haec autem in libro scripta erant: "Boae serpentes praedas integras exsorbent nec mandunt. Deinde se movere non possunt et sex menses dormiunt dum pastus concoquunt."

3. Tum ego de eis quae in dumetis ac paludibus illis casu fiunt multum mecum cogitavi et ipse perfeci ut miniatula cerula aliquid pingerem. Primae quidem illius meae picturae species haec erat:

4. Quod opus summo artificio factum adultis hominibus exhibui et quaesivi num pictura mea terrerentur.

5. At illi mihi responderunt: "Quid est cur petasus terrorem iniiciat?"

6. Atqui non petasum pinxeram sed boam serpentem elephantum concoquentem. Tum interiora boae serpentis descripsi, ut adulti homines intellegere possent: nam explanationes semper requirunt. Alterius vero picturae species haec erat:

付録1　ロマンス語話題集

    1.　gai；陽気な言葉の悲しい運命
    2.　親族名称の東西
    3.　柿とカキ
    4.　Wales という地名
    5.　スペイン語の勧め

1.　gai；陽気な言葉の悲しい運命

　現代の日本語では、ゲイという言葉は男性同性愛者を指す名詞として定着している。これは、英語の gay が持つようになった用法をそのまま取り入れた結果である。しかし、英語においても gay がそのようにのみ解釈されるようになったのはそれほど古いわけではなく、元来は「陽気な、快楽的な」という意味の形容詞にすぎなかったし現代の英文でも性的意味とは無関係に使われることはある。そうではあるが、英語の持つ影響力は現代では大きすぎて本来の意味でそれを用いていたロマンス語国にまでもその用法が波及している。

　ロマンス語ではない英語で、特にアメリカ人の間で、この単語の意味がどのように変容したのかは、本書の趣旨とは無関係である。ともかくこれは英語がその最初から、つまりゲルマン語的始まりから所有していた言葉ではなく、フランス語 gai を取り入れた単語であった。そして当然のことながらその始まりにおいてはこの単語は性的要素とは全く無関係だった。ここでこの語を取り上げる理由は単にそのことを言うためなのではなくて、この語がロマンス語文学の歴史において見逃せない役割を果たしていたからである。

　この語は元来は中世オック語形容詞 gai（女性形 gaia。gay/gaya でも同じである）からその他の国語に広まったと考えられている。その意味は英語の本来の意味と同じく「愉しい、陽気な」である。しかしこの語は一形容詞であることにとどまらず、オック語の叙情詩人 trobador たちが作る詩において特に重要なキーワードにまでなって、それが国外へと拡散していった。

　gai は最古の trobador であるとされる Guilhem de Peitieu（1071-1126）の詩に

435

既に "Mout ai estat cuendes e gais"「私はまことに人好きのする陽気な人間でありました」として現れる。そしてその後に続く詩人たちによって gaias domnas「愉しきご婦人方」とか gai temps de pascor「愉しき春のとき」とか gais auzels「陽気な小鳥たち」のごとくに使われた。それのみならず詩につけられた曲も gai であるべきであるとされ、結局オック語での詩作そのものが gai saber、gaia sciensa「愉しき知」と称されるようになったのである。中世オック語は、周辺地域においては民族を問わず叙情詩を書くための特別な言語となっていたから gai の語の用法は他の言語にもすぐに広まり、カタルーニャ語では gaia ciència として、スペイン語では gaya cienciaとして現れる。

13世紀も終わりになる頃、オック語による叙情詩の隆盛期は過ぎ去っていた。最後の trobador とされる Guiraud Riquier は1292年頃に他界している。しかし、その伝統を伝える7人の詩人が14世紀になってトゥールーズ（当時の発音ではトーローザ）において Consistori dels Sept Trobadors という名の一種の学術団体を結成して、方言分化しつつあるオック語から伝統的詩言語を守ろうとする。Consistori の別名は Sobregaya Companhia dels Set Trobadors de Tolosa であった。sobre とは super の意味で、gai の語が格別に強調されている。

7人の詩人の運動の結実の一つが Les Leys d'Amors という1356年にトゥールーズにおいて世に出た書物である。フランス語に逐語訳すると Les Lois d'Amours となるが恋愛に関する本ではなくオック語による詩作のための文法、韻律学、文体論などのすべてが書かれた大部な、中世における詩法の書としては最も有名な書物である。その別名は Flor del gay saber であった。「花」という語はその後もヨーロッパの詩の伝統の中で使われ続けることになる。

Consistori は、「ヨーロッパ最古の学術団体」との記述もあるものであり、毎年詩のコンテストを行い、優秀な作品の作者を報賞した。16世紀になるとそれは大学へと形を変え、さらに全フランス的な性格を持つようになり、17世紀末にはルイ十四世によって Académie des Jeux floraux として再出発し、現在も存続していることは事典が教えてくれる。

南仏で始まった詩のコンテストの伝統は外国にも波及する。たとえばスペインのカタルーニャ語地域である。そこで現在までも続く詩のコンテスト Jocs Florals de Barcelona において、毎年の受賞者は mestre en gai saber との称号を受けるのである。mestre は英語の master に当たる語。

gai の語は依然として中世の詩の伝統の中に生きている語であることが分かる。

その本来の用法を維持したい人々にとっては、英語において始まった意味の変容が自国語における用法にまで波及することは迷惑この上ない現象である。「陽気な言葉の悲しい運命」と書いたのはその理由による。

　ところで、些末なことになるのであるが、この語の語源は、となるとまたもや藪の中に入ってしまう。理論はゲルマン語説とラテン語説の二手に分かれている。

　今のところロマンス語全般に関する語源辞典としては唯一のものである REW はゲルマン語説で、ゲルマン人の一部族フランク族の言語にある *WĀHI「輝く、美しい」から来たと言う。それに賛同する人は他にもいる。*WĀHI と gai を比べてあまり似ていないと思った人は、英語 war の語源 WERRA がフランス語に取り入れられたとき guerre となっていることを思い出したら良い。ゲルマン語にあった［w］の音はロマンス語話者には発音しにくい音であり、それが入った単語を取り入れたときには［gw］という音に変えてしまうのが通例なのであった。ところが、イタリア語 gàio についてある語源辞典は、「この語の語源は散々討論されたが未だに明らかでない」という弁明の後でこれもゲルマン語派のゴート語 *GÂHEIS「猛烈な」を候補として出している（Manilio Cortelazzo & Paolo Zolli, Dizionario etimologico della lingua italiana, Zanicelli, 1979-1988）。

　一方、スペイン語、カタルーニャ語の語源に関してその威信で他を圧倒するコロミナスは、「ゲルマン語ではありえない」と断定した上でラテン語の名詞 GAUDIUM「楽しみ」を語源としている。彼はカタルーニャ語語源辞典でこの語の語源探索のためだけにほぼB5版の大きさの本の丸々4頁を割いている。単語一つのために彼はどれほどの量の古文書を読み、記憶しているのかと筆者は茫然となってしまう。

　筆者にとって、ロマンス語学に関わることの楽しみの一つは、まさにこのような一見些末な事柄に学者が知識と理論のありったけを注ぎ込む、その情熱を実地に見せつけられるところにある。ちなみに、GAUDIUM はフランス語では joie となって英語に joy「楽しみ」を与えている。ガという発音がジュという音に変わるのはフランス語独特の音韻変化である。イタリア語にも 同じ意味の gioia があるが、だからこれもフランス語からの借用であることが分かる。

2.　親族名称の東西

　日本語の「いとこ」は中国語では 8 通りに分類されると読んだことがある。男か女か、父方か母方か、自分より年上か年下か、でそれぞれ単語が違うから、2 の 3

付録 1　ロマンス語話題集

乗で 8 通りになるのだそうだ。日本語の「いとこ」にはそんな区別は存在しないから簡便ではあるが、厳密性に欠けるとも言える。

　英語の cousin も単一で、日本語と意味は全く同じであると思う人が多いがこれは少し違う。cousin はもっと広い意味で日本なら単なる「親戚」にすぎぬ人にも使われることがあるからである。日本語と全く同じ意味（おじかおばの子供）では first cousin と言わなければならない。当然 second cousin もあるのだが、その正確な意味は自分で確かめていただきたい（英語国人でも正確には知らぬ人がいる）。

　cousin はフランス語からの借用で、性別のあるフランス語では cousin/cousine と男女 2 形になる。そしてこれもやはり「親戚」程度の意味で使われる語である。バルザックの小説で『従妹ベット』、『従兄ポンス』と訳されているものの原題は La Cousine Bette、Le Cousin Pons で、これらの作品がバルザックの小説群の中でも「貧しき縁者もの」と分類されているように、日本語でのいとこではない。厳密に日本語でのいとこを言う場合には cousin germain、女性なら cousine germaine としなければならない。

　意味の同様の拡大は、語源を共有するイタリア語 cugino/cugina にもある。イタリア語の場合、日本語のいとこは英語の first に当たる語が付いて primo cugino/prima cugina となる。スペイン語、ポルトガル語では、その primo/prima だけでいとこの意味となったから、むしろ簡便となっている。

　cousin/cousine はラテン語の CONSŌBRĪNUS/CONSŌBRĪNA から来ていて、これは確かに「いとこ」なのであるが、ここには英語やロマンス語には存在しない区別が関わっている。これは、元々は 6 種に区別されていたラテン語の「いとこ」のうちの一つが残っただけなのである。

　ラテン語では中国語の場合とは分類法は少し異なる。「自分より年上か年下か」の区別はなくて、男女の区別と父方母方の区別の他に、「おじの子か、おばの子か」の区別が加わるのである。

　CONSŌBRĪNUS/-A は、時にあいまいに使われることがあったにしても本来は「母方のおばの子供」を意味した。母方おじの子供なら MĀTRUĒLIS（この語は男女同形）となる。

　このような区別が生じたのは、「おじ」「おば」についても父方と母方とでは用語が異なっていたからである。父方の「おじ」と「おば」は PATRUUS（その子供は男女同形の PATRUĒLIS）と AMITA（その子供は AMITINUS/-A）であり、母方ならば AVUNCULUS と MĀTERTERA であった。祖父は AVUS であるから、

AVUNCULUS は「小さなおじいさん」という印象である。

　実は英語も古英語の時代ではラテン語と同様に「おじ」「おば」は4種類の用語があったのに、中世以後それらをすべて捨てて uncle、aunt の2種類で済ませる。これらはフランス語経由で、ラテン語の AVUNCULUS、AMITA に遡る。フランス語は oncle、tante であるが、「おば」の方は古フランス語では ante であったのに幼児語形が一般化したのであると説明される。

　「おじ」に関しては、AVUNCULUS の子孫が残っているのはフランス語の他にはカタルーニャ語の oncle とルーマニア語の unchiu だけで、イタリア、スペイン、ポルトガルではそれぞれ zio、tio、tio という語がそれに取って代わっている。「おば」は語尾を –a に変える。カタルーニャ語でも「おば」は tia である。タリアヴィーニは「おじ」の用語の言語地図を載せている（引用文献　Tagliavini, p.227）が、AVUNCULUS が英語のみならずドイツ語 Onkel にまで入り込むのが面白い。

　zio、tio はギリシア語の THEOS「神」の派生語形 THEIOS に由来する。「おじ」は家庭内での尊敬すべき、威厳ある者であったのであって、THEIOS「神みたいな」から変化した語が AVUNCULUS「小さなおじいさん」系を追い出して「おじ」の意味に取って代わり、その後それに対応した女性形も生じた、との説明が語源辞典にある。

　しかし、カタルーニャ語では oncle/tia の組み合わせであって、tio はないのである。その関係の歴史的経緯などは、筆者には追いつける問題ではない。

　イタリア語では zio の他に北部の方言形として barba なる語が「おじ」の意味で使われている。barba は「ひげ」である。この語が「おじ」の意味となったのも、ひげと威厳との連想関係から来ていると説明されるのであるが、筆者にはここに日本とイタリアとの対照性が明らかに見えてきて、面白くてたまらない。

　深沢七郎の小説『東北の神武たち』は、かつての東北の寒村地帯での状況をユーモラスに扱った作品である。神武（「ずんむ」と発音される）とは農家の次男、三男たちのことで、彼らは家の跡継ぎになれず結婚さえできずに一生を本家の厄介者として終わる哀れな存在である。彼らはひげを伸ばし放題にしているから、その風貌が神武天皇の絵姿のようだとしてこう呼ばれていたとある。barba、zio と同様威厳あるものの名前が、ここでは威厳とは無縁である「おじ」たちに与える手のこんだからかいがなされている。

　フランス語の「いとこ」cousin germain の germain はラテン語で「父母の双

方を共有する」を意味する形容詞 GERMĀNUS から来ている。英語にも cousin-germain という表現はある。スペイン語、ポルトガル語、カタルーニャ語ではこの語が本来の語（FRĀTER、SOROR）を追い出して兄弟姉妹の意味で使われるようになった（hermano/hermana、irmão/irmã、germà/germana）。

　日本語では絶対に一体化できない「あに/おとうと」、「あね/いもうと」の区別は、ラテン語ではもとから（多分印欧祖語の時代から）存在しなかったし、ロマンス語でも区別がなされることはない。

3. 柿とカキ

　筆者の最初の外国経験はイタリアのナポリであったのだが、街の市場で柿の実を見つけ、それが cachi と、つまりカキという発音で書かれていることに大いに驚いた。辞書を見ると、この単語は日本人になじみの果物だけではなく色彩名のカーキ色にも使われている。もっと調べると柿はスペイン語、フランス語、カタルーニャ語で同発音の caqui なのである。元来が日本語であるとの記述もあった。

　柿は『更級日記』に書かれてあり、日本には有史以前からあった果実らしい。柿の文字は中国から来ていてもカキの発音は日本語である。その現物と名称がなぜ南ヨーロッパに入ったのであろうと不思議に思った。ドイツ語は知らないが、英語にはカキという発音の果物は入っていない。

　それから数年後、筆者がトリエステ大学でのイタリア語講習に出ていたときに、当時のユーゴスラビア領へのバスツアーがあった。夕食はある農園の庭で取ったのだが、そこには柿の木が何本もあって青い実をつけていた。何かの拍子にその実のことが話題になってカキという単語が話されている。筆者はその単語が日本語起源であることをちょっと言ってみたのだが、誰も信用してくれなかった。しかし、柿の実自体は良く知られていることが明らかだった。

　別のある旅行のこと、バスツアーの途中でこれも北イタリアの、マッジョーレ湖に浮かぶ小島にある大邸宅の庭園、と言うより植物園で柿の木を見た。イギリス人の客がイタリア人ガイドにその実について質問をしている。「それはカキというもので、林檎みたいな果実であって…」とガイドは説明している。英語だから会話に加わるのは簡単だった。「カキは元々日本語なんですよ」と言ってみたが、ガイドもイギリス人も、東洋人がおかしなことを言い出した、とばかりに珍奇な動物でも見るように筆者の顔を見た。面倒だから、それ以上は何も言わないことにした。要するに、イギリス人には柿はおなじみではないらしいのである。筆者の知見の範囲

では、英語国でもアメリカ人ならそれを persimmon として知っている人はいる。余談だがこの persimmon はアメリカインディアン語の一派から来ているそうで、果物である柿に適用されたのは後の話である。

柿がなぜ南欧でカキとして通用しているのか。筆者は最初勝手に空想して、南米への日本人移住者が柿をその名称とともにかの地へ移植し、それが南ヨーロッパに輸出されたのではないかと判断していたがとんでもない早とちりであった。柿の現物と名称はもっとずっと昔からヨーロッパに入っていたのである。

柿は中国・日本に特有な種であり、植物学に関心あるヨーロッパ人が東洋に来るならば、必ずや注目される運命にあったのである。最初に柿のことを kaki として西洋に紹介したのは、『廻国奇観』として日本人に知られているエンゲルベルト・ケンペルの書であるらしい。これは1712年にドイツの小都市レムゴーで出版された Amoenitatum exoticarum で始まる長いタイトルのラテン語の書物であるが、これに『廻国奇観』という簡便な漢字書名を最初に与えた人が誰なのかは、今のところ知らずにいる。ケンペル（1651-1716）は1690年から２年間長崎に滞在している。彼はドイツ人だが、生物分類学の方法を確立したことで有名なリンネが後に教鞭をとった大学であるスウェーデンのウプサラ大学で博物学を学んでいた。そのリンネは、ケンペルの書を基にして自書『植物の種』（Species Plantarum, 1753）に日本の植物を世界に紹介している。

柿の学名は最終的には Diospyros kaki Tunb. となっている。この「神の火」を意味する名の命名者はウプサラ大学でリンネの後継者であったカール・ペーター・ツンベルグ（1743-1828）である。医者であり生物学者であるツンベルグは、東インド会社の医官として1775年８月に来日、約１年半の日本滞在後、1776年にオランダに戻った。日本に滞在中は長崎付近と箱根付近の植物採集しかできなかったものの日本の植物について多くの論文を発表し、『日本植物誌』（Flora Japonica, 1784）という日本の植物についての画期的な著作を公刊している。以上の書物は、標題が示す通りすべてラテン語である。

柿の西洋への紹介については、現東京大学名誉教授であられる長田敏行氏からの書簡で知ることとなった。氏に感謝申し上げる。

4. Wales という地名

Wales とその形容詞形 Welsh。勿論イギリスの地名のことである。その住民がケルト系であり、その本来の言語も英語ではない独特なものであることを知ってい

付録1　ロマンス語話題集

る人も多いことであろう。

　さて問題である。フランス語でこれらの単語に相当する語は何か。

　答えは、Wales は Galles、Welsh は gallois である（大文字小文字の使い分けは、各言語に従う）。これらを Gaule、gaulois と混同してはいけない。Gaule、gaulois は日仏辞書では「ガリア、ガリア人」と訳されていて、それは実用的には間違いないが、実は Gaule は GALLIA が変化してできた語ではないのである。ラテン語の ga- はフランス語では「ジャ」という音に変化するのが規則であって、Gaule には別の語源がある。これには後で触れる。

　ここでもう一つの問題。Welsh に形の上で対応するドイツ語の形容詞 welsch は何を意味するか。

　答えは、「ローマの、ラテンの、イタリアの、フランスの、南の」である。アルプスのチロル地方でも、スイスではなくイタリアに属する地域はドイツ語では Welschtyrol と言う。「ウェールズのチロル」では勿論ない。なお、ある資料ではこの語 welsch は蔑称でもあるとしている。

　同じゲルマン語系である英語とドイツ語で Welsh と welsch にこのような意味の相違が生まれているその由来を探ると、面白い事実が色々と出てくる。

　ルーマニアの古名である Walacchia（Valacchia）、ポーランド語での「イタリア」である Włochy、ベルギーの南部で話されているフランス語の名称としての wallon（ワロン語）はこれと同じ語源から発していることが分かるし、また人名としての、Wallace、Walcot、Walden、Gaule 等々も同様である。

　これらは一見ばらばらの事例に見える。しかしこれらはすべて、前に述べた英語 Welsh 他と同様に、ラテン語文献に記録された単一の単語から生じた変化形に関わっているのである。

　タリアヴィーニの著『新ラテン語の起源』に、この語についての詳しい解説が載っている（Tagliavini, p.163, n, 13）。この書は翻訳されたならロマンス語学に関して日本人にとって最も益となるであろうと筆者が考えている書物で、そう考える理由の一つが、このような情報が満載であるからである。

　ここからの記述は、主としてタリアヴィーニによっている。沢山の言語名が出てくるが、それらすべてに筆者が精通していることではない。

　さて、既に言及した名詞形容詞はすべて、ユリウス・カエサルの時代のガリア（現代のフランス）の南部に存在したケルト人の、その一部族名として記録されている VOLCAE「ウォルカエ」に由来するのである。ガリア南部に進出したゲルマ

442

4. Wales という地名

ン人がウォルカエ族と接触を持ったとき、彼らはその部族のみならずケルト系民族すべてに VOLCAE に由来する語を当てはめるようになった。そしてそのゲルマン人が各地へ進出するにつれてその語を他の地域にまで送り出したのである。

　ゲルマン人が元来使っていた形は、推定による他はないのであるが、*WALHOS のごときであったであろうと考えられる。ブリテン島に侵入したアングロ・サクソン人はそこでも先住者であるケルト系民族に遭遇したから、彼らにもその名称を適用した。英語における Wales や Cornwall の地名がそこから生じている。

　この語の用法はもっと広がる。ケルト人でなくとも、ともかくゲルマン語を話さぬ別の民族を指すまでになったのである。古英語では wealh は「よそ者」の意味となる。要するに「英語を話さぬ人」である。ドイツ語の最も古い資料である古高地ドイツ語文献には Walha の語があり、それはケルト人ではなくてロマンス語系言語話者を意味している。Walha の形容詞形が、「ローマの、ラテンの」等々の意味を持つ現代ドイツ語 welsch の祖先である。

　オランダの地域では、ゲルマン人は国境を接しているフランス語系住民を waals と呼んだので、ここから言語名・民族名としてのフランス語 wallon、英語 Walloon ができる。

　Walha はスラヴ系言語にも流入して、イタリア、ローマ、ロマンス語系言語などを指すために使われるようになる。

　ルーマニア人がかつて周囲から Walacchi/Valachi と呼ばれ、それが地名ともなったのは彼らの言語が周囲と異なるロマンス語系であったからである。現代においてもポーランド語で「イタリア」は Włochy、「イタリア人」は włoski である。スラヴ語ではないハンガリー語もそれに同調して「イタリア人」を olasz と言う。これは、スラヴ語を経由して語頭の子音 w-/v- が o- に変化しているのである。

　VOLCAE に源流を持つ人名については既に触れた。Wal- で始まるアングロ・サクソン系の人名は、古英語 wealh「よそ者」に繋がっている。

　熱烈な民族主義的政治家ド・ゴール氏で知られるフランス語の姓 de Gaule も、その直前の古い形に関しては異説はあろうともとにかく源流は VOLCAE にたどり着き、それがゲルマン語 *WALHOS を経由してこの形になった。フランス人は「我らの祖先ゴール人」（Nos Ancêtres les Gaulois）と歌ってガリア人の子孫であることを高らかに宣言する。しかし Gaule、gaulois の由来を探ると、それはガリア語ではなくガリア人を征服したゲルマン人の言葉なのであった。語源を探るということは、このように少し興ざめな結果を生み出すことにも繋がるのである。

443

付録1　ロマンス語話題集

5.　スペイン語の勧め

　ロマンス語を知らない人が、どれか一つを学ぼうとしたとき、どれを選んだら良いか。

　もちろん何らかの目的（これから旅行に出かける、ファッションに関心がある、食べ歩きが好き、美術鑑賞が趣味など）があるなら、それに従って自ずと対象はしぼられるであろうし、また世界全体ではどの言語が一番通用しやすいかといった実用性でも答えが変わってこよう。しかし、要するにどれが一番学びやすいか、端的に言って「どれが一番やさしいか」を問われたなら、筆者ならスペイン語を勧める。

　学びやすさに関してのスペイン語の美点は数々ある。

　すぐに分かる第一の美点は、発音の容易さ。母音が基本的にアイウエオの5母音で、アクセントの有無で音色が変わることもないことがまず言える。筆者の実感ではスペイン語の発音が一番「明晰」である。そして、ここからは個人的好みにすぎないが「スペイン語の音は美しい」。

　フランス語は明晰と信じ込む人は多いが、発音に関して言うならばその母音体系はずっと複雑で、おまけに鼻母音という日本語にはないものもくっついてくる。これも個人的好みにすぎないが、鼻母音は聞いて「美しくはない」。鼻母音はポルトガル語ではもっと複雑になる。

　母音に関してはイタリア語も学びやすいがスペイン語ほどではない。

　もちろんスペイン語にも日本語にない子音はあるのではあるが、その点はどの言語も（英語も）同じで、[f] とか [l] は正確に発音する努力は要る。

　発音の容易さと組み合わさったスペイン語の美点は、「綴りと発音の関係」の規則性である。スペイン語では、辞書に発音記号の記載は不要である。その正書法では、綴りが発音そのものを示すという、文字が本来果たす役割を完璧にこなしているのである。

　言い換えると、スペイン語では発音を聞くとその単語の綴りに直結する。同音異義語は極端に少なく、アクセント記号などで区別される（mas/más のように）し、meet, meat のように英語に頻出する同音異綴り語がない。あるのかもしれないが、無視してもかまわないのであって筆者は全く気にしていない。

　その点、たとえばフランス語には、同じ発音なのに綴りに差をつけて別語とする工夫がいくつかある。フランス語の最大重要語の一つ、英語の to love に相当する動詞 aimer の活用形のうち、aime, aimes, aiment は綴りははっきりと違うが発音は一緒である。これはほんの一例で、同様の同音異義・異綴り語はフランス語には

444

かなりある。

　またフランス語には、発音しないのに書くことが規則で定まっている文字が頻発する。英語の It is の is に相当する est がその好例で、発音はエだけである。しかも、発音されない文字のうちのいくつかは、後に母音が来たときには発音されると決まっている。これが「リエゾン」と呼ばれる現象である。上記の est の場合、-t が後続の母音につけられて発音される。

　これはフランス語学習者には常識になってしまっており、何の疑いも持たないフランス語学者が沢山いるし、それ以上にこのような規則を覚えさせることでフランス語をなにか一段高級な言語のように考えている御仁まMでいるらしM。しかしこれは、文字が本来の役割を十分に果たしていないということであって、本当はおかしなことだとみなすべきなのである。日本の漫画に現れる「おフランス語」というからかい言葉はある意味では正当である。

　イタリア語の綴り字法はフランス語よりは規則的であるし同音異義・異綴り語はずっと少なくなる。しかし、初学者を困らせることが一つあって、それは正書法の中に「アクセント位置」を知らせる厳密な規則が組み込まれていないことである。felice「幸せな」と facile「易しい」は二つともよく使われる形容詞で形は似ているのにアクセントの位置は違っている。前者では -li- に、後者では fa- にアクセントが来る。

　felice のように最後から2番目にアクセントが来るのが通常の例である。しかし、語源その他の理由で3番目にアクセントが来る facile のような例外もある。それなのに、綴り字法にはそれを知らせる工夫がないのである。最後の音節にアクセントが来る単語の場合にはアクセント記号（重アクセント）が添えられる（città「都市」のように）から問題はないのであるが、その他の場合にはアクセントがどこにあるかは、初学者にとっては辞書に頼る他はない。スペイン語ではこの点では初学者を戸惑わせることはない。

　正確な発音をするためには、正しい位置にアクセントを置くことは欠かせない作業である。母国語話者にとってはアクセント位置は自然に学習される要素であるのに対し、学習者にとっては教えられない限り身に付くことはない。スペイン語においては、綴りのあり方でどこにアクセントが来るかの規則が、学習書の最初で明らかにされる。大体が二つの規則で位置が特定され、例外がある場合にはその位置に鋭アクセント記号が書かれることに決まっている。二つの規則に従えば、まずこの点で間違った発音をすることはない。

付録1　ロマンス語話題集

　フランス語の綴り字法の悪口を言ったが、ことアクセント位置に関してはフランス語は規則的で間違えようがない。

　一方それが徹底的に不規則なのがルーマニア語。これには、綴りからアクセント位置をすぐに見分ける規則はないと言って良い。単語個別的に覚えねばならない。さらに悪いことに、ルーマニア語の辞書はルーマニア人が外国語（英語、フランス語）を学ぶために作られたものが多く、自分たちには分かりきったこととして、単語のアクセント位置が書かれていないことがあるのである。

　本書とは無関係だが、アクセントに関してルーマニア語なみなのが英語。「この単語のアクセント位置はどこですか」という問題が大学入試試験に出るのである。

　カタルーニャ語はイタリア語・ルーマニア語とは異なり、綴りの形から自動的にアクセント位置が決まる。と言うよりアクセント位置が分かるように正書法を定めたのである。だからそこには一応の合理性はある。しかしそのための規則はスペイン語のそれと比べると比較にならぬほど煩雑である。筆者はカタルーニャ語の文法書を執筆したことがあり（未公刊）、その際にアクセント位置を決める規則があまりに長ったらしくならざるをえないことにため息が出て、スペイン語の記述文法の簡明さをうらやんだものであった。

　それから、スペイン語は文法構造も単純である。単純というと誤解が生まれそうだが、要するに他のロマンス語と比べての話である。たとえば、名詞を複数にするための規則、これなどはカタルーニャ語と比較するとその美点が良く分かる。カタルーニャ語の文法書執筆の折りには、名詞・形容詞の複数形を作る規則の煩雑さにここでもため息が出てスペイン語をうらやんだ。

　一例を挙げると、スペイン語ではありふれた4男性名詞（amigo「友人」、hermano「兄弟」、caso「場合」、paso「通行」）の複数形の作り方は同一の原理「-sを付ける」で片づけられる。ところがカタルーニャ語では、この4語に相当する語源も等しい名詞（amic、germà、cas、pas）を複数形にするにはそれぞれ、「-sを付ける、-nsを付ける、-osを付ける、-sosを付ける」の4通りの仕方が決まっているのである。形容詞活用に関しても同類の複雑さが存在している。

　一番独習しにくい言語はどれか。筆者の学習範囲では、それはルーマニア語である。上に既に述べた学習上の難点に加えて、母音の発音、名詞活用の複雑さ、接続法の多用など、他のロマンス語を学習した際とは異なった難しさを体験した。学習用文法書の種類の少なさ、辞書の入手可能性の低さなども、これに加えられる消極

446

5. スペイン語の勧め

的要素となる。

　主要ロマンス語（主要と言うのはあくまでも筆者の独断であるが）の学習難易度の順を付けてみると、

　　スペイン語―イタリア語―ポルトガル語・フランス語―カタルーニャ語―ルーマニア語

となる。ポルトガル語とフランス語の難易度の差は筆者には見つけにくい。

　イタリア語はスペイン語に次いで学びやすいと言えるが、この言語には一つ落とし穴がある。それは方言差の甚だしさである。一応標準イタリア語を習った後で、では好きなイタリア民謡を原語で歌ってみようとすると、習ったことのない形が出てくることになる。日本人の好きなイタリア民謡はナポリ方言で書かれている。「オー・ソレ・ミオ」、「帰れソレントへ」、「カタリ、カタリ」、「フニクリ・フニクラ」みなそうである。O sole mio を「オー、私の太陽よ」と解釈する人は多いのだが、この O は感嘆詞ではない。これは英語の the に当たる定冠詞 il のナポリ方言形である。

　カタルーニャ語の難点の一つは綴りと発音の関係である。この言語では綴りで a とか o とかがある場合、そこにアクセントが来るか来ないかで発音が変わるのである。1 年間バルセロナに住んでいたが、「聞き取り」に関しては最後まで難渋したものであった。

　難易度の目安として、教科書・辞書の多さ、教室の見つけやすさなどを加味するならばフランス語が先頭に来ることは自明であるが、ここに書いたのはあくまでも自分でコツコツと独習する場合のことである。フランス語を独習しようとするなら正しい発音の学習は難しい。現代ではCD付きの文法書が入手可能ではあるのだが、発音はやはり口の形とか舌の位置とかまでを先生に矯正してもらうことが必要になる気がする。

447

付録 2　単語対照表

1. 総説
2. 名詞
    ゲルマン語系名詞
    　月名
    　曜日名
3. 形容詞
    ゲルマン語系形容詞
4. 数詞
5. 動詞
    ゲルマン語系動詞

1．総説

　この表は、あくまでも音韻・形態の対照性を示すための、厳密な意味での「語源のための表」であり、実用性を重視した「同義語の対照のため」に作成したものではない。当然、語源における意味とロマンス語における意味との間には大きな差異が存在することは多々ある。特に動詞の場合である。意味の変化の注記は最小限にとどめてある。

　また特に古語とは言えぬとしても現代においてはあまり使われなくなった語も他の言語との対照のために表示されている。

　資料として最も重視したのは、Meyer-Lübke の Romanisches etymologisches Wörterbuch（REW）である。他にも参考にした語源辞典があるが、いちいち例示はしない。

　ラテン語単語に ˆ の印がふってあるものは、本文においてある程度の記述があるものであるから、その個所を探して参照するとその単語が選ばれた理由が分かる。古典ラテン語には存在しないが語源形と想定されるものには * を付けてある。

　事例はすべて地域的に西から東へ、ポルトガル語、スペイン語、カタルーニャ語、フランス語、イタリア語、ルーマニア語の順で並べる。必要に応じてその他の言語

448

も最後に加えることがある。

　ラテン語語源で、特にアクセント位置を指示すべき場合には、その音節に下線を施す。名詞および形容詞の語尾が -US、-A であるときには、実際の語源形はそれぞれ対格形である –UM、-AM であるが自明のこととしていちいち表記はしない。それ以外の場合には、実際の語源形を PAX → PĀCEM のごとくに指示しておく。

　{　}とあるのは、対応形が存在しない場合である。そこに語形が書いてある場合は、ラテン語の同系の別語源から来ている意味である。

　下線を引いてあるものは古語でしか存在しない形である。

　２形の併記が必要な場合もある。その場合、一方に下線が引いてあれば古形や古い綴りを意味する。ただしイタリア語に関しては、下線は標準形以外の方言形を示す。

　人工語、あるいは他のロマンス語からの借用語の場合には（　）でくくることにする。そのような判断に関しては諸説があり、主として REW に従ったとはいえ統一性に関しては一貫はしていない。

　イタリア語動詞に限り、語尾以外にアクセントがある場合は bEvere、conOscere、mUngere のようにその母音を大文字にしておく。これは、イタリア語正書法の不備を補うための便宜的な処置である。

　本書においては、ルーマニア語の î は înger のように単語の最初に置かれた場合か語末に来た場合にのみ用い、その他の場合は â を用いる原則である。

2.　名詞

AGNUS「子羊」→ AGNELLUS：{　}/{　}/anyell/agneau/agnello/miel（古オック語 anhel）

ˆANELLUS「指輪」；elo(anel)/anillo/anell/anneau/anello/inel（古オック語 anell）

ˆANGELUS「天使」；anjo/ángel/àngel/ange/angelo/înger（古オック語 angel）

ˆANGUSTIA「狭窄」；{　}/(congoja)/angoixa/angoisse/angoscia/{　}

ANIMA「魂」；alma/alma/arma/âme/(anima)/inimă（古オック語 arma/anma）

ˆANNUS「年」；ano/año/any/an/anno/an（古オック語 an）

ˆAPIS「蜂」→ APICŪLA：abelha/abeja/abella/abeille/pecchia ape(< APEM)/{　}（古オック語 abelha）

AQUA「水」；água/agua/aigua/eve eau/acqua/apă（古オック語 aiga/agua、サルディニア語 abba）

ˆARBOR「木」→ ARBŎREM：árvore/árbol/arbre/arbre/albero/arbore

449

付録2　単語対照表

^ASINUS「ロバ」；asno/asno/ase/<u>asne</u> âne/asino/asin

^AURIS「耳」→ AURICULA；orelha/oreja/orella/oreille/orecchio/ureche（古オック語 aurelha）

AURUM「黄金」；ouro/oro/or/or/oro/aur

^AVIS「鳥」→ AVICELLUS；{　}/{　}/ocell/oiseau/uccello/{　}（古オック語 auzel）

^BASIUM「接吻」；beijo/beso/bes/{baiser}/bacio/{　}

^BŌS「雄牛」→ BŎVEM；boi/buey/bou/<u>buef</u> bœuf/<u>bove</u> bue/bou（古オック語 buou）

BRACHIUM「腕」；braço/brazo/braç/bras/braccio/braţ

^BUCCA「口」；boca/boca/boca/bouche/bocca/{gurӑ}（古オック語 boca）

^CABALLUS「馬」；cavalo/caballo/cavall/cheval/cavallo/cal（古オック語 cavall）

^CAELUM「空」；céu/cielo/cel/ciel/cielo/cer（古オック語 cel）

^CAMĔRA「小部屋」；câmara/cámara/càmera/chambre/camera/{　}（古オック語 cambra）

^CAMPUS「（競技などのための）平らな土地」；campo/campo/camp/champ/campo/camp
（古オック語 camp）

^CANIS「犬」→ CANEM；cão/{　}/{　}/chien/cane/câine

^CAPILLUS「頭髪」；cabelo/cabello/cabell/cheveu/capello/{　}（古オック語 cabel）

^CAPUT「頭」；{cabeça}/{cabeza}/cap/chef/capo/cap（古オック語 cap）（意味はそれぞれ
変化している。「頭」の語については TESTA を参照）

CARRUS「荷車」；carro/carro/carro/char/carro/car（英語 car は古フランス語から入った
もの）

^CATĒNA「鎖」；cadeia/cadena/cadena/chaîne/catena/{　}

CAUSA「訴訟、弁明、理由、動機など」；coisa/cosa/cosa/chose/cosa/{　}（RES に取って代わり、
「もの、こと」の意味になる）

^CĀVEA「檻」；{　}/gavia/gàbia/cage/gabbia/{　}（古オック語 gabia）

CĒNA「夕飯」；ceia/cena/cena/{　}/cena/cinӑ（サルディニア語 kena）

CERVUS「雄鹿」；cervo/ciervo/cervo/cerf/cervo/cerb（サルディニア語 kerbu）

^CĪVITĀS「街」→ CĪVITĀTEM；cidade/ciudad/ciutat/<u>citet</u> cité/città/cetate

^CLĀVIS「鍵」→ CLĀVEM；chave/llave/clau/clef/chiave/cheie（古オック語 clau）

COR「心臓」；{coração}/{corazón}/cor/<u>cuer</u> cœur/cuore/(cord)（古オック語 cor）

^CORIUM「革」；couro/cuero/cuir/cuir/cuoio/{　}（古オック語 cuor）

CORNŪ「角」；corno/cuerno/corn/corne/corno/corn

^CORPUS「身体」；corpo/cuerpo/cos/<u>cors</u> corps/corpo/corp（古オック語 cors）

^COSTA「岸辺」；costa/cuesta/costa/côte/costa/coastӑ

450

＾COXA「臀部」；coxa/{ }/cuixa/cuisse/coscia/coapsă

CRĒDENTIA「信頼」：crença/creencia/(creença)/creance croyance/credenza/credinţă

＾CRUX「十字架」→ CRŬCEM；(cruz)/(cruz)/creu/croix/croce/cruce（古オック語 crotz、サルディニア語 ruge）

＾CULTELLUS「ナイフ」；cutelo/cuchillo/coltell/couteau/coltello/{ }（古オック語 coltel）

＾DENS「歯」→ DENTEM；dente/diente/dent/dent/dente/dinte

DIGITUS「指」；dedo/dedo/dit/dei doigt/dito/deget

＾DŎMINA「女主人」；dona/dueña doña/dona/dame/donna/doamnă

＾DŎMINUS「主人」；dono/dueño don/{ }/dans/donno/domn

＾EPISCOPUS「司教」；bispo/obispo/bisbe/évêque/vescovo/(episcop)（古オック語 vesque evesque）

EQUA「雌馬」；égua/yegua/egua/{ }/{caballa}/iapă

FACIĒS「顔」→ FACIA；face/haz faz/(faç)/(face)/faccia/faţă

（サルディニア語 fake）

FACTUM「事実」；feito/hecho/fet/fait/fatto/fapt（古オック語 fait fach）

＾FEL「胆汁」：fel/hiel/fel/fiel/fiele/fiere

＾FĒMINA「女」；fêmea/hembra/femna/femme/femmina/{ }（古オック語 femna）

FENESTRA「窓」；fresta/hiniestra/finestra/fenêtre/finestra/fereastră

FERRĀRIUS「鉄工」；ferreiro/herrero/ferrer/{ }/ferraio ferrero/fierar

FERRUM「鉄」；ferro/hierro/ferre/fer/ferro/fier

＾FĪLIA「娘」；filha/hija/filla/fille/figlia/fie（古オック語 filha）

＾FĪLIUS「息子」；filho/hijo/fill/fils/figlio/fiu（古オック語 filh）

＾FĪLUM「紐」；fio/hilo/fil/fil/filo/fir

＾FLAMMA「炎」；chama/llama/flama/flamme/fiamma/{ }

FLŌS「花」→ FLŌREM；(flor)/(flor)/flor/flour fleur/fiore/floare（古オック語flor）

＾FOCUS「炉」；fogo/fuego/foc/fou feu/fuoco/foc（古オック語 fuoc）（ロマンス語では「火」である）

FOLIUM「葉」→ FOLIA；folha/hoja/fulla/fueille feuille/foglia/foaie（古オック語 fuolha）

FORTIA「力」；força/fuerça fuerza/força/force/forza/{ }（古オック語 forsa）

FRONS「額」→ FRONTEM；fronte/frente/front/front/fronte/frunte

FRUCTUS「果実」；fruito(fruto)/frucho(fruto)/fruit/fruit/frutto/frupt（古オック語 fruch）

GALLĪNA「雌鶏」；galinha/gallina/gallina/(geline)/gallina/găină

付録2　単語対照表

^GAUDIUM「楽しみ」；(gozo)/gozo/goig/joie/(gioia)/{　}（古オック語 gaug）（フランス語は GAUDIA より）

^GENER「婿」→ GENĔRUM；genro/yerno/gendre/gendre/genero/ginere（古オック語 gendre）

^GENŪ「膝」→ GENŪCŬLUM；joelho/hinojo/genoll/genoil genou/ginocchio/genunchiu

^GLACIĒS「氷」→ GLACIA；{　}/{　}/(glaç)/glace/ghiaccio/ghiaţă

^GLANS「団栗」→ GLANDEM；lande/{　}/gla/gland/ghianda/ghindă

^GUTTA「水滴」；gota/gota/gota/goutte/gotta/gută（ルーマニア語は「痛風」）

HĪBERNUM「冬」；inverno/invierno/hivern/hiver/inverno/iarnă（古オック語 ivern invern）

^HOMŌ「人間」→ HOMĬNEM；homem/hombre/omne home/omne homme/uomo/om（古オック語 ome）

^HŌRA「時間」；hora/hora/hora/ore heure/ora/oară/（古オック語 ora）

^IOCUS「楽しみ」；jogo/juego/joc/jeu/giuoco「愚か者」/joc（古オック語 juec）

IŪDEX「判定者」→ IŪDICEM；juiz/juez/jutge/juge/giudice/jude（サルディニア語 yuige）

^LAC「ミルク」→ LACTE；leite/leche/llet/lait/latte/lapte（古オック語 lait/lach）

^LACRIMA「涙」；lágrima/lágrima/llàgrima/lairme larme/lacrima/lacrimă

^LACUS「湖」；lago/lago/llac/lai(lac)/laco lago/lac

^LĀNA「羊毛」；lã/lana/llana/laine/lan0/lână（古オック語 lana）

^LECTUS「ベッド」；leito/lecho/llit/lit/letto/{　}（古オック語 lech）

^LEGŪMEN「野菜」；legume/{legumbre}/llegum/(légume)/{　}/legumă

^LĒX「法律」→ LĒGEM；lei/ley/lley/lei loi/legge/lege（古オック語 lei leg）

^LINGUA「舌、言葉」；língua/lengua/llengua/langue/lingua/limbă

LOCUS「場所」；{lugar}/{lugar}/lloc/lue lieu/luogo/loc（古オック語 luoc）

^LŪMEN「明るさ」；lume/{lumbre}/llum/{　}/lume/lume（ルーマニア語は「世界」）

^LŪNA「月」；lua/luna/lluna/lune/luna/lună

LŬPUS「狼」；lobo/lobo/llop/leu（loup）/lupo/lup

LŪX「光」→ LŪCEM；luz/luz/{llum}/{lumière}/luce/{lumina}（サルディニア語 luge）

^MAGISTER「主人、先生」→ MAGISTRUM；mestre/maestro/mestre/maître/maestro/maestru

^MANUS「手」；mão/mano/mà/main/mano/mânä

MARE「海」；mar/mar/mar/mer/mare/mare（古オック語 mar）

^MARĪTUS「夫」；marido/marido/marit/mari/marito/{　}

^MARMOR「大理石」→ MARMŎREM；mármore/mármol/marbre/marbre/marmo/marmură

452

2. 名詞

^MĀTER「母」 → MĀTREM；mãe/madre/mare/<u>medre</u> mère/madre/{mamă}（古オック語 maire）

MENS「心」→ MENTEM；mente/miente/ment/{ }/mente/minte

^MENSIS「（暦の）月」→ MENSEM；mês/mes/mes/<u>meis</u> mois/mese/{ }（古オック語 mes）

^MONĒTA「貨幣」；moeda/moneda/moneda/monnaie/moneta/{ }

^MULIER「女」→ MULIEREM；mulher/mujer/muller/<u>moillier</u>/moglie/muiere（古オック語 molher）

^NĀSUS「鼻」；{nariz}/{nariz}/nas/nez/naso/nas（古オック語 nas）

^NIX「雪」→ NIVEM；neve/nieve/neu/<u>neif</u> {neige}/neve/nea（古オック語 neu）

^NŌMEN「名前」；nome/{nombre}/nom/nom/nome/nume

^NOX「夜」→ NOCTEM；noite/noche/nit/<u>noit</u> nuit/notte/noapte（古オック語 nueit/nuoch）

^NUMERUS「数」；(número)/(número)/nombre/nombre/numero/numǎr

^OCULUS「眼」；olho/ojo/ull/<u>ueil</u> œil/occhio/ochiu（古オック語 uelh）

^OSTREA「牡蠣」；ostra/ostra/(ostra)/huître/ostrica/{ }

^OVIS「羊」→ OVICŬLA;ovelha/oveja/ovella/{ }/{ }/{oaie}（ルーマニア語は OVEM より）

^OVUM「卵」；ovo/huevo/ou/<u>uef</u> œuf/uovo/ou（古オック語 uou）

^PARABOLA「比喩」；palavra/palabra/paraula/parole/parola/{ }

^PATER「父」→ PATREM；pai/padre/pare/<u>pedre</u> père/padre/{tată}（古オック語 paire）

^PĀX「平和」→ PĀCEM；paz/paz/pau/<u>pais</u> paix/pace/pace（古オック語 patz、サルディニア語 page）

^PECTUS「胸」；peito/pecho/pit/<u>piz</u> {poitrine}/petto/piept（古オック語 pieitz）

PELLIS「皮膚」；pele/piel/pell/peau/pelle/piele（古オック語 pel）

^PĒS「足」→ PĔDEM；pé/pie/peu/<u>pié</u> pied/piede/{ }（古オック語 pe）

^PETRA「石」；pedra/piedra/pedra/pierre/pietra/piatrǎ

^PILUS「髪」；(pelo)/pelo/pèl/<u>peil</u> poil/pelo/pǎr（古オック語 peu）

^PIPER「胡椒」；{ }/pebre/pebre/<u>peivre</u> poivre/pepe/（piper）

^PISCĀTOR「漁師」→ PISCĀTŌREM；pescador/pescador/pescaire pescador/pêcheur/pescatore/{ }

PISCIS「魚」→ PISCEM；peixe/pez/peix/{poisson}/pesce/peşte（古オック語 peis peison）

^PLĀGA「傷」；chaga/llaga/{ }/plaie/piaga/plagǎ

PLUMBUM「鉛」；chumbo/(plomo)/plom/plomb/piombo/plumb

<u>PLU</u>VIA「雨」；chuva/lluvia/pluja/pluie/pioggia/ploaie

453

付録 2　単語対照表

^PODIUM「段」;（pódio）/poyo/puig/pui/poggio/{　}（ロマンス語は「丘」にもなる）

^PŎPULUS「民衆」;povo/pueblo/poble/pueple peuple/popolo/popor

^PŌPULUS「ポプラ」;choupo/pobo/clop poll/{　}/pioppo/plop

PORCUS「豚」;porco/puerco/porc/porc/porco/porc

PORTA「扉」;porta/puerta/porta/porte/porta/poartă

^PUGNUS「拳」;punho/puño/puny/poing/pugno/pumn

PUTEUS「井戸」;poço/pozo/pou/puiz puits/pozzo/puţ（古オック語 potz）

^QUADRĀTUM「四角」;quadrado/cuadrado/（quadrat）/carré/quadrato/{　}

^RABIĒS「怒り」→ RABIA;raiva/rabia/ràbia/rage/rabbia/{　}

^RADIUS「光線」;raio/rayo/raig/rai {rayon}/raggio/{　}

^RATIŌ「理性」→ RATIŌNEM;razão/razón/raó/raison/ragione/{　}

^RĪPA「岸」;riba/riba {ribera}/riba/rive/riva ripa/râpă

^ROSA「ばら」;rosa/rosa/rosa/rose/rosa/{　}

^ROTA「輪」;roda/rueda/roda/ruode roue/ruota/roată

^SAL「塩」→ SALEM;sal/sal/sal/sel/sale/sare（古オック語 sal）

SANGUEN「血」;sangue/sangre/sang/sang/sangue/sânge

^SAPŌ「石けん」→ SAPŌNEM;sabão/jabón/sabó/savon/sapone/săpun

^SCHOLA「学校」;（escola/escuela/escola/école/scuola/şcoală）（すべて人工語である）

^SCŪTUM「楯」;escudo/escudo/escut/écu/scudo/scut

^SENIOR「長老」→ SENIŌREM;senhor/señor/senyor/{sire} seigneur/signore/{　}

SIGNUM「印」;senha/seña/senya/（signe）/segno/semn

SOCRUS「姑」→ SOCRA;sogra/suegra/sogra/{　}/{　}/soacră

SŌL「太陽」→ SŌLEM;sol/sol/sol/sol {soleil}/sole/soare（古オック語 sol）

^SOMNIUM「夢」;sonho/sueño/（somni）/songe/sogno/{　}（古オック語 somi somnhe）

^SOMNUS「眠り」;sono/sueño/son/som {sommeil}/sonno/somn（古オック語 som）

^SPECULUM「鏡」;espelho/espejo/espill/{　}/specchio/{　}

^STELLA「星」;estrela/estrella/estel/esteile étoile/stella/stea（古オック語 estela）

^TĒGULA「タイル、瓦」;telha/teja/teula/tieule tuile/tegghia tegola/{　}

^TĒLA「織布」;teia/tela/tela/teile toile/tela/teară（古オック語 tela）

TEMPUS「時間」;tempo/tiempo/temps/tens temps/tempo/timp（古オック語 temps）

TERRA「大地」;terra/tierra/terra/terre/terra/ţară

TESTA「素焼きの壺」;（testa）/（testa）/testa/teste tête/（testa）/ţastă（ロマンス語では

454

「頭」、「頭蓋」などの意味となる）

TRISTITIA「悲しみ」；tristeza/tristeza/tristesa/tristesse/tristezza/{　}

^UNDA「大波」；onda/onda/ona/onde/onda/undă

^UNGULA「爪」；unha/uña/ungla/ongle/unghia/unghie（UNGUIS は消える）

VACCA「雌牛」；vaca/vaca/vaca/vache/vacca/vacă

^VĒNA「血管」；veia/vena/vena/veine/vena/vână

^VERĒCUNDIA「謙譲さ」；vergonha/vergüenza/vergonya/vergogne/vergogna/{　}

^VĪNEA「ぶどうの樹」；vinha/viña/vinya/vigne/vigna/vie

^VĪNUM「葡萄酒」；vinho/vino/vi/vin/vino/vin

^VĪTA「命」；vida/vida/vida/vithe vie/vita/viaţă（古オック語 vida via）

^VŌX「声」→ VŌCEM；voz/voz/veu/voiz voix/voce/(voce)（古オック語 votz、サルディニア語 boge）

ゲルマン語系名詞

語源としてある形はすべてが想定形であるから * を付けておく。

*BANKA「ベンチ」；banco/banco/banc/banc/banco/{　}

*BARO「自由人」；(barão)/(baron)/baró/baron/(barone)/{　}

*BUSK「森」；(bosque)/bosque/bosc/bois/(bosco)/{　}

*HARIBERGO「避難所」；(albergue)/albergue/alberg/auberge/albergo/{　}

*MARKA「境界」；marca/(marca)/marca/marche/marca/{　}

*URGŌL「誇り」；(orgulho)/orgullo/orgull/orgueil/(orgoglio)/{　}

*WERRA「戦争」；(guerra)/(guerra)/(guerra)/guerre/guerra/{　}

*WIDA「先導者」；guia/guia/guia/guie(guide)/guida/{　}

*WĪSA「方法」；{　}/guisa/guisa/guise/guisa/{　}

月名（「5211 月名と曜日名」を参照のこと）

IĀNUĀRIUS/IĒNUĀRIUS；janeiro/enero/gener/janvier/gennaio/(ianuarie)

FEBRUĀRIUS；fevereiro/febrero/febrer/février/febbraio/faurar(februarie)

MARTIUS；março/marzo/març/mars/marzo/marţ(martie)

APRĪLIS；abril/abril/abril/avril/aprile/prier(aprilie)

MAIUS；maio/mayo/maig/mai/maggio/maiu

IŪNIUS；junho/(junio)/juny/juin/giugno/(iunie)

455

付録 2　単語対照表

IŪLIUS：julho/(julio)/{juiliol}/<u>juil</u> {juillet}/luglio/(iulie)

AUGUSTUS/AGUSTUS：agosto/agosto/agost/août/agosto/(august)

SEPTEMBER/*SEP<u>TEMB</u>RIUS：setembro/(septiembre)/setembre/(septembre)/settembre/
　　(septembrie)

OCTŌBER/OC<u>TŌ</u>BRIUS：outubro/octubre/(octubre)/(octobre)/(ottobre)/(octombrie)

NOVEMBER/*NO<u>VEM</u>BRIUS：novembro/noviembre/novembre/novembre/novembre/
　　(noiembrie)

DECEMBER/*DE<u>CEM</u>BRIUS：(dezembro)/diciembre/(desembre)/(décembre)/dicembre/
　　(decembrie)

曜日名（「5211 月名と曜日名」を参照のこと）

「日曜」DO<u>MI</u>NICA：(domingo)/domingo/diumenge/dimanche/domenica/duminecă

「月曜」LŪNAE DIĒS：segunda-feira/lunes/dilluns/lundi/lunedì/luni

「火曜」MARTIS DIĒS：terça-feira/martes/dimarts/mardi/martedì/marţi

「水曜」MER<u>CUR</u>IĪ DIĒS：quarta-feira/miércoles/dimecres/mercredi/mercoledì/miercuri

「木曜」IOVIS DIĒS：quinta-feira/jueves/dijous/jeudi/giovedì/joi

「金曜」<u>VEN</u>ERIS DIĒS：sexta-feira/viernes/divendres/vendredi/venerdì/vineri

「土曜」<u>SAB</u>BATUM：sábado/sábado/dissabte/samedi/sabato/sâmbătă

3. 形容詞

ĀCER「鋭い」→ ĀCRUS：agro/<u>agro</u> agrio/agre/aigre/agro/acru（古オック語 agre）

AEQUĀLIS「同等の」：igual/igual/(igual)/<u>ivel</u>(égal)/uguale/{　}

ALTER「別の」：outro/otro/altre/<u>altre</u> autre/altro/alt（古オック語 autre）

ALTUS「高い」：(alto)/(alto)/alt/haut/alto/{　}（古オック語 aut）

^BASSUS「低い」：baixo/bajo/<u>bas</u> baix/bas/basso/{　}

^BELLUS「美しい」：(belo)/(bello)/bell/<u>bel</u> beau/bello/{　}（古オック語 bel）

^BONUS「良い」：bom/bueno/bo/bon/buono/bun

^BREVIS「短い」：breve/breve/breu/bref/breve/{　}（古オック語 breu）

<u>CA</u>LIDUS「暑い」：caldo/caldo/<u>cald</u>/chaud/caldo/cald（ポルトガル、スペイン語では「スー
　　プ」である）

CLĀRUS「明らかな」：(claro)/(claro)/clar/clair/chiaro/(chiar)（ルーマニア語では強調の副
　　詞）

^CURTUS「断ち切られた」：curto/corto/curt/court/corto/{scurt}（ロマンス語では「短い」）

456

3. 形容詞

^DEXTER「右の」；destro/diestro/destre/{　}/destro/{　}（イタリア語以外はほぼ「器用な」の意味）

^DĪRECTUS「真っ直ぐの」；direito/derecho/dret/<u>dreit</u> droit/d(i)ritto/drept（イタリア語以外は「右の」の意味を併せ持つ）（古オック語 drech）

DULCIS「甘い」；doce/(dulce)/dolç/<u>dulz</u> doux/dolce/dulce（古オック語 dous dols、サルディニア語 dulke）

^EXTRANEUS「無縁の」；estranho/<u>estranno</u> extraño/estrany/(étrange)/(strano)/{　}

^FORMŌSUS「美しい」；formoso/hermoso/(formos)/{　}/{　}/frumos

^FORTIS「強い」；forte/fuerte/fort/fort/forte/foarte（ルーマニア語は副詞「とても」）

^FRĪGIDUS「冷たい」；frio/<u>frido</u> frio/fred/<u>freit</u> froid/freddo/{　}（古オック語 freg frei）

^GRANDIS「大きい」；grande/grande/gran/grand/grande/{　}

GRAVIS/*GREVIS「重い」；grave/grave/greu/grief/grave/greu

^INTEGER「十全たる」→ INTEGRUM；inteiro/<u>intrego</u> entero/enter/entier/intero/întreg

IUVENIS「若い」；jovem/(joven)/jove/jeune/giovane/june（古オック語 joven）

^LARGUS「豊潤な」；largo/largo/llarg/large/largo/larg（スペイン語・カタルーニャ語では「長い」）

^LONGUS「長い」；longo/<u>luengo</u>/<u>llong</u>/long/lungo/lung

MALUS「悪い」；mau/malo/mal/mal/malo/{　}

^<u>ME</u>DIUS「中間の」；meio/(medio)/mig/(mi)/mezzo/miez（古オック語 meg mieg）

<u>ME</u>LIOR（BONUS の比較級）→ MELIŌREM；melhor/mejor/millor/meilleur/migliore/{　}

MINOR（PARVUS の比較級）→ MIN<u>Ō</u>REM；menor/menor/menor/{moindre}/minore/{　}

MOLLIS「柔らかい」；mole/muelle/moll/mou/molle/moale（古オック語 mol）

^MULTUS「多い」；muito/mucho/molt/<u>mout</u>/molto/mult（古オック語 molt mon mot）

^NIGER「黒い」；negro/negro/negre/<u>neir</u> noir/nero/negru（古オック語 negre）

^NOVUS「新しい」；novo/nuevo/nou/<u>nuef</u> neuf/nuovo/nou（古オック語 nou）

PAUCUS「わずかの」；pouco/poco/poc/<u>pou</u> peu/poco/{　}（古オック語 pauc）

PAUPER「貧しい」；pobre/pobre/pobre/pauvre/povero/{　}

PĒIOR（MALUS の比較級）→ PĒI<u>Ō</u>REM；pior/peor/pitjor/{pire}/peggiore/{　}

^PLĒNUS「満ちた」；cheio/lleno/ple/plein/pieno/plin

^PRĪMĀRIUS「最初の」；primeiro/primero/primer/premier/<u>primaio</u>/{　}

RĒGĀLIS「王の」；real/real/real/<u>reial</u> royal/(regale)/{　}

^<u>RU</u>BEUS「赤い」；ruivo/rubio/roig/rouge/<u>robbio</u> {rosso}/roib（古オック語 rog roge）

付録2　単語対照表

SANCTUS「聖なる」；santo/santo/sant/saint/san(to)/<u>sânt</u>

^SĒCŪRUS「確かな」；seguro/seguro/segur/<u>seür</u> sûr/sicuro/(sigur)（古オック語 segur）

^SICCUS「乾いた」；seco/seco/sec/sec/secco/sec

^STRICTUS「きつい」；estreito/estrecho/estret/<u>estreit</u> étroit/stretto/strâmt（古オック語 estrech）

^TŌTUS「全体の」；todo/todo/tot/tout/tutto/tot（古オック語 tot）

^VETUS「年老いた」→ VETULUS > *VEC'LUS；velho/viejo/vell/vieil/vecchio/vechi（古オック語 velh/vielh）

<u>V</u>IRIDIS「緑の」；verde/verde/verd/vert/verde/verde

ゲルマン語系形容詞

^*BLANK「白い」（branco)/(blanco)/blanc/blanc/bianco/{　}

^*BLAU「青い」{　}/{　}/blau/bleu/(blu)/{　}

^*BLUND「金髪の」{　}/(blondo)/{　}/blond/biondo/{　}

*GRĪSI「灰色の」；{　}/(gris)/gris/gris/(grigio)/{　}

*RIHHI「有力な」；rico/rico/ric/riche/ricco/{　}

4. 数詞

基数詞のみである。括弧内は女性形。

1 ŪNUS（ŪNA)；um(uma)/uno(una)/un(una)/un(une)/uno(una)/un(o)

2 DUO（DUAE)；dois(duas)/dos/dos(dues)/deux/due/doi(două)

3 TRĒS（TRIA)；três/tres/tres/trois/tre/trei

4 <u>QUAT</u>TUOR；quatro/cuatro/quatre/quatre/quattro/patru（サルディニア語 battoro）

5 QUĪNQUE；cinco/cinco/cinc/cinq/cinque/cinci

6 SEX；seis/seis/sis/<u>sis</u> six/sei/şase

7 SEPTEM；sete/siete/set/<u>set</u> sept/sette/şapte

8 OCTŌ；oito/ocho/vuit/<u>uit</u> huit/otto/opt

9 NOVEM；nove/nueve/nou/<u>nuef</u> neuf/nove/nouă

10 DECEM；dez/diez/deu/<u>dis</u> dix/dieci/zece

11 Ū<u>N</u>DECIM；onze/once/onze/onze/undici/unsprezece

12 DU<u>O</u>DECIM；doze/doce/dotze/douze/dodici/doisprezece(douăsprezece)

13 <u>TRE</u>DECIM；treze/trece/tretze/treize/tredici/treisprezece

14 QUATTU<u>OR</u>DECIM；catorze/catorce/catorze/quatorze/quattordici/paisprezece

15 QU<u>ĪN</u>DEC<u>I</u>M；quinze/quince/quinze/quinze/quindici/cincisprezece

16 S<u>Ē</u>DECIM；dezesseis/dieciséis/setze/seize/sedici/şaisprezece

17 SEP<u>TEN</u>DECIM；dezessete/diecisiete/disset/dix-sept/diciassette/şaptesprezece/

18 DUODĒVĪGINTĪ；dezoito/dieciocho/divuit/dix-huit/diciotto/optsprezece

19 ŪNDĒVĪGINTĪ；dezenove/diecinueve/dinou/dix-neuf/diciannove/nouăsprezece

20 VĪGINTĪ；vinte/veinte/vint/vingt/venti/douăzeci

30 TRĪGINTĀ；trinta/treinta/trenta/trente/trenta/treizeci

40 QUADRĀGINTĀ；quarenta/cuarenta/quaranta/quarente/quaranta/patruzeci

50 QUĪNQUĀGINTĀ；cinquenta/cinquenta/cinquanta/cinquante/cinquanta/cincizeci

60 SEXĀGINTĀ；sessenta/sesenta/seixanta/soixante/sessanta/şaizeci

70 SEPTUĀGINTĀ；setenta/setenta/setanta/soixante-dix/settanta/şaptezeci

80 OCTŌGINTĀ；oitenta/ochenta/vuitanta/quatre-vingts/ottanta/optzeci

90 NŌNĀGINTĀ；noventa/noventa/noranta/quatre-vingt-dix/novanta/nouăzeci

100 CENTUM；cem/ciento/cent/cent/cento/{　}（ルーマニア語 sută はスラブ語起源）

5. 動詞

^ABBREVIĀRE「短くする」；abreviar/abreviar/abreujar/abréger/abbreviare/{　}（古オック語 abreujar）

^ADIŪTĀRE「助ける」；ajudar/ayudar/ajudar/<u>aidier</u> aider/aiutare/ajuta

^*ALTIĀRE「高める」；alçar/alzar/alçar/hausser/alzare/înălţa

^AMĀRE「愛する」；amar/amar/amar/aimer/amare/{　}（古オック語 amar）

APPĀRĒRE「見える」；aparecer/aparecer/aparèixer/apparaître/apparire/(apărea)（古オック語 apareiser/aparer）

^*APPROPIĀRE「近づく」；{　}/{　}/(apropiar)/approcher/{　}/apropia（古オック語 apropiar、サルディニア語 approbiare）

^AUDĪRE「聞く」；ouvir/oir/oir/<u>oir</u> <u>odir</u>/udire/auzi（古オック語 auzir）

^BASIĀRE「接吻する」；beijar/besar/besar/baiser/baciare/{　}

^<u>BIBERE</u>「飲む」；beber/beber/beure/<u>bevre</u> boire/bEvere bere/bea（古オック語 beure）

^CABALLICĀRE「乗馬する」；cavalgar/cabalgar/cavalcar/chevaucher/cavalcare/{　}（古オック語 cavalcar）

^<u>CADERE</u>「落ちる」；cair/caer/caure/<u>cheoir</u>/cadere/cădea（古オック語 cazer caire）

459

付録 2　単語対照表

^*CAPTIĀRE「捕まえる」：caçar/cazar/caçar/chasser/cacciare/{　}（古オック語 casar）

^*CARRICĀRE「積む」：carregar/cargar/carregar/charger/caricare/{　}（古オック語 cargar）

^CLĀMĀRE「呼ぶ」：chamar/llamar/clamar/<u>clamer</u>/chiamare/chema

^COG<u>NOS</u>CERE「知る」：conhecer/conocer/conèixer/connaître/conOscere/cunoaşte（古オック語 conoiser）

^COLLIGERE「集める」：colher/coger/collir/cueillir/cOgliere/culege

^<u>CO</u>QUERE「料理する」：cozer/cocer/coure/cuire/cuOcere/coace

^<u>CRĒ</u>DERE「信じる」：crer/creer/creure/<u>creire</u> croire/crEdere/crede（古オック語 creire creer）

^DĀRE「与える」：dar/dar/dar/{　}/dare/da（フランス語 donner < DONĀRE）

DĒBĒRE「義務がある」：dever/deber/deure/devoir/dovere/{　}（古オック語 dever deure）

^<u>DĪ</u>CERE「言う」：dizer/decir/dir/dire/dire/zice（古オック語 dire dizer）

^DĪRECTIĀRE「向ける」：{endereçar}/enderezar/dreçar/dresser/dirizzare/{　}

^DORMĪRE「眠る」：dormir/dormir/dormir/dormir/dormire/dormi

^<u>FA</u>CERE「する、なす」：fazer/hacer/fer/faire/fare/face

FLŌRĒRE「咲いている」→ FLŌRĪRE；(florescer)/(florecer)/florir/fleurir/fiorire/înflori

^*FORTIĀRE「強める」：forçar/forzar/forçar/forcer/forzare/(forţa)

^<u>FUGERE</u>「逃げる」→ FUGĪRE；fugir/huir/fugir/fuir/fuggire/fugi

<u>GEMERE</u>「嘆く」：gemer/(gemir)/gemir/geindre/gEmere/geme

^HA<u>BĒ</u>RE「持つ」：haver/haber/haver/<u>aveir</u> avoir/avere/avea

IA<u>CĒ</u>RE「横たわる」：jazer/yacer/jaure/gésir/giacere/zăcea

^IACTĀRE「投げる」：{　}/echar/gitar/jeter/gettare/{　}

IOCĀRĪ「冗談を言う」→ *IOCĀRE；jogar/jugar/jugar/jouer/giocare/juca

^IŪDICĀRE「判決を下す」：julgar/juzgar/jutjar/juger/giudicare/judeca（古オック語 jutjar）

^LAUDĀRE「ほめる」：louvar/loar/lloar/louer/lodare/lăuda

^LAXĀRE「緩める」：deixar/dejar/deixar/laisser/lasciare/lăsa（古オック語 laisar daisar）

<u>LEGERE</u>「読む」：ler/leer/(llegir)/lire/lEggere/{　}（古オック語 legir leire）

^LIGĀRE「結ぶ」：liar/liar/lligar/lier/legare/lega（古オック語 liar）

^LŪCĒRE「光る」：luzir/lucir/lluir/<u>luisir</u> luire/{　}/luci

^MANDŪCĀRE「食べる」；(manjar)/{　}/(menjar)/manger/(mangiare)/mânca

^MOLLIĀRE「柔らかくする」：molhar/mojar/mullar/mouiller/{　}/muia

<u>MIT</u>TERE「送る」：meter/meter/metre/mettre/mEttere/{　}（古オック語 metre）

460

^MORĪ「死ぬ」→ *MORĪRE；morrer/morir/morir/mourir/morire/muri

^MOVĒRE「動かす」；mover/mover/moure/mouvoir/muOvere/{ }（古オック語 mover）

^MULGĒRE「授乳する」；mungir/{ }/munyir/(moudre)/mUngere/mulge

^NĀSCĪ「生まれる」→ *NĀSCERE；nascer/nacer/néixer/naître/nAscere/naşte

NECĀRE「殺す」；anegar/anegar/negar/<u>neier</u> noyer/annegare/îneca（ロマンス語では「溺れさせる」の意味となる）

OBLĪVISCĪ「忘れる」→ *OBLĪTĀRE；(olvidar)/olvidar/oblidar/oublier/{ }/{ }（古オック語 oblidar）

PĀCĀRE「平定する」；pagar/pagar/pagar/payer/pagare/{ }（古オック語 pagar）（意味は「払う」へと変わる）

^PATĪ「蒙る」→ *PATĪRE；padecer/padecer/(patir)/{ }/patire/păţi

PLACĒRE「楽しませる」；{ }/{ }/plaure/<u>plaisir</u> plaire/piacere/placea（古オック語 plazer）

^PLŌRĀRE「泣く」；chorar/llorar/plorar/pleurer/<u>piorare</u>/{ }

^PLUERE「雨が降る」；chover/llover/ploure/pleuvoir/piOvere/ploa

^PŌNERE「置く」；pôr/poner/pondre/pondre/porre/pune（古オック語 ponre）

POSSE「できる」→ *POTĒRE；poder/poder/poder/<u>pooir</u> pouvoir/potere/putea（古オック語 poder）

^PREHENDERE「取る」；prender/prender/prendre/prendre/prEndere/prinde

^PROBĀRE「試す」；provar/probar/provar/prouver/provare/{ }

^QUAERERE「探求する」；querer/querer/{ }/quérir/chiEdere/cere

RECIPERE「受け取る」；receber/recibir/rebre/recevoir/ricEvere/{ }（古オック語 recebre）

^REDDERE「返す」；render/rendir/retre/rendre/rEndere/{ }

RESPONDĒRE「応える」；responder/responder/respondre/répondre/rispOndere/răspunde

^RĪDĒRE「笑う」；rir/reír/riure/rire/rIdere/râde

^SAPERE「賢い」；saber/saber/saber/savoir/sapere/{ }（古オック語 saber）

^SCRĪBERE「書く」；escrever/escribir/escriure/écrire/scrIvere/scrie（古オック語 escriure escrir）

^SĒMINĀRE「種を蒔く」；semear/sembrar/(sembrar)/semer/seminare/semăna

^SEQUĪ「追う」→ *SEQUERE；seguir/seguir/<u>segre</u> seguir/suivre/seguire/{ }（古オック語 segre seguir）

^SIMILĀRE「似ている」；{ }/{ }/(semblar)/sembler/(sembrare)/semăna

^SPĒRĀRE「希望する」；esperar/esperar/esperar/espérer/sperare/(spera)

^STĀRE「立っている」；estar/estar/estar/<u>ester</u> { }/stare/sta

461

付録2 単語対照表

^TENĒRE「掴む」：ter/tener/tenir/tenir/tenere/ţinea

^TEXERE「織る」：tecer/tejer/teixir/<u>tistre</u> tisser/tEssere/ţese

^TIMĒRE「恐れる」：temer/temer/témer/{　}/temere/teme（古オック語 temer）

^*TOCCĀRE「触る」：tocar/tocar/tocar/toucher/toccare/{　}

^TREMULĀRE「震える」：(tremular)/<u>tremblar</u> temblar/tremolar/trembler/tremolare/tremura

^VALĒRE「強い」：valer/valer/valer/valoir/valere/{　}

^VELLE「望む」→ *VOLĒRE：{　}/{　}/voler/vouloir/volere/vrea（古オック語 voler）

^VENDERE「売る」：vender/vender/vendre/vendre/vEndere/vinde

^VENĪRE「来る」：vir/venir/venir/venir/venire/veni

^VIDĒRE「見る」：ver/ver/veure/<u>veoir</u> voir/vedere/vedea（古オック語 vezer veire）

^VIGILĀRE「起きている」：vigiar/velar/vetllar/veiller/<u>veggiare</u>（vegliare）/veghea

^VINDICĀRE「主張する」：vingar/vengar/venjar/venger/vendicare/vindeca

^VĪVERE「生きる」：viver/vivir/viure/vivre/vIvere/{　}

ゲルマン語系動詞

*SPEŌN「スパイする」：espiar/espiar/espiar/épier/spiare/{　}

*WAIDANJAN「獲得する」：ganhar/guadañar/guanyar/gagner/guadagnare/{　}

*WARDŌN「防衛する」：guardar/guardar/guardar/garder/guardare/{　}

*WARJAN「防ぐ」：{　}/<u>guarir</u> guarecer/guarir/guérir/guarire/{　}

引用文献一覧

　これは本書で引用された文献の一覧表なのであって、ロマンス語学全般における参考書ではない。あくまでも筆者が実際に参照したのみならず「本文で言及した」書物だけである。ロマンス語学のための文献の量を考慮するならまさしく九牛の一毛という表現がこれに当たる。出版年も筆者が参照した書のそれであり、初出版年とは限らない。

　その中でも、ロマンス語学全体と関わりがあり、かつ基本的に特に重要であると筆者が判断した書物には、＋を付加している。

　付け加えると、筆者が参照したのであるからこれらはすべて国内で利用可能なものばかりである。ただし一部はインターネットを経由した電子版である。

Alcuin; "De orthographia", H. Keil (ed.), *Grammatici Latini VII*, 1880. pp.295-312

Anglade; Joseph Anglade, *Grammaire élémentaire de l'ancien français*, Armand Colin, 1965

Antilla; Raimo Antilla, *Historical and Comparative Linguistics*, John Benjamins, 1989

Alarcos; E. Alarcos Llorach, Gramática de la lengua española, Espasa Calpe, 1994

Alvar & Pottier; Manuel Alvar & Bernardo Pottier, *Morfología Histórica del Español*, Gredos, 1983

Badia 1; Antonio M. Badia Margarit; *Gramática Catalana II*, Gredos, 1962

Badia 2; Antoni M. Badia i Margarit; *Gramàtica Històrica Catalana*, Tres i Quatre, 1981

Banniard; Michel Banniard, *Viva Voce, communication écrite et communication orale du IVe au IXe siècle en occident latin*, Institut des Études Augustiniennes, 1992

Blasco Ferrer; Eduardo Blasco Ferrer, "La posizione linguistica del catalano nella Romania", *Zeitschrift für Romanische Philologie 102*, 1986, pp.132-178

Bonfante 1; Giuliano Bonfante, *Scritti scelti di Giuliano Bonfante II*, Edizioni dell'Orso, 1987

Bonfante 2; Giuliano Bonfante, *The Origin of the Romance Languages*, C. Winter, 1999

Bonfante 3; "THE NEOLINGUISTIC POSITION", *Language 23*, 1947, pp.344-375

+Bourciez 1; Édouard Bourciez, *Éléments de Linguistique Romane*, Klincksieck, 1967（原著者と Jean Bourciez による改訂版）

Bourciez 2; Édouard Bourciez, *Phonétique Française*, 1989（原著者と Jean Bourciez による改訂版）

Castellani; Arrigo Castellani, *I più antichi testi italiani*, Pàtron, 1980

CIL; *Corpus Inscriptionum Latinarum*, Berlin-Brandenburg Academy of Sciences and Humanities

引用文献一覧

Corominas; Joan Corominas, *Breve Diccionario Etimológico de la Lengua Castellana*, Gredos, 1980

Coseriu; Eugenio Coseriu, *Sincronía, Diacronía e Historia*, Gredos, 1973（『言語変化という問題』、田中克彦訳、岩波文庫、2014）

Densusianu; Ovide Densusianu, *Histoire de la Langue Roumaine, tome premier, les origins*, Bucarest, 1929

Devoto; Giacomo Devoto, *The Languages of Italy*, University of Chicago Press, 1978（原著 *Il linguaggio d'Italia*, 1974 の V. L. Katainen による英訳）

+Elcock; W.D.Elcock, *The Romance Languages*, Faber & Faber, 1975

Ernout 1; Alfred Ernout, *Morphologie historique du latin*, Klincksieck, 1953

Ernout 2; Alfred Ernout, *Aspects du vocabulaire latin*, Klincksieck, 1954

Esbozo; Real Academia Española, *Esbozo de una Nueva Gramática de la Lengua Española*, Espasa-Calpe, 1986

Fernández; José Ramón Fernández González, *Gramática Histórica Provenzal*, Universidad de Oviedo, 1985

Fouché; Pierre Fouché, *Morphologie Historique du Roussillonnais*, Slatkine Reprints, 1980

Foulet; L. Foulet, *Petit Syntaxe de L'Ancien Français*, Honoré Champion, 1980

García; Vicente García de Diego, *Gramática Histórica Española*, Gredos., 1981

Gartner; Theodor Gartner, *Darstellung der Rumänischen Sprache*, Halle, 1904

+Grandgent; C. H. Grandgent, *An Introduction to Vulgar Latin*, Hafner, 1934

Hall 1; Robert A. Hall Jr., "The Reconstruction of Proto-Romance", *Language, 26*, 1950, pp.6-27

+Hall 2; Robert A. Hall Jr., *External History of the Romance Languages*, Elsevier, 1974

+Hall 3; Robert A. Hall Jr., *Proto-Romance Phonology*, Elsevier, 1976

+Hall 4; Robert A. Hall Jr., *Proto-Romance Morphology*, John Benjamins, 1983

Hall 5; Robert A. Hall Jr., "Bartoli's Neolinguistica", *Language, 22*, 1946, pp.273-283

+Harris & Vincent; Martin Harris & Nigel Vincent（ed. by）; *The Romance Languages*, Croom Helm, 1988

Herman 1; József Herman, *Du Latin aux Langues Romanes, Études de Linguistique Historique*, Max Niemeyer, 1990

Herman 2; József Herman, "The End of the History of Latin", *Romance Philology, 49*, 1996, pp.364-382

Herman 3; József Herman, "L'ÉTAT ACTUEL DES RECHERCHES SUR LE LATIN VULGAIRE ET TARDIF", 『ロマンス語研究』28、日本ロマンス語学会、1995、pp.1-18

Hock; Hans Henrich Hock, *Principles of Historical Linguistics*, Mouton de Gruiter, 1986

Hope; T. E. Hope, *Lexical Borrowing in the Romance Languages*, 2vols, Oxford, 1971

Iordan & Manoliu; Iorgu Iordan & Maria Manoliu, *Manual de Lingüística Románica*（translated by Manuel Alvar), tomo 1, Gredos, 1980

引用文献一覧

+Iordan-Orr; Iorgu Iordan & John Orr, *An Introduction to Romance Linguistics, Its Schools and Scholars*, (Revised with a supplement by R. Posner), Blackwell, 1970

Kiparsky; Paul Kiparsky, "The Phonological Basis of Sound Change", *The Handbook of Historical Linguistics*, ed. by Brian D. Joseph & Richard D. Janda, 2003, Blackwell, pp.313 -342

Kobayashi; Kozue Kobayashi, "On the Formation of the Romance Inchoative Conjugation A New Theory", *Romance Philology 41*, 1988, pp.394-408

+Lausberg; Heinrich Lausberg, *Romanische Sprachwissenschaft I, II, III*, Walter de Gruiter, 1967,1969,1972

Lepschy; Anna Laura Lepschy & Giulio Lepschy, *The Italian Language Today*, Hutchinson, 1977

Löfstedt; Bengt Löfstedt, 「Wright 1 への書評」、*Vox Romanica 42*, 1983, pp. 259-263

Martinet; André Martinet, *Économie des Changements Phonétiques*, Francke, 1955

Mattoso; Joaquim Mattoso Camara, *The Portuguese Language*, (Translated by A .J. Naro), The University of Chicago Press, 1972

Meillet 1; Antoine Meillet, *La Méthode Comparative en Linguistique Historique*, (参照したのは英 訳 The Comparative Method in Historical Linguistics, Honoré Champion, 1970)

Meillet 2; Antoine Meillet, *Esquisse d'une Histoire de la Langue Latine*, Klincksieck, 1966

+Menéndez 1; Ramón Menéndez Pidal, *Orígines del Español*, Espasa-Calpe, 1986,

Menéndez 2; Ramón Menéndez Pidal, *Manual de Gramática Histórica Española*, Espasa-Calpe, 1987

+Meyer-Lübke 1; W. Meyer-Lübke, *Einführung in das Studium der Romanischen Sprachwissenschaft*, Heidelberg, 1909

+Meyer-Lübke 2; W. Meyer-Lübke, *Romanische Lautlehre, Grammatik der Romanischen Sprachen I*, Leibzig, 1890

+Meyer-Lübke 3; W. Meyer-Lübke, *Romanische Formenlehre, Grammatik der Romanischen Sprachen II*, Leibzig, 1894

Meyer-Lübke 4; W. Meyer-Lübke, *Historische Grammatik der Französischen Sprache 1. Laut- und Flexiorslehre*, Heidelberg, 1908

Meyer-Lübke 5; W. Meyer-Lübke, *Das Katalanische*, Heidelberg, 1925

Penny; Ralph Penny, *A History of the Spanish Language*, Cambridge UP, 1991

Pope; M. K. Pope, *From Latin to Modern French with Especial Consideration of Anglo-Norman*, Manchester UP. 1934

+Posner 1; Rebecca Posner, *The Romance Languages*, Cambridge UP, 1996

Posner 2; Rebecca Posner, "Romance linguistics in the nineties", *Romance Philology 51*, 1998, pp.326-355

Pulgram 1; Ernst Pulgram, "Spoken and Written Latin", *Language 26*, 1950, pp. 458-466

Pulgram 2; Ernst Pulgram, *ITALIC, LATIN, ITALIAN 600 B.C. to A.D. 1260*, Carl Winter, 1978

引用文献一覧

Puşcariu; Sextil Puşcariu, *Etymologisches Wörterbuch der Rumänischen Sprache*, Heidelberg, 1905

Regula & Jernej; M. Regula & J. Jernej, *Grammatica Italiana Descrittiva*, Francke, 1965

Rickard; Peter Rickard, *A History of the French Language*, Unwin Hyman, 1989

+REW; W. Meyer-Lübke, *Romanisches Etymologisches Wörterbuch*, Carl Winter, 1992

Robson; C. A. Robson, "L'Appendix Probi et la philologie latine", *Le Moyen Age 69*, 1963, pp.37-54

Rohlfs 1; G. Rohlfs, *Grammatica Storica della Lingua Italiana e dei suoi Dialetti*, Giulio Einaudi, 1966-1969

Rohlfs 2; G. Rohlfs, *Sermo Vulgaris Latinus*, Max Niemyer, 1956

+Rohlfs 3; G. Rohlfs, *Einführung in das Studium der Romanischen Philologie*, Carl Winter, 1966

Rohlfs 4; G. Rohlfs, *From Vulgar Latin to Old French*, Wayne State UP, 1970

Rohlfs 5; G. Rohlfs, *Sankt Alexius, Altfranzösische Legendendichtung des 11. Jahrhunderts*, Max Niemyer, 1968

Romeo; Luigi Romeo, *The Economy of Diphthongization in Early Romance*, Mouton, 1968

Rourret; Robert Rourret (ed.), *Dictionnaire Français-Occitan Provençal*, Lacour, 1999

+Tagliavini; Carlo Tagliavini, *Le Origini delle Lingue Neolatine*, Bologna, 1972

Teyssier; Paul Teyssier, *Histoire de la Langue Portugaise, (Que sais-je?)*, 1980

Tekavčić; Pavao Tekavčić, *Grammatica Storica dell'Italiano*, Il Mulino, 3 vols, 1980

Thielmann; Ph. Thielmann, "Habere mit dem Infinitiv und die Entstehung des romanischen Futurums", *Archiv für lateinische Lexikographie und Grammatik vol.2*, 1885, pp.48-89, 159-202

+Trends 1; T*rends in Romance Linguistics and Philology vol.1*, ed. by Rebecca Posner & John N. Green, Mouton, 1980

+Trends 2; *Trends in Romance Linguisitcs and Philology vol.3* ed. by Rebecca Posner & John N. Green, Mouton, 1982

+Väänänen 1; V. Väänänen, *Introduction au latin vulgaire*, Klincksieck, 1967

Väänänen 2; V. Väänänen, *Le latin vulgaire des inscriptions pompéiennes*, Helsinki, 1937

Väänänen 3; V. Väänänen, "Le problème de la diversification du latin", *Aufstieg und Niedergang der römischen Welt II 29/1*, Walter de Gruyter, 1983, pp.480-506

Vásquez & Mendes da Luz; Pilar Vásquez Cuesta & Maria Albertina Mendes da Luz, *Gramática Portuguesa*, Gredos, 1987

Wagner; M. L. Wagner, *La Lingua Sarda*, Francke, 1951

Walsh 1; Thomas J. Walsh, 「Wright 1への書評」、*Romance Philology 40*, 1986, pp.109-214

Walsh 2; Thomas J. Walsh, "Spelling lapses in Early Medieval Latin documents and the reconstruction of primitive Romance phonology", Wright 2, pp.205-218

+Wartburg; W. von Wartburg, *Die Ausgliederung der romanischen Sprachräume*, Francke, 1950 (イタリア語訳、*La frammentazione linguistica della Romània*, Salerno Editrice, 1980。他にフランス語訳、スペイン語訳もある)

Wheeler; Max W. Wheeler, Alan Yates, Nicolau Dols, *Catalan : A Comprehensive Grammar*, Routledge, 1999

Wright 1; Roger Wright, *Late Latin and Early Romance in Spain and Carolingian France*, Francis Cairns, 1982

Wright 2; Roger Wright (ed.), *Latin and the Romance Languages in the Early Middle Ages*, Routeledge, 1991

池上：池上岑夫『ポルトガル語とガリシア語』、1984、大学書林

金澤：金澤雄介『サルデーニャ語動詞形態論の通時的研究』（学位論文）、2011、松香堂書店

小林1：小林標「ラテン・ロマンス語の歴史における起動動詞」、京都産業大学国際言語科学研究所所報6、1985、pp.107-145

小林2：小林標「スペイン語 -cer 動詞の起源と分類」、京都産業大学国際言語科学研究所所報7、1985、pp.124-134

小林3：小林標「俗ラテン語の資料としての『サテュリコン』」、京都産業大学国際言語科学研究所所報14、1993、pp.49-80

小林4：小林標「カタロニア語文法記述に関わる諸問題」、人文研究、53、第7分冊、2001、大阪市大、pp.27-57

　なお、本文で引用することがなかったので上の引用文献一覧からは省いたのであるが、ロマンス語学に関する史上最大の百科全書が1988年以来順次発行されている。Günter Holtus, Michael Metzeltin, Christian Schmitt 3人の編集による M. Niemeyer 社からの Lexikon der Romanistischen Linguistik である。通読するには大部すぎるが、ロマンス語のどんな情報に関しても、最も包括的で便利な本となるであろう。現在までに8冊が出ていて、国内の多くの大学に所蔵されている。使用言語は英語、ドイツ語、フランス語、イタリア語で、すべてを見ているのではないのでその他の言語もあるかもしれない。

後書き

　本書を書くきっかけとなったのは、私が2006年に中公新書で出した『ラテン語の世界』の中に、「このような事柄は、『ラテン語の世界』の後の話題となるべき『ロマンス語の世界』とでも題すべき書物で扱うのがふさわしい」という意味の文言を書き入れたことであった。

　ロマンス語全般を包括的に扱った書物を上梓することは私が長いこと温めていた夢であったが、それはまさに夢そのもので、果たしてそれが現実になるのかは自分で何の自信も持てなかった。

　まず最初に決めなければならぬことは当然「何を書くか」であるが、それは「どのような読者を対象とするか」と密接に関わった問題である。

　The Romance Languages と題された英語の書物が別々の著者によって1960年（著者 W. D. Elcock）、1966年（著者 R. Posner）、1988年（編者 M. Harris, N. Vincent）、1996年（著者 R. Posner、1966年の書とは別）に出版されている。ロマンス語全般を入門書的に扱った英語の書物は他にもあるし、フランス語、イタリア語、ドイツ語、スペイン語でもある。

　新たに日本語で同類のタイトルの書物を書くとなると、それは日本人向けに書くということである。実際、その種の日本人の書が前に存在しなかったのではない。しかし、管見の範囲では、過去に出版されたもので記録にとどめるべきは次の伊藤氏のものだけである。30年以上前にロマンス語学に関わる別の書物がシリーズで出版されているが、推奨できるものではなかった。

　『ロマンス語概論』、伊藤太吾著、大学書林、2007。

　伊藤氏の書の特色は、「実用的」ということである。ロマンス語の歴史の概略の記述の後に続く言語資料的部分が充実している。多くの語彙、文法要素、文例をポルトガル語、スペイン語、フランス語、イタリア語、ルーマニア語の順序（これは、地図に並べてみたときに西から東へと進んで行く順序であるが、言語学的にも意味はある）で対照させているのである。その実例を記載した部分が、約280ページの書の半分以上を占めている。

　たとえばフランス語を知っている人がある単語やある例文がイタリア語なりスペイン語ではどうなるのか、との疑問を持ったときには同書は役立つはずである。

　また、氏は日本では特に知られていないルーマニア語の専門家でもあるので、

ルーマニア語に関する記述も充実している。

　私、小林の依て立つ歴史言語学の立場からは、その語彙や例文の選択に注文はある。しかし、入手可能である日本語でのロマンス語学専門書は数少ないのであるから、同書にもっと読者が増えてほしいと思う。

　2011年に町田健氏が三省堂から『ロマンス語入門』を上梓しているがこれは書名が示す通りロマンス語への入門であり、本書のような歴史言語学としてのロマンス語学とは全く別のものを目指したものである。ラテン語からロマンス語に至る歴史への記述はごく簡潔にとどまり、主となるものは現代のロマンス語の個別的解説なのである。そこには言語的特徴の概説の後に現代に至る文学史もあり、その地名や著名人などの読み方のカタカナによる解説もある。

　翻訳書としては2011年の段階で３冊出ている。

　　『ロマンス語入門』レベッカ・ポズナー著；風間喜代三、長神悟共訳、大修館書
　　店、1982。（原著は Rebecca Posner,“The Romance Languages : A linguistic
　　introduction”）

　　『ロマンス語学・文学散歩』エーリヒ・アウエルバッハ著；谷口伊兵衛訳、
　　而立書房、2007。（原著は Erich Auerbach,“Introduction aux Études de
　　philologie romane”）

　　『ロマン語　新ラテン語の生成と進化』W. D. エルコック著；大高順雄訳、学
　　術出版会、2009。（原著は W. D. Elcock,“The Romance Languages”）

　第一のものは絶版で、古書店でないと入手できない。ロマンス語学への入門書としては質、量ともに最適な書であるので、もっと読まれてほしいと思っている。ネットで探索すると、販売中の中古書を見つけることはできるようである。著者ポズナーは、本文中で何度も言及した通り現代のロマンス語学界においては、最もオーソドックスな研究態度を持った人の一人である。そして、上記の通り1996年には The Romance Languages というタイトルの別の書も上梓している。

　第二のものは、ヨーロッパの文学的伝統に関する卓抜な解説書『ミメーシス』で有名なドイツ（後にアメリカに亡命）の文献学者エーリッヒ・アウエルバッハが『ミメーシス』より少し前の1943年に書き上げたものである。原題を忠実に訳すなら『ロマンス語文献学入門』となるであろうが、谷口氏は「語学・文学」とした。ここに、philologie という今は追放されかかっている語にある「文学と言語学との複合的性質」が自ずと表されている。中身もまさにその通りで、ヨーロッパにおける文献学の伝統の最良の部分がこの書に詰まっている。

後書き

　最後のものは、前二者とは比べられぬほどよく知られた書物で、翻訳は歓迎されるべきことである。訳者大高氏へは、かつてその論文にかなり手厳しい批評を加えたことがあった。今回も、原著には影も形も存在しない「進化」などという副題を勝手に付加することで、歴史言語学に対する訳者の知識の不備をさらけ出してしまっていることが悔やまれる。

　以上の現況から、「屋上屋を架する」ことにはならないはずなのではあるが、新たにロマンス語学書を上梓することにはそれ以上に重大な問題があった。それは、「果たしてそれを書く資格が自分にあるのか」という自問である。先に言及したポズナー教授は、同種の本を書くには hybris が要ったと序文で書いている（Posner 1, xiii）。hybris とはギリシア語で「不法暴力行為」を意味する語だが、それが連想させるのは「自信過剰、傲慢」である。私とは比較を絶するほどの知識の持ち主であろうポズナー教授ですらそう書くのである。この序文で述べられた apology の多くは私の気持ちと重なるものである。

　しかしそうではあっても、十分に包括的にロマンス語学を扱った書物がともかくも日本語で出版されねばならないのだという思いで hybris への畏れを押し隠し、最後まで書き続けた。書き始めたのが2010年の５月であった。ほぼ書き終えたと思ったのは2014年の９月であった。ギリシア神話において、神に対してまで自分を誇る hybris を持った人間は神々に峻烈に罰せられる。21世紀まで生きたアジアの一小人に対してはどんな神罰が待っているのか、それを少し楽しみにしている。

新村出博士への感謝

　私は西洋古典学の出身で、ロマンス語学のみならず言語学そのものが全くの独学による。だからこの分野で師と呼ぶべき人は一人もいない。考えてみると、言語学とは「師」など必要としない学問分野だ。読むべき本を探し出す能力とそれを読む語学力があれば良いのである。別の言い方をすると、師が弟子のためにしてやれることは読むべき本を知っていてそれを教示することくらいなのである。

　それでも強いて師を探すなら、私には故新村出博士がその人であろうと思う。

　長寿を保たれた博士は私が京都大学に入学したときにもご存命であったのだけれど、遠くからお顔を拝見することすらなかった。博士が京都大学を定年退官されたのは私が生まれる前である。それでも博士を師と呼ばなければならぬのは博士が京都大学に残した書物である。そこに残された書物がなければ本書は書けなかったであろう。と言うより、私にはロマンス語学へ進むことすらもできなかったであろう。

470

後書き

　京都大学文学部の今はない古い建物の中にあった文学科閲覧室、略して文閲と呼ばれた部屋、それに付随した地下壕のように薄暗い書庫の奥深くに見つけた、言語学科のセクションのある一画に並んでいた書物。それは B9 と名づけられた本棚で、京都大学の学生・大学院生時代にはまるで知ることなく、他の大学に就職して、京大の図書館には非常勤講師としての資格で出入りしてから誰に教えられることもなく巡り会った宝庫であった。

　ここで見つけた関連ある書物を手当り次第に借り出して、コピーして、それを簡易製本したものが私のロマンス語学文献の中核である。

　私は最初、それらの蔵書は私の学生時代の言語学科教授であった泉井久之助博士が集められたものであろうと勝手に考えていた。しかし、改めてそれら重要な本の購入日付を見ると、泉井博士が京大講師になられた前の本が大半なのである。感謝すべきは泉井博士の前任者である新村博士なのであった。たとえば、マイエル＝リュプケの Das Katalanische（引用文献一覧を参照のこと）である。カタルーニャ語の性格や位置づけに関しては必ずや参照しなければならぬ書物であるが、1925年の出版で原著ドイツ語版しか存在せず入手はやさしくはないはずだ。バルセロナ大学での研究者との歓談中にやはりこの名著が話題に出た折に私は、「京都で読んでいます」と言うことができた。確かめてみると「昭和 2 年 5 月16日」の判が押されている。

　もちろん泉井博士時代の貴重な書物が沢山あることも実に役立った。しかも、B9 のセクションは泉井博士の退官後は数冊しか増えていなかった。言語学における流行の趨勢がここに見える気がして面白がった覚えがある。今はどうなのであろう？

　泉井博士は京都大学退官後は京都産業大学の教授となられた。その後私も京都産業大学の職を得ることとなったのだが教養部での英語講師としてであり、博士との縁は学生時代と同様薄かった。その後学内での移動で博士と近い部所に配属されたのに博士からロマンス語学についてであれ何であれ直接の教えを得ることはなかった。

　ただ、ロマンス語学についての会話があったことは記憶している。書かでものことだが証言として残しておきたい。

　30年以上前、「ロマンス語学」を標榜する一連の書物が発刊されたことがあり、博士が全国紙において親切な書評を書いておられたのである。それは実質的には推薦文と読まれるものと見えた。私はその書物をざっと読んでみて、日本では注目さ

471

後書き

れない主題にとりかかる熱意は尊重すべきとしても書かれた内容が学問的に評価されるべきものとはとても思えなかった。その書の発刊後ある程度時が経ってから、稀なことであるが泉井博士も交えた会食に同席する機会があった。私は前から疑問に思っていたその話題を持ち出して、なぜあの書を高く評価したのか、と訊いてみた。博士が繰り返した答えは、博士を知っている方なら覚えておられるであろう独特のふくみ声で、「自分はあの書を褒めた覚えはない。分かる人には分かるように書いたのだ」という意味の言葉であった。

　ただそれだけのことである。今思うと、少なくとも B9 の書棚に並んだ本についてだけは謝意を述べておくべきであった。「09131 code-switching とカタルーニャ語」で言及したナポリでのシンポジウムでの私の講演 "Virgil in Japan" では泉井博士の『アエネーイス』翻訳のことは忘れずに述べているし、それはシンポジウムの講演集である "La Fortuna di Virgilio"（Giannini Editore, Napoli, 1986）に収められている。

　その他に言及しなければならぬ人はいるか、と考えてみたが、誰もいない。フランス語やイタリア語やスペイン語の秀れた専門家は何人か知っている。そしてそれらの誰かに何かの質問をして答えをもらった記憶はある。しかし、中身を読んでもらった人は一人もいないのである。だから、改めて名を上げて感謝を表明しなければならぬような人は思い当たらない。安全策を取るなら、各国語に関する個所をその言語の専門家に一読してもらって間違いを指摘されたり記述の助言を得ることもできたのであろうと思う。しかし何もしていない。つまりは本書で書かれたことはすべて小林の判断力によるということで、当然のことながら間違いがあればそれは私の責任である。

　しかし、礼を述べる対象はまだあった。事実上無制限にコピーをさせてくれ、しかもその製本代まで研究費から支出させてくれた元の勤務先、京都産業大学へはお礼を言わなければならない。さらにまた、京都産業大学において利用できた潤沢な図書費で買い集めたロマンス語学関係の図書、それはあくまでも歴史言語学の立場からのロマンス語学にとって重要であると見た書のことなのであるが、質と量で日本一ではなかろうかと私は勝手に自慢している。大阪市立大学へ移るに際して最も躊躇させたものは、そこに残していかなければならない書物のことであった。それを利用する研究者が出てくれたら、これほど嬉しいことはない。

　ただ、自宅からのインターネットによる検索では、所蔵されているはずの書物のすべてが検索されうる状態ではなかったのが残念である。

472

後書きの後書き

　原稿が本になる直前の段階で、私はタブレットという機械の安物を買う気まぐれを起こした。コンピューターは使っていてもスマートフォンも知らない私には未知の代物である。手探りでいじっているうちに分かったのは、それは全世界的通販会社の製品で主たる働きは物品とかアプリケーションとか、ともかく何かを売りつけることだ、ということであった。すぐさまそれは「あなたへのお勧め商品」を紹介することを始めた。既に私の住所は把握されており「購入」をクリックするとただちに発送されることになる。

　それのみならず、その会社は私の「傾向」は先刻承知であって紹介するものが書物の場合、その主流はロマンス語学・古典学なのである。余談だが、その会社の日本支社も私のコンピューターに日本語書物の「お勧め」を紹介してくる。その中には私の書いた本が混じっていることもあった。

　アメリカの本社からの紹介商品には私の知らなかった書物も出てきた。原稿の完成前に知っていたなら注文したかもしれないものは確かにあった。「書物の森」とでも称すべき未知だった地域が通販会社の営業努力の結果目の前に広がりかかってきたのである。引用文献で名前を出したヨゼフ・ヘルマン教授の俗ラテン語の解説書もそこにあって、これは知らなかった。

　とはいえ、新しい書物の森に再び入り込む必要はない、と今は思っている。先に述べた京都大学文学部文学科閲覧室の薄暗い書庫にあった書物群とその後手探りで揃えた書物の数々、それがあれば真のロマンス語学研究にはそれ以上に新しいものは事実上不要であろう。必要なのは、以前に書かれて再出版はされていない古い書物の電子版をインターネットを通じて見つける努力である。

　名前を出したついでに、ヘルマン教授について少し書き加えたい。教授は1992年に来日して、日本ロマンス語学会の第30回大会に参加された。その折のヘルマン教授の講演内容が引用文献にある "L'ÉTAT ACTUEL DES RECHERCHES SUR LE LATIN VULGAIRE ET TARDIF" である。その大会では発表はすべてロマンス語ですべしということで、私も "Le Satiricon comme une source du latin vulgaire" という発表をした。仏文原稿は残っていないが、日本語で活字となったものが「引用文献」にある「俗ラテン語の資料としての『サテュリコン』」である。その主たる内容は本書の「03314 『サテュリコン』」で述べている。

　大会時にはヘルマン教授と話す機会はほとんどなく、その後の教授の活動に参加することも時間的にできなかったから、教授への接触は私の口頭発表のみである。

後書き

ただ、教授の来日に尽力した故矢島猷三氏（開催校であった愛知県立大学教授）とのその後の会話の記憶がある。大会から日が経った後での何かの機会に矢島氏は私に、ヘルマン教授は矢島氏の発表は評価しなかったのに私の発表は覚えていて「『サテュリコン』をここまで読んでいる人に驚いた」と言ったことを報告してくれた。

ヘルマン教授が私の発表に気を留めてくれていたことは別の筋からも聞いている。教授は来日中にはイタリア関係の学術的行事にも参加していたようである。その中のある折での会話で、その場とは無関係の人物である私の名前を自分から持ち出して話題にしたことは当時京都大学文学部のイタリア語科助教授であった斎藤泰弘氏が告げてくれた。

ロマンス語学会の関係者でヘルマン教授の招聘に尽力した別の某氏も、教授の反応をわざわざ私へ口にしたことがあった。それは私の書いたフランス語への批評だったそうである。この人の名前を書こうとは思わない。

最後の後書き

2018年暮れでやっと本当の終わりが見えてきた。執筆の時間は別にして、実際の発刊のための仕事を大阪公立大学共同出版会と始めたのは2016年秋であったのに、それからの作業が延々と長く続いたからである。

時間が長くかかった最大の理由は筆者自身の記憶力の減退である。本書の内容の性質上、細かな事柄一つ一つの事実を正確に記述するためにいちいちその元の資料を確かめることを繰り返さなければならなかった。元の資料とは英語・ロマンス語のみならずドイツ語であったりラテン語であったりもする。既に事実として確かめたはずの事柄でも、時間を経て同じ個所を読むとまた確かめないと不安になることがあるから、校正がただの校正では終わらない。同じことの繰り返しを何度したことか。

記憶力だけではなく、勤労意欲の衰退も大きな要因だ。元来が根気強い人間ではないから、同一作業を長く続けることができず飽きて中断してしまう。そんなとき、パソコンのワードプロセッサー機能というもののありがたみをつくづく感じた。これが紙媒体で著述していたのであったなら、必ずや投げ出していたことであろう。

それでも、やっと終わりに近づいた。ここまでの作業の中で最後まで根気よくつきあって下さり、有用な、と言うよりは実に重要な助言を与えてくれた大阪公立大学共同出版会の中村奈々氏に心から感謝申し上げる。特にフランス語に関しての単純な思い違いの訂正や記述の一貫性についての指摘がなければ本書は違った印象のものになっていたかもしれないのであった。

詳細目次

00	序章	1
	001　はじめに	1
	002　なぜロマンス語学か	3
	003　筆者とロマンス語学	4
	004　本書の読み方	6
01	第一章　世界におけるロマンス語	11
	011　スペイン語	11
	012　ポルトガル語	13
	013　フランス語	15
	014　イタリア語	16
	015　ルーマニア語	18
	016　カタルーニャ語	19
	017　オック語	20
	018　その他のロマンス語	23
	0181　サルディニア語	23
	0182　レト・ロマン語	25
	0183　ダルマティア語	27
	019　ロマンス語学に関わるその他の事柄	27
	0191　ロマンスという言葉	27
	0192　ロマンス語学の現在	32
02	第二章　変化するラテン語	35
	021　ラテン語素描	35
	022　変わらなかったこと	38
	023　変わったこと	43
	024　「総合的」から「分析的」へ	44
	025　変化の外的要因	47
	0251　4世紀以後のラテン語世界	47
	0252　上層語	48

475

詳細目次

0253	基層語…………………………………………	51
026 言語は進化するか ……………………………		53
0261	関係代名詞に何が起こったか………………	54

03 第三章　ラテン語からロマンス語へ………………………… 61

031 最初期のロマンス語 …………………………… 62

　0311 カロリング朝ルネッサンス………………… 64

032 変化のプロセス ………………………………… 65

　0321 「俗ラテン語」の検証 …………………… 67

　0322 ロマンス祖語という概念………………… 70

　0323 歴史言語学と比較言語学………………… 73

033 俗ラテン語の源 ………………………………… 75

　0331 意識的資料………………………………… 76

　　03311 『プロブスの付録』……………… 76

　　03312 セヴィリヤの聖イシドールス ……… 78

　　03313 難語彙集 ………………………… 78

　　03314 『サテュリコン』……………… 80

　0332 無意識的資料……………………………… 83

　　03321 碑文 ………………………………… 83

　　03322 ポンペイの落書き ……………… 84

　　　033221 地格か対格か…………… 85

　　03323 『キロンの獣医学書』……………… 87

　　03324 『フランク人の歴史』……………… 87

　　03325 『エジェリアの旅行記』……………… 88

034 ロマンス語の母胎 ……………………………… 89

　0341 ライトの新説……………………………… 92

　0342 アルクインの改革………………………… 94

　0343 ライト説の検証…………………………… 95

035 ロマンス諸語への分化 ………………………… 99

　0351 比較言語学的探求………………………… 101

　0352 メタ言語的証言による探求……………… 103

詳細目次

| 04 | 第四章 | 文法の変化 | 107 |

04　第四章　文法の変化‥‥‥‥‥‥‥‥‥‥‥‥‥‥‥‥‥‥‥‥‥‥ 107

　　041　ラテン語とロマンス語との対照例 ‥‥‥‥‥‥‥‥‥‥‥‥ 107

　　　　0411　単語の自立性と語順‥‥‥‥‥‥‥‥‥‥‥‥‥‥‥‥ 109

　　　　0412　性・数・格‥‥‥‥‥‥‥‥‥‥‥‥‥‥‥‥‥‥‥‥ 111

　　042　文法化という現象 ‥‥‥‥‥‥‥‥‥‥‥‥‥‥‥‥‥‥‥ 112

　　　　0421　定冠詞の誕生‥‥‥‥‥‥‥‥‥‥‥‥‥‥‥‥‥‥‥ 113

　　　　0422　不定冠詞‥‥‥‥‥‥‥‥‥‥‥‥‥‥‥‥‥‥‥‥‥ 115

　　　　0423　HABĒRE の助動詞化 ‥‥‥‥‥‥‥‥‥‥‥‥‥‥‥ 115

　　　　0424　イエス・ノーの誕生‥‥‥‥‥‥‥‥‥‥‥‥‥‥‥‥ 116

　　　　0425　再帰動詞の誕生‥‥‥‥‥‥‥‥‥‥‥‥‥‥‥‥‥‥ 118

　　　　0426　再帰受動態‥‥‥‥‥‥‥‥‥‥‥‥‥‥‥‥‥‥‥‥ 119

　　　　0427　否定補助語の文法化‥‥‥‥‥‥‥‥‥‥‥‥‥‥‥‥ 122

　　　　　　04271　人間に関わる否定補助語 ‥‥‥‥‥‥‥‥‥‥ 125

　　043　ロマンス語では不可能となった構文 ‥‥‥‥‥‥‥‥‥‥‥ 131

05　第五章　語彙の変化‥‥‥‥‥‥‥‥‥‥‥‥‥‥‥‥‥‥‥‥‥‥ 137

　　051　語彙変化の種類 ‥‥‥‥‥‥‥‥‥‥‥‥‥‥‥‥‥‥‥‥ 137

　　052　残った言葉・消えた言葉 ‥‥‥‥‥‥‥‥‥‥‥‥‥‥‥‥ 140

　　　　0521　名詞‥‥‥‥‥‥‥‥‥‥‥‥‥‥‥‥‥‥‥‥‥‥‥ 141

　　　　　　05211　月名と曜日名 ‥‥‥‥‥‥‥‥‥‥‥‥‥‥‥ 145

　　　　0522　形容詞‥‥‥‥‥‥‥‥‥‥‥‥‥‥‥‥‥‥‥‥‥‥ 147

　　　　0523　副詞‥‥‥‥‥‥‥‥‥‥‥‥‥‥‥‥‥‥‥‥‥‥‥ 148

　　　　0524　前置詞‥‥‥‥‥‥‥‥‥‥‥‥‥‥‥‥‥‥‥‥‥‥ 152

　　　　0525　接続詞‥‥‥‥‥‥‥‥‥‥‥‥‥‥‥‥‥‥‥‥‥‥ 154

　　　　0526　動詞‥‥‥‥‥‥‥‥‥‥‥‥‥‥‥‥‥‥‥‥‥‥‥ 155

　　053　受け入れた言葉 ‥‥‥‥‥‥‥‥‥‥‥‥‥‥‥‥‥‥‥‥ 157

　　054　ロマンス語間の相互借用 ‥‥‥‥‥‥‥‥‥‥‥‥‥‥‥‥ 159

　　055　色彩語はどうなったか　―感覚の記号化の実例― ‥‥‥‥‥ 160

06　第六章　音の変化‥‥‥‥‥‥‥‥‥‥‥‥‥‥‥‥‥‥‥‥‥‥‥ 167

　　061　ラテン語の発音 ‥‥‥‥‥‥‥‥‥‥‥‥‥‥‥‥‥‥‥‥ 168

　　062　ロマンス語への根本的音韻変化 ‥‥‥‥‥‥‥‥‥‥‥‥‥ 175

　　　　0621　ロマンス語のアクセント‥‥‥‥‥‥‥‥‥‥‥‥‥‥ 177

詳細目次

	0622	ラテン語のアクセント	178
	0623	アクセントの勝利	180
063	母音変化		182
	0631	原初ロマンス語の母音構造	183
	0632	各言語個別の変化とその条件	184
		06321　二重母音化	186
		06322　鼻母音化	188
064	子音変化		190
	06401	［h］の消失	191
	06402	破裂音の弱化と消失　—「髪掻き」から「笄」へ—	192
		064021　ラ・スペツィア＝リミニ線	196
	06403	調音位置の前進（いわゆる「口蓋化」）	
		—キケロからシセロへ—	197
	06404	唇軟口蓋音の変化　—「クワジからカジへ」—	200
	06405	yod効果　—テフテフからチョーチョーへ—	202
	06406	連続子音の扱い	206
	06407	語中音節の脱落 syncope	209
		064071　わたり音の挿入	210
	06408	音位転換 metathesis　—フンイキからフインキへ—	212
	06409	同化作用・異化作用 assimilation/dissimilation	214
		064091　ウムラウト Umlaut	216
		064092　重音脱落 haplology	216
	06410	音の消失・添加・挿入	217
		064101　語末音消失 apocope	217
		064102　語頭音添加 prothesis	217
		064103　語頭音消失 apheresis	218
		064104　語中音挿入 epenthesis	219
	06411	類推作用 analogy	220
	06412	ゲルマン語語彙の扱い	221
065	個別言語事情		222
	0651	ポルトガル語	222
	0652	スペイン語	224
	0653	カタルーニャ語	227

478

0654	フランス語	…………………………………………………………	230
0655	古オック語	…………………………………………………………	236
0656	イタリア語	…………………………………………………………	237
0657	ルーマニア語	…………………………………………………………	238
0658	フォアグラの謎		
	―ロマンス語学者はこんなことまで探求したがる―		240

066 音韻変化の解釈 ……………………………………………………… 242
　0661　人工語と lexical diffusion ………………………………… 242
　0662　構造主義・ウムラウト・「層」理論 ……………………… 243
　0663　idealism と positivism …………………………………… 246

07 第七章　形の変化1　動詞以外 ……………………………………… 250
　071 形態変化の叙述について ………………………………………… 251
　　0711　チーズの言葉あれこれ ………………………………… 251
　072 名詞 ……………………………………………………………… 253
　　0721　スペイン語・ポルトガル語・カタルーニャ語………… 255
　　0722　フランス語……………………………………………… 258
　　0723　古オック語……………………………………………… 264
　　0724　イタリア語……………………………………………… 265
　　0725　ルーマニア語………………………………………… 268
　073 形容詞 …………………………………………………………… 276
　　0731　フランス語の特殊例……………………………………… 278
　　0732　ルーマニア語の特殊例……………………………… 279
　　0733　比較級・最上級……………………………………… 280
　074 副詞 ……………………………………………………………… 281
　075 冠詞と指示詞 …………………………………………………… 282
　　0751　定冠詞………………………………………………… 282
　　0752　不定冠詞……………………………………………… 283
　　0753　部分冠詞……………………………………………… 283
　　0754　指示詞……………………………………………… 284
　076 人称代名詞 ……………………………………………………… 286
　077 所有形容詞 ……………………………………………………… 290
　078 数詞 ……………………………………………………………… 291

詳細目次

	0781	基数詞	292
	0782	序数詞	293
079	新語の形成		295
	0791	名詞の語形成	296
		07911　派生	296
		07912　合成	300
	0792	動詞の語形成	301

08	第八章　形の変化 2　動詞		305
080	動詞変化の記述		306
081	動詞活用の全体像		308
	0811	法	308
	0812	態、人称と数、時制	309
	0813	活用項目概説	311
	0814	不定詞	311
	0815	現在分詞と動名詞 —進行詞の誕生—	313
082	活用形式の変遷		316
	0821	不規則動詞の誕生	316
	0822	複数語源の混在 1 — ESSE の場合—	321
	0823	複数語源の混在 2 — aller をどう見るか—	322
	0824	複数語源の混在 3 —「ある/行く/来る」—	325
	0825	ロマンス語起動動詞	327
083	ロマンス語的動詞組織		330
	0831	複合時制の誕生	330
	0832	新しい完了時制	332
	0833	時制の再編成	335
	0834	新しい未来形の誕生	337
		08341　ラテン語の未来	337
		08342　HABĒRE未来	339
		08343　その他の未来	341
	0835	いわゆる「条件法」	342
		08351　法としての「条件法」	345
		08352　時制としての「条件法」	346

	08353	「条件法」文成立の過程	347
	08354	「条件法」以外の条件文	350
0836	新しい受動態		351
0837	過去分詞の形成		353
084	個別動詞の音韻・形態変化		356
0841	動詞変化の特殊性		356
0842	現在形		359
	08421	第一活用（CANTĀRE）	359
	08422	第四活用（*MORĪRE、VENĪRE）	362
	08423	第二活用（VIDĒRE、HABĒRE、*POTĒRE）	366
	08424	第三活用（CRĒDERE、*ESSERE、FACERE）	370
0843	不完了（imperfectum）形		375
0844	完了（perfectum）形		377
	08441	V型完了	379
	08442	U型完了	381
	08443	延長型完了	387
	08444	S型完了	391
	08445	重複型完了	393

09	第九章　補遺		396
091	カタルーニャ語		396
0911	カタルーニャ語の歴史		397
0912	言語系統における所属問題		400
0913	現代における社会言語学的状況		404
	09131	code-switching とカタルーニャ語	408
092	ルーマニア語の所属問題		416
0921	その起源に関する二つの説		416
0922	バルカン言語同盟とは		420
0923	ルーマニア語はロマンス語である		422
093	少数言語文例集		425
0931	サルディニア語		425
0932	レト・ロマン語		427
	09321	ロマンチュ	427

詳細目次

	09322	ラディン …………………………………………………	429
	09323	フリウラン …………………………………………………	429
094	『星の王子さま』7ヶ国語対照例……………………………		430

付録1　ロマンス語話題集……………………………………………… 435
　1. gai: 陽気な言葉の悲しい運命 ………………………………… 435
　2. 親族名称の東西 ………………………………………………… 437
　3. 柿とカキ ………………………………………………………… 440
　4. Wales という地名 ……………………………………………… 441
　5. スペイン語の勧め ……………………………………………… 444

付録2　単語対照表……………………………………………………… 448
　1. 総説 ……………………………………………………………… 448
　2. 名詞 ……………………………………………………………… 449
　　　ゲルマン語系名詞
　　　月名
　　　曜日名
　3. 形容詞 …………………………………………………………… 456
　　　ゲルマン語系形容詞
　4. 数詞 ……………………………………………………………… 458
　5. 動詞 ……………………………………………………………… 459
　　　ゲルマン語系動詞

引用文献一覧…………………………………………………………… 463

後書き…………………………………………………………………… 468

詳細目次………………………………………………………………… 475

■著者略歴

小林　標（こばやし　こずえ）

1945年北海道に生まれる。1967年京都大学文学部卒業。京都大学助手、京都産業大学教授、大阪市立大学教授を歴任。大阪市立大学名誉教授。

主な業績
［著書］
　『楽しく学ぶラテン語』（大学書林、1992年）
　『ラテン語文選』（大学書林、2001年）
　『ラテン語の世界』（中公新書、2006年）
　『ローマ喜劇』（中公新書、2009年）

［訳書］
　『エトルリア語』（学藝書林、1996年）
　『セネカ悲劇集Ⅰ』（共訳）（京都大学出版会、1997年）
　『ローマ喜劇集Ⅳ』（共訳）（京都大学出版会、2002年）

［論文］
　「ラテン・ロマンス語の歴史における起動動詞」（『京都産業大学国際言語科学研究所所報』第6巻2号、1985年）
　「スペイン語 -cer 動詞の起源と分類」『京都産業大学国際言語科学研究所所報』第7巻1号、1985年）
　「ラテン語の音韻と韻律」（『京都産業大学国際言語科学研究所所報』第7巻2号、1986年）
　"Virgil in Japan"（*Atti Convegno Internazionale 'La Fortuna di Virgilio'*, Giannini Editore, Napoli, 1986）
　"On the Formation of Romance Inchoative Conjugation ──A New Theory──（*Romance Philology*, Vol.41, University of California, Berkeley, 1988）
　"La Tanka Catalana i La Tanka Japonesa"（*Revista de Catalunya*, 31, Barcelona 1989）
　「動詞派生名詞および形容詞の接尾辞 -TOR と -TORIUS のイベリアロマンス語における発展について」（『京都産業大学国際言語科学研究所所報』第12巻、1991年）
　"L'Érudition de L'Antiquité Classique au Japon"（*Philologus* 136. 2, Universitat Jena, 1992）
　「俗ラテン語の資料としての『サテュリコン』」（『京都産業大学国際言語科学研

究所所報』第14巻 2 号年、1993年）

「古カタロニア語で書かれた ＜ユダ伝＞ ―十三・四世紀の聖書外典『押韻説話集』の抜粋と解説―」（『京都産業大学論集外国語と外国学系列』第20号、1993年）

「《メデアになる》・《メデアである》―セネカにおけるメデア劇のメタモルフォーゼ―」（『京都大学西洋古典研究会西洋古典論集』 XI、1994年）

「ラテン・ロマンス諸語における≪ユダ/オイディプース説話≫ ―聖人伝文学からのある異常増殖とその変容―」（『地中海学研究』 XVIII 地中海学会、1995年）

"La Tannka: Catalan Extension of a Japanese Poetry Form"（*Inter-Asian Comparative Literature, The Force of Vision 6: Proceedings of the XIIIth Congress of the International Comparative Literature* 東京大学出版会、1995年）

"Catalan Parèixer and Merèixer; Coromines's Etymological Theory Reexamined"（『人文研究 大阪市立大学大学院文学研究科紀要』49, 第 7 分冊、1998年）

「カタロニア語文法記述に関わる諸問題」（『人文研究 大阪市立大学大学院文学研究科紀要』53, 第 7 分冊、2002年）

「能は演劇であるのか ―言語学の立場からの試論―」（『人文研究 大阪市立大学大学院文学研究科紀要』54, 第 7 分冊、2003年）

［海外における講演］

"Virgil in Japan"（ナポリ市主催学会 "La Fortuna di Virgilio" ナポリ市ヴィラ・ピニャテッリ博物館、1983年10月25日）

"La cultura clásica y el Japón"（スペイン古典学協会アラゴン支部講演会，サラゴサ大学、1988年11月18日）

"La tanka catalana i la tanka japonesa"（カタルーニャ言語文学協会講演会，バルセロナ・カタルーニャ言語文学協会、1989年 3 月 3 日）

"Modern Catalan Lyric Poetry and the Practice of a Japanese Poetic Form: the Tanka"（カリフォルニア大学カタルーニャ研究プログラム講演会，カリフォルニア大学バークレー校、1989年 3 月29日）

OMUPの由来

大阪公立大学共同出版会（略称OMUP）は新たな千年紀のスタートとともに大阪南部に位置する5公立大学、すなわち大阪市立大学、大阪府立大学、大阪女子大学、大阪府立看護大学ならびに大阪府立看護大学医療技術短期大学部を構成する教授を中心に設立された学術出版会である。なお府立関係の大学は2005年4月に統合され、本出版会も大阪市立、大阪府立両大学から構成されることになった。また、2006年からは特定非営利活動法人（NPO）として活動している。

Osaka Municipal Universities Press (OMUP) was established in new millennium as an association for academic publications by professors of five municipal universities, namely Osaka City University, Osaka Prefecture University, Osaka Women's University, Osaka Prefectural College of Nursing and Osaka Prefectural College of Health Sciences that all located in southern part of Osaka. Above prefectural Universities united into OPU on April in 2005. Therefore OMUP is consisted of two Universities, OCU and OPU. OMUP has been renovated to be a non-profit organization in Japan since 2006.

ロマンスという言語
―― フランス語は、スペイン語は、イタリア語は、いかに生まれたか ――

| 2019年2月28日　初版第1刷発行 |
| 2020年9月20日　初版第3刷発行 |

著　者	小林　　標
発行者	八木　孝司
発行所	大阪公立大学共同出版会（OMUP）
	〒599-8531　大阪府堺市中区学園町1－1
	大阪府立大学内
	TEL　072（251）6533　FAX　072（254）9539
印刷所	和泉出版印刷株式会社

©2019 by Kozue Kobayashi, Printed in Japan
ISBN978－4－907209－95－7